衢州文獻集成

［提要］

魏俊傑·著

國家圖書館出版社
National Library of China Publishing House

圖書在版編目（CIP）數據

衢州文獻集成·提要／魏俊傑著.—北京：國家圖書館出版社，2015.9
ISBN 978-7-5013-5631-7

Ⅰ.①衢…　Ⅱ.①魏…　Ⅲ.①地方文獻—內容提要—衢州市　Ⅳ.①Z812.255.3

中國版本圖書館CIP數據核字（2015）第156053號

書　　名　衢州文獻集成·提要
著　　者　魏俊傑　著
責任編輯　張愛芳　靳　諾
助理編輯　黄　静
封面設計　敬人工作室　黄曉飛

出　　版　國家圖書館出版社（100034　北京市西城區文津街7號）
（原書目文獻出版社　北京圖書館出版社）
發　　行　（010）66114536　66126153　66151313　66175620
66121706（傳真），66126156（門市部）
E－mail　cbs@nlc.gov.cn（郵購）
Website　www.nlcpress.com→投稿中心
經　　銷　新華書店
印　　裝　北京信彩瑞禾印刷廠
版　　次　2015年9月第1版　2015年9月第1次印刷

開　　本　787×1092毫米　1/16
印　　張　31

書　　號　ISBN 978-7-5013-5631-7
定　　價　280.00圓

前言

張元濟在《印行四部叢刊啓》中言：「睹喬木而思故家，考文獻而愛舊邦。」地方文獻是地方文化的主要載體，影印出版地方叢書對保存地方文獻意義重大。一般孤本較易失傳，收録叢書中易於保存和流傳，且叢書有重要集成性價值。中國現存郡邑叢書，以明萬曆年間樊維城編《鹽邑志林》最早，此乃海鹽一邑文獻彙編。自清代乾隆以後，郡邑叢書逐漸增多。據《中國叢書綜録》，明清至民國時期，全國共編郡邑叢書六十九部，以浙江二十七部爲最多。

在民國以前浙江十一府州中，僅衢州、嚴州二府無郡邑叢書，而嚴州轄境現併入杭州。因衢州既無專門地方目録著作，亦無地方叢書，故民國時《重修浙江通志稿·著述考》無衢州人著述。其實衢州學人有大量著述傳世，分散於海内外各不同館藏地，亦有小量著述爲私家收藏。鑒於浙江各地皆有地方叢書，衢州當編撰叢書，彌補無叢書之缺憾。

衢州人物以兩漢之際隱士龍丘萇爲最早見載史籍者，衢州經籍以南齊隱者徐伯珍《周易問答》

一卷最早問世。此書所收最早衢籍學人著作爲唐代徐安貞《徐侍郎集》，徐氏之書早已散佚，今存此書乃明人輯佚之作。現存宋代衢州學人著作，以趙湘《南陽集》六卷爲最早。入宋以後，衢州人才輩出，代不乏人，文獻相望，多有傳世。

《衢州文獻集成》主要收録民國以前衢州先賢遺書與記載衢州之文獻著作，亦收有民國時期成書的現存衢州方志。另有清末民國初人士，其多數著作成書於清末，偶有成書於民國者，此書亦收録。至於流寓他鄉衢籍人士，其現存著作亦收録本書中。而外籍人士一度寓居衢地，且其著述並非在衢州完成者，一般不收録。綜合上述情況，現存傳世衢州文獻收録本書者有二百三十六種。

有些文獻内容較少，且與收録的其他著作内容密切相關，一般附録在相應的著作後。如署名「衢山布衣」撰寫《衢縣志補遺》乃補遺鄭永禧［民國］《衢縣志》之作，僅五十四條，此則附録於鄭氏《衢縣志》後。除《衢縣志補遺》外，另有詹熙《宋趙清獻公年譜》、楊葆光《龍邱戢匪紀略》、余紹宋［萬曆］《龍游縣志輯佚》、祝登元《祝茹穹先生醫驗》、葉秉敬《遒徇編》、童珮《童賈集》、王世英《頡雲詩稿》（附巽巖詩草後）、鄭永禧《老盲吟》，作爲附録附於相關著作之後。

由於館藏單位古籍複製的限制，有以下四種圖書未能收録到本書，即明萬曆福建書坊詹佛美活字本詹萊《招摇池館集》十卷，明嘉靖四十四年（1565）何鏜刻本徐文沔《澗濱先生文集》六卷，明萬曆三十八年（1559）刻葉秉敬選評《陸宣公文選》十五卷，清嘉慶刻本王宇春《三硯齋金石編》。另有孔傳《孔氏六帖》三十卷，國家圖書館收藏僅一卷，其餘二十九卷藏於臺灣，本書僅收録國家圖書館所藏一卷，臺灣所藏未能收録。

叢書影印出版，擇本要精。一種著述應選擇一最佳版本。若不同版本内容差異較多，或卷帙大有不同，則需選擇多個版本。本書中，程俱《麟臺故事》收録五卷本和三卷本，孔傳《東家雜記》收録宋刻遞修本和《文淵閣四庫全書》本，江少虞《事實類苑》收録五十五卷本、六十三卷本和七十八卷本，吾丘衍《閑居録》和《閒中漫編》内容多同稍異，詹塏《柔鄉韻史》和《海上百花傳》内容多同稍異，《四隱集》收録五卷本和四卷本。另有余紹宋［民國］《龍游縣志》、劉履芬《古紅梅閣遺集》則爲刊定之本，另分別有初稿本［民國］《龍游縣志初稿》《古紅梅閣未定稿》，此書皆收録。

就個人著述而言，傳世之作五種及以上者有六人，明代天台宗大師釋傳燈有十六種，明人葉秉敬有十二種，清末鄭永禧有九種，明人方應祥有八種，清末詹塏有六種，元人吾丘衍有六種。衢州有不少家族有家學傳統，其學術世家相承，如江山柴氏四隱柴望及其從弟隨亨、元亨、元彪皆有撰述，四隱著述雖多散佚，然亦有殘篇見於《四隱集》；又如江山劉氏詩書傳家，劉佳，佳兄侃，佳子履芬、觀藻，履芬子毓盤，或有詩文，或有詞作傳世；再如西安詹熙、熙父嗣曾、熙母王慶棣、熙弟塏，亦皆有著作流傳至今。

本書按經、史、子、集四大部類編排，各部類下細目以《四庫全書總目》的子目編排，各類目著述則按著作成書年代先後排列。編撰地方叢書應該做到收録精準，所收之書力求做到全面、客觀、嚴謹，即不漏收、不誤收、不濫收。對於「征信録」一類檔案彙編，以及大量家譜（族譜、宗譜）文獻，不列入本書收録範圍。

本書提要體例仿《四庫全書總目》，對各書撰者的籍貫、官爵和學術履歷等加以介紹，且詳解各書的内容、版本等，並略評其學術價值。若《四庫全書總目》有著録，本書提要則先全録總目，下以案語或作補充，或作辨證。佛學十三篇提要出於浙江師範大學陳開勇教授手筆，文末署其姓名；其餘提要皆出於筆者之手，不再署名。本書收録之書涉及經、史、子、集，而筆者學力有限，所撰提要不足之處在所難免，懇請方家指正。

魏俊傑

二〇一五年九月

目録

經部

史部

子部

集部

經部

周易初談講意六卷

明方應祥撰。應祥字孟旋，號青峒，衢州西安人。明萬曆四十四年（1616）進士。官至山東布政司參議、兼按察僉事、提督學政。孟旋著述甚豐，所著有《易經初談》《易經雅言》《易經指辨》《易經狐白》《四書講義》《四書藝》《守部議録》《評選郵筒類雋》十二卷、《青來閣初集》十卷、《青來閣二集》十卷、《青來閣三集》十五卷，輯有《青霞社草》。錢謙益爲撰墓誌，稱：「余所交海内巨人，卓犖豎立者多矣，若儒門所謂君子仁人，佛門所謂菩薩誓願者，吾孟旋其庶矣乎？」《講意》全書六卷，卷一、卷二談《上經》，卷三、卷四講《下經》，卷五、卷六闡發《繫辭》《説卦》《序卦》《雜卦》。

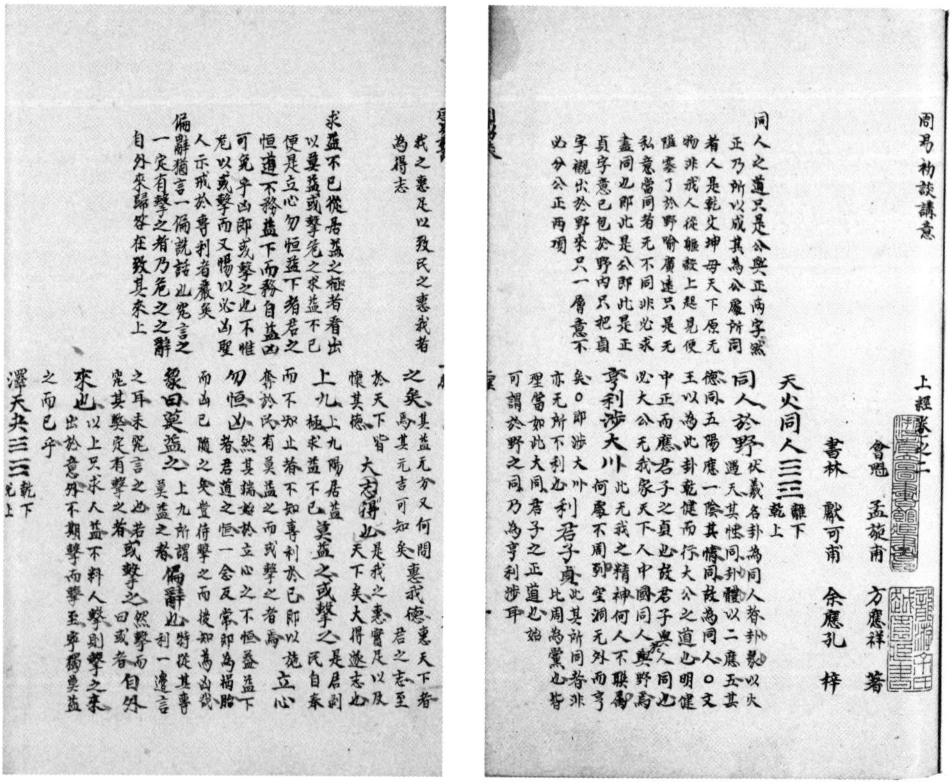

是書文分上下兩欄，上欄總述每小節大意，下欄録以《周易》文詞並逐句闡釋。方氏著此書，旨在闡發伏羲、文王、周公、孔子四聖創作《周易》之初意。孟旋認爲宋儒以來談《易》，皆未叩四聖之初意，不咀至理，難以求制義之精。在方氏看：「《易》先《詩》《書》，爲經之初；畫先爻、彖，爲《易》之初；河、洛洩天地苞符，又畫之初，則讀《易》者，必原其初而後可。而庖羲以畫發天地之初秘，文、周以詞發羲畫之初情，孔聖以傳贊發情詞之初旨。」此書所論四聖畫象爻彖之初，爲發人之未發，有其創意。［嘉慶］《西安縣志·經籍志》著録有《易經初談》，當即此書。該書與方氏《雅言》《指辨》《狐白》共爲闡發《易經》之作，惜後三書不見。此書每卷端題「會魁孟旋甫方應祥著，書林獻可甫余應孔梓」，然並非刻本。浙江圖書館所藏此本，封面有民國余紹宋題記曰：「此書每卷首雖題書林余應孔梓，却從未見刊本，疑此爲發刊定稿，蓋未梓成也。」據《書林余氏宗譜》，獻可出於建陽余氏刻書世家，明萬曆間人。故此本當爲明末寫樣待刻稿。

新鐫方孟旋先生羲經鴻寶十二卷

明方應祥纂要。此書題「新鐫方孟旋先生羲經鴻寶」，文分上下兩欄，於卷端下欄署「明西安方應祥纂要」，上欄題「《周易説統》，仁和張振淵輯，秣陵李克愛補」。應祥有《周易初談講意》，已著録。振淵字彦陵，所著有《周易説統》十二卷、《四書説統》二十六卷、《是堂文集》十卷。克愛字虚雲，明末隱士，與李義人、張興公論學，稱「南郊三老」。書名稱「羲經」，羲者，庖羲氏也。庖羲畫八卦爲作《易》之始，故《易經》别名《羲經》也。《周易説統》入《四庫全書存目叢書》，其提要略曰：「是編大旨宗程、朱《傳》《義》，凡諸儒説理可互證者，亦旁采並存」，「凡所援引，各標姓氏，間或附以己意」。此書下欄節録《周易説統》。明永樂間，胡廣等奉敕纂修《周易傳義大全》二十四卷，取程子《易傳》、朱子《本義》，博采諸家之説羽翼之，書成後頒行天下學宫，遂爲有明一代科舉取士之令甲。孟旋删節《大全》，又節取《周易説統》暢其旨，當爲科舉之用，常熟王良臣《題辭》稱「此治《易》家之鴻寶也」。方氏編此書凡十二卷，分卷與《周易説統》同。《周易説統》有克愛增補之文，方氏時采之，然不注明爲李氏增補。如卷二「屯元亨」一節末有：「《傳》主封建説亦妥，但與初爻有碍，不知爻中『建侯』亦是據衆所歸心論，非初自建爲侯也。」此則直入振淵文下，不讀《説統》難知爲克愛之説。此書今存明刻本，藏於首都圖書館。

新鐫方孟旋先生義経鴻寶下經之卷

周易説統　仁和　張振淵　輯　　秣陵　李克孝　補

宋大全　明西安　方應祥

困亨貞　一節

秣陵氏曰窮不足為困〻在不能自振上見蓋君子豈无困窮時節但小人勢雖盛而吾身不受其籠絡則正直之氣猶足以發舒惟剛為柔揜則正道反為邪道所遮蔽即欲少吐其氣而不能所以為困也然此卦處坎險不失兌悅真有无入不自得的光景何亨如之困而能亨即是貞這貞非有大涵養大識見者不能故歸之剛中大人吉无咎即是困而能亨意有言不信句反言以決其當亨耳有言是曉〻自

䷮ 坎下 兌上

困亨貞大人吉无咎有言不信

【本義】困者窮而不能自振之義坎剛為兌柔所揜九二為二陰所揜四五為上六所揜所以為困坎險兌說處險而說是身雖困而道則亨也二五剛中又有大人之象占者處困能亨則得其正矣非大人其孰

易學著貞四卷

《四庫全書總目》卷九《易學筮貞》：

國朝趙世對撰。世對字襄臣，衢州人。茲編論易爲卜筮之書，故經秦火而獨存。命之曰「筮貞」，謂以筮而貞萬世之變也。不載經文，惟采先儒議論，分類編輯。一卷曰綴集本旨、曰易學源流、曰圖書節要，二卷曰著法指南，三卷曰占變詳考，四卷曰易道同歸。論筮法與占變，條理頗爲詳明，蓋純以數言《易》者也。

案：世對此書，今傳本題名爲《易學著貞》，與四庫館臣所言《易學筮貞》稍異。此書各卷之端題「瀔水後學趙世對襄臣父輯」，「瀔

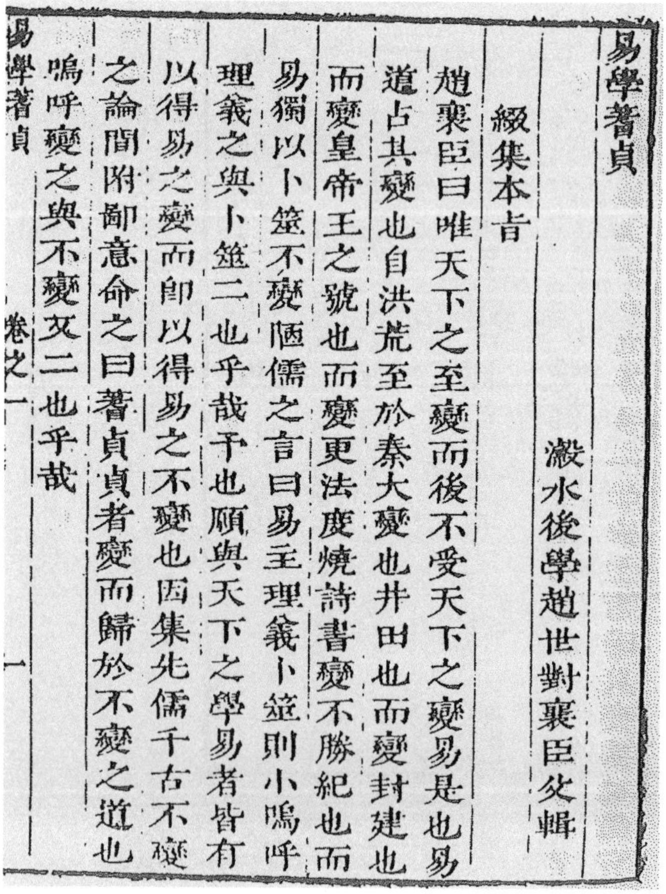

易學著貞

瀔水後學趙世對襄臣父輯

綴集本旨

趙襄臣曰唯天下之至變而後不受天下之變易是也易道占其變也自洪荒至於秦大變也井田也而變封建也而變皇帝王之號也而變更法度燒詩書變不勝紀也而易獨以卜筮不變陋儒之言曰易主理義卜筮則小嗚呼理義之與卜筮二也乎哉予也顧與天下之學易者皆有以得易之變而即以得易之不變也因集先儒千古不變之論間附鄙意命之曰著貞貞者變而歸於不變之道也嗚呼變之與不變又二也乎哉

易學著貞　卷之一　一

水」乃衢江與蘭江交匯處，在龍游縣一帶，故四庫館臣以世對爲衢州人。《易學蓍貞引言》稱世對爲「襄臣」，正文中世對亦自稱「趙襄臣」，而四庫館臣誤言「世對字襄臣」。趙氏先人嘗撰《易論》《易訓》《羽義大旨蠡測》等作，襄臣承其家學，撰《易學蓍貞》。世對言，「唯天下至變而後不受天下之變，《易》是也，《易》道占其變也」，「因集先儒千古不變之論，間附鄙意，命之曰《蓍貞》」。貞者，變而歸於不變之道也」。此其撰述旨意。襄臣闡述筮法與占變，屬陰陽象數之流，以朱子、邵子爲宗，兼取諸儒之説，間繫以己意。此書今有清順治刻本，藏於國家圖書館，《四庫存目叢書》亦據其影印。

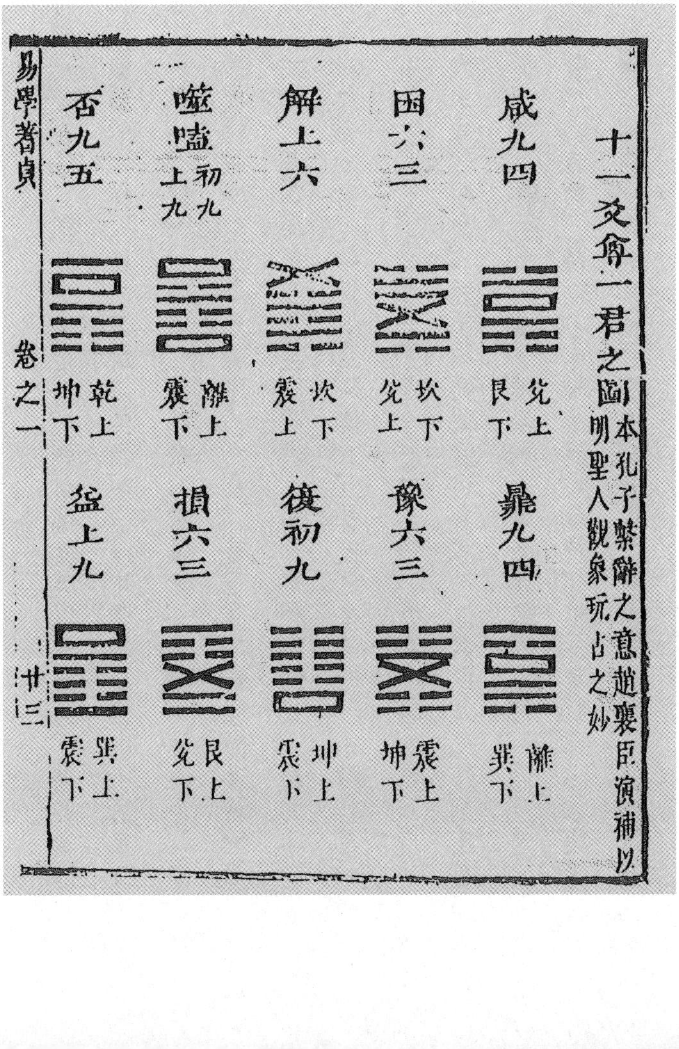
十一爻爲一君之圖本孔子繫辭之意趙襄臣演補以明聖人觀象玩占之妙

咸九四 兌上艮下　鼎九四 離上巽下

困六三 兌上坎下　豫六三 震上坤下

解上六 震上坎下　復初九 坤上震下

噬嗑初九上九 離上震下　損六三 艮上兌下

否九五 乾上坤下　益上九 巽上震下

易學蓍貞　卷之一　廿三

尚書詳解二十六卷

《四庫全書總目》卷十一《尚書詳解》：

宋夏僎撰。僎字元肅，號柯山，龍游人。時瀾作是書序，稱其少業是經，妙年擷其英以掇巍第，則嘗舉進士也。陳振孫《書録解題》，稱是書集二孔、王、蘇、陳、林、程、張及諸儒之説。以時瀾序及書中所引參考之，二孔者，安國、穎達之《傳》《疏》；蘇者，蘇軾《書傳》；陳者，陳鵬飛《書解》；林者，林之奇《尚書全解》；程者，程子《書説》；張者，張九成《尚書詳説》。惟王氏瀾序不之及，蓋王雱《新經尚書義》諱言之也。然僎雖博采諸家，而取於林之奇者實什之六七，蓋其淵源在是矣。明洪武間初定科舉條式，詔習《尚書》者並用夏氏、蔡氏兩《傳》。後永樂中，《書經大全》出，始獨用蔡《傳》，夏氏之書浸微。亦猶《易》並用程、朱，後程廢而獨用朱，《春秋》並用張、胡，後張廢而獨用胡也。今觀其書，視蔡《傳》固不免少冗，然其反覆條暢，深究詳繹，使唐虞三代之大經大法燦然明白，究不失爲説書之善本。淳熙間，麻沙劉氏書坊有刻版，世久無傳。今惟存抄帙，脱誤孔多。浙江采進之本，《虞書·堯典》至《大禹謨》全闕，《周書》闕《泰誓中》《泰誓下》《牧誓》三篇，又闕《秦誓》之末簡。謹以《永樂大典》參校，惟《泰誓》《永樂大典》亦闕，無從校補外，其餘所載尚並有全文，各據以補輯，復成完帙。書中文句則以《永樂大典》及浙本互校，擇所長而從之。原本分十六卷，經文下多附録重言、重意，乃宋代坊本陋式，最爲鄙淺，今悉删除，重加釐訂，勒爲二十六卷。

案：夏僎，宋孝宗淳熙五年（1178）進士，以明經教授，時與周升、繆景仁號「三俊」。［民國］《龍游縣志・藝文考》著録《尚書詳解》，案語曰：「此書書名、卷數，各本互異。《宋史・藝文志》、朱彝尊《經義考》《浙江通志》作《書解》，焦竑《國史經籍志》作《書詳解》，［康熙］《府志》作《柯山書解》，《浙江采進遺書總録》作《尚書解》並云十六卷，兩舊志則作《柯山書傳》四十卷。」今傳諸本，皆爲「《尚書詳解》二十六卷」。《直齋書録解題》著録是書，爲「《柯山書解》十六卷」。蓋元肅之書初爲《柯山書解》十六卷，四庫館臣釐訂後稱《尚書詳解》，分爲二十六卷。又據黄虞稷《千頃堂書目》，元時李公凱纂集《柯山尚書句解》三卷，可見夏書於元代尚有影響。此書有武英殿聚珍本，《叢書集成初編》據其影印。清光緒二十五年（1899），廣雅書局據殿本重刻。國家圖書館藏有清乾隆武英殿刻本，此書據其影印。

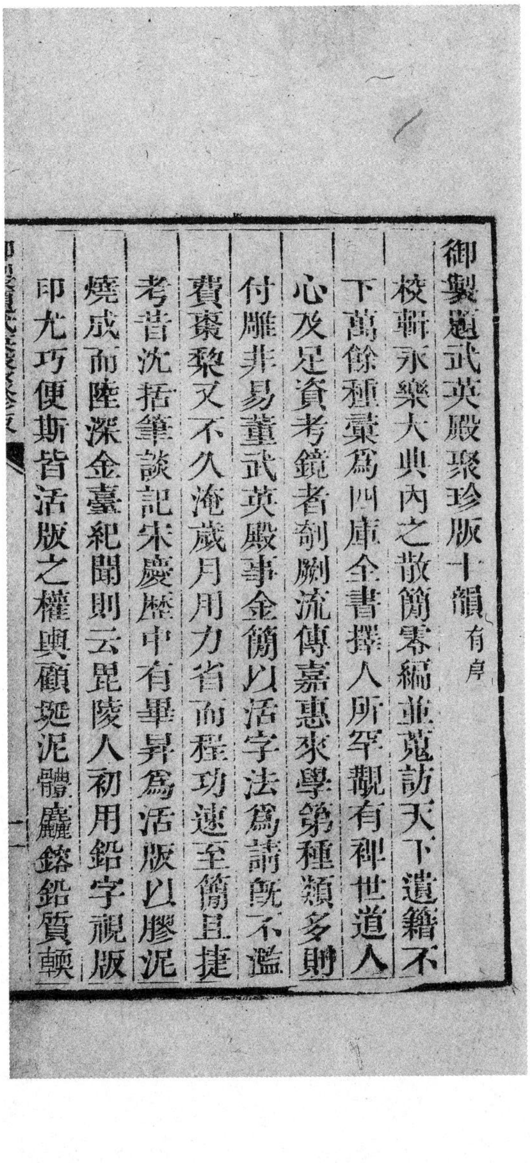
御製題武英殿聚珍版十韻 有序
校輯永樂大典內之散簡零編並蒐訪天下遺籍不
下萬餘種彙爲四庫全書擇人所罕覯有裨世道人
心及足資考鏡者剞劂流傳嘉惠來學第種類多則
付雕非易董武英殿事金簡以活字法爲請既不濫
費棗梨又不久淹歲月用力省而程功速至簡且捷
考昔沈括筆談記宋慶曆中有畢昇爲活版以膠泥
燒成而陸深金臺紀聞則云毘陵人初用鉛字視版
印尤巧便斯皆活版之權輿顧埏泥體麤鎔鉛質輭

禹貢指南四卷

《四庫全書總目》卷十一《禹貢指南》：

宋毛晃撰。晃，《宋史》無傳，其始末未詳。世傳其增注《禮部韻略》，於紹興三十二年表進，自署曰衢州免解進士，蓋高宗末年人也。是書《宋史·藝文志》不著録，焦竑《經籍志》載「《禹貢指南》一卷，宋毛晃撰」。朱彝尊《經義考》云「未見」，又云「《文淵閣書目》有之，不著撰人，疑即晃作」，則舊本之佚久矣。今考《永樂大典》所載，與諸家注解散附經文各句下，謹綴録成篇，釐爲四卷。以世無傳本，其體例之舊不可見，謹以經文次第標列，其無注者，則經文從略焉。其書大抵引《爾雅》《周禮》《漢志》《水經注》《九域志》諸書，而旁引他説以證古今山水之原委，頗爲簡明。雖生於南渡之後，僻處一隅，無由睹中原西北之古跡，一一統核其真，而援據考證，獨不泥諸儒附會之説，故後來蔡氏《集傳》多用之，亦言地理者所當考證矣。

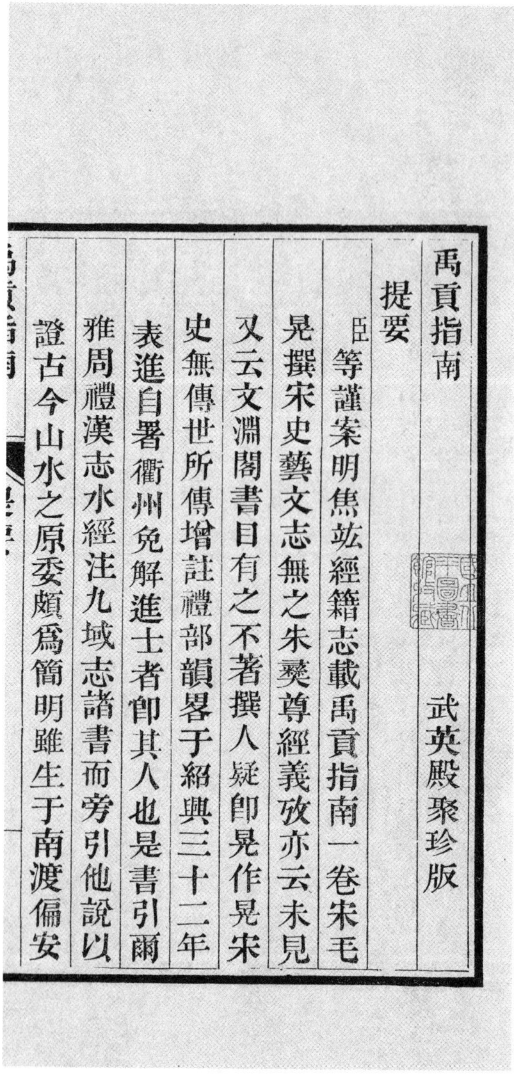
禹貢指南　武英殿聚珍版
提要
臣等謹案明焦竑經籍志載禹貢指南一卷宋毛
晃撰宋史藝文志無之朱彛尊經義攷亦云未見
又云文淵閣書目有之不著撰人疑卽晃作晃宋
史無傳世所傳增註禮部韻畧于紹興三十二年
表進自署衢州免解進士者卽其人也是書引爾
雅周禮漢志水經注九域志諸書而旁引他説以
證古今山水之原委頗爲簡明雖生于南渡偏安

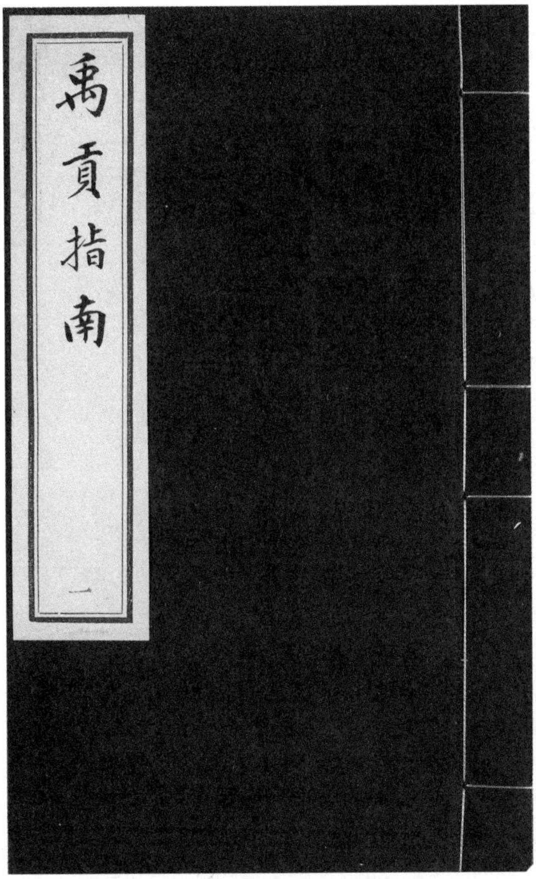

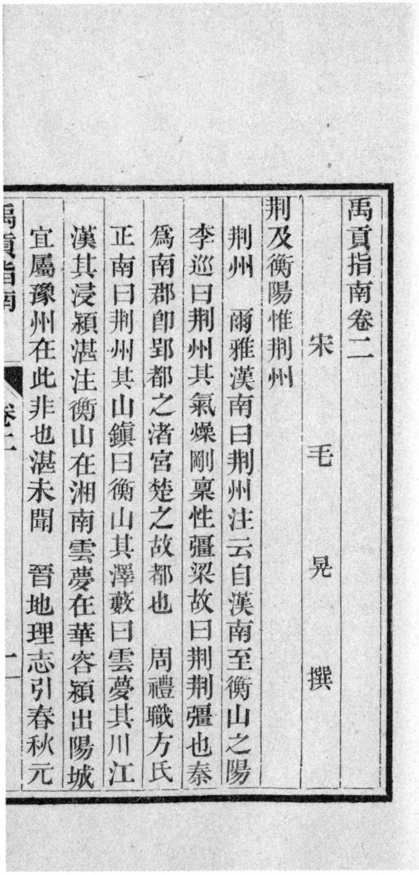

禹貢指南卷二

宋　毛　晃　撰

荊及衡陽惟荊州

荊州　爾雅漢南曰荊州注云自漢南至衡山之陽李巡曰荊州其氣燥剛稟性彊梁故曰荊荊彊也秦爲南郡即郢都之渚宮楚之故都也　周禮職方氏正南曰荊州其山鎭曰衡山其澤藪曰雲夢其川江漢其浸潁湛注衡山在湘南雲夢在華容潁出陽城宜屬豫州在此非也湛未聞　晉地理志引春秋元

禹貢指南　卷二　一

案：晃字明叔，衢州江山人。宋紹興間任主簿，嘗閉門著書，留心字學，增注禮部監韻，硯爲之穿，學者稱鐵硯先生，其傳見江山《清漾毛氏族譜》。焦竑《國史經籍志》載毛晃《禹貢指南》一卷，而今傳本爲四卷。此書引證資料，不限經典，旁及小説，廣泛利用地圖，爲宋人經解之代表。指南至清已散佚，四庫館臣從《永樂大典》中輯出，乾隆帝親爲毛晃《禹貢指南》題有《六韻》，並詳爲之注。今有清乾隆武英殿聚珍本，其後各官私刻本據殿本翻刻。《叢書集成初編》據聚珍本翻刻，卻附有《禹貢山川總會之圖》《九河即播同爲逆河之圖》《三江既入震澤底定之圖》《九江東陵彭蠡北江之圖》，實聚珍版無此四圖，《初編》據宋人傅寅《禹貢説斷》補入。國家圖書館藏有清乾隆武英殿刻本，今據其影印。

詩說十二卷

宋劉克撰。劉克，衢州龍游人。蚤以詩名，葉適嘗稱其可繼陶、韋，有《劉克詩》未行世。此書成於宋理宗紹定五年（1232），卷端題「信安劉克學」；卷首有劉克自序和子坦跋語，後又有《總説》以發凡起例；卷後又有劉坦跋文，與卷前坦跋不盡相同。是編按《詩經》篇次分爲十二卷，每篇以《詩經》詩文列於前，其下闡明其義。阮元有《四庫未收書提要》，其《詩説提要》云：「宋儒説詩有攻小序者，有守舊説者，廢小序者朱子也，尊古注者呂祖謙也。克之學，出於祖謙。」劉克詩學承東萊，其解《詩經》多宗呂氏《讀詩記》，間參以朱子《集傳》。蓋南宋自呂氏以來，浙東《詩》學自成派别，而不與閩

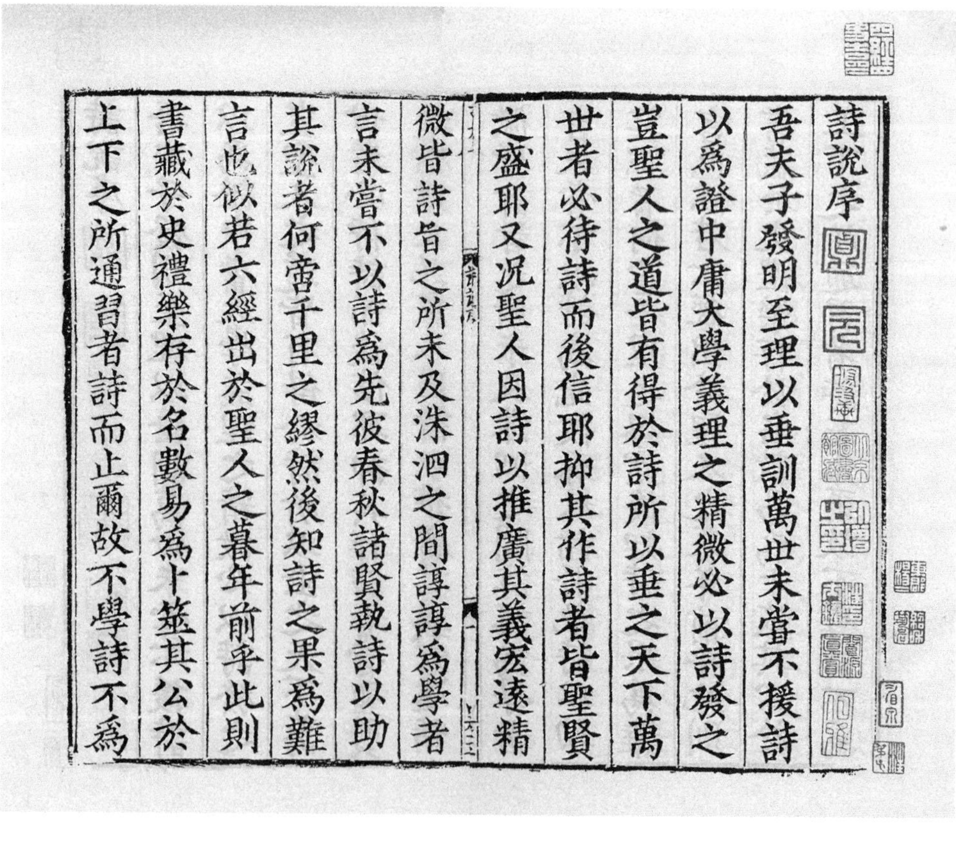
詩說序

吾夫子發明至理以垂訓萬世未嘗不援詩以爲證中庸大學義理之精微必以詩發之豈聖人之道皆有得於詩所以垂之天下萬世者必待詩而後信耶抑其作詩者皆聖賢之盛耶又况聖人因詩以推廣其義宏遠精微皆詩旨之所未及洙泗之間諄諄爲學者言未嘗不以詩爲先彼春秋諸賢執詩以助其詠者何啻千里之繆然後知詩之果爲難言也似若六經出於聖人之暮年前乎此則書藏於史禮樂存於名數易爲卜筮其公於上下之所通習者詩而止爾故不學詩不爲

學「廢序」同也。阮氏又言：「《鄭風》《大叔于田》，今本脱大字。此書與唐石經注疏本同，亦可證近世坊本之誤。」劉克所據《詩經》版本甚有價值，所引《詩經》之文亦資參證。據劉坦跋語可知，今所見《詩説》乃經劉坦删定，去舊解而獨存克説，已非克之原本。朱彝尊《經義考·詩十二》曰：「劉氏《詩説》，《宋志》及焦氏《經籍志》、朱氏《授經圖》均未之載。崑山徐氏傳是樓有藏本，乃宋時雕刻，惜第二、第九、第十卷都闕。前有《總説》，楮尾吳匏庵先生題識尚存。」清道光中，吳中汪士鐘得宋本，並補以嘉興錢夢廬抄本第二卷付梓。錢塘丁丙藏有明抄本，《善本書室藏書志》載《詩説》題識云：「今此本有汪魚亭藏閱書印，非惟第二不缺，第九、第十亦全。」此書以國家圖書館所藏宋刻殘本影印，並據明抄本補全第二、第九、第十卷。

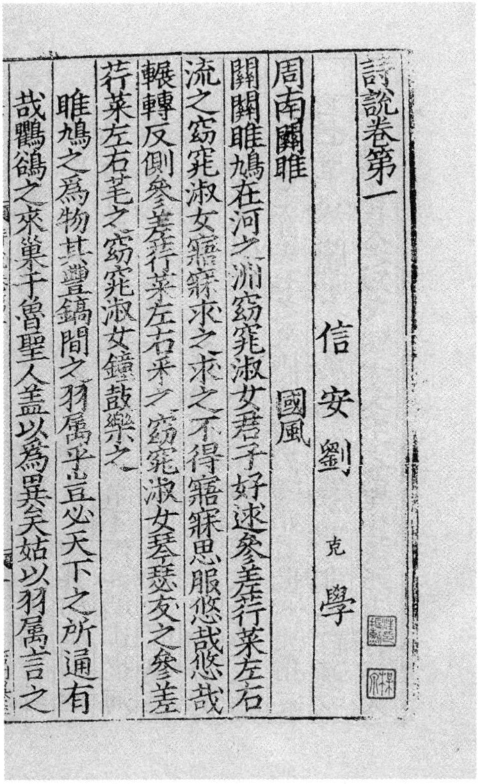
詩説卷第一
信安劉 克 學
周南關雎 國風
關關雎鳩在河之洲窈窕淑女君子好逑參差荇菜左右流之窈窕淑女寤寐求之求之不得寤寐思服悠哉悠哉輾轉反側參差荇菜左右采之窈窕淑女琴瑟友之參差荇菜左右芼之窈窕淑女鐘鼓樂之
雎鳩之爲物其豐鎬間之羽屬乎豈必天下之所通有哉鸜鵒之來巢于魯聖人盖以爲異矣姑以羽屬言之

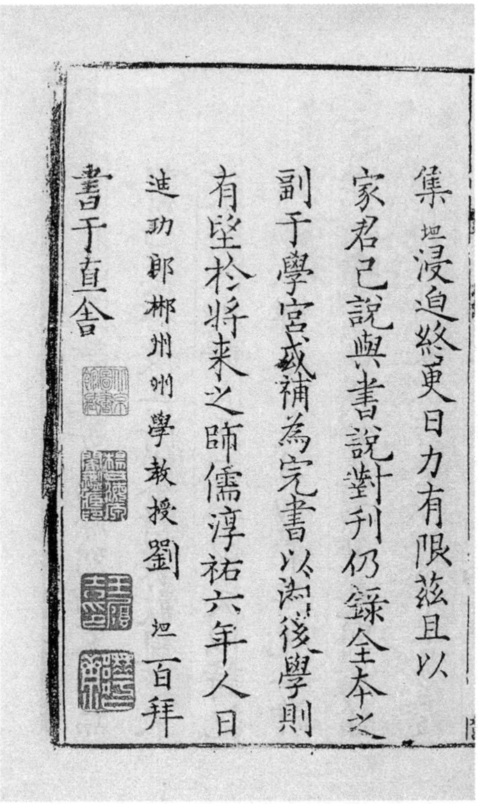
集 坦浸追終更日力有限茲且以家君已說與書說對刊仍錄全本之副于學宮或補爲完書以淑後學則有望於將來之師儒淳祐六年人日
進功郎郴州州學教授劉 坦 百拜
書于直舍

沈先生春秋比事二十卷

《四庫全書總目》卷二十七《春秋比事》：

舊本題宋沈棐撰。棐，始末無可考，惟是書前有陳亮序稱其「字文伯，湖州人，爲婺之教官」。陳振孫《書録解題》曰「按湖有沈文伯名長卿，號審齋居士，爲常州倅，忤秦檜，貶化州。不名棐也，不知同父何以云。然豈别有名棐而字文伯者乎？然則非湖人也」云云，其説與亮迥異。都穆《聽雨紀談》又據嘉定辛未盧陵譚月卿序，以爲莆陽劉朔撰，併稱月卿親見劉氏家本。此本不載月卿序，亦未審穆何所據，疑以傳疑，無從是正。以陳亮去棐世近，姑從所序，仍著棐名。其書前以諸國類次，後以朝聘、征伐、會盟事跡相近者，各比例而爲之説，持論頗爲平允。本名《春秋總論》，亮爲更此名。元至正中，嘗刊於金華。其版久毁，世罕傳本。故朱彝尊《經義考》注曰「已佚」。此本前有中興路儒學教授王顯仁序，蓋猶從元刻傳録者也。

案：《沈先生春秋比事》，陳亮以爲湖州沈棐撰，陳振孫疑沈棐非湖州人，譚卿月以爲是劉朔撰。学者多以沈棐撰爲是，四庫館臣亦署其撰者爲沈棐。元人吴師道於《古三墳書後題》言「斐亦衢人，字文伯，嘗爲婺之教官，所著《春秋比事》，陳亮《序》以爲湖州人。陳振孫謂湖有沈文伯，名長卿，不名斐，今因此書題識知亮誤也。」吴師道爲婺州蘭溪人，其説當不誣。今存宋紹興十七年（1147）婺州州學刻本《古三墳書》，乃沈斐所刻，其《後敘》題「三衢沈斐書」，可證沈斐爲衢州人。此「斐」與「棐」形近，陳亮所言「沈棐」爲婺州校官，當是「沈斐」一人。故《春秋比事》撰者應定衢州沈斐。此書卷一至卷九以諸國爲類，为周天王、二伯（齊桓公、晉文公）、魯世家、齊世家、宋世家、鄭世家；卷十至卷二十以朝聘、盟會、侵伐等分類，類同者各爲之説。陳亮序稱：「雖其論未能一一中的，而即經類事以見其始末，使聖人之志可以捨傳而獨考，此其爲志亦大矣。惜其爲此書之勤，而卒不見其名也。」《禮記·經解》曰「屬辭比事，《春秋》教也」，沈氏將《春秋》大事分類編排，蓋與東萊《左氏類編》相合，自有參考價值。《四庫全書》所録《春秋比事》，乃據浙江吴玉墀家藏本。國家圖書館藏有明祁氏澹生堂抄本，此書據其影印。

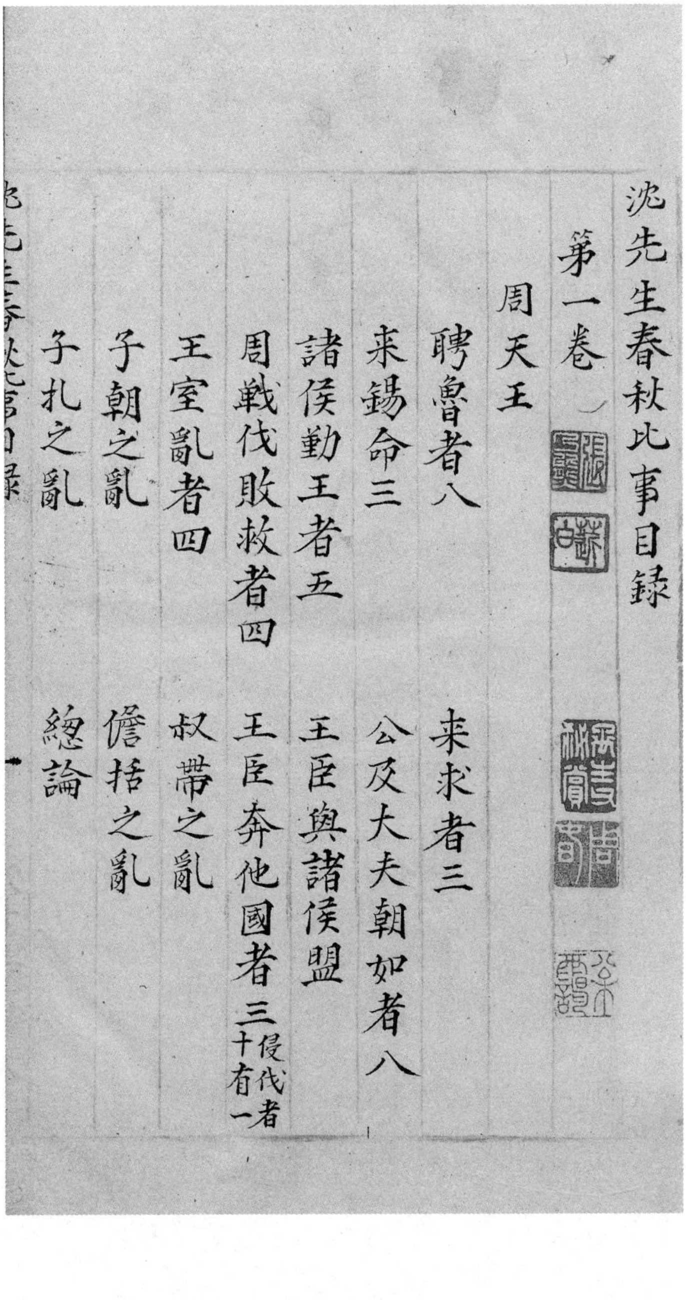

麟寶六十三卷

《四庫全書總目》卷三十《春秋麟寶》：

明余敷中撰。敷中，不知何許人。是書成於萬曆乙卯。全録《左》《國》《公》《穀》之文於經文之下。《左》《國》則録其全，《公》《穀》則除其複。《國語》事有在《春秋》前者，别爲首卷於前。無所訓釋，亦無所論斷。前有萬曆乙卯《自序》，言「夫子獲百二十國寶書作春秋，而絶筆於獲麟」，故曰「麟寶」。其命名取義，殆於札闥鴻休矣。

案：敷中字定陽，衢州西安人，明萬曆四十六年（1618）進士。曾秉鐸淳安，與諸生闡析理奥。沉湎子史，工古文、詞、詩、賦，所著有《三衢來脉》《太末先生集》《南園》《北游》《青溪》諸詩草。稱《春秋》爲「麟經」，蓋始自晚唐，如黄滔《與羅隱郎中書》「誠以麟經」是也。敷中《麟寶》，集《左傳》《國語》《公羊傳》《穀梁傳》爲之，以便科舉之業。全書凡六十三卷，卷首一卷。卷前有杜預《左傳序》、余敷中《麟寶序》、韋昭《國語序》、何休《公羊傳序》、范寧《穀梁傳序》、凡例四條。卷首録《周語》《鄭語》分載周穆王以來西周諸事、鄭國事，各卷按時間編排，將《左傳》《國語》《公羊傳》《穀梁傳》之文録於相應時間之下。對《國語》之文年月無考者，除附列卷首，另或附於某年之下，或附於某公之後。據其凡例：「音釋各傳甚詳，兹各從本注。其有義已見而意可推者，或從缺略，然存者什九，缺者什一；或本注原有缺音，則考諸《説文》以補之。」其音釋多注於版框上方同行的天頭處，亦有少數注於該段文字的末尾處。《四庫全書》收録此書，采浙江汪啓淑家藏本。國家圖書館、北京大學圖書館藏明萬曆刻本。

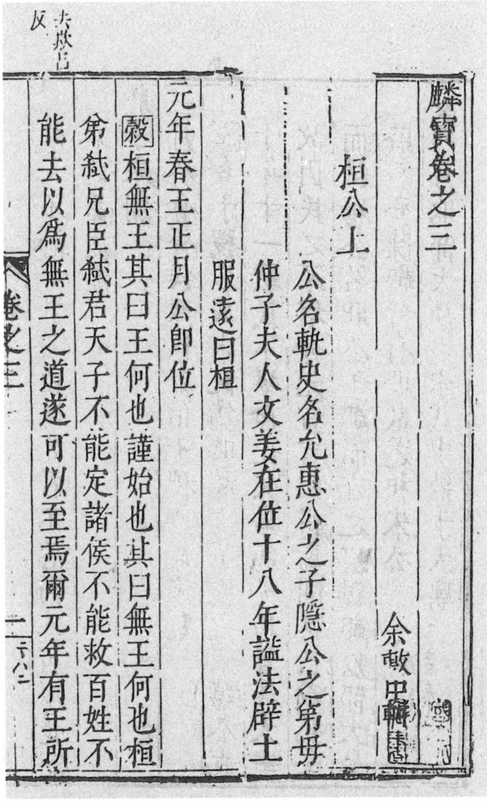
麟寶卷之三　　余敏中輯
桓公上
公名軌史名允惠公之子隱公之弟毋仲子夫人文姜在位十八年謚法辟土服遠曰桓
元年春王正月公即位
[穀]桓無王其曰王何也謹始也其曰無王何也桓弟弑兄臣弑君天子不能定諸侯不能救百姓不能去以爲無王之道遂可以至焉爾元年有王所

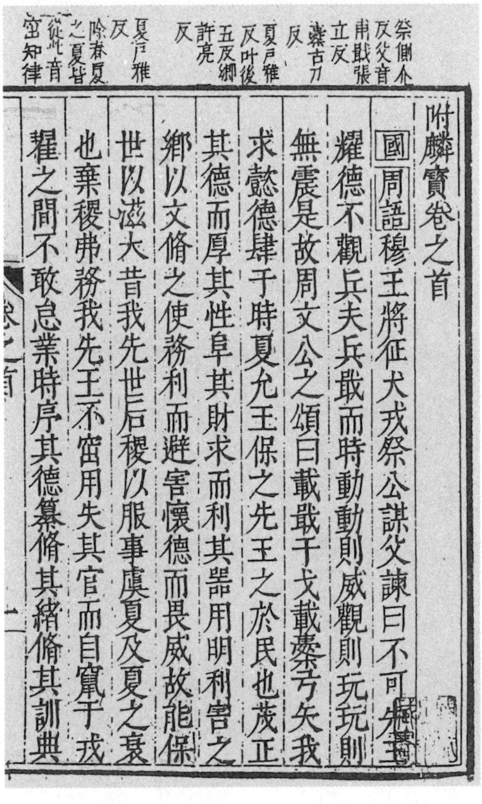
附麟寶卷之首
[國]周語穆王將征犬戎祭公謀父諫曰不可先王耀德不觀兵夫兵戢而時動動則威觀則玩玩則無震是故周文公之頌曰載戢干戈載櫜弓矢我求懿德肆于時夏允王保之先王之於民也茂正其德而厚其性阜其財求而利其器用明利害之鄉以文脩之使務利而避害懷德而畏威故能保世以滋大昔我先世后稷以服事虞夏及夏之衰也棄稷弗務我先王不窋用失其官而自竄于戎翟之間不敢怠業時序其德纂脩其緒脩其訓典

六經正誤六卷

《四庫全書總目》卷三十三《六經正誤》：

宋毛居正撰。居正字誼父，或曰義甫。義、誼，父、甫，古字通也，衢州人，免解進士晃之子。晃嘗著《增注禮部韻略》及《禹貢指南》，居正承其家學，研究六書。嘉定十六年，詔國子監刊正經籍，當事者聘居正司校讎，已釐定四經，會居正目疾罷歸，其《禮記》及《春秋三傳》遂未就。然所校四經，亦以工人憚煩，詭竄墨本以給有司，版之誤字未改者猶十之二三。居正乃裒所校正之字，補成此編。楊萬里爲作序，述其始末甚詳。陳振孫《書録解題》謂其唯講偏旁之疑似。今觀是書校勘異同，訂正訛謬，殊有補於經學。其中辨論既多，不免疏舛者，如勑，古文作「敕」，隸變作勑，居正乃因高宗《御書石經》誤寫作勑，遂謂「來」字中從兩「入」，不從兩「人」；「享」字古文作「亯」，隸變作「享」，或省作「亨」，居正乃謂享字訓祭，亨字訓通，兩不相溷。坤，古從土從申，隸別爲巛，居正乃謂巛是古字。乾、离、坎等，俱有古文，如卦畫之形。遲、遟，古文本一字，《説文》以爲「遲」籀文作「遟」者是也，居正乃謂兩字是非相半，不敢擅改。賴字，古從貝從剌，俗誤書作「頼」，居正乃謂「賴從束，從負」，其於六書皆未確。又《禮·大行人》「立當前疾」，「疾」乃「矦」字之誤，「矦」在車轅前，鄭康成所謂車轅前胡，下垂拄地者是也，居正乃以爲應作「軓」，「軓」，前揜版，實與「矦」不相涉。如此類者，於經義亦不合。然許氏《説文解字》、陸德明《經典釋文》亦不免小有出入，爲後人所摭拾，在居正又烏能求備？論其大致，則審定字畫之功，固有不可泯没者矣。

案：居正，衢州江山人。《清漾毛氏族譜》及《江山縣志》載，宋紹興二十一年（1151）居正與父毛晃同登進士。然居正著《六經正誤》在宋寧宗嘉定十六年（1223），距紹興二十一年甚遠，故《族譜》《縣志》所載恐與事實不符。此書六卷，分别正《周易》《尚書》《毛詩》《禮記》《周禮》《春秋三傳》之誤，而無正儀禮之誤者。前五卷各有正字誤、釋文、音辨，第六卷僅有正字誤、釋文，對《五經正義》《經典釋文》等書或作引證，或作辨正。卷前有魏了翁序，稱其「盡取《六經》《三傳》諸本，參以子史字書，選粹文集，研究異同，凡字義音切豪釐必校。儒官稱歎，莫有異詞」，又言，「余觀其書，念今之有功於經者，豈無《經典釋文》《六經文字》《九經字樣》之等？然此書後出，殆將過之無不及者，其於後生晚學祛蔽痞疑，爲益不淺」。可見魏氏對《正誤》評介甚高。此書問世後多見翻刻，今存最早刊本爲元刻本，後有明嘉靖二年（1523）郝梁刻本，《四庫全書》據「兩淮馬裕家藏本」著録。《通志堂經解叢書》又多次翻刻此書，日本文政二年（1819）曾刊刻之，以見其流佈之廣也。國家圖書館藏有是書元刻本，此書據其影印。

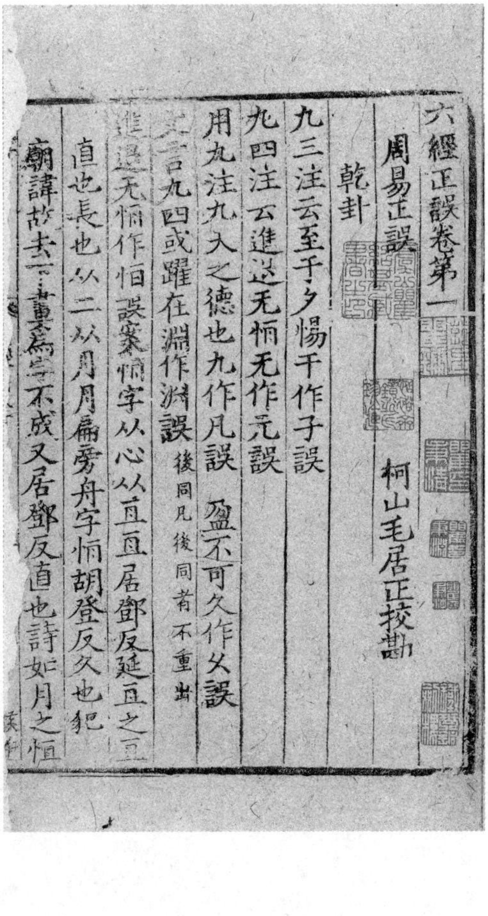
六經正誤卷第一
周易正誤　柯山毛居正挍勘
乾卦
九三注云至于夕惕干作子誤
九四注云進退无恒无作元誤
用九注九人之德也九作凡誤　盈不可久作夂誤
文言九四或躍在淵作渕誤　後同凡後同者不重出
進退无恒作恒誤案恒字从心从亘亘居鄧反延亘之亘
直也長也从二从月月扁旁舟字恒胡登反久也
廟諱故去一畫爲字不成又居鄧反亘也詩如月之恒

四書合講十九卷

清詹文煥撰。文煥字維韜，號石潭，後改名文啓，衢州西安人。清雍正十年（1732）舉人。官至工部屯田清吏主事。維韜工詞翰，性尤廉潔，所著有《四書合講》。此書卷首題「酌雅齋《四書遵注合講》，太末翁復克夫編次，同學詹文煥維韜參定」。［民國］《衢縣志·藝文志》據此言，「酌雅齋《四書合講》，清翁復、詹文煥合編」。然據［嘉慶］《西安縣志·義行傳》載，「翁復字克夫，與詹文煥善。好讀書，敦善行。文煥輯《酌雅齋四書》，無力梓行，復傾資壽之梨棗，迄今士林傳誦」。由此可見，《四書合講》撰者當是詹文煥，而非翁復，復乃此書刊行資助者。然卷端題撰者如此，後人遂誤爲二人合撰，甚有認爲翁氏獨作。

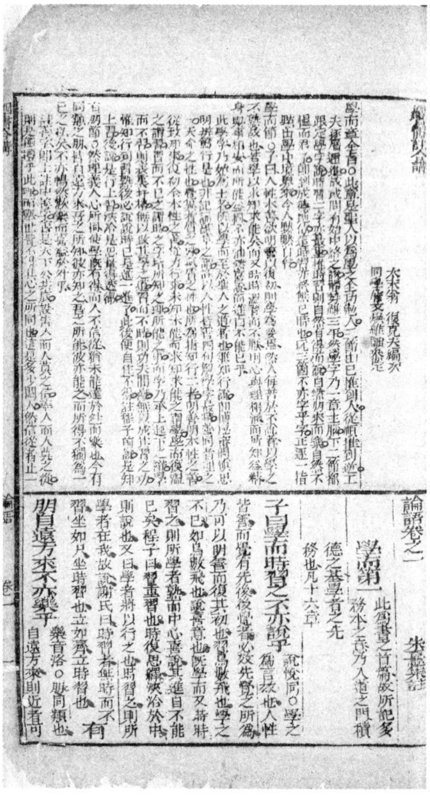

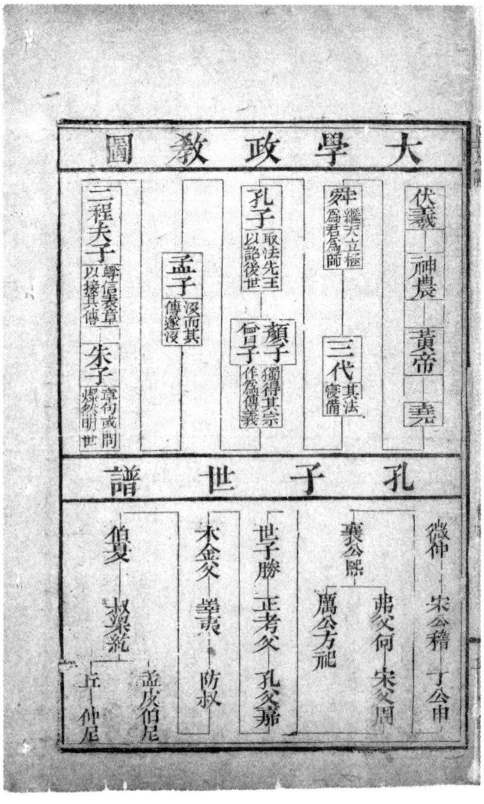

此書十九卷，卷前有圖説三十三，皆與《四書》内容相關。《大學章句序》前有「諸儒姓氏」，首列朱子，其下列周子敦頤至梯霞陸氏九十八人。《論》《孟》《集注》前各有《論語人物考》和《兩孟人物考》，所考以二書中人物爲主，兼及國名、典制等，如《兩孟人物考》有對滕、薛等國之考述，有對「明堂」「聖賢之君七不作」「庠序學校」等作闡釋。該書正文分上下兩欄，下欄全録朱子《四書章句集注》，上欄針對下欄相關内容所作闡釋。自宋儒闡發四書精意以來，部帙即繁，指歸復異，初學之士未必能偏觀而詳核。本書總括宋儒以來諸説，「自《或問》《語類》《精義》《輯略》而下，復有旁參互證，以諸儒之論説，每於理醇而旨括、義明而詞簡者，即隨録而彙存之」。其以「講章弁之於本文集注之上」，使「繁者簡而異者一」，便於學子科考之用。是書成於雍正六年（1728），始刊於雍正八年（1730），題「酌雅齋四書合講」。因科舉之用，此書刊行後風行海内外，並不斷翻刻，今存者有達道堂、醉經樓、芥子園、森寶堂、掃葉山房等版，日本明治間亦有石印本。國家圖書館藏有酌雅齋《四書合講》，此書據其影印。

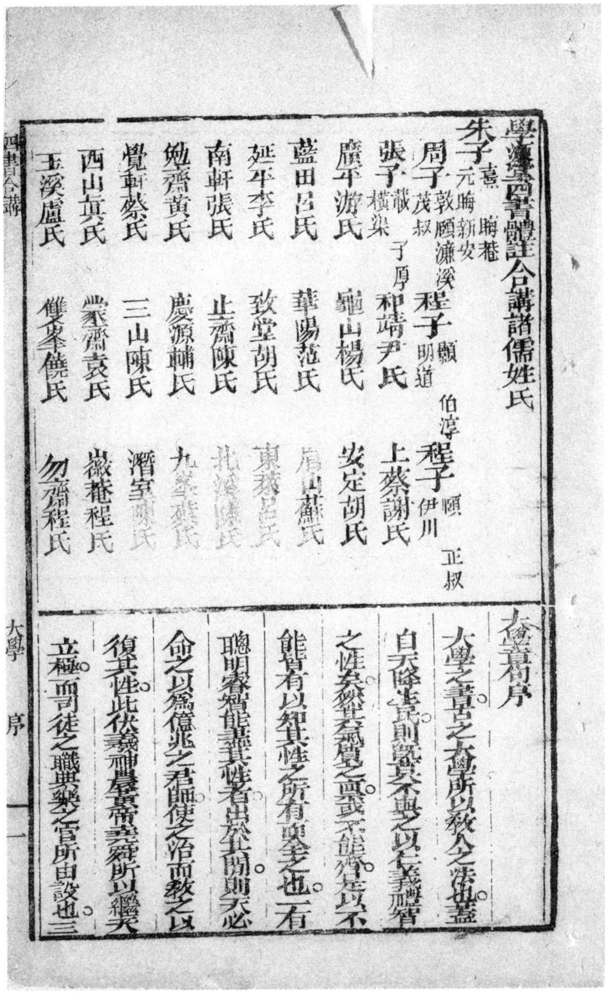

學庸論孟四書體註合講諸儒姓氏

朱子熹 晦菴 元晦 新安　周子敦頤 濂溪 茂叔　程子顥 明道 伯淳　程子頤 伊川 正叔

張子載 橫渠 子厚　和靖尹氏　上蔡謝氏

廣平游氏　龜山楊氏　安定胡氏

藍田呂氏　華陽范氏　眉山蘇氏

延平李氏　致堂胡氏　東萊呂氏

南軒張氏　止齋陳氏　北溪陳氏

勉齋黃氏　慶源輔氏　九峯蔡氏

覺軒蔡氏　三山陳氏　潛室陳氏

西山真氏　蒙齋袁氏　巖菴程氏

玉溪盧氏　雙峯饒氏　勿齋程氏

大學章句序

大學之書古之大學所以教人之法也蓋自天降生民則既莫不與之以仁義禮智之性矣然其氣質之禀或不能齊是以不能皆有以知其性之所有而全之也一有聰明睿智能盡其性者出於其閒則天必命之以爲億兆之君師使之治而教之以復其性此伏羲神農黃帝堯舜所以繼天立極而司徒之職典樂之官所由設也三

四書合講　大學　序　一

增修互注禮部韻略五卷

《四庫全書總目》卷四十二《增修互注禮部韻略》：

宋毛晃增注，其子居正校勘重增。諸家所稱《增韻》，即此書也。晃嘗作《禹貢指南》，居正嘗作《六經正誤》，皆已著録。是書因丁度《禮部韻略》收字太狹，乃搜采典籍，依韻增附。又韻略之例，凡字有别體、别音者，皆以墨闌圈其四圍，亦往往舛漏。晃並爲釐定，於音義字畫之誤，皆一一辨證。凡增二千六百五十五字，增圈一千六百九十一字，訂正四百八十五字。居正續拾所遺，復增一千四百二字，各標總數於每卷之末。而每字之下，又皆分注其曰增入、曰今圈、曰今正者，皆晃所加；曰重增者，皆居正所加。其辨論考正之語，則各署名以别之。父子相繼以成一書，用力頗爲勤摯。其每字叠收重文，用《集韻》之例；每字别出重音，用《廣韻》之例。然不知古今文字之别，又不知古今聲韻之殊。如東部通字紐下，據漢《樂府》增一桐字，是以假借爲本文；同字紐下，據《豳風》增一重字，是以省文爲正體。又如先部先字紐下，據漢《樂府》增一西字，是以古音入律詩；煙字紐下，據杜預《左傳注》增一殷字，是以借聲爲本讀。皆所謂引漢律斷唐獄者，不古不今，殊難依據。較歐陽德隆互注之本，殆不止上下牀之别。特其辨正訓詁，考正點畫，亦頗有資於小學，故後來字書、韻書，多所徵引；而《洪武正韻》之注，據是書者尤多焉。録而存之，亦足以備簡擇也。明代刊版頗多訛舛。此本凡宋代年號皆空一格，猶從舊式；末題「太歲丙午仲夏秀巖山堂重刊」，蓋理宗寶祐四年蜀中所刻，視近本特爲精善云。

案：此書爲指導科舉古賦用韻而作，對後世甚有影響。於音韻史，又爲考訂宋末元初聲韻系統重要文獻，其價值已逾越最初編纂之旨。元至正以後，《增韻》逐漸取代「平水韻」一類韻書之地位，爲古賦押韻共同遵守之範本。明初纂修《洪武正韻》，即由《增韻》改併删訂而成。《增韻》之例證古今兼收，涵蓋經史子選、唐宋詩文，有資於語音、詞彙研究。魏了翁《跋毛氏增韻》言：「三衢毛氏《增韻》奏御之六十二年，其子居正義夫應大司成校正經籍之聘，始克鋟梓於胄庠。然人情異嚮趨簡厭煩，故校其始著，尚多刊削。」宋高宗紹興三十二年（1162），毛晃奏進此書；宋寧宗嘉定十六年（1223），毛居正出其家藏書原稿就國子監始刊行。《增韻》問世後，宋元明清屢次翻刻。現存最早刊本爲宋刻本，藏於上海圖書館。後有元至正十五年（1355）刻本，此書據其影印。

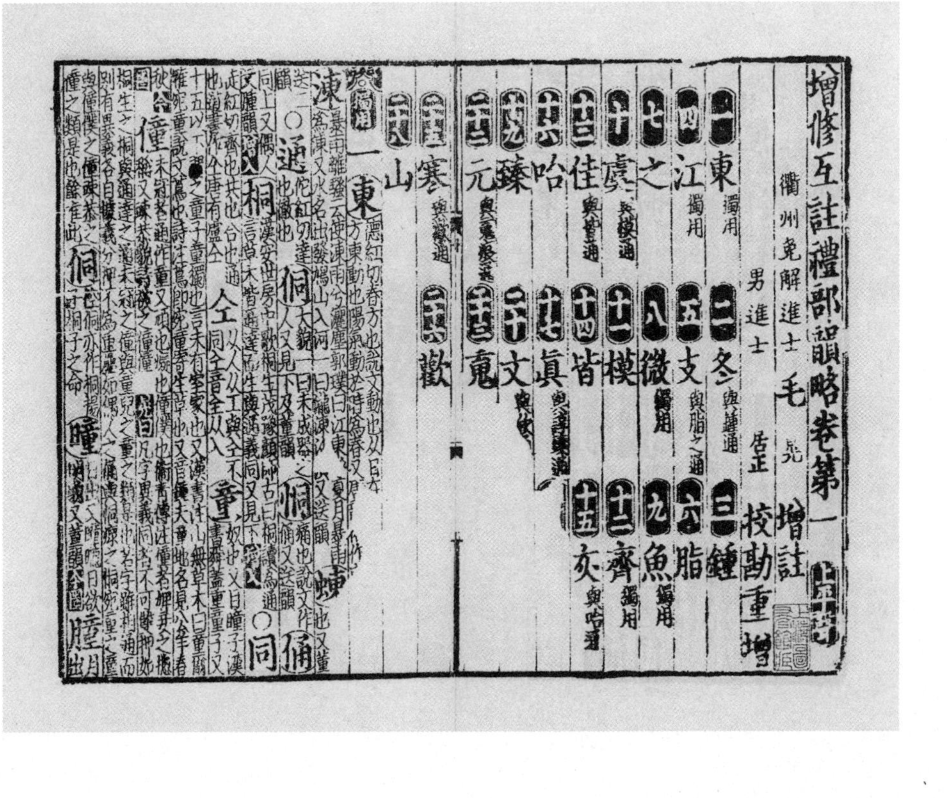

蒙古字韻二卷

《四庫全書總目》卷四十四《蒙古字韻》：

元朱宗文增訂。宗文字彦章，信安人。前有劉更序，又稱爲朱巴顔，蓋宗文嘗充蒙古字學弟子，故別以蒙古語命名也。案《元史·釋老傳》，元初本用威烏爾字（案「威烏爾」原作「畏吾兒」，今改正），以達國言。至世祖中統元年，始命帝師製蒙古新字。其字僅千餘，其母凡四十有一。其相關紐而成字者，則有韻關之法。其以二合、三合、四合而成字者，則有語韻之法。而大要以諧聲爲宗。字成，詔頒行天下。又於州縣各設蒙古字學教授，以教習之，故當時頗有知其義者。宗文以蒙古字韻，字與聲合，而諸家漢韻率多訛誤，莫知取捨，因重爲校正。首列各本誤字及重入漢字；次列總括變化之圖；次字母三十六字；次篆字母九十八字；次則以各蒙古字分韻排列，始一東，迄十五麻，皆上冠蒙古文，下注漢文對音，先平聲而附以上、去、入聲。每一蒙古字以漢字音注，自四、五字至二、三十字。末附迴避字樣一百六十餘字，蓋文移案牘通行備檢之本也。元代國書國語，音譯久已傳訛。宗文生於至正間，雖自謂能通音譯，而以南人隔膜之見，比附推尋，實多不能吻合。即如陶宗儀《輟耕録》載：「元國字以可侯字爲首，而是書又依《韻會》以見經、堅、訇字爲首，其字母已不相合。而《元史》既稱有二合、三合、四合之法，而此書乃用直對，而不用切音。甚至累數字以釋一音，清濁重輕，毫無分別。又字皆對音，而不能翻譯成語。」觀《元史》及諸書所載蒙古字，詔旨行移，皆能以國語聯屬成文。是當日必別有翻譯之法。而是書槩未之及，遂致湮没而不可復考。蓋其時朝廷既無頒行定式，官司胥史，輾轉傳習，舛謬相仍。觀於國姓之却特而訛作奇渥温，載之史册，則其他錯互，大槩可知。且刊本久佚，今所存者惟寫本。其點畫既非抄胥所能知，其舛誤亦非文士所能校；不過彷佛鈎摹，依稀形似，尤不可據爲典要。我國家同文盛治，邁越古今。欽定《元史》《蒙古國語解》，考訂精確，凡相沿之踳謬，盡已闡剔無遺。傳訛之本，竟付覆瓿可矣。

案：朱宗文師爲此書作序，署名「柯山劉更」，柯山乃衢州別稱。四庫館臣言宗文爲信安人，元時西安縣舊稱信安，故朱宗文當爲元代衢州路西安人。《蒙古字韻》爲元代「字典」式韻編，撰者乏考。據劉更序文，朱宗文「增《蒙古字韻》，正蒙古韻誤」，此如毛晃父子增注《禮部韻略》，故宗文對《蒙古字韻》亦有貢獻，爲此書增訂者。此書分十五韻，上、去與平同部，入聲則分隸支、魚、佳、蕭、歌、麻六韻，與《廣韻》「平水韻」不同，較之《中原音韻》則少四部，故此書亦爲探究元代音學之重要文獻。羅常培《蒙古字韻跋》，訂正四庫全書之誤者四事，稱此書「借鏡八思巴文，故審音較精，益與口語接近」，此文詳見羅常培、蔡美彪《八思巴字與元代漢語》。此書據舊抄本影印。

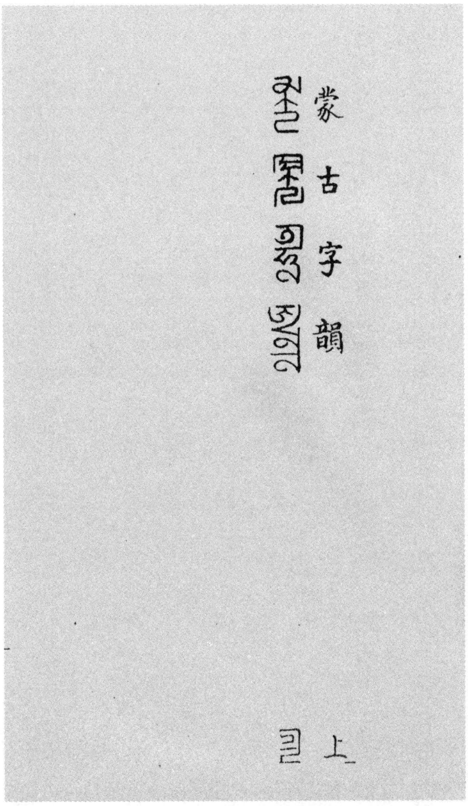

周秦刻石釋音一卷

元吾丘衍撰。

《四庫全書總目》卷四十一《周秦刻石釋音》：

衍字子行，錢塘人。初，宋淳熙中有楊文昺者，著《周秦刻石釋音》一書，載《石鼓文》《詛楚文》，泰山、嶧山碑。至是，衍以所取瑯琊碑不類秦碑，不應收入，因重加删定，以成是書。前有至大元年衍自序，謂：《石鼓》以所藏《甲秀堂圖譜》爲之，而削去鄭樵音訓。又正《詛楚文》二字，合泰山、嶧山石刻字。共爲一卷，而仍其書名。又列諸家音注、書評於後。其敘《石鼓》次第，與薛尚功、楊慎本合，而與今本異。其曰文幾行、行幾字、重文闕文幾字者，即朱彝尊據以編《石鼓考》者也。然其所謂闕文幾字者，仍第執一時所見之本而言。即潘迪音訓與衍書同作於元時，其音釋亦不盡同。蓋金石之文，摹搨有明晦，裝潢有移掇，言人人殊，不足異也。至所正《詛楚文》二字：絆之爲縫，其説於古無所據，以文義字體按之，皆未可信；遝之爲遂，則遝、遂二字《詛楚文》石本、版本皆無其文，不知衍所據何本。然衍距今日四百年，其所見之本或有異同，未可執今本相詰難。録備一説，要亦足廣異聞耳。

案：吾丘衍，又作「吾邱衍」，古人因避孔子諱而改「丘」爲「邱」，又稱吾衍。據［崇禎］《開化縣志・人物志》，衍爲衢州開化人，後寓居錢塘。吾氏著述甚豐，今存有《周秦刻石釋音》《續古篆韻》《學古編》《閑

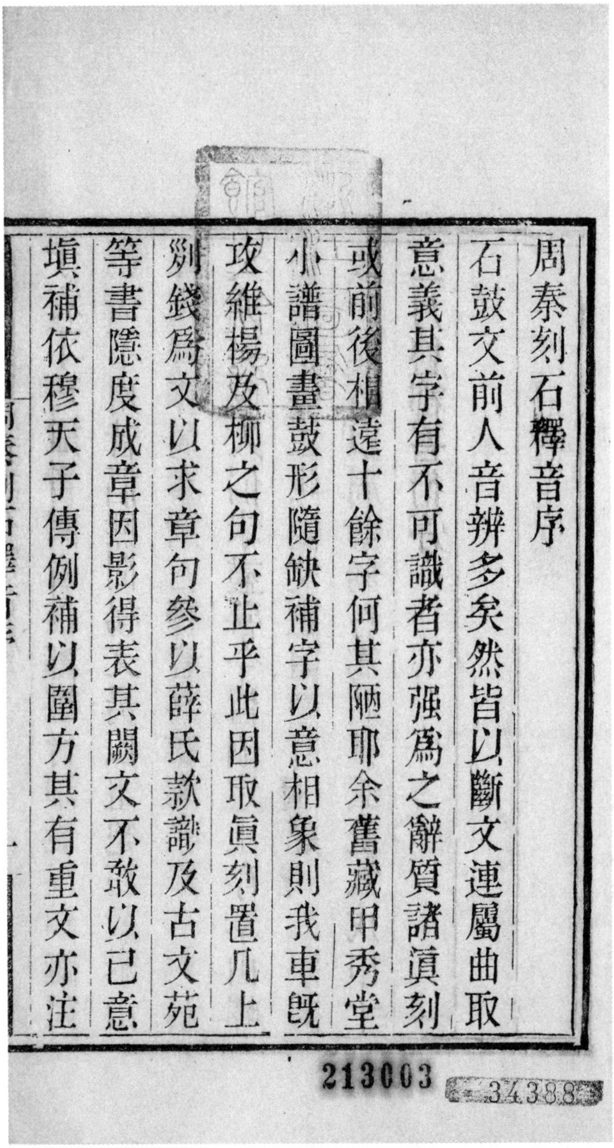
周秦刻石釋音序
石鼓文前人音辨多矣然皆以斷文連屬曲取意義其字有不可識者亦强爲之辭質諸眞刻或前後相遠十餘字何其陋耶余舊藏甲秀堂小譜圖畫鼓形隨缺補字以意相象則我車既攻維楊及柳之句不止乎此因取眞刻置几上剟錢爲文以求章句參以薛氏款識及古文苑等書隱度成章因影得表其闕文不敢以己意塡補依穆天子傳例補以圍方其有重文亦注

居録》《竹素山房詩集》，此書皆收録；所撰《重正卦氣》（又作《卦間氣中編》）、《尚書要略》《春秋説》《九歌譜》《十二月樂辭譜》《説文續釋》《鐘鼎韻》《篆陰符經》《山中新話》《道書援神契》《聽玄集》《造玄集》等，皆不傳。宋濂《吾衍傳》言子行有《石鼓咀楚文音釋》，當即《周秦刻石釋音》。錢大昕《補元史藝文志》載吾邱衍撰「《周秦刻石釋音》一卷、《石鼓詛楚文音釋》一卷」，當誤。《四庫全書》收録此書，采編修汪如藻家藏本，末有明嘉靖十年（1531）崧少山人鯤申志跋語。四庫本末篇《揭曼碩贈吳主一隸書行》止於「欲辨輒止心孔傷」，清光緒八年（1882）刻《十萬卷樓叢書》本於「心孔傷」後又有：「金陵皇象劍戟張，中山夏承鼎獨扛。二碑分法古所臧，隸多分少須精詳。君方妙年進莫量，更入二篆君無雙。近者吾甥有陳岡，昔師楊氏今頡頏，見之爲道安毋忘。」一卷末有曹南吳志淳識語。浙江圖書館藏有清光緒八年刻《十萬卷樓叢書》本，此書據其影印。

續古篆韻六卷

元吾丘衍撰。丘衍有《周秦刻石釋音》，已著録。［民國］《衢縣志·藝文志》載：「鐘鼎韻又名《續古篆韻》，元吾邱衍撰。錢氏《補元史藝文志》析《鐘鼎韻》《續古篆韻》作兩種，各一卷。焦氏《經籍志》載《鐘鼎韻》一卷。《浙江通志》、［嘉慶］《縣志》引《續通考》同。錢曾《述古堂書目》作《續古篆韻》六卷，寒山趙靈均手抄。《小學考》定爲一書，云未見。」謝啓昆《小學考》定《續古篆韻》《鐘鼎韻》爲一書，無任何根

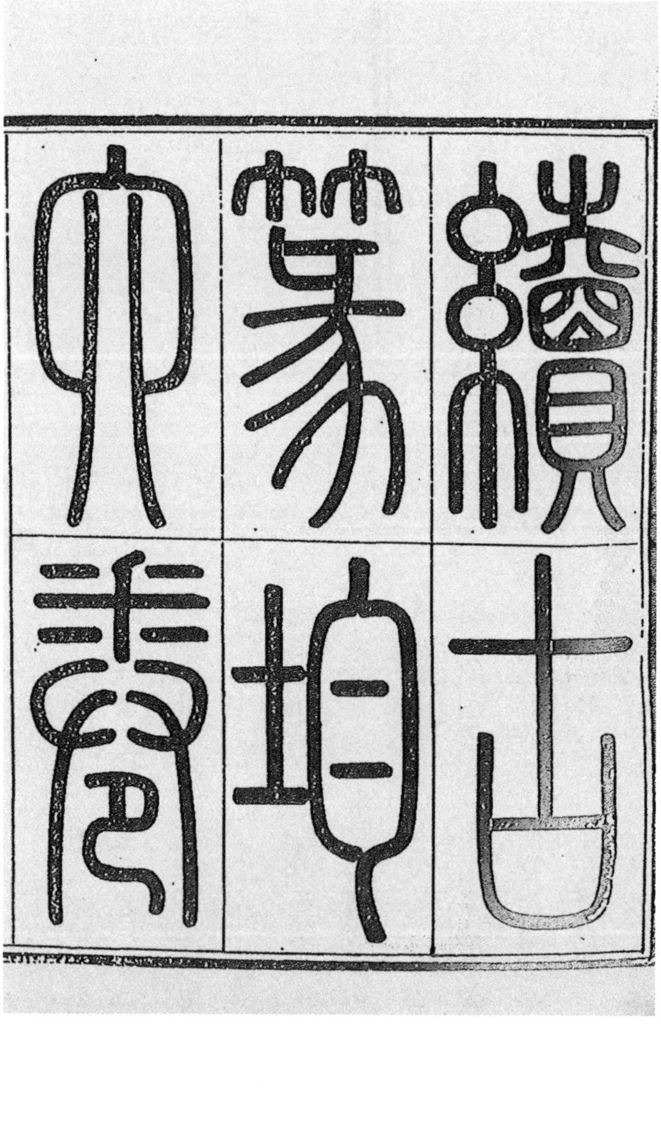

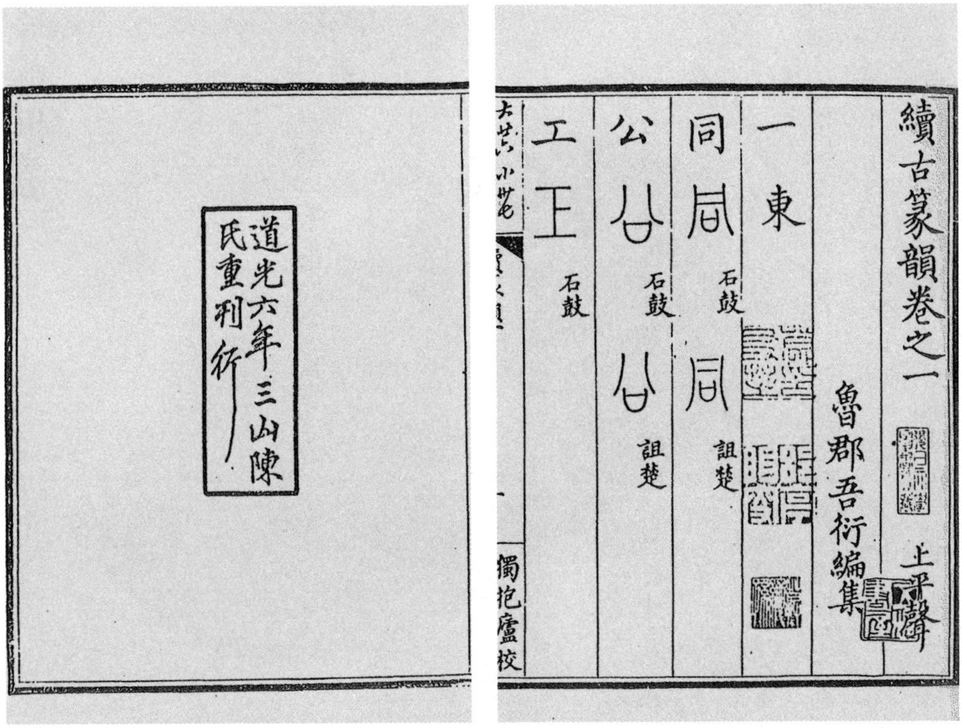

據，［民國］《縣志》却承其説。然二《韻》書名、卷帙皆不同，未必是一書。《續古篆韻》或爲《鐘鼎韻》的續作，然後書今不可見。吾氏《學古編》言：「僕亦有《續篆韻》五卷、《疑字》一卷附後，未暇刊版，且令學者傳寫。」今傳本《續韻》六卷，包括《疑字》一卷。《續韻》前五卷將周秦刻石中石鼓文、詛楚文以及泰山、嶧山碑文按四聲韻次編集，每字上方給出當時用字，其下注該字所屬「石鼓」「詛楚」「泰山」和「嶧山」諸碑出處。卷六爲周秦刻石中疑字，每字注明諸家釋讀，或爲吾氏見解。可見，《續韻》與《周秦刻石釋音》相輔而作。清錢塘倪濤《六藝之一録》收録有《續韻》全文。此書單行本有清道光六年（1826）刻本，陳宗彝《重刊續古篆韻敘》云其據五松書屋抄本刊刻，此書亦據清道光六年刻本影印。

字孿四卷

《四庫全書總目》卷四十一《字孿》：

明葉秉敬撰。秉敬字敬君，衢州西安人。萬曆辛丑進士。官至荊西道布政司參議，尋移南瑞，未行而卒。秉敬學頗淹通，著書四十餘種。是編乃取字形似而義殊者，分類詁之，與郭忠恕《佩觿》大旨略同。每字綴以四言歌訣，則秉敬自創之體。凡例謂：孿子眉目髮膚雖無別，而伯仲先後弗淆。當察乎子母相生之微，引伸觸類。故其說悉根柢《說文》，毫釐辨析。於偏傍點畫，分別了然；又該以韻語，便於記誦，亦小學之津筏也。其書爲杭人潘之淙所刻。前有篆體《辨訣》一篇，乃以七言歌括辨篆文偏傍之同異。不知何人所撰，由來已久。之淙以其與此書可互相參究，故附刊以行。其區別形體，亦頗有資於六書。惟其末比舊本增多一百二十四句，則紕繆杜撰，不一而足。如謂抽字不當從由，咽字不當從因，已顯與《說文》相背。甚且臆造篆文，如琴上加一，對內從

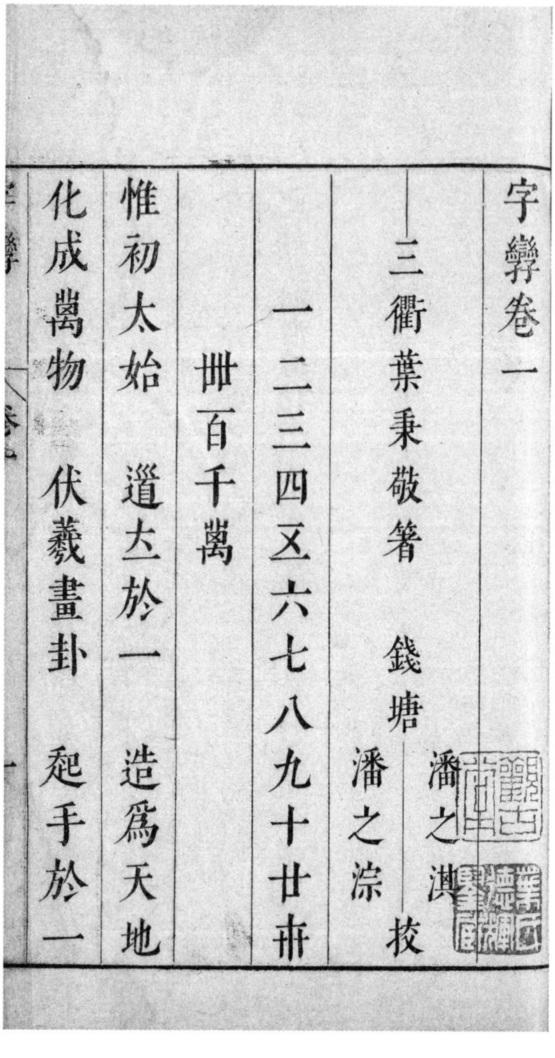

干，均極訛誤。至勇本從甬，而云角力爲勇；稷，古文省作畟，而云與槐柳同；此類尤爲乖舛。蓋無識者所竄入，不足依據。今姑從原本録之，而糾正其失於此，庶不疑誤後學焉。

案：秉敬號寅陽，著述甚豐，總計近六十種，今存有《字孿》等十三種，此書收録十二種，湖南圖書館所藏《陸宣公文評選》十五卷未能收録；另著有《葩經詩歌》等四十六種，皆不存，詳見《衢州古代著述考》。《四庫全書總目》該書提要稱葉氏《字孿》四卷，實則《四庫全書》僅收録前兩卷，清小石山房補修刻本、清玲瓏山館叢刻刻本因之。補修本跋曰：「説文等書皆以楷釋篆，是編以篆釋楷，不倍時尚，使人亦從。且古今字學諸書互有矛盾，令人罔知取從得，是編可以昭然發矇盈庭之訟，吾知免夫。」國家圖書館藏補修本有李慈銘校注並跋，李氏言：「是書依據《説文》，采剔精細，尤便於記誦，在明人中最爲有功小學。然頗信戴侗之説，又好自出新意，故時有與許氏背者。」丁丙《善本書室藏書志》著録此書爲四卷寫本，其版心有「花影軒」三字，藏於南京圖書館。國家圖書館有明天啓刻本，僅存前兩卷及第三卷目録，序及卷三、卷四以中國科學院文獻情報中心藏明天啓刻本配補，此書據其影印。

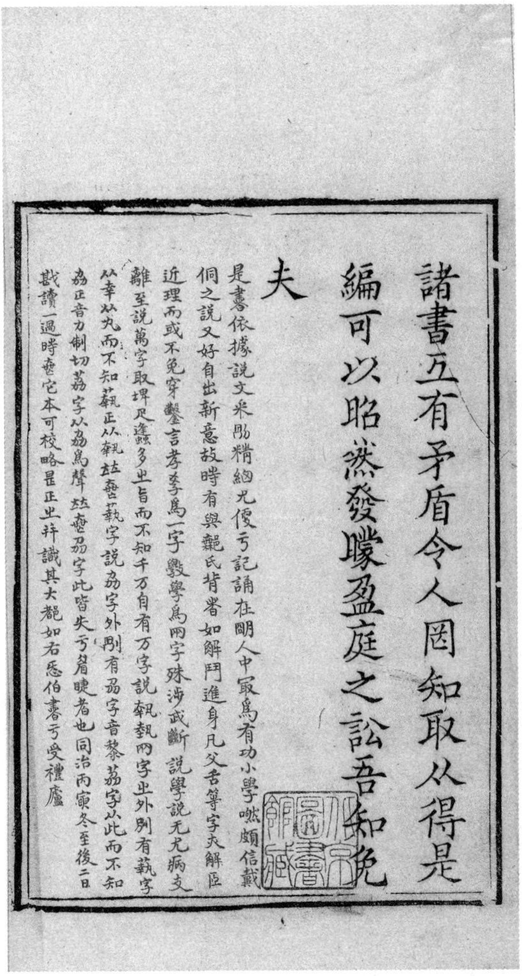
諸書互有矛盾令人罔知取从得是編可以昭然發矇盈庭之訟吾知免夫

是書依據說文采剔精細尤便于記誦在明人中最爲有功小學然頗信戴侗之說又好自出新意故時有與許氏背者如解鬥進身凡父舌等字尤解臣近理而或不免穿鑿言孝爲一字斆學爲兩字殊涉武斷說學說无尤病支離至說萬字取埤足蟲多之旨而不知千万自有万字說埶執兩字之外別有蓺字从幸从丸而不知蓺正从埶埶古藝字說劦字外別有劦字音黎劦字从此而不知劦正音力俐切劦字从劦爲聲埶古劦字此皆失于省睫者也同治丙寅冬至後二日戡讀一過時無它本可校略是正之并識其大概如右 慈伯書于受禮廬

韻表三十卷附聲表一卷

《四庫全書總目》卷四十四《韻表》：

明葉秉敬撰。秉敬有《字學》，已著録。是編凡《韻表》三十，又《聲表》三十。其《韻表》用劉淵舊部，而以東、冬、江、陽、魚、虞、佳、灰、支、微、齊、寒、删、先、蕭、肴、豪、歌、麻、尤二十部爲居中開口音，謂之中韻；以庚、青、蒸三部爲向内開口音，謂之内韻；以真、文、元三部爲向外開口音，謂之外韻；以侵、覃、鹽、咸四部爲向外合口音，謂之合韻。故顛倒其次序，不與舊同。其《聲表》於三十六字母中，删除知、徹、澄、孃、敷、疑六母，僅存三十。其法以輕清爲陰，重濁爲陽，以齶、舌、脣、齒、喉、半舌、半齒七音爲經，以納口、出口、半出口三陰聲、半出口、出口、半納口三陽聲爲緯。改舊譜四等爲二等，而以粗大、細尖、圓滿、圓尖分庚干、經堅、觥官、扃涓四紐爲四派祖宗，以筦攝之。又以真、文、元諸部向外之韻非四祖宗所能統，又於庚干派中附以根干一派，經堅派中附以巾堅一派，觥官派中附以昆官一派，扃涓派中附以君涓一派。其用法不爲不密，然亦自爲葉氏之法而已。乃自云：「聖人復起，不易吾言。」談何容易乎！舊稱無入，十三部分配入聲，自章黼始。然考黼《韻學集成》，皆仍舊譜。其以意分配，實始自秉敬此書，説者誤以爲黼也。

案：［天啓］《衢州府志》爲葉秉敬纂修，其《藝文志》載《韻表》五十九卷，不言《聲表》，或《韻表》初爲五十九卷，後有改訂。《韻表》表前有凡例十六則論述韻、聲劃分原則，有法門五則闡述韻、聲二表創作方法。《韻表》按平水韻編排，每韻按開合分表，每表按洪細分上下兩等，每表前有「韻要」，後有「辯語」。《聲表》按聲母排列，每表分上等一派、下等二派、上等三派、下等四派。此書審音、辨音精準，其編排方式便於把握拼切原理，其四呼完備、入聲兼配陰陽、按等呼細分助紐字種類等皆具特色。葉書雖用劉淵舊部，但對平水韻亦有革新，成爲溝通平水韻和《洪武正韻》之橋梁。故宫博物館藏萬曆間刻本，北京大學圖書館藏有明萬曆三十三年（1605）刻本，此書據明萬曆三十三年刻本影印。

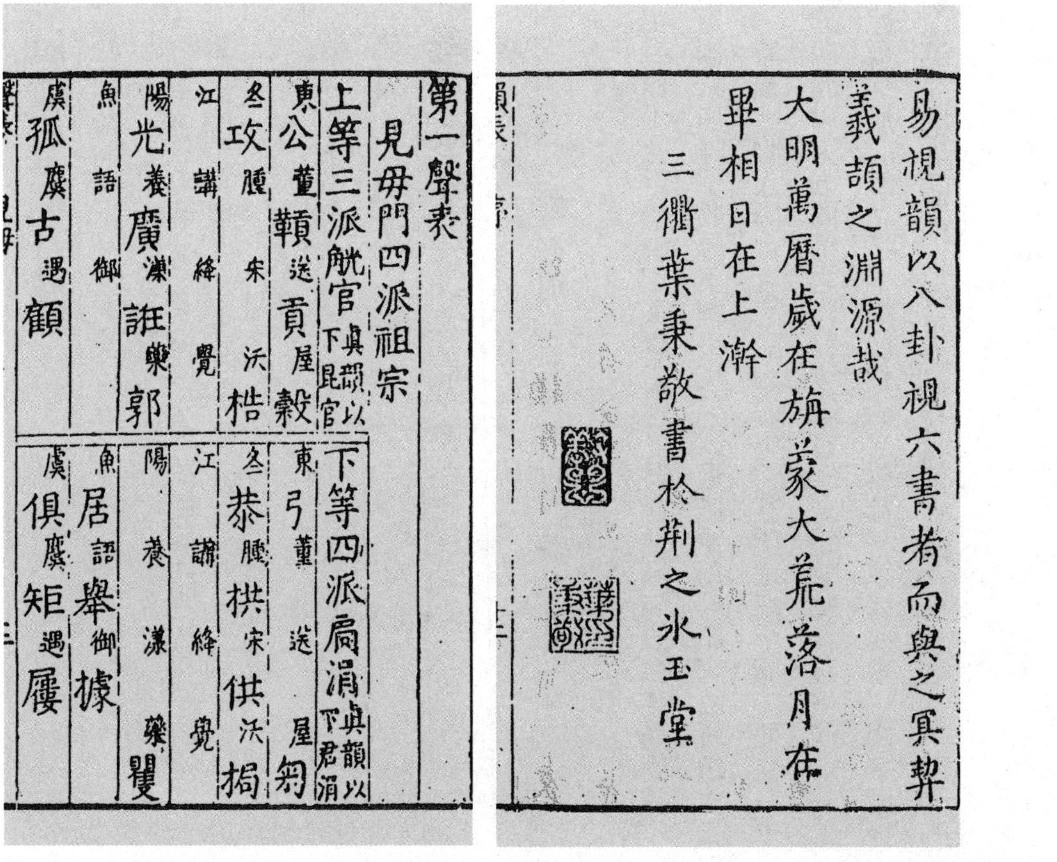
易視韻以八卦視六書者而與之冥契
羲頡之淵源哉
大明萬曆歲在旃蒙大荒落月在
畢相日在上澣
三衢葉秉敬書於荆之冰玉堂

第一聲表
見母門四派祖宗
上等三派觥官 與韻以下昆官
東 公 董 韝 送 貢 屋 穀
冬 攻 腫 宋 沃 梏
江 講 絳 覺
陽 光 養 廣 漾 誑 藥 郭
魚 語 御
虞 孤 麌 古 遇 顧
下等四派扃涓 與韻以下君涓
東 弓 董 送 屋 匊
冬 恭 腫 拱 宋 供 沃 掬
江 講 絳 覺
陽 養 漾 藥 矍
魚 居 語 舉 御 據
虞 俱 麌 矩 遇 屨

讀詩韻新訣二卷

清徐鍾郎撰。鍾郎字爾良，號南村，衢州西安人。拔貢生，學遂名噪。教人循循善誘，英俊多從之遊。著有《詩韻訣》二卷、《孟子論文》七卷。

此書成於清雍正四年（1726），凡二卷附録一卷，原題《詩韻訣》，每卷卷端題「青霞徐鍾郎爾良手著」。爾良有感南朝梁人沈約所定詩韻不合近體詩，又覺當世笠翁李漁《詩韻》甚爲簡易，遂作此書，以便作近體詩之用。此書既爲近體而設，除嫌韻禁用外，其餘不拘平仄。因近體罕用仄韻，故所編次止於上下二平。韻字見用者半，不見用者亦半，至於笠翁《詩韻》收入圈内者，盡入訣中。其所編三十韻，便立三十題，題目從本韻取義，每題各用一體。凡文中韻字，俱於四圍以大方圈標之。書後附有「二韻兼收音義俱同」「二韻兼收音義俱異」「三韻兼收」諸篇，所收録諸字皆按四聲韻次編排。鍾郎此書，國家圖書館藏有清雍正五年（1727）刻本和嘉慶十二年（1807）刻本。此書據清雍正五年酌雅堂刻本影印。

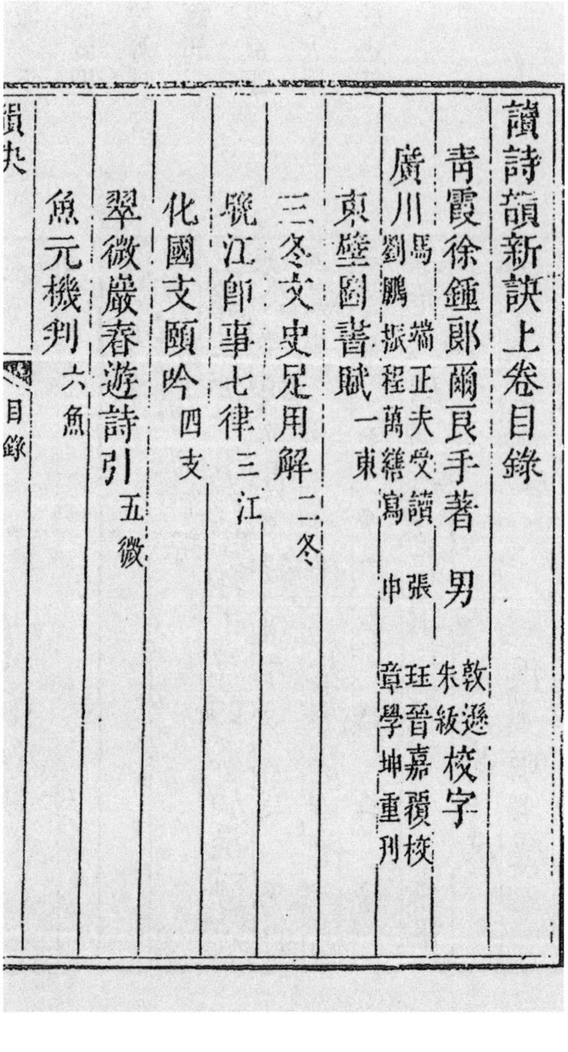
讀詩韻新訣上卷目錄
青霞徐鍾郎爾良手著　男　教遜 朱紱 校字
廣川馬端正夫受讀　張珏晉嘉覆校
劉鵬振程萬縉寫　申章學坤重刊
東壁圖書賦　一東
三冬文史足用解　二冬
饒江郎事七律　三江
化國支頤吟　四支
翠微巖春遊詩引　五微
魚元機判　六魚
韻訣　目錄

杭大宗先生評閱

南邨偶著

詩韻訣

酌雅堂重鐫

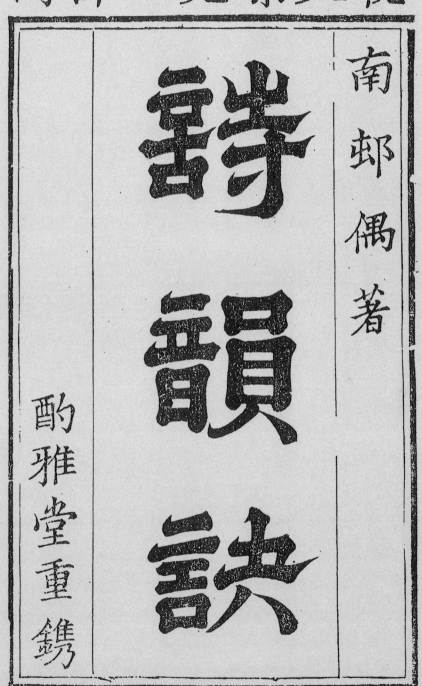

史部

御試備官日記一卷

宋趙抃撰。抃字閲道，衢州西安人。宋景祐元年（1034）進士。宋仁宗時，召爲殿中侍御史，彈劾不避權幸，京師號之鐵面御史。英宗時，知成都，以寬治蜀，蜀人安之。神宗時，擢右諫議大夫、參知政事，與富弼、曾公亮等同心輔政。著有《新校前漢書》一百卷、《趙清獻公奏議》十卷、《南臺諫垣集》二卷、《清獻盡言集》二卷、《成都古今集記》三十卷、《蜀都故事》《清獻集》十卷等。宋人劉昌詩《蘆浦筆記》存有《趙清獻公充御試官日記》，記北宋嘉祐六年（1061）二月二十六日至三月九日殿試的過程。趙抃此作從試官角度記録當時殿試，爲研究宋代殿試制度提供難得資料。清道光十一年（1831）晁氏活字本《學海類編》收録有趙抃《御試備官日記》，後附有劉昌詩跋語，末題「嘉定癸酉立夏前二日劉昌詩謹識」。兹據其影印。

御試備官日記

宋 趙 抃 私誌

二月二十六日晴

宣赴崇政殿後水閣同直孺內翰貫之維端充編排

官

御前劄子三道下編排所

二十七日晴

上御崇政殿試進士明經諸科舉人

王者通天地人賦

韓文公歷官記一卷

宋程俱增補。俱字致道，衢州開化人。紹興中，累官至朝議大夫，恩封新安縣開國伯。俱著述甚多，今所存者有《北山小集》四十卷、《麟臺故事》五卷、《班左誨蒙》三卷；曾參修《宋徽宗實録》二十卷，撰有《默説》三卷、《漢儒授經圖》一卷、《程氏廣訓》六卷，今皆不見。陳振孫《直齋書録解題·傳記類》載：「《韓文公歷官記》一卷，新安張敦頤撰。頗疏略。其最誤者，序言擒吳元濟、出牛元翼爲一事，此大謬也。」而今傳本《韓文公歷官記》題「信安程俱致道」撰，且無《書録解題》所言之謬誤，故張敦頤所撰《韓文公歷官記》是另一書。據程俱敘文可知，《歷官記》本陳傳道撰，程俱作較多增補，故今傳本題撰者爲程俱。程俱增補此書於崇寧元年（1102），補次陳氏所遺有十，增七八，「其所考訂微言小節，纖細畢具，蓋得於文公之文者爲多。至其論辯是非，與夫坎壈之致，則著之尤詳」。《歷官記》今存於宋人魏仲舉輯《韓文類譜》中。《類譜》共七卷，另録有呂大防《韓吏部文公年譜》一卷、洪慶善《韓子年譜》五卷。呂《譜》較爲簡略，《歷官記》較詳，洪《譜》尤詳。《歷官記》主要記載文公任官經歷，並注有文獻出處，其所引文獻涉及韓氏神道碑、行

狀、墓誌銘以及文公等人的詩文，確鑿呈現文公歷官過程。但《歷官記》亦有疏忽處，魏仲舉在編次《類譜》中有所辯證。現存《韓文類譜》最早版本爲清雍正七年（1729）馬氏小玲瓏山館刻本，此依宋本《韓柳二先生年譜》刊刻，其後有道光年間、咸豐三年（1853）、光緒元年（1875）等翻刻本。《續修四庫全書》收録有《韓文類譜》，據清雍正七年刻本影印。此書據清雍正七年刻本影印。

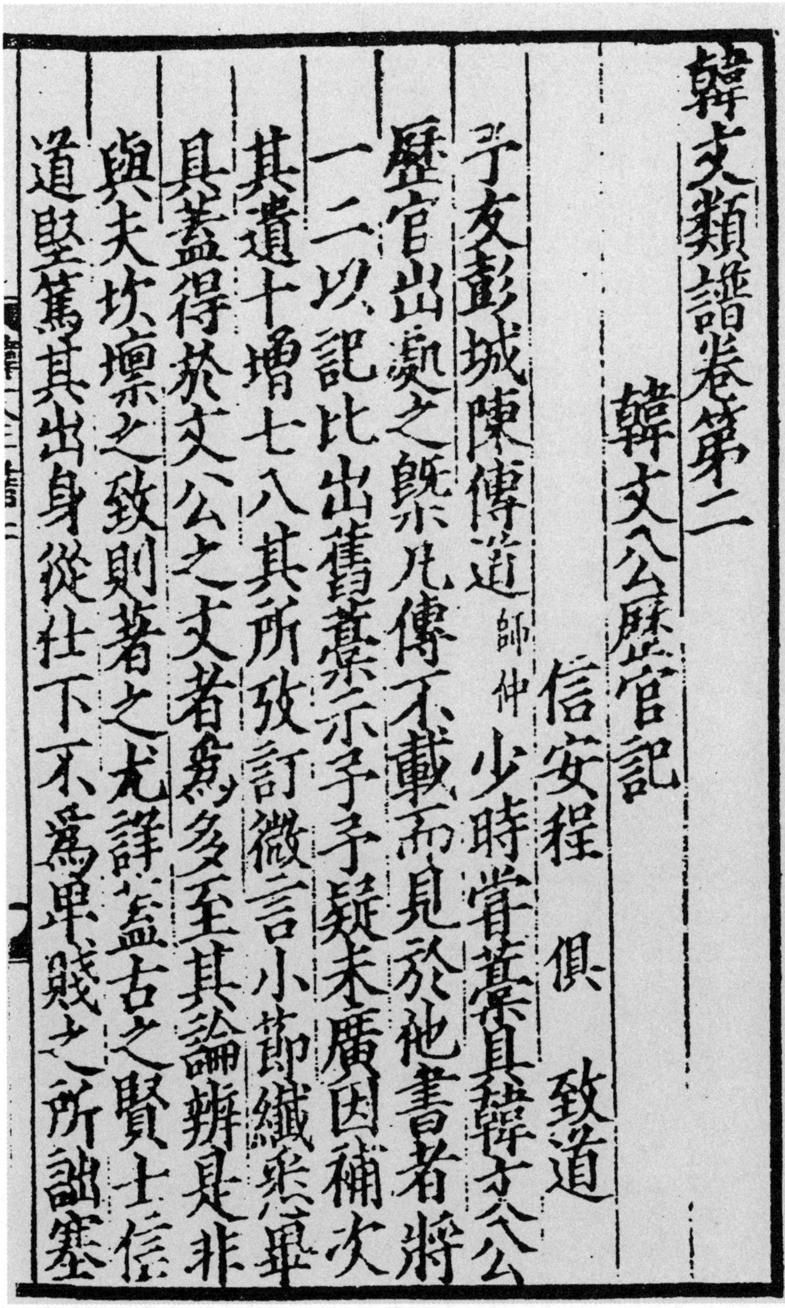

韓文類譜卷第二

韓文公歷官記

信安程　俱　致道

予友彭城陳傳道師仲少時嘗纂其韓文公歷官出處之槩凡傳不載而見於他書者將一二以記比出舊纂示予予疑未廣因補次其遺十增七八其所攷訂微言小節纖悉畢具蓋得於文公之文者爲多至其論辨是非與夫坎壈之致則著之尤詳蓋古之賢士信道堅篤其出身從仕下不爲卑賤之所詘塞

東家雜記二卷

《四庫全書總目》卷五十七《東家雜記》：

宋孔傳撰。傳字世文，至聖四十七代孫。建炎初，隨孔端友南渡，遂流寓衢州。紹興中官至右朝議大夫，知撫州軍州事，兼管内勸農使，封仙源縣開國男。是編成於紹興甲辰。上卷分九類：曰姓譜、曰先聖誕辰諱日、曰母顔氏、曰娶亓官氏、曰追封謚號、曰歷代崇封、曰嗣襲封爵沿改、曰改衍聖公、曰鄉官；下卷分十二類：曰先聖廟、曰手植檜、曰杏壇、曰後殿、曰先聖小影、曰廟柏、曰廟中古碑、曰本朝御製碑、曰廟外古跡、曰齊國公墓、曰祖林古跡、曰林中古碑。其時去古未遠，舊跡多存，傳又生長仙源，事皆目睹，故所記特爲簡核。前有《孔子生年月日考異》一篇，末題「淳祐十一年辛亥秋九月戊午朔去疾謹書」；末有《南渡廟記》一篇，題「寶祐二年二月甲子汝騰謹記」。二人宋宗室子，故皆不署姓。去疾稱舊有尹梅津跋，此本無之，而後有淳熙元年葉夢得跋，蓋三篇皆重刻所續入也。去疾考中歷駁諸家之誤，而以爲春秋用夏正，定孔子生於十月二十一日，卒於四月十八日，其説殊謬。殆由是時理宗崇重道學，胡安國傳方盛行，故去疾據以爲説歟？錢曾《讀書敏求記》曰：「壬戌冬日，葉九來過方草堂，云有宋槧本《東家雜記》，因假借繕寫。此書爲先聖四十七代孫孔傳所編。首列『杏壇圖説』，記夫子車從出國東門，因觀杏壇，歷級而上，顧弟子曰：『兹魯將臧文仲誓將之壇也。』睹物思人，命瑟而歌。其歌曰：『暑往寒來春復秋，夕陽西去水東流。將軍戰馬今何在，野草閑花滿地愁。』考諸家琴史俱失載，附録於此。詳其語意，未知果爲夫子之歌否也」云云。案此歌僞妄，不辨而明。曾乃語若存疑，蓋其平生過尊宋本之失。然曾云三卷，此本實二卷；曾云「首列『杏壇圖説』」，此本『杏壇』爲下卷第三篇，且有説無圖，亦無此歌。不知曾所見者，又何本也，其或誤記歟？

案：孔傳乃曲阜孔氏後裔，南宋初南渡後，寓居衢州西安，今衢州城內有孔氏南宗家廟。現存《衢州府志》《西安縣志》皆視孔氏南渡居衢者爲邑人，其《藝文志》收録孔傳以來南宗學人著作，故此書亦收録孔傳之作。除《東家雜記》，世文另有《闕里祖庭記》《孔子編年》《孔氏六帖》《江南野史》《續尹氏文樞秘要目》《杉溪集》等，今僅存《東家雜記》《孔氏六帖》。自宋以來，孔傳《東家雜記》不斷翻刻，其附文內容有差異。此書據清抄本影印。

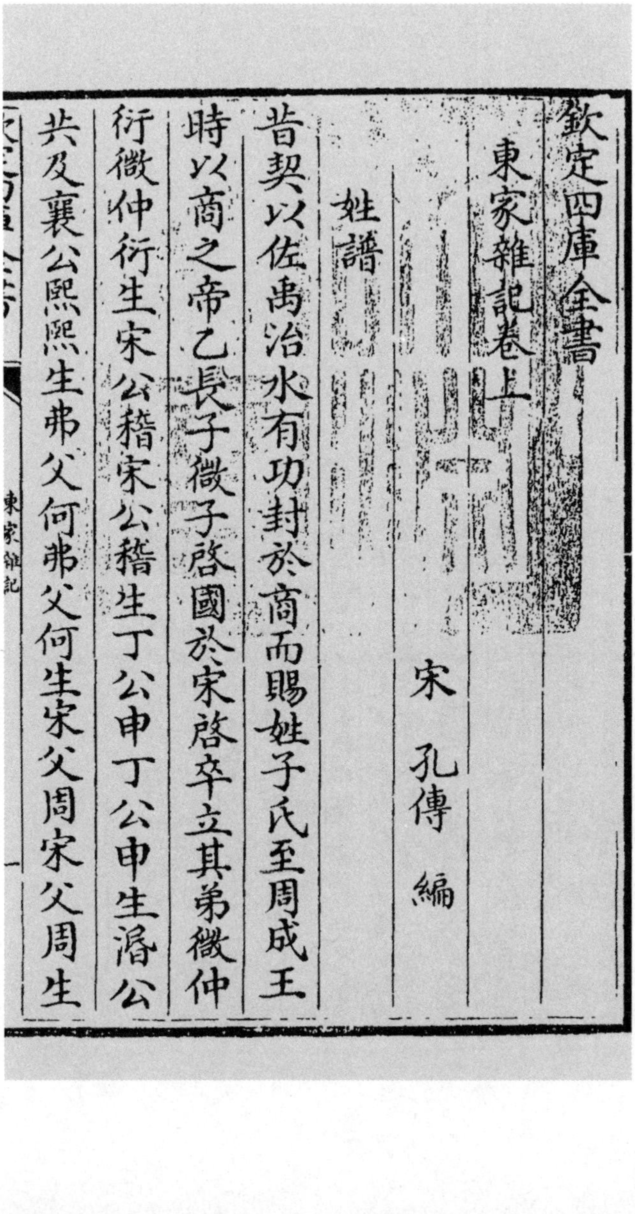

欽定四庫全書

東家雜記卷上

宋 孔傳 編

姓譜

昔契以佐禹治水有功封於商而賜姓子氏至周成王時以商之帝乙長子微子啓國於宋啓卒立其弟微仲衍微仲衍生宋公稽宋公稽生丁公申丁公申生湣公共及襄公熙熙生弗父何弗父何生宋父周宋父周生

東家雜記　一

東家雜記二卷

宋孔傳撰。是書有《文淵閣四庫全書》本，已著録。

清代以來流傳的宋本或影宋抄本，與四庫本不同附文，此爲不少藏書家注意。錢曾《讀書敏求記》著録此書，言其所見爲宋槧本，首列「杏壇圖説」；由於四庫館臣未能見到宋本，而疑「不知曾所見者，又何本也，其或誤記歟」。其後黄丕烈《士禮居藏書題跋記》亦録此書，黄氏云：「《東家雜記》二卷，葉九來曾有宋槧本，而錢遵王因假借繕寫，書見《讀書敏求記》者也。繼於顧抱沖案頭見有影宋本《東家雜記》，末有茱萸山人席鑑跋云：『往聞何□得宋槧本《東家雜記》二卷，毛省庵先輩從之影寫一本，余於丙申仲夏得之汲古閣中。據是則錢、毛二家皆有影宋本，而葉與何所藏宋槧本不知是一是二耳。』今余於東城舊家得宋槧本，即爲

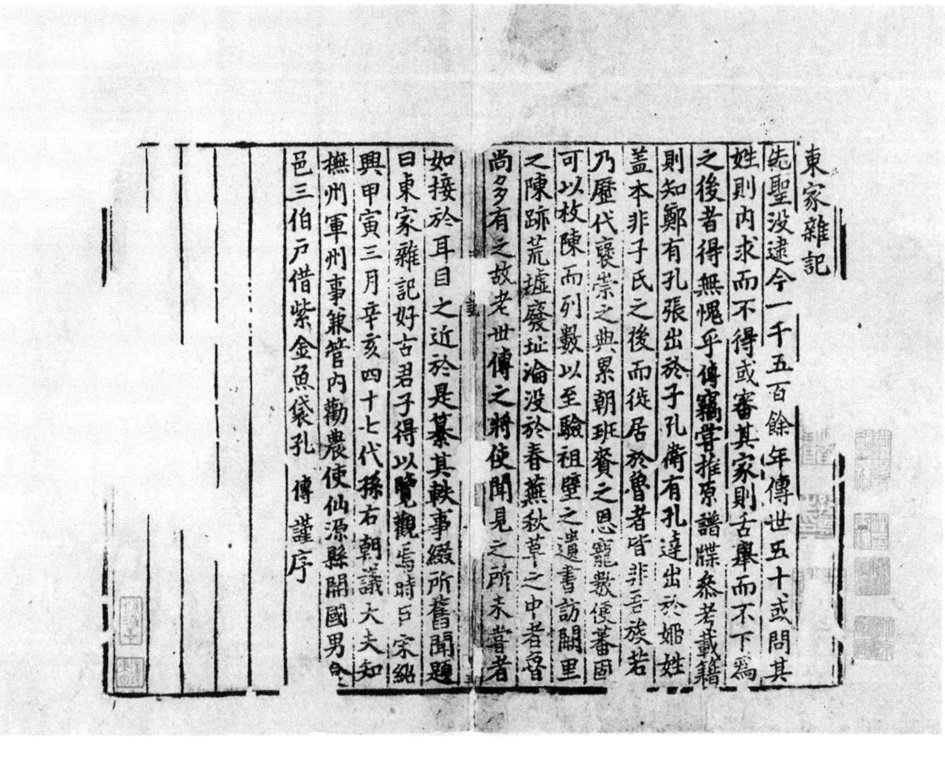

東家雜記

先聖没逮今一千五百餘年傳世五十或問其姓則内求而不得或審其家則舌舉而不下爲之後者得無愧乎傳竊嘗推原譜牒參考載籍則知鄭有孔張出於子孔衛有孔達出於姬姓蓋本非子氏之後而徙居於魯者皆非吾族若乃歷代褒崇之典累朝班賚之恩寵數便蕃固可以枚陳而列數以至驗祖壁之遺書訪闕里之陳跡荒墟廢址淪没於春蕪秋草之中者蓋尚多有之故老世傳之將使聞見之所未嘗者如接於耳目之近於是纂其軼事綴所舊聞題曰東家雜記好古君子得以覽觀焉時旹宋紹興甲寅三月辛亥四十七代孫右朝議大夫知撫州軍州事兼管内勸農使仙源縣開國男食邑三伯戶借紫金魚袋孔　傳　謹序

毛氏影寫本所自出。」可見黃氏得有毛氏汲古閣影宋寫本。清末丁丙又得影宋抄本，其《善本書室藏書志》稱「四庫所收與此不同，當是別有一本，此本與錢曾《敏求記》所載合，惟二卷錢作『三卷』，當是記憶之誤也」。錢氏、黃氏、丁氏等所見宋本或影宋抄本，與《文淵閣四庫全書》本《東家雜記》不同，其附文前無《孔子生年月日考異》，末無《南渡家廟記》；然卷首載「杏壇」並説圖；孔稚圭《北山移文》、石守道《擊蛇笏銘》《元祐黨籍》，文後《續添襲封世系》止於五十三代孫孔洙，後又附至聖四十六代孫宗翰、四十八代孫端朝家譜序，以及五十代孫擬序。以上正文前後附文皆後人附入，非孔傳原本。此書據宋刻遞修本影印。

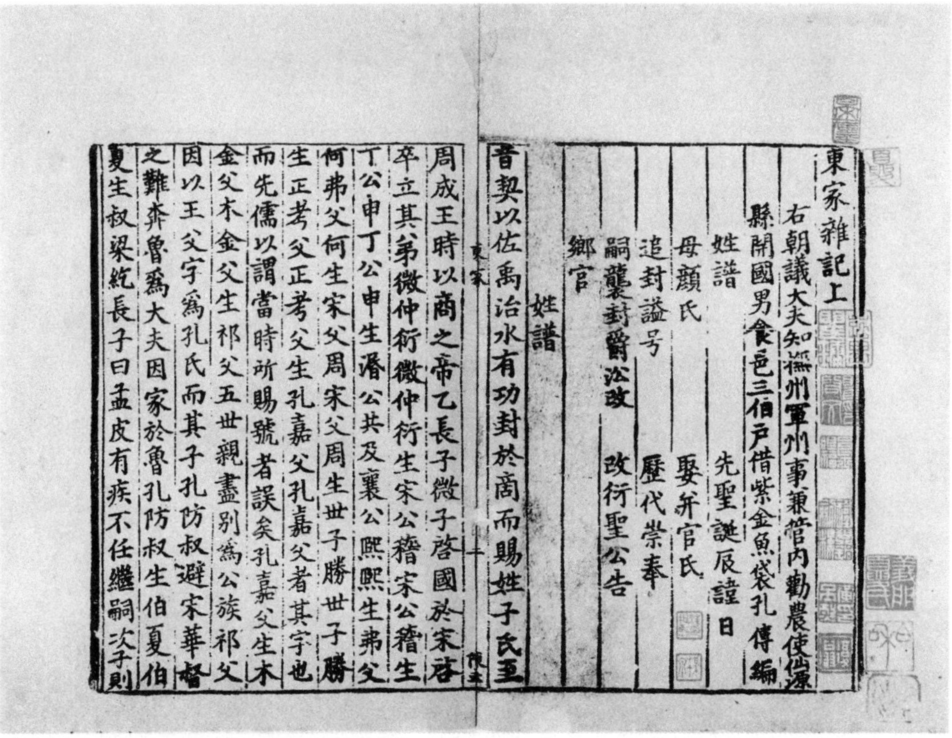

東家雜記上
右朝議大夫知撫州軍州事兼管内勸農使仙源
縣開國男食邑三伯戸借紫金魚袋孔傳編
姓譜　先聖誕辰諱日
母顔氏　要并官氏
追封謚号　歷代崇奉
嗣襲封爵沿改　改衍聖公告
鄉官

姓譜
帝契以佐禹治水有功封於商而賜姓子氏至
周成王時以商之帝乙長子微子啓國於宋啓
卒立其弟微仲衍微仲衍生宋公稽宋公稽生
丁公申丁公申生湣公共及襄公熙熙生弗父
何弗父何生宋父周宋父周生世子勝世子勝
生正考父正考父生孔嘉父孔嘉父者其字也
而先儒以謂當時所賜號者誤矣孔嘉父生木
金父木金父生祁父五世親盡別為公族祁父
因以王父字為孔氏而其子孔防叔避宋華督
之難奔魯為大夫因家於魯孔防叔生伯夏伯
夏生叔梁紇長子曰孟皮有疾不任繼嗣次子則

西征記一卷

《四庫全書總目》卷六十四《西征記》：

宋盧襄撰。襄字贊元。觀其自序，蓋衢州人。此書載於《錦繡萬花谷前集》之末，不知何人抄出別行，乃襄赴京春試時紀行之作，末題庚辰仲春元日。案北宋凡三庚辰，吳自牧所作《歷科狀元表》，太宗太平興國五年庚辰，暨仁宗康定元年庚辰，皆不見有進士科，惟哲宗元符三年庚辰，有李釜榜進士，則是人應試或在此年。所敘述皆無關考據，又雜載詩歌，詞多鄙俚，頗近傳奇小説之流。雖出宋人，無可采録也。

案：盧襄舊名天驥，字駿元，衢州西安人。宋大觀元年（1107）進士。徽宗朝，因避諱改名襄，字贊元。政和六年（1116），以朝散郎出爲浙東提刑。靖康間，拜吏部侍郎。建炎初，任兵部侍郎，後安置衡州。襄另撰有《華陽集》，惜不傳。《西征記》原載於《錦繡萬花谷前集》之末，後乃單行，黄虞稷《千頃堂書目》即著録盧襄《西征記》一卷。此記乃盧襄赴京春試之紀行，自衢州出發，途徑杭州、蘇州、常州、潤州、儀真、扬州、楚州、淮陰、泗州、宿州、南京（今商丘）、雍丘、陳留，抵京師開封，一路吊念名勝古跡、如桐君廟、嚴子陵釣臺、姑蘇臺、水府祠、韓信廟等，遂即詠詩作文以記之。此書據明正德嘉靖間《顧氏明朝四十家小説》本影印。

西征記　金研閲

三衢　盧　襄　賛元

予嘗謂人生以七尺男子軀爲天地中最靈物造物者剖裂元氣取其精英而與之使呼吸至和發露天光超然出於塵垢之外苟甘心瓶罍如醯雞然老且死是造化棄物爾寧不媿古人以桑弧蓬矢射天地四方而示其有志哉予欲長游遠覽窮極天下壯麗奇偉卓絶之處南窮滄溟北抵幽都東折若木之枝西奄濛汜之谷頂摩太清轍環八埏以助夫造物所以與予者

徐子學譜不分卷

明徐日久撰。日久字子卿，衢州西安人。明萬曆三十八年（1610）進士。初知上海縣，後授兵部職方司，奉命行邊。再起爲福建巡海道，撫鄭芝龍，斬李芝奇，沉鍾斌於海，福建遂安。升山東按察司使，便道歸。子卿所著多爲經世而作，有《徐子學譜》不分卷、《五邊典則》二十四卷、《鷺言》十八卷、《子卿近集》十卷，此書皆收録，而

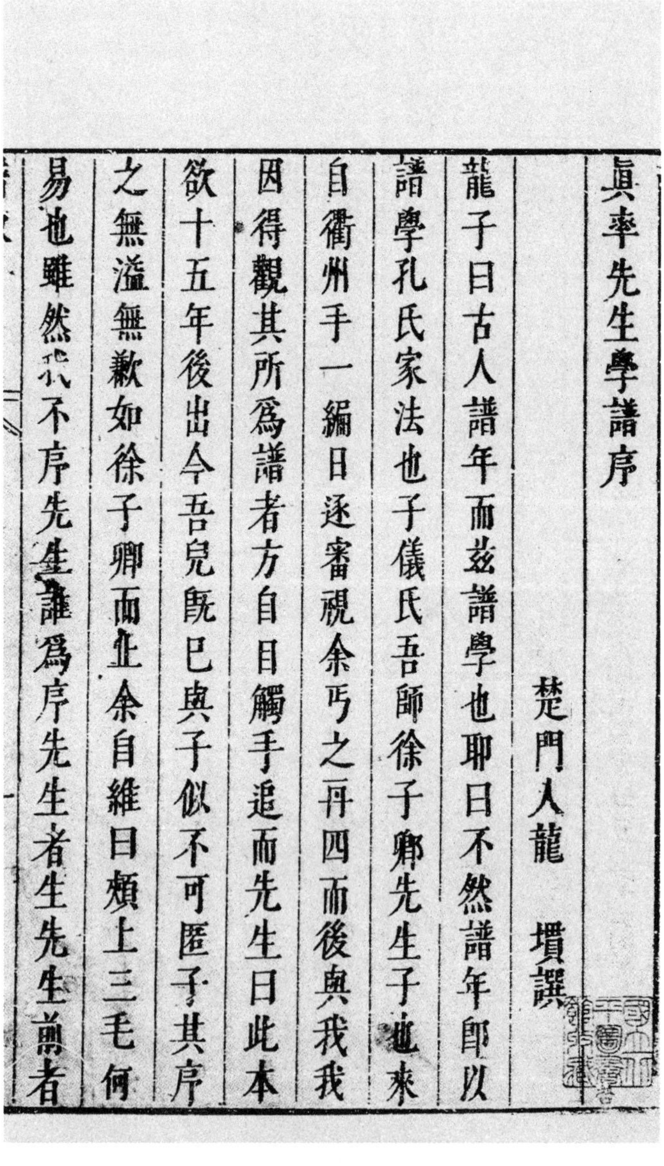
眞率先生學譜序

楚門人龍　墤譔

龍子曰古人譜年而茲譜學也耶曰不然譜年即以譜學孔氏家法也子儀氏吾師徐子卿先生子也來自衢州手一編曰逐審視余丐之再四而後與我我因得觀其所爲譜者方自目觸手追而先生曰此本欲十五年後出今吾見既已與子似不可匿子其序之無溢無歉如徐子卿而止余自維曰頰上三毛何易也雖然我不序先生誰爲序先生者生先生前者

《實録抄》《曁代史抄》《江夏紀事》《巡海日録》《葵園雜著》《隨筆》《方聚》等悉不傳。子卿所行事輒手録之，久而成書，因曰「即此是學矣」，名之曰「學譜」。此書首卷前題「《真率先生學譜》」，太末徐日久子卿著，男應畿子如、應餘子儀、應物子萬讀」，其版心書「徐子學譜」。此書記録子卿親歷之事，以年月編次，自明萬曆三十八年庚戌至崇禎四年辛未（1631），凡二十二年間事。書前有子卿門人龍檟《真率先生學譜序》和韓廷錫《西安公傳》。龍氏序言：「大抵先生之學以本朝實録爲經，而以前代廿一史爲緯。于本朝又奉二祖十二宗爲經，而以諸名公碩輔爲緯。于祖宗公輔又以兵事爲經，而以屯鹽茶馬諸種種爲緯。」徐子卿此書以經世爲務，所記之事多涉政事，時有論議。如戊午、己未間載遼東戰事，「冷眼覷定，冷語道破，凡夫意見之觭、門戶之分、機綫之通、期許之過，每有所歎，輒書於紙」。此書頗能補史之闕，對於研究明末史實有一定價值。此書據明崇禎間太末徐氏家刻本影印。

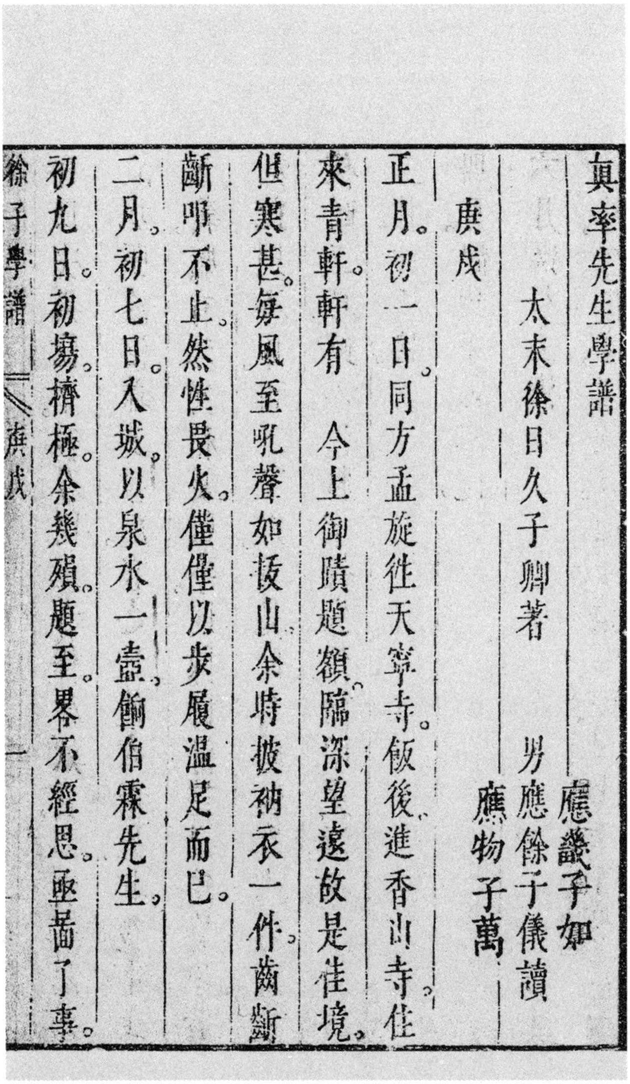
真率先生學譜

太末徐日久子卿著　男應畿子如　應餘子儀　應物子萬　讀

庚戌

正月初一日同方孟旋往天寧寺飯後進香山寺住來青軒軒有　今上御蹟題額臨深望遠故是佳境但寒甚每風至吼聲如拔山余時披衲衣一件齒斷齗叩不止然性畏火僅僅以步履溫足而已

二月初七日入城以泉水一壺餉伯霖先生

初九日初場擠極余幾殞題至畧不經思亟畫了事

徐子學譜　《庚戌　一

珠官初政録三卷

清楊衵撰。衵字光生，衢州龍游人。清康熙九年（1670）進士，十九年（1680）選授廣東合浦知縣。有《自訂文稿》若干卷，今不傳。此書卷一端題「珠官初政録」，卷三端題「珠官讞書録」，皆署「龍丘楊衵澹音父著，古郢張景銓會山父輯」，諸卷版心皆爲「珠官初政録」，卷前有呂化龍序和蘇燕霖序。合浦於漢爲郡，三國時孫吴改爲珠官郡，晉復舊稱，後罷郡名，而縣尚存。此書諸文爲楊衵知合浦縣時所作，康熙二十三年（1684）由張景銓整理而成。其書名稱「珠官」，乃用合浦舊稱也。光生宰合浦，以實心行實政，興利除害，此書所記即其實政舉措。卷一「詳議」凡四十一篇，爲奏請上司以待辦理之事，請積穀賑濟、蠲無益之費諸事皆能洞悉民情，請開海禁諸事悉有遠見卓識。卷二「文告附諭扎」凡四十三篇，爲發佈告諭百姓文書，「議撫難民以廣仁政以圖寧謐事」等皆體恤民情，「矯正習俗亦勸廉恥事」等皆移風易俗。卷三「讞書」凡四十五篇，爲楊氏審理案件判牘，「倚勢横奪難口」等皆決獄明允，「勞役不均懇恩究役以免苦累事」皆爲民請命。呂序稱楊氏執政合浦，「政行化洽，訟簡刑清，民用大和」，並非溢美，此由本書諸文可旁證之。此書據清康熙二十三年刻本影印。

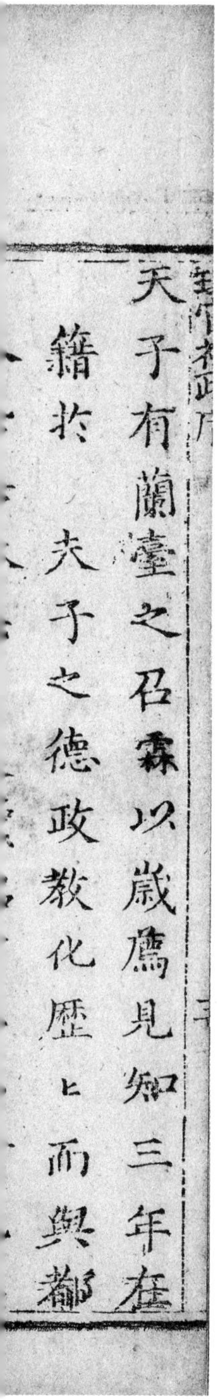
天子有蘭臺之召霖以歳膺見知三年在
籍於　夫子之德政教化歴歴而與鄰

皆

康熙甲子仲元日游門人蘇燕霖雨濵

氏頓首拜序

珠官初政録

龍丘楊　昶濟音父著

古郢張景銓會山父輯

詳議

查禁事

看得合浦一邑乃係路居孔道差員絡繹接踵往來需夫乘送浩繁是以　前任海防田　署理縣務因需用人夫無所接應急難躊躕會同合邑紳士里老公議具文通詳請設月夫以濟急用致奉批允在於下鄉各總寨約按計大小均派月夫來府伺候撥差民樂安從相沿成例已非一日內除匠役船戶不派

嵩高柴氏世集勳德録十二卷

清柴自挺等輯。自挺字式三，衢州江山人。庠生。所著有《續丙丁龜鑑》二卷、《笠齋雪老集》，皆不傳。此書凡十二卷，卷前有柴自挺跋和柴允元跋，末有《移居各處爲首名次列後》。此書每卷端題「嵩高柴氏世集勳德録」，版心有「江陽嵩高柴氏宗譜」。卷前二跋皆作於康熙四十九年（1710），故柴氏

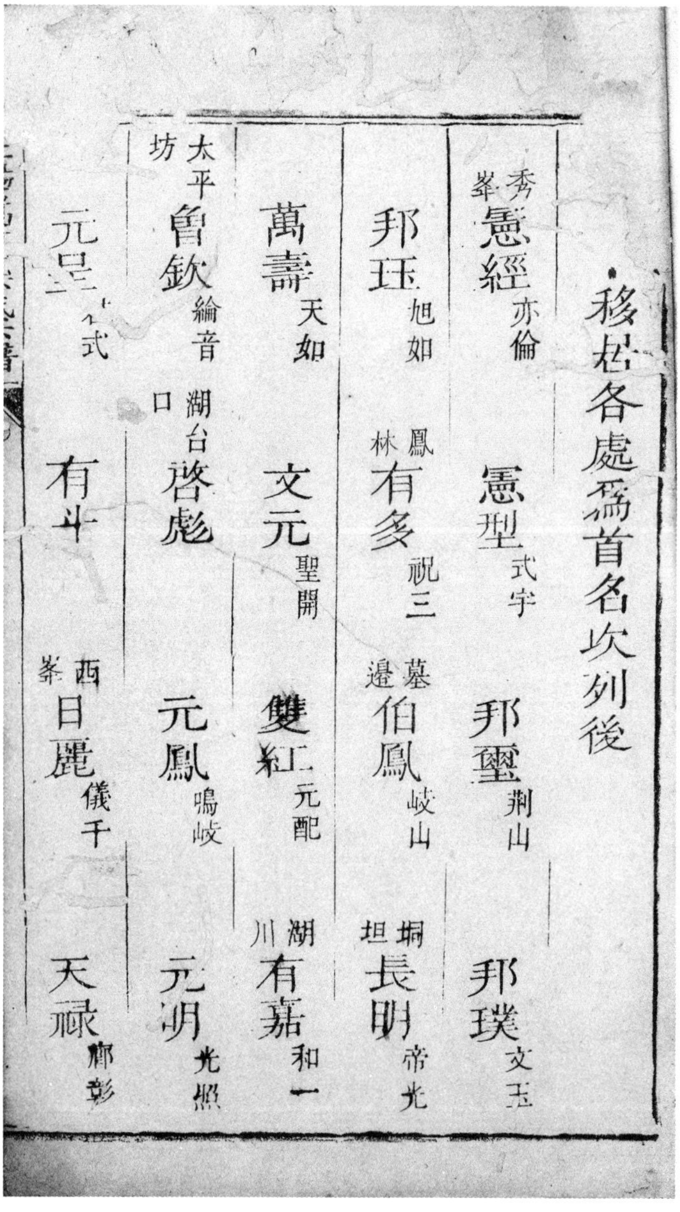
移居各處爲首名次列後
秀峯 憲經 亦倫　憲型 式宇　邦璽 荆山　邦璞 文玉
邦珏 旭如　鳳林 有多 祝三　墓邊 伯鳳 岐山　垌坦 長明 帝光
萬壽 天如　文元 聖開　雙紅 元配　湖川 有嘉 和一
太平坊 曾欽 綸音　湖台口 啓彪　元鳳 鳴岐　元明 光照
元昱 士式　有斗　西峯 日麗 儀千　天祿 鄉彰

《勳德録》應初成於此年。據［民國］《江陽嵩高柴氏宗譜》序言，柴氏曾於清乾隆十五年（1750）修譜。此書末卷有柴凌霄撰《穆廿五公孺人趙氏孝節序贊》，作於乾隆十五年；其下爲凌霄賦、頌並小序，據其小序可知凌霄當時以族長身份主修族譜。此書末卷有康熙四十九年以後内容，當爲凌霄修譜時補入。故今見此録當於乾隆十五年柴氏修譜時，入柴譜刊行。自挺跋云：「吾宗勳德之録，緣先公達而在上者，有勳於朝廷，有德於郡國，爲當録；又緣先公窮而在下者，有勳於閭里，有德於鄉黨，爲當録。但録之之内，僅一言以蔽曰某勳某德，吾先公所業爲者，百千世後亦何從而徵信乎？故其録也，必録其諱字行第，必録其科甲官職，必録其林泉隱逸，必録其誥敕旌奬、言行往來，更必録其在巳之詩古文辭，與在人投贈之詩古文辭，而後其勳德始詳焉。」由此可見此書内容大略。其録柴氏先公勳德，一般有贊詞，若有相關詩文則録之。此集所載詩文，有些不見於現存宋明文人别集，可補其佚，如卷一收録有王禹偁詩《賀狀元及第》、文《送轉運使赴職序》皆不見其《小畜集》；又如此書所收柴氏四隱詩文，較之今傳本《柴氏四隱集》多出幾十首。

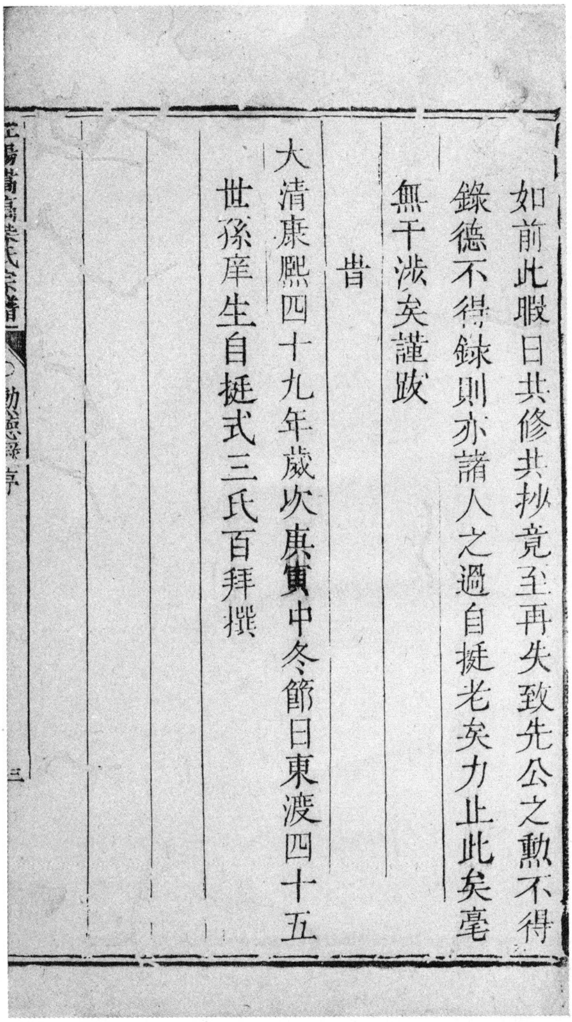
如前此暇日共修共抄竟至再失致先公之勲不得
錄德不得録則亦諸人之過自挺老矣力止此矣毫
無干涉矣謹跋
昔
大清康熙四十九年歲次庚寅中冬節日東渡四十五
世孫庠生自挺式三氏百拜撰

江陽嵩高柴氏宗譜　勳德録序　三

此書據清乾隆十五年活字本影印。

西安真父母記一卷

清陳塤輯。塤字聲伯，衢州西安人。清道光間庠生，好學能文，於天文、地理、算術、醫道均有心得。鄉闈屢薦不受，就衍圣公奎章閣典籍職。著有《西安真父母記》一卷、《忠孝録》一卷、《西安縣新志正誤》三卷、《平夷管見》一卷、《啓蒙七略》一卷、《醫學四訣》四卷、《痘科記誤》一卷、《本草備要後編》《經絡提綱》《脉學尋源》《傷寒類辨》《勾股算書》。此書輯録於道光二十五年（1845），以表彰西安賢宰李呈禎。呈禎號遂菴，康熙時人。康熙十三年（1674），遂菴莅任西安，時遭耿精忠之亂，李公以察民疾痛爲務，緩征役，撫凋殘，焦心勞思，乃西安士民之真父母也。李呈禎距

道光二十七年新鐫
父母記
西安陳塤敬輯

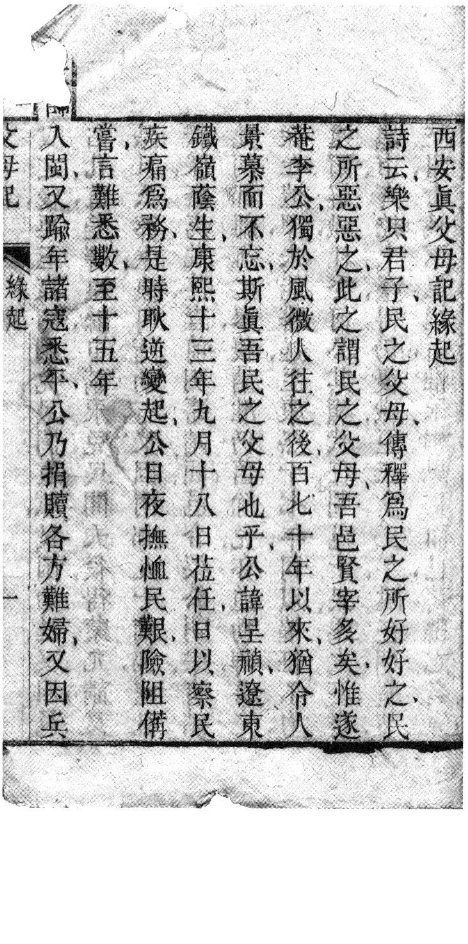
西安真父母記緣起
詩云樂只君子民之父母傳釋爲民之所好好之民之所惡惡之此之謂民之父母吾邑賢宰多矣惟遂菴李公獨於風微人往之後百七十年以來猶令人景慕而不忘斯眞吾民之父母也乎公諱呈禎遼東鐵嶺蔭生康熙十三年九月十八日莅任日以察民疾痛爲務是時耿逆變起公日夜撫恤民艱險阻備嘗言難悉數至十五年[illegible]入閩又踰年諸寇悉平公乃捐贖各方難婦又因兵

父母記　緣起　一

陳塤有百七十年，《西安縣志》已經兩修，即有［康熙］《縣志》、［嘉慶］《縣志》。惜新舊兩志所載李公惠政實績皆不得其詳，陳塤爲補邑乘之失，輯録是書。《西安真父母記》體類紀事本末，有文七篇，即種種美績、先後詳請緩征免征甦役、請免常夫、禁革坊長、免九十兩都雜征、謀修學宫、擬建張少卿祠、建青霞書院。陳氏於輯録文字中加以己注，或注輯文出處，或對文詞加以注釋，並於每篇文後詳加按語，類如《史記》文後「太史公曰」、《通鑑》篇中「臣光曰」。陳氏鈎沉索隱，將遂菴主政西安時政績詳盡輯録，爲後來修志者提供難得資料。此書據清道光二十七年（1847）刻本影印。

忠孝録一卷

清陳塤輯。塤有《西安真父母記》，已著録。明天啓元年（1621），四川土司奢崇明反，殺巡撫徐可求。事聞，朝廷以激變弗恤。其子應秋具疏訟父冤，前後歷十三年。此書即記可求死事之忠，其子應秋申父冤之孝。徐可求乃西安人，然當時新舊《西安縣志》所載徐氏父子忠孝之行未爲詳備。陳塤不忍此忠孝事跡泯滅，因搜集遺事，輯爲是書，以備續修志者所采。書前有趙光、周縉兩序，正文分二公科甲官階、二公事實奏疏、二公墳墓贈謚、二公詩文著述、二公遺跡祠祀五節；以「奏疏」最詳，「事實」次之，「詩文著述」再次之，其它内容都較少。此書爲陳氏廣采衆書而成，其文詳載文獻出處。如其記徐氏父子「事實」，所引書除方志外，另有《明史》《通鑑綱目三編》《明通鑑紀事本末》《明通紀》等。是書行文中，陳氏時加按語，或作考辨，或作闡釋。此書據清道光二十七年（1847）刻本影印。

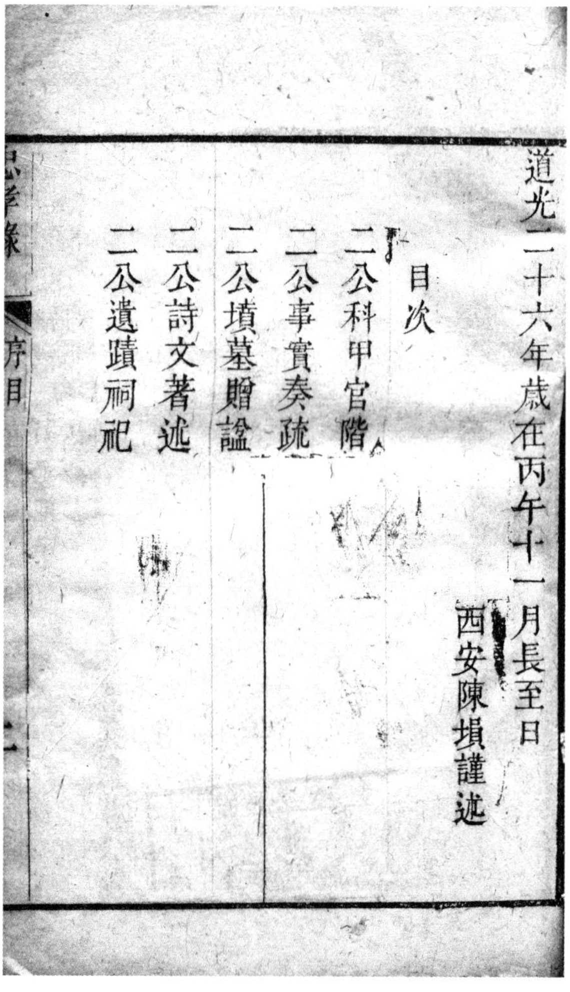
道光二十六年歲在丙午十一月長至日
西安陳塤謹述

目次

道光二十七年新鐫

忠孝錄

西安陳塤敬輯

趙清獻公年譜一卷附宋趙清獻公年譜一卷

清羅以智撰。以智字鏡泉，或學博，自號怡翁，浙江新城（今富陽）人。清道光五年（1825）拔貢，任慈溪教諭。工古文詩，曾注《離騷》，所著有《金石取見録》《宋詩紀事補》《詩苑雅談》《怡養齋詩集》等。趙清獻公者，即衢州籍宋代名臣趙抃也，有《御試備官日記》，已著録，另有《清獻集》傳世。羅氏序云：「唐宋名賢詩文集各有年譜，其體昉於宋人俾敬慕者，因以知其人而論其世，而《清獻集》闕如焉。頃讀

序二

趙清獻公爲有宋一代名臣其名德在人耳目則孝友之性鯁直之風淸介之節莫不知而敬慕之奚俟瑣述夫出處歲月爲美談耶然唐宋名賢詩文集各有年譜其體昉於宋人俾敬慕者因以知其人而論其世而淸獻集闕如焉頃讀公集取本傳及神道碑參以他書所紀述綴次公之事實譜其年月論者或疑公少好神仙術晚歲又學浮屠法觀公在臺省時旣奏停罷修造寺院宮觀復奏斥逐燒煉兵士董吉公之學道淸心於公亦安有間然者矧如公之忠君愛民持已接物秉於誠臻於純可謂以古大人之道自任者矣敘年譜旣成詎敢編入公集披覽間起敬起慕人人有同心也道光十有九年歲次已亥嘉平之月望前一日錢唐羅以智識於三衢客館

宋眞宗大中祥符元年戊申公生

公諱抃字閱道衢州西安人祖貫越州五代時其先自京兆徙越中公之祖始家於衢

祖諱湘字叔靈淳化三年進士廬州廬江尉贈司徒父諱亞才廣州南海主簿贈開府儀同三司封榮國公母徐氏贈彭城郡太君進魏國太夫人繼徐氏贈天水郡太君進越國太夫人并陜西提點刑獄尚書屯田郎中泌之女公魏國所生也按公集徐夫人墓表爲天水郡

公集，取《本傳》及《神道碑》，參以他書所記述，綴次公之事實，譜其年月。」此譜前有朱緒曾、羅以智二序，末有羅氏跋和趙統跋。是譜述清獻公行事比較簡略，不徵引清獻詩文詳述之，文中時有羅氏注解。羅《譜》據清咸豐九年（1855）刻本影印。至民國九年（1920），衢州鄉紳詹熙又爲趙清獻公作年譜。詹熙有《衢州奇禍記》，見下著録。詹氏言其撰清獻公譜：「竊據《宋史·本傳》、蘇軾《神道碑》《西安縣志·孝弟里記》及本集，參互考證，略爲編次，使後之讀此集者，粗悉公一生概略。」與羅《譜》相類，詹《譜》亦配合爲刊刻《清獻公集》而撰，故行文簡明。詹《譜》載於民國九年刻本《宋趙清獻公集》卷首，據此刻本影印，析出單行。

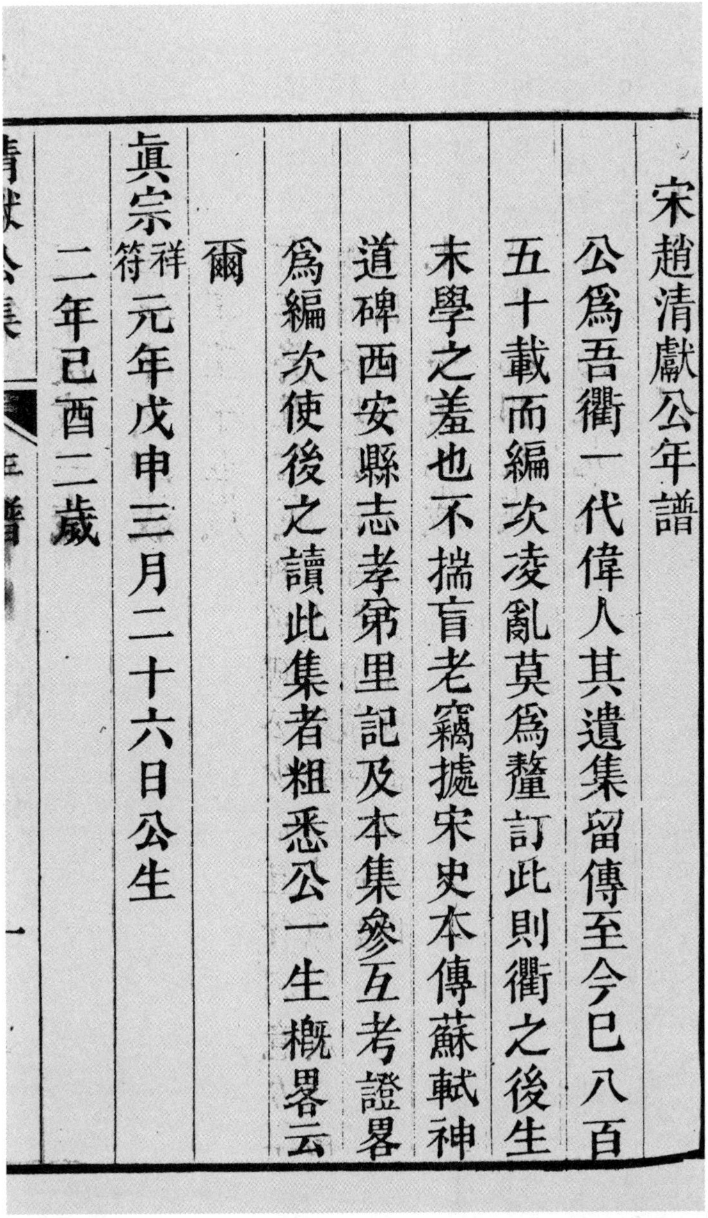
宋趙清獻公年譜

公爲吾衢一代偉人其遺集留傳至今已八百五十載而編次凌亂莫爲釐訂此則衢之後生末學之羞也不揣盲老竊摭宋史本傳蘇軾神道碑西安縣志孝弟里記及本集參互考證畧爲編次使後之讀此集者粗悉公一生概畧云爾

真宗祥符元年戊申三月二十六日公生

二年己酉二歲

衢州奇禍記不分卷附龍邱戡匪紀略一卷

清詹熙撰。熙字肖魯，號緑意軒主人，衢州西安人。肖魯曾遊歷蘇、滬、京、津，受新思潮洗禮，有志於振衰救弊。回衢後，熱心地方公益，發展新式教育。清宣統間曾任浙江省諮議局議員，參與預備立憲活動。所著有《衢州奇禍記》《醒世新編》《緑意軒詩稿》；評注《興朝應試必讀書》；重新編定《趙清獻公集》，並自撰《趙清獻公年

衢州奇禍記

序言

是記之作所以著戕官殺教之由使後之覽者得有所考證也原夫匪之肇亂也固由於地方官自始至終之諱盜由是民激而戕官疑而殺教情固儼然大逆矣然其始終諱盜禍民而因以自禍其身已矣夫復何尤而獨怪夫禍作以後患失卻過裝聾飾瞽若官若紳如夢如醉以致沈海之奇冤莫白滔天之元惡稽誅延成瓜蔓之抄坐視株連之慘此何為者耶昔拓跋氏問博士李先何物益人神智對曰莫若書史彼肉食者更何責哉余少而失學壯不如人願以燭武之無能妄效魯連之仗義乃獨立無據吾謀不用遂致熱血滿腔發泄無所爰作記二十三則網羅聞見編載年月又作雜述多則極知掛漏固所難免然為功

譜》冠其首。除《詩稿》散佚外，此書收録其餘諸作。熙父嗣曾、母王慶棣、弟塏，皆有著作傳世。清光緒二十六年（1900），北方義和團運動風起雲湧，衢州受其影響，遂有劉加福變亂和「衢州教案」之事。衢州紳士詹熙，親身經歷此次變亂，並直接爲參加抵禦劉加福攻城、籌組團練之議，全程參與守城之戰。此亂平定後，詹氏於次年撰成此書，完整記述此次變亂過程。全書包括序言、匪亂前後在任文武職官表、衢州奇禍日記、奇禍記雜述、各國索辦衢案官紳罪名單、任撫憲奏議決衢州教案摺、雲間紅豆詞人《跋後補録》。詹氏序文闡明此書撰述原委，其言：「是記之作，所以著戕官殺教之由，使後之覽者得有所考證也。」對此變亂之因，肖魯曰：「原夫匪之肇亂也，固由於地方官自始至終之諱盜。由是民激而戕官，疑而殺教，情固儼然大逆矣。然其始終諱盜，禍民而因以自禍其身已矣。」詹氏撰此書，力求紀事客觀公正，文獻收羅齊全，對於研究庚子之變和「衢州教案」有重要參考價值。此書據清光緒二十七年（1901）稿本影印。衢州此次變亂，殃及龍游，其知縣楊葆光日夜與團練巡察警備，龍邑獲安，楊氏遂撰《龍邱戢匪紀略》述其大略。葆光字古醞，號蘇庵，又號紅豆詞人，江蘇華亭人，光緒二十五年（1899）任龍游知縣。《奇禍記》中《跋後補録》即其所作。今存《紀略》一文，版心有「蘇庵文録」，當爲《文録》中一篇，此據清刻本影印。

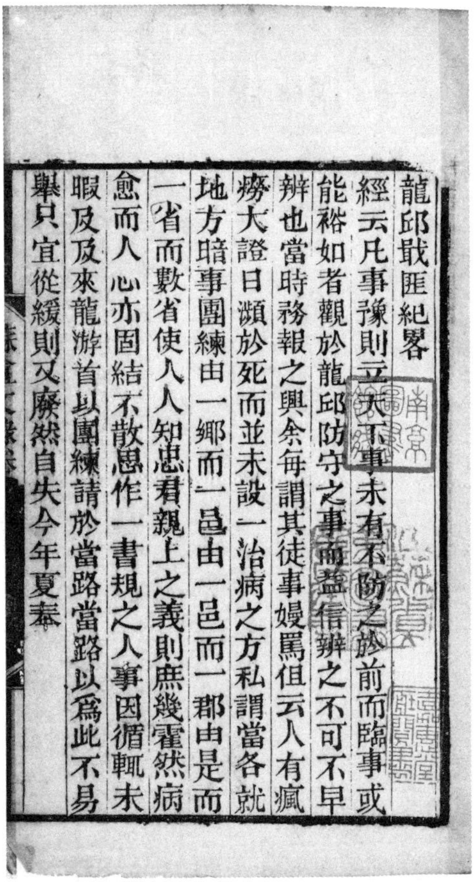
龍邱戢匪紀畧
經云凡事豫則立天下事未有不防之於前而臨事或能裕如者觀於龍邱防守之事而益信辦之不可不早辨也當時務報之興余每謂其徒事嫚罵但云人有瘋癆大證日瀕於死而並未設一治病之方私謂當各就地方暗事團練由一鄉而一邑由一邑而一郡由是而一省而數省使人人知忠君親上之義則庶幾霍然病愈而人心亦固結不散思作一書規之人事因循輒未暇及及來龍游首以團練請於當路當路以爲此不易舉只宜從緩則又靡然自失今年夏秦

守衢紀略一卷

清陶壽祺撰。此書題「守衢紀略」，署「會稽陶壽祺拜撰」。書後吳恩慶跋語，云「先生名壽祺，舉庚申恩科鄉試」「官衢州府學教授」。據「民國」《衢縣志·名宦志》，「陶慶麒，號静園，會稽人，清嘉慶五年（1800）舉人，官衢州教授。十七年（1812），赭寇擾浙窺衢。君久於其地，諳習形勢，與守令共議城守之法，撰《守城記》一卷。」據此，壽祺、慶麒是爲一人，《守衢紀略》《守城記》爲同書異名。此書收文三篇，即初任守衢紀略、再任守衢紀略、三任守衢紀略；後有吳縣吳恩慶於光緒十三年（1887）所作題跋。書中所言守衢「吳公」者，當即吳艾生，亦即吳恩慶跋語所言「先曾祖鑑庵公」。據「民國」《衢縣志·官師志》，吳艾生，江蘇吳縣人，咸豐五年（1855）任衢州知府，「殺臺勇」，因守城有功，十一年復任衢州知府。是書記太平天國動亂

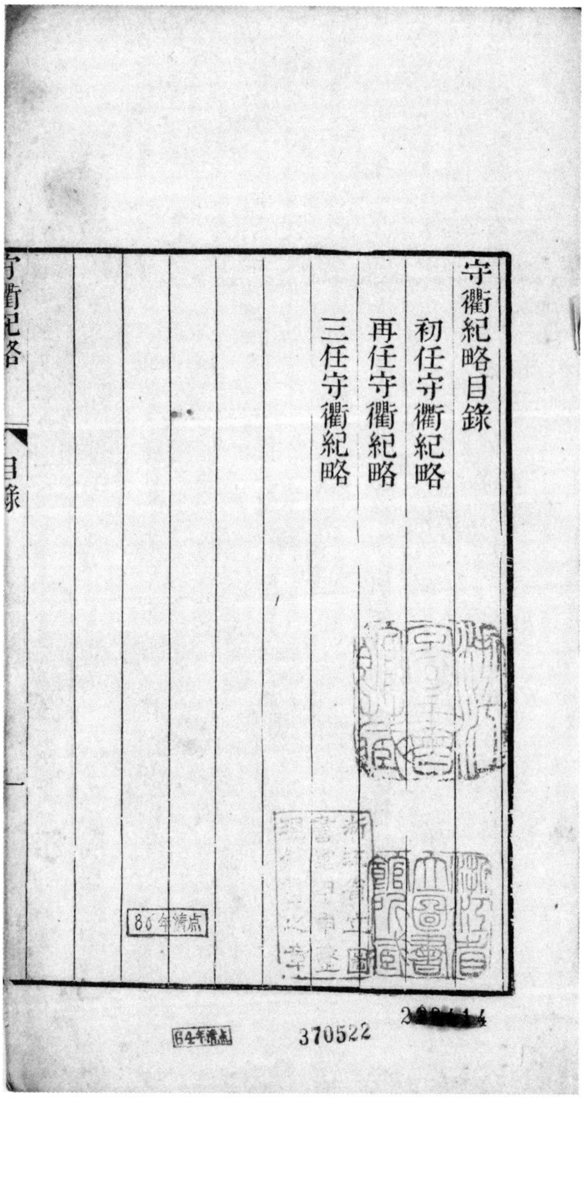

右守衢紀略三篇會稽陶先生之所作也先生名壽祺舉庚申　恩科鄉試與　先曾祖鑑庵公爲同年官衢州府學教授　先大夫每見之執後進禮甚恭而　先生亦以前輩自居不少遜蓋老成典型有如此者迨後　先大夫去衢乃作此爲贈篇中所紀皆質實無溢美有足以信今而傳後者用特付之梓氏以光先烈且俾後之志三衢郡邑者有所考證焉

光緒十三年二月　　日吳縣吳恩慶謹跋

初任守衢紀略

會稽陶壽祺拜撰

按吳公引之於咸豐五年由侍御出知浙江之衢州府旣莅省何中丞桂清委公赴衢襄理防務維時粵匪由徽郡竄江西廣信玉山於衢之江常處處聯接在防台勇聞警先潰專事搶掠衢民忿甚合力擊殺一時人心皇皇內變幾作賴公鎭撫之乃定而廣玉之賊爲官兵所敗竄入常境初公以常山爲入浙門戶恐兵少不敷布置乃請調川勇五百名駐紮至是賊偵知有備不敢犯遂由七都球間道趨開化華埠出白沙關仍入婺源與大股賊合有長髮老賊傷斃於道鄉人斫其首並得遺棄僞文二十餘件來獻

期間，衢州官民同守衢城，抵禦太平軍前後之經過。每篇記守衢事略後，末有對守衢功績之論贊。《衢縣志・名宦志》於陶氏傳後，有慶麒詩《題守城記後》：「長繩曾繫紙鴟來，雉尾空焚一炬哀。東望援軍斷消息，吟廚猶自覓乾苔。痛定閒繙舊日書，元戎忠悃幾人如。綸巾羽扇風流甚，諸葛英名在草廬。」該詩不見於此本《守城紀略》，故附於此。此書據清光緒十三年刻本影印。

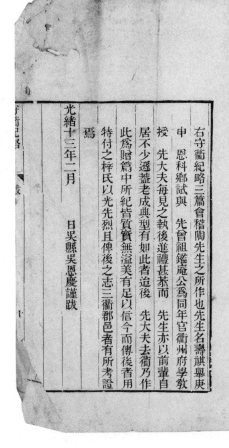

同善録彙編二卷

清余乾耀編，江山同善局輯校。乾耀號雲眉，廣東台山人，清同治二年（1863）舉人，光緒二十三年（1897）任衢州郡佐。後任内閣中書舍人，以領事參贊職銜出使日本、印度、泰國、菲律賓、澳大利亞等國十五年，所著有《交涉叢編》《輶軒抗議》等。此書題「《同善録彙編》，嶺南余乾耀編定，局内同人輯校」，版心題「江山同善録彙編」。據余乾耀序文可知，此書乃同善局諸生暨鶴來觀與善軒諸生纂輯，由余氏總司參校、編次分卷並序。江山因清末動亂，難民甚多，石門三鄉口主教仙師汪雅堂真人諭令諸生設局辦賑，名曰「延喘局」。左文襄公

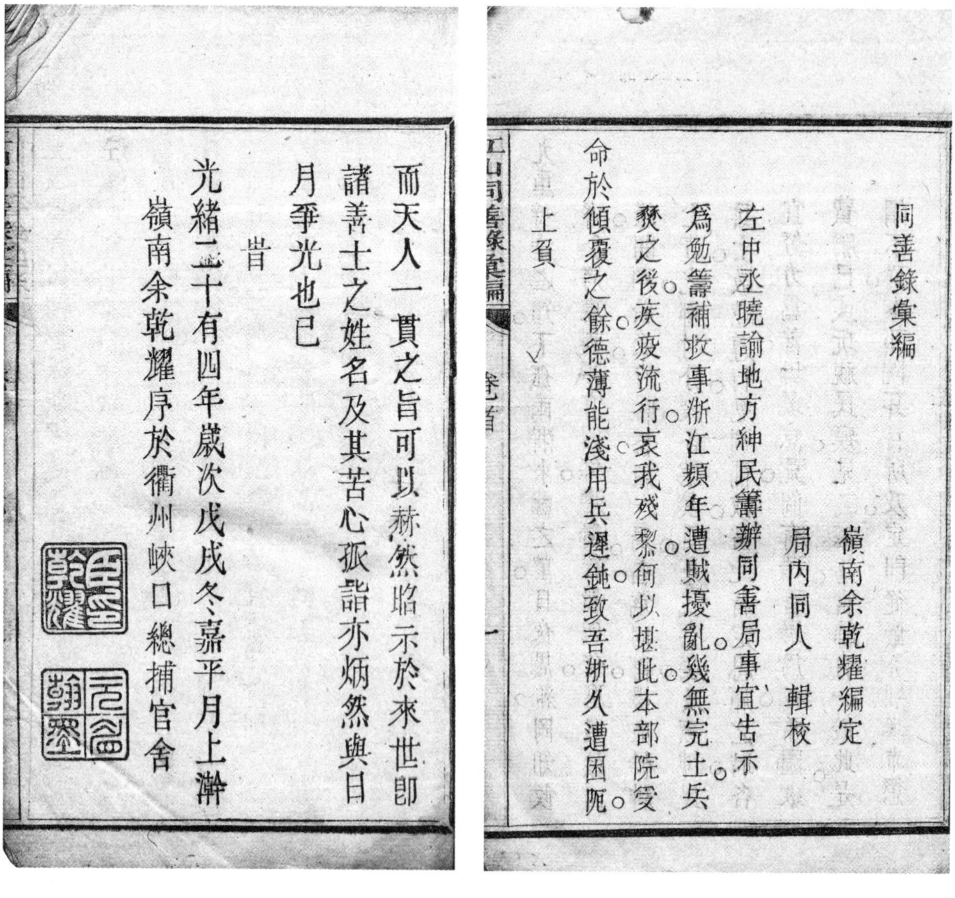
同善錄彙編
嶺南余乾耀編定
局內同人　輯校
左中丞曉諭地方紳民籌辦同善局事宜告示
爲勉籌補救事浙江頻年遭賊擾亂。幾無完土。兵燹之後。疾疫流行。哀我殘黎。何以堪此。本部院受
命於傾覆之餘。德薄能淺。用兵遲鈍。致吾浙久遭困阨
上負
江山同善錄彙編　卷首　一

而天人一貫之旨可以赫然昭示於來世卽諸善士之姓名及其苦心孤詣亦炳然與日月爭光也已
旹
光緒二十有四年歲次戊戌冬嘉平月上澣
嶺南余乾耀序於衢州峽口總捕官舍

宗棠撫浙，鎮守衢州，乃傳諭諸鄉紳及地方官擴充之，名曰「同善局」。此局設後，連年施賑，自江山以至龍游、建德、桐廬，全活二萬余人，可謂功德無量，故編是書以記之。此書卷首有汪真君《鸞筆降序》、余乾耀《校刻同善録彙編序》《跋》、徐謙和《同善局辦賑緣起》、夢覺老人《壬戌賑饑記略》。首卷主要載籌辦同善局事宜告示、辦賑章程以及奏疏、啓文、請示、批文等。次卷爲宏教真君勸捐賑饑引、浦邑勸捐賑濟引、籌賑龍邑勸捐啓、信郡勸捐賑饑啓、賑饑延喘局規條、回生帝君汪夫子示江邑被難記、汪夫子降鸞於廣邑排山局、須江記難詩（二十章），末載江山、龍游等地局人和捐人。該書所記當時災情、設局、賑濟等，可反映清末社會、經濟諸層面，具有較高史料價值。此書據光緒二十五年（1899）刻本影印。

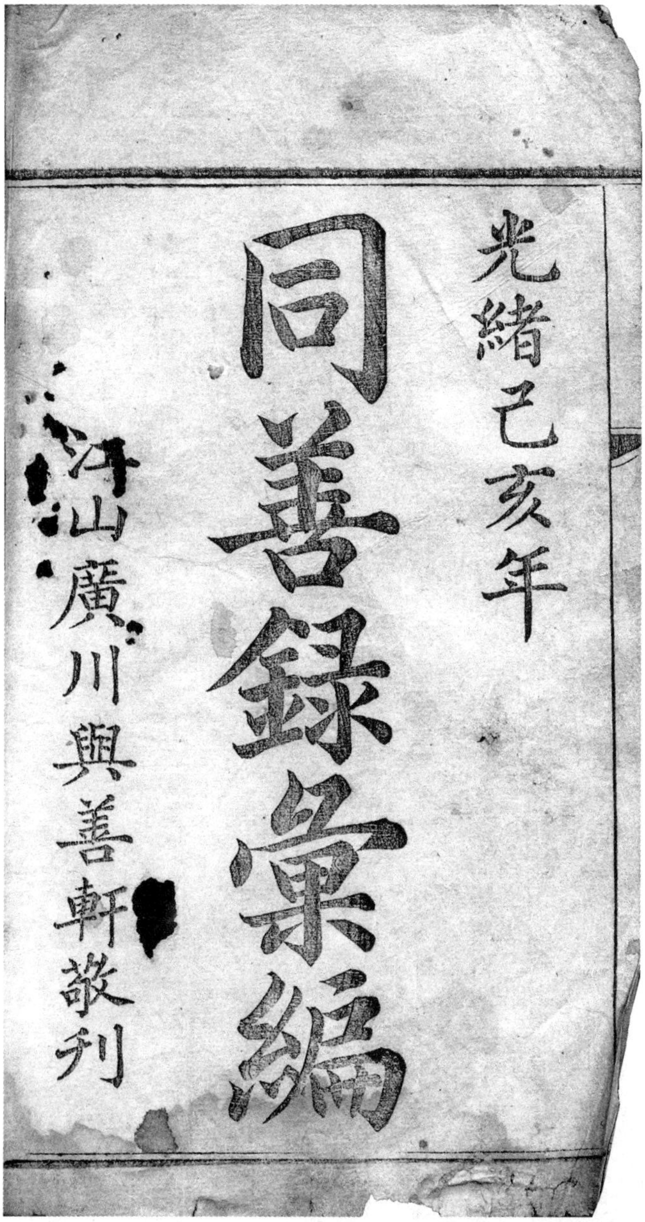

［弘治］衢州府志十五卷

明沈杰修，明吾冔、吴夔纂。杰字良臣，南直隸長洲人，明成化二十年（1484）進士，明弘治十一年（1498）任衢州知府，官至河南右布政使。吾冔字景端，號默齋，學者以其所居稱文山先生，衢州開化人。明天順三年（1459）舉人，後入太學，曾任江浦教諭。景端通《書》《易》《春秋》，所著有《五箴解》《朱子讀書法》《周易傳義會同》等書，詩文有《太學》《江浦》《還山》三稿，皆不傳。所類集《朱子讀書法》，以存心主敬爲先，致知力行爲務，不溺於記誦詞章之習。嘗書《太極》《西銘》，以示爲學本原。吴夔字學夔，衢州西安人。弘治五年（1492）舉人，曾任永春教諭。致仕後家居，知府沈杰請纂修郡志。［嘉慶］《西安縣志序》曰：「信安有志，不知昉何時。見於《直齋書録》者，衛玠所撰十六卷，在嘉定己卯（1219）；葉汝明《續志》二卷，在紹定初，則皆南宋時也。時又有鄉先生袁采君載輯有《信安志》，方秋崖稱其持論質直，簡古可風。」《宋史·藝文志》載有《衢州圖經》一卷、毛憲《信安志》十六卷。《明一統志·衢州府》又載，元人朱霽任衢州路總管，嘗修《信安志》。《文淵閣書目·舊志》著録《衢州府志》二册，於《新志》又著録《衢州府志》，故當時應有新、舊兩種《府志》。以上諸志，皆不存。此志所修，時任知府爲長洲沈杰，書前有弘治十六年（1503）長洲吴寬序，末有後序。此志十五卷，其體例一遵《大明一統志》，惟貢賦、户口、鄉市、驛遞、科貢、詩文事目繁瑣而詳述；其載事以衢府爲綱，以所屬五縣爲目，先舉其綱於府，而後析書於縣；其記人物除照舊志外，新有節行可書者，必據公文及名公傳記登載；其録詩文，皆據舊志，對惑於妖妄不館世教及辭庇者不録。今存此本缺葉、殘葉者不少，一些文字漫漶不清。此書據明弘治十六年刻本影印。

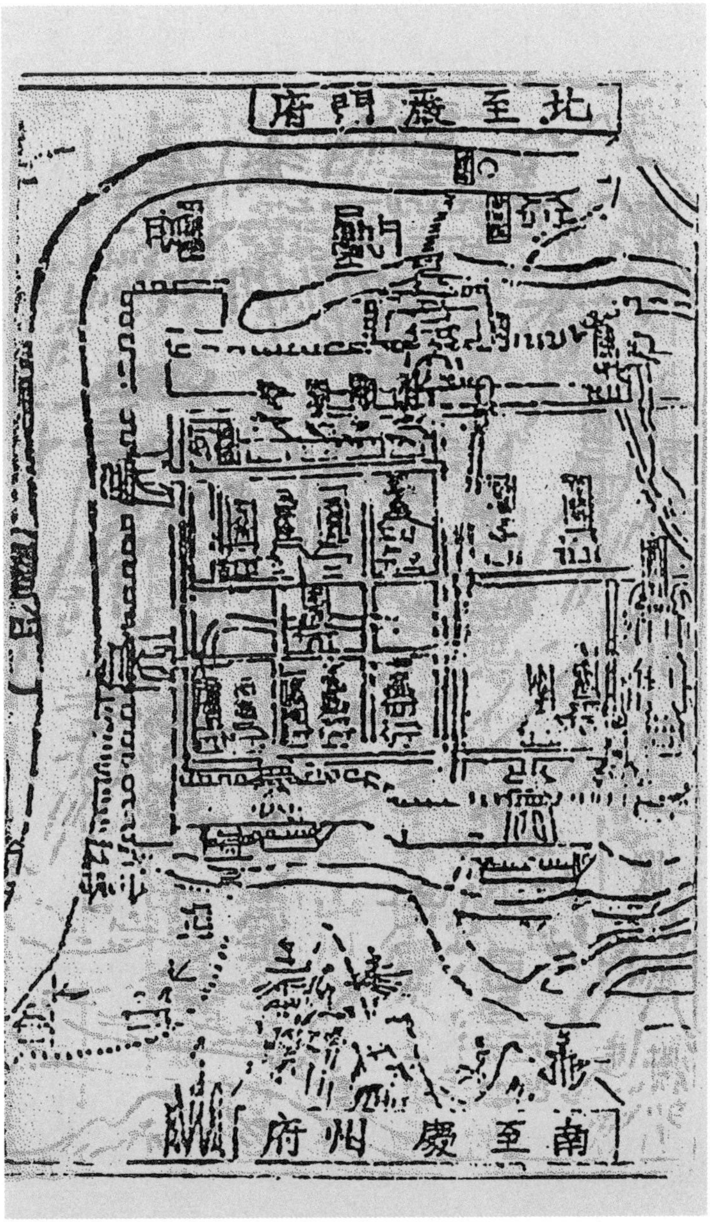

［嘉靖］衢州府志十六卷

明楊準、鄭伯興修，明趙鏜等纂。準字汝安，號安吾，南直隸宜興進士，明嘉靖三十八年（1559）任衢州知府。伯興字南溟，南直隸無錫進士，嘉靖四十二年（1563）任衢州知府。鏜字仲聲，號方泉，衢州江山人。嘉靖二十六年（1547）進士。先後爲庶吉士、南畿都學御史、都御史。所著有《留齋漫稿》。趙鏜序曰：「緊志之新倡始者安吾公，繼成者南溟公，而我少郡伯文臺薛公寔後先協濟之，始葺於西安學訓導汪子旦，重校於衢州府學教授金子汝礪，又重校於西安學教諭徐子守，而總其成者則鏜。」可見是編成於衆手。全志十六卷，始輿地，次山川，次建置，次禮制，次官守，次人物，次食貨，次災異，次外紀，卷前有趙鏜序和凡例。其各志前有小序，敘其撰述之

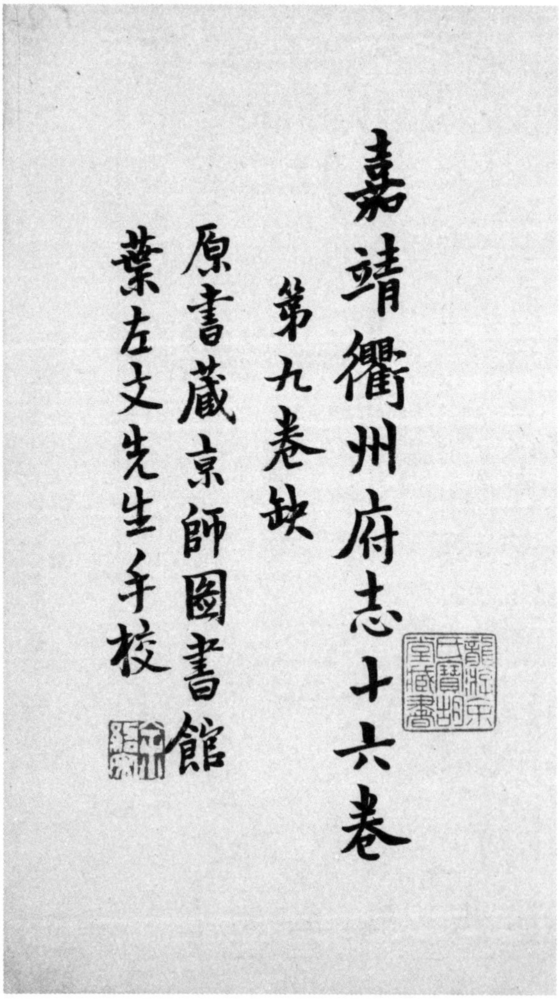

緣由。較之舊志，其《官守志》不僅有秩官表，又於卷九增入《宦跡傳》，惜此卷不存。舊志將詩文別爲一卷，此志以詩文散於各項下爲小注。由卷八末附識可知，此本爲民國十二年（1923）抄本。其扉葉有「嘉靖衢州府志十六卷，第九卷缺，原書藏京師圖書館，葉左文先生手校」，下有余紹宋印，當是余氏所言。此本卷末附有鄭永禧《衢志源流考》，當爲抄者所爲。抄本正文上方有葉渭清校注，其用墨筆所書者是與「天啓」《府志》相校，用朱筆所書者乃與「康熙」《府志》互校，大多爲墨筆書寫。據凡例可知，此志原本有輿地總圖和郡治圖，此抄本無。此書據民國抄本影印。

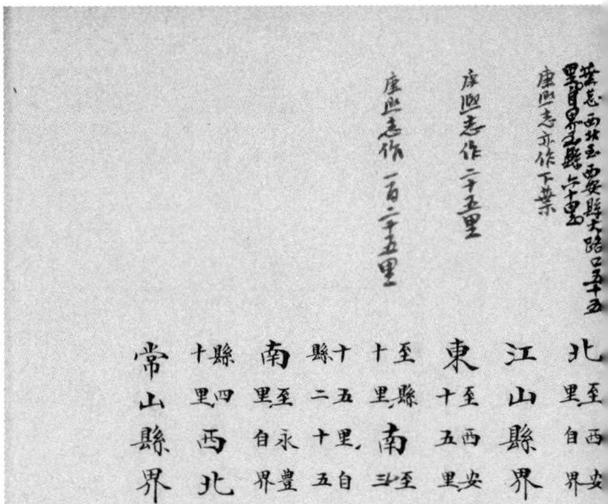

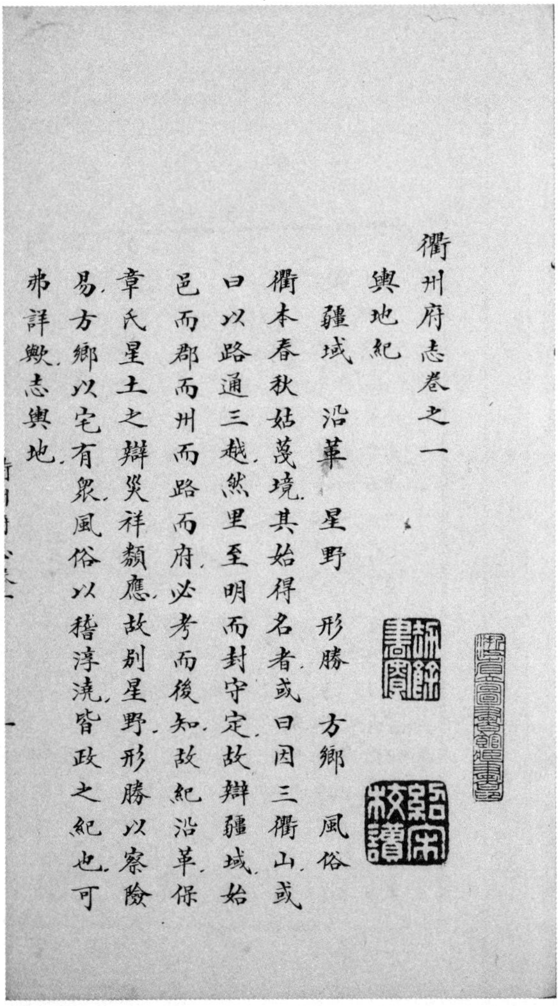
衢州府志卷之一

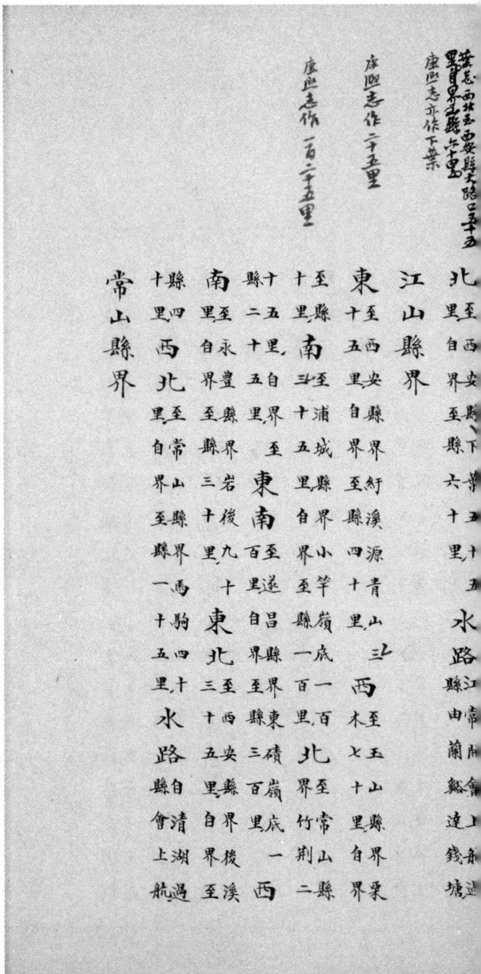

輿地紀

疆域　沿革　星野　形勝　方鄉　風俗

衢本春秋姑蔑境其始得名者或曰因三衢山或曰以路通三越然里至明而封守定故辯疆域始邑而郡而州而路而府必考而後知故紀沿革保章氏星土之辯災祥類應故別星野形勝以察險易方鄉以宅有衆風俗以稽淳澆皆政之紀也可弗詳歟志輿地

〔天啓〕衢州府志十六卷

明林應翔修，明葉秉敬纂。秉敬有《字學》，已著録。應翔號止巖，福建同安進士，天啓二年（1622）知衢州府。此志文詞實出自葉氏一人手筆，其以舊志爲基礎，「稍爲詮次，而以六十年之人之事續焉」，書成於天啓二年。志文凡共十六卷，分十綱七十八目，其法遵《史記》而意稍變通，仿《史記》之紀傳，以職官、人物兩分列傳；仿《史記》之八書，以輿地、兵戎、禮典、建置、國計、藝文、翼教、政事爲八大提綱；隨人隨事則各自紀年，十表則隱然在其中。其序文有林應翔序、葉秉敬

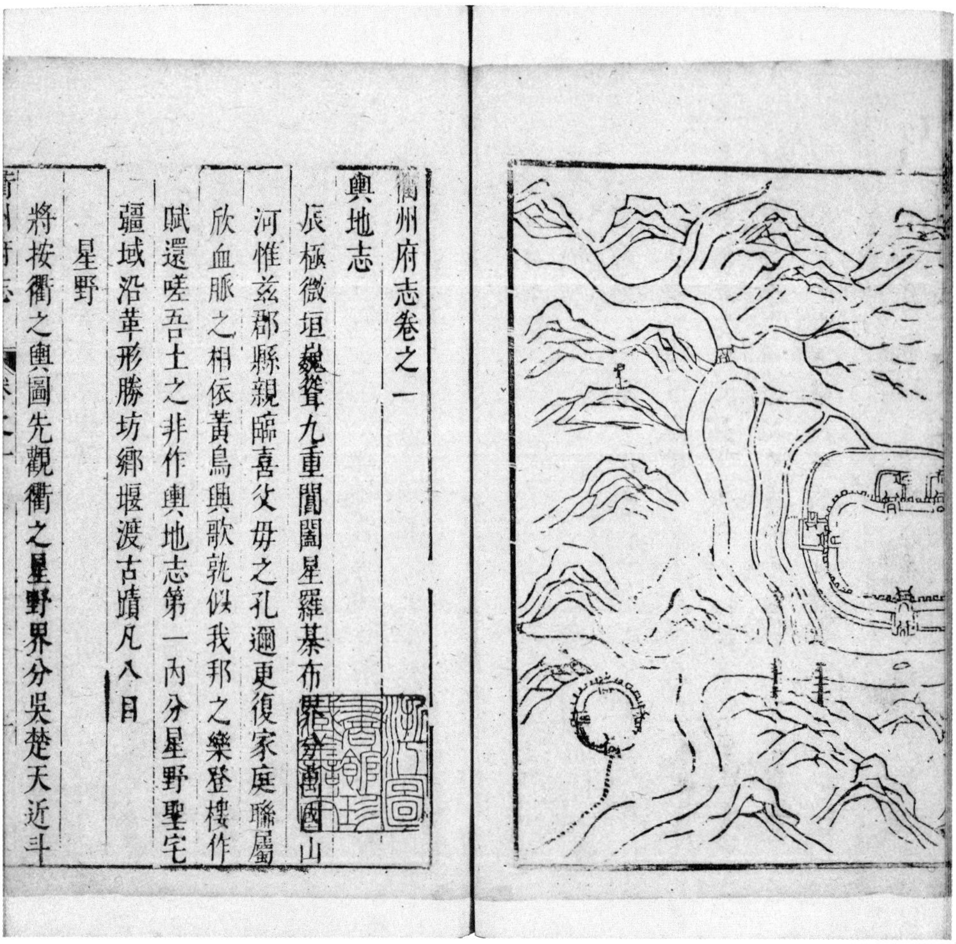

衢州府志卷之一

輿地志

辰極微垣巍聳九重閶闔星羅棊布界分衢國山河惟玆郡縣親臨喜父母之孔邇更復家庭聯屬欣血脉之相依黃鳥興歌孰似我邦之樂登樓作賦還嗟吾土之非作輿地志第一內分星野聖宅疆域沿革形勝坊鄉堰渡古蹟凡八目

星野

將按衢之輿圖先觀衢之星野界分吳楚天近斗

序和［嘉靖］《府志》趙鏜舊序（卷前有《修志姓名》《修志管見十則》《目録凡例》《書畫序説二十四條》和《衢地圖》）。較之舊志，此志「分門立類，互有參差，或當合而復離，或當離而復合」，新立藝文、政事兩志，又增「聖宅」等目，不取［嘉靖］《府志》所載災異等内容。本志凡名宦舊傳一百二十七篇，創立名宦新傳四十篇，人物舊傳三百六十四篇，創立人物新傳七十六篇，碑記序文九十九篇，詩詞一百四十篇，十綱紀事之末附論議十五篇，畫圖論議十二篇，《政事志》謬作論議三十六篇，總序一篇，小序共一百篇，管見十篇，合之共一千零二十篇。至崇禎五年（1632），衢州知府丁明登增修［天啓］《府志》，新增天啓至崇禎初間内容，以人物、藝文二志所增爲多。《中國方志叢書》收録有崇禎增修本《衢州府志》，然誤題爲「據明天啓二年刊本影印」。此書據崇禎五年增修刻本影印。

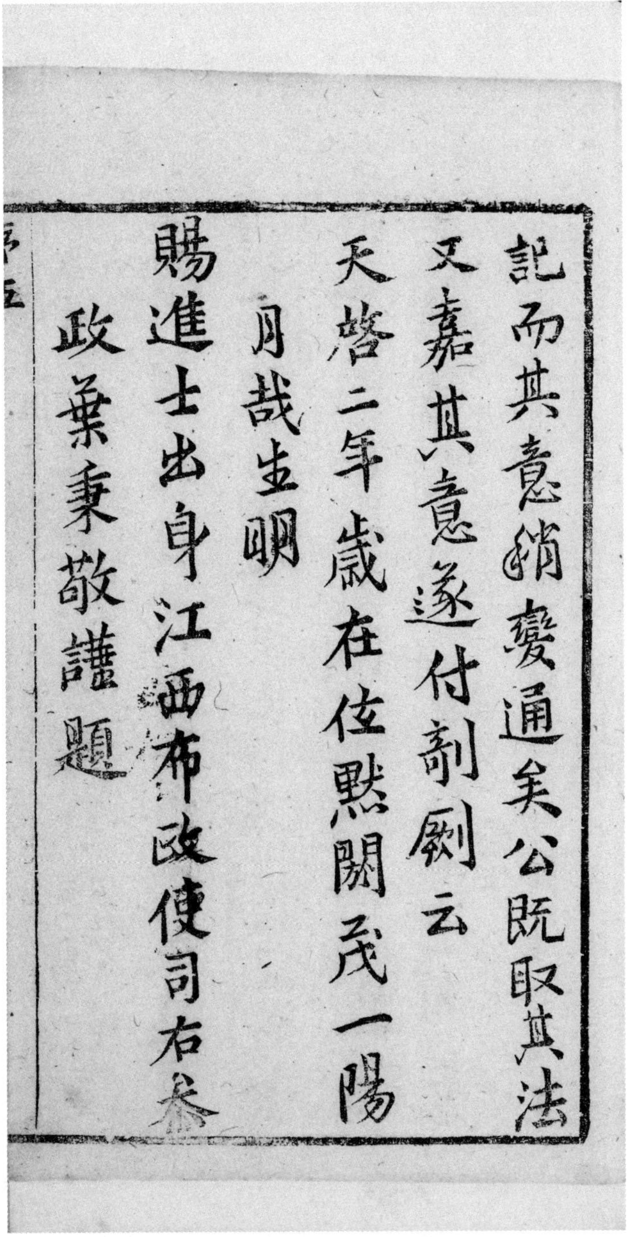

記而其意猶變通矣公既取其法
又嘉其意遂付剞劂云
天啓二年歲在位黙閼茂一陽
月哉生明
賜進士出身江西布政使司右參
政葉秉敬謹題

［康熙］衢州府志四十卷

清楊廷望纂修。廷望字競如，江南武進人，清康熙四十五年（1706）任衢州知府。此本爲光緒八年（1828）重刊本，卷端題「武進楊競如先生重修本，知府安陸劉國光重刊」。衢州舊志，自天啓葉氏修志、崇禎丁氏增補，至康熙後期已歷百餘年。競如守衢，有續輯之思，「乃集衢之紳士，次第參酌，微顯闡幽，仿史遷遺意，有紀、有傳、有表、有志、有圖，凡爲書若干卷。其於舊志少有增損，要之闕疑傳信，校訛訂謬，期於盡善。自沿革、建制、官師、人物、賦役、水利，以至農桑、物産、文藝，凡以類」。此志凡四十卷，實則有圖、表、考、傳各十卷，而無紀，其圖分類十五，表分類十一，考分類十七，傳分類十九。卷首有聯綬、劉國光重刊序二，有楊廷望、馬遴原序二，有重刊銜名和總目。較之舊志，［康熙］《府志》不僅新增了清順治、康熙年間的大量内容，且其圖、表頗有創意，遂使此志圖文並茂、條分縷析。此志修成於康熙四十八年（1709）楊氏任内，五十年始刊刻。四十八年、四十九年，馬遴、金玉衡先後知衢州府，遂有康熙四十九年馬遴序。光緒重刊本因缺葉未有補正，遂誤將金玉衡序改爲馬遴撰。劉國光重刊時，康熙刊本已非完帙，存版僅十之一二，「再三查訪，獲舊本二三部，互相展閲，字畫半多漫漶，葉數亦多殘缺」。光緒重刊本對原本缺葉未能補正，仍殘缺嚴重，此本缺葉共四十八處，近二百葉。此書據清光緒八年重刻本影印。

衢州府志卷一

武進楊兢如先生重修本　知府安陸劉國光重刊

分野圖第一

古之言分野者三代以前尚矣其書靡得而考云漢唐以來司馬遷班固李湻風僧一行之説爲最著明劉基著清類天文分野書

國朝用西洋歷推測今並列其著於衢州者傳云天道遠人道近太史公云未有不先形見而應隨之者也後之爲治者盍亦先務其近者可乎

［康熙］西安縣志十二卷

清陳鵬年修，清徐之凱等纂。鵬年字北溟，湖南湘潭人，清康熙三十年（1691）進士，三十四年（1695）知西安縣，官至河道總督。之凱字子强，號若谷，衢州西安人。順治十五年（1658）進士。官桂陽知縣。康熙十八年（1679），薦博學鴻詞。著有《鄉校復禮議》一卷及《初學》《北思》《汶山》《流憩》等集。西安修志，始於明初洪武間，爲邑人縣學訓導留文溟纂修，［康熙］《衢州府志》著録之。《文淵閣書目·新志》録有《西安縣志》，不載撰者。［天啓］《衢州府志·藝文志》載府學書籍有「《西安縣志》一部二册，《續志》一册」，縣學書籍有「《西安縣志》一部二册，新寫」。至康熙時，此前所修諸縣志無復存者。鵬年宰西安，見此邑無志，遂有修志之舉。康熙三十七年（1698）冬，「延聘邑紳前進士徐君之凱主其事，而遴集邑中篤學好古、耆宿譽髦之士，得士人焉，共鳩厥成，八閲月而竣，以壽諸梓」。徐氏撰志本乎三端，即正其體，核其實，詳其用。因無舊縣志可據，此志以嘉靖、天啓《衢州府志》爲基礎，「折衷引伸於郡志，可因則因之，宜創則創之」，並參以省志、《一統志》《文獻通考》《水經注》諸書，以及稗官野史、故老舊聞，去疑存信，考古證今，而成是書。全志分十二類，每類分若干目爲一卷，計輿地六目、建置八目、山川五目、官師五目、學校十二目、風俗四目、賦役八目、祠祀八目、水利五目、人物十一目、藝文六目、災祥二目，正文前有序、圖、總目、批詳、凡例等。對於此志修纂之得失，余紹宋《衢縣新志序》評曰：「陳《志》分十二門，尚有條理，惟記載簡陋，究不洽於史裁。」然現存西邑舊志，此志最古，對於保存康熙以前此邑政績、人物、民風、物産等富有價值。此書據清康熙三十九年（1700）刻本影印。

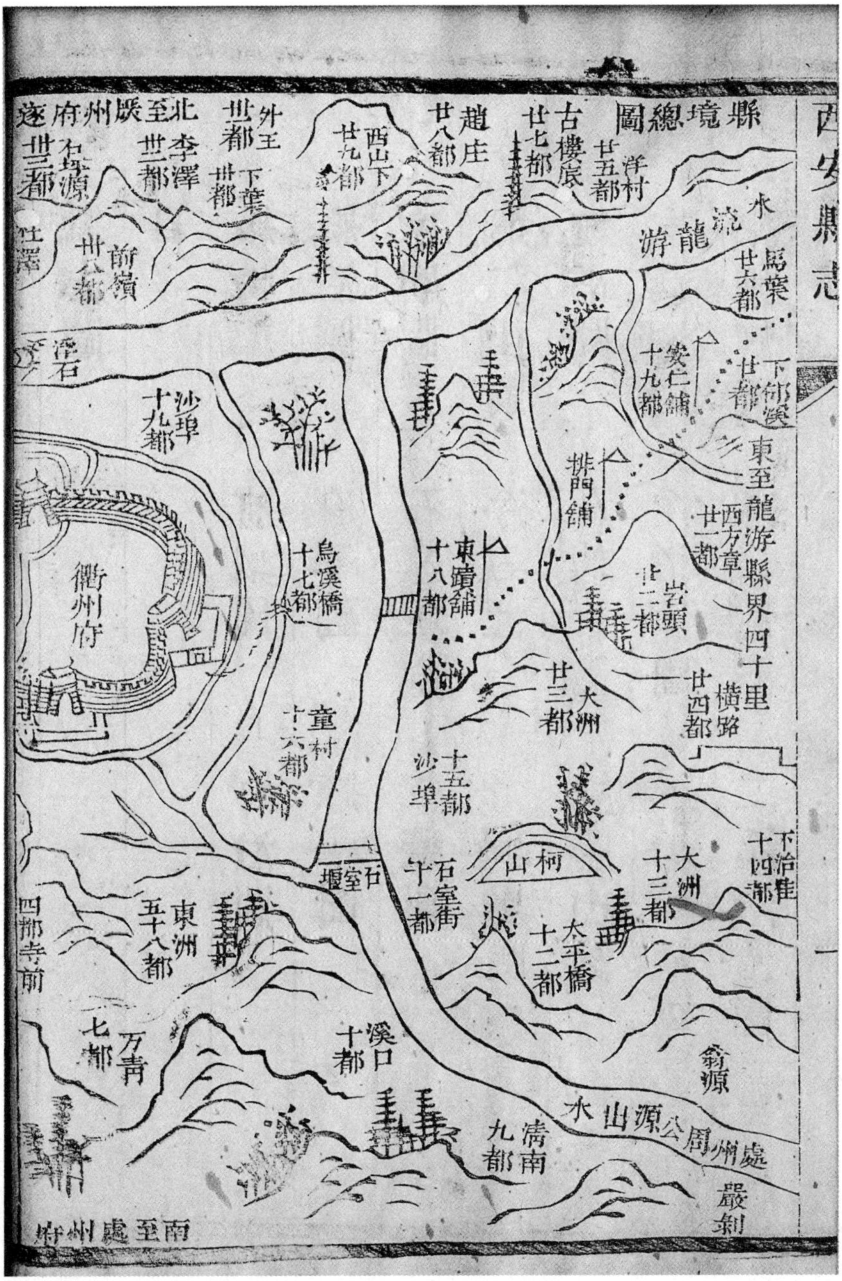

［嘉慶］西安縣志四十八卷

清姚寶煃修，清范崇楷等纂。寶煃，漢軍鑲黄旗人，進士。崇楷字式之，號望溪，晚號退樵，衢州西安人。清乾隆四十八年（1783）舉人。歷任長樂、漳平、安溪、寧德知縣，俱有政績。有《鋤藥初集》四卷行世。自康熙時修西邑縣志至嘉慶間，已逾百年，其間人物、政治變遷，無文獻可徵。邑令寶煃有感此，毅然而修新志，遂延斯邑名士退樵主此事，搜遺書，訪故老，删繁補闕，不濫不遺，凡十餘月而志成。此志纂修體仿《浙江通志》，分爲四十八門，首爲《圖考》，終以《雜記》，卷首有序文、纂修姓名、凡例、總目。其坊巷、鄉莊、封蔭、仕籍，從舊志增入；賦役遵照《賦役全書》徵收解支款目，逐一登載；水利、津梁照舊志登載，其有增新改舊者，必查明檔案方録入；職官姓氏，舊志有所遺漏，此志則從諸書搜羅詮次，略爲詳備；官宦事跡、先賢傳略，悉憑士庶口碑，不妄加評論；經籍可傳者皆有備載，以《隋書·經籍志》體例，分經、史、子、集四類，注明姓氏、卷數；藝文釐爲三卷，以文體分門，所擇者皆有關政治、民風、山川、古跡。其引用書目先采正史，及

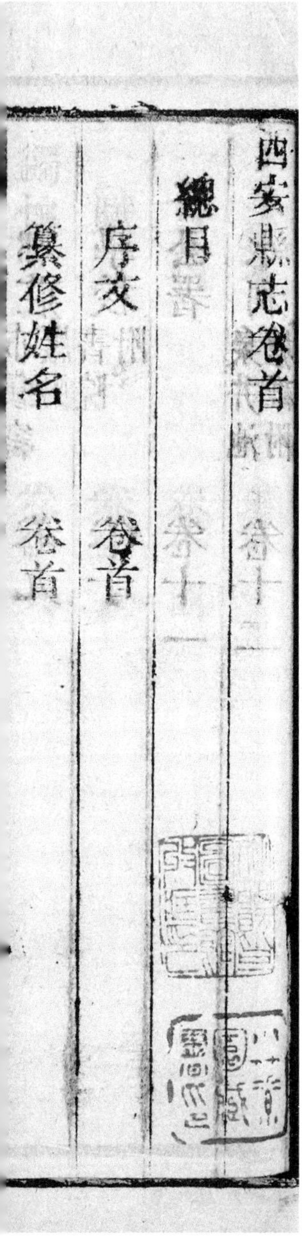

省、府志舊志，並古今人著述，皆注明所引之書。其見聞異詞所當折中者，皆加以「按」字，使覽者不至混淆。此志告成，非但彌補舊志之缺失，亦使西邑典章文獻信而有徵。對於此志的缺失，余紹宋在《衢縣新志序》中批評其體例不佳，涉於繁瑣，「其中人物一門分類益瑣，竟至分割一人列於數類，尤爲奇謬」。此書據清嘉慶十六年（1811）刻本影印。

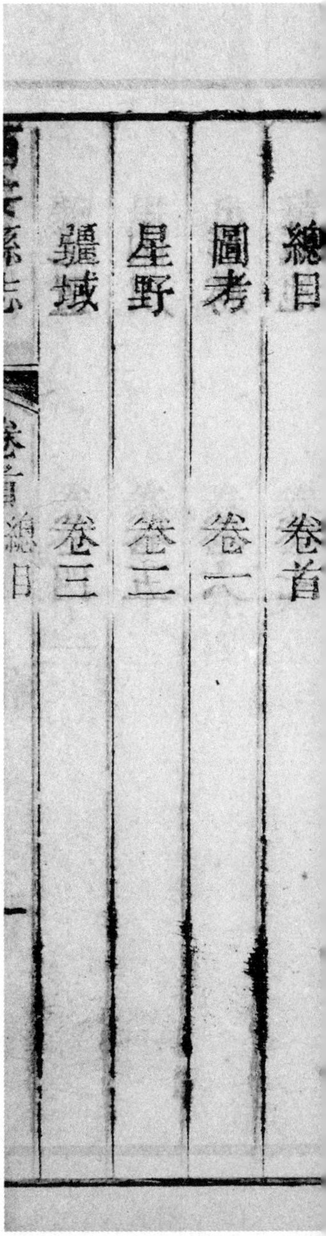

西安縣新志正誤三卷

清陳塡撰。塡有《西安真父母記》，已著録。此書凡三卷，糾正［嘉慶］《西安縣志》之誤共四百餘條。陳氏認爲嘉慶新志多誤，遠不如康熙舊志，故以舊志正新志之誤，糾其削所不可削，改所不可改，略所不可略，增所不可增。是

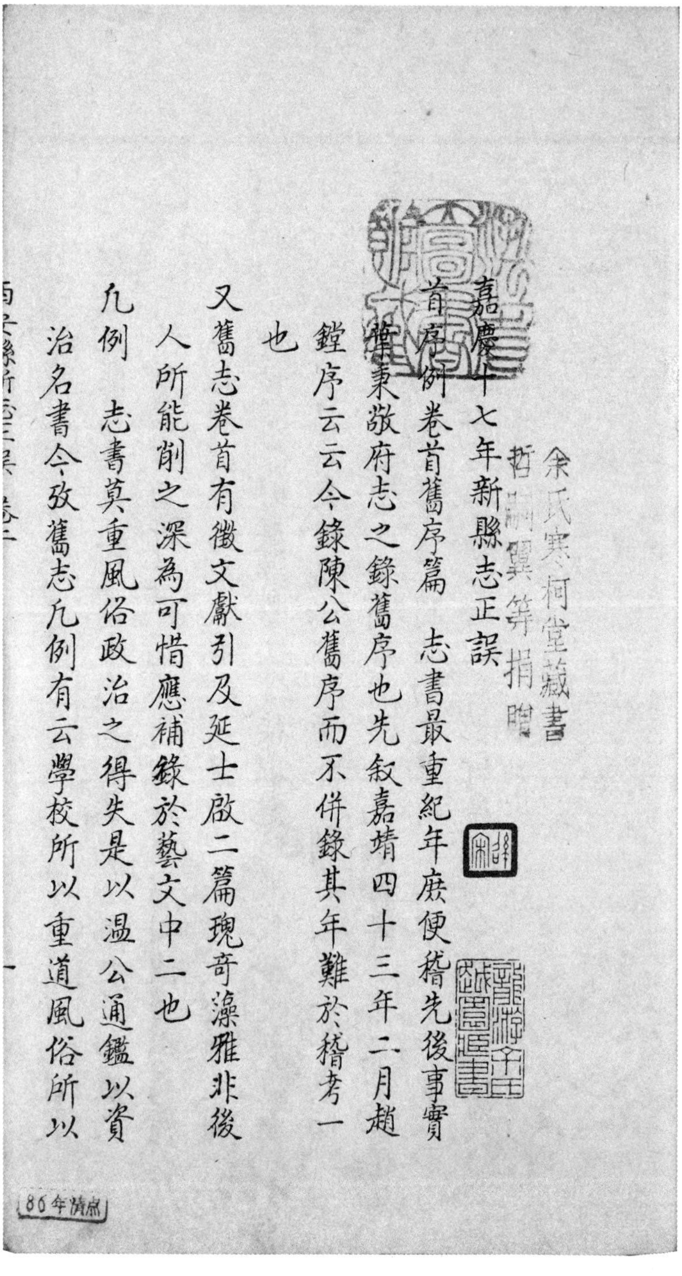

嘉慶十七年新縣志正誤
首序例卷首舊序篇　志書最重紀年庶便稽先後事實葉秉敬府志之錄舊序也先敘嘉靖四十三年二月趙鏜序云云今錄陳公舊序而不併錄其年難於稽考一也
又舊志卷首有徵文獻引及延士啟二篇瑰奇藻雅非後人所能削之深為可惜應補錄於藝文中二也
凡例　志書莫重風俗政治之得失是以溫公通鑑以資治名書今攷舊志凡例有云學校所以重道風俗所以
西安縣新志正誤　卷一　一

書卷前有西安知縣歐陽烜序，卷後有陳塤自序和西安教諭吳善述序。陳氏自序和吳氏序皆言，嘉慶新志爲姚寶煃延請江西進士胡森所修。然據此志今傳清嘉慶十六年（1811）刻本所載《纂修姓氏》，纂修者爲邑人范崇楷，協修者有胡森、陳岱、楊世英、余文焘四人；又據范登保等《可竹堂集》所載《纂修縣志記》，亦證新志出於崇楷手筆。陳、吳二氏所以稱胡森者，蓋爲避開對鄉賢批評。陳塤以康熙舊志來糾嘉慶新志之謬，並非完全言之有理。鄭永禧[民國]《衢縣志·藝文志》著録此書，其評曰：「其中多有未見原書而妄肆詆諆者，非至當之論也。」在《頑膂

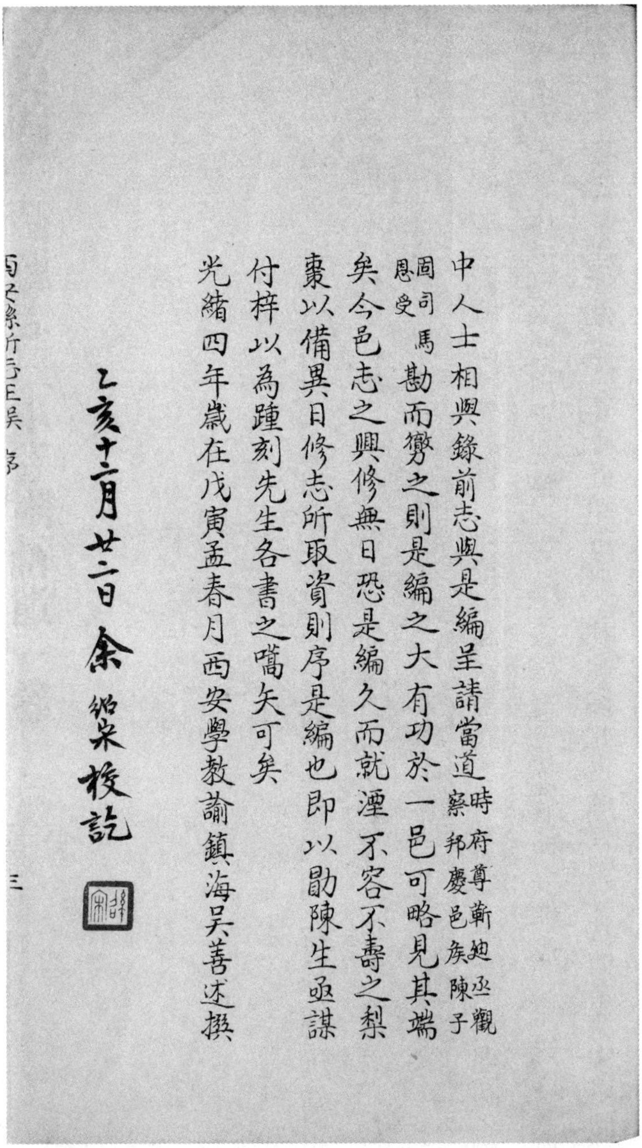
中人士相與錄前志與是編呈請當道時府尊靳廸丞觀察邦慶邑侯陳子固司馬恩受勸而釐之則是編之大有功於一邑可略見其端矣今邑志之興修無日恐是編久而就湮不容不壽之梨棗以備異日修志所取資則序是編也即以勖陳生亟謀付梓以為踵刻先生各書之嚆矢可矣
光緒四年歲在戊寅孟春月西安學教諭鎮海吳善述撰
乙亥十二月廿二日余紹宋校訖

思存》中，鄭氏還對陳塤的錯誤之處詳加指陳。余紹宋《衢縣志序》批評道：「其指摘諸端，涉於毛舉，又多附會，未中其失。」此書所正[嘉慶]《縣志》之誤，雖有牽强者，然亦有可取者，可爲後來修志者取資。此編成於道光二十五年（1845），然至光緒九年（1883）始刊印。此書據清末抄本影印。

［民國］衢縣志三十卷附補遺一卷

鄭永禧纂。永禧字渭川，衢州西安人。曾任衢縣參事、湖北恩施知縣。渭川潛心古學，自經義史籍以及金石文字，咸喜推究、校讎、辨析，不厭精詳，而於古書雅記有涉及地方文獻者尤爲措意。所著［光緒］《爛柯山志》十三卷、《衢州鄉土卮言》《西安懷舊録》《不其山館詩抄》《竹隱盧隨筆》《頑蕒思存》《老盲吟》《施州考古録》、［民國］《衢縣志》傳於世，所撰《高密易義》《家傳》《春秋地理同名異名考》《姑蔑地理變遷考》等已佚。由鄭氏諸作可見，渭川重視整理鄉邦文獻。自嘉慶修西安縣志，至民國又歷百年，鄭氏以志乘失修，遂於民國九年（1920）創修此志，至十五年書成。其編撰此書過程中，常與余紹宋函牘往來，商榷義例，辨析疑難。此志三十卷，分象緯、方輿、建置、食貨、古跡、風俗、防衛、官師、族望、選舉、爵秩、選舉、藝文、碑碣、名宦、人物、列女、雜志十八門，末四卷爲詩文內外編。卷前除序文外，又有「衢志源流考」「釋衢」「古西安同名異地考」「修志膚言」「凡例」「圖」。其文凡百餘萬言，較之舊志約增四分之三。其中族望志、爵秩志、碑碣志及風俗志中方言、食貨志中林場、礦區、天然品、製造品等皆爲鄭氏獨創，所載史料皆極富價值。渭川廣采衆書，遂成玆編，其所引故籍不下千種，皆逐條注明出處，其稍近者則取裁於訪稿或私人著述。余紹宋爲是書作序，稱其條理秩然，體例勝於舊志，方言、碑碣兩篇之精審爲全書之冠，「其他諸篇除人物志外，亦極抉擇辯證之能事；而補兩舊志闕失者，無慮數百條」。「民國」《衢縣志》據民國二十五年（1936）鉛印本影印。鄭氏書成後，有《衢縣志補遺》，題「衢山布衣稿」，補鄭《志》所遺者五十四條，所補文字詳明出處，其自見者則加「按」語。鄭著已相當精審，《補遺》能糾其失，確有價值。由於《補遺》内容不多，此將其附於鄭《志》後。《補遺》據民國稿本影印。

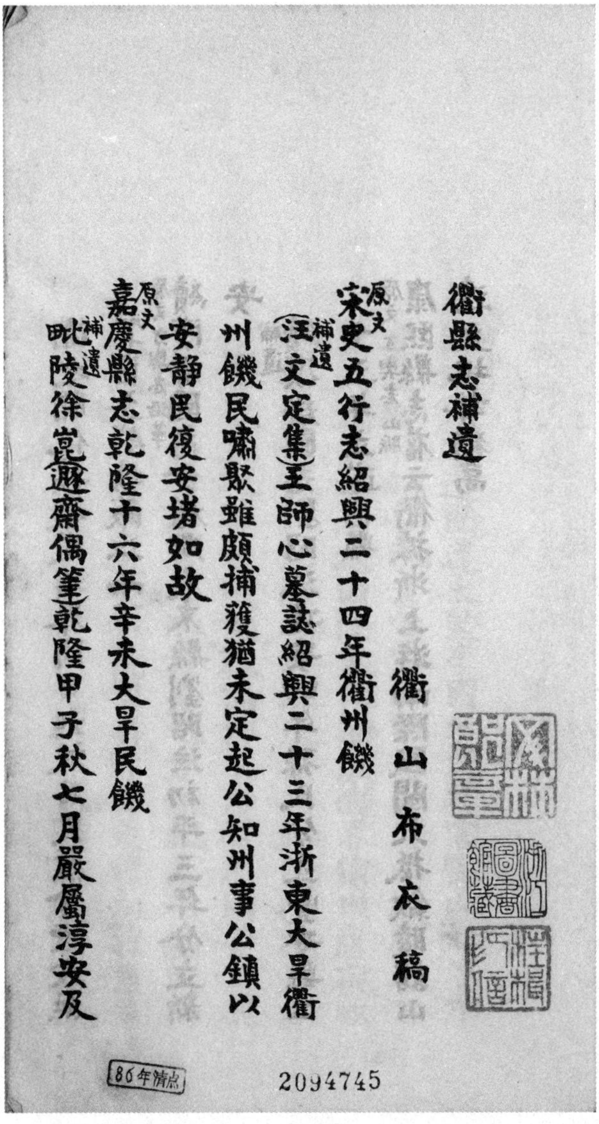

衢縣志補遺　衢山布衣稿

原文 宋史五行志紹興二十四年衢州饑

補遺 汪文定集王師心墓誌紹興二十三年浙東大旱衢州饑民嘯聚雖頗捕獲猶未定起公知州事公鎮以安靜民復安堵如故

原文 嘉慶縣志乾隆十六年辛未大旱民饑

補遺 毗陵徐崑遯齋偶筆乾隆甲子秋七月嚴屬淳安及

86年清点

2094745

［萬曆］龍游縣志十卷附輯佚一卷

明萬廷謙纂修。廷謙字去盈，江西南昌舉人，明萬曆三十五年（1607）任龍游知縣。《龍游縣志》最早見於《文淵閣書目》卷二十「新志類」著録，不詳纂修名氏。明天順間，邑令王瓚修《龍游縣志》十卷。至弘治十一年（1498），龍游邑令袁文紀修志十四卷，衢人樊瑩爲之序。萬曆四年（1576），知縣涂杰主修縣志，鄉賢余湘、童珮爲之撰述，前有尹燾、陸瓚兩序。以上三志，見載於黄虞稷《千頃堂書目》，今皆不存。萬曆四十年（1612）萬廷謙重修《龍游縣志》，凡十卷，依次爲輿地、建置、祠祀、田賦、風俗、官師、選舉、人物、藝文、雜識十志，前有

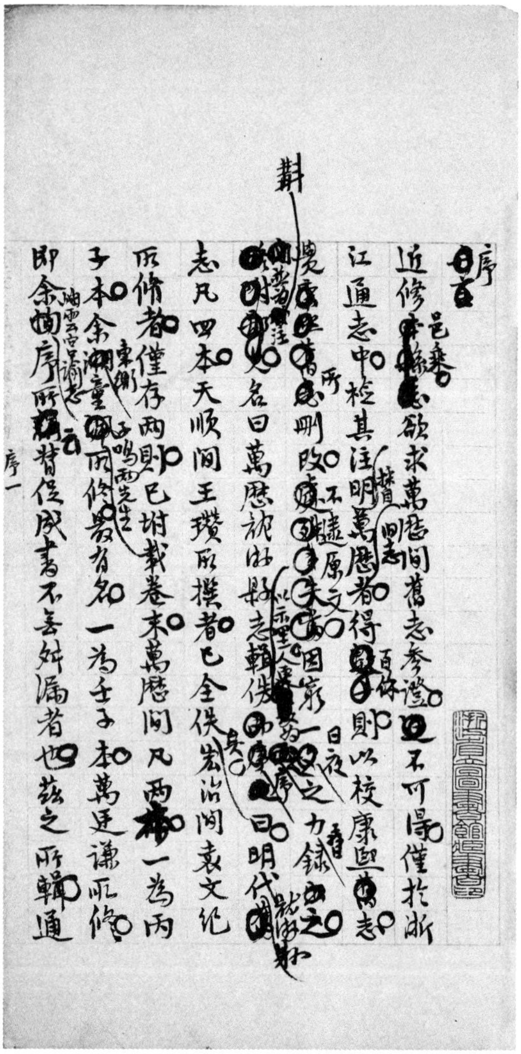

徐可求、萬廷謙二序，後有鍾相業後序、曹聞禮跋言。由鍾序可知，此志乃萬氏親撰，由鍾氏、曹氏校訂。余紹宋稱萬《志》體例謹嚴，記載簡當有法，爲明代方志之佳構。余氏在重刊序中，將廷謙撰修《縣志》與［康熙］《龍游縣志》比較，其言，「兩志合校，覺康熙《志》删所不當删者頗多，而增補甚鮮，於其舛漏之失未嘗有所糾也，而翻覺此志爲良」。民國初，京師圖書館和龍游縣志局皆藏有萬氏《志》，紹宋得之並校勘重印，遂爲民國十二年（1923）鉛印本。余氏重刊時，前增重刊序，後附校勘記。［萬曆］《龍游縣志》據民國十二年鉛印本影印。［雍正］《浙江通志》引［萬曆］《龍游縣志》內容凡百餘則，其內容以萬曆四年涂氏《志》爲多。余紹宋從《通志》中輯出，名爲［萬曆］《龍游縣志輯佚》。《輯佚》據民國稿本影印。

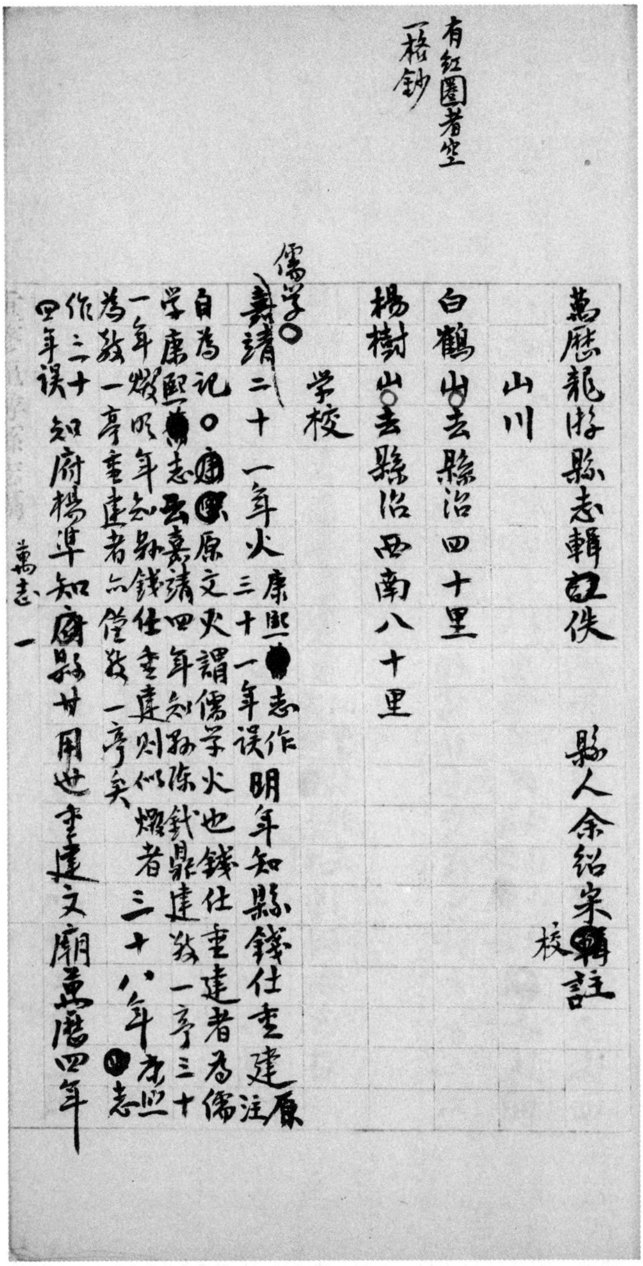

［康熙］龍游縣志十二卷

清盧燦修，清余恂等纂。燦字孟輝，遼東海城蔭生，清康熙十三年（1674）任龍游知縣。恂字孺子，號岫雲，衢州龍游人。順治九年（1652）進士。授翰林院庶吉士，官至福建學政。著有《敦宿堂文集》十卷、《燕吟南遷詩草》一卷、《止庵手抄》十二卷，惜皆不存。此志康熙十一年（1672）始修，時知縣爲許瑄；書未成而岫雲先殁；十九年成書，時知縣爲盧燦。是書在明萬曆四十年（1612）舊志基礎上修纂，凡十二卷，保留有舊志輿地、建置、祠祀、田賦、風俗、官師、選舉、人物、藝文、雜識十目，又將舊志輿地中山川、水利析出，增爲十二目。卷前有余恂、顧豹文、楊昶三序，卷首有縣志圖、纂修姓氏、凡例。此志雖據萬曆壬子舊志而修，實不如舊志，詳見［萬曆］《縣志》提要所引余紹宋語。此志始刊於康熙二十年（1681），國家圖書館、上海圖書館、浙江圖書館等皆有藏本。光緒八年（1882），此志重刊，前有劉國光、余恩鑅二序。今浙江圖書館藏有光緒刻本，此本天頭處時有批注。其中，余恂序文「豫章萬俟」句上方有批注曰：「萬《序》有曰：『民静而安，俗樸而儉，間閈不識胥史，幾於標枝野鹿之風。』見《通志·風俗》引。」余紹宋稿本［萬曆］《龍游縣志輯佚》亦輯有此句，筆跡完全相同，可知此本批注必出余氏手筆。此書據余紹宋批注清光緒八年刻本影印。

再考

通典司

穀入山水考

徽州亦稱新安蓋由吳新都郡晉改名新安郡是郡名而非縣名

周姑篾國子爵越附庸也春秋哀公十三年六月丙子越伐吳吳王孫彌庸壽于姚自泓上觀之彌庸見姑蔑之旗曰吾父之旗也不可以見讐而勿殺也國語曰勾踐之國南至于句無北至于禦兒東至于鄞西至于姑蔑路史國名記曰姑蔑一名姑妹太末也晉之龍邱今之龍游有姑蔑城

秦制天下爲三十六郡立太末縣屬會稽孟康曰太音闥

漢高祖置郡國武帝制十三刺史郡縣如故新莽改太末爲末治漢書地理誌曰會稽太末有㲄水東北至錢塘入海輿地誌曰太末又曰太蔑水經曰浙江東至錢塘㲄水入焉源出太末

漢書地理志會稽郡太末下云穀水東北至錢唐入江莽曰末治孟康曰太音闥

東漢獻帝初平三年分立新安縣建安四年孫權析

〔民國〕龍游縣志初稿不分卷

余紹宋纂。紹宋字樾園，衢州龍游人。清光緒末赴日留學，宣統元年歸國。民國時，曾任衆議院秘書、司法部次長、北京法政大學教授、北京美術學院院長等。樾園於方志學深有造詣，纂修有〔民國〕《龍游縣志》、〔民國〕《重修浙江通志稿》。余氏於書畫學

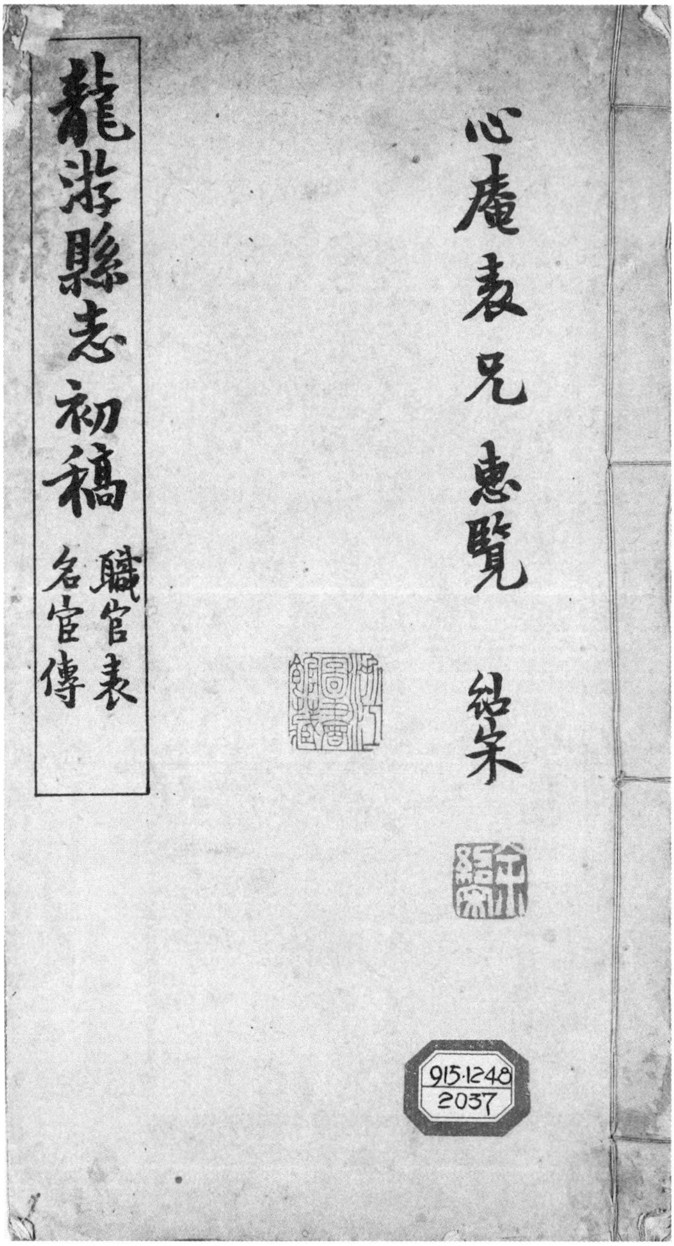

創獲極豐，所著有《畫法要録》十八卷、《畫法要録二編》十二卷、《書畫書録解題》十三卷、《中國畫學源流概論》《畫學師承記》《中國佛教藝術概論》等，主編《東南日報》副刊《金石書畫》。除方志、書畫外，樾園另有《寒柯堂避寇詩草》《寒柯堂詩》等作行於世。康熙以後，龍邑修志不斷。乾隆六年（1741），知縣徐起巖曾續康熙《志》，編有官師、選舉、藝文等，未成全志。道光間知縣周培敦、同治初知縣朱樸、光緒間知縣楊葆光等皆議修縣志，功皆不成。光緒時，馮一梅創修縣志，雖未成帙，然采訪所得頗多，余氏志中所引《舊采訪》即是。民國十年（1921）後，樾園致力於《龍游縣志》編撰，十二年初稿成。其初稿爲職官表、選舉表、人物傳、名宦傳、藝文考、古跡考、地理考。較之今見定稿［民國］《龍游縣志》，《初稿》各表、傳、考前各有凡例，定稿將凡例總彙於卷首爲《敘例》，且內容有異，詳略不同。名宦傳定稿改「傳」爲「略」，《古跡考》定稿改入附志《叢載》

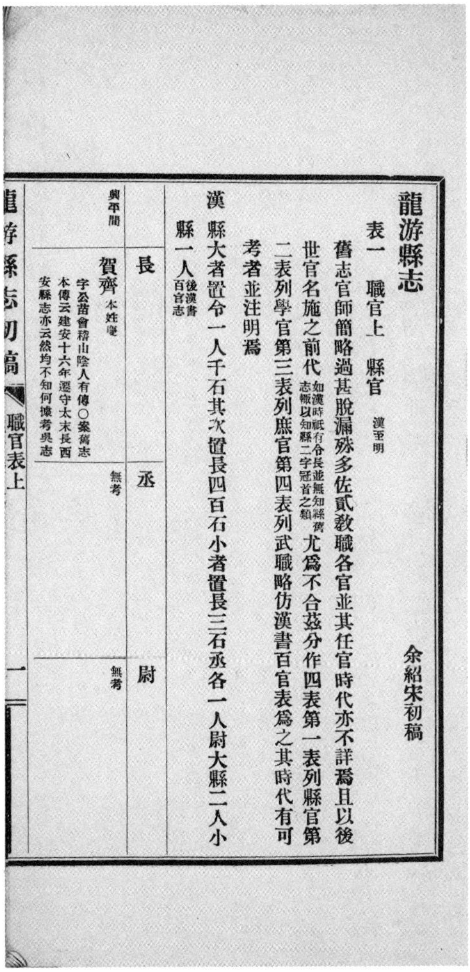
龍游縣志

余紹宋初稿

表一　職官上　縣官　漢至明

舊志官師簡略過甚脫漏殊多佐貳教職各官並其任官時代亦不詳焉且以後世官名施之前代如漢時祇有令長並無知縣簿尉志幟以知縣二字冠首之類尤爲不合茲分作四表第一表列縣官第二表列學官第三表列庶官第四表列武職略仿漢書百官表爲之其時代有可考者並注明焉

漢　縣大者置令一人千石其次置長四百石小者置長三百石丞各一人尉大縣二人小縣一人後漢書百官志

	長	丞	尉
興平間	賀齊本姓慶 字公苗會稽山陰人有傳○案舊志本傳云建安十六年遷守太末長西安縣志亦云然均不知何據考異志	無考	無考

龍游縣志初稿　職官表上　一

下。《初稿》與定稿正文內容亦有所不同，如《初稿》人物志載有宋徐泌及其子孫、呂好問，定稿皆無；又如首傳《龍丘萇傳》，定稿中有引《太平御覽》言「篤志好學，以耕稼爲業」，《初稿》無。《初稿》雖爲草成，但可反映［民國］《龍游縣志》的纂修情況。此書據民國十二年（1923）鉛印本影印。

［民國］龍游縣志四十卷

余紹宋纂。本志於民國十四年（1925）編成，分正志二十三卷，爲通紀一紀，地理、氏族、建置、食貨、藝文五考，都圖、職官、選舉三表，人物、列女各有二傳，别録，宦績、列女、節婦三略；附志十七卷，爲叢載一，掌故八，文徵八；首有《敘例》一卷，末有《前志源流及修志始末》一卷。樾園修志體例意在仿史，因分正志、附志，其於《敘例》言：「正志爲志之本，文務求峻潔，以符史例；附志爲志附録，不妨廣收，以免遺漏。期於相輔而行，不使偏廢。」大體正志略似史學著述，附志則似文獻彙編。余氏此志，主從秩然，無徵不信，其獨出心裁者甚多，如梁任公序稱《氏族考》爲「爲千古創體，前無所承」；又如創立《都圖表》，「道理遠近，居民疏密，旁行斜上，一目瞭然」。

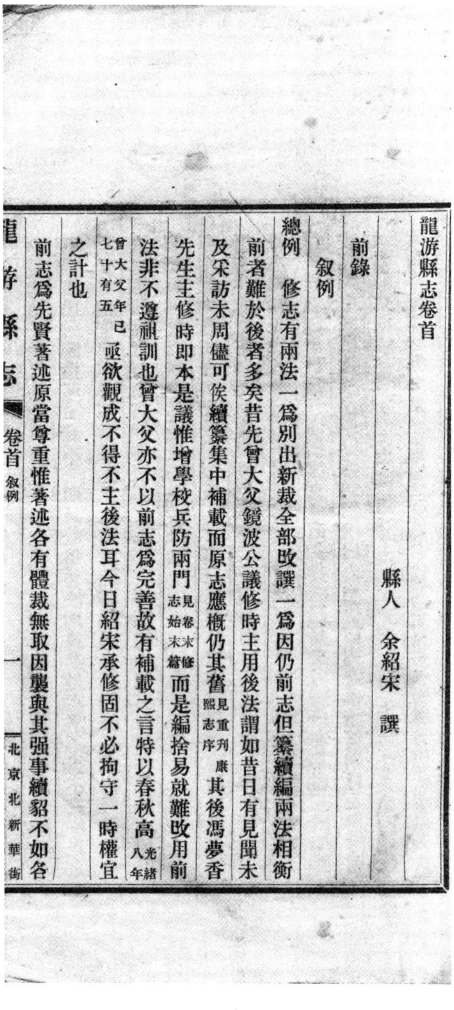
龍游縣志卷首

前錄

叙例　　縣人　余紹宋　譔

總例　修志有兩法一爲別出新裁全部改譔一爲因仍前志但纂續編兩法相衡前者難於後者多矣昔先曾大父鏡波公議修時主用後法謂如昔日有見聞未及采訪未周儘可俟續纂集中補載而原志應概仍其舊見重刊康熙志序其後馮夢香先生主修時即本是議惟增學校兵防兩門見卷末修志始末篇而是編捨易就難改用前法非不遵祖訓也曾大父亦不以前志爲完善故有補載之言特以春秋高光緒八年曾大父年已七十有五亟欲觀成不得不主後法耳今日紹宋承修固不必拘守一時權宜之計也

前志爲先賢著述原當尊重惟著述各有體裁無取因襲與其强事續貂不如各

龍游縣志　卷首　叙例　一　北京北新華街

此志《氏族考》詳載各族姓遷徙來源，對研究當地居民結構甚有價值；所考戶口、田賦、水利、倉儲、物産及物價皆據采訪疏證，體裁峻潔；其所立人物傳，能懲惡揚善，於不肖官吏之劣跡不爲之諱，「不憚筆伐口誅，以爲將來者戒」，亦可稱道。民國以前方志，至清趨善。清代方志修撰及其理論造詣，當首推章學誠，樾園承實齋之學而有改進。梁啓超爲此志作序，稱「無實齋則不能有樾園」；又將余氏《龍游縣志》與章氏諸志對比，稱余《志》有十長，遂言「有實齋不可無樾園」。任公之言，絶非溢美。樾園此志於民國方志中當屬最佳之一，故得方志界廣爲推崇。此書據民國十四年鉛印本影印。

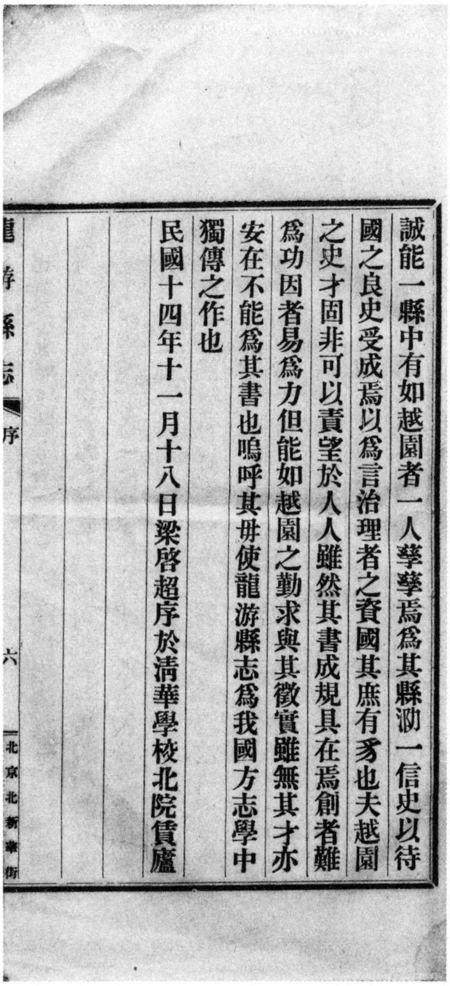
誠能一縣中有如越園者一人學學焉爲其縣泐一信史以待
國之良史受成焉以爲言治理者之資國其庶有豸也夫越園
之史才固非可以責望於人人雖然其書成規具在焉創者難
爲功因者易爲力但能如越園之勤求與其徵實雖無其才亦
安在不能爲其書也嗚呼其毋使龍游縣志爲我國方志學中
獨傳之作也
民國十四年十一月十八日梁啓超序於清華學校北院賃廬

龍游縣志　序　六

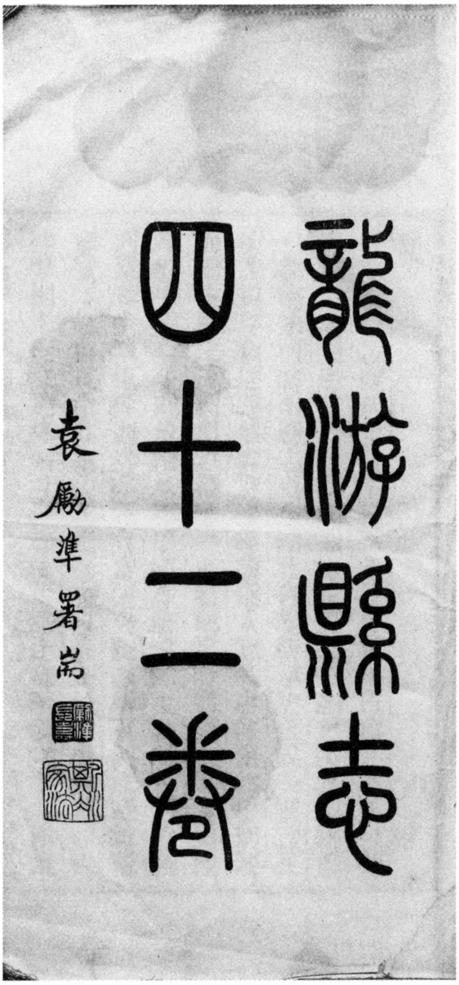

〔萬曆〕常山縣志十五卷

明傅良言修，明詹萊纂。良言字以德，江西臨川舉人，明萬曆九年（1581）任常山知縣。萊字時殷，號范川，衢州常山人。嘉靖二十六年（1547）進士。居官禦倭寇有功，官至刑部員外郎。所著《七經思問》三卷、《春秋原經》十七卷、《史約》《招摇池館集》三十卷、《范川論稿》等。除所纂縣志外，

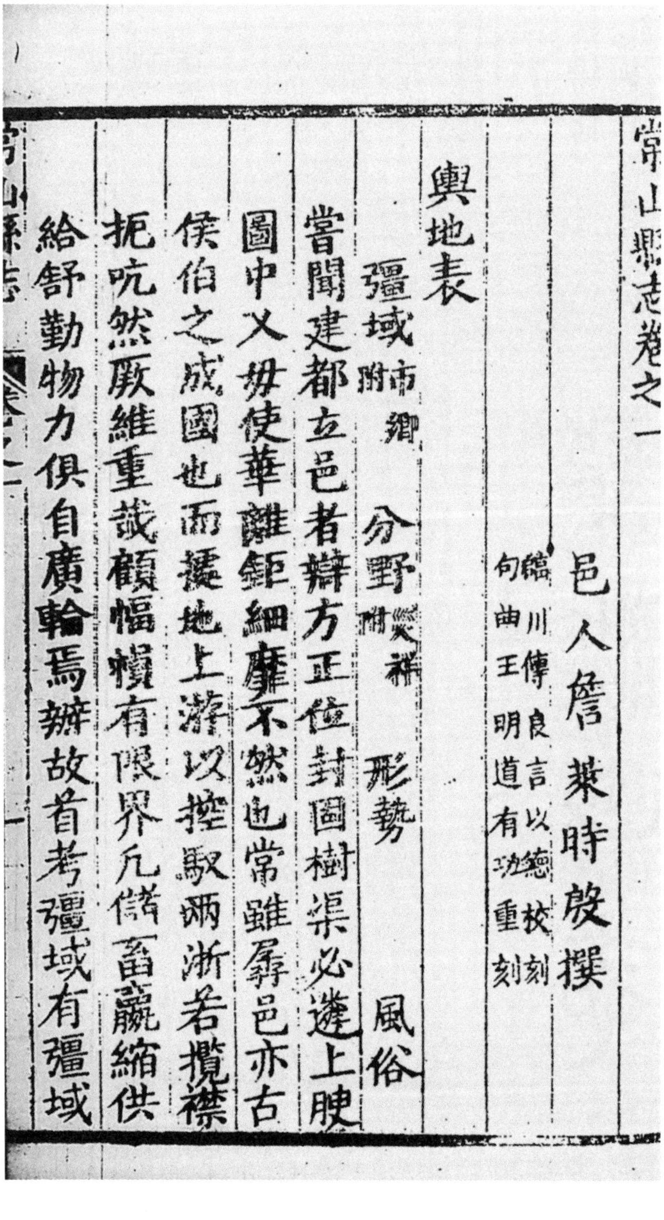
常山縣志卷之一
邑人詹萊時殷撰
臨川傅良言以德校刻
句曲王明道有功重刻
輿地表
彊域附市鄉　分野附災祥　形勢　風俗
嘗聞建都立邑者辯方正位封圖樹渠必邊上腴圖中乂毋使華離鉅細靡不然也常雖孱邑亦古侯伯之成國也而據地上游以控馭兩浙若攬襟扼吭然厥維重哉顧幅幀有限界凡儲畜羸縮供給舒勤物力俱自廣輪焉辨故首考彊域有彊域
常山縣志　卷之一

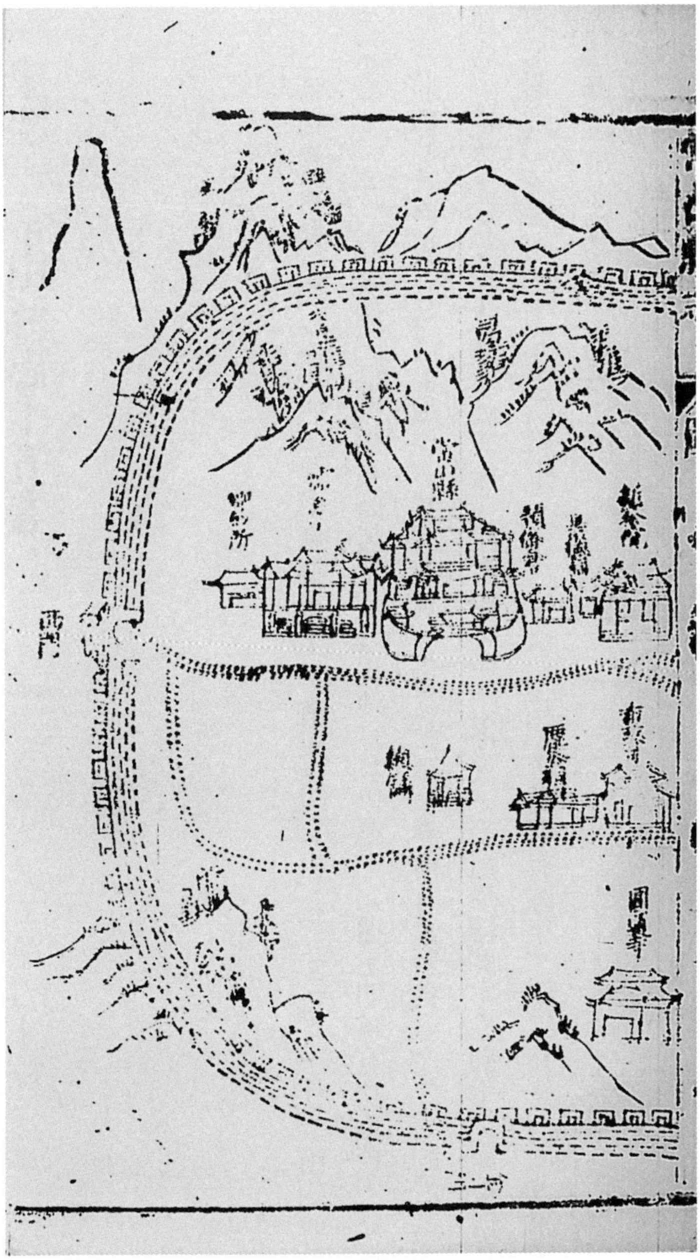

僅《招摇池館集》十卷傳於今。《文淵閣書目·新志》載有《常山縣志》，乃此縣之志最早見載史册。明成化三年（1467），常邑名公樊瑩纂修縣志，時知縣爲李溥，樊《志》今佚。此志在成化舊志基礎上纂修，「蕪者芟之，逸者登之，陋者飭之，訛者正之，而綴葺其歲月之曠闕者」，萬曆十三年（1585）修成。全志十五卷，卷前有序、凡例、志圖，其卷名稱表，凡有八表，曰輿地、山川、建置、官師、賦役、禮秩、選舉、雜紀。其山川表、建置表、官師表各兩卷。選舉表五卷，凡科考人物有詳傳者，直書傳略於下，又將賢哲、流寓、遷徙、隱逸、孝義、貞節等人物傳入選舉表。此志爲清順治邑令句曲王明道重刊，故序文有王氏《重刻縣志引》。此書據明萬曆刻清順治十七年（1660）遞修本影印。

[康熙]常山縣志十五卷

清楊灤纂修。灤字磻溪，河南新鄉貢生，清康熙二十一年（1682）任常山知縣。此志成於康熙二十二年（1683），卷一卷端題「邑人詹萊時殷撰，臨川傅良言以德、句曲王明道有功重校，鄘城楊灤磻溪新輯」。此志在順治間增修萬曆舊志基礎上續作，其分部別類仍從舊志。卷前有萬曆舊志序二、順治重刻萬曆志序、楊灤新序。楊序言，值天子「爰徵天下《通志》，以資稽考」，灤遂「爰屬學博暨本邑紳士，廣搜博采，以續前志所未備」。茲編凡例言：「舊志歷宋元至萬曆十三年（1585）止，中更百有餘年，兩經兵燹，漫無稽核。後得《府志》，乃西安先達葉秉敬所編輯，亟加采入。至聞見所未備者，仍闕如也。」可知本志所增萬曆以前史文取諸「萬曆」《府志》。順治增補志文，賦役止於順治十四年（1657），此志將《賦

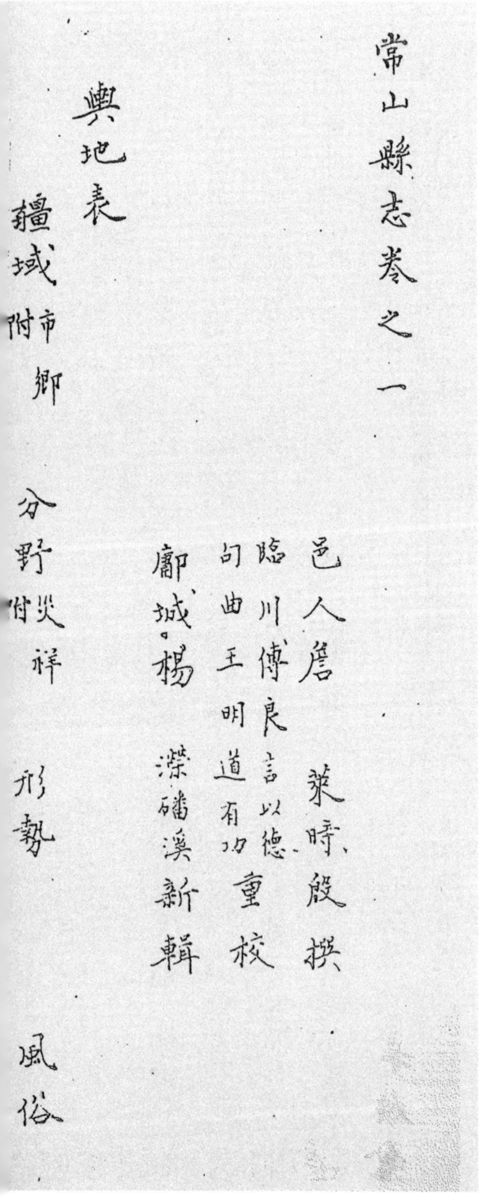

役全書》所記相關内容分款載入。名宦、鄉賢傳記前志未備，此志博采世族家乘、先賢碑誌補入。舊志藝文皆散於山川、勝跡諸類下，此志間有采集，仍照類附，但將無關國計民生者則削去。［康熙］《衢州府志・藝文考》載，詹萊《常山縣志》十五卷，「康熙二十二年（1683）知縣楊濚爲續志，而濚本未梓」。可見本志並未刊行。此書據清康熙二十二年修抄本影印。

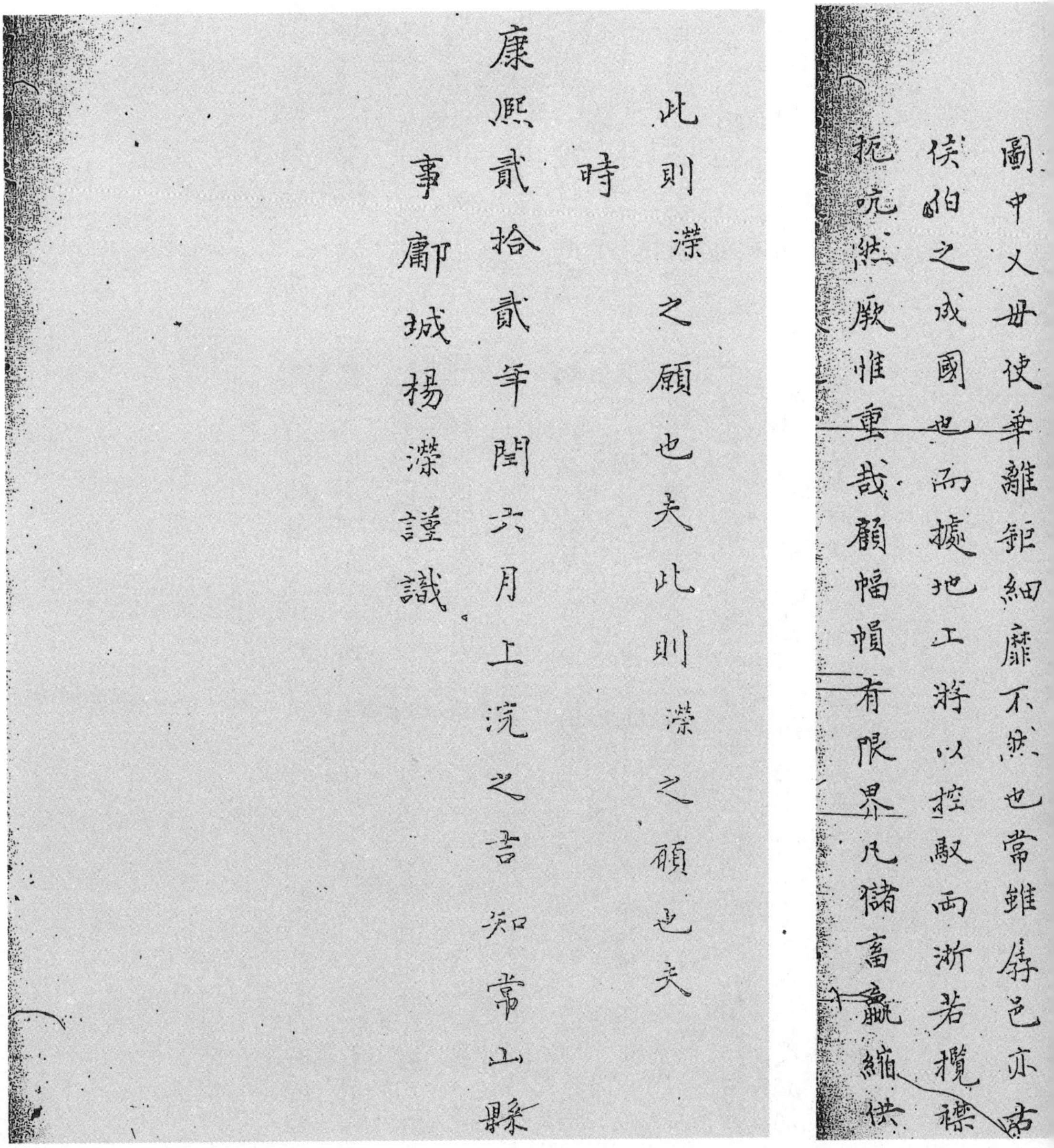
圖中丈毋使華離鉅細靡不然也常雖舒邑亦古
侯伯之成國也而據地上游以控馭兩浙若攬襟
扼吭然厥惟重哉顧幅幁有限界凡豬畜羸縮供

此則濚之願也夫此則濚之願也夫
時
康熙貳拾貳年閏六月上浣之吉知常山縣
事鄘城楊濚謹識

［雍正］常山縣志十二卷

清孔毓璣纂修。毓璣字象九，號秋巖，江蘇江陰進士，清康熙五十六年（1717）任常山知縣。此志修成於雍正元年（1723），由孔氏序文可知爲秋巖纂修。然本志編纂中，徐烈等亦有其功，該志凡例末條言：「球川前輩徐君蟄庵，留心邑乘，文孫景彦（名烈）尤讀書嗜古，邑中掌故考核精詳。曾爲余補綴其缺遺，訂正其訛謬，厥功殊偉，其查送事跡，卷帙尤多。而詹子元璸、鄭子世球、詹子錫嘏搜訪采輯，實多將伯之助。」烈字雪村，常山歲貢，著有《邑乘補遺》等作，惜今不見。是志十二卷，卷首有靳樹德序、孔毓璣序、李國祥序、原序、志圖、凡例，有輿地、建置、學校、禮秩、國計、職官、選舉、人物、政跡、藝文、風俗、拾遺十二志，凡六十一目。此編每志有總序，各目又有小序。較之舊志，本書改表爲志，且類目變化不少。其將舊志中山川列爲《輿地志》下，改「官師表」爲「職官志」，改「賦役表」爲「國計志」。將舊志《選舉表》中的人物傳記析出別立《人物志》，又將舊志《雜紀》中仙釋、方技別入《人物志》，《雜紀》中變異、古跡、寺觀等目多別入《拾遺志》。舊志詩文分列於山川、建置各卷本事之下，此志擇詩文尤雅者，分體彙編，遂立《藝文志》。又將奏疏、詳文、文告獨立爲《政跡志》，將風俗分四民、五禮、歲時三目別爲一志。今據此本有缺葉，字跡漫漶者不少。此書據清雍正二年（1724）刻本影印。

常山縣志卷之二

知縣孔毓璣手輯

建置志總序

秦建郡縣漢以後皆因之要之隸屬不同稱名亦異其沿革可考而知也至若縣治以蒞民倉儲以卹民橋梁津渡以便民城垣兵防以衛民其他有關祀典及郵傳舖舍之屬則政教係焉爲備列之作建置志學校另爲一卷明所重也

沿革小序

〔嘉慶〕常山縣志十二卷

清陳珄纂修。陳珄，江西金溪舉人，清嘉慶十六年（1811）任常山知縣。此志嘉靖十八年（1539）成書，由新任知縣李文熊付刊。其卷端題「知縣陳珄修輯」，陳氏序言此志創修：「與學博張君惺哉、傅君覺軒，暨諸紳耆從事，分門別類，起例發凡，罔不殫心畢慮。余雖有簿書案

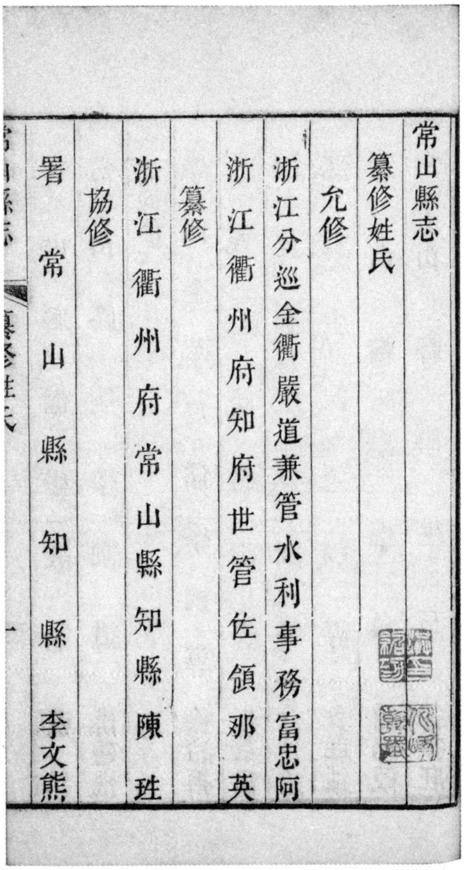
常山縣志

纂修姓氏

允修

浙江分巡金衢嚴道兼管水利事務富忠阿

浙江衢州府知府世管佐領那英

纂修

浙江衢州府常山縣知縣陳珄

協修

署常山縣知縣李文熊

常山縣志　纂修姓氏　一

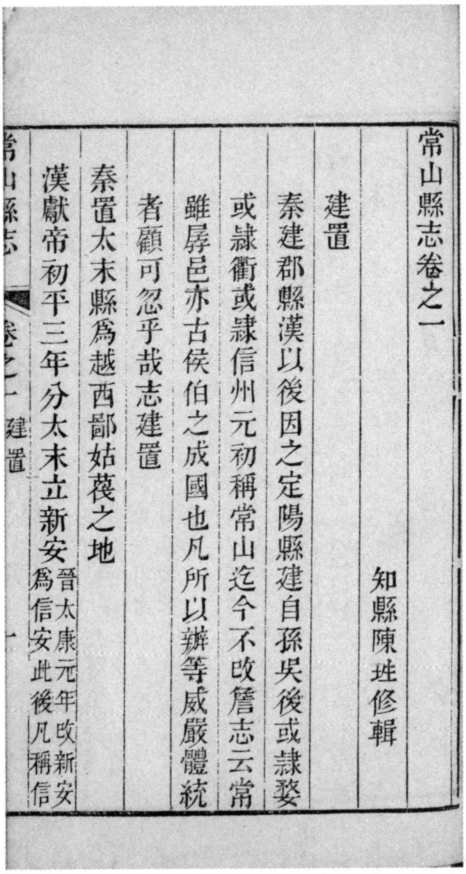
常山縣志卷之一

知縣陳珄修輯

建置

秦建郡縣漢以後因之定陽縣建自孫吳後或隸婺或隸衢或隸信州元初稱常山迄今不改舊志云常雖孱邑亦古侯伯之成國也凡所以辨等威嚴體統者顧可忽乎哉志建置

秦置太末縣爲越西鄙姑蔑之地

漢獻帝初平三年分太末立新安晉太康元年改新安爲信安此後凡稱信

常山縣志　卷之一　建置　一

牘之役，猶時滌塵氛，來與兩學博暨賢士大夫，搜求闕佚，訂正訛謬，而雞鳴風雨之會，舟車山水之間，未嘗踰時不手是編者。」可見陳令爲本志纂修出力甚多，故「纂修姓氏」中載爲陳珄纂修，新知縣李文熊、縣學教諭張巽、縣學訓導傅廷機協修。

全志十二卷，始疆域、建置、山川、水利、形勝、城垣，次學校、公署、禮秩，次都鄙、戶口、田賦，次蠲恤、積貯、兵防、風俗、物産、祥異，次職官、名宦，次政績，次徵辟、選舉，次人物（兩卷），次祠祀、寺觀、橋渡、古跡、墟墓、利澤，次書目、藝文上，次藝文下、雜記，凡三十三類，另卷首有新序、原序、凡例、纂修姓氏、目録、繪圖。與雍正舊志相比，此志類目編排又有不少變動，其變化多據［雍正］《浙江通志》而改。本志卷十一《書目》載：「《定陽志餘》，金溪陳珄輯。」可見陳氏修志時另輯有《定陽志餘》，惜此書不傳。此書據清嘉慶十八年（1813）刻本影印。

［光緒］常山縣志六十八卷

清李瑞鍾等纂修。瑞鍾，安徽石埭監生，清光緒七年（1881）任常山知縣。此志創修於光緒九年（1883），瑞鍾主修，縣學教諭昌泰、訓導許仁杰、邑人徐鳴盛等同修，至十二年修成。全志六十八卷，卷首有新舊序、凡例、纂修姓氏、目録、圖説，卷末有《雜記》。兹編分爲十二志，凡《地輿志》九卷、

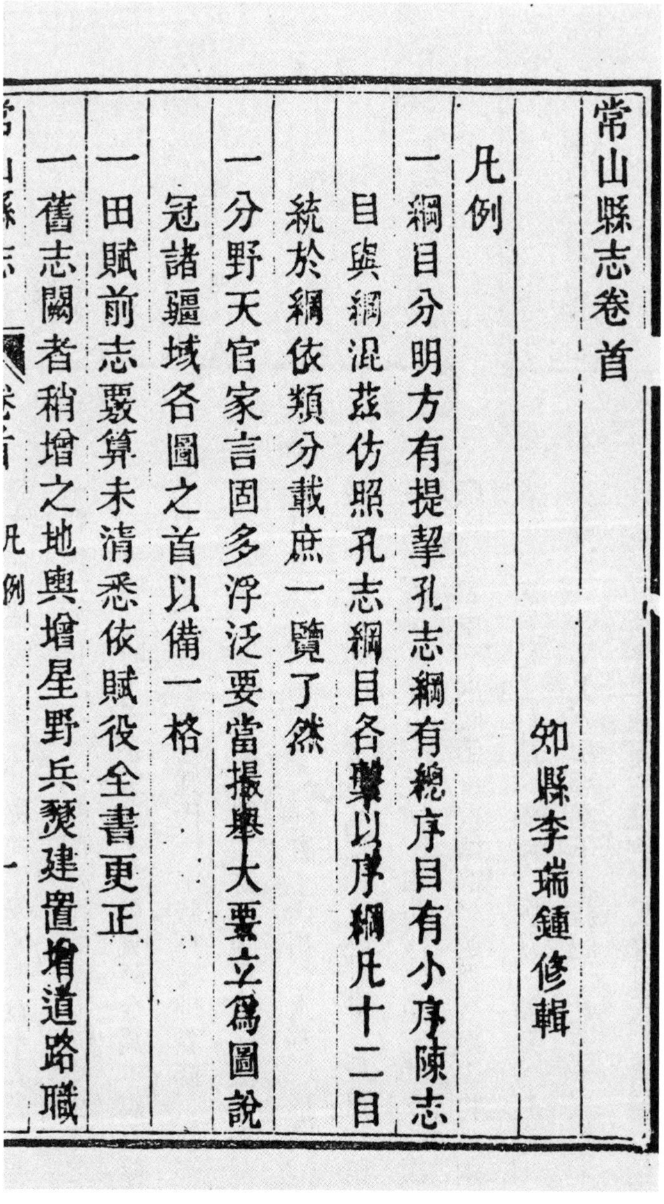

常山縣志卷首

知縣李瑞鍾修輯

凡例

一綱目分明方有提挈孔志綱有總序目有小序陳志目與綱混兹仿照孔志綱目各弁以序綱凡十二目統於綱依類分載庶一覽了然

一分野天官家言固多浮泛要當撮舉大要立爲圖說冠諸疆域各圖之首以備一格

一田賦前志覈算未清悉依賦役全書更正

一舊志闕者稍增之地輿增星野兵燹建置增道路職

常山縣志　卷首　凡例　一

《建置志》十一卷、《風俗志》三卷、《食貨志》五卷、《學校志》四卷、《禮秩志》三卷、《職官志》二卷、《政績志》二卷、《選舉志》七卷、《人物志》十六卷、《列女志》三卷、《藝文志》三卷，每卷爲一目，其綱目編次承雍正舊志爲多。此志新修，所據舊志乃孔、陳二《志》及陳珄《志餘》，對其增删更改，瑞鍾序曰：「凡有關邑之掌故、人物者，别白搜羅，期無遺濫；於忠孝、節烈等事，取具互結，赴局核載，以昭謹慎。」又云：「疆域、山川、形勝、都鄙等類無可增減者，仍其舊。其有建置沿革，事關學校、政教之重，不能因就者，或續或補或易，或增減參半，各依類釐正，無稍瞻徇，體制固自章章也。」據此本志雖承舊志，亦多有增删。一般志書將寓賢與入籍混載，此志改流寓爲寓賢，將入籍附後，其識見高於一般修志者；此志所載常山入籍人士，並非皆出於名門望族，由此所志可見本邑部分人口來源，其資料甚有價值。此書據清光緒十二年（1886）刻本影印。

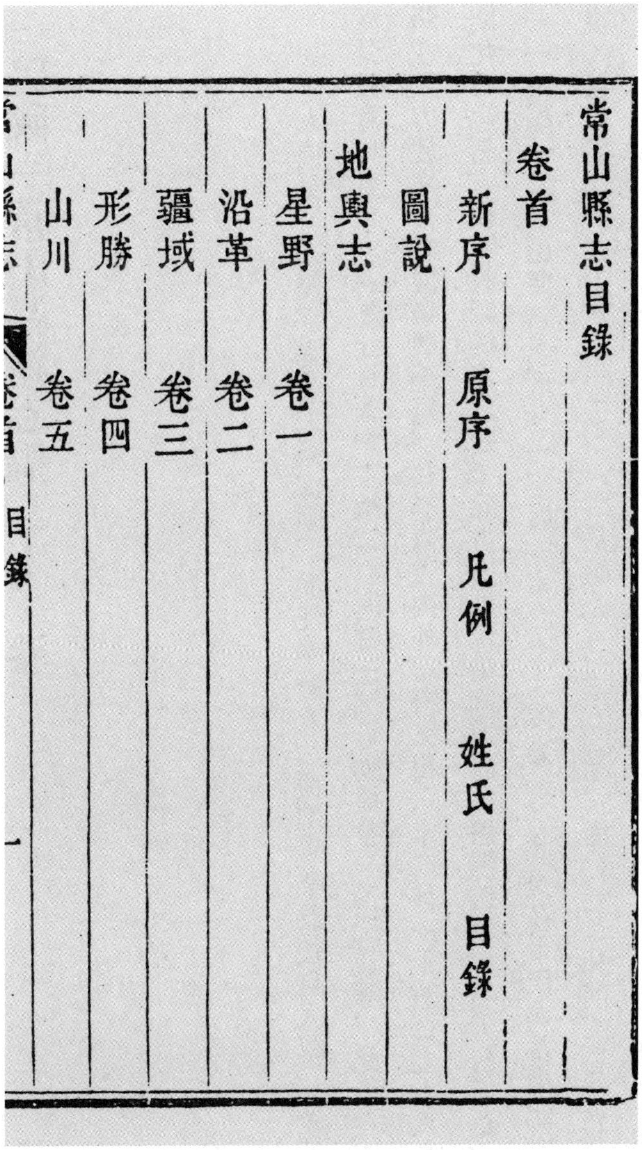
常山縣志目錄

卷首　新序　原序　凡例　姓氏　目錄

圖說

地輿志

星野　卷一

沿革　卷二

疆域　卷三

形勝　卷四

山川　卷五

常山縣志　卷首　目錄　一

［民國］常山縣新志稿二十二卷

干人俊纂。人俊字庭芝，號梅園，浙江寧海人。梅園畢業於復旦大學，參與過五四運動和北伐戰爭，曾任寧海縣教育會會長、《之江日報》主編、寧海縣「抗日動員會」書記長等，此後長期任中學教師或校長。干氏任教期間，致力於地方志搜集與編寫，共纂修省内外志書三輯六十二種一千一百七十六卷，今所見民國常山縣、江山縣、開化縣《新志稿》收録於第二輯。除方志外，梅園還有《盤溪遊草》《天台遊草》《金陵遊草》等詩多卷。此志題「［民國］《常山縣新志稿》」，署「寧海干人俊纂」。此書在干氏《常山記》基礎上修纂而成，三易其稿而成書，纂成於民國三十六年（1947）。是編原本二十二卷，僅存卷首和前八卷，卷首有自序、目録、凡例、地圖、照片，主要記民國時期常山輿地簡況、山川支脉、土田賦税、水利工程、物産種類、機關團體、鄉鎮自治、司法保衛、教育衛生、救濟賑災、工商金融、交通狀況，以及職官、宗教、古跡、藝文、金石、雜記等。此志主要參考《浙江省情》《中國實業志》等書編纂而成。此收干氏諸民國志書，多徵引《浙江省情》一書，據現存殘稿，其引《省情》資料最晚者在民國二十四年（1935），此或其志書時間下限。此書據民國抄本影印。

民國常山縣新志稾卷一

寧海千人俊纂

沿革

後漢　建安中分新安置定陽縣（浙江通志建置表）

三國　吳寶鼎初屬東陽郡（方輿紀要）

晉　屬東陽郡（浙江通志建置表）

南北朝　宋齊梁屬東陽郡陳屬金華郡（仝右）

隋　隋初置定陽縣隋末廢（元和郡縣志）

開皇中省入信安（浙江通志建置表）

唐　武德四年置定陽縣八年廢常山咸亨五年分信安置屬婺

〔天啓〕江山縣志十卷

明張鳳翼修，明徐日葵纂。鳳翼字東瑞，號岐陽，廣西興業舉人，明天啓二年（1622）任江山知縣。日葵字叔向，號藿心，衢州江山人。萬曆四十七年（1619）進士，補刑部郎，以直言謫遷大理寺副。所著有《和鶴居集》，今不傳。江山有志，始見於《文淵閣書目》「新志類」著録。明正德十三年（1518），知縣吳仲延開化徐文溥撰修《縣志》，今存有徐序。嘉靖二十年（1541），知縣黄綸復增修《縣志》，其序亦存。正德、嘉靖二志，皆見黄虞稷《千頃堂書目》著録。此志創修於前令蔣九覲，然蔣氏有遷令，遂未成帙。張氏宰斯邑，據舊稿增修，以藿

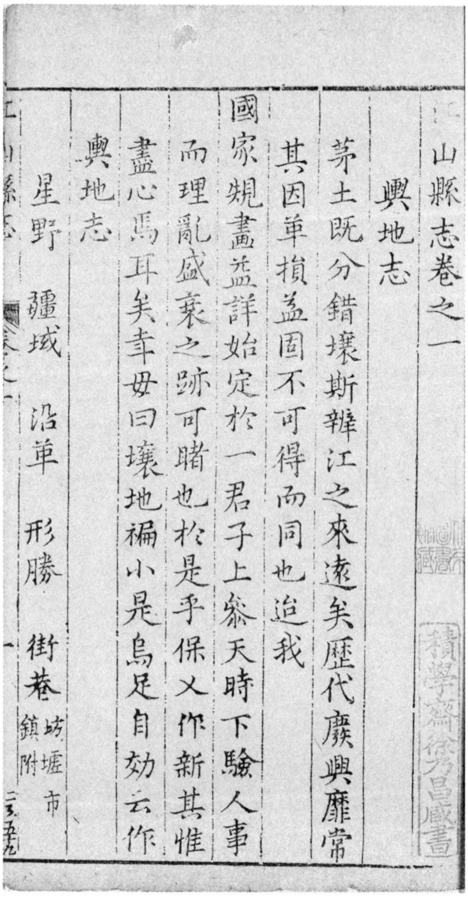
江山縣志卷之一

輿地志

茀土既分錯壤斯辨江之來遠矣歷代廢興靡常其因革損益固不可得而同也迨我

國家規畫益詳始定於一君子上參天時下驗人事而理亂盛衰之跡可睹也於是乎保乂作新其惟盡心焉耳矣弃毋曰壤地褊小是烏足自効云作輿地志

星野　疆域　沿革　形勝　街巷 坊墟市鎮附

心總其事，故月餘而稿成。此志成於天啓三年（1623），凡十卷，分八門，徐氏序曰：「先輿地，紀勝概也；次建置，定經制也；又次籍賦，而後秩祀，則富教之旨也；又次職官，而後人物，則名實之稽也；次雜志，以廣肆見聞；次藝文，以鼓吹休明。綱厘爲八，而敘列其下，一邑之志備矣。」是志雖卷分有十，然較爲簡略。今見此志天啓刻本已殘，卷前無序，有殘圖四幅，除卷二、卷三外，其餘各卷皆有缺葉，少者缺一葉，多者缺六葉。此本雖不見序文，然康熙辛巳四十年（1701）《江山縣志》幸存有張鳳翼、蔣德璟、徐日葵、鄭世熙四序和張大基跋，可補其闕。此書據明天啓刻本影印。

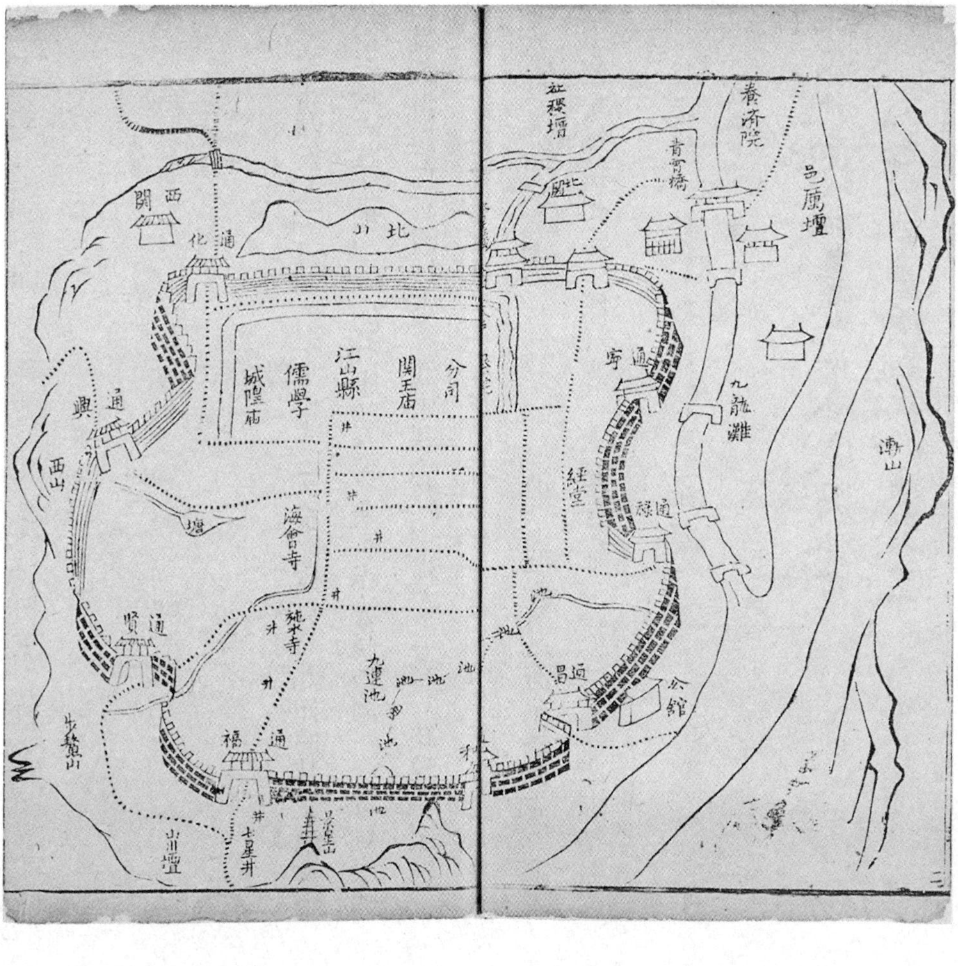

［康熙］江山縣志十卷（缺卷一至三）

清余錫纂修。錫字九如，號舟安，國賓之孫，本衢州西安人，清順治十三年（1656）拔貢。九如遵其父遺命，贅徐日葵家，因附籍江山。據康熙辛巳《江山縣志》朱長吟跋語稱，「訪有康熙癸亥余君錫纂修抄稿」。可見康熙二十二年余錫所修《江山縣志》，並未刊行。今國家圖書館存有清抄本《江山縣志》，僅存七卷，缺卷一至三，不題纂修者。此本正文前有識語曰：「按《通志》內《經籍十三》載，『《江山縣志》十卷，康熙癸亥邑人余錫修』。查此志內容事跡均止於廿二年，且係十卷，應認爲康熙余《志》無疑。」《浙江通志》載有余錫此志，識者由此本內容推斷爲余氏所修，無誤。此本卷四至卷十依次爲秩祀志、國計志、人物志（上、下）、藝文志（上、下）、雜記志，其《藝文志》中有余錫《邑候見田余公甘棠遺愛序》《募建城隍廟疏》文兩篇和《次題韻》等

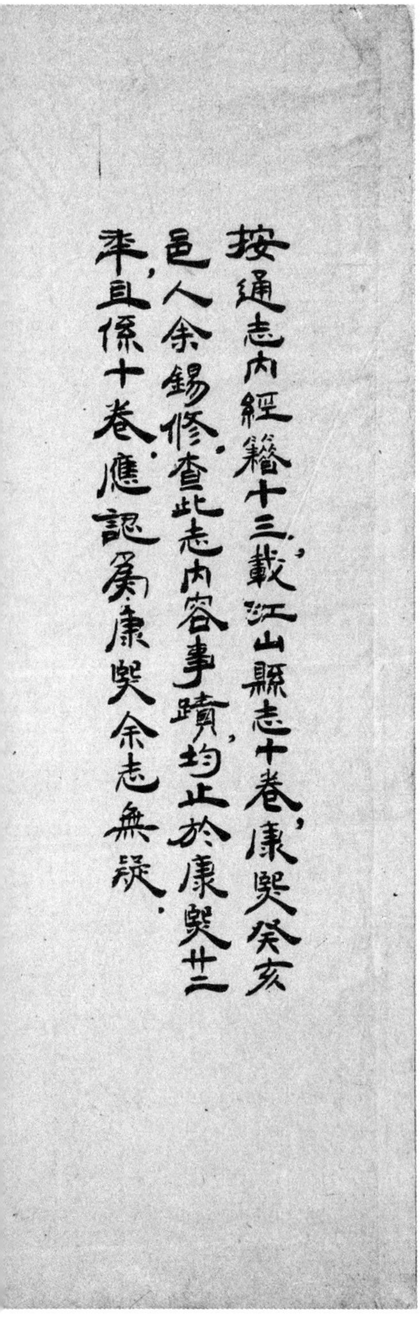
按通志內經籍十三，載江山縣志十卷，康熙癸亥
邑人余錫修，查此志內容事蹟均止於康熙廿二
年，且係十卷，應認爲康熙余志無疑。

詩四首。較之「天啓」《縣志》，余氏將「籍賦志」改稱「國計志」。此志除增補天啓至康熙間史事外，其他內容多照録天啓舊志而不加修改。由於天啓《志》有所殘缺，此志所存相關內容可補其闕。余《志》雖未刊行，但其所載明末清初內容爲後志所采。此書據清抄本影印。

江山縣志卷之四

秩祀志

周禮以祀禮教敬則民不苟洋洋秩祀典詎不重哉要必有儀以表之有器以將之又春秋以尸柷之凡以一民志昭弗諼也至若寺觀菴院興廢不一或以培土脈或以相悉民由來既久法得並載

志秩祀 內分公儀 城隍 生祠 寺觀 凡四

公儀 祭器附

人生在三昭事必謹故儼天顏于咫尺晤先哲於

〔康熙〕江山縣志十卷

清朱彩等纂修。彩號紹亭，安徽休寧歲貢，清康熙三十六年（1697）知江山縣。據朱序和跋語可知，此志乃朱氏「偕兩博士及鄉衮庠彥」同修，教諭朱長吟、訓導王溥參纂，書成於康熙四十年（1701）辛巳。而據王溥跋語，「雖采輯偕諸同事，而裁斷悉由之邑侯」，可知此志主要由紹亭纂修。是志凡十卷，依次爲輿地、建置、秩祀、國計、職官、科名、庶官、人物、雜記、藝文十志，凡七十目。卷前序跋、凡例、目録、志圖，新撰序跋有張濬、朱彩二序，朱長吟、王溥二跋，新序

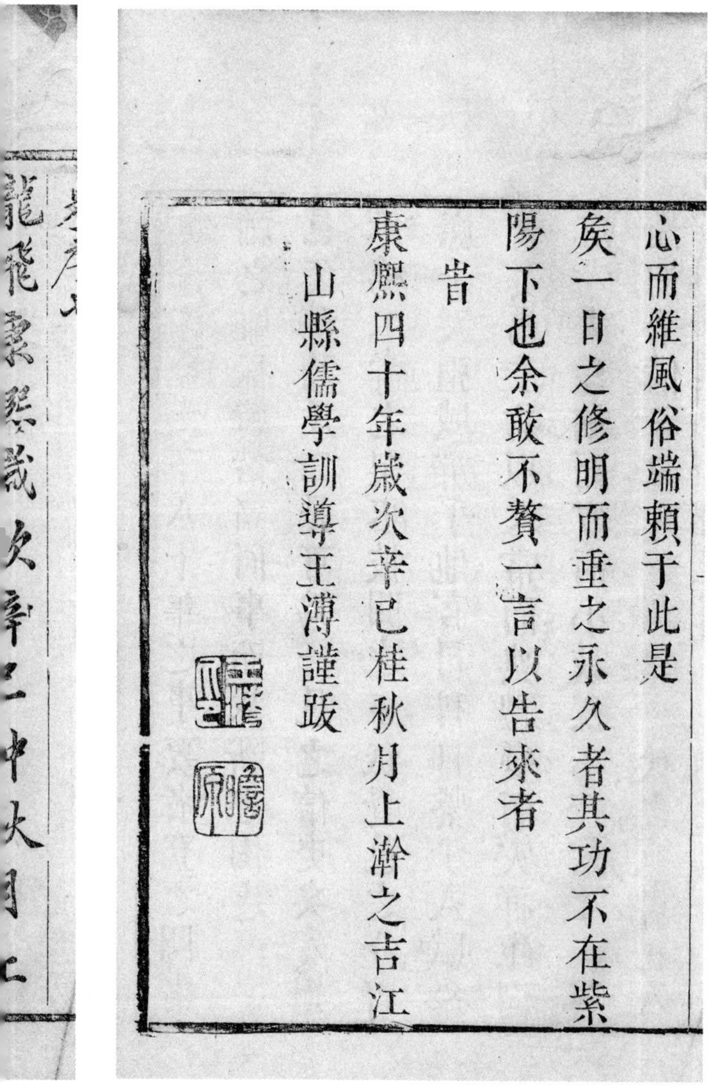
心而維風俗端賴于此是
矣一日之修明而垂之永久者其功不在紫
陽下也余敢不贅一言以告來者
旹
康熙四十年歲次辛巳桂秋月上澣之吉江
山縣儒學訓導王溥謹跋

跋後又有明正德、嘉靖、天啓三志序跋。今正德《志》、嘉靖《志》不存，天啓《志》序跋亦散佚，其序皆賴此志而存。此志將舊志人物志中屬選舉、徵辟等析出，别立「科名」「庶官」二志，其「國計志」名實采余錫舊志，其餘諸志名皆從徐日葵舊志；其將徵辟、仕宦、封蔭、戚畹、吏材不由科甲而得名位者别立庶官，爲其新創。就具體内容，是編抄録舊志者實屬不少，然亦據采訪新增余錫舊志闕遺和康熙二十三年（1684）以後人事。當然，有些内容有所修改，如其《凡例》所言，「《圖説》、序傳間有未周，悉加訂正，或删繁而就簡，或潤色而補苴」。此書據清康熙四十年刻本影印。

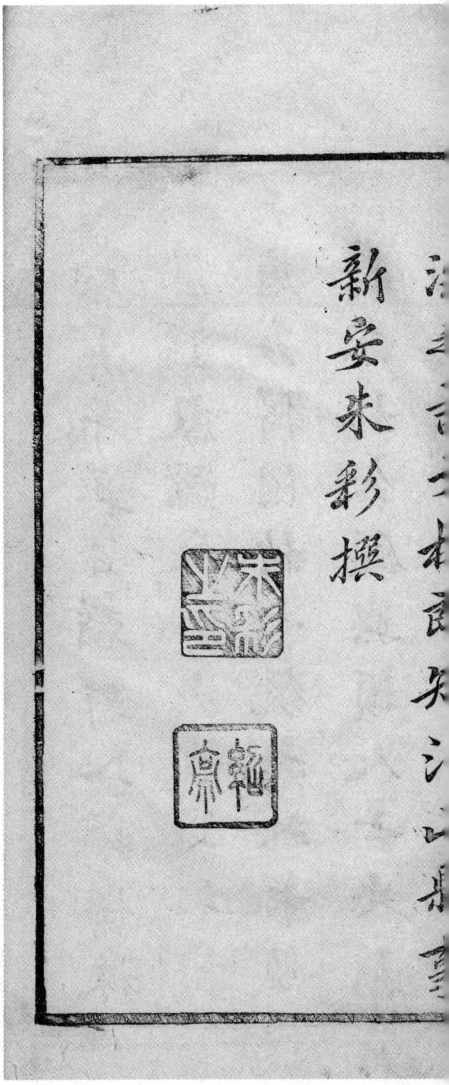

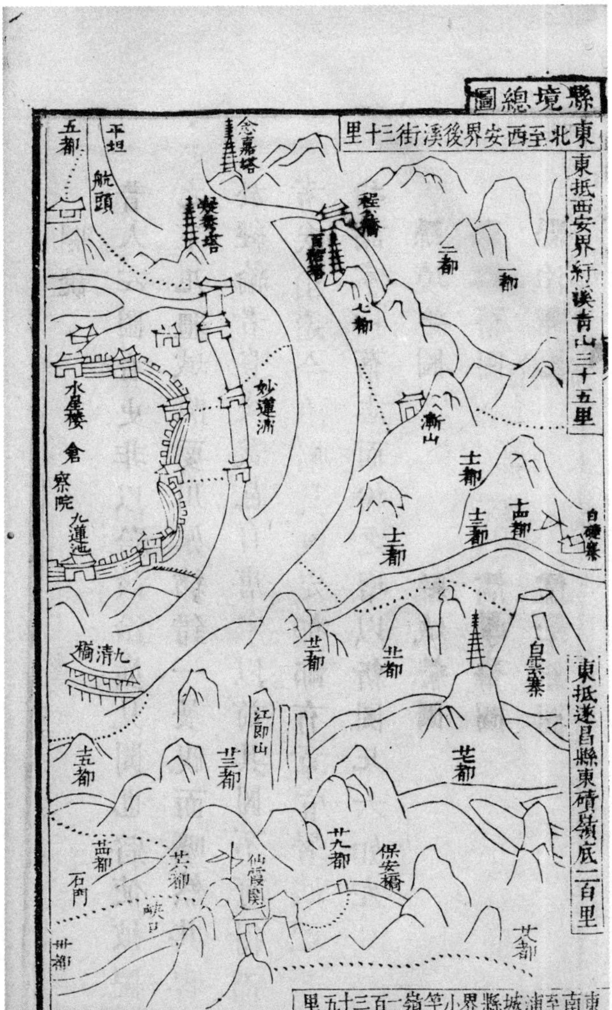

［康熙］江山縣志十四卷

清汪浩修，清宋俊等纂。浩號東瀾，湖南武陵舉人，清康熙四十八年（1709）知江山縣。宋俊，浙江山陰副貢，康熙四十六年（1707）任江山縣教諭。是書多出宋俊之手，成於康熙五十二年（1713）癸巳。此本縣志卷首有序文、例言、圖説，舊序在前，依次爲正德、嘉靖、天啓和康熙辛巳（1701）舊志序文，其中正德《志》序文僅殘餘幾行，嘉靖《志》序亦殘缺不少，舊志序後爲宋俊序。卷終附有《邑人著述》，乃前志所無；末爲《增補事文》，詳列此志較舊志新增事文條例。此志凡十四卷，分輿

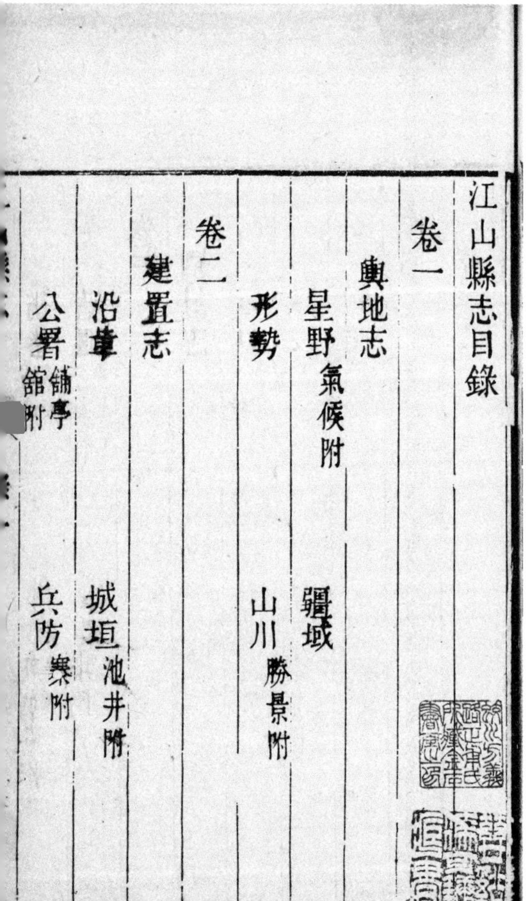
江山縣志目錄

卷一

輿地志

星野 氣候附

疆域

形勢

山川 勝景附

卷二

建置志

沿革

城垣 池井附

公署 舖亭館附

兵防 寨附

地、建置、國計、學校、禮秩、職官、選舉、恩榮、人物、拾遺、典册、藝文十二志。與康熙辛巳舊志比較，其分别改「秩祀」「科名」「庶官」「雜記」之名爲「禮秩」「選舉」「恩榮」「拾遺」，將《建置志》中「學校」獨立成志，又將屬於藝文之敕誥、表疏等文單獨别立《典册志》。其他細目亦有變化，如「風俗」由舊志《輿地志》改入《拾遺志》，又如「物産」「方外」由《雜記志》分别改入《國計志》《人物志》。其《藝文志》分三卷，以文、詩分别，按時代先後編排。由後附《增補事文》可見，該志增新訂舊者達四百餘條，不僅增補康熙辛巳以後事文，亦增補了辛巳以前諸多人事，然而有些增補如「學規」「卧碑」「白鹿洞教條」「飲射」「師儒」等非江山獨有。此書據清康熙五十二年刻本影印。

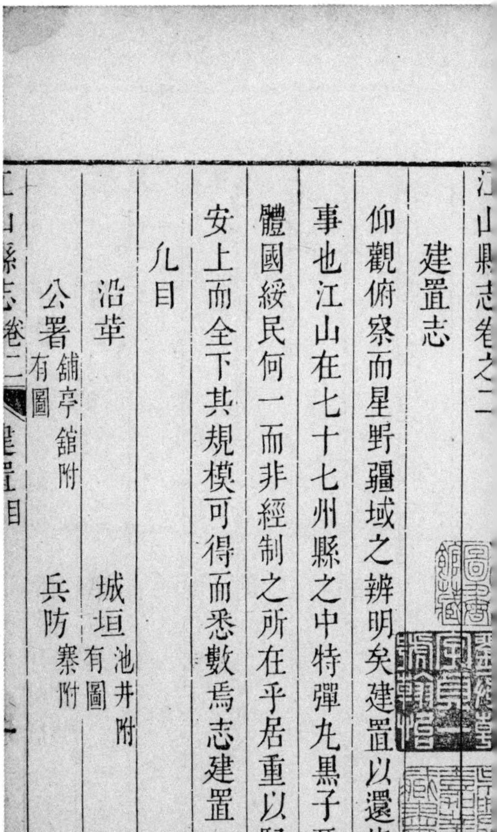
江山縣志卷之二

建置志

仰觀俯察而星野疆域之辨明矣建置以還皆人事也江山在七十七州縣之中特彈丸黑子耳然體國綏民何一而非經制之所在乎居重以馭輕安上而全下其規模可得而悉數焉志建置

凡目

沿革

城垣池井附有圖

公署鋪亭舘附有圖

兵防寨附

江山縣志卷二 建置目

2073906

〔乾隆〕江山縣志十六卷

清宋成綏修，清陸飛纂。成綏，江蘇長洲監生，清乾隆三十二年（1767）知江山縣。飛號筱飲，浙江仁和舉人，乾隆三十八年（1773）主江山文溪書院講席。宋氏序言：「諸紳士以修志請，余欣然爲倡，遂延陸君主其事，更定類例，參考史籍，補闕訂訛，閱歲乃成。」可見志成於陸飛之手。此志卷首有宋成綏序、凡例、纂修姓氏、志圖、總目，卷末附有明正德至康熙癸巳間所修諸志舊序，其中汪浩序不見載前志。此志凡十六卷，以舊志門類蕪雜，又多造名目，殊恠志體，遂立爲二十門，曰星野、山川、沿革、城垣、公署、關津、學校、賦役、壇廟、古跡、職官、選舉、名宦、人物、恩榮、風俗、物産、祥異、藝文、雜録；有些門類下又附以他目，如星野下附有疆域、形勢，學校下附以書院。

江山縣志卷之十五

四言古詩

宋

送周循州　蘇軾

周循州彦質在郡二年書問無虛日罷歸過惠爲余留半月既别和陶淵明答龐參軍韵六首送之

我見異人且得異書挾書從人何適不娛羅浮之址卜我新居而非玄德三顧我廬　旨酒荔蕉絶甘分

江山縣志　卷之十五　藝文　一

此志引證資料必注明出處，闕者補之，訛者正之，所引悉從原書，或文繁不能盡録，祇從刪節，不作增改，於詩文則録其全篇。其於詩文或屬山川或屬古跡等類者，各從其類，以時代相次散附於其下，惟無門類可歸者則分體入《藝文志》。對於康熙癸巳舊志所載非一邑所專屬之内容，如「學規」「師儒」者，是志悉刪去。此志常引「正德」《江山縣志》，可見當時正德舊志尚存。是志旁稽博考，徵信有據，少有空論，較之諸舊志改進不少。此書據清乾隆四十一年（1776）刻本影印。

一舊志門類蕪襍叉多造名目殊乖志體兹酌爲二十門曰星野疆域形勢附曰山川池井陂灘附曰沿革曰城垣兵防附曰公署公館鋪司附曰關津鄉鎮墟街坊巷附曰學校書院附曰賦役戶口倉廒育嬰堂養濟院附曰壇廟祠寺觀菴塔院漏澤園附曰古蹟冢墓附曰職官曰選舉貢監附曰名宦曰人物曰恩榮仕籍附曰風俗曰物產曰祥異曰藝文曰雜録共爲十六卷次序編纂庶使易於檢閲

一考古所以証今書目不著何以徵信舊志多不載

江山縣志

纂脩

江山縣知縣 長洲宋成綏

舉人 仁和陸飛

分纂

江山縣學教諭 嘉興彭昌年

江山縣學訓導 仁和施鳳起

校閲

候選州同知 王名鉷

〔同治〕江山縣志十二卷

清王彬修，清朱寶慈等纂。王彬，福建閩縣解元，清同治十年（1871）知江山縣。朱寶慈，浙江紹興廪貢，同治十年任江山縣教諭。此志卷前有王彬序、孫晉梓序和自正德至乾隆間諸志舊序。王彬序云，其來攝斯邑，籌議修志，以朱寶慈、陶謨、朱鋆分司纂輯。據孫序可知此志成於王彬任上，由新任知縣孫晉梓付刊。又據《纂修姓氏》，纂修者爲

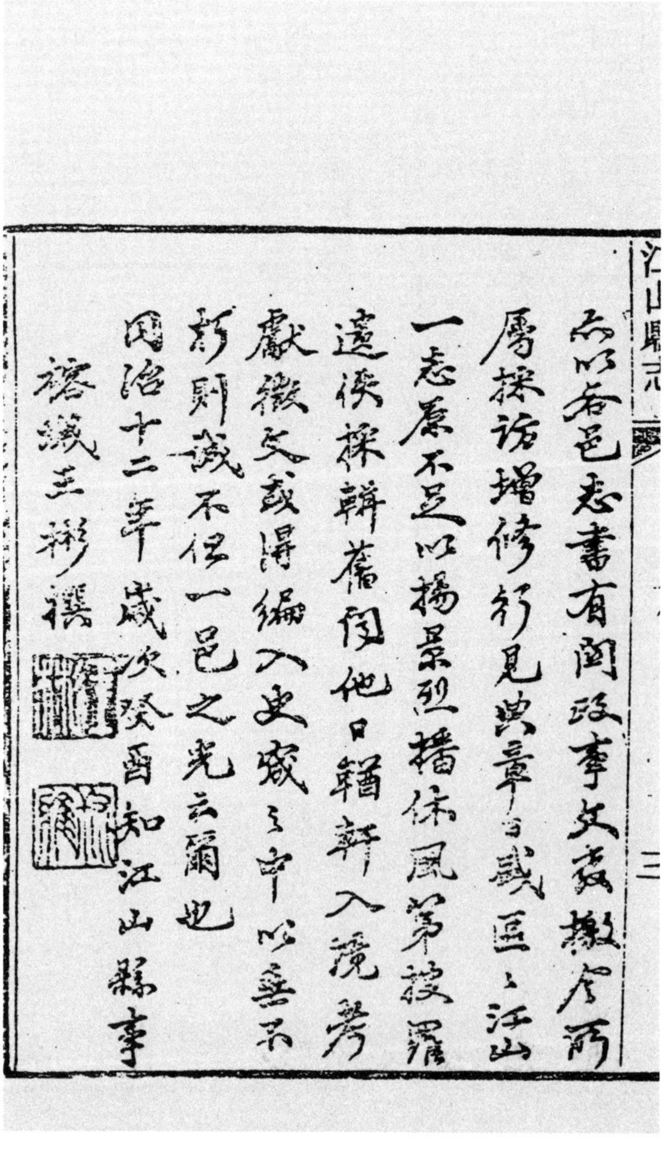

江山縣志　序　三

而以各邑志書有關政事文獻檄府所屬採訪增修行見典章日盛區區江山一志原不足以揚景烈播休風第彼羅遺佚採輯舊聞他日輶軒入覽旁獻徵文或得編入史宬之中以無忝斯則職不但一邑之光云爾也

同治十二年歲次癸酉知江山縣事榕城王彬撰

王彬、孫晉梓、朱寶慈，分纂者爲陳鶴翔、陶謨，協修者爲朱鋆等四人，由此知是志成於衆人之力。又由王序言挽留朱氏修志，可知寶慈於此志出力較多，故題於「纂修」行列。此志十二卷，總綱十二，析目五十四，凡輿地志六、沿革志四、食貨志四、學校志一、秩祀志一、職官志四、選舉志四、恩榮志四、人物志十二、列女志五、藝文志五、拾遺志四，卷首有序文、凡例、目録、志圖，卷末附《邑人纂述書目》《舊志纂修姓氏》《修輯志書告示》。其詩文編次體例及引書詳明出處皆仿乾隆舊志，然復取康熙癸巳（1713）舊志所載非專屬一邑之志「文廟樂舞」等内容。其志於詩文有字句與前志不同者，皆考核原本，於各條下注明。較諸舊志，本志所增修人事、詩文，以乾隆四十年（1775）以後爲多。其人物傳除多采舊志外，新增傳記多取自《采訪事實》和蔡英《俟采副草》。英字蕃宣，號東軒，諸暨舉人，自乾隆五十五年（1790）後二十年間任江山縣訓導，有《東軒遺集》。此書題「同治十有二年歲次癸酉秋月文溪書院開雕」，紀事一般止於同治十二年（1873），故爲同治十二年刊本，而《職官志》「國朝知縣」載馮德坤於「（同治）十三年署任」知縣。此書據清同治十二年刻本影印。

［民國］江山縣志二十卷

汪漢滔等修，王韌等纂。此志編纂於民國二十八年（1939），卷前《纂輯姓名》載，「主纂，前第一區行政督察專員汪漢滔、前任江山縣縣長周心萬、現任江山縣縣長沈秉謀。總纂，王韌。分纂，王治國、毛存信」。漢滔，字紀南，衢州江山人，工書畫、詩文、金石。王韌，浙江建德人，清光緒十九年（1893）鄉試副

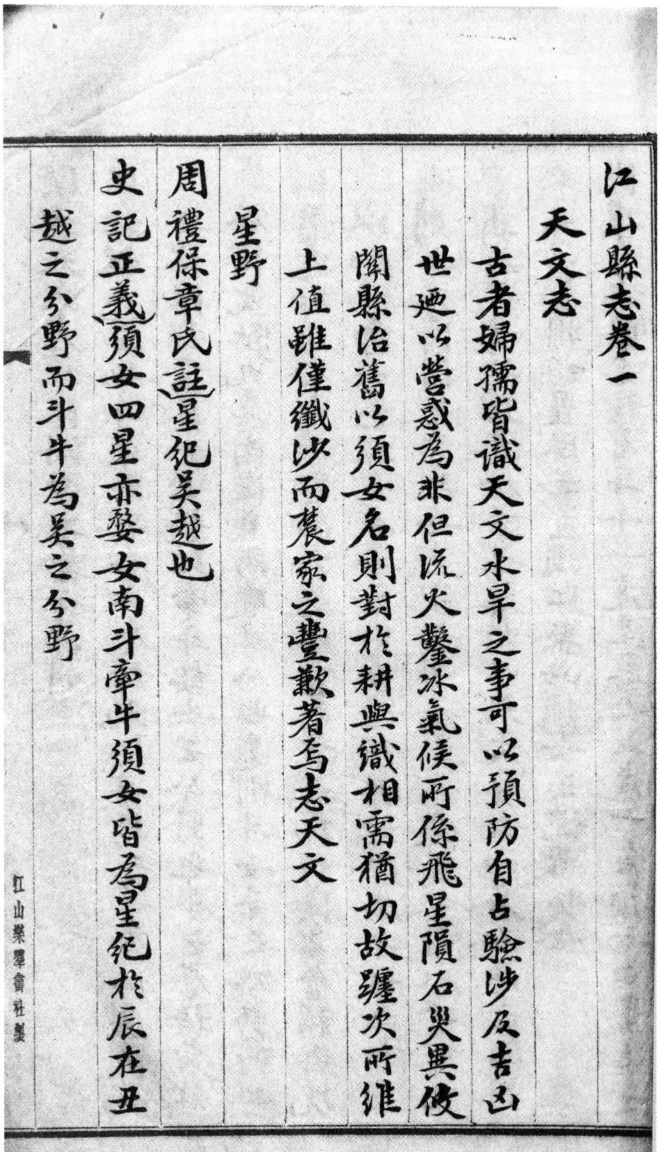

江山縣志卷一

天文志

古者婦孺皆識天文水旱之事可以預防自占驗涉及吉凶世迺以營惑為非但流火鑿冰氣候所係飛星隕石災異徵闗縣治舊以須女名則對於耕與織相需猶切故躔次所維上值雖僅纖涉而農家之豐歉著為志天文

星野

周禮保章氏註星紀吳越也

史記正義須女四星亦婺女南斗牽牛須女皆為星紀於辰在丑越之分野而斗牛為吳之分野

民紀二十六年七月編成

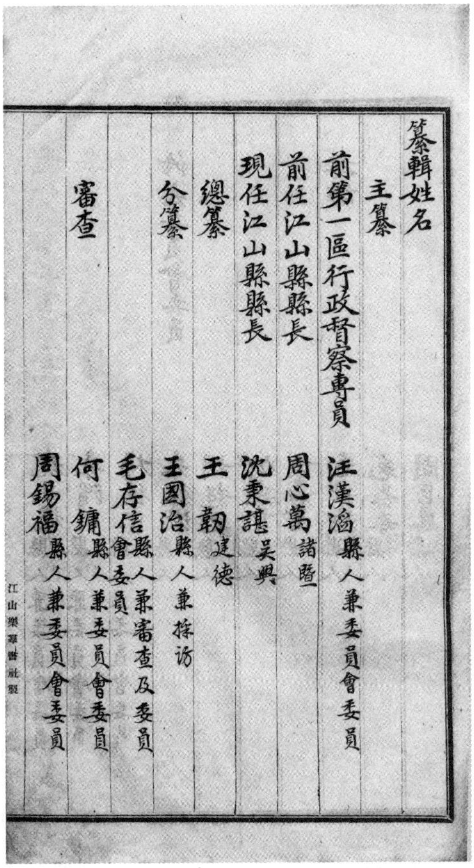

纂輯姓名

主纂

前第一區行政督察專員　汪漢滔　縣人兼委員會委員

前任江山縣縣長　周心萬　諸暨

現任江山縣縣長　沈秉誠　吳興

總纂

王韌　建德

分纂

王國治　縣人兼採訪

毛存信　縣人兼審查及委員會委員

審查

何鏞　縣人兼委員會委員

周錫福　縣人兼委員會委員

江山樂華書社製

榜，曾任嚴州雙峰書院院長，另總纂［民國］《建德縣志》。此志原本二十卷，依次有天文、地理、疆域、風俗、交通、建設、職官、司法、自治、黨務、秩祀、選舉、教育、宗教、食貨、防禦、藝文、人物（男性、女性各一卷）、拾遺十九志，卷首有例言、纂輯姓名、圖、目録。今此本僅存卷首、卷一，且卷一稍有殘缺。此民國新志，與以往舊志相比，增以近代新典新制，如司法、自治、黨務等志皆是。其將「風俗」單獨立志，以舊習、時尚相分別，新增「方言」爲前志所無。其將舊志中的津渡、橋梁改屬交通志下，新增郵傳、電報、汽車公司等新式交通。其於食貨志下所列賦則、税率、鹽政、錢法、金庫、倉儲等目皆含新意，於防禦志所新增保衛、警察、民團等目皆爲新制。卷一殘篇紀事至民國二十一年（1932）而止，不知是否爲此志下限。是志所載民國時典制、人事，較有價值，惜不存全帙。此書據民國抄本影印。

[民國]江山縣新志稿十九卷

干人俊纂。人俊有[民國]《常山縣新志稿》，已著録。此志成於民國三十七年（1948），題「[民國]《常山縣新志稿》」，署「寧海干人俊纂」。干氏是志原本凡十九卷，自序言「總爲八萬言」，今僅存卷首和前七卷。此志卷前有自序、目録、凡例、地圖、照片，其十九卷依次爲：卷一曰沿革、疆域、面積、人口、氣候、土壤、地質、道理，卷二曰敘山，卷三曰敘水，卷四曰土田、賦税，卷五曰機關、團體，卷六曰自治、司法、保衛，卷七曰交通、水路、鐵路、公路、郵政、電政，卷八曰教育、衛生、救濟，卷九曰商業、金融，卷十曰工業，卷十一、十二曰物産（分爲農畜、林礦），卷十三曰宗教，卷十四曰古跡，卷十五曰職官，卷十六

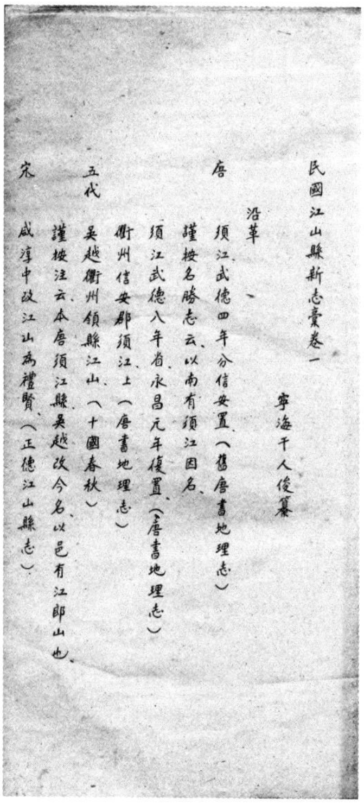
民國江山縣新志彙卷一　　寧海干人俊纂

沿革

唐　須江、武德四年分信安置、（舊唐書地理志）
謹按名勝志云、以南有須江因名、
須江武德八年省、永昌元年復置、（唐書地理志）
衢州信安郡須江、上（唐書地理志）

五代　吴越衢州領縣江山、（十國春秋）
謹按注云、本唐須江縣吴越改今名、以邑有江郎山也、

宋　咸淳中改江山為禮賢、（正德江山縣志）

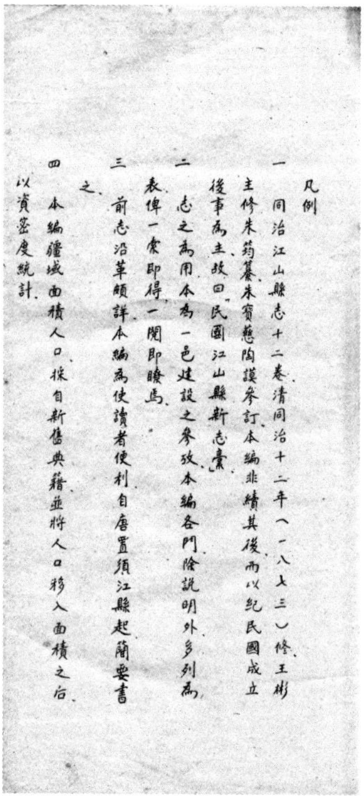
凡例

一　同治江山縣志十二卷、清同治十二年（一八七三）修、王彬主修朱茹纂、朱寶慈陶謨參訂、本編非續其後、而以紀民國成立後事為主、故曰「民國江山縣新志彙」、

二　志之為用本為一邑建設之參攷、本編各門除說明外、多列為表俾一索即得、一閱即瞭焉、

三　前志沿革頗詳、本編為使讀者便利、自唐置須江縣起簡要書之、

四　本編疆域面積人口、採自新舊典籍、並將人口移入面積之后、以資密度統計、

清衢州府

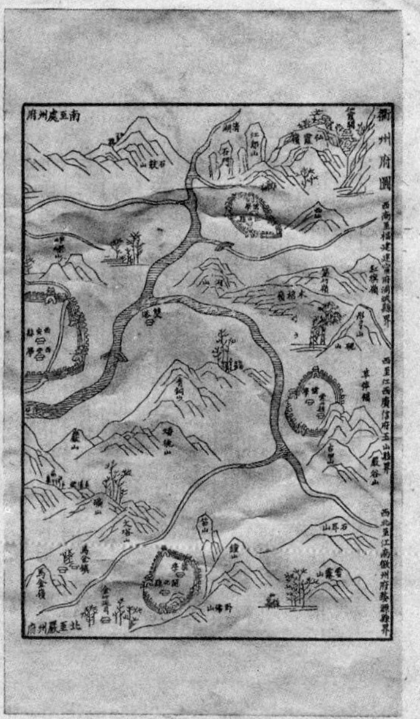

序

江山古信安縣之南川、唐武德四年始分信安置縣名曰須江、至五代吳越改名曰江山以邑南有江郎山也、其地高峯深谷峻絕修阻、為閩浙之要衝、三衢之屏障、康熙十五年耿精忠部將馬九玉據江山、清廷大震、同治元年太平軍將李世賢至江山路花園港、清左宗棠奔走疲命、光緒庚子江山農民劉加幅起兵、清軍覆沒、文武官員失色、民國十三年浙閩之戰、浙軍旅長伍文淵駐守江山、命七團前往助守、七團不奉命、致閩軍竄入江山境、浙軍司令潘國綱遂親到江山陣地督戰、始固、及浙軍內閧潰退、遂失江山、江山一失、閩軍即長驅直入勢如破竹矣、浙江通志云、江山地據上游、有高屋建瓴之勢

曰人物，卷十七、十八曰藝文（分書目、志乘考略、內外編）、卷十九曰雜記。本志以紀民國成立以後事爲主，故其目與民國以前舊志大不相同，所采之書主要爲《浙江省情》《中國實業志》等。前志敘水本支不分，源委未明，此志采《浙江水陸道理記圖》重爲編寫。其學校與舊志不同，分初等、中等、社會三目。其宗教先敘佛、道、耶諸教概括，次述寺觀、教堂。其《職官志》係續同治《縣志》，資料取自《大清縉紳全書》。其藝文內外編以所撰作者涉於本邑者爲限，邑人入內編，非邑人入外編。此書據民國抄本影印。

〔崇禎〕開化縣志十卷

明朱朝藩修，明汪慶百纂。朝藩，河南項城舉人，明崇禎三年（1630）任開化知縣。慶百字元履，衢州開化人。萬曆三十八年（1610）進士，授禮科給事中，後任南京工部尚書。所著有《問奇》十卷、《評史抄存》一卷、《纂玄》四卷、《壺邱雜識》一卷、《工部集》十四卷、《尊生炳燭》，皆不傳。開化縣志，始見於《文淵閣書目·新志》所載。其後，黃虞稷《千頃堂書目》載有，弘治乙卯（1495）《開化縣志》十卷，邑人方泌纂修；萬曆戊子（1588）《開化縣志》十卷，邑令汪應望修；萬曆辛丑（1601）《開化縣志》十卷，邑人徐公敬修。此志修成於崇禎四年（1631），以方泌弘

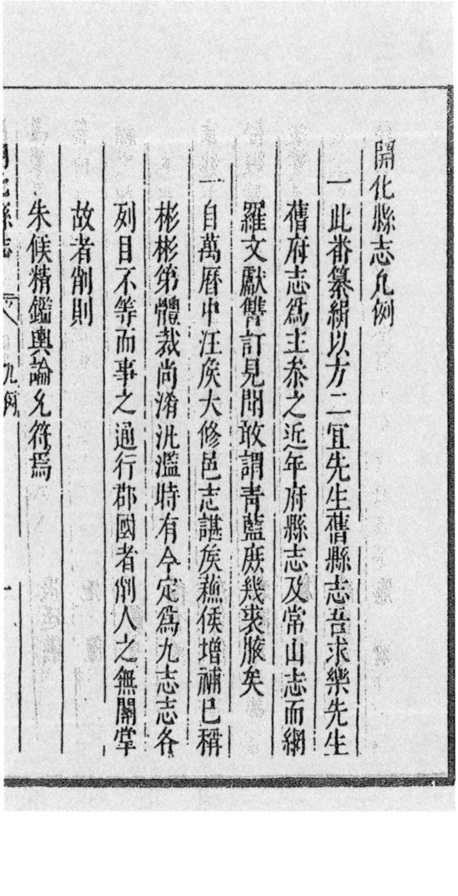
開化縣志凡例
一此番纂輯以方二宜先生舊縣志吾求樂先生舊府志爲主參之近年府縣志及常山志而網羅文獻讐訂見聞敢謂青藍庶幾裘䏐矣
一自萬曆中汪侯大修邑志譙侯蘓侯增補已稱彬彬第體裁尚淆汎濫時有今定爲九志志各列目不等而事之通行郡國者例人之無關掌故者削則
朱侯精鑑輿論允符焉
開化縣志　凡例

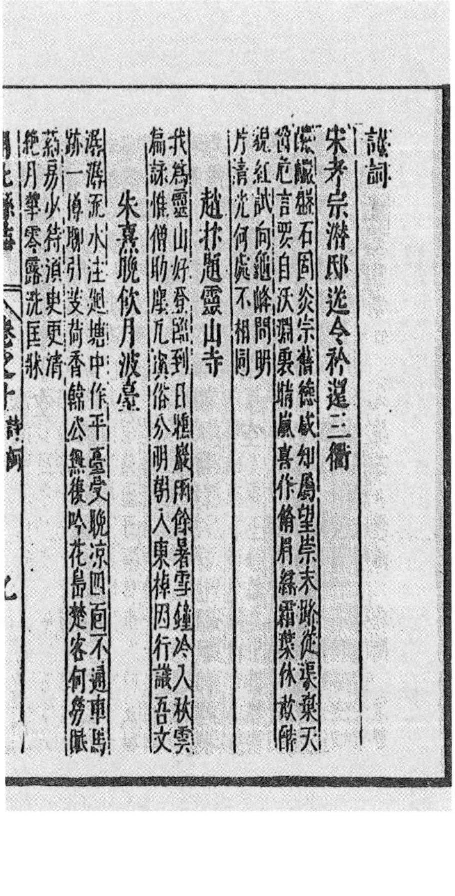
詩詞
宋孝宗潛邸送令衿還三衢
巘巘盤石固炎宗舊德威知爲望崇末路從渠棄天資危言要自沃淵衷瞻嵐喜作脩眉綠霜葉休教醉靦紅試向絕峰間明片清光何處不相同
趙抃題靈山寺
我爲靈山好登臨到日曛巖雨餘暑雪鐘冷入秋雲爲詠惟僧助塵凡濱俗分明朝入東棹因行識吾文
朱熹晚飲月波臺
潺潺流水注迴塘中作平臺受晚凉四面不通車馬跡一樽聊引芰荷香餘公無復吟花鳥楚客何勞賦蒻房少待滇史更清絕月攀零露洗匡牀
開化縣志　卷之十　詩詞　七

治舊志和吾昮等［弘治］《衢州府志》爲主，參以弘治以後府志、縣志。北宋太平興國間，始升常山縣開化場爲開化縣，故此志纂修亦參以常山舊志。是志卷前有汪慶百《修開化志紀事》，有蘇琞、諶士觀、汪應望諸舊序，有修志姓名和凡例。全志凡十卷，卷一志圖、輿地志、建置志，卷二官師志、典禮志，卷三賦役志，卷四選舉志，卷五人物志，卷六雜志，卷七至卷十藝文志，每志下分若干目，凡六十四目。其卷十《藝文志》載有朱熹、呂祖謙、張栻、江溥、謝諤、呂祖儉、陸九齡《題聽雨軒》詩七首，其中呂祖謙詩於《御選宋詩》有載，朱熹、張栻詩不見於二人文集等作，此志則存其佚文。此書據明崇禎四年刻本影印。

［順治］開化縣志十卷

清朱鳳台修，清徐世蔭纂。鳳台號慎人，江南靖江人，清順治四年（1647）進士，五年任開化知縣，後升兵部主事。世蔭字爾繩，號竹孫，衢州開化人。天啓五年（1625）進士。授南京兵部主事，歷遷按察司副使，升福建按察使。所著有《中丞集》《撫皖疏稿》，皆不傳。自明清之際兵火之後，開化土荒不穀，丁戶多走，大殊於昔日。

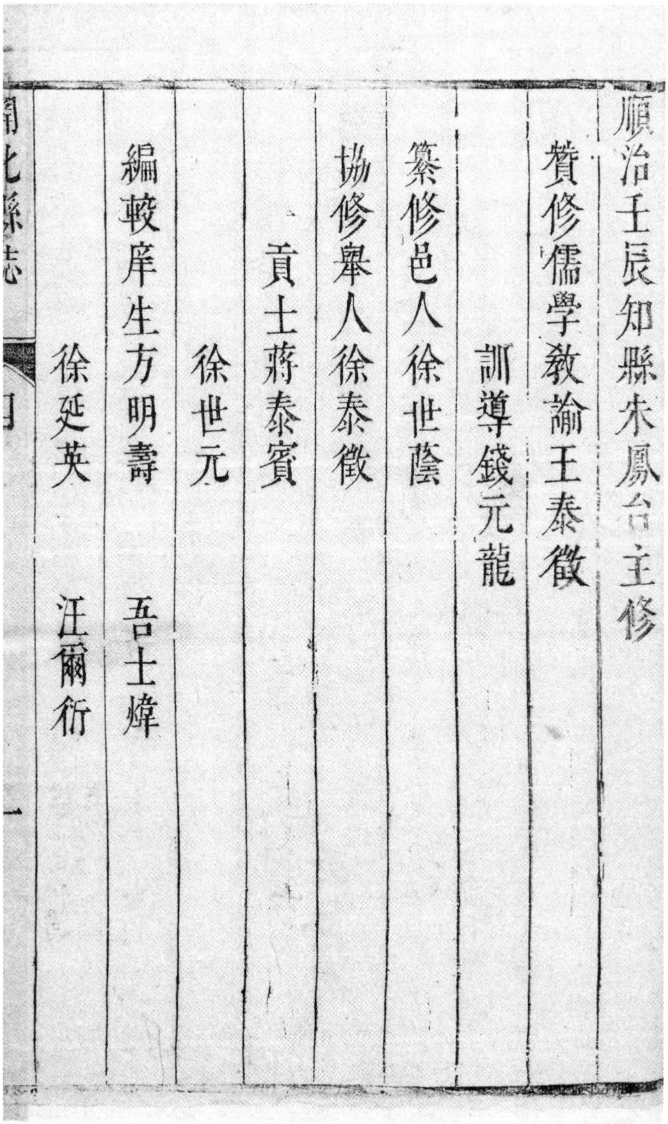
順治壬辰知縣朱鳳台主修
贊修儒學教諭王泰徵
訓導錢元龍
纂修邑人徐世蔭
協修舉人徐泰徵
貢士蔣泰賓
徐世元
編較庠生方明壽　吾士煒
徐延英　汪爾衍
開化縣志

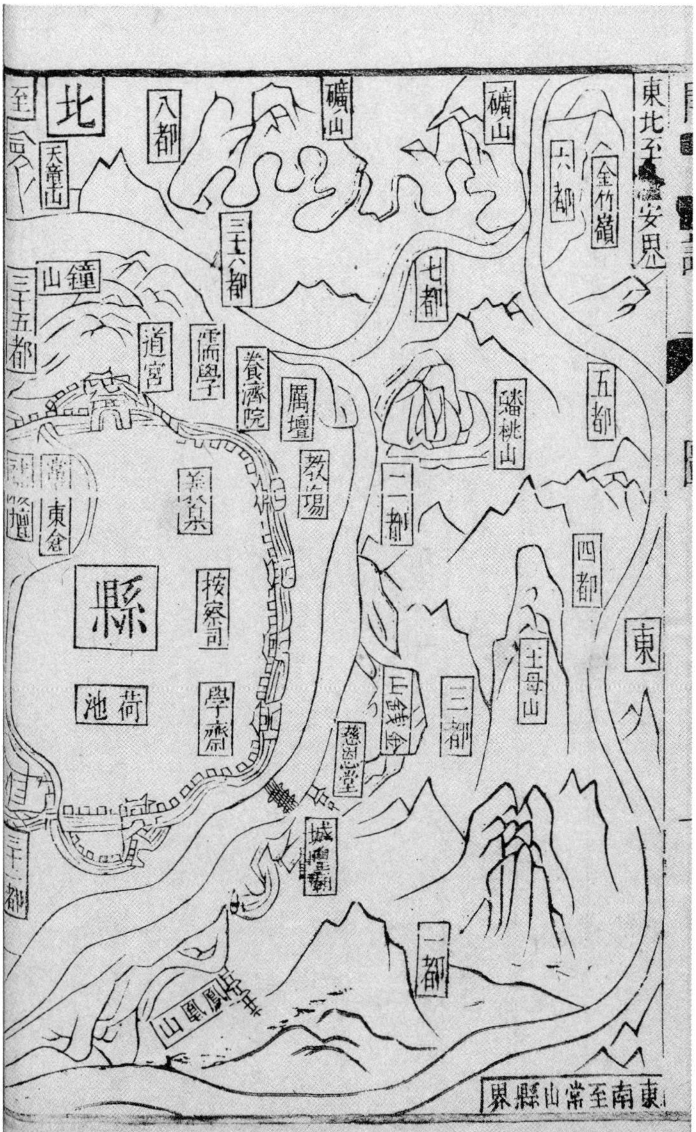

鳳台宰是邑後，人事踵新，以當時據崇禎修志已逾二十餘年，遂於順治九年（1652）壬辰請世蔭纂修新志。康熙二十二年（1683）癸亥，知縣吉祥延邑人汪爾敬增修順治舊志，次年知縣董鐸刊行。然「雍正」《浙江通志・經籍志十三》分别著録順治壬辰、康熙癸亥、康熙甲子（1684）《開化縣志》，不當。此本爲康熙時增修本，卷首有萬曆戊子（1588）至康熙甲子新舊諸序和修志姓名。此志目次與崇禎舊志相比，僅删舊志藝文志中「頌」一目，各卷其餘目次全同舊志。朱氏序云，此志內容「存舊十之七，增五之一，删九之一」。康熙增修，除《賦役志》增補較多外，其它諸志仍舊者十之八九。今存此書有不少缺葉，且有些內容字跡模糊難辨。此本雖爲康熙增修本，因主要編次和主要內容爲順治時所成，故仍稱「順治」《開化縣志》。此書據清康熙二十三年增修本影印。

［雍正］開化縣志十卷

清孫錦修，清方嚴翼、徐心啓纂。孫錦，奉天鑲白旗人，清雍正二年（1724）知開化縣。嚴翼字二有，號再庵，衢州開化人。雍正元年（1723）拔貢，任樂清教諭。所著有《自怡集》《猶人集》《燕遊草》《甌雲草》《古今名勝詩》，皆不傳。徐心啓字進思，開化廩生，熟精古文。此志修成於雍正七年（1729），卷首有新舊志序、目録、修志姓名、凡例、志圖。全志十卷，分輿地、建制、典禮、賦役、官師、選舉、人物、雜志、藝文九志，凡九十四目。此志總綱九志雖與舊志同，然編次稍異，且各志類目内容有別。其以舊志地輿有圖而分野未繪，遂照省志古測圖以繪之。舊志首分野，次

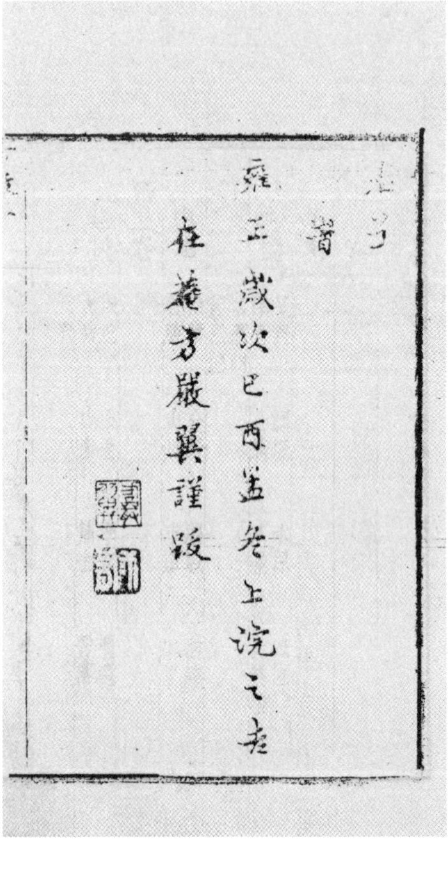
雍正歲次己酉孟冬上浣之吉
在籍方嚴翼謹跋

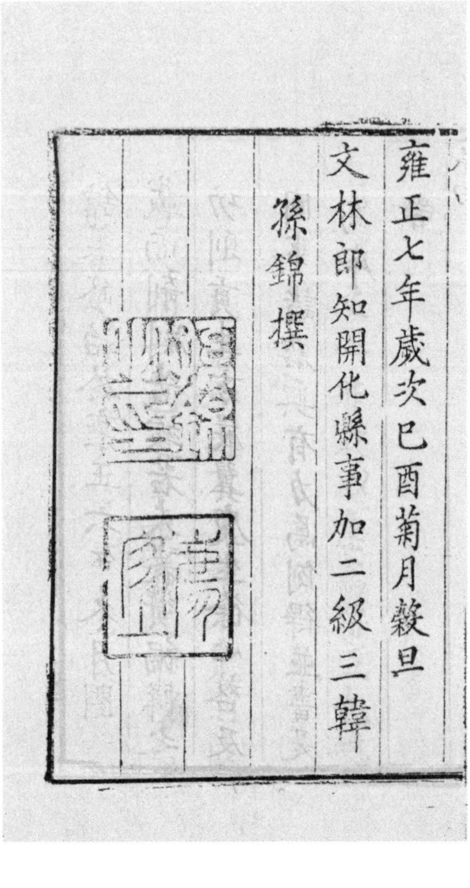
雍正七年歲次己酉菊月穀旦
文林郎知開化縣事加二級三韓
孫錦撰

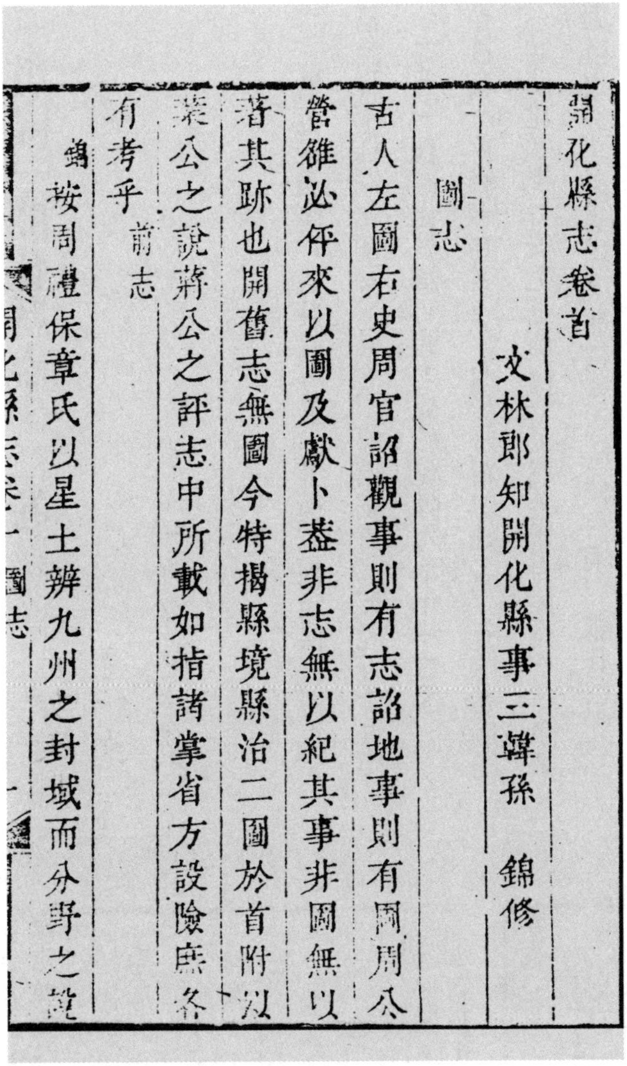
開化縣志卷首

文林郎知開化縣事三韓孫　錦修

圖志

古人左圖右史周官詔觀事則有志詔地事則有圖周公營雒必伻來以圖及獻卜蓋非志無以紀其事非圖無以著其跡也開舊志無圖今特揭縣境縣治二圖於首附以葉公之說蔣公之評志中所載如指諸掌省方設險庶各有考乎　前志

錦按周禮保章氏以星土辨九州之封域而分野之說

開化縣志卷一　圖志

沿革，此志以沿革先之。其將名勝增附形勝之後，增軍營於公署之下，增壇壝於學宮之後，其於《典禮志》增以學政、農政、鄉飲、鄉約、兵房。舊志於秩祀大概撮要從略，此志於文廟、山川、社稷、關帝諸祀皆詳考其源流。其人物記載，求於信史，凡有增入，務博采輿論，確有可據者，方行録入；藝文必有關名教及與邑志相表裏方爲增入。舊志評論大都不注姓氏，是志小注修志舊評舊議以别之。較之舊志，本志新增不少内容。然此志新增内容有些欠妥，如「鄉約」詳載《聖諭廣訓》非志書應采，又如「秩祀」增考内容亦非必要。此本有缺葉，且字跡多有漫漶者。此書據清雍正七年刻本影印。

〔乾隆〕開化縣志十二卷

清范玉衡修，清吳淦等纂。玉衡，福建侯官舉人，清乾隆末任開化知縣。吳淦，錢塘副貢，乾隆五十九年（1794）任開化教諭。此志成於乾隆六十年（1795），卷首有「舊修志姓名」，而無修新志姓名，有些卷端題「知開化縣事晉安范玉衡修」。然范氏自序言，「余謹與邑之紳士采輿論，訪軼行，檢校舊乘，删其繁冗，補其漏略，訂爲信志」，可見此志並非出自范氏一人之手。據［光緒］《開化縣志》中《舊修志名籍》所載，乾隆乙卯（六十年）修縣志，知縣范玉衡主修，訓導陳在齊贊修，教諭吳淦、舉人楊曾織、貢生徐元基纂修。由此可知，此志成於衆手。全志十二卷，卷首有凡例、總目、舊序，卷一曰聖諭，卷二曰圖説、星野、建置、

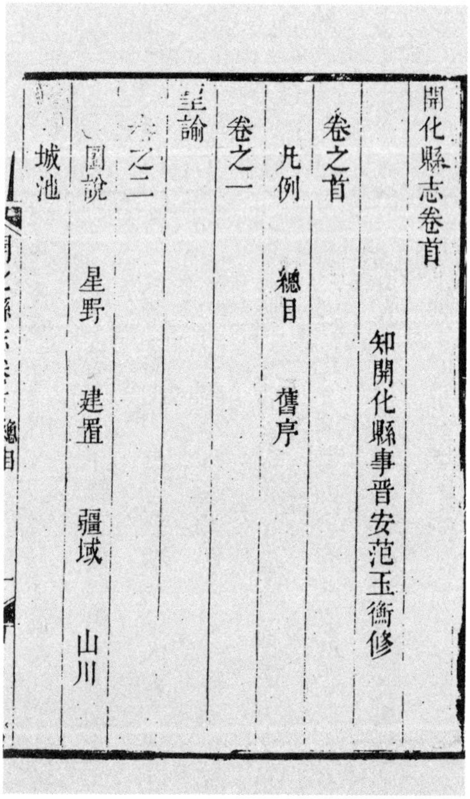
開化縣志卷首
知開化縣事晉安范玉衡修
卷之首
凡例 總目 舊序
卷之一
聖諭
卷之二
圖説 星野 建置 疆域 山川
城池

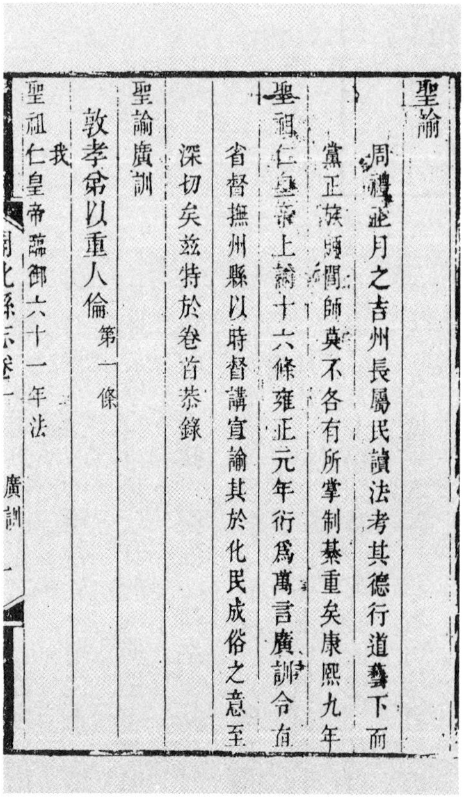
聖諭
周禮正月之吉州長屬民讀法考其德行道藝下而黨正族師閭師莫不各有所掌制綦重矣康熙九年
聖祖仁皇帝上諭十六條雍正元年衍爲萬言廣訓令直省督撫州縣以時督講宣諭其於化民成俗之意至深切矣兹特於卷首恭録
聖諭廣訓
敦孝弟以重人倫第一條
我
聖祖仁皇帝臨御六十一年法

疆域、山川、城池，卷三曰學校（書院附）、公署、古跡、水利，卷四曰賦役、戶口、蠲恤，卷五曰積貯、驛傳、兵制、風俗、物産、祥異、封典、職官，卷六曰選舉、宦績，卷七、卷八曰人物，卷九曰寓賢、方技、仙釋、節烈、祠祀、寺觀、經籍，卷十至卷十二曰藝文。與舊志相比，此志内容編排變化較大。今考此變，則取法［雍正］《浙江通志》。其仿《省志》，卷一專載《聖諭廣訓》，頗與志體相乖。此志類目編次先後與《省志》相同，《省志》各類單獨爲卷，此縣志將不同類目合爲一卷。其學校、公署、古跡、水利合在一卷，驛傳、風俗、物産、祥異、職官等却充爲一卷，宦績不與職官在一卷而與選舉相合，寓賢等人物傳竟與寺觀、經籍等合一，雜記乃分條記載開化雜事却在藝文志中，當入藝文志的詩文又在圖説之下，如此分卷甚不合理。此本中間有缺葉和字跡模糊者，然首尾尚全。此書據清乾隆六十年刻本影印。

乾隆乙卯年修

開化縣志

本學尊經閣藏板

〔光緒〕開化縣志十四卷

清徐名立等修，清潘樹棠纂。名立號麗亭，江蘇武進人，清同治十三年（1874）任開化知縣，光緒七年（1881）、十一年（1885）兩次回任。樹棠字憩南，號西廬，浙江永康人。咸豐十一年（1861）拔貢，同治間舉孝廉方正，光緒時欽加內閣中書七品銜。憩南學問博贍，尤以經學盛名，所著有《古易注》《杜律正蒙》等十餘種，參與修纂《縉雲縣志》《永康縣志》等。

開化縣志卷之一

疆域志

圖考　沿革　分野　坊都　山川

風俗　地產

開衢之下邑亦不褊小由常山入境別一洞天水明山秀至者樂之其在土著鄉民有不識縣縣民有不識郡者雖地錯饒信徽睦陬而溪山四塞風氣完聚富且教之是即樂郊故先圖考以次列之而風俗地產亦與焉志疆域

圖考　疆域一

古人左圖右史周官詔觀事則有志詔地事則有圖蓋非

此書《重修開化縣志名籍》載，武進徐名立、應城王承礽、馬平秦繼武、元和潘紹詮主修，永康潘樹棠纂修。據該書「官師志」，光緒十年、十四年、十五年，湖北應城王承礽、廣西馬平秦繼武、江蘇元和潘紹詮先後知開化縣。潘紹詮序曰：「前任麗亭徐君設局，重修司事者邑之紳衿。因經費短絀，停工三年，續捐續刊，遲至十有餘載，而志始告成。」可見此志修纂歷十餘年，經數任知縣遂成。此志十四卷，有疆域志七目、建置志八目、官師志四目、食貨志四目、兵防志二目、選舉志七目、人物志十三目、藝文志十二目、通考志五目，凡九志六十二目。卷首序有潘紹詮「重修開化縣志序」和萬曆壬子（1612）以來舊序十三篇，序後爲新舊志「修志名籍」、總目、凡例。較舊志，是編除增補乾隆乙卯（1795）以來事文，亦有不少修改。如舊志繪圖十五，此志存其八，刪去八景圖，增以三書院圖、天童山廟圖，圖説則從略。其「建置志」在雍正舊志基礎上增入城池，下並水利、公署、學校，下入祀典、宗祠、坊表。其「食貨志」增入蠲恤，以述皇恩；「兵防志」增入兵事，以言時變；「藝文志」以有關國計民生及有益風化者編入。其以寺觀、仙釋不入正典，綴於「通考志」之簡末。此書據清光緒二十四年（1898）刻本影印。

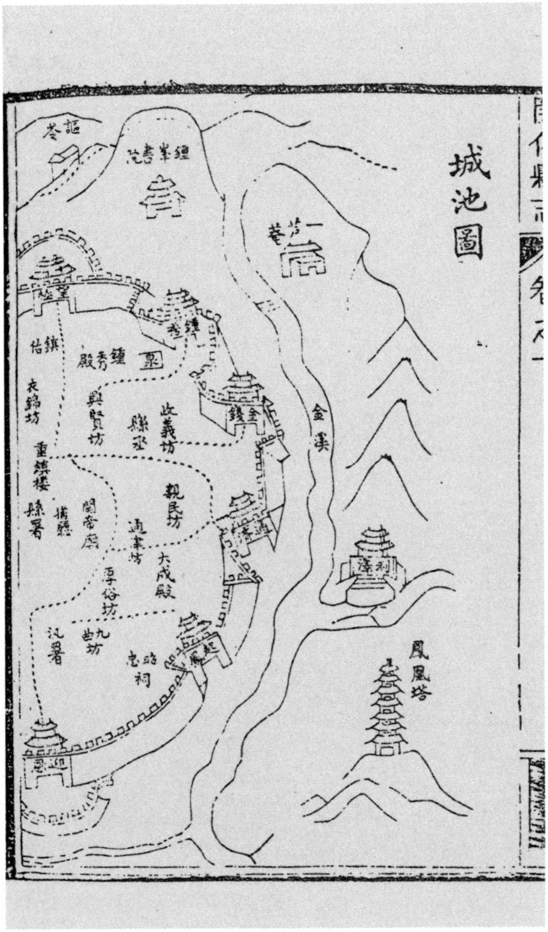

［民國］開化縣新志稿二十卷

干人俊纂。人俊有［民國］《常山縣新志稿》，已著録。此書成於民國三十五年（1946），題「［民國］《開化縣新志稿》」，署「寧海干人俊纂」。干氏自序云，「癸亥春，余纂［民國］《續纂浙江通志》一百卷成，有開化」，有友請其將《續通志》中開化志料析出，擴而充之，以成［民國］《開化縣志》；其後，「因集開化稿，補略拾遺，正誤訂訛，雖事有增芟，表有繁簡，而矢勤矢慎，未嘗怠忽。尤於生産、風教有關者，加意搜羅，務至明切恰當」。兹編原本凡二十卷，僅存卷首和前八卷，卷首有自序、目録、凡例、地圖、照片，諸卷分次如下，卷一沿革、疆域、面積、人口、氣候、土壤、地質、道理，卷二敘山，卷三敘水，卷四土田、賦税，卷五水利，卷六、卷七、卷八物産

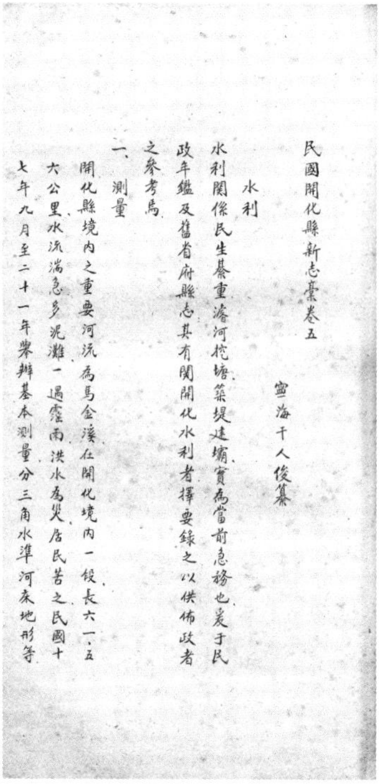
民國開化縣新志稾卷五

寧海干人俊纂

水利

水利關係民生綦重濬河挖塘築堤建壩實爲當前急務也爰于民政年鑑及舊省府縣志其有關開化水利者擇要錄之以供佈政者之參考焉

一、測量

開化縣境内之重要河流爲馬金溪在開化境内一段長六一．五六公里水流湍急多泥灘一遇霪雨洪水爲災居民苦之民國十七年九月至二十一年舉辦基本測量分三角水準河床地形等

（分農畜、林、礦），卷九機關、團體，卷十自治，卷十一司法、保衛，卷十二教育、衛生、救濟，卷十三工商、金融，卷十四交通，卷十五職官（續光緒《志》），卷十六宗教，卷十七風俗，卷十八古跡，卷十九藝文（分書目、詩文）、卷二十金石。是編無人物傳，其體例和所據文獻資料與前著録干氏纂修民國常山、江山二《新志稿》基本相同。其志有續補清末縣志之功，惜僅存殘篇。此書據民國抄本影印。

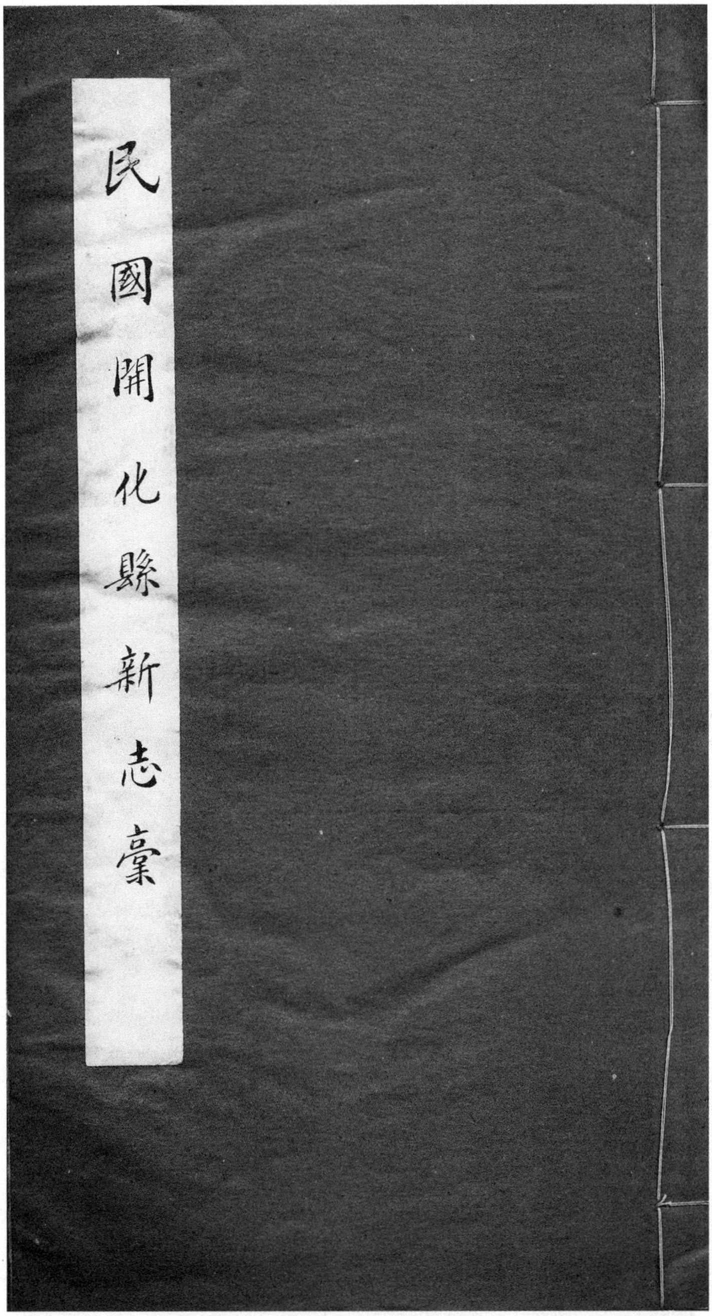

［民國］開化縣志稿二十四卷

汪振國等修，龔壯甫等纂。此志纂修於民國三十八年（1949），卷首《纂修題名》載，「主修開化縣縣長汪振國、葛延林、朱文達，總編纂兼館長龔壯甫，副館長兼分纂張恭，分纂嚴鳳翔、余益三、盛莘夫」。振國，安徽桐城人，畢業於武漢大學法學院，民國三十二年（1943）任開化縣縣長。壯甫原名龔瀾，衢州開化人，畢業於浙江高等巡警學堂，任開化警察署長，民國二十二年（1933）任北京圖書館館員，後又任國文教員。民國後社會體制變化，民國末所修新志與以往舊志體例大不相同。民國三十五年（1946），內政部頒佈《地方志書纂修辦法》，此志體例兼采新規，合地志、史書所長而兼用之。全志

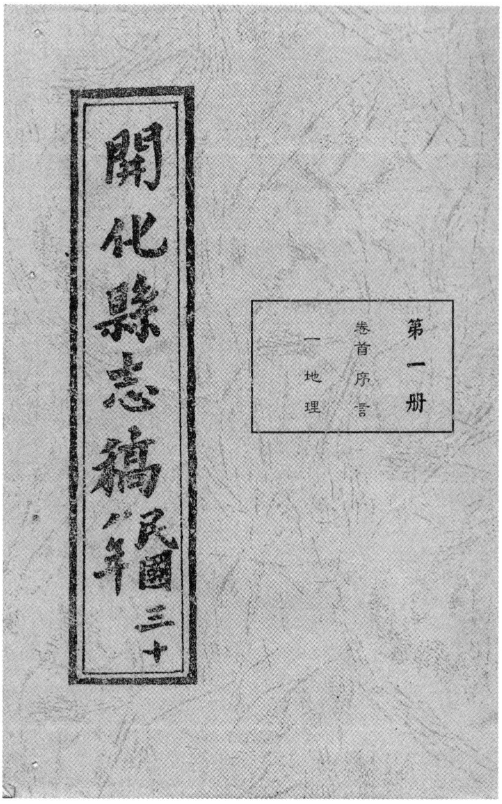

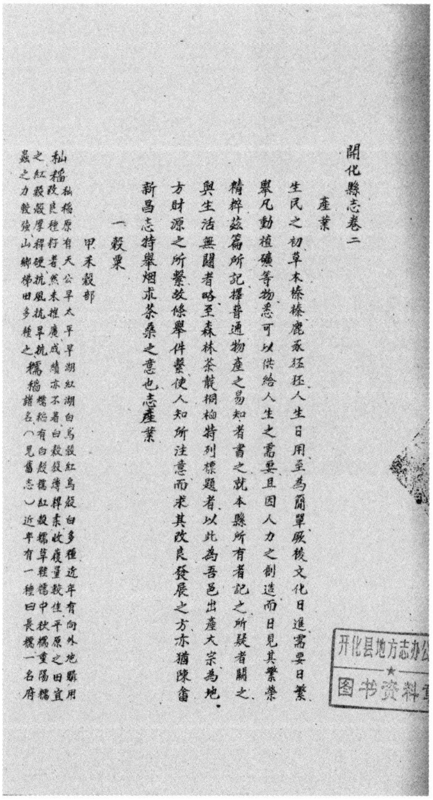
開化縣志卷二

產業

生民之初草木榛榛鹿豕狉狉人生日用至為簡單厥後文化日進需要日繁舉凡動植礦等物悉可以供給人生之需要且因人力之創造而日見其繁榮精粹茲篇所記擇普通物產之易知者書之就本縣所有者記之所疑者闕之與生活無關者略至森林茶葉桐柏特列標題者以此為吾邑出產大宗為地方財源之所繫故條舉件繫使人知所注意而求其改良發展之方亦猶陳畬新昌志特舉烟米茶桑之意也志產業

一 穀粟

甲 米穀部

秈稻 秈稻原有天公早太平早湖紅湖白烏殼紅烏殼白多種近年有向外地縣用改良種籽者然未推廣成績亦不著白殼殼薄桿柔收穫量較佳平原之田宜之紅殼殼厚桿硬抗風抗旱抗蟲之力較強山鄉梯田多種之

糯稻 糯稻有白殼糯紅殼糯草鞋糯中秋糯重陽糯諸名（見舊志）近年有一種曰長糯一名府

二十四卷，卷首有舊序、歷屆修志名氏、凡例、目録、圖，各卷依次爲地理、産業、交通、財務、户口、風俗、建置、議會、鄉鎮自治、教育、警衛、司法、衛生、軍事、黨務、社會、職官、考選、人物、宗教、古跡、藝文、雜録、大事記。斯志綱張目舉，其於每綱下有詳分諸目，如「産業志」下又分穀粟、蔬茹、森林、茶靛、桐柏、藥材、羽族、獸類、水族、礦産、清丈編查、水利、堤堰、田地價目、農桑試驗、貨物出口入口概括十六目。是編條分縷析，簡明扼要，易於檢讀。此志所載民國事文尤爲詳明，所記民國時期典制沿革價值較高。此書據民國抄本影印。

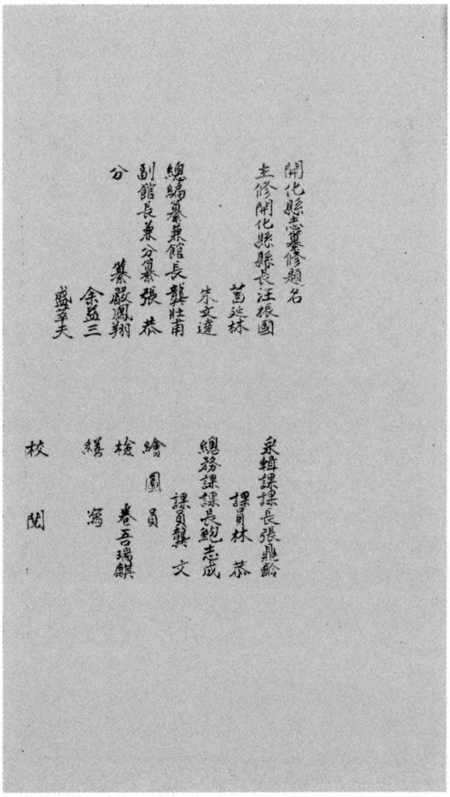
開化縣志纂修題名
主修開化縣縣長汪振國
葛延林
朱文達
總編纂兼館長龔壯甫
副館長兼分纂張　恭
分　纂嚴鳳翔
余益三
盛莘夫
采輯課課長張鼎齡
課員林　蓀
總務課課長鮑志成
課員龔　文
繪　圖　員
檢　卷吾瑞麒
繕　寫
校　閱

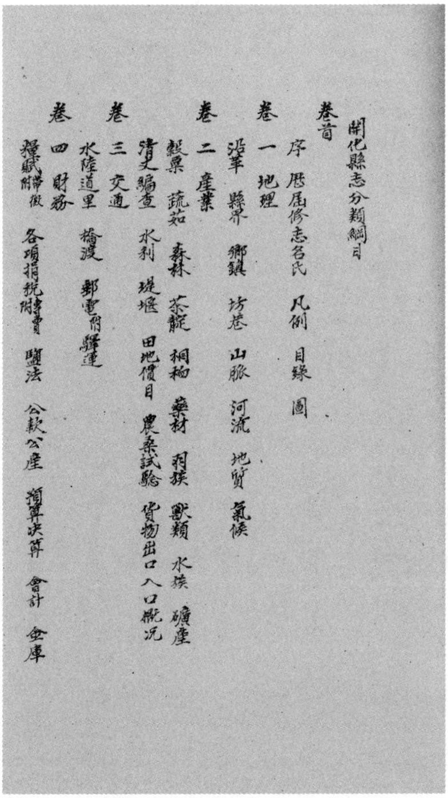
開化縣志分類綱目
卷首
序　歷屆修志名氏　凡例　目録　圖
卷一　地理
沿革　縣界　鄉鎮　坊巷　山脈　河流　地質　氣候
卷二　產業
穀粟　蔬茹　森林　茶靛　桐柏　藥材　羽族　獸類　水族　礦產
清丈編查　水利　堤堰　田地價目　農桑試驗　貨物出口入口概況
卷三　交通
水陸道里　橋渡　郵電附驛運
卷四　財務
糧賦附帶徵　各項捐稅附書費　鹽法　公款公產　預算決算　會計　金庫

衢州鄉土卮言二卷

清鄭永禧纂。永禧有［民國］《衢縣志》，已著録。此書題「不其編」，「不其」乃永禧自號。不其言編是書曰：「兹因朝廷崇尚學務，以鄉土編入教科，不揣譾陋，謹就管見略陳一得，區別門類，提綱挈領，務求簡易，編成四字韻文，用課初學，都凡上下兩卷。名曰『卮言』，明非執一守故也，亦以日出日新，期諸後來。」其書按方志門類編排，共十八目，上卷十目依次爲建置、山川、古跡、種族、職官、治績、鄉賢、閨淑、僑寓（附遷徙）、方外，下卷八目依次爲文學、軍事、戶口（附田賦）、財

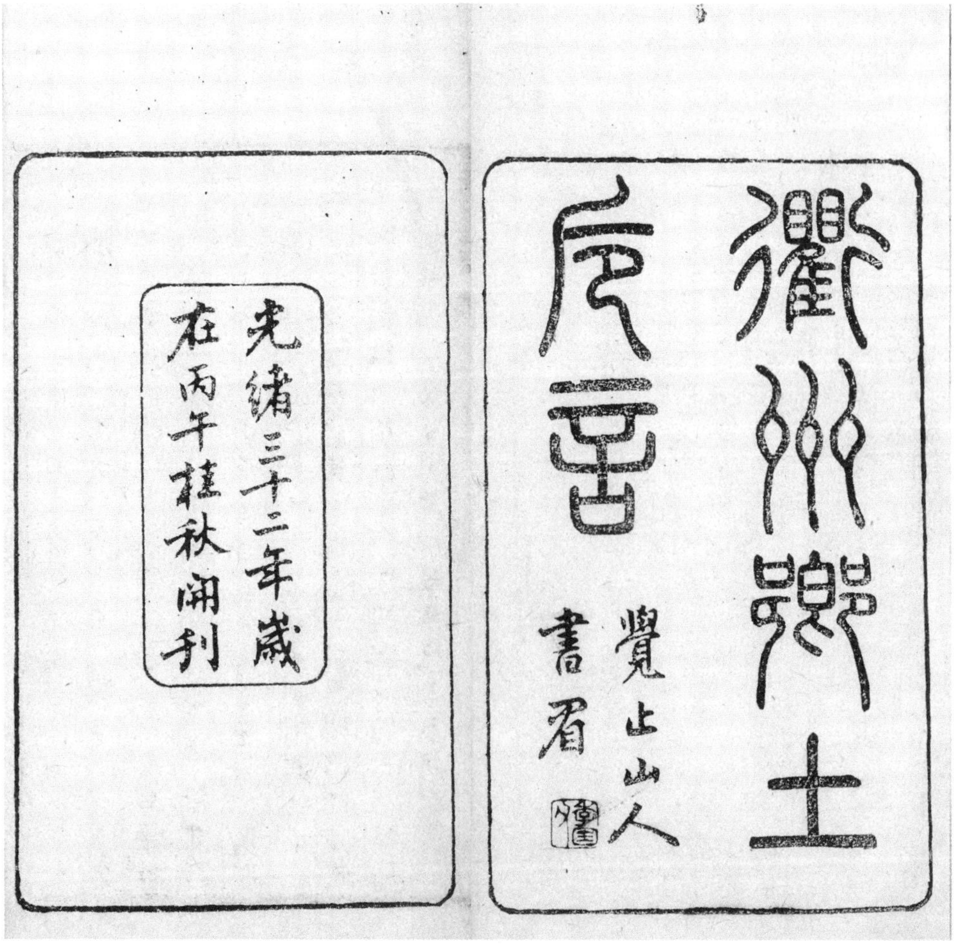

政、交通、典禮、風俗、物産（附商礦）。其紀事總以府城事爲主要，兼及衢屬五邑之事。此書以鄭氏當時所見修府志、縣志編次，參互考訂，府縣志已登者從略，未備者補之，誤者正之，間有異同者兩存之。其於四字韻文右多有旁注，一般會詳明所引之書，如首句「衢本揚州」右旁注曰：「《通典》：衢州，古揚州地。」因此書爲教科初學之鄉土教材，故其文淺顯易懂，並略加音注。其述衢州種族，不詳於其前舊志，如言「其初居人，大半蠻族。無餘受封，實爲夏裔。漢種人來，逐漸南徙」，又曰「宋室南遷，名流星聚。寄民益多，遂成安土。有回回種，不與雜婚。祖摩訶末，自稱教門。靈山道中，盤弧畲客。雷藍鐘古，語言懸隔」，多合於史實和當時實情。此書據清光緒三十二年（1906）刻本影印。

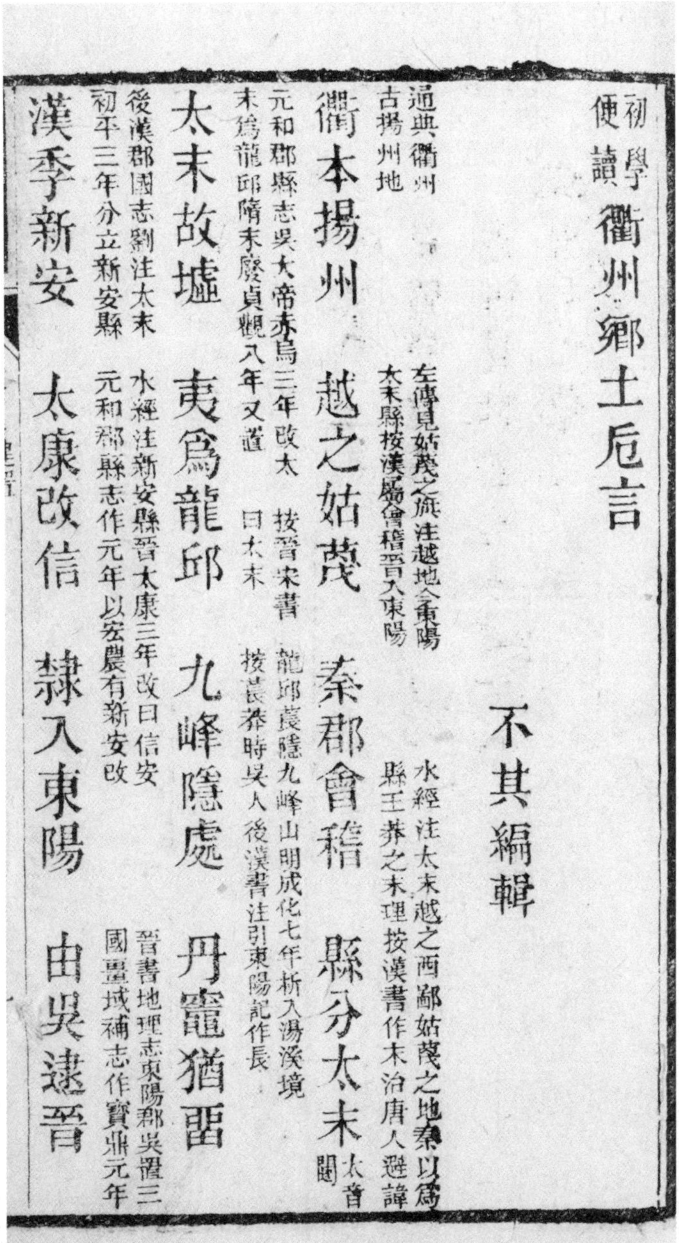
初學便讀 衢州鄉土卮言
不其編輯
通典衢州古揚州地
左傳見姑蔑之旗注越地今東陽太末縣按漢屬會稽晉入東陽
水經注太末越之西鄙姑蔑之地秦以爲縣王莽之末理按漢書作末治唐人避諱
衢本揚州 越之姑蔑 秦郡會稽 縣分太末 太音闥
元和郡縣志吳大帝赤烏三年改太末爲龍邱隋末廢貞觀八年又置 按晉宋書曰太末
龍邱萇隱九峰山明成化七年析入湯溪境 按萇莽時吳人後漢書注引東陽記作長
太末故墟 夷爲龍邱 九峰隱處 丹竈猶留
後漢郡國志劉注太末初平三年分立新安縣
水經注新安縣晉太康三年改曰信安元和郡縣志作元年以宏農有新安改
晉書地理志東陽郡吳置三國疆域補志作寶鼎元年
漢季新安 太康改信 隸入東陽 由吳逮晉

三衢孔氏家廟志一卷附録一卷

明沈杰纂。杰有「弘治」《衢州府志》，已著録。南宋初，襲封衍聖公孔端友南渡，寓居衢州。至元代孔洙後，孔子後裔在曲阜者承襲公爵。明弘治十八年（1505），沈杰奏言衢州聖廟自孔洙後衣冠禮儀猥同氓庶，請授洙之六世孫彦繩以官俾主祀事。正德元年（1506），授彦繩翰林院五經博士，

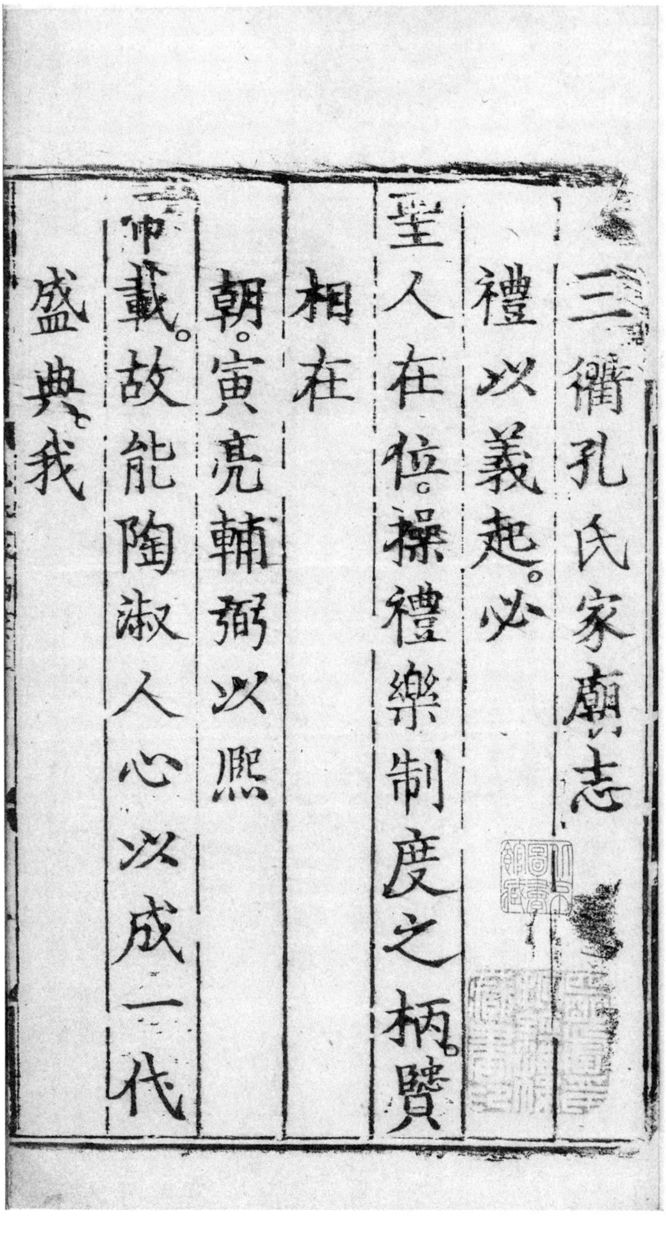
三衢孔氏家廟志
禮以義起必
聖人在位禮樂制度之柄賢
相在
朝寅亮輔弼以熙
帝載故能陶淑人心以成一代
盛典我

子孫世襲。沈氏以爲，孔子道德事功及闕里，聖裔已爲天下所共知，「惟衢之有廟，寔自四十八代孫宋襲封衍聖公端友扈蹕南渡始，世容有未知者，故歷采諸書與我朝大典所載，並諸臣記疏，凡繫於衢之孔氏者，謹録爲《三衢孔氏家廟志》」。此志前有沈氏弘治十八年序和「宋敕建家廟圖」和「國朝移建家廟圖」。其正文先詳載諸書所記孔氏南宗家廟史實，後録「制誥奏疏」以及家廟記、序跋等文。其引書分「孔氏家典」「國朝制書」「郡志」三類，每類又分條記載。沈氏撰述此書，意在表明孔氏南宗有家廟，南渡後於宋世受封爵，當爲孔氏受封後裔。沈氏文後

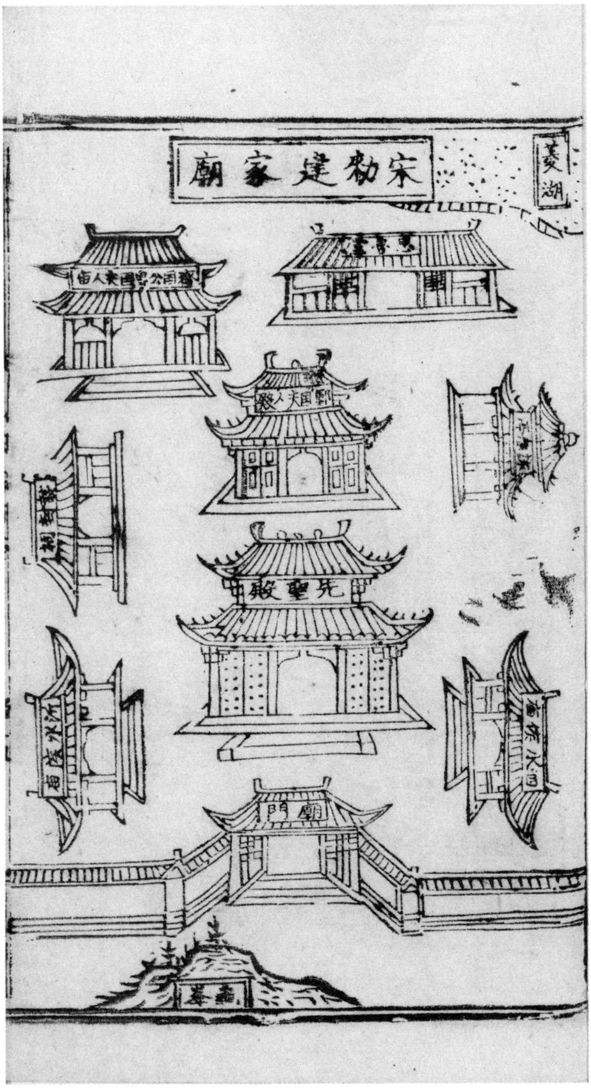

有附録，末有孔承美《孔庭雜志》和伍聰跋。承美言，「前編纂修廟志者，邑人余友釜開化王友忠；後編纂修廟録者，江山伍友聰達夫也」。可見附録並非沈杰所輯。伍聰跋語又曰：「前《家廟志》志家廟，古今事跡詳矣。今以是帙而附録之，録新廟之遷徙也，世爵之承襲也，後先振作之勛勞也，與凡奏疏碑刻及贈遺詩文之類，靡不備載而並録之。」此即所載附録內容。

此書據明嘉靖刻本影印。

爛柯山洞志二卷

《四庫全書總目》卷七十六《爛柯山志》：

明徐日炅纂。日炅後改名日曦，浙江西安人，天啓壬戌進士。爛柯山在衢州府城南三十里，因晉樵者王質遇仙觀棋於此，因以爲名。日炅居與山近，因纂輯晉、唐迄明詩賦雜文，以成是編。

案：日炅字闇仲，號碩庵，一號瞻明。初授江南廬州推官，後爲松江府推官。闇仲風流倜儻，工詩文，尤善書法。爛柯山，一名石室山。晉樵者王質石室遇仙，觀棋斧柯爛盡，此說始見於鄭緝之《東陽記》，《水經注》始引之，《太平御覽》引鄭《記》尤詳。此故事傳者甚廣，遊山題詠者不絕。至明萬曆末，衢州知府達州瞿溥撰《爛柯山志》，其本不傳，既而有徐氏《洞志》。［民國］《衢縣志・藝文志》著録此書，鄭永禧言日炅爲瞿溥門下士，「其所志或因瞿公之舊而增益之，題曰『洞志』，以別於瞿，未必同時有兩本並出也」。《四庫全

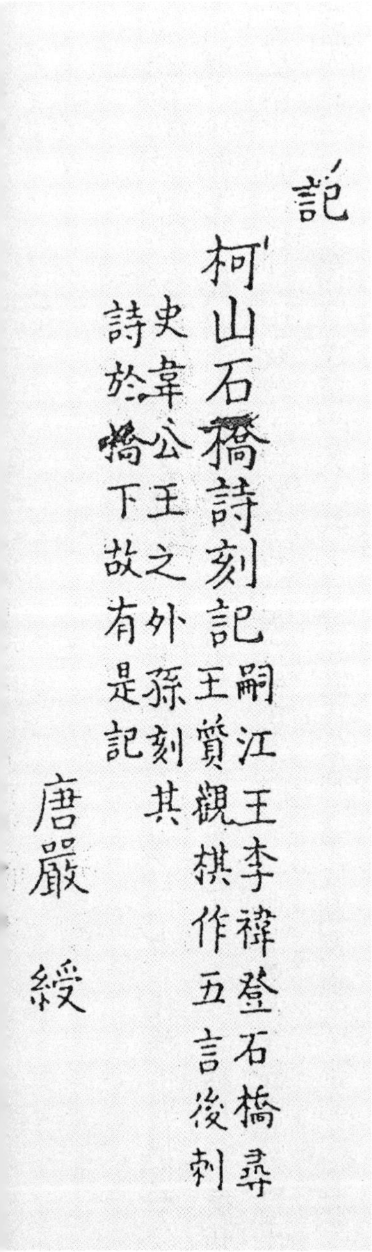
記
柯山石橋詩刻記
嗣江王李禕登石橋尋王質觀棋作五言後刺史韋公王之外孫刻其詩於橋下故有是記
唐嚴綬

書總目》著録作《爛柯山志》，黄虞稷《千頃堂書目》載爲《爛柯山洞志》，今傳本亦題稱「洞志」。此志分上、下兩卷，上卷先録郡志、舊志、廣輿志所載爛柯山，次著文凡二十一篇，下卷載古今體詩凡一百七十一首。其文最早爲唐嚴綬，其詩最早爲劉宋謝靈運，諸如孟郊、陸游、朱熹等皆有題詠。此書據舊抄本影印。

崒屼中墜呀黑巨石横亘作爲洪梁口口㕣口
口口口口其内也頂洞簌谽谺隆圈聯若鵬垂
翼隔閡日月其外也嵚崟揭孽鰲據鯨偃如企

爛柯山洞志　上廿三

爛柯山洞志卷下

青霞里人徐日炅闇仲甫纂

詩

五言古詩

宋謝靈運 陳郡人 臨川守

清旦索幽異放舟越坰郊苺苺蘭渚急藐藐苔
嶺高石室冠林陬飛泉發山椒虛泛徑千載崢
嶸非一朝鄉村絶聞見樵蘇限風霄微戎無遠

爛柯山洞志　下一

爛柯山志不分卷

清泠時中選輯。時中字心茱，四川内江人，清順治三年（1646）任衢州知府。此書題「蜀内江泠時中心茱父選輯，西湖吳山濤岱觀父參訂，信安潘世懋公賞父、王大成集生父較閲」。［嘉慶］《西安縣志》著録有潘世懋《續修爛柯山志》，［民國］《衢縣志·藝文志上》著録潘《志》，

柯山志叙
客有問余者曰宇内山水之奇
[illegible]抑山水有[illegible]歟虖余蒼[illegible]及
[illegible]也植松[illegible]石海嶼溪濤棋
夫楚老習之岡驚睬之碧故維
王叙一

其下有鄭永禧案語曰：「潘爲清初諸生，字公賞，［康熙］《縣志》有《遊柯山》四律，與冷公同時。不知是否即冷公所輯也。」冷知府輯有是志，潘世懋參與較閲，或不當另修一志。此志成於順治四年（1647），前有王範偶、冷時中、吳山濤三序。是志爲徐日炅《洞志》續修之作，體例與《洞志》同，不少内容包括注釋文字相沿不變。較之《洞志》，其《志》增補《水經注》記載爛柯山的内容，其《記》删去《洞志》中胡翰一文，其《序》增補王範偶、冷時中二文，其賦文、疏文無增删，《洞志》中啓文皆删去，其詩有增有删。新增者以明末清初之作爲多，亦增有元人詩，但有些詩文不當删者而删之。其所删有些詩文，實與爛柯山無關，如謝靈運《石室山詩》，所詠者乃永嘉石室山，而非衢州石室山，故當删去。此書據清初刻本影印。

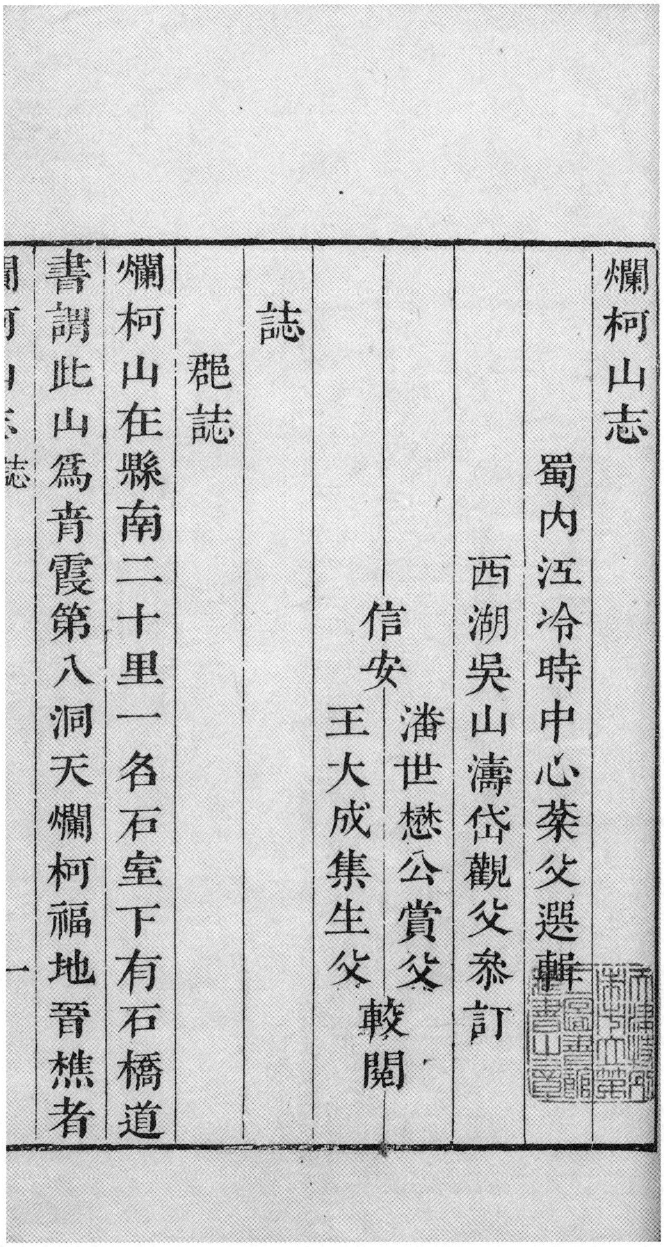
爛柯山志

蜀内江冷時中心棻父選輯

西湖吳山濤岱觀父叅訂

信安　潘世懋公賞父　王大成集生父　較閲

誌

郡誌

爛柯山在縣南二十里一名石室下有石橋道

書謂此山爲青霞第八洞天爛柯福地晋樵者

爛柯山志　誌　一

［光緒］爛柯山志十三卷

清鄭永禧纂。永禧有［民國］《衢縣志》，已著録。自明徐日炅纂修《爛柯山洞志》後，清初順治時又有衢州知府冷時中修《爛柯山志》。至清末光緒間，鄭永禧新纂《爛柯山志》，凡十三卷，依次爲名稱、仙蹟、異聞、撰述、勝跡、旁文、文藪、幽栖、物産、叢譚、歷朝金石考、歷朝文、歷朝詩。志前有羅道源序、王綽序、爛柯山圖、緒言、例言，卷後補録桐城戴

名世「遊爛柯山記」、南海康煇「題爛柯山觀弈圖」。此志搜羅廣泛，考核精審，其於舊籍流傳有異同互見者，悉爲標出，或附注於原文下；對郡邑志乘記述舛誤者，皆悉心糾正；其於有父老相傳而無典册可徵者，擇其言尤雅馴者登載一二；其於金石廣收博采，不棄叢殘，詳加考索。較之諸舊志，此志不僅增録詩文，補舊志闕遺，且詳載與柯山相關事文，並精於考訂。由於未見徐日炅舊志，徐氏志中所載詩文，此志不少未能收録。此書據清光緒三十三年（1907）刻本影印。

不其山館藏板

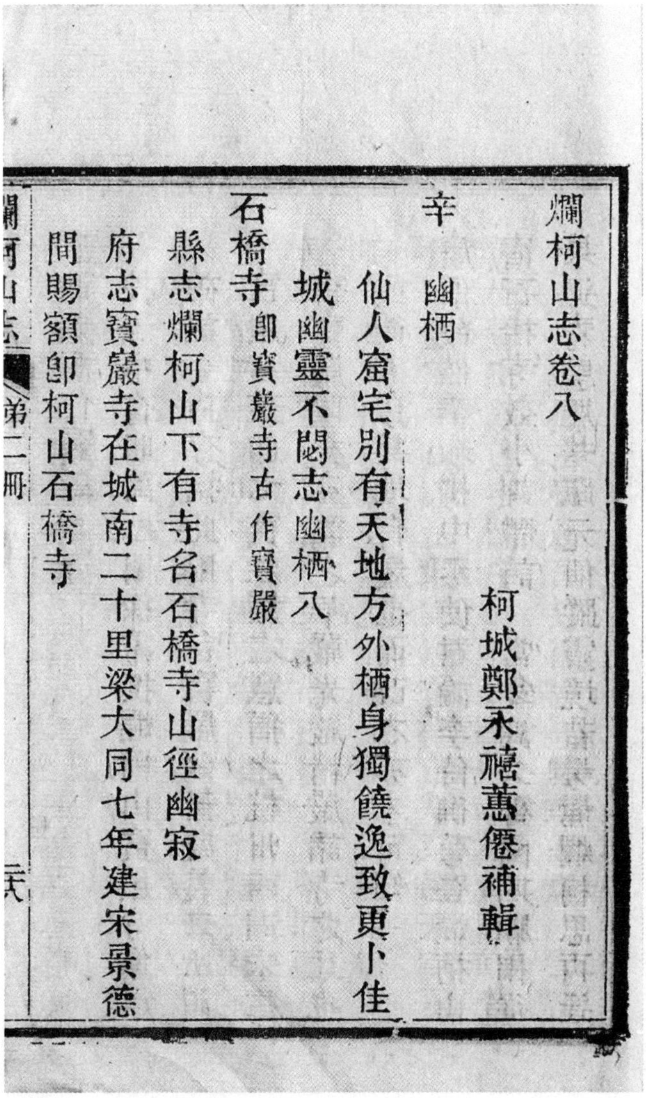
爛柯山志卷八

柯城鄭永禧薦僊補輯

辛　幽棲

仙人窟宅別有天地方外栖身獨饒逸致更卜佳城幽靈不閟志幽栖八

石橋寺 即寶巖寺古作寶巖

縣志爛柯山下有寺名石橋寺山徑幽寂

府志寶巖寺在城南二十里梁大同七年建宋景德間賜額即柯山石橋寺

爛柯山志　第二冊

仙霞嶺天雨庵志不分卷

清釋正龍輯。正龍，俗姓楊，號起雲，江西廣豐人。十歲至仙霞關禮端然師剃度受業，後爲天雨庵住持。仙霞嶺綿亘浙西南，其關爲浙、閩、贛要沖，被稱「東南鎖鑰」「八閩咽喉」。天雨庵近仙霞關，在衢州江山地界，原爲關帝廟，建自宋代。因耿精忠之亂，寺燬於戰火。清康熙十七年（1678），正龍奏請總督李之芳重建，至二十年（1681）落成。是書不題書名和編纂者，由其内容和楊窓《仙霞嶺天雨庵序》，可定此書名爲《仙霞嶺天雨庵志》；而據「仙霞事跡」中所載「仙霞緣起」，可知本書纂輯者爲釋正龍。此書首爲「仙霞嶺圖」，次爲江山知縣楊窓「仙霞嶺天雨庵序」，次爲「仙霞匾額」，次爲「仙霞對聯」，次爲「仙霞詩集」，次爲「仙霞事跡」，次爲

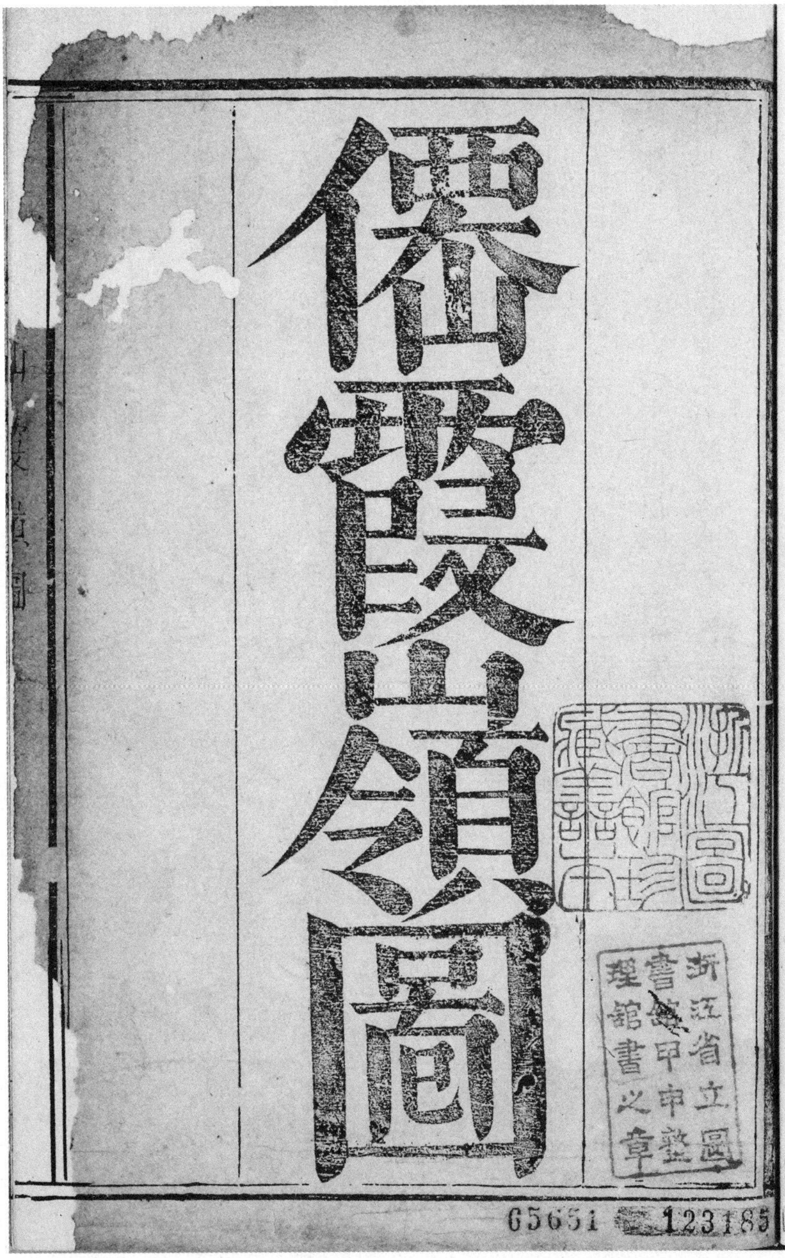

「仙霞志略」，次爲「仙霞禁約」，次爲「仙霞山田」。清查慎行《敬業堂詩集》載有「度仙霞關題天雨庵壁」，不見於《天雨庵志》所收，此録之，其詩曰：「虎嘯猿啼萬壑哀，北風吹雨過山來。人從井底盤旋上（注：嶺下有龍井），天向關門豁達開。地險昔曾當劇賊，時平誰敢説雄才。煎茶好領閑僧意，知是芒鞋到幾回。」此書據清康熙刻本影印。

天台山方外志三十卷

《四庫全書總目》卷七十六《天台山方外志》：

明釋無盡撰。案錢希言《獪園·釋異篇》曰，「有門法師名傳燈，一號無盡，太末人也。出家天台之高明寺，少精煉戒行，學識高出道流。嘗撰《天台山志》，甚有禪藻」云云。則無盡者，乃其號也。天台山自孫綽作賦以來，登臨題詠，翰墨流傳，已多見於地志。此書成於萬曆癸卯，出自釋家之手，述梵跡者爲多，與專志山川者體例稍殊，故别題曰「方外志」焉。

案：釋無盡，亦稱釋傳燈，俗姓葉。史載其爲太末人，或言爲姑蔑人。古之姑蔑、太末大致相當於今之衢州，故《西安縣志》《龍游縣志》皆載。［民國］《衢縣志·人物志四》：「無盡實爲衢之北鄉人，敬君先生同族，名棣有譜可稽。」故當爲西安人。傳燈年十九，從進賢映庵禪師削髮。隨謁百松法師，開講《法華》，次聽《楞嚴》。一生修《法華》《大悲》《光明》《彌陀》《楞嚴》等，懺無虚日，自此講聲遠播。傳燈上接龍樹大智尊者，下開桐松二溪，爲天台十九世祖師，對明末天台宗中興居功至偉。傳燈著述甚豐，今存十六種，此書皆收録；另有《四明延慶寺志》等二十餘種今皆不傳，詳見《衢州古代著述考》。《方外志》三十卷成書於萬曆二十九年（1601），分二十考，即山名考、山源考、山體考、形勝考、山寺考、聖僧考、祖師考、台教考、高僧考、神仙

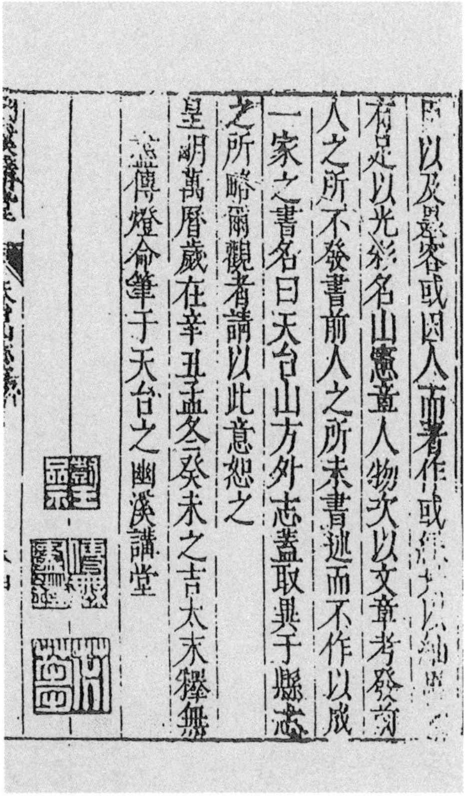

因以及異容或因人而著作或[illegible]
有足以光彩名山憲章人物次以文章考發前
人之所不發書前人之所未書述而不作以成
一家之書名曰天台山方外志蓋取異于縣志
之所略爾觀者請以此意恕之
皇明萬曆歲在辛丑孟冬癸未之吉太末釋無
盡傳燈命筆于天台之幽溪講堂

天台山志目錄

序 王邑侯序 虞司勳序 屠儀部序 本序

第一卷

山名考第一 山源考第二 山體考第三

第二卷

形勝考第四 山十五處

第三卷

峯三十九處 巖二十九處 嶺四十處

洞八處 石十處 溪二十五處

考、隱士考、神明考、金湯考、盛典靠、靈異考、塔廟考、古跡考、碑刻考、異産考、文章考。其中文章考内容最繁，占十七卷，分敕、書、疏、序、記、碑、塔銘、行狀、傳、贊、賦、詩、寄贈等。正文以外，還有釋無盡自序、天台知縣王孫熙序、司勳虞淳熙序、儀部屠隆序、翰林院顧啓元序等。這些記載對於研究天台山的歷史文化以及天台宗史都有很高的價值。《方外志》最早刊刻於明萬曆二十九年，後多有翻刻和改編。至清乾隆三十二年（1767），齊召南删節、齊世南訂爲《天台山方外志要》。嘉慶間，陳韶、嚴杰重訂爲《重訂天台山方外志要》。光緒二十年（1894）再次刊刻，卷前除有上述諸序外，另有時人韓殿壽、張邁、楊晨序文。

此書據明萬曆刻本影印。

幽溪別志十六卷

《四庫全書總目》卷七十六

明釋無盡撰。幽溪在天台山，無盡常居其地，因撰是志。凡十六門。每門附以藝文，而同時人所作爲多。《獪園》稱其所至講習如雲，蓋明末標榜之風，浸淫乎方以外矣。

《幽溪別志》：

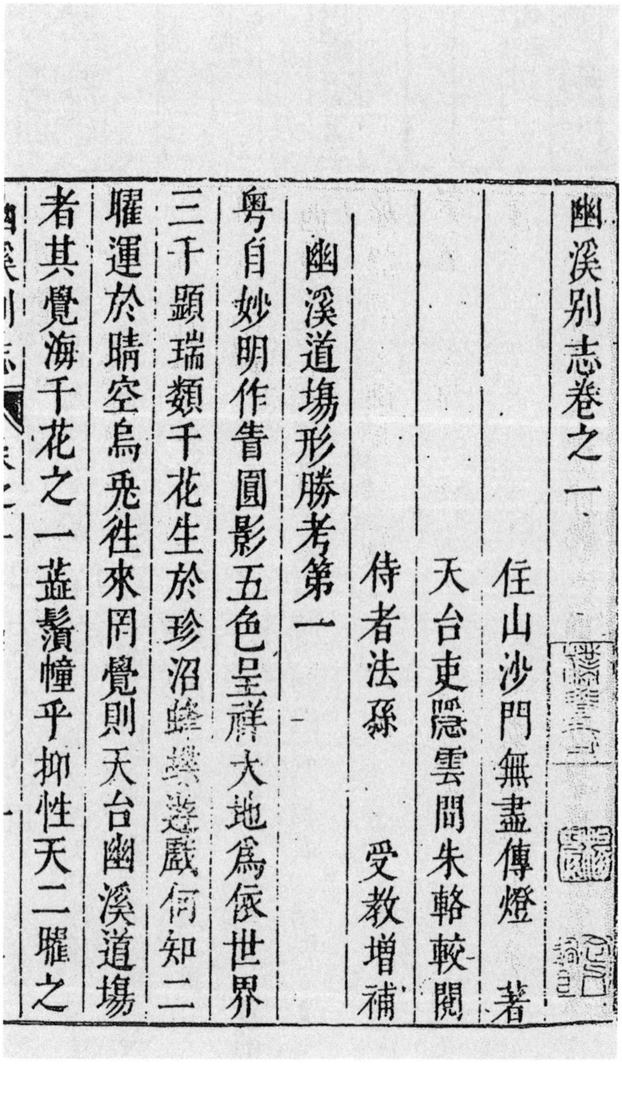
幽溪別志卷之一
任山沙門無盡傳燈　著
天台吏隱雲間朱軺較閱
侍者法孫　受教增補
幽溪道場形勝考第一
粤自妙明作眚圓影五色呈祥大地爲依世界三千顕瑞類千花生於珍沼蜂蝶遊戲何知二曜運於晴空烏兎往來罔覺則天台幽溪道場者其覺海千花之一葢鬚幢乎抑性天二曜之

案：此書全稱「天台山幽溪別志」，乃繼《天台山方外志》而作，主要記載幽溪道場的地理形勝、歷史沿革、宮室建置、人物往事以及相關的藝文之作等。《別志》成書於明天啓四年（1624），無盡於自序中言：「幽溪居東南之一偏，以當時觀之，形勝則居然乎混沌，宮室則居然乎草昧，人事則居然乎顓蒙，文章則居然乎魯樸，乃今則鑿之新之開之文之，似宜別有一志。」又曰：「志之爲品者十有六，而形勝居其三，若形勝、若泉石、若古跡，皆其事也；宮室居其四，若開山、若沿革、若重興、若規置，皆其事也；人事居其六，若宗乘、若人物、若金湯、若檀度、若福田、若塔墓，皆其事也；文章居其三，若著述、若贈遺、若學餘，皆其事也。至於章章之內，莫不具事實而備藝文，此又人事文章之血脉，而無所不周，以之備檢。」其卷首除無盡自序外，還有張師繹、朱輅、和南三人所撰序文，朱輅閱、和南增補。崇禎十七年（1644），法孫受教和南對《別志》加以增補，卷一《形勝考》增補較多詩文，卷八《人物考》增補了二十位僧人，卷十二《塔墓考》增補了《有門大師塔銘》。該書卷十四《著述考》著録有無盡著述二十七種，並收録諸多著述的序文，對於研究無盡大師之作尤有價值。此書主要據明崇禎刻本影印，殘缺部分以清刻本補。

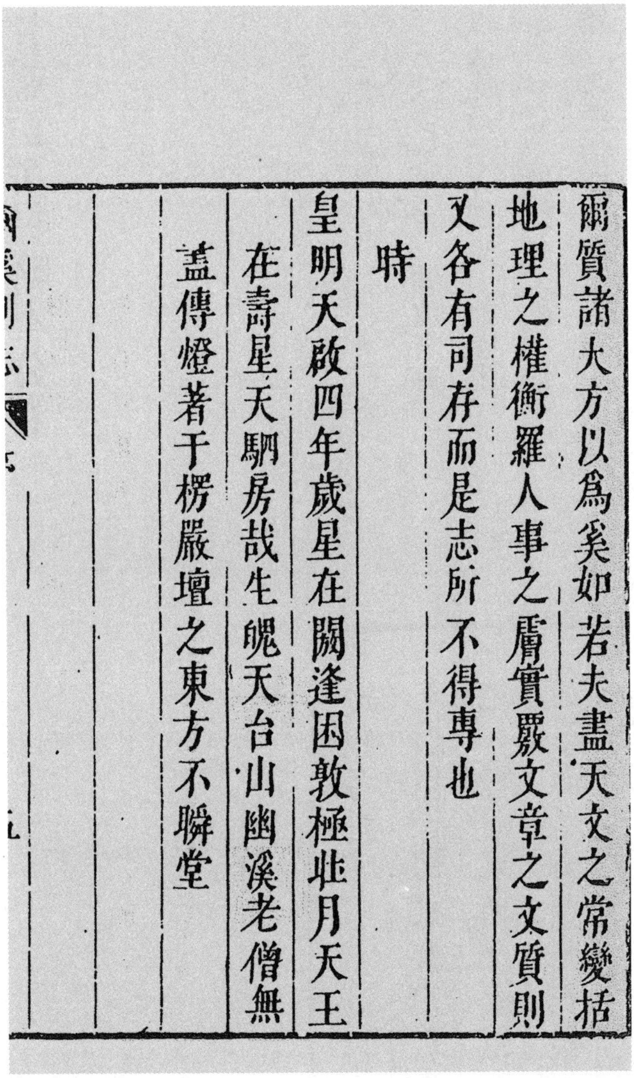
爾質諸大方以爲奚如若夫盡天文之常變括地理之權衡羅人事之膚實彚文章之文質則又各有司存而是志所不得專也

時

皇明天啟四年歲星在閼逢困敦極壯月天王在壽星天駟房哉生魄天台山幽溪老僧無盡傳燈著于楞嚴壇之東方不瞬堂

甘肅鎮考見略不分卷

明周一敬撰。一敬字問寅，衢州西安人。明崇禎元年（1628）進士。知海豐縣，以廉能稱。拜御史，都臨洮、鞏昌學事，巡按蘇、松、常、鎮，激濁揚清，以不附馬士英歸。所著有《苑洛易學疏》四卷、《甘肅鎮考見略》。崇禎十年（1637），一敬以使事歷甘肅，次年西抵張掖，目擊邊事，慨然興感，遂作此編。

此書卷首有周氏《甘肅鎮考

甘肅鎮考見畧引

凡邊以衛腹也甘肅於邊爲九之一于九邊之鎮爲四之一跨河東西凡要地有九曰甘曰肅曰凉曰莊浪曰西寧而靖虜蘭州與洮河二州並飭邊備焉一敬自崇禎之丁丑以使事歷其地蓋衡吏治諏民隱平重讞詰姦貪試士閱武之外則風土錢穀勾覈因之矣歲戊寅乃西抵張掖目擊邊事慨然興感誠以目之所見不如耳之所聞或人將叩以所聞敢謬應以一無所見况瞶矇昏婧既不任

甘肅鎮考見畧 一

見略引》，其引言曰：「山川不盡歷而形勢概焉，士馬芻糗不盡歷而營衛概焉，功罪賞罰不盡歷而撫勦概焉，有其大略無其精詳，匪敢爲略也，即考見所及，得其略則略之而已。」故其首爲《形勢考見略》，次則《營衛考見略》而以「兵馬」「錢糧」附見，又次則《撫勦考見略》而以「沿革」「驛道」「賞罰」附見，其各「考見略」分以甘肅所轄甘州、肅州、涼州、莊浪、西寧、蘭州、靖虜、洮州、河州等述之。書末一敬附識有云：「按略所考見，非稽諸紀牒，實從目擊及奉聆明達之言，不敢以無徵漫入。然甘肅鎮所未咨而擷者，十猶五六也。」可見是書所據多爲作者見聞。該書所載明末甘肅各鎮兵馬、錢糧，極富史料價值，其所述諸鎮形勢、撫勦，值得研究明末西北邊防者參考。此書據明崇禎十二年（1639）刻本影印。

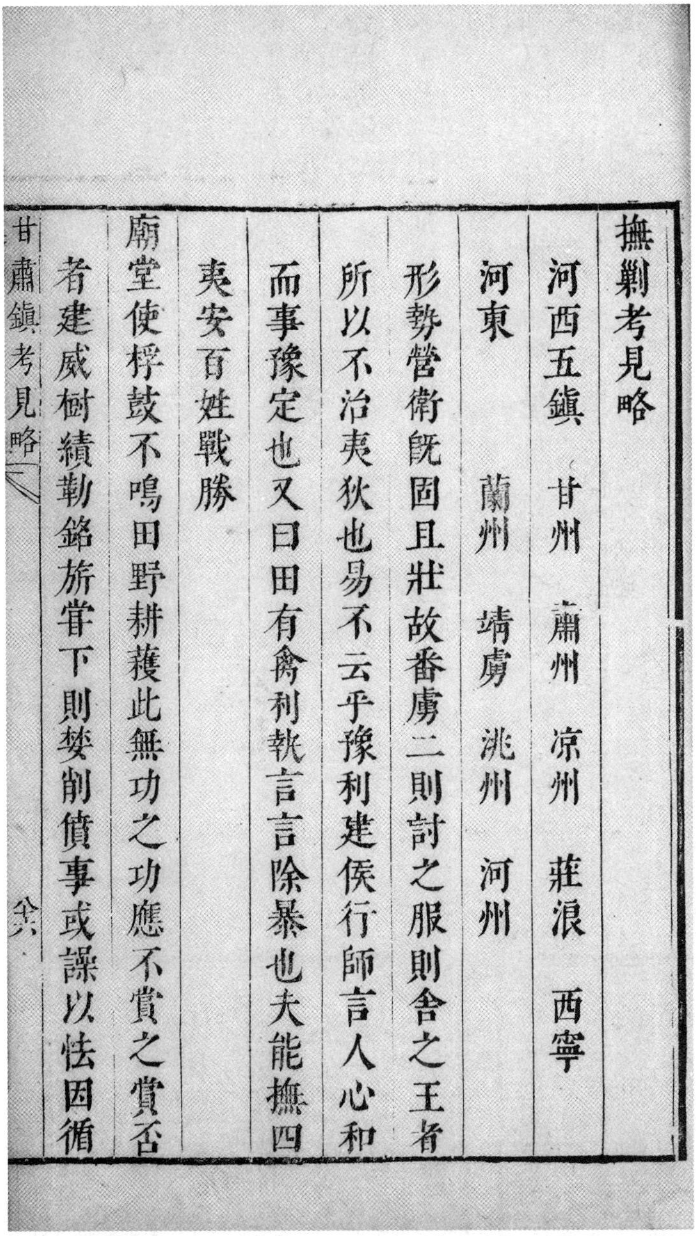

撫勦考見略

河西五鎮　甘州　肅州　涼州　莊浪　西寧

河東　蘭州　靖虜　洮州　河州

形勢營衛既固且壯故番虜二則討之服則舍之王者所以不治夷狄也易不云乎豫利建侯行師言人心和而事豫定也又曰田有禽利執言言除暴也夫能撫四夷安百姓戰勝

廟堂使桴鼓不鳴田野耕穫此無功之功應不賞之賞否者建威樹績勤銘旂常下則婪削債事或諉以怯因循

甘肅鎮考見略

［康熙］新修南樂縣志二卷

清方元啓修，清魏若濳纂。元啓字運開，號竹友，衢州開化人；清順治十八年（1661）進士，康熙九年（1670）任直隸南樂令，後擢戶部福建司主事，轉差試中州；所著有《易書正宗》《繁水敷言》，皆不傳。若濳，直隸南樂生員。此志爲明嘉靖四十五年（1566）楊守城志的增修本，自楊志始修至此志新修，已經多次續修，故此書卷端題「知縣江都楊守城著，知縣東萊錢愽學續修，知縣榆溪卜世昌續修，知縣無錫蔡瓊枝續修」。方元啓序曰：「延魏生若濳相與訪故老，搜遺聞，仿《春秋》傳信不傳疑之旨，怪誕不經者屏勿使入，務期有美斯録，有善斯彰，考訂編次，付諸剞劂。」可見此志增修大略。是志成於康熙十年（1671），分上下兩卷，卷前序八篇、志

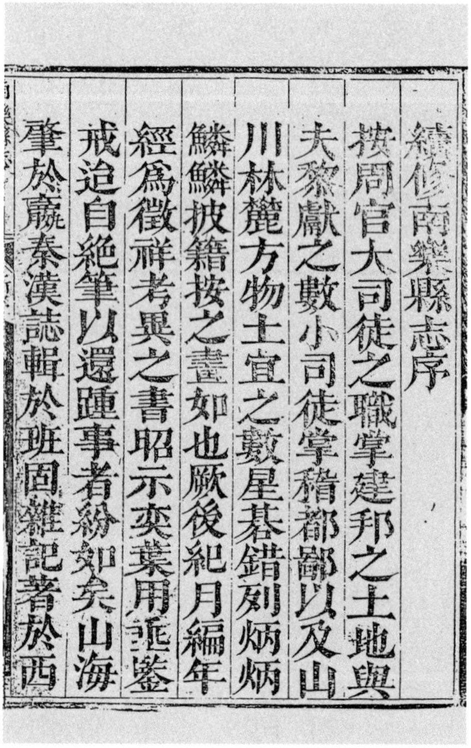

續修南樂縣志序
按周官大司徒之職掌建邦之土地與
夫黎獻之數小司徒掌稽都鄙以及山
川林麓方物土宜之數星碁錯列炳炳
鱗鱗披籍按之壹如也厥後紀月編年
經爲徵祥考異之書昭示奕葉用詎鑒
戒迨自絕筆以還踵事者紛如矣山海
肇於羸秦漢誌輯於班固雜記著於西

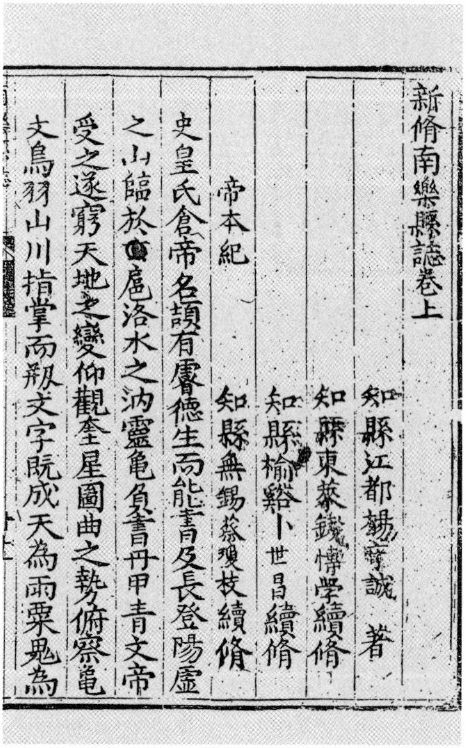

新脩南樂縣誌卷上
知縣江都楊守誠　著
知縣東萊錢愽學續脩
知縣榆谿卜世昌續脩
知縣無錫蔡瓊枝續脩
帝本紀
史皇氏倉帝名頡有睿德生而能書及長登陽虛
之山臨於玄扈洛水之汭靈龜負書丹甲青文帝
受之遂窮天地之變仰觀奎星圜曲之勢俯察龜
文鳥羽山川指掌而剏文字既成天爲雨粟鬼爲

圖、凡例、目録，末有嘉靖四十一年（1613）南欒教諭李翹修志序。其仿史之遷固體例，有紀、表、志、列傳，上卷有帝本紀、沿革表、職官表、甲科表、地里志、建置志、賦役志、秩祀志、風俗志、方物志、祥異志，下卷有宦業列傳、人物列傳、藝文志。今存此本已殘，僅有上卷止於「建置志」，下卷僅有「藝文志」，中間自「賦役志」至「人物列傳」全缺。此書據清康熙十年刻本影印。

湘山志五卷

《四庫全書總目》卷七十六《湘山志》：

國朝徐泌撰。泌字鶴汀，衢州人，康熙中官全州知州。以州有湘山寺，祀無量壽佛，率郡人謝允復等考佛出身本末並山水、古跡、藝文，輯爲是書。

案：徐泌字繼思，號鶴汀，衢州西安人。以廩生入監，曾任全州知州。鶴汀有文名，暇餘閉戶著書，不以簿書廢鉛槧；好吟詠，嘗與諸名流登臨賦詩。允復，事跡乏考。四庫館臣言《湘山志》爲徐泌撰，而《湘山志》題曰：「全州知州三衢徐泌鶴汀父主修，郡人謝允復文山氏纂修，嗣曹洞宗大圓德鑑分校，湘山嗣祖沙門通訓、通攸、通識、通俱授梓。」又據徐泌《湘山志序》言「余治全之四年，郡卿先生文山謝

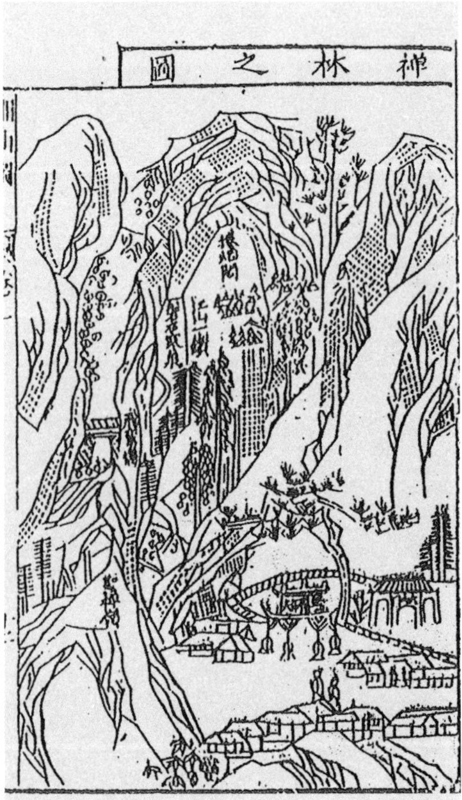

翁纂《湘山志》成，僧通攸稽首再進，請余一言弁其首」，可見《湘山志》爲謝允復修纂而成。四庫館臣言此書爲「徐泌撰」，不確，當爲「徐泌修」。四庫館臣著録此書時言爲「八卷」，今存《湘山志》爲清康熙二十一年（1682）刻本，僅五卷，或四庫提要有誤。《湘山志》五卷，主要記載湘山佛教相關的山水、古跡、僧人和藝文。其卷一爲星野、圖考、因緣、鏡像、靈應，其中「圖考」包括山水總圖、湘山剎院圖、覆釜山勝跡圖、境内寺院總圖。卷二爲「佛宗」，其前大部分内容以問答形式闡釋佛説，多不與湘山相涉，其後則敘諸禪師生平及其在湘山佛教傳播情況。卷三爲敕封、古跡、田賦、僧正、名僧，其中「古跡」著録湘山石刻、碑碣、巖泉、塔院、寺廟，「田賦」記載湘山佛寺的田産及收入頗有價值。卷四、卷五爲藝文，主要收録與湘山佛教相關詩文，卷五末録有湘山塔殿聯額。此書據清康熙二十一年刻本影印。

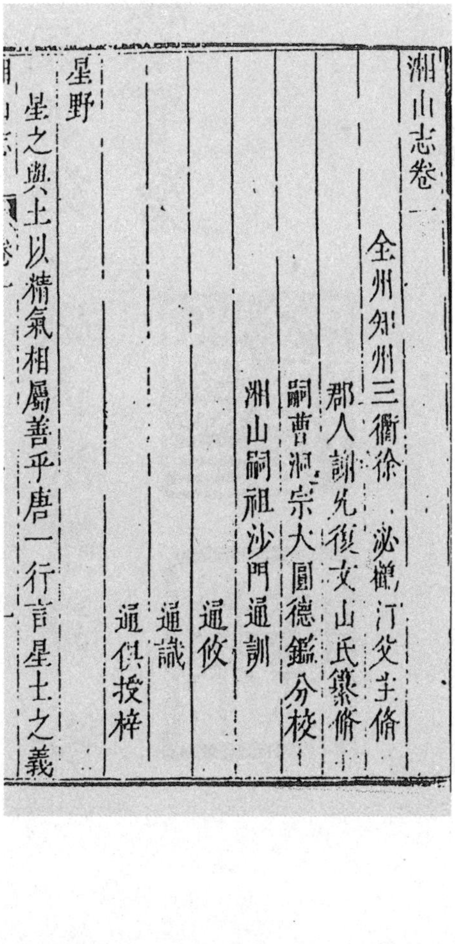
湘山志卷一
全州知州三衢徐泌撰汀父主脩
郡人謝允復文山氏纂脩
嗣曹洞宗大圓德鑑分校
湘山嗣祖沙門通訓
通攸
通識
通供授梓
星野
星之與土以精氣相屬善乎唐一行言星土之義

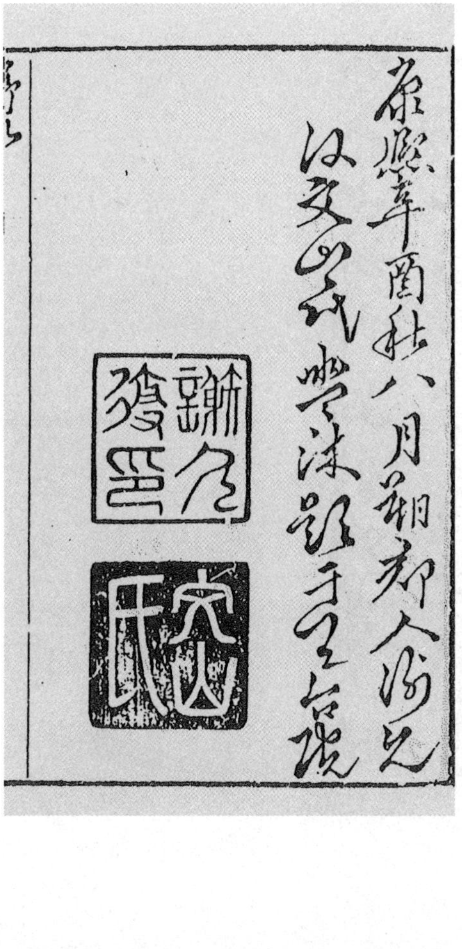

［康熙］蘆山縣志二卷

清楊廷琚修，清竹全仁纂。廷琚字帶璜，號濬川，衢州開化人；清康熙四十五年（1706）進士，五十四年（1715）任蘆山令；所著有《羲經辨精》《古文注解》及類書、詩、古文詞若干卷。全仁字冬拙，四川蘆山人；雅意書史，著作甚豐，有《中庸衍義》及詩文稿若干卷。蘆山縣屬四川雅州府，地處崇山峻嶺之間。此志纂修以前，蘆山舊志因遭兵燹而簡帙散佚，本志創修歷經數年而成。其首卷卷端題「邑侯楊廷琚鑒訂，

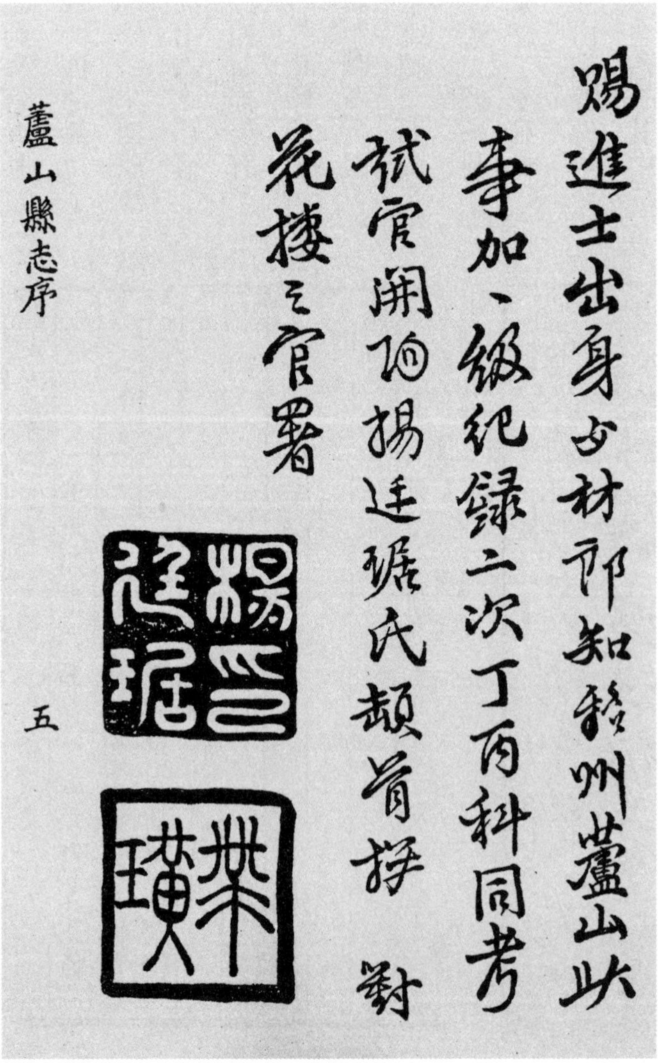
賜進士出身文林郎知雅州蘆山縣
事加一級紀錄二次丁酉科同考
試官開陽楊廷琚氏頓首拜撰　對
花樓之官署

楊廷琚印　帶璜

蘆山縣志序　五

劉時遠重訂」；次卷卷端題「嚴道耕者竹全仁纂」，「邑侯楊廷琚、劉時遠鑒訂」。據劉時遠序可知，康熙五十七年（1718）廷琚宰蘆邑時，此志已「彙纂成册，不及梓，以病解綬，然其書尚存也」，康熙六十年（1721）時遠刊行之。全志兩卷，卷首有楊廷琚、胡聯雲、劉時遠三序，首卷末有李弘澤《蘆志跋》。其首卷二十二目，相次爲路

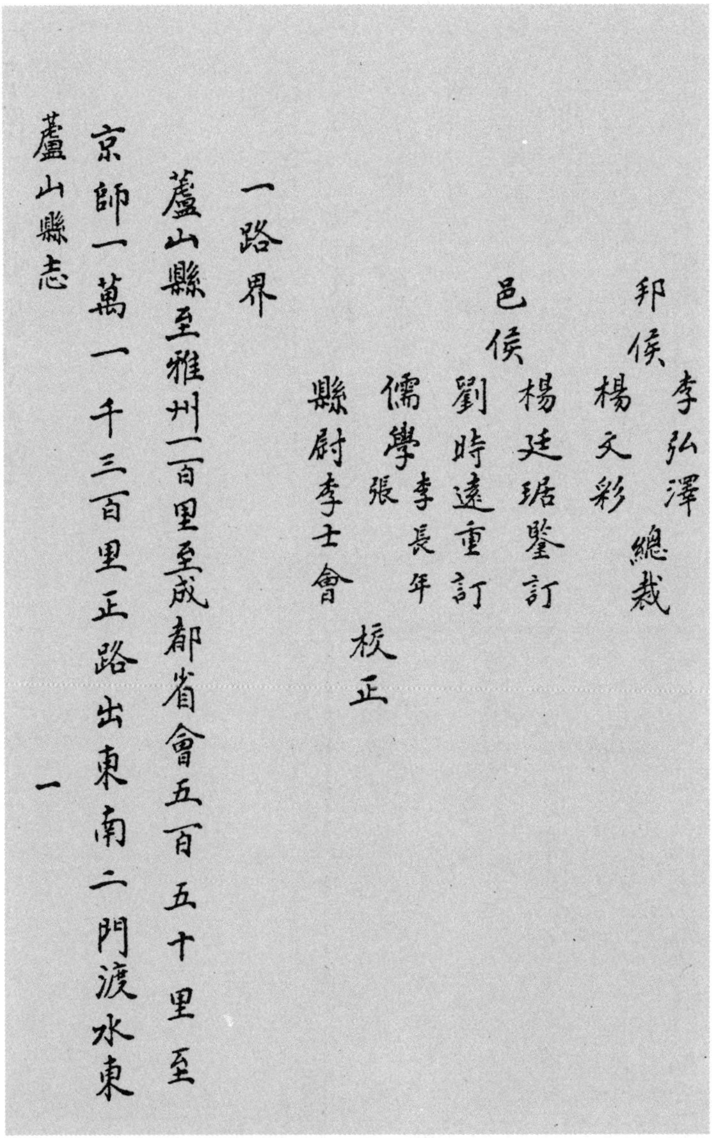
邦侯　李弘澤
　　　楊文彩　總裁
邑侯　楊廷琚鑒訂
　　　劉時遠重訂
儒學　李長年
　　　張　　校正
縣尉李士會

一路界
蘆山縣至雅州一百里至成都省會五百五十里至
京師一萬一千三百里正路出東南二門渡水東
蘆山縣志　一

界、形勝、星野、山川、建置沿革、貢賦、城池、衙署、樓閣、關梁（附水堰）、風俗、秩官、學宫、名宦、鄉賢、學校、仕宦、科第、隱逸、節孝、流寓、古跡（附清衣水傳）；次卷十目，依次爲誥敕、墳墓、祠祀、土産、仙釋、寺廟（附碑記）、枋表、縣景、風詩、籌邊。此本末題「清史館舊藏康熙間刻本，民國十九年（1930）二月國立北平圖書館抄」，此書據此民國抄本影印。

［乾隆］新野縣志九卷

清徐金位纂修。金位字西垣，衢州常山人。以鄉貢教習，練發楚南，宰桂東諸邑，署常德糧府，調河南新野、夏邑等縣。歷任十一縣，興利除害，有惠政聲。金位著有《捕蝗事宜》，纂修有《新野縣志》。此志成書於清乾隆十九年（1754），上距康熙四十一年（1702）所成舊志已四十餘載。金位即宰新邑，批覽舊志，見其年久缺遺，遂有增修之志。徐志在「康熙」《縣志》基礎上修訂，「有

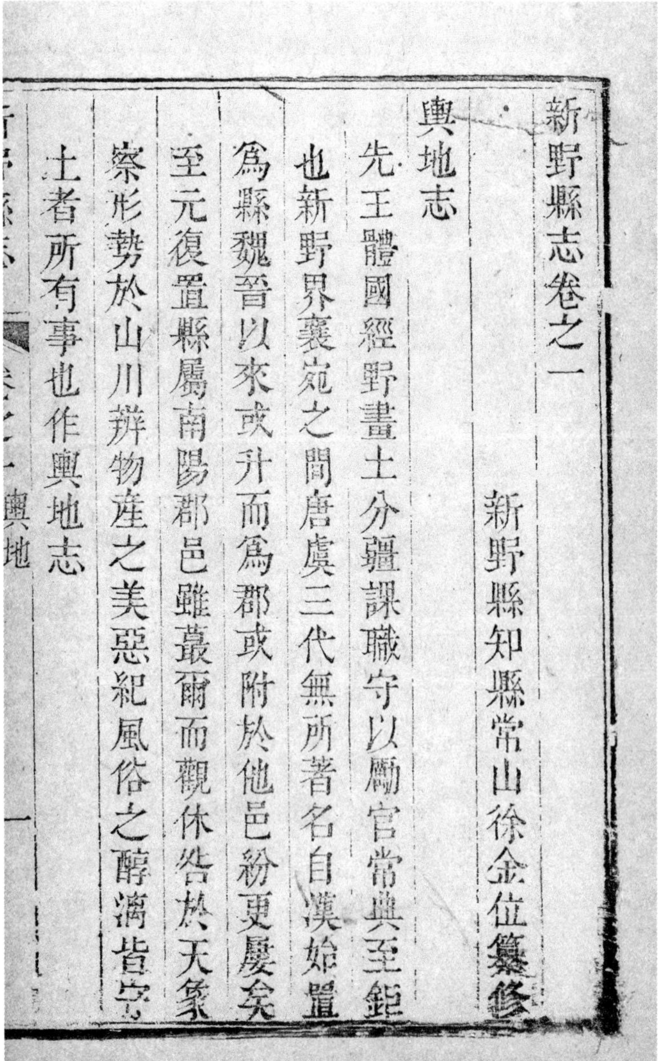

新野縣志卷之一

新野縣知縣常山徐金位纂修

輿地志

先王體國經野畫土分疆課職守以勵官常典至鉅也新野界襄宛之間唐虞三代無所著名自漢始置爲縣魏晉以來或升而爲郡或附於他邑紛更屢矣至元復置縣屬南陽郡邑雖蕞爾而覘休咎於天象察形勢於山川辨物產之美惡紀風俗之醇漓皆守土者所有事也作輿地志

新野縣志　卷之一　輿地　一

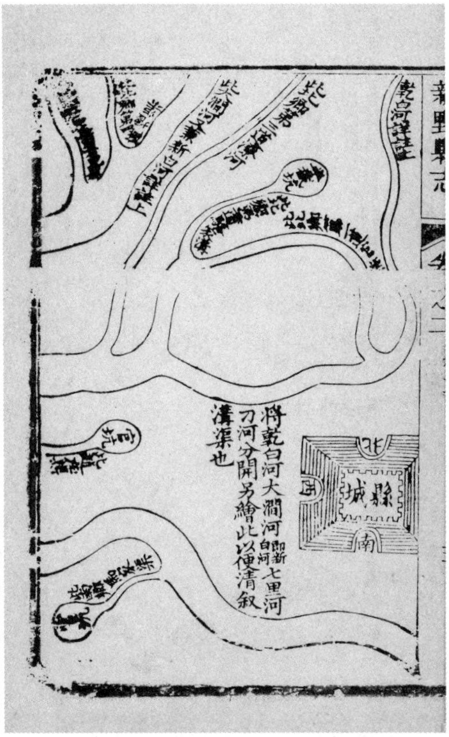

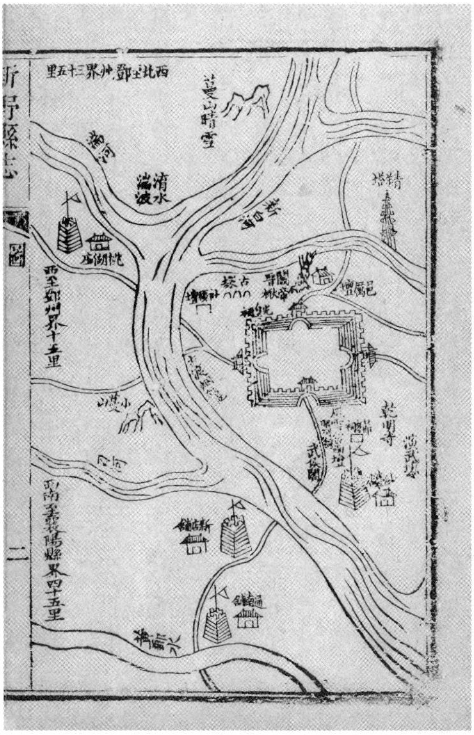

應因者則因之，有應增者則增之，有應訂訛者而補□者則校讎而釐正之」。是書卷首依次爲徐氏序文、志圖、檄文、原序、修志姓氏。正文凡九卷，分輿地、建置、秩官、名宦、人物、賦役、古跡、祥異、藝文九志。相比康熙舊志，乾隆新志完善不少。舊志沿革列於卷首，與疆域等項分爲兩册，倫次不孚，徐志統入輿地志内。新野爲八水交匯之地，「源流支派、渠堰陂塘，剔晰維艱，舊志雖載，略而不詳。今詳加考核，並圖形勢，附於山川陂堰志内」。徐志又補舊志秩官志、名宦等志的缺失，增加康熙末年至乾隆時期的人事。

現存民國以前《新野縣志》僅有［康熙］《縣志》、［乾隆］《縣志》，皆彌足珍貴。［乾隆］《縣志》雖晚出，然較完備，故《中國方志叢書》收録［乾隆］《縣志》。今存此本由於歷年已久，不少葉内字跡模糊。此書據清乾隆十九年刻本影印。

施州考古録二卷

鄭永禧撰。永禧有［民國］《衢縣志》，已著録。鄭氏任恩施知縣，得其郡縣志乘而讀之，惜其書多殘缺，遂刊謬正訛，搜殘補缺，並附以獨見，得四十餘目。此書初名《施州訪古録》，刊印時更名《施州考古録》，分上、下兩卷。上卷二十條，主要考述恩施地理沿革變遷，内容包括該邑沿革大勢、清江源流、道路交通、遺跡名勝、城址變遷、邑名變更等。下卷二十三條，主要記載歷代與施州有關史事、典制、遺跡、風土雜詩等。該書將文獻考證與實地考察相結合，先列［同治］《縣志》之誤，再援引典籍和實地考察資料加以

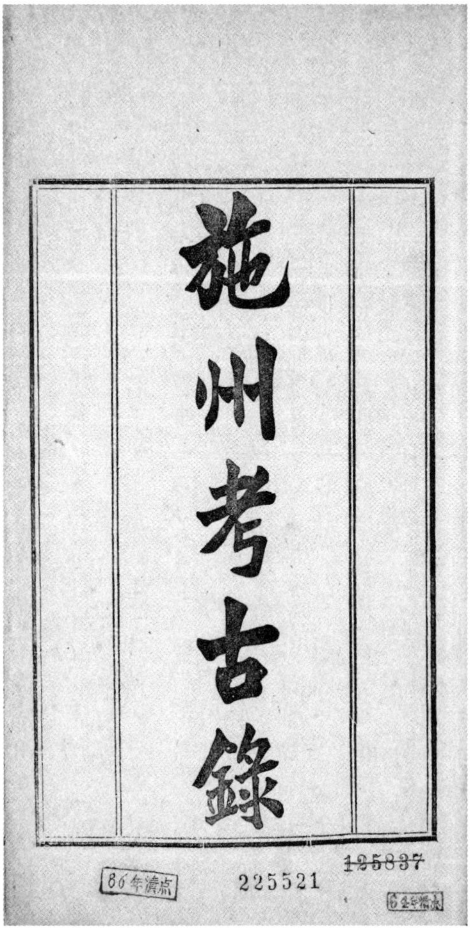

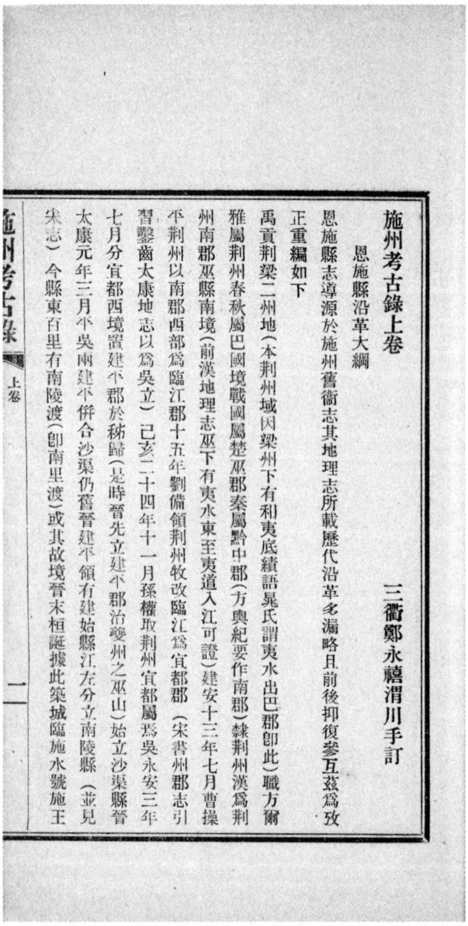

施州考古錄上卷　　三衢鄭永禧渭川手訂

恩施縣沿革大綱

恩施縣志導源於施州舊衛志其地理志所載歷代沿革多漏略且前後抑復參互兹爲致正重編如下

禹貢荆梁二州地（本荆州域因梁州下有和夷底績語晁氏謂夷水出巴郡卽此）職方爾雅屬荆州春秋屬巴國境戰國屬楚巫郡秦屬黔中郡（方輿紀要作南郡）隸荆州漢爲荆州南郡巫縣南境（前漢地理志巫下有夷水東至夷道入江可證）建安十三年七月曹操平荆州以南郡西部爲臨江郡十五年劉備領荆州牧改臨江爲宜都郡（宋書州郡志引習鑿齒太康地志以爲吳立）已亥二十四年十一月孫權取荆州宜都屬焉吳永安三年七月分宜都西境置建平郡於秭歸（是時晉先立建平郡治夔州之巫山）始立沙渠縣晉太康元年三月平吳兩建平併合沙渠仍舊晉建平領有建始縣江左分立南陵縣（並見宋志）今縣東百里有南陵渡（卽南里渡）或其故境晉末桓誕據此築城臨施水號施王

施州考古錄　上卷　一

辨正。對於鄭氏此作考證精妙之處，吳良棻序中有言：「『施爲古夜郎地』一條稱，《藝文志》載明李一鳳作《夜郎辨》，清李宗汾、陳詩、羅德崑並有《施非夜郎考》與《辨》，且有漢夜郎、唐夜郎之聚訟，兹引『唐置珍州。乾德四年，蠻酋珍州刺史田景遷內附，納土以西江爲界，自是西江以北夜郎縣故地盡入施州』，以施爲古夜郎之確證，其識解過人遠矣。」鄭氏考史、論史皆詳徵文獻，言之有據，對於研究恩施歷史文化大有裨益。此書據民國七年（1918）鉛印本影印。

麟臺故事五卷

《四庫全書總目》卷七十九《麟臺故事》：

宋程俱撰。俱字致道，衢州開化人。舉進士，試南宫第一，廷試中甲科。歷官徽猷閣待制，封新安縣伯，事跡具《宋史·文苑傳》。《玉海》載元祐中宋匪躬作《館閣録》，紹興元年程俱上《麟臺故事》，淳熙四年陳騤續爲《館閣録》，蓋一代翰林故實，具是三書。今宋《録》已亡，陳《録》僅存而亦稍訛闕。是書則自明以來，惟《説郛》載有數條，别無傳本。今考《永樂大典》，徵引是書者特多。排比其文，猶可成帙。其書多記宋初之事，典章文物，燦然可觀。蓋紹興元年初復秘書省，首以俱爲少監，故俱爲是書，得諸官府舊章，最爲詳備。如《東都事略·邢昺傳》載由侍讀學士遷工部侍郎，不著加中散大夫；《宋綬傳》載召試中書，不著遷大理評事；《宋史·韓琦傳》載由通判淄州入直集賢院，不著爲太常寺丞及太子中允；《王陶傳》載爲太子中允，不著編校昭文館書籍；《孫洙傳》亦不著洙嘗爲於潛令及編校秘閣書籍，而皆見於是書。又如《玉海》引《謝泌傳》，泌上言，請分四庫書籍，人掌一庫，事在端拱初；而其一百六十八卷又載此事於天聖五年，前後自相剌謬；據此書所載，則在咸平之初。又《續通鑑長編》載，咸平二年七月甲寅，幸國子監，還幸崇文院，而此日之後又有癸丑，則是月之内不容先有甲寅，顯然牴牾，據是書乃是七月甲辰。如此之類，凡百餘條，皆足以考證異同，補綴疏略，於掌故深爲有裨。原書《文獻通考》作五卷，今所裒録，仍符此數，疑當時全部收之。《通考》又稱凡十二篇，而不詳其篇目。其見於《永樂大典》者，有官聯、職掌、廪録三門，皆與陳騤書標題相合，疑騤書即因俱舊目修之。今即以騤之篇目分隸諸條，莫不一一條貫，無所齟齬，亦可謂神明焕然，頓還舊觀矣。騤《録》載「曝書會」「餞會」及「大宴學士院」三條，俱云出《麟臺故事》。然引其事，不載其詞，殆姚廣孝等排纂之時，刊除重復，誤削前而存後。當時編輯無緒，即此可見一端，今亦無從補入。惟俱《北山集》中載有後序一篇，並附録之，以存其舊焉。

案：程俱有《韓文公歷官記》，已著録。《麟臺故事》乃綜合記述北宋館閣制度之作，對南宋館臣制度恢復與完善曾有積極影響，於保存舊史文獻甚有价值。此書現行版本來源有二，其一爲四庫館臣從《永樂大典》中輯佚出武英殿刻本五卷，其二爲明影宋殘本三卷，此書皆收録。此書據清武英殿刻本影印。

進麟臺故事申省原狀

朝奉大夫守祕書少監程俱奏竊見車駕移蹕以來凡百司文書例從省記按以從事蠧敝或生日者朝廷復置祕書省稽參舊章稍儲俊造而臣濫膺盛選待罪省貳竊以謂典籍之府憲章所由當有記述以存一司之守輒采摭見聞及方册所載法令所該比次爲書凡十有二篇列爲五卷名曰麟臺故事繕寫成二册詣通進司投進如有可採許以副本藏之祕省以備討論謹錄奏聞

（案）北山集載此篇繕寫成二册句下云詣都堂呈納所有進本欲乞批狀送通進司收接投進仍乞以副

麟臺故事　卷首　一

35861　89340

麟臺故事三卷

宋程俱撰。前有清武英殿本《麟臺故事》，已著録。

程俱在《麟臺故事後序》言其書五卷，分十二篇。四庫館臣自《永樂大典》中輯出後，定爲五卷，釐定篇目九篇爲沿革、省舍、儲藏、修纂、職掌、選任、官聯、恩榮、禄廩。此明影宋殘本僅存三卷，凡六篇，曰官聯、選任、修纂、書籍、校讎、國史，其中後三篇爲四庫本所無。然而四庫輯本所定篇目並非原本次序，且所收各條屬於他篇者、分合錯亂者，比比皆是。至清光緒十八年（1892），陸心源纂集《十萬卷樓叢書・三集》對程書重新編排，分四卷，其前三卷全録影宋抄本，第四卷補以四庫輯本其餘篇目內容，並新輯佚文補遺其後。光緒二十一年（1895）增刻武英殿聚珍本另行編排，將殘本編爲《拾遺》二卷，附於四庫輯本之下，另附

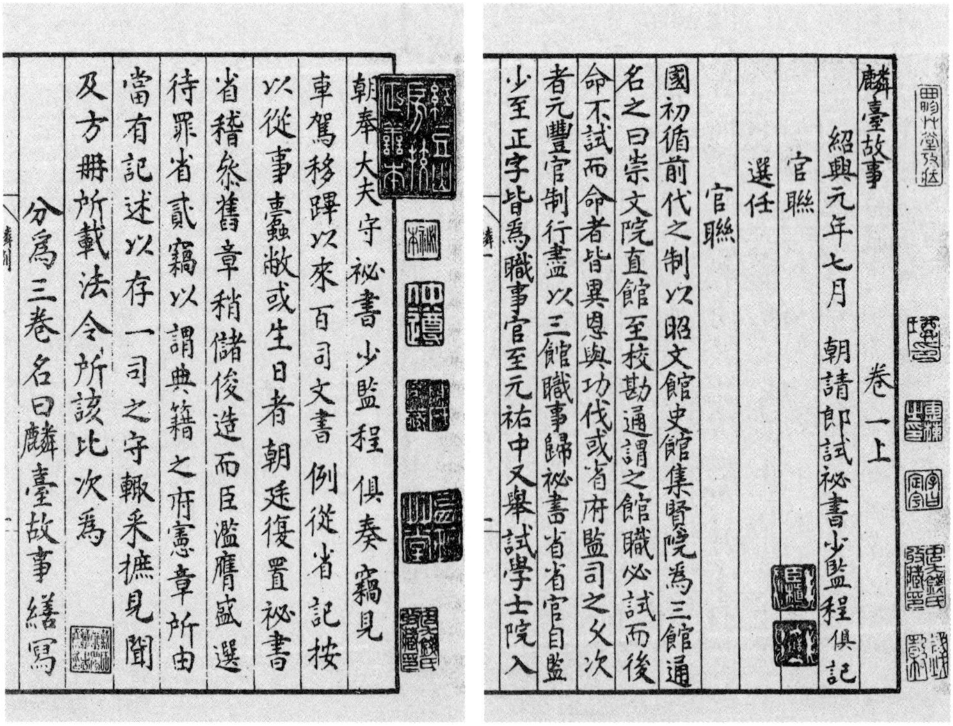

麟臺故事 卷一上

紹興元年七月　朝請郎試祕書少監程俱記

官聯

選任

官聯

國初循前代之制以昭文館史館集賢院爲三館通名之曰崇文院直館至校勘通謂之館職必試而後命不試而命者皆異恩與功伐或省府監司之久次者元豐官制行盡以三館職事歸祕書省省官自監少至正字皆爲職事官至元祐中又舉試學士院入

朝奉大夫守祕書少監程俱奏竊見車駕移蹕以來百司文書例從省記按以從事蠹蝕散或生日者朝廷復置祕書省稽參舊章稍儲俊造而臣濫膺盛選待罪省貳竊以謂典籍之府憲章所由當有記述以存一司之守輙采摭見聞及方册所載法令所該比次爲

分爲三卷名曰麟臺故事繕寫

陸氏所輯佚文和《考異》一卷。影宋抄本雖殘存三卷，然版本價值甚高。此書據明影宋抄本影印。

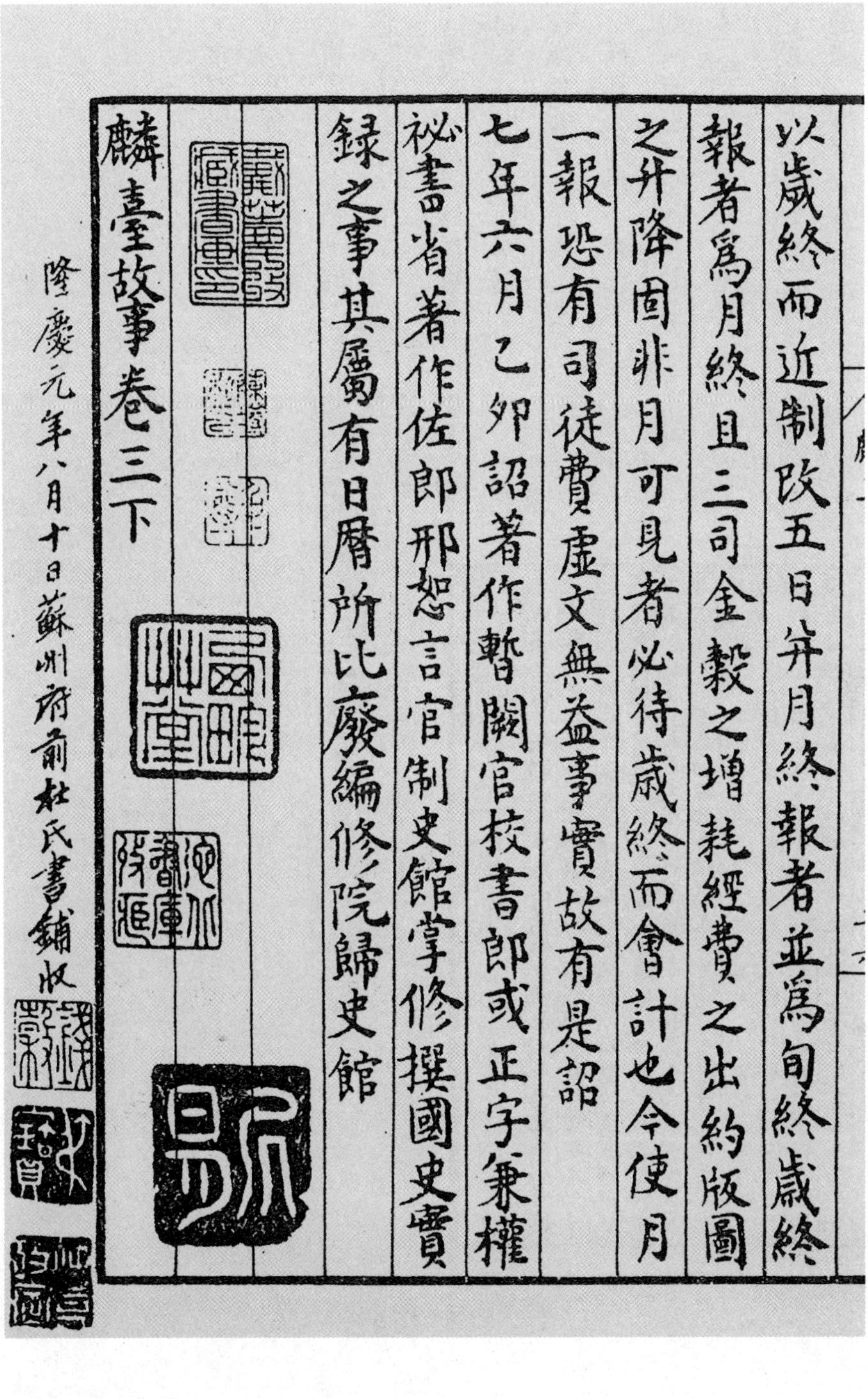
以歲終而近制改五日并月終報者並為旬終歲終
報者為月終且三司金穀之增耗經費之出約版圖
之升降固非月可見者必待歲終而會計也今使月
一報恐有司徒費虛文無益事實故有是詔
七年六月乙卯詔著作暫闕官校書郎或正字兼權
秘書省著作佐郎邢恕言官制史館掌修撰國史實
録之事其屬有日曆所比廢編修院歸史館

麟臺故事卷三下

隆慶元年八月十日蘇州府前杜氏書鋪收

太平策一卷

元鄭介夫撰。介夫字以居，號鐵柯，衢州開化人，終金溪縣丞，著有《韻海》等。［弘治］《衢州府志》言鄭介夫「至大間，上《太平策》一綱二十目，頗行其言」。［康熙］《衢州府志·藝文考》著録鄭介夫《太平策》。明楊士奇編《歷代名臣奏議》卷六十七、卷六十八收録有鄭介夫元成宗大德七年（1303）上奏，稱其「列爲一綱二十目，條陳于後」，當即《府志》所載《太平策》，而《府志》言「至大間」上奏此策當誤。介夫有感當世之紛擾，提出治世之策略，分储嗣、任官、選法、鈔法、鹽法、厚

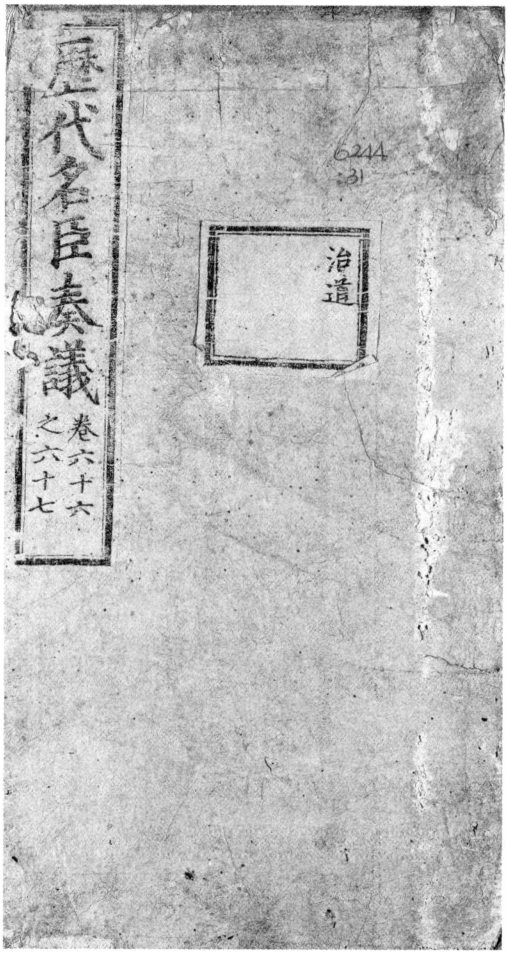

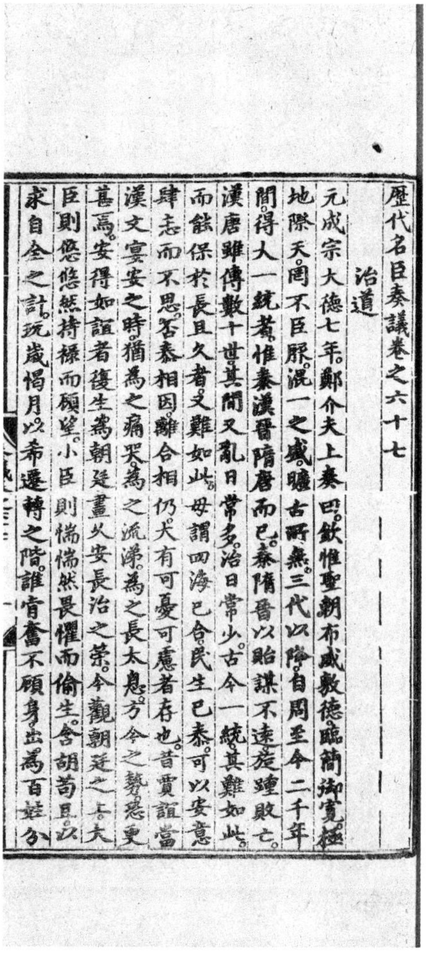
歷代名臣奏議卷之六十七

治道

元成宗大德七年。鄭介夫上奏曰。欽惟聖朝布威敷德臨簡御寬極地際天。罔不臣服。混一之盛。曠古所無。三代以降。自周至今二千年間得大一統者。惟秦漢晋隋唐而已。秦隋晋以貽謀不遠旋踵敗亡。漢唐雖傳數十世其間叉亂日常多。治日常少。古今一統其難如此。而能保於長且久者又難如此。毋謂四海已合民生已泰。可以安意肆志而不思。否泰相因。離合相仍。尺有可憂可慮者存也。昔賈誼當漢文宴安之時。猶為之痛哭。為之流涕。為之長太息。方今之勢。恐更甚焉。安得如誼者復生為朝廷畫久安長治之策。今觀朝廷之上。大臣則悠悠然持祿而顧望。小臣則惴惴然畏懼而偷生。舍胡苟且以求自全之計。玩歲愒月以希遷轉之階。誰肯奮不顧身出為百姓分

俗、備荒、定律、刑賞、俸禄、求賢、養士、奔竞、核實、戶計、集賽、僧道邊遠、抑强、馬政等二十目，皆切中時弊，有益於世。《歷代名臣奏議》有明永樂刻本，此書據其卷六十七、卷六十八影印。

明謚考三十八卷

《四庫全書總目》卷八十三《明謚考》：

明葉秉敬撰。秉敬有《字孿》，已著録。是書采集有明一代諸臣之謚，創爲冠額之法。以上一字爲冠，下一字爲額，復依四聲次第分列。其例頗爲杜撰，而所載之謚亦多舛誤。如宋濂正德間追謚文憲，而作文惠。又載陶琬、鄭世威俱謚恭介，而不及陳有年，有年得謚在萬曆二十六年。書中載趙志皋謚文懿在二十九年，則不可謂非考據之疏矣。末一卷所載屢世祖父子孫得謚者，亦多所遺漏，未爲詳贍。

案：《明史·藝文志》著録《皇明謚考》作「葉來敬撰」，「來」字乃「秉」字之誤。此書

明謚考卷之二十一

三衢 葉秉敬 敬君父 編

勇冠一額

平聲一額

襄

一 勇襄

周武 直隸開州人 雄武侯 贈汝國公 後遷江陰 洪武中謚

張軏 太平侯 贈裕國公 軏弟 天順年以奪門功謚

明謚考卷之三

三衢 葉秉敬 敬君父 編

恭冠十六額

平聲三額

一 恭僖

張信 直隸臨淮人 隆平侯 贈鄖國公 正統年以靖難功謚

朱輔 直隸懷遠人 成國公 贈太傅 嘉靖初謚

許紳 人 醫院 掌太醫院事 太子太保 禮部尚書 贈少保 嘉靖中

每載一人謚號，一般述及此人籍貫、官職、官爵、得謚原因和得謚年代。如卷一「忠介」條載：「海瑞，廣東瓊州人。南京都察院左都御史，贈太子太保。萬曆年謚。」又「忠壯」條載：「王真，陝西咸寧人。燕山護衛百戶，贈金鄉侯，加封寧國公。永樂初，以靖難功謚。」由於此書以冠額之法按四聲次第列謚號，因而各卷帙內容有較大差別，如卷十五載有六十三人；而卷三十一僅載「悼僖」謚號一人，「李珍，贈襄城侯，天順年謚」，一卷內容如此而終。其中不少卷帙內容不及一葉。該書末卷則不依冠額之法録謚號，而分「屢世得謚」「祖孫得謚」「父子孫得謚」「父子得謚」「父弟子得謚」「叔侄得謚」「兄弟得謚」「避父易謚」「避名易謚」「文臣初謚」「五品特謚」「降胡得謚」等不同的得謚類型。是書今存清抄本，卷十一、十二已缺。此書據舊抄本影印。

五邊典則二十四卷

明徐日久撰。日久有《徐子學譜》，已著録。

《五邊典則》始編於明萬曆間，成書於崇禎時。各卷端題「信安徐日久子卿父集，勾餘施邦曜爾韜父、閩漳張燮紹和父仝較」。卷前有兩序，其一爲文末署名「張燮」。另一序文末無署名，文中自稱「曜」，稱徐日久爲「信安魯人徐公」；而爲徐日久《騭言》撰序者有漳州知府施邦曜，亦自稱「曜」，稱徐日久爲「信安魯人徐公」，故《五邊典則》此序文當爲施邦曜。所謂「五邊」者，即東北薊門遼左、北方宣府大同、西北陝西、西南滇粵黔蜀、東部海夷倭奴，書因分薊遼四卷、宣大六卷、陝西八卷、西南五卷、倭一卷。每卷内容按時間編排，記載太祖洪武元年（1368）至穆宗隆慶六

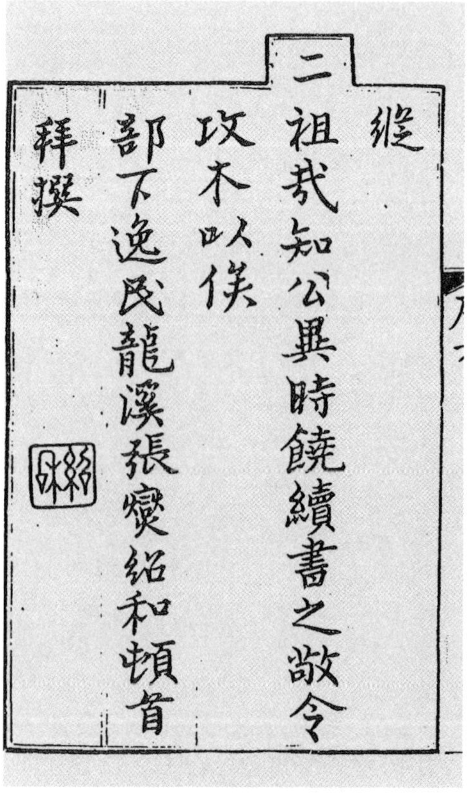
縱
二祖哉知公異時饒續書之敬令
攻不以佚
部下逸民龍溪張燮紹和頓首
拜撰

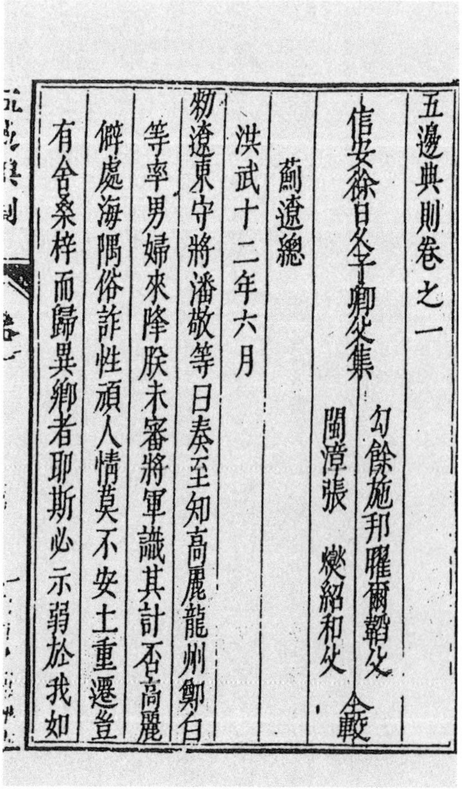
五邊典則卷之一
信安徐日久子卿父集　勾餘施邦曜爾韜父
閩漳張　燮紹和父　仝較
薊遼總
洪武十二年六月
勑遼東守將潘敬等日奏至知高麗龍州鄭白
等率男婦來降朕未審將軍識其計否高麗
僻處海隅俗詐性頑人情莫不安土重遷豈
有舍桑梓而歸異鄉者耶斯必示弱於我如

年（1572）間的邊防、邊事與治邊策略，主要録入朝廷治邊敕文、詔旨、聖諭、奏疏、出命以及邊境軍事事件與對策，對於研究明代邊防極富史料價值。此書因涉及建州及薊遼方面的史料較多，清廷予以禁毁，《清代禁毁書目四種》中《違碍書目》有其名。此書據明刻本影印。

鷺言十八卷

明徐日久撰。日久有《徐子學譜》，已著録。

《鷺言》成於明天啓三年（1623），其題名「鷺言」，意爲將此書藏於篋中，不示於人。此書卷前除有作者自序外，另有孫元化、董應舉、施邦曜、張燮等序。全書十八卷，依次爲廟略、政本、本兵、督撫、監司、有司、邊帥、邊備、軍機、經制、處兵、措餉、賞罰、軍政、屯政、馬政、本領、遠慮，每卷又分若干則，共二百九十二則。其每則一般冠以三字標題，其下述以史實，自漢唐以至明代。每則内容或爲一二事件，或爲一二奏議，或爲一二聖諭，或爲一二論議，字數自一百餘字至幾百字不等。此書條次國事、邊事、古事、今事，條分款列，重在談治國方

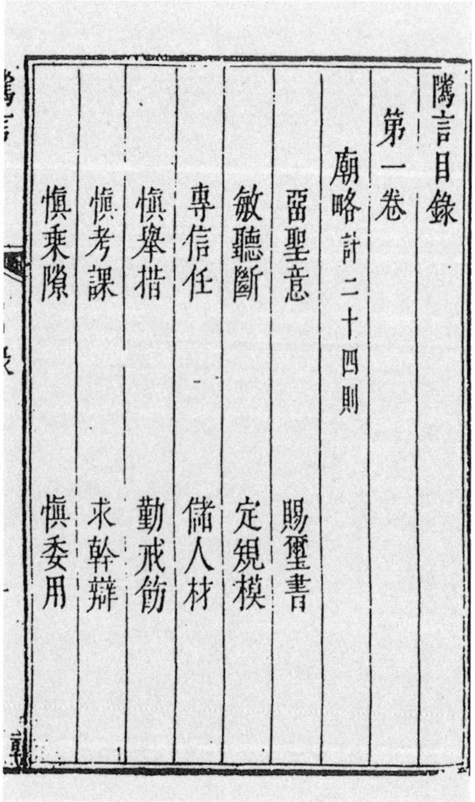
鷺言目錄

第一卷

廟略計二十四則

留聖意　賜璽書

敏聽斷　定規模

專信任　儲人材

慎舉措　勤戒飭

慎考課　求幹辯

慎乘隙　慎委用

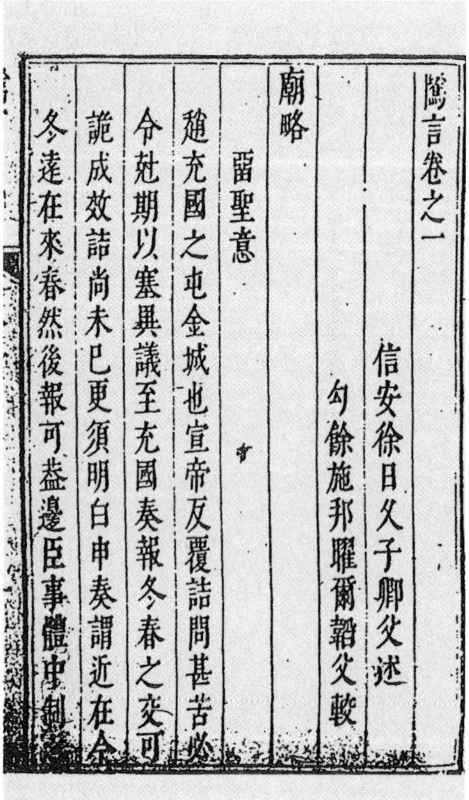
鷺言卷之一

信安徐日久子卿父述

匀餘施邦曜爾韜父較

廟略

留聖意

趙充國之屯金城也宣帝反覆詰問甚苦必令剋期以塞異議至充國奏報冬春之交可詭成效詰尚未已更須明白申奏謂近在今冬遠在來春然後報可蓋邊臣事體中制

略，董應舉序稱該書爲「經濟之實學，國家起死回生之丹訣」。此書有不少關明代資料，不見於他書所載，具有較高史料價值。流傳至清後，因其所載明代史料犯清廷之諱，故遭禁毀。然此書因價值較高，故得流傳至今。此書據明崇禎刻本影印。

崇禎紀元嘉平月知漳州府

事句餘施邦曜頓首拜撰

捕蝗事宜二卷

清徐金位撰。金位有［乾隆］《新野縣志》，前已著録。清乾隆二十四年（1759）夏，金位任夏邑知縣，時遭飛蝗過境。當時捕蝗已有成法，然未能盡善。金位隨時隨地設法剿捕，盡力撲捕，挖除蝻子，禾稼無傷。因蒙各憲批飭，遂將捕蝗之法刊行。此書首爲金位

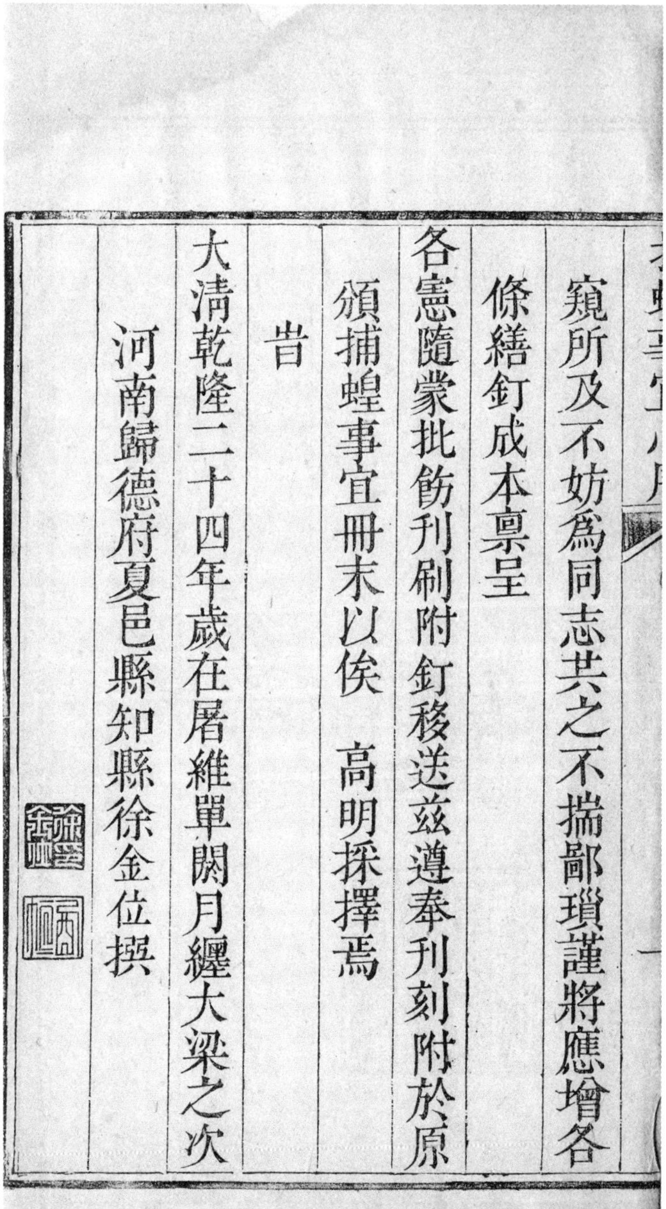

窺所及不妨爲同志共之不揣鄙瑣謹將應增各
條繕釘成本稟呈
各憲隨蒙批飭刊刷附釘移送茲遵奉刊刻附於原
頒捕蝗事宜冊末以俟　高明採擇焉
旨
大清乾隆二十四年歲在屠維單閼月纏大梁之次
河南歸德府夏邑縣知縣徐金位撰

附釘續增捕蝗事宜二十條卷下

歸德府夏邑縣知縣徐金位著

一蝗蝻係湖邊水草魚蝦所生之子遇乾旱則化而爲蝻夏間常往西南秋後常往西北近熱怕寒多就光暖之地大抵十八日始出十八日起翅十八日復有子下子之後不數日而死詩註云螽斯蝗屬非即蝗也蝗爲孽虫害禾稼豈以彷聖世之子孫以其形相似故云蝗屬時人以螽斯爲蝗者誤

三圖

如蝻地尚長毋接布墻一二幅

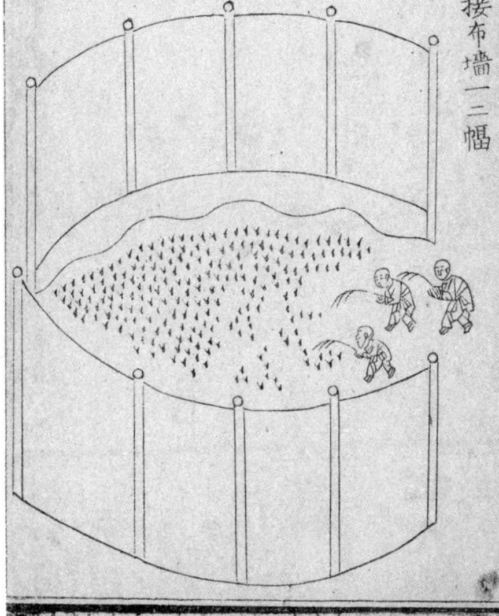

《彙刊續增捕蝗事宜小序》，次爲各憲司批飭。卷上《原奉頒捕蝗事宜十條並圖説四宗》爲故有捕蝗成法，卷下《附釘續增捕蝗事宜二十條》爲金位新訂。上卷末金位言：「以上事宜十條及圖説四條，捕蝗之法，已極詳盡。如果官民遵照奉行，自可永除蟲孽。至應如何約束書役不致擾累閭閻，及如何因地變通不徒拘泥成法，是在實力奉公之賢牧令，並實心督率之賢太守矣。」可見，徐氏之法較之舊法不擾百姓且能因地變通。

此書據清乾隆刻本影印。

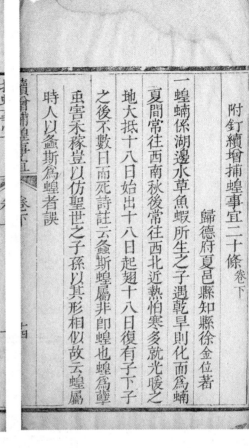

滇南礦廠圖略二卷

清吳其濬撰，徐金生繪輯。其濬字瀹齋，河南固始人，清嘉慶二十二年（1817）狀元，授翰林院修撰，曾任兵部左侍郎、户部右侍郎，湖廣、雲貴總督，湖南、浙江、雲南、福建、山西巡撫，著名的植物學家、礦産學家，著有《植物名實圖考》《植物名實圖考長篇》《滇行紀程集》等。金生字琛航，衢州龍游人，嘉慶十一年（1806）順天舉人，銓選雲南，歷任恩樂、建水知縣，擢知永昌府，調東川府知府。是書版心題「滇南礦廠圖略」，每卷端題「賜進士及第兵部侍郎巡撫雲南等處地方吳其濬纂，東川府知府徐金生繪輯」，當是吳其濬撰文，徐金生繪圖。全書分上、下兩卷，綜述雲南礦廠及其采礦方法、器具，爲經濟實用之書。上卷爲《雲南礦廠工器圖略》，前有圖十五幅，繪采礦器具方法，文凡十六篇，即引、硐、硐器、礦、爐、爐器、罩、用、丁、役、規、禁、患、語忌、物異、祭。下卷爲《滇南礦

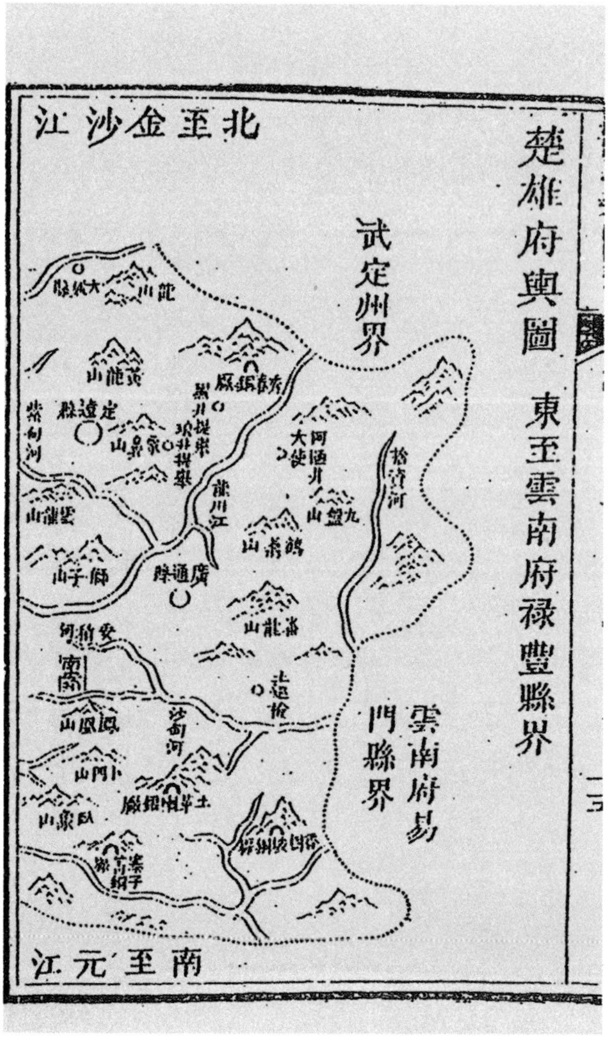

廠輿程圖略》，前有圖二十四幅，爲雲南府、廳、州輿圖，以識産礦所在地，文凡十三篇，即銅礦、銀礦、金錫鉛礦、帑、惠、改、運、程、舟、耗、節、滇鑄、采買。此書據清道光刻本影印。

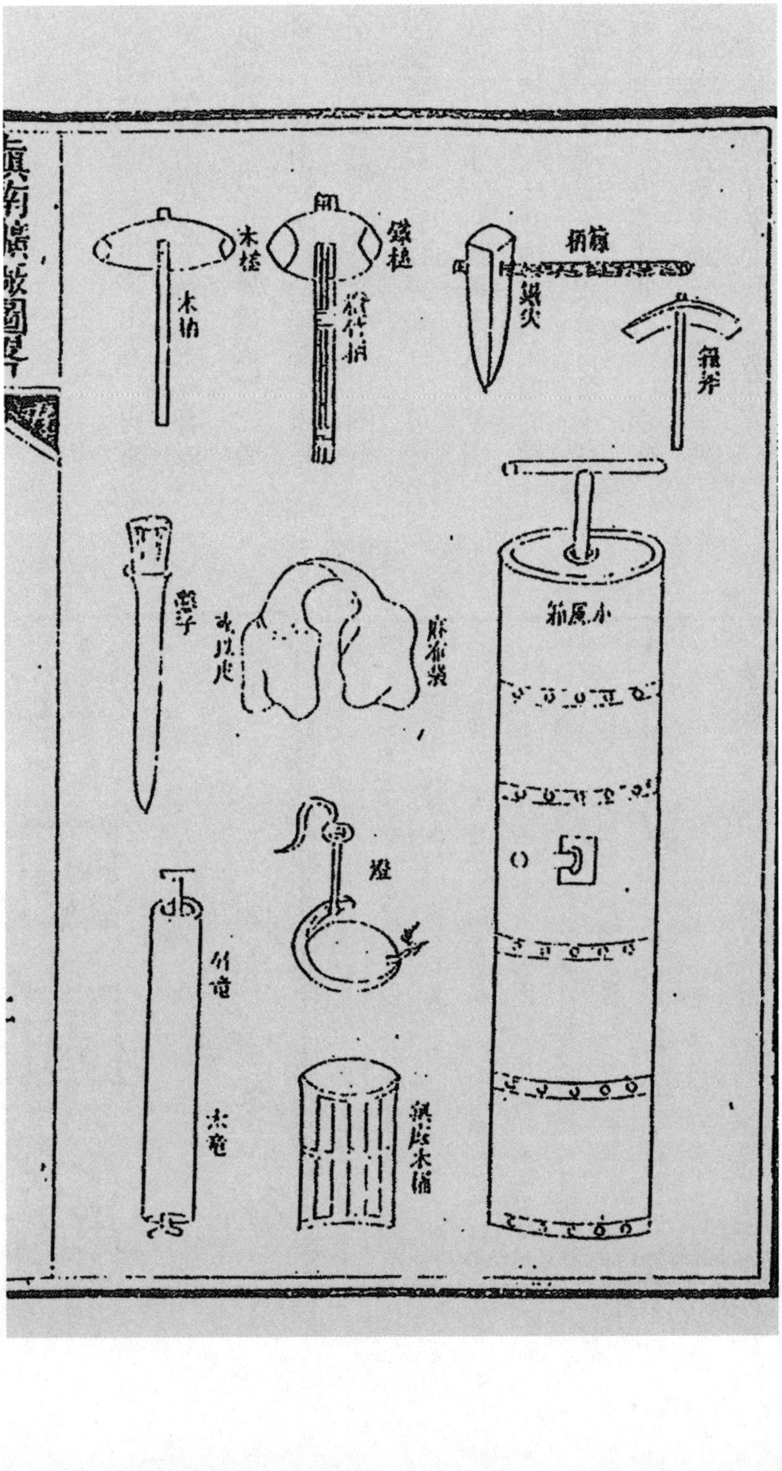

井田圖解不分卷

清徐興霖撰。興霖字猶龍，衢州常山人。史籍不載興霖事跡。［光緒］《常山縣志・藝文志》著録徐氏《井田圖解》。此書於《井田圖解總義》之首題「定陽徐興霖猶龍著」。常山於隋稱定陽縣，唐時改稱常山縣，徐氏此用故邑名稱。其於《井田圖解例言》末署「衢州府學廩膳生員徐興霖謹識」，可知徐氏曾爲府學生員。在徐氏看來，自伏羲畫八卦至周人百畝而徹，皆爲良法。然而，「井地之均久壞於周末，解經之士方起於漢初，衆説紛紜，致令古帝王良法美意，有未能昭然若揭者」。興霖作此書，「進探乎聖賢立法之意，求會乎漢唐注疏之通」，從而「使經學昌明，典制不晦」。是書前有朱士彦、成世瑄、

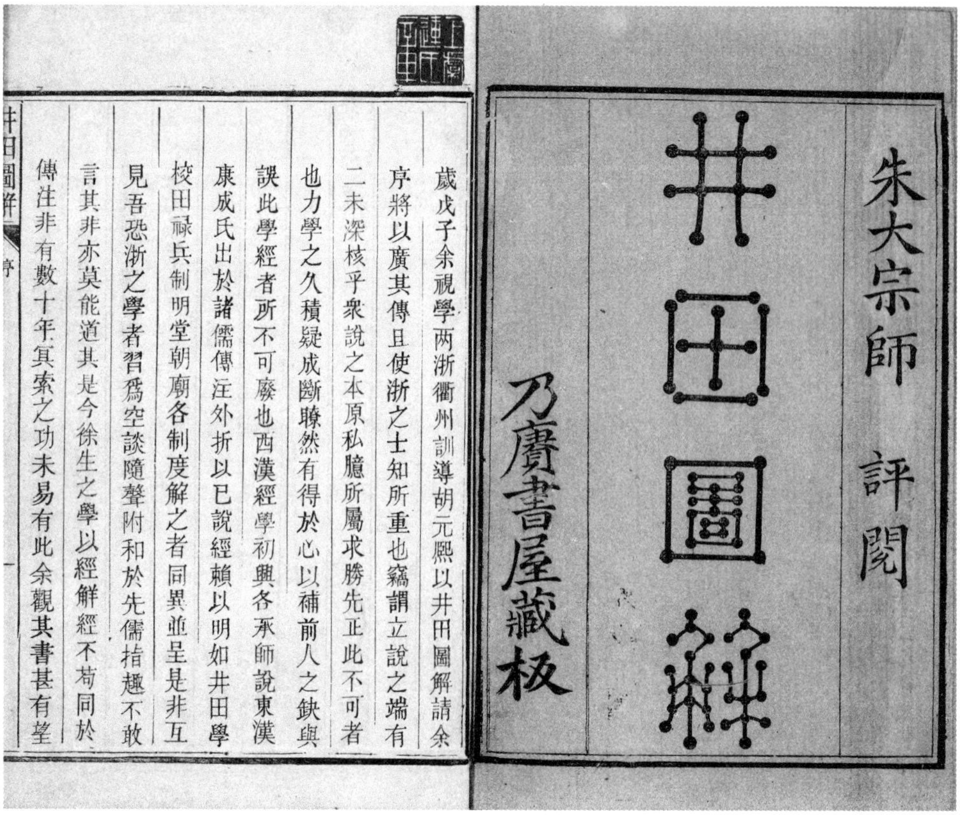
朱大宗師評閲

井田圖解

乃賡書屋藏板

歲戊子余視學兩浙衢州訓導胡元熙以井田圖解請余
序將以廣其傳且使浙之士知所重也竊謂立說之端有
二未深核乎衆說之本原私臆所屬求勝先正此不可者
也力學之久積疑成斷瞭然有得於心以補前人之缺與
誤此學經者所不可廢也西漢經學初與各承師說東漢
康成氏出於諸儒傳注外折以已說經賴以明如井田學
校田祿兵制明堂朝廟各制度解之者同異並呈是非互
見吾恐浙之學者習爲空談隨聲附和於先儒指趣不敢
言其非亦莫能道其是今徐生之學以經解經不苟同於
傳注非有數十年冥索之功未易有此余觀其書甚有望

井田圖解　序　一

陳桂生、張巽、胡元熙序文五篇和吳曾貫題詩二首，其下爲徐興霖《例言》，正文部分「先以《總義》挈其全，繼以圖考徵其實，引經證圖，以圖解經」。其書有圖解一百二十，「首井田之法制，次朝市匠人所以營宮室也，次學校載師所以任士田也，次城郭司徒所以制室數也，次壇甸師所以供祭祀也，次封域所謂大都之田任畺地也，次官制凡鄙師縣正鄰長之供所謂禄食也，次兵賦則邱乘之政令役徒之比法也」。圖解中，每一部分皆前有圖、後有附考；其「附考」先引《周官》《論語》《孟子》等諸家經典，徐氏後以「謹案」之語加以闡釋、辯解。其於「謹案」後又有朱大宗師評語有七處，由其評語可見朱氏對興霖此作較爲認可。此書據清道光九年（1829）活字本影印。

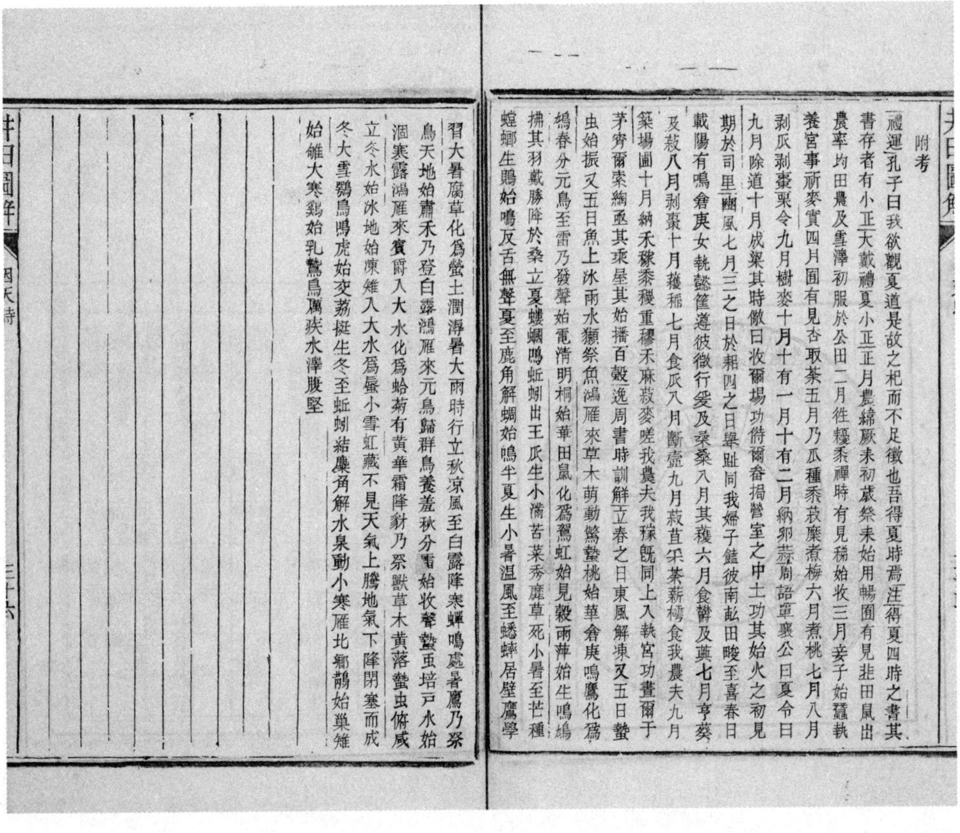
附考
禮運孔子曰我欲觀夏道是故之杞而不足徵也吾得夏時焉注得夏四時之書其
書存者有小正大戴禮夏小正正月農緯厥耒初歲祭耒始用暢圃有見韭田鼠出
農率均田農及雪澤初服於公田二月往耰黍禪時有見稊始收三月妾子始蠶執
養宮事祈麥實四月圃有見杏取荼五月乃瓜種黍菽糜煮梅六月煮桃七月八月
剝瓜剝棗栗令九月樹麥十月十有一月十有二月納卵蒜周語單襄公曰夏令曰
九月除道十月成梁其時儆曰收爾場功偫爾畚挶營室之中土功其始火之初見
期於司里豳風七月三之日於耜四之日舉趾同我婦子饁彼南畝田畯至喜春日
載陽有鳴倉庚女執懿筐遵彼微行爰及柔桑八月其穫六月食鬱及薁七月亨葵
及菽八月剝棗十月穫稻七月食瓜八月斷壺九月菽苴采荼薪樗食我農夫九月
築場圃十月納禾稼黍稷重穋禾麻菽麥嗟我農夫我稼既同上入執宮功晝爾于
茅宵爾索綯亟其乘屋其始播百穀逸周書時訓解立春之日東風解凍又五日蟄
虫始振又五日魚上冰雨水獺祭魚鴻雁來草木萌動驚蟄桃始華倉庚鳴鷹化爲
鳩春分元鳥至雷乃發聲始電清明桐始華田鼠化爲鴽虹始見穀雨萍始生鳴鳩
拂其羽戴勝降於桑立夏螻蟈鳴蚯蚓出王瓜生小滿苦菜秀靡草死小暑至芒種
螳螂生鵙始鳴反舌無聲夏至鹿角解蜩始鳴半夏生小暑溫風至蟋蟀居壁鷹學
習大暑腐草化爲螢土潤溽暑大雨時行立秋涼風至白露降寒蟬鳴處暑鷹乃祭
鳥天地始肅禾乃登白露鴻雁來元鳥歸群鳥養羞秋分雷始收聲蟄虫培戸水始
涸寒露鴻雁來賓爵入大水化爲蛤菊有黃華霜降豺乃祭獸草木黃落蟄虫俯咸
立冬水始冰地始凍雉入大水爲蜃小雪虹藏不見天氣上騰地氣下降閉塞而成
冬大雪鶡鳥鳴虎始交荔挺生冬至蚯蚓結麋角解水泉動小寒雁北鄉鵲始巢雉
始雊大寒雞始乳鷙鳥厲疾水澤腹堅

岳州救生局志八卷

清張德容撰。德容字松坪，一字少薇，衢州西安人。清咸豐三年（1853）進士，欽點翰林院庶吉士。出守安陸、荆州、岳州。所撰有《岳州救生局志》八卷、《二銘草堂金石聚》十六卷、《二銘草堂近科墨選》，傳於今；而《衢州備志》《二銘草堂遺稿》《箋注唐賦》四卷、《評選明文》二卷，今皆不見。因洞庭湖之險，雍正九年（1731）始於湖中沙州築臺以爲舟船停泊，乾隆二年（1737）沿湖設船，其後又造大船、添水手，至咸豐之際爲兵燹所毁。咸豐十一年（1861）復救生局之設，同治四年（1865）告成，同治十二年（1873）再加修復。此書主要記載咸豐十一年至光緒元年（1875）岳州救生局設置詳情，文凡八卷，文件、章程、銀捐、錢捐、典息、契據各一卷，末爲圖考二卷。張氏首敘此書編撰原委，弁諸卷前；文件案牘多檢銀錢定章者，以歸簡要；章程則取同治十二、十三兩年先後奉飭詳定者，以備遵循；歷年捐款以銀、錢分別，並將存、銷款目逐項詳注，以免歧混；歷年發典銀款按年月登載，又將生息銀數分注總結，以期明晰；歷年收置田房山業按年月照録

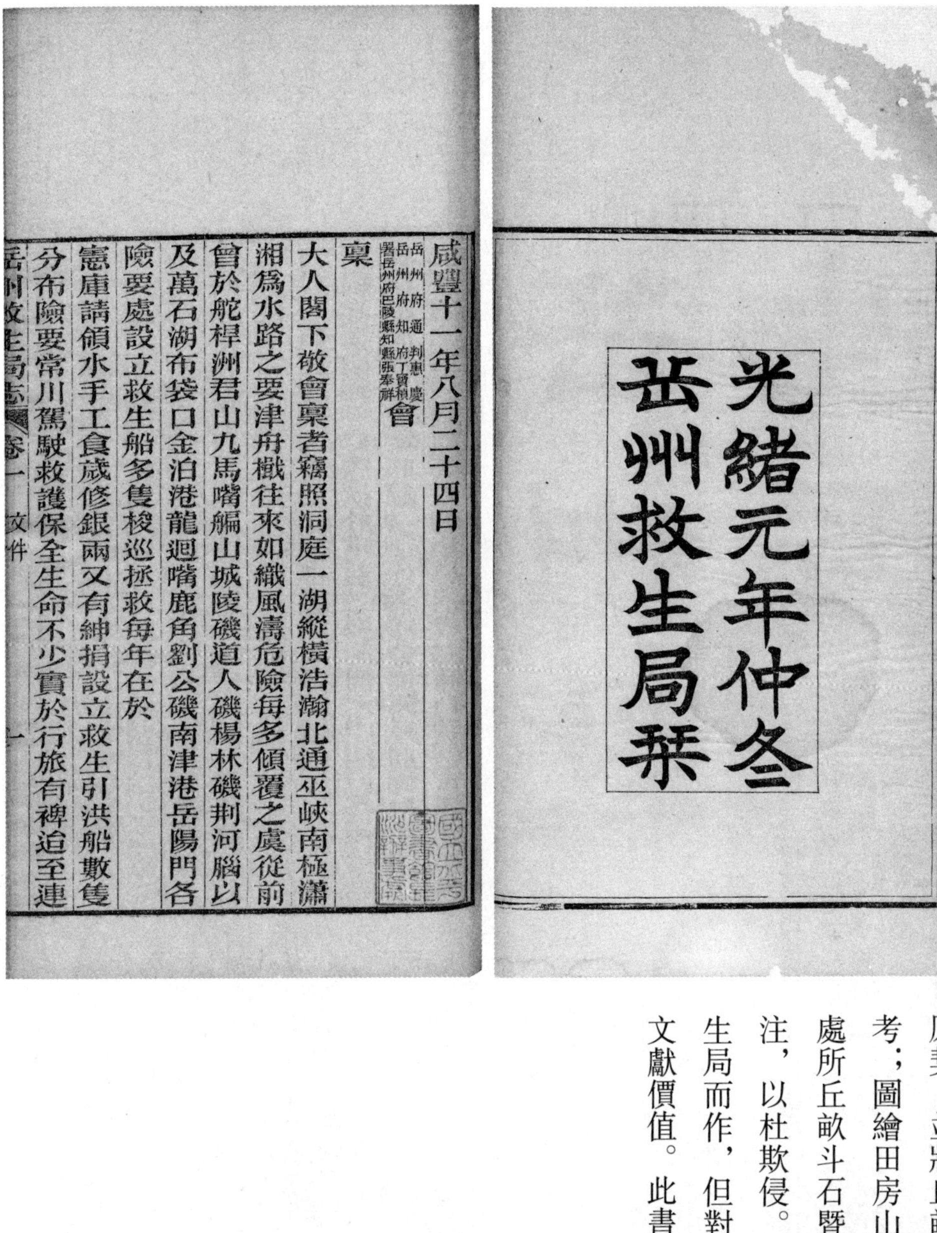

光緒元年仲冬
岳州救生局梓

咸豐十一年八月二十四日
岳州府通判惠慶
岳州府知府丁寶楨
署岳州府巴陵縣知縣張秦群 會
稟
大人閣下敬會稟者竊照洞庭一湖縱橫浩瀚北通巫峽南極瀟
湘爲水路之要津舟檝往來如織風濤危險每多傾覆之處從前
曾於舵桿洲君山九馬嘴艑山城陵磯道人磯楊林磯荆河腦以
及萬石湖布袋口金泊港龍迴嘴鹿角劉公磯南津港岳陽門各
險要處設立救生船多隻梭巡拯救每年在於
憲庫請領水手工食歲修銀兩又有紳捐設立救生引洪船數隻
分布險要常川駕駛救護保全生命不少實於行旅有裨迨至連

岳州救生局志 卷一 文件 一

原契，並將丘畝糧課價值摘開目録，以便查考；圖繪田房山業丘畝處所弓丈，並將坐落處所丘畝斗石暨業戶姓名、租穀數目詳細登注，以杜欺侵。德容撰寫此作，雖爲釐訂救生局而作，但對研究岳州地方社會史有較高文獻價值。此書據清光緒元年刻本影印。

鳳梧書院藏書目一卷

清張炤編。張炤字楚白，山西榆次人。清光緒二十一年（1895）任龍游知縣。曾購書三百十一部，統八千三百七十五册，自爲編目，貯藏鳳梧書院。龍游之有藏書樓自此始。此書目纂輯於光緒二十五年（1899），炤在《編目記》中言：「書何爲而藏也？將以惠來學。將以惠來學，而欲以所藏之書，家喻而戶曉之，此編目梓傳之意也。」此可見編目用意，又曰：

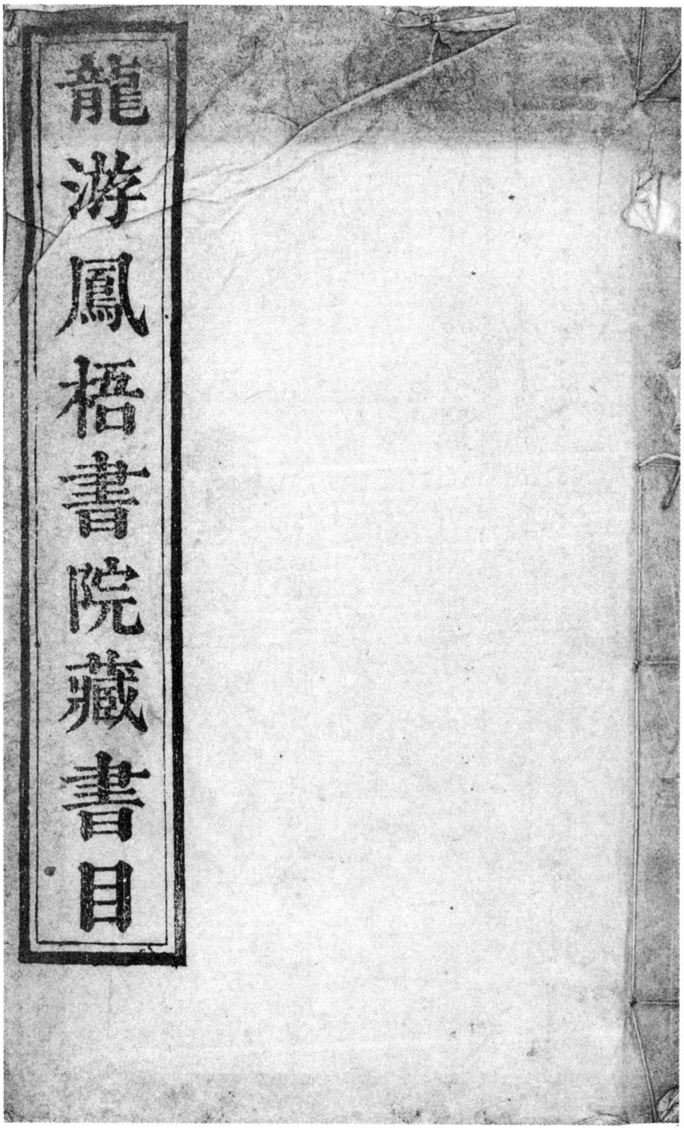

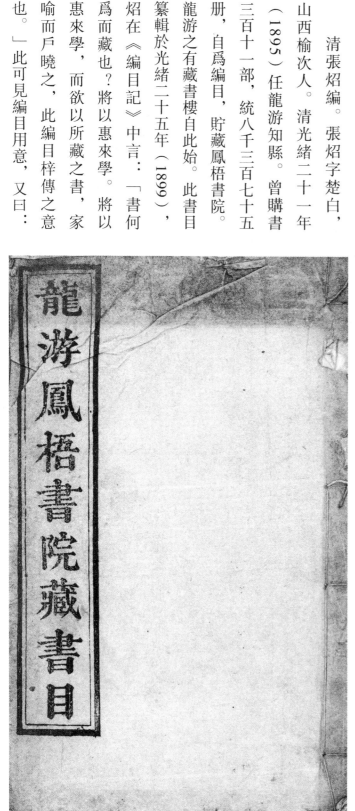

鳳梧書院藏書編目記

書何爲而藏也將以惠來學也將以惠來學而欲以所藏之書家喻而戶曉之此編目梓傳之意也浙自咸豐之季遭兵燹後藏書家如歸安陸氏錢塘丁氏訪購至今數十年粗稱完備而龍邑僻在山陬故家舊藏久蕩焉無存出外訪購更非易事炤來宰是邦始謀擇士子日用必不可缺之書購藏鳳梧書院以供衆觀爰編目付梓廣布城鄉俾人人皆知藏有某書可按圖索驥此專爲便於肄習起見故購備者尚皆尋常易得之本若儲藏家之搜羅遺佚精校異同猶有志未逮也惟編目舊例分經史子集四部我

朝自編輯四庫全書以後金題玉躞日新月盛凡四庫未收之書近今尤屢出不窮今所購藏雖四庫所收尚多未備而未編入四庫者亦復不少故於四部舊例有不得不增廣者如

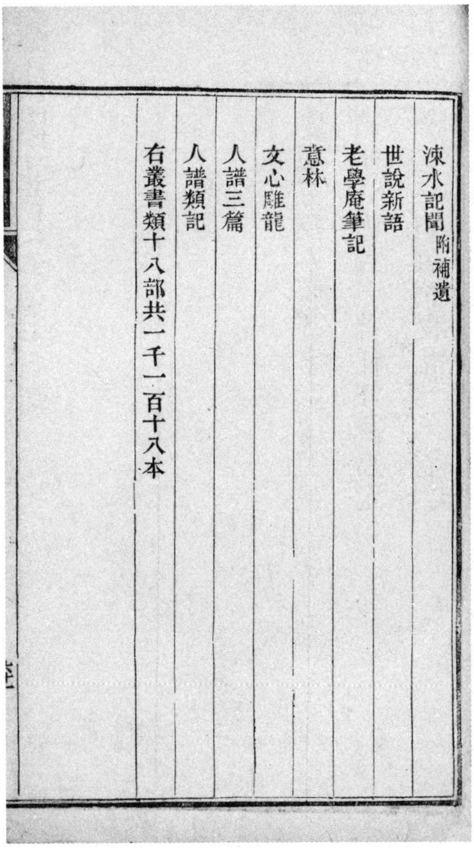

涑水記聞 附補遺

世說新語

老學庵筆記

意林

文心雕龍

人譜三篇

人譜類記

右叢書類十八部共一千一百十八本

「此專爲便於肄習起見，故購備者尚皆尋常易得之本。」故書目多爲常見之書。書目分六類，於傳統經、史、子、集四部分類法之前，新增欽定類和叢書類。其中「欽定類」三十一部、二千七百五十二本，「叢書類」十八部、一千一百十八本，「經類」四十四部、一千二百七十八本，「史類」八十一部、一千五百二十二本，「子類」六十三部、六百二十一本，「集類」七十四部、一千零八十四本，共計三百十一部、八千三百七十五本。此書據清光緒二十五年刻本影印。

紅梅閣書目一卷

清劉履芬撰。履芬字彥清，號泖生，衢州江山人。曾任江蘇嘉定知縣。著有《古紅梅閣集》八卷，傳於今。此書爲劉履芬家藏書目，按一、二、三等編號，共十七號，其中十七號多殘本，最後又爲六號且多殘本。劉氏書目共收録圖書共三百四十八種，涵蓋經、史、子、集四大部類。然書目不按經、史、子、集編目，當按書架中陳列之書編排。每種書一般僅著録書名、本數或册數，偶有簡單言及版本情況

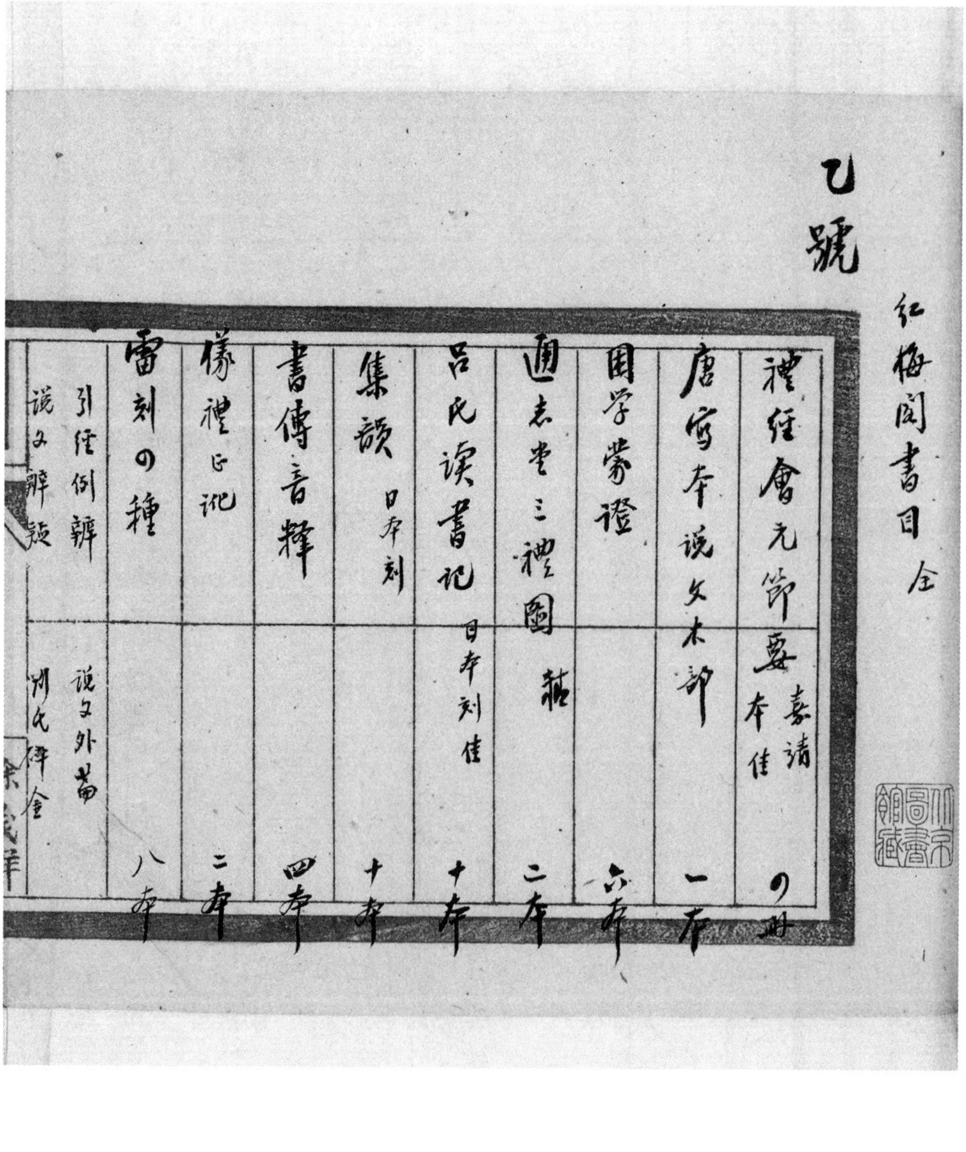

乙號

紅梅閣書目 全

禮經會元節要 嘉靖本佳 四册

唐寫本說文木部 一本

通志堂三禮圖 二本

呂氏讀書記 日本刻佳 十本

集韻 日本刻 十本

書傳音釋 四本

儀禮正訛 二本

雷刻四種 八本

引經例辨 說文外篇

說文辨疑

和書之品相，不言撰者、卷數等，如一號之首著録爲「《禮經會元節要》，四本」，並於「節要」下小注「嘉靖本，佳」。其書目五號中有《爛柯山志》四本，不知何人所作；十五號中有《古今類書纂要》，當爲衢人璩昆玉所編，今僅有和刻本及其影印本。此書雖未題撰者，然據劉履芬撰有《古紅梅閣遺集》，且其書目中有難得一見的衢人著作或有關衢州的撰述，可定其撰者爲江山劉履芬。

此書據清稿本影印。

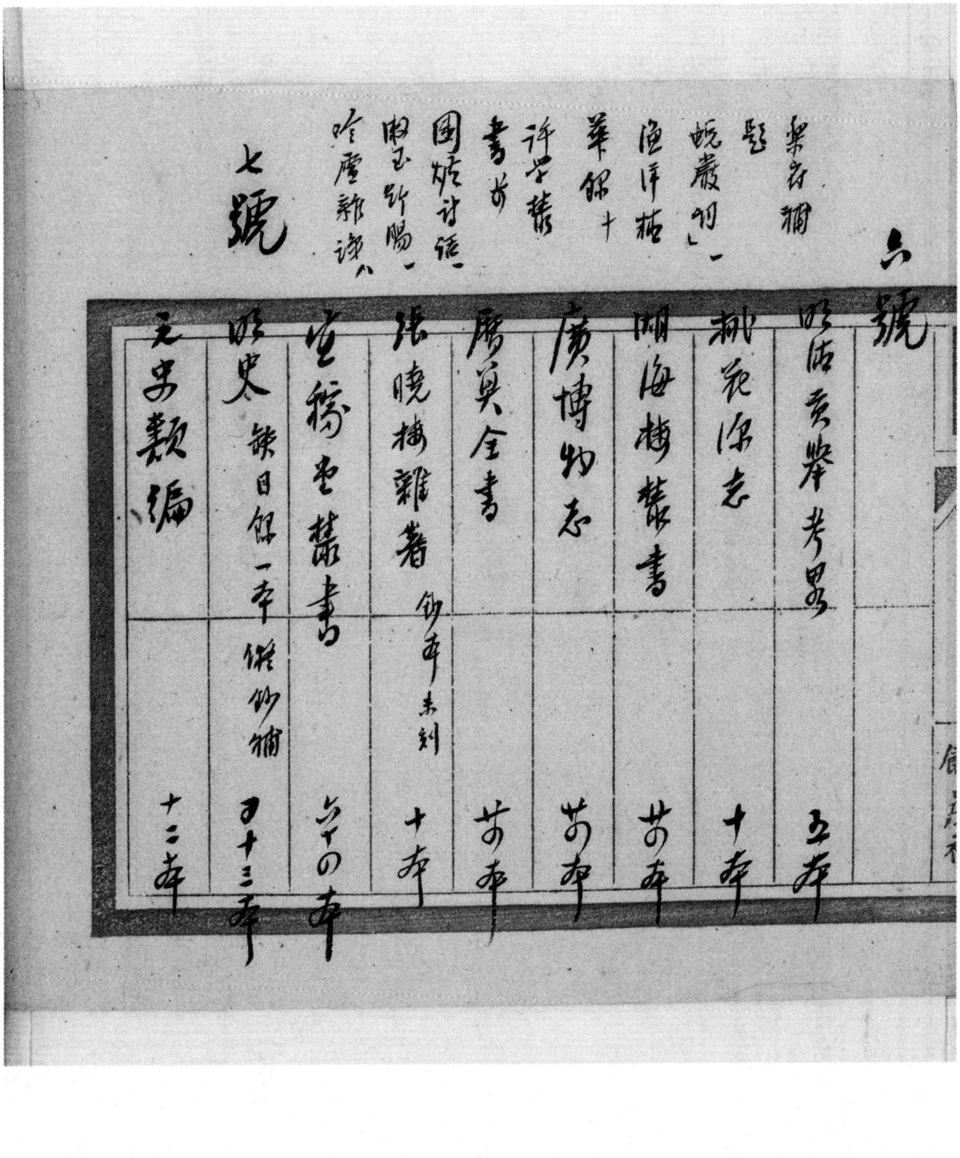
六號

桃花泉志　十本

湖海樓叢書　廿本

廣博物志　廿本

廣輿全書　廿本

張曉樓雜著　鈔本未刻　十本

明史　五十三本

七號

二銘草堂金石聚十六卷

清張德容撰。德容有《岳州救生局志》，已著録。德容以其所見金石拓本分次時代，周秦至南朝爲一編，北魏至隋爲一編，唐至五代爲一編，南詔、大理、西夏、朝鮮爲一編。然今所見者，僅有初編，南朝以下諸編未見刊行，甚爲可惜。《金石聚》初編所録金石，計周有三，秦有二，西漢六，東漢九十七，曹魏九，孫吳五，兩晉九，十六國五，南朝十四，凡一百五十，分十六卷。每卷目録中一般都列各金石所作年月、産地、前人著録之作，是否有額或印，或題「無年月」「前人未有著録」。其所收各金石，先録其拓片，其下爲德容跋語。由於其所收碑版拓本不同，或此明而彼晦，或此缺而彼完，故其每鈎摹一碑，必取所得新舊拓本盡列於前，細意核對，不拘一本，或此字取此本，或彼字取彼本，皆擇其善者從之。其跋語皆有識見，不重述前人之言，對與前人所論有異者則加辯證，對前人所論未及者則詳論之。潘衍桐《緝雅堂詩話》評論德容此著曰：「松坪太守酷好碑版，精於鑒別，所著《金石聚》一書，於輿地、職方附存，考核、訓詁、小學藉資

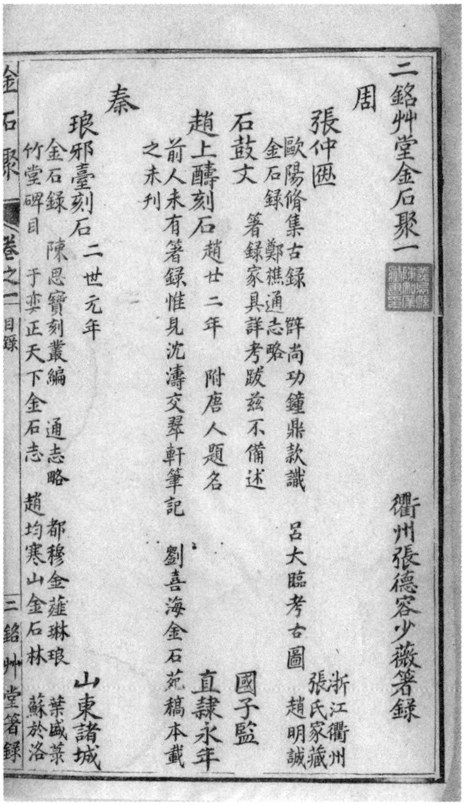
二銘艸堂金石聚一
衢州張德容少薇箸録
周
張仲匜
歐陽脩集古録 薛尚功鐘鼎款識 呂大臨考古圖 浙江衢州
金石録 鄭樵通志略 張氏家藏 趙明誠
石鼓文 箸録家具詳考跋兹不備述 國子監
趙上醻刻石 趙廿二年 附唐人題名 直隸永年
前人未有箸録惟見沈濤交翠軒筆記 劉喜海金石苑稿本載
之未刊
秦
琅邪臺刻石 二世元年 山東諸城
金石録 陳思寶刻叢編 通志略 都穆金薤琳琅 葉盛菉
竹堂碑目 于奕正天下金石志 趙均寒山金石林 蘇於洛
金石聚 卷之一 目録 二銘艸堂箸録

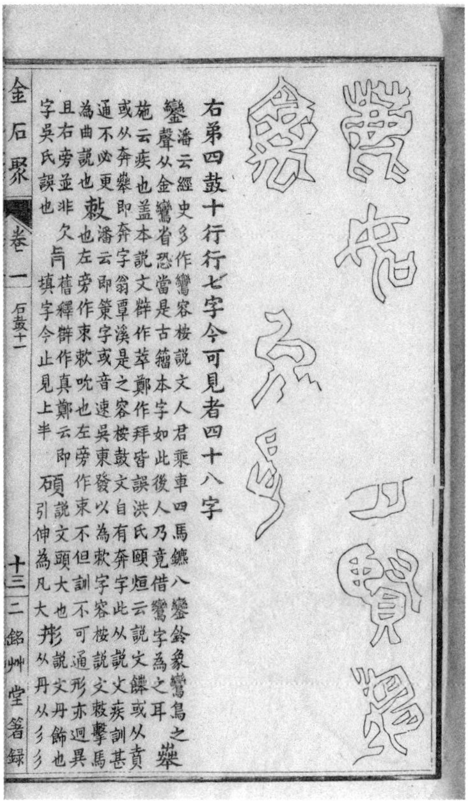
右弟四鼓十行行七字今可見者四十八字
鑾 潘云經史多作鸞容按說文人君乘車四馬鑣八鑾鈴象鸞鳥之聲从金鸞省恐當是古籀本字如此後人乃竟借鸞字為之耳
𩣑 施云疾也盖本說文骿作萃鄭作拜皆誤洪氏頤烜云說文骿或从賁或从奔㷻即奔字翁覃溪是之容按鼓文自有奔字此从說文疾訓甚通不必更為曲說也
敕 潘云即策字或音速吳東發以為欶字容按說文敕擊馬也左旁作東欶吹也左旁作東不但訓不可通形亦迥異且右旁並非欠字吳氏誤也
[illegible] 舊釋骿作真鄭云即填字今止見上半
碩 說文頭大也引伸為凡大也
彤 說文丹飾也从丹从彡彡
金石聚 卷一 石鼓十一 十三 二銘艸堂箸録

援證。其書旨在存真，不列復本，每卷碑目之下前人著録悉載其名，涉覽該洽，便人探討，石存何地以及出土年代、何人訪得，記載詳審，按策可稽。辨何□畫像、朱博殘石、上庸長之類爲真跡，麃孝禹陽嘉殘碑及楊□買地嘉禾九穗之類爲僞造，具有塙見。各碑跋語自攄心得，無戾於古，而亦不欲强同。其精粹語，蘇齋燕庭復起，亦當首肯。」此對《金石聚》評價甚高。德容在刊刻其《金石聚》同時，亦將諸城劉喜海《海東金石苑》付梓，而［民國］《衢縣志·藝文志》亦著録《海東金石苑》，題張德容校編，不當；且《兩浙著述考》題曰「張德容撰」，亦誤。此書據清同治十二年（1873）刻本影印。

子部

袁氏世範三卷附録一卷

《四庫全書總目》卷九十二《袁氏世範》：

宋袁采撰。案《衢州府志》，采字君載，信安人。登進士第，三宰劇邑，以廉明剛直稱。仕至監登聞鼓院。陳振孫《書録解題》稱：「采嘗宰樂清，修縣志十卷。」王圻《續文獻通考》又稱其令政和時，著有《政和雜志》《縣令小録》，今皆不傳。是編即其在樂清時所作，分「睦親」「處己」「治家」三門，題曰「訓俗」。府判劉鎮爲之序，始更名「世範」。其書於立身處世之道，反覆詳盡，所以砥礪末俗者，極爲篤摯。雖家塾訓蒙之書，意求通俗，詞句不免於鄙淺，然大要明白切要，使覽者易知易從，固不失爲《顔氏家訓》之亞也。明陳繼儒嘗刻之《秘笈》中，字句訛脱特甚。今以《永樂大典》所載宋本互相校勘，補遺正誤，仍從《文獻通考》所載勒爲三卷云。

案：袁采爲衢州西安人，曾出宰樂清、政和、婺源諸邑。著述甚豐，除四庫館臣所言諸作外，另有《信安志》

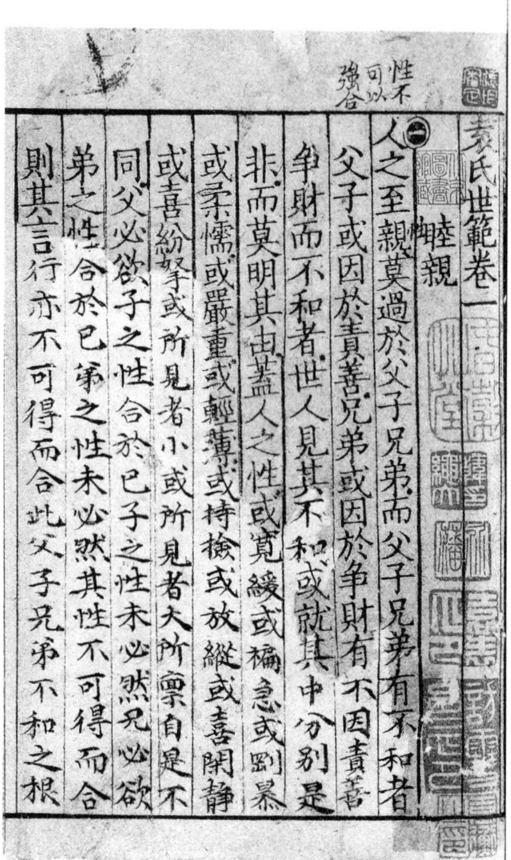
性不可以强合

袁氏世範卷一

睦親

人之至親莫過於父子兄弟而父子兄弟有不和者父子或因於責善兄弟或因於爭財有不因責善爭財而不和者世人見其不和或就其中分別是非而莫明其由蓋人之性或寬緩或褊急或剛暴或柔懦或嚴重或輕薄或持檢或放縱或喜閑靜或喜紛拏或所見者小或所見者大所禀自是不同父必欲子之性合於己子之性未必然兄必欲弟之性合於己弟之性未必然其性不可得而合則其言行亦不可得而合此父子兄弟不和之根

《閱史三要》《經權中興策》《千慮鄙説》《經界捷法》《欹歔子》等。《世範》成於宋孝宗淳熙五年（1178），始刊於宋光宗紹熙元年（1190）。本書分「睦親」「處己」「治家」三篇，涉及修身、孝道、敬業、處世、治家、理財等，凡傳統社會家庭倫理、身心修養、爲人處世、治家方法等皆有闡述，切於實際，近於人情，可以「厚人倫而美習俗」，故能傳諸不朽。隆興府通判劉鎮爲是書作序，贊曰：「其言則精確而詳盡，其意則敦厚而委曲，習而行之，誠可以爲孝悌爲忠恕爲善良，而有士君子之行矣。」四庫館臣將袁書與《顔氏家訓》相提並論，足見其影響。本書不僅爲家訓史重要著作，亦爲研究宋代家庭生活、社會經濟提供不少難得資料。《世範》較受後人重視，歷代不斷刊刻之，今傳世版本甚多，此據宋刻本影印。

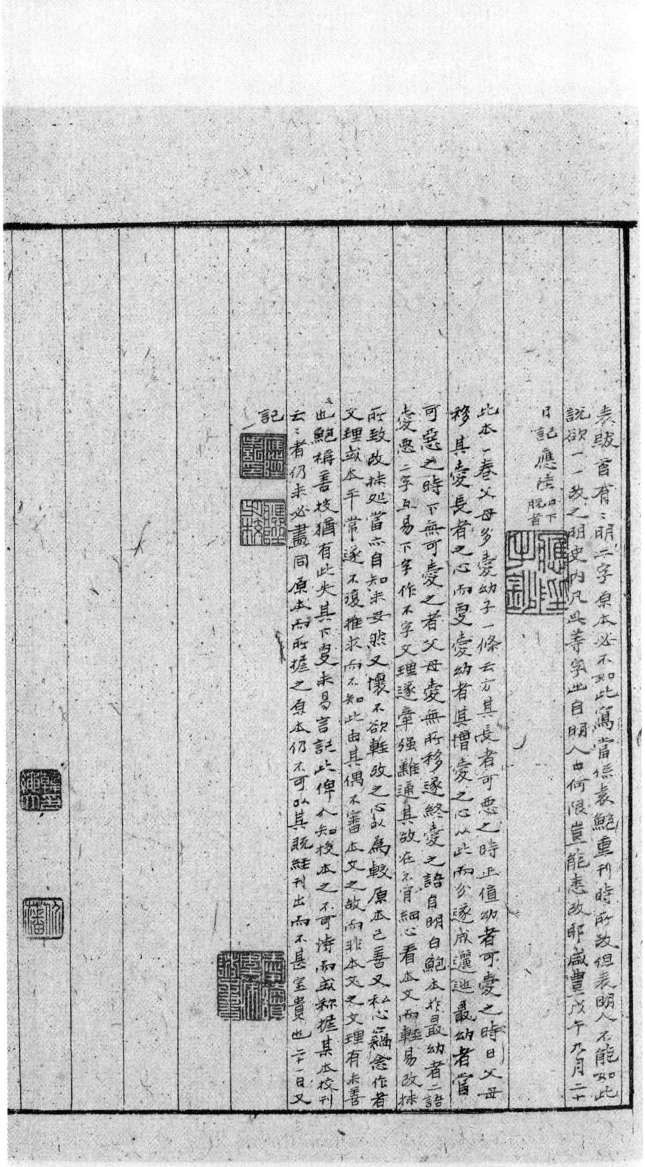
袁跋首有〻明〻二字原本必不如此寫當係袁鮑重刊時所改但袁明人不能如此
説欲一一改之明史內凡此等字出自明人由何恨豈能悉改耶咸豐戊午九月二十
日記 應陛 此下脫者
此本一卷父母多愛幼子一條云方其長者可惡之時正值幼者可愛之時日父母
移其愛長者之心而更愛幼者其憎愛之心從此而分遂成遷遯最幼者當
可惡之時下無可愛之者父母愛無所移遂終愛之語自明白鮑本作最幼者二語
愛憎二字互易下字作不字文理遂牽強難通其故在不肯細心看本文而輕易改抹
所致改抹處當亦自知未安然又懷不欲輕改之心故爲較原本已善又私心竊念作者
文理或本平常遂不復推求而不知此由其偶不審本文之故而非本文之文理有未善
也鮑稱善校猶有此失其下更未易言記此俾人知校本之不可恃而或稱據某本校刊
云〻者仍未必盡同原本而所據之原本仍不可以其既經刊出而不甚寶貴也 二十一日又
記

雙橋隨筆十二卷

《四庫全書總目》卷九十四《雙橋隨筆》：

國朝周召撰。召字公右，號拙菴，衢州人。康熙初，官陝西鳳縣知縣。是編乃其甲寅、乙卯間值耿精忠搆逆，避兵山中所作。雙橋者，其山中所居地也。卷端標曰「受書堂集」，而以「雙橋隨筆」爲子目，殆全書中之一種歟？前有《自序》，稱「老生常談，誠不足采，而藥石之言，原以鍼砭兒輩，與世無關。所自矜者，集中大意在於信道而不信邪，事人而不事鬼，言理而不言數，崇實而不崇虚。竊以爲獨立之見，若中流一砥」云云。雖自詡似乎太過，而所言皆崇禮教，斥異端，於明末士大夫陽儒陰釋、空談性命之弊，尤爲言之深切，於人心風俗，頗有所裨。惟其隨筆記録，意到即書，不免於重複冗漫。又適逢寇亂，流離奔走，不免有憤激之詞。是則其學之未粹耳。

案：周召又號存吾，西安拔貢，所著有《再續衢州府志》一卷、《吳行日記》一卷、《讀史百詠》一卷、《受書堂全稿》十二卷、《鳳州瘁語》二卷、《餘生草》十七卷、《爨餘雜藝》八卷、《於越吟》一卷。《雙橋隨筆》成於清康熙十五年（1676），分十二卷，每卷有隨筆若干則，爲避耿精忠之亂隨筆所記，文中多基於儒家禮教立場對佛、老加以批判。周氏認爲：「凡人立身行己，待人接物，處常履變，皆宜以『中庸』二字爲主。『中』者，

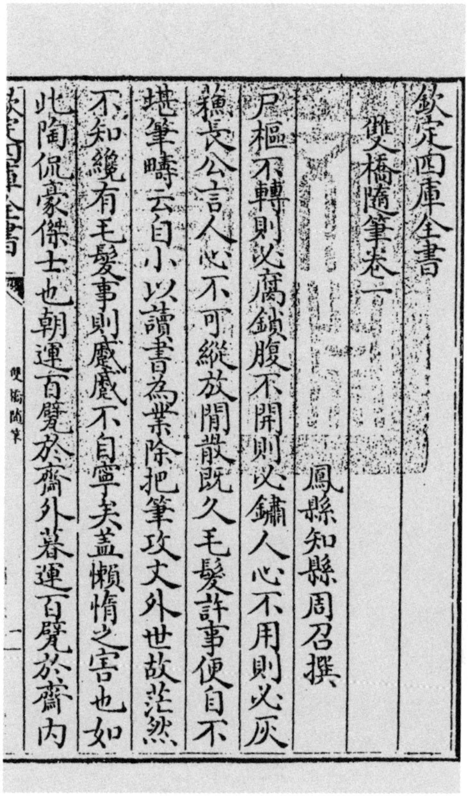

欽定四庫全書

雙橋隨筆卷一

鳳縣知縣周召撰

戶樞不轉則必腐鎖腹不開則必鏽人心不用則必厭穌長公言人心不可縱放閒散既久毛髮許事便自不堪筆疇云自小以讀書為業除把筆攻文外世故茫然不知纔有毛髮事則蹙蹙不自寧矣蓋懶惰之害也如此陶侃豪傑士也朝運百甓於齋外暮運百甓於齋內

欽定四庫全書　雙橋隨筆　一

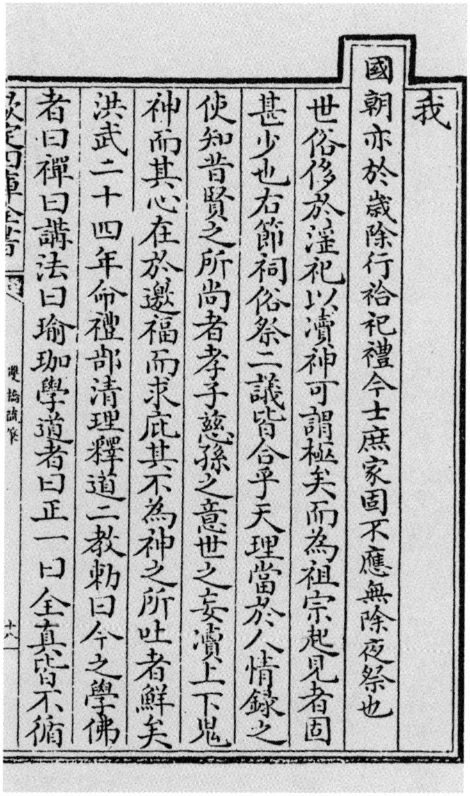

我

國朝亦於歲除行祫祀禮令士庶家固不應無除夜祭也世俗侈於淫祀以瀆神可謂極矣而為祖宗起見者固甚少也右節祠俗祭二議皆合乎天理當於人情錄之使知昔賢之所尚者孝子慈孫之意世之妄瀆上下鬼神而其心在於邀福而求庇其不為神之所吐者鮮矣洪武二十四年命禮部清理釋道二教勅曰今之學佛者曰禪曰講法曰瑜珈學道者曰正一曰全真皆不循

欽定四庫全書　雙橋隨筆　十六

心至當而無所偏；『庸』者，道有常而不可易，惟祈愜乎天理、合乎人情而止。」拙菴持無鬼神之論，其言：「古今所傳神鬼仙佛，皆街談巷語、道聽塗說之類，當如坡公所謂姑妄言之、姑妄聽之可也。」周召云：「世人喜談風水，每見巨公名流以及村氓市叟所至皆然，惟余不自揣竊以為非。」又曰：「余一生不信陰陽，毫無忌諱，事至即行，未嘗擇日，多有相笑以為過於矯者，余亦株守如故焉。」可見周召與當時流俗觀念不同，對傳統迷信予以反對。此書據清抄本影印。

藝菊簡易一卷

清徐京撰。京字瑞喈，衢州常山人。由武孝廉任揚州衛千總。瑞喈能詩善書，刊有《藝菊簡易》《四書句讀頓連》。《藝菊簡易》首爲作者自序，其下有「藝菊十三則」「菊名詩」一百八首。徐氏認爲植菊難易在於負與不負，不負其難則易植。瑞喈定藝菊之法，「遞年增删諸法，參以鄙意，所屢經試驗者」，分擇地、培土、種植、澆灌、壅培、去害、培葉、扦接、删繁枝條、去牡、留蕾、論佳花、留種十三則，將藝菊良法傳諸後人。其菊名詩一百八首，「經植二百餘種，因稱名不同，方言互異，或遵或改，均爲定正」。其將菊花分黄、白、紅、褪紅、紫、間諸色，黄色二十八種，白色三十種，紅色十八種，褪紅色九種，紫色十種，間色十三種。每種菊名，注明其改名、古名、今名，並對花之特徵加以描述，其下爲菊名題詩。如，「《鵝毛菊》（古名。半管，長闊，辦厚大，無心）」，詩曰：「晉人著作獨陶文，書法超凡是右軍。雙璧合來希世品，花神著意養鵝群。」其下又注曰「孟城草」。徐京藝菊深得其術，對各種菊花亦深有研究，此書爲難得農學專門之作。此書據清嘉慶四年（1799）刻本影印。

藝菊十三則

一擇地凡菊地須西北隅最佳南隅則八九月間無日暄曬蕾不綻花不大色不鮮東隅則返照之日最烈脚葉必壞

一培土菊喜新土仍以舊土種植梗瘦枝稀葉瘁花小惟冬臘月間去舊易新淡糞水澆一二次毋太肥恐植後小苗瘟頭菊地鋤成片段較高菜地任霜雪凍透餘土堆積他處加灌濃糞以草蓋之留於四八月

三

農林蠶説不分卷

清葉向榮撰。向榮，衢州西安人，履歷不詳，此書自序末署有「歲貢生安徽候補州判衢西葉向榮」。是書封面題「農林蠶説附畜牧圃事居家食物常菜」，前有《衢州府崇興序》和作者自序。葉氏以爲，「農林蠶三事，是王道之始，當今之急務也」，而撰農林蠶事之書，「必先勤其試驗之法，而後考成其發達之理，莫不了然於心」。向榮親操農林蠶事逾四十年之久，頗有成效，以不能推廣爲恨，遂撰是書，以導富國利民之先路。此書首爲「每月事宜」，分月記載人事、樹木、穀、蔬。次爲「農事各穀」，後附「畜牧」「圃

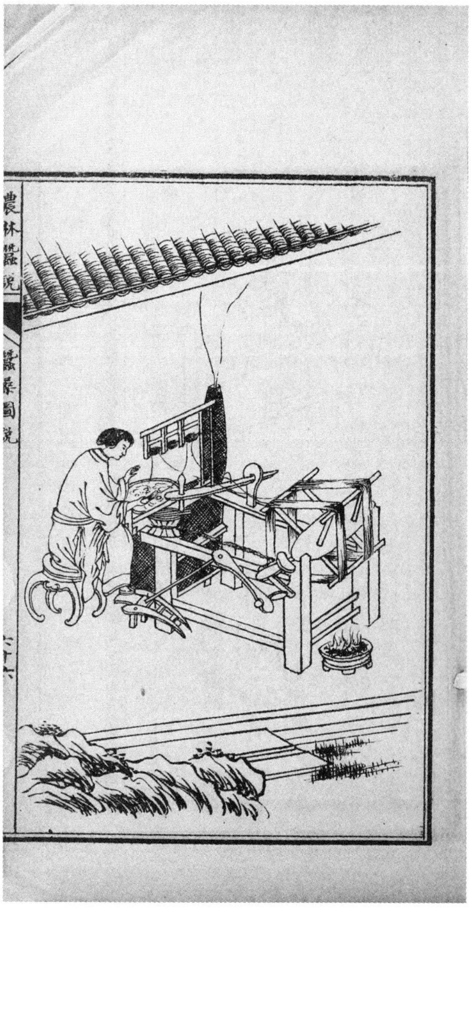

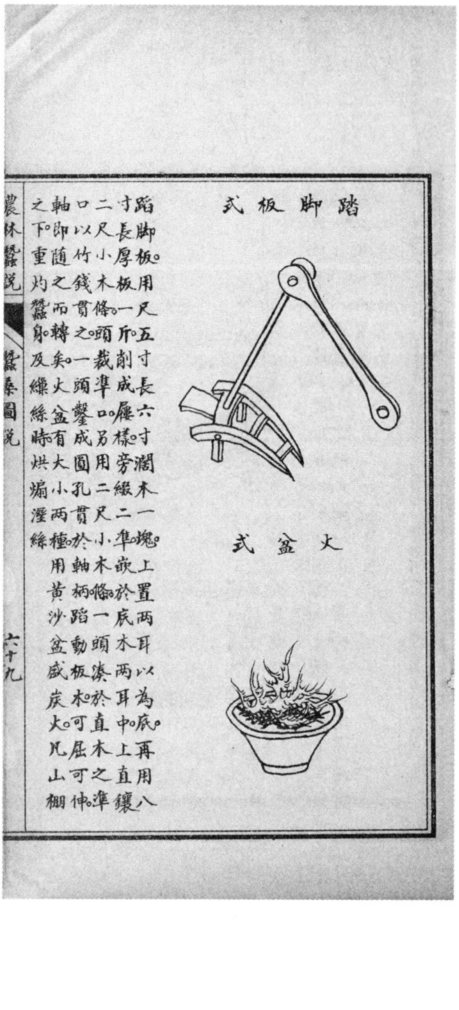
踏脚板式

火盆式

踏脚板。用尺五寸長六寸濶木一塊。上置兩耳以為底。再用八寸長厚板一片。削成屐樣。旁綴二準。嵌於底木兩耳中。上直鑲二尺小木條。一頭裁準口。另用二尺小木條。一頭湊於直木之準口以竹錢貫之。一頭鑿成圓孔。貫於軸柄。踏動板木。可屈可伸。軸即隨之而轉矣。火盆有大小兩種。用黄沙盆盛炭火。凡山棚之下。重灼蠶身。及繅絲時。烘煸溼絲

農林蠶説　蠶桑圖説　六十九

事各蔬」，記書各種農作物種植之法和家畜等動物家養之法。又次爲「林業種植」，載桑、柘等樹木種植之法。又次爲「蠶桑圖說」，先有清光緒八年（1882）西安知縣歐陽烜序和光緒二十二年（1896）葉向榮序，下述詳述種桑和蠶業，並配以精美繪圖。最後爲「供應常菜食物」，敘述各種醬製、醃製等家庭日用食品做法。此書內容以蠶桑最詳，其言簡明淺近，讀者易曉，其法易於施行。［民國］《衢縣志・藝文志》著録是書云：「《農林蠶說》，清葉向榮撰。光緒間出版。」可見葉書曾有光緒本。今存此書一題「宣統辛亥衢城正新書局石印」，封面題有「宣統叁年柒月望日得於滬杭車次」，當爲清宣統三年（1911）石印本，此書據其影印。

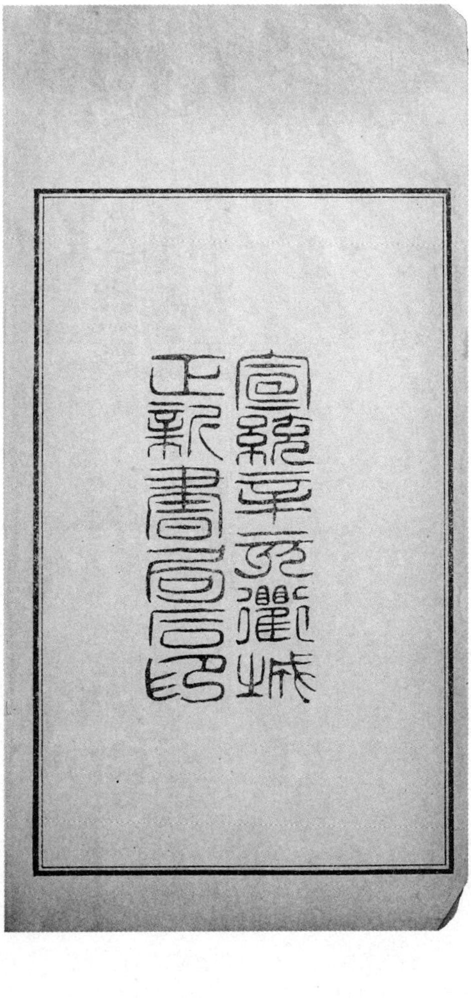

合刻劉全備先生病機藥性賦二卷

明劉全備撰。全備，衢州西安人。黄虞稷《千頃堂書目·醫家類》著録，「劉全修《注解病機賦》二卷，浙江西安人。」［民國］《衢縣志·藝文志》載：「《病機藥性賦》，明劉全備撰。黄氏《千頃堂書目》有《注解病機藥性賦》二卷，劉全修著，西安人。《浙江通志》引黄氏《書目》同。［康熙］《府志》作劉光大《藥性病機賦》，［康熙］《縣志》又作劉光山著。［嘉慶］《縣志》兩引之。兹據《洛陽劉氏譜》更正。按《劉氏譜》：光大字適菴，精岐黄術，元至元召對稱旨，授衢州路醫學教授，以醫世其家，後人無不知醫者。此書實爲劉全備著。全備字寶善，光大孫。全修或其本名也。」是書封面題「合刻劉全備先生病機藥性賦」，首卷端署「柯城醫士劉全備克用撰，後學劉朝珂、魏知幾校正，書林余應虬重訂」，卷前有明成化二十年（1484）刊書序。此經書林余氏新訂，分上、下兩卷，上卷題「新編注解藥性賦」，凡有總賦、外感、内傷、五臟六腑賦十四篇，末爲「補真養性」；下卷爲「注解病機賦」，缺首葉上半葉，末附「論四時六氣用藥權正之活法」。其藥性賦、病機賦，以大字爲賦文，其下詳爲之注。此書據明末建陽書林余應虬近聖居刻本影印。

新編註解藥性賦卷之上

柯城醫士劉全備克用撰
後學劉朝珂
魏知幾校正
書林余應虬重訂

藥性賦

黃帝立論

軒轅氏作素問論人疾苦

神農理藥

袖珍小兒方十卷

《四庫全書總目》卷一〇五《袖珍小兒方》：

明徐用宣撰。用宣，衢州人。《藝文志稿》作徽州人，蓋字形相近而訛。其書以《脉訣》爲首，方論鍼灸圖形次之，總七十二門六百二十四方，搜采頗備。惟論斷多襲舊文，無所發明耳。是書作於永樂中，嘉靖十一年贛撫錢宏重刊，以是書原本宋錢乙也。

案：《袖珍小兒方》凡十卷，此本僅存前六卷，缺卷七至卷十。卷一爲全書總論，通過歌訣、圖文闡述如何診治小兒疾病，有「虎口脉紋圖」等圖三幅，有「水鏡訣」等歌訣九篇。卷二爲對初生嬰兒護養及疾病治療，卷三至卷六爲診治各類小兒疾病。對於每種

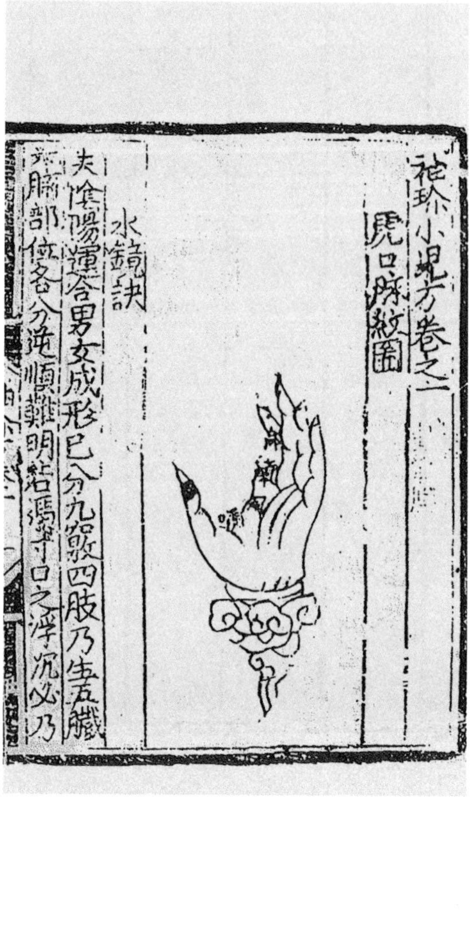

袖珍小兒方卷之一

虎口脉紋圖

水鏡訣

夫陰陽運合男女成形已分九竅四肢乃生五臟

六腑部位各分逆順難明若憑寸口之浮沉必乃

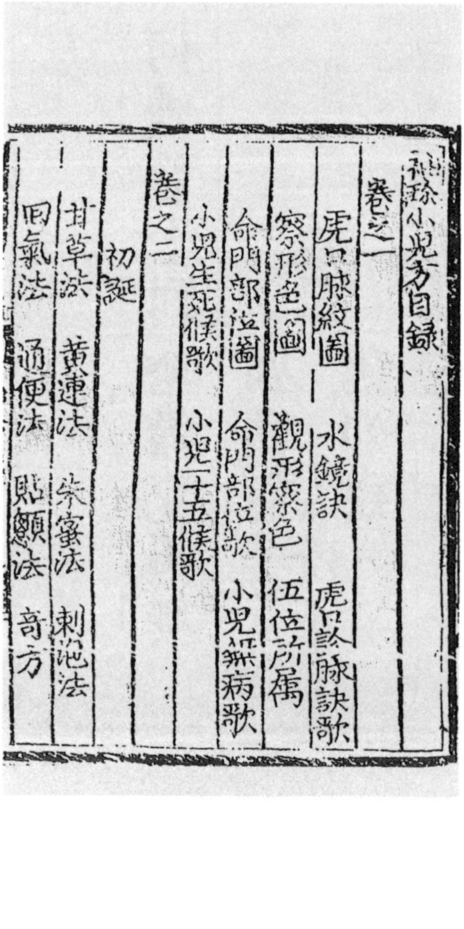

袖珍小兒方目録

卷之一

虎口脉紋圖　水鏡訣　虎口診脉訣歌

察形色圖　觀形察色　伍位所屬

命門部位圖　命門部位歌　小兒雜病歌

小兒生死候歌　小兒二十五候歌

卷之二

初誕

封草法　黄連法　朱蜜法　剃胎法

回氣法　通便法　貼顖法　奇方

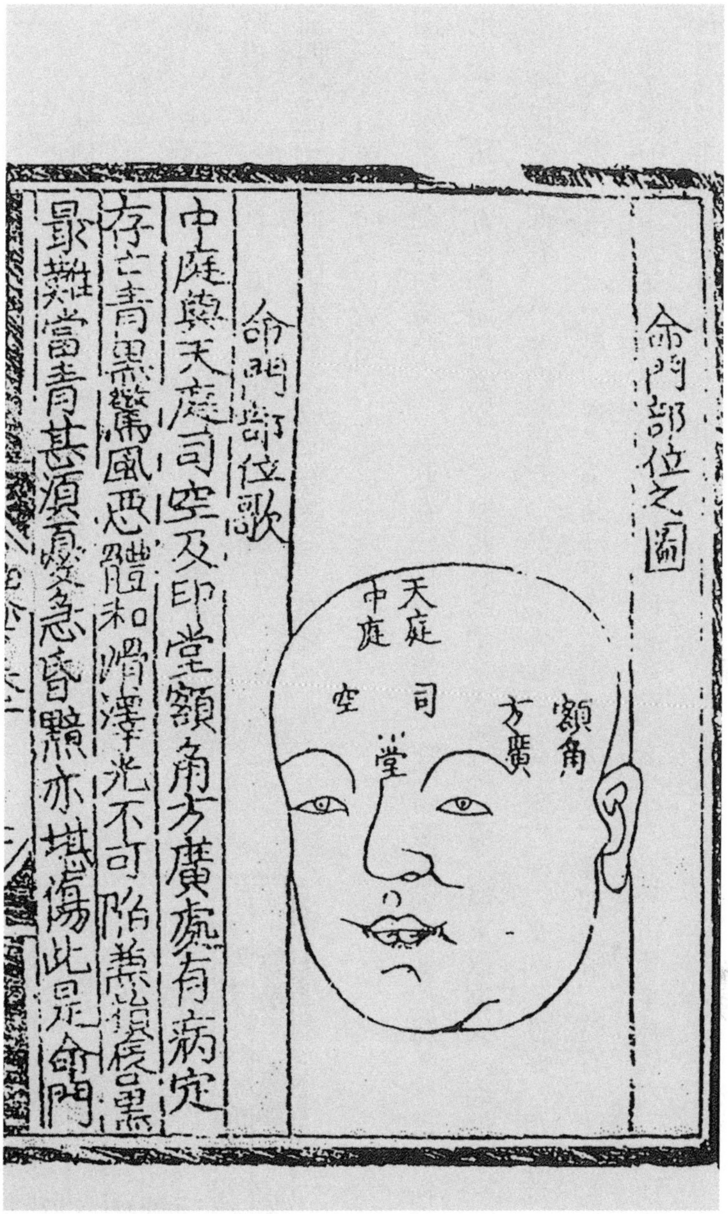
命門部位之圖
天庭
中庭
司空
印堂
額角
方廣
命門部位歌
中庭與天庭司空及印堂額角方廣處有病定
存亡青黑驚風惡體和滑澤光不可陷兼拍疾黑

類型疾病，徐氏各有「方論」，如卷三有「急慢驚風方總論」，下又有「急驚方論」，其下爲不同藥方。其有些藥方有劑量，有些藥方無劑量。徐用宣此書在診治小兒疾病方面有一定價值，李時珍《本草綱目》亦徵引徐氏《袖珍小兒方》。該書有明嘉靖十一年刻本，藏於安徽圖書館，共十卷，然未能影印。此本所影印爲明刻本，僅存前六卷。

秘傳音製本草大成藥性賦五卷

明徐鳳石撰。鳳石名爾，衢州常山人。［天啓］《衢州府志·技術傳》於常山人下載：「徐爾號鳳石，歲貢，教諭。東山醫藪，爾更有神，時稱爲鳳石醫仙。」此書凡五卷，前四卷題「秘傳音製本草大成藥性賦」，卷端署「常山庠生徐鳳石彙編，上饒後學余瀘東校閱，建陽書林劉元初繡梓」。第五卷「秘傳音製十二經絡臟腑大成藥性賦」，署「柯城醫士劉全備、上饒後學余瀘東校閱，建陽書林劉元初繡梓」，實此卷爲劉全備所撰，蓋余瀘東取劉氏《藥性賦》中五臟六腑藥性賦附於鳳石書下。徐氏之書四卷，分寒門藥性賦、熱門藥性賦、温門藥性賦、平門藥性賦，每卷前有目録，各賦述藥依石、草、木、人、獸、禽、蟲、果、米、菜諸部爲次，每賦文之下，詳加注解，時有音注。此書涉及藥味近千味，在賦體本草類之書中實屬少見。書中注解記載了大量的本草，有些不見於古代本草資料；其所載藥物配用，對於臨床用藥甚有價值。此書據明萬曆刻本影印。

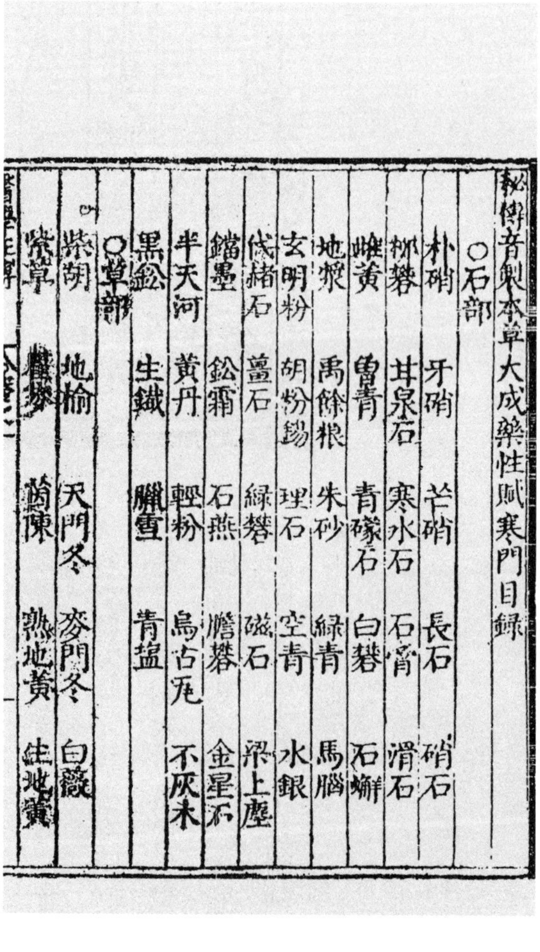
秘傳音製本草大成藥性賦寒門目録
〇石部
朴硝 牙硝 芒硝 長石 硝石
[illegible]礬 甘泉石 寒水石 石膏 滑石
雌黃 曾青 青礞石 白礬 石蠏
地漿 禹餘粮 朱砂 緑青 馬腦
玄明粉 胡粉錫 理石 空青 水銀
代赭石 薑石 緑礬 磁石 梁上塵
鐺墨 鈆霜 石燕 膽礬 金星石
半天河 黄丹 輕粉 烏古瓦 不灰木
黑鈆 生鐵 臘雪 青鹽
〇草部
柴胡 地榆 天門冬 麥門冬 白薇
紫草 [illegible] 茵陳 熟地黄 生地黄

秘傳音製十二經絡臟腑大成藥性賦目錄

○心臟

補　酸棗仁　天竺黃　金屑　銀屑　遠志

麥門冬　羚羊角　山藥　紅花　川芎

川當歸

瀉　川黃連　南木香　貝母　苦參　半夏

玄胡索　陳枳實　杏仁　鬱金　前胡

甜葶藶

溫　石菖蒲　藿香

涼　玄明粉　麥門冬　丹砂　礬石　牛黃

淡竹葉　川黃連　珍珠　知母　貝母

北柴胡　鬱金　連翹　蘊根　蔓荊子

引經　獨活　細辛

○小腸腑

鍼灸大成十卷

《四庫全書總目》卷一〇五《鍼灸大全》：

明楊繼洲編。繼洲，萬曆中醫官，里貫未詳。據其刊版於平陽，似即平陽人也。是書前有巡按山西御史趙文炳序，稱「文炳得痿痺疾，繼洲鍼之而愈。因取其家傳《衛生鍼灸元機秘要》一書，補輯刊刻，易以今名」。本朝順治丁酉，平陽府知府李月桂以舊版殘闕，復爲補綴。其書以「素問」「難經」爲主，又肖銅人像，繪圖立説，亦頗詳賅。惟議論過於繁冗。

案：《四庫全書總目》與［民國］《衢縣志》載楊繼洲之書爲《鍼灸大全》，然今傳此本名爲《鍼灸大成》。四庫館臣據楊氏之書刻於平陽，而推測楊繼洲爲平陽人，有誤。據王國光《衛生鍼灸玄機秘要敘》和［民國］《衢縣志》所引《楊氏譜》可知，楊繼洲爲衢州西安人。又繼洲在《鍼灸大成》卷一「鍼道源流」中著録歷代鍼灸著作有《玄機秘要》，自言「三衢繼洲楊濟時家傳著集」，亦證其爲衢人。繼洲行醫於平陽，書成刊於此地，而非平陽人。王國光敘曰：「三衢楊子繼洲，幼業舉子，博學績文。一再厄於有司，遂棄其業業醫，醫固其世家也。祖父官太醫，授有真秘，纂修《集驗方》進呈。上命鐫行天下，且多蓄貯古醫家抄籍。楊子躬而讀之，積有歲年，寒暑不輟，卓然有悟。復慮諸家書，弗會於一，乃參合指歸，會同考異，手自編摩，凡鍼藥調攝之法，分圖析類，爲天地人卷，題曰『玄機秘要』。誠稽此而醫道指掌矣。」繼洲在家傳鍼灸學的基礎上修成《衛生鍼灸玄機秘要》。趙文炳序稱，「（楊氏）廣求群書，若《神應經》《古今醫統》《乾坤生意》《醫學入門》《醫經小學》《鍼灸學要》《鍼灸聚英》《鍼灸捷要》《小兒按摩》，凡有關於鍼灸者，悉采集之。更考《素問》《難經》以爲宗主，鍼法綱目備載之矣。且令能匠於太醫院，肖刻銅人像詳著其穴，並刻畫像圖，令學者便覽而易知焉」。楊氏以家傳鍼灸學爲功底，參研衆書，進而撰成《鍼灸大成》。楊氏此書有衆多關於人體穴位之圖，其文有論、歌、訣、賦、策（問答式）等不同的體式，還有鍼灸之「法」「門」「主治」等。文中不少圖、歌、賦等爲繼洲所創，對於輯自以往鍼灸學之文皆注明出處。是書總結明代以前鍼灸學經驗，收載衆多鍼灸歌賦，重新考訂穴位名稱和位置，闡述歷代鍼灸操作手法，主張鍼灸藥物按摩並重、鍼法灸法並重、穴法手法並重，堪稱中國古代醫學著作瑰寶。此書據明萬曆二十九年（1601）刻本影印。

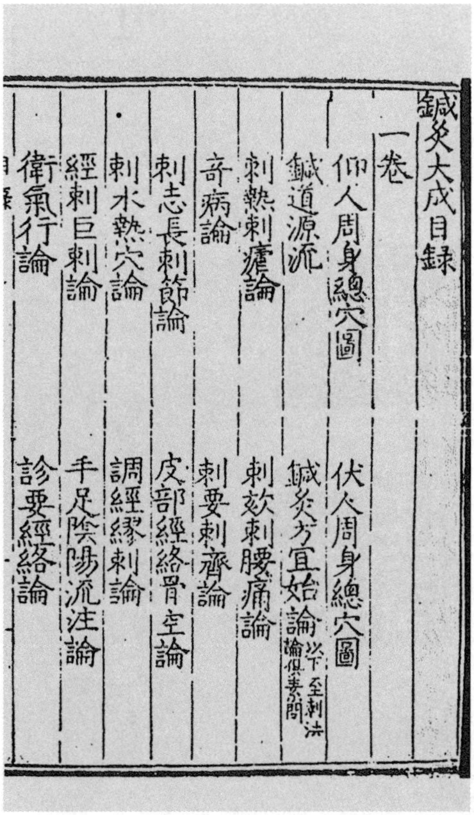
鍼灸大成目録

一卷

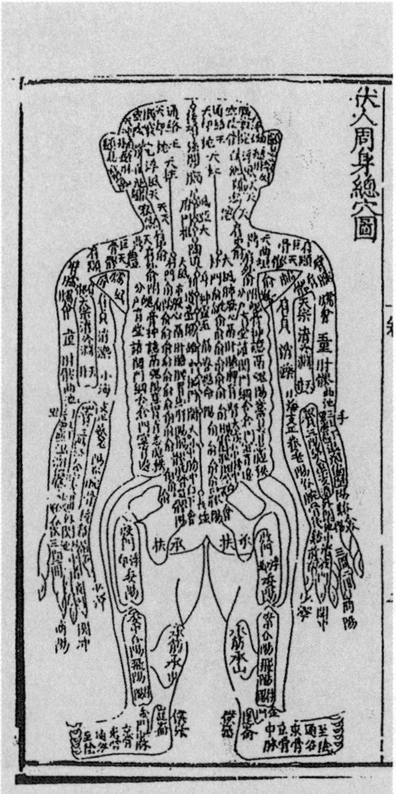

心醫集六卷

清祝登元撰。登元字茹穹，衢州龍游人。明崇禎十七年（1644）選貢。清順治三年（1646），聘爲閩浙參謀，旋授延平推官，擢兵部主事。所著有《四書講成》《字學考》十四卷、《通鑑紀實》《心醫集》六卷、《入道始終》四卷、《功醫合刻》十二卷、《醫印》三卷、《醫驗》一卷、《静功秘旨》二卷、《日用必需》六卷、《天文秘占》《地理確義》《字畫廣匯》《冰暑集》《署閑詩稿》六卷、《鏡古編》八十卷。《心醫集》成於順治七年（1650），各卷端署名「古龍丘祝登元茹穹甫著，侄有旂以文甫校正，門

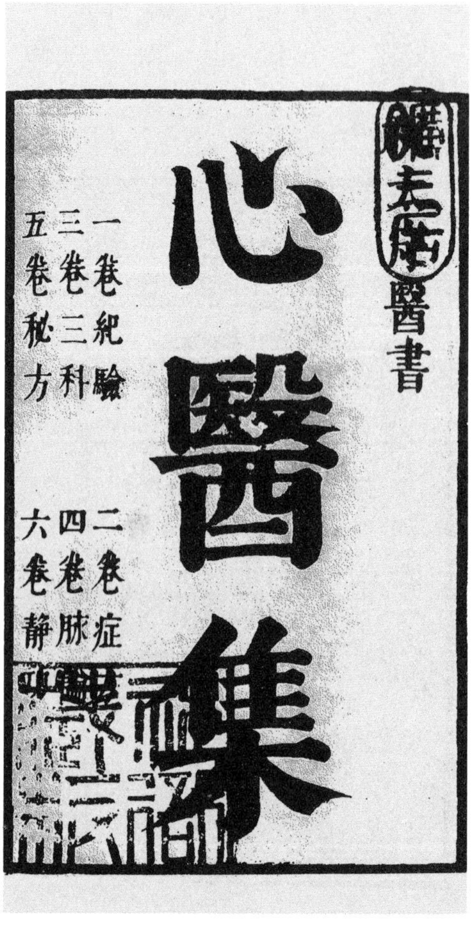
醫書
心醫集
一卷紀驗 二卷症
三卷三科 四卷脉
五卷秘方 六卷静

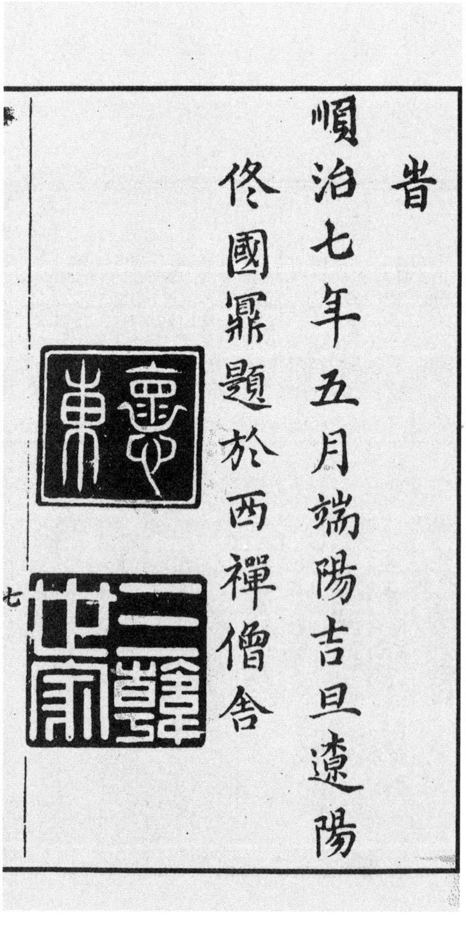
旹
順治七年五月端陽吉旦遼陽
佟國鼐題於西禪僧舍

人李如龍虎友甫訂正」，卷前除有祝登元自序及福建巡撫張學聖等八序。祝氏言：「予究以有年，往往疑難症，報藥立效，其理有爲諸書所未明，其方又即衆醫所共曉，但察脉獨真，故著功自異耳。回紀其症與其驗，並著其方，以公之世。」此書包括方、脉、臨床病證、醫案和養氣静功，診斷、診治、醫案、静功皆有，爲綜合性臨床醫學之作。卷一「紀驗」録有三十九例醫案，其患者大多爲官員，每一案例述患者姓名、官職、患病時日、治療經過和所開藥方。卷二「症方」爲不同症狀疾病所開藥方，不少藥方是在前賢基礎上加以變通而成良方。卷三「三科」分婦人科、小兒科、眼科，各科先有詳論，而後列出相應藥方。卷四「脉論」分脉竅、脉印及臟腑病脉等十類脉，末爲「臟腑圖藥屬」，其論尊王叔和，然未盡信之，有自己見解。卷五「秘方」，或自家傳，或自友傳，或自師傳，或自高人術士傳，其方皆屢用屢效；他如古方爲日用必須者，並撮其最要。卷六「静功妙藥」，分醒語、八懿、前珍、九種四部分，後附「袁了凡静功訣」，集儒、佛、道静心坐功之法於一，屬養生内容。此書據清順治七年刻本影印。

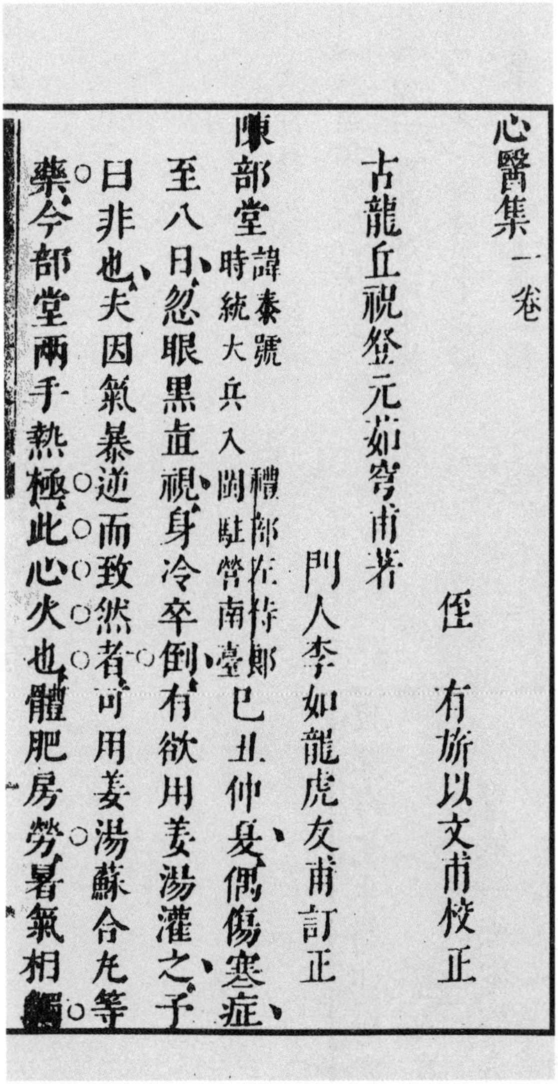
心醫集一卷
古龍丘祝登元茹穹甫著
侄 有旃以文甫校正
門人李如龍虎友甫訂正
陳部堂諱泰號 時統大兵入閩駐營南臺 禮部左侍郎 巳丑仲夏偶傷寒症
至八日忽眼黑直視身冷卒倒有欲用姜湯灌之予
曰非也夫因氣暴逆而致然者可用姜湯蘇合丸等
藥今部堂兩手熱極此心火也體肥房勞暑氣相

祝茹穹先生醫印三卷附醫驗一卷

清祝登元撰。登元有《心醫集》，已著録。此書題「祝茹穹先生醫印」，署「盧陵弟子趙嶷一蒼子記注」，後附《醫驗》一卷，卷前有「祝氏弟子沈朝璧序」和「兩江總督郎廷佐序」。《醫印》凡三卷，着重探討醫學基礎理論，前兩卷重在脉論，其論脉首重胃氣，故開篇即論「胃氣一綫」，

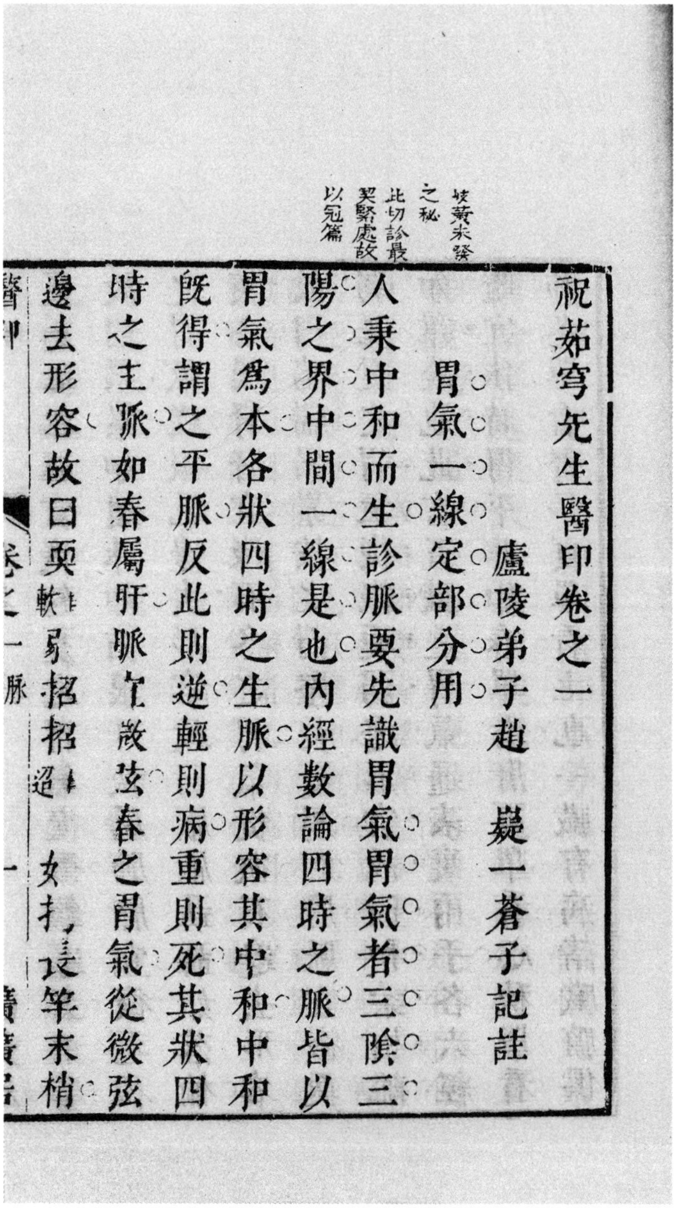

岐黄未發之秘 此切診最緊處故以冠篇

祝茹穹先生醫印卷之一

盧陵弟子趙　嶷一蒼子記註

胃氣一線定部分用

人秉中和而生診脉要先識胃氣胃氣者三陰三陽之界中間一線是也内經數論四時之脉皆以胃氣爲本各狀四時之生脉以形容其中和中和既得謂之平脉反此則逆輕則病重則死其狀四時之主脉如春屬肝脉乍散弦春之胃氣從微弦邊去形容故曰耎軟招招超如揭長竿末梢

醫印　卷之一　脉　一

定部分用」，其下曰：「人秉中和而生，診脉要先識胃氣。胃氣者，三陰三陽之界中間一綫是也。」作者推崇《内經》，故常以其爲立論依據。《醫印》論治傷寒内容甚多，祝氏以爲，「傷寒本受寒，而摽發爲熱病，乃寒盛生熱也。其三時見證，或證不合時，或證合乎時，有正傷寒温暑之分，治法遂異」。《醫驗》非祝氏自撰，每一醫案後皆有記述者，當爲記述者追憶而成；其患者上自名士、官員，下至鄉民。《醫驗》之後有錢謙益書寫祝茹穹之文，以及錢氏記茹穹爲其治病醫驗，其下又有醫案十則，與錢文之前醫驗記述方式不同。雖同爲茹穹醫之作，此書與《心醫集》多不相同；即使二書都有内容，如《心醫集》中「紀驗」和此書中「醫驗」，内容和記述方式皆不相同；又如《心醫集》和此書皆有脉論，然論述角度和内容皆不同。《心醫集》《醫印》《醫驗》皆爲祝茹穹行醫之經驗總結或理論創造，可互爲補充。

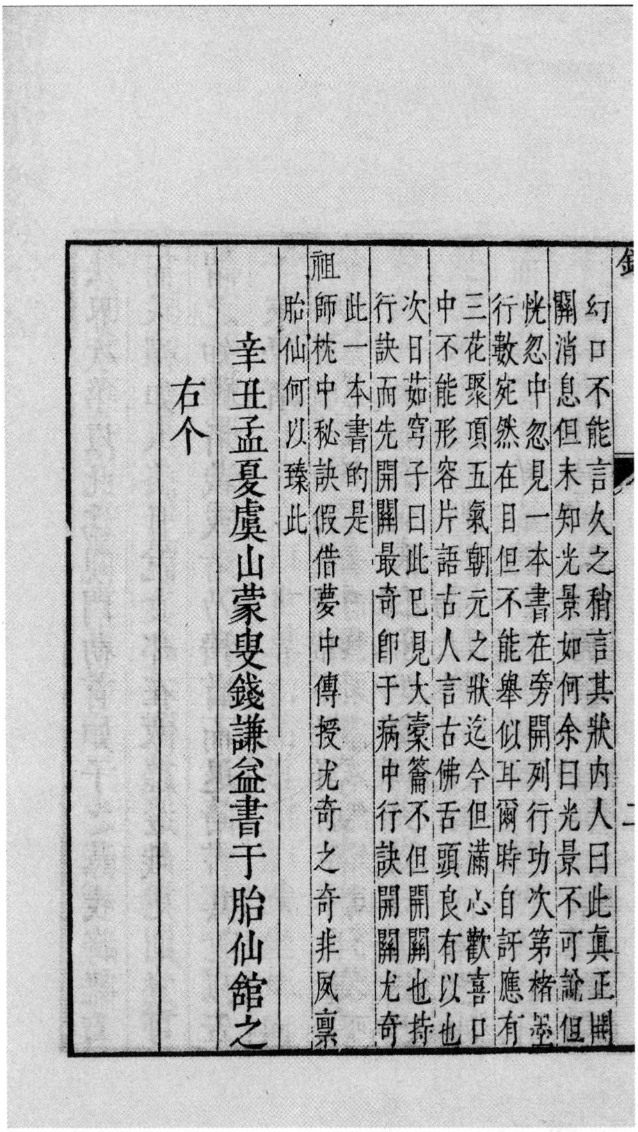
幻口不能言久之稍言其狀内人曰此眞正開
關消息但未知光景如何余曰光景不可論但
恍忽中忽見一本書在旁開列行功次第楷瑩
行歎宛然在目但不能舉似耳爾時自許應有
三花聚頂五氣朝元之狀迄今但滿心歡喜口
中不能形容片語古人言古佛舌頭良有以也
次日茹穹子曰此已見大槖籥不但開關也持
行訣而先開關最奇即于病中行訣開關尤奇
此一本書的是
祖師枕中秘訣假借夢中傳授尤奇之奇非夙禀
胎仙何以臻此
右个
辛丑孟夏虞山蒙叟錢謙益書于胎仙館之

此書據清順治十三年（1656）刻本影印。

症治實録不分卷

清項文燦撰。文燦字錦堂，號斐然，衢州龍游人。

[民國]《龍游縣志·藝文考》載：「《症治實録》一卷，項文燦撰。案文燦以能醫名，此書皆其平生臨症治驗之作，別有心得，凡七十六篇，第一篇爲其自序。」此書不題書名和撰者，其自序末有「醫篤司命之操，並不敢著書立説，冒仿古人，有欺當世，以遺口實，故自顔曰『症

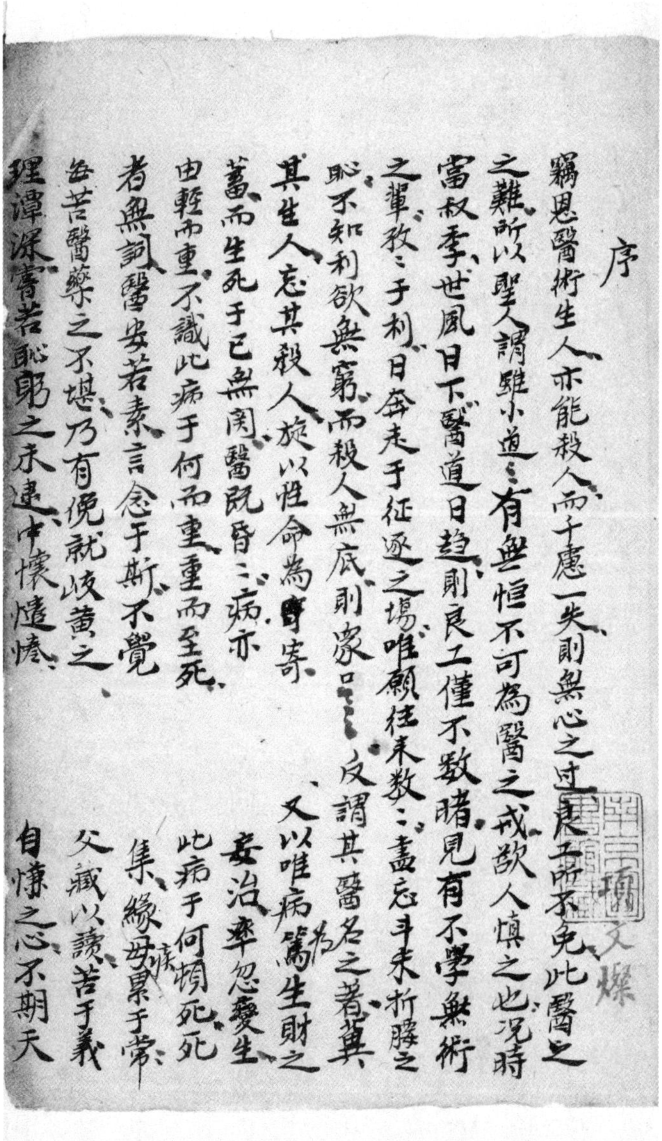
序

竊思醫術生人亦能殺人，而千慮一失，則無心之過，良工所不免。此醫之
難所以聖人謂雖小道，有無恒不可爲醫之戒，欲人慎之也。況時
當叔季，世風日下，醫道日趨，則良工僅不數睹，見有不學無術
之輩，孜孜于利，日奔走于征逐之場，唯顧往來數數，盡忘斗米折腰之
恥，不知利欲無窮，而殺人無底，則象口口口反謂其醫名之著，冀
其生人，忘其殺人，旋以性命爲寄，又以唯病爲生財之
蓄，而生死于己無関，醫既昏昏，病亦妄治，猝忽變生，
由輕而重，不識此病于何而重，重而至死，此病于何頓死，死
者無詢，醫安若素，言念于斯，不覺集緣毋累于常，
無苦醫藥之不堪，乃有俛就岐黃之父藏以讀，苦于義
理潭深奧，若恥郢之未達，中懷燼慘，自慊之心不期天

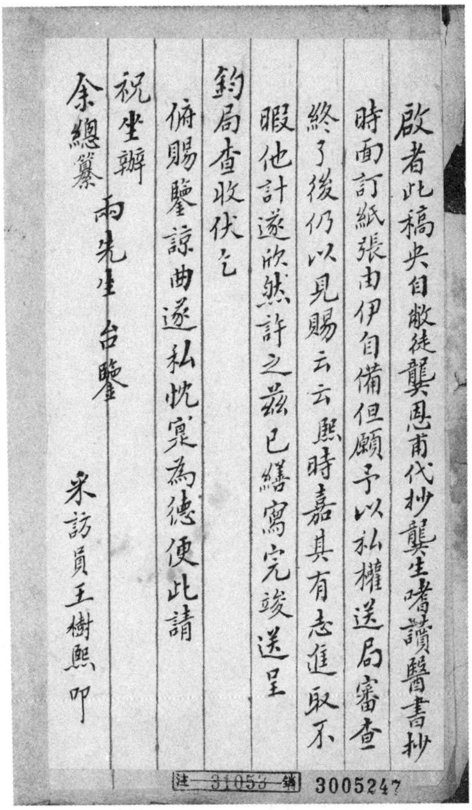
啟者此稿央自敝徒龔恩甫代抄龔生嗜讀醫書抄時面訂紙張由伊自備但願予以私權送局審查終了後仍以見賜云云熙時嘉其有志進取不暇他計遂欣然許之茲已繕寫完竣送呈鈞局查收伏乞俯賜鑒諒曲遂私忱寔為德便此請

祝坐辦
余總纂 兩先生 台鑒

采訪員王樹熙叩

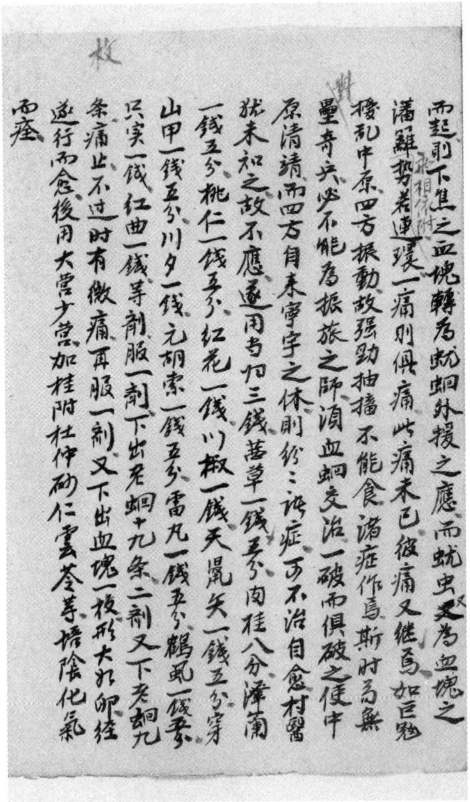
而起則下焦之血塊轉為蚘蛔外援之應而蚘虫更為血塊之潘籬勢若連環一痛則俱痛此痛未已彼痛又繼焉如巨魁擾亂中原四方振動故强勁抽搐不能食諸症作焉斯時為梟壘奇兵必不能為振旅之師須血蛔交治一破而俱破之使中原清靖而四方自來寧宇之休則紛紛諸症可不治自愈村醫狁未知之故不應遂用當归三錢茜草一錢五分肉桂八分澤蘭一錢五分桃仁一錢五分紅花一錢川椒一錢天鼠矢一錢五分穿山甲一錢五分川夕一錢元胡索一錢五分雷丸一錢五分鶴虱一錢黍只实一錢紅曲一錢等劑服一劑下出死蛔十九條二劑又下死蛔九條痛止不過時有微痛再服一劑又下出血塊一枚形大如卵经遂行而愈後用大營方煎加桂附杜仲砂仁雲苓等培陰化氣而痊

治實録』云」，可見此書名爲《症治實録》。書前有啓一封，末題「祝坐辦、余總纂兩先生台鑒，采訪員王樹熙叩」，此余總纂者，乃龍游余紹宋也，爲「民國」《龍游縣志》編纂者。據「民國」《龍游縣志》卷末《前志源流及修志始末》載，此志之修，以紹宋爲總纂，祝劼庵先生康祺坐辦局務，城鄉各聘采訪員，「北鄉聘定王君樹熙」，又曰「王君樹熙所采，間加考訂，尤多可取」。據此，《症治實録》一書爲修《龍游縣志》采訪所得，經王樹熙考訂，訂爲龍游項文燦之作。是書除自序外，每篇症治詳記其治療過程，對病人病情、所開藥方及療效等有所敘述。書前王氏啓言「啓者此稿，央自敝徒龔恩甫代抄」，可知今傳此本爲民國抄本，此書據其影印。

逸仙醫案二卷

清雷逸仙撰。逸仙以號行，名煥然，字春臺，衢州西安人。從程芝田學醫，盡得其秘。清道光時僑居龍游行醫，凡遇小恙必悉心，危症尤竭力，病急者不辭風雨，家貧者不計醫金。嘗著《醫博》四十卷、《醫約》四卷、《詩稿》八卷，具未梓。逝後僅留方案數百餘則，其子豐珍之。至民國十五年（1926），逸仙外孫龔香圃纂輯《六一草堂醫學叢書》，將其醫案編次校刊，定爲此本。此書首爲戴銘禮「六一草堂醫學叢書總序」，次爲「衢州知府劉

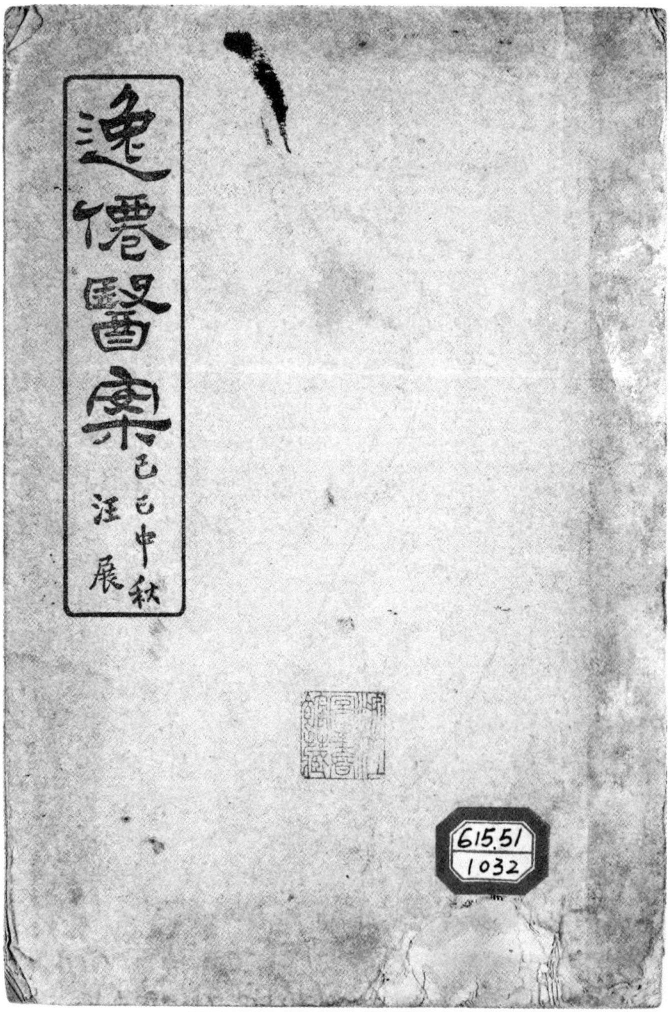

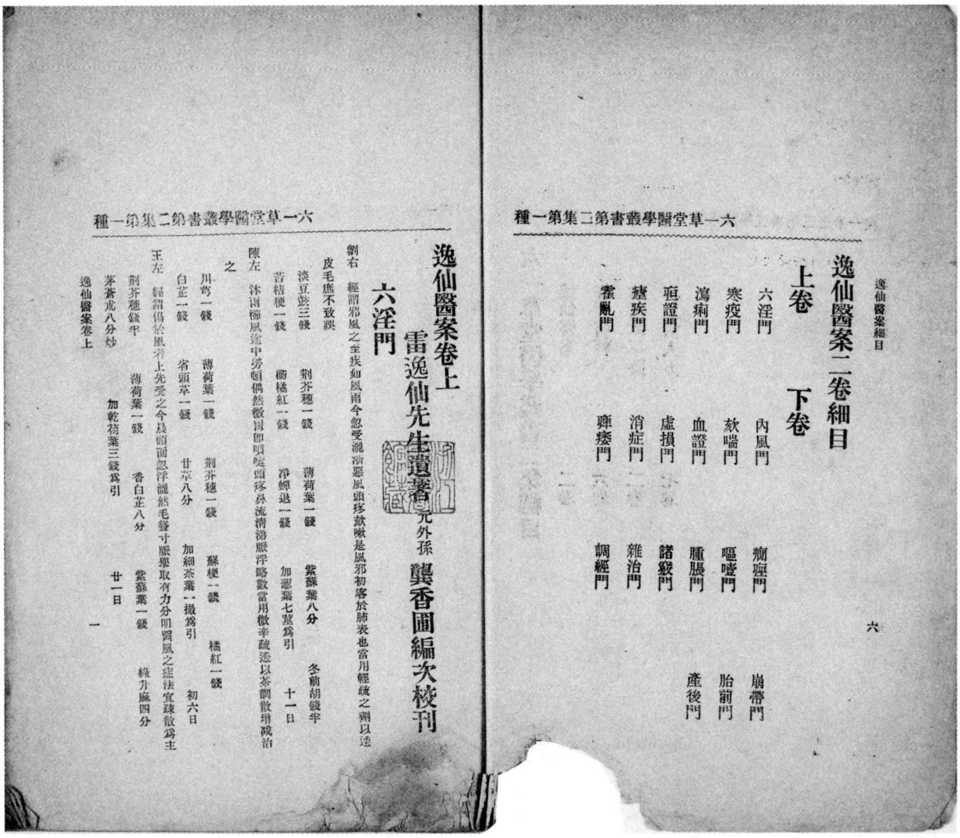

逸仙醫案細目

六一草堂醫學叢書第二集第一種

逸仙醫案二卷細目

上卷

六淫門 寒疫門 瀉痢門 疸證門 瘧疾門 霍亂門

下卷

內風門 欬喘門 血證門 虛損門 消症門 痺痿門
癎痙門 嘔噎門 腫脹門 諸竅門 雜治門 調經門
崩帶門 胎前門 產後門

六

六一草堂醫學叢書第二集第一種

逸仙醫案卷上

雷逸仙先生遺著 元外孫 龔香圃編次校刊

六淫門

劉右 經謂邪風之至疾如風雨今忽受洒淅惡風頭疼欬嗽是風邪初客於肺表也當用輕疏之劑以透皮毛庶不致誤

淡豆豉三錢 荆芥穗一錢 薄荷葉一錢 紫蘇葉八分 冬前胡錢半
苦桔梗一錢 廣橘紅一錢 淨蟬退一錢 加葱葉七莖爲引 十一日

陳左 沐雨櫛風途中勞頓偶然微冒即噴嚏頭疼鼻流清涕脈浮略數當用微辛疏透以茶調散增減治之

川芎一錢 薄荷葉一錢 荆芥穗一錢 蘇梗一錢 橘紅一錢
白芷一錢 省頭草一錢 甘草八分 加細茶葉一撮爲引 初六日

王左 經謂傷於風者上先受之今晨頭面忽浮濈然毛聳寸脈舉取有力分明冒風之症法宜疎散爲主

荆芥穗錢半 薄荷葉一錢 香白芷八分 紫蘇葉一錢 綠升麻四分
茅蒼朮八分炒 加乾荷葉三錢爲引 廿一日

逸仙醫案卷上 一

國光序」「逸仙公小傳」、刊行「緣起」。是書分上、下兩卷，上卷分六淫、寒疫、瀉痢、疸症、瘧疾、霍亂六門，下卷分内風、咳喘、血證、虚損、消症、痺痿、癎痙、嘔噎、腫脹、諸竅、雜治、調經、崩帶、胎前、産後十五門。其於每門之下，先述患者病情、脉象，再列藥方。其患者一般稱之爲「王左」「劉右」「潘媪」「蘇媪」「楊翁」「胡女」等以區分男（左）、女（右）、老、幼。或此醫案皆爲治療成功案例，故僅言病情和藥方而不言療效。此書據民國十五年鉛印本影印。

方案遺稿不分卷

清雷逸仙撰。逸仙有《逸仙醫案》，已著録。是書亦爲逸仙醫案，龔香圃校定《逸仙醫案》或是在此書基礎上編定而成。《方案遺稿》當分春、夏、秋、冬四集，此僅存「秋集」「冬集」，有醫案九十八例，題「浙衢雷煥然逸仙甫著，孫大震福亭甫注，門下晚學生三衢江誠抱一甫、新安程曦錦雯甫、三衢葉訓聰次言甫仝注」。《逸仙醫案》中的不少案例見於此書，較之《醫案》，此書則於藥方後對描述病情中的醫學用詞則加以注解。如《遺稿》中第三個醫案「姜左（霍亂）」，其述病情曰：「倉卒之間，心腹擾痛，上欲吐而

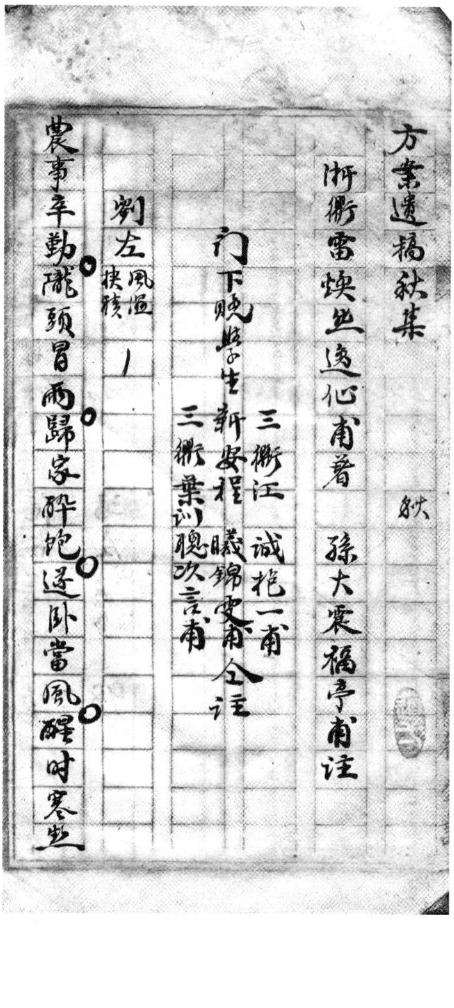

下欲瀉。乃暑濕飲食雜糅交病於中，正氣不堪，一任邪之揮霍撩亂。脉形微濇，宜二香湯加減治之。」於方劑後注解曰：「倉卒，蘇詩：『流傳後世人，談笑資口舌。是非亦已矣，興廢何倉卒。』注，倉卒，忽透貌。微濇，仲景云：『其脉微澀者本是霍亂。』三香湯，即正氣散，合香需玖。」《遺稿》前文和《醫案》均作「二香湯」，又據所開方劑爲「藿香」「紫蘇」等爲「二香湯」藥方，故此注解寫爲「三香湯」當爲筆誤。又《遺稿》中「姜左」後有「霍亂」二字，《醫案》無。此補以「霍亂」以及對「倉卒」「微濇」「二香湯」注釋當是雷大震等人所作。是書爲後來其子雷豐撰述《時病論》提供基礎。此書據舊抄本影印。

時病論八卷

清雷豐撰。豐字松存，號侶菊，又號少逸。其父逸仙，當時名醫。豐幼承父訓，天資聰穎，詩、書、畫皆擅長，時有三絶之譽。少逸以醫道盛行於時，研究醫理益精，有《時病論》《方藥玄機》等作。《時病論》成於清光緒八年（1882），卷前有劉國光序、吳華辰序、雷豐自序和凡例，卷一目録後又有雷氏小序，卷末有附論十三篇、題詞二十篇、受業門人程曦跋和江誠跋。其「凡例」末兩條爲朱筆增入，其一「新增陸晉笙先生《新編雷氏六十法歌訣》，俾學者便於記誦」，又一「新增古越何廉臣先生按語，以資參閱」，然未見此本有歌和注。此書凡八卷，春、夏、秋、冬四時病各爲兩卷，各卷首述大意，次載病名、治法、備用成方、醫案，其論病七十二，治法六十四，成方一百六。《時病論》以《内經·陰陽應象大論》八句經旨爲綱，集四時六氣之病爲目，總言先聖之源，分論後賢之本。其專論四時之病，一切瘟疫概不載入；諸論皆本《内經》、諸賢之說，對於

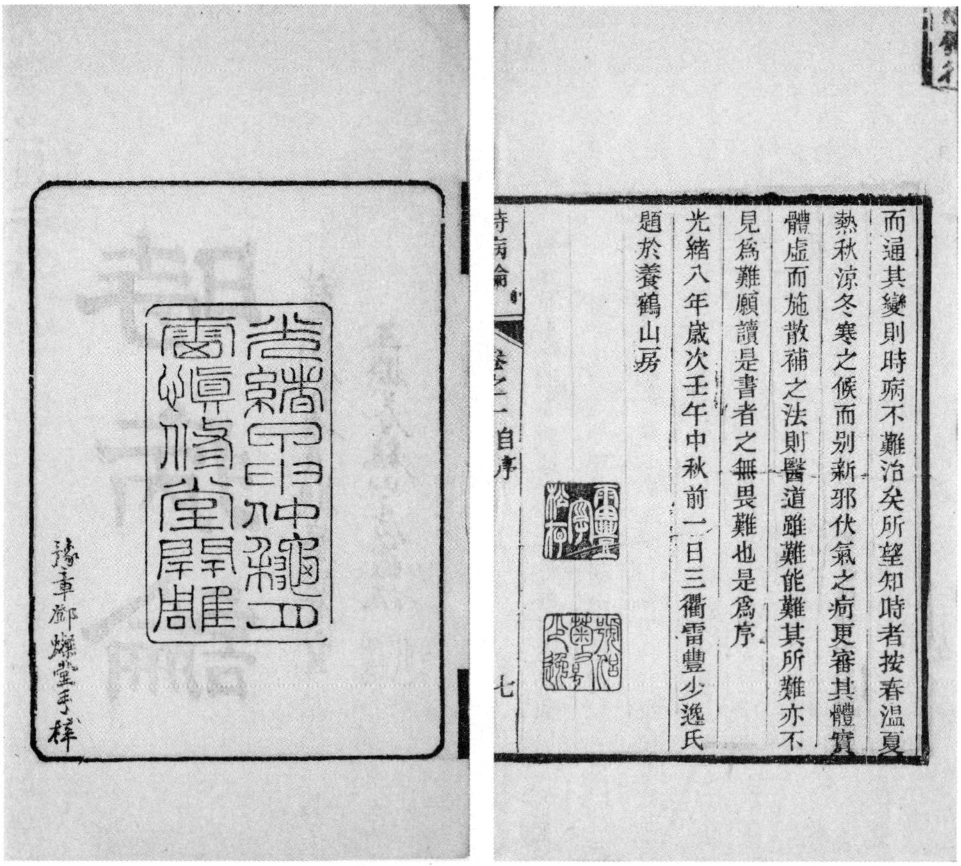

光緒甲申仲秋
雷慎修堂開雕

而通其變則時病不難治矣所望知時者按春温夏熱秋涼冬寒之候而別新邪伏氣之病更審其體實體虛而施散補之法則醫道雖難能難其所難亦不見爲難願讀是書者之無畏難也是爲序
光緒八年歲次壬午中秋前一日三衢雷豐少逸氏題於養鶴山房

時病論　卷之一　自序　七

先宗之論有偏頗者則加就正；諸法皆雷氏所擬，仿古人之意而有所損益，所用諸藥細心參究，每法之後詳加解釋；諸方悉選於先哲諸書，以補諸法所不及；諸案係豐臨證時所筆，危病、輕病並載。雷氏認爲，「春時病温，夏時病熱，秋時病涼，冬時病寒」，按四時五運六氣而分治病者爲時醫，「時醫必識時令，因時令而治時病，治時病而用時方，且防其何時而變，決其何時而解，隨時斟酌」。他還提出「知時論證，辨體立法」，「時有温、熱、涼、寒之別，證有表、裏、新、伏之分，體有陰、陽、壯、弱之殊，法有散、補、攻、和之異，設不明辨精確，妄爲投劑，鮮不誤人」。《時病論》刊行後廣爲流傳，後人又爲之加增以批注或列表，如陳秉鈞《加批時病論》逐條批注，何筱廉《增批時病論》重加案語，彭光卿《時病分證驗方》《時病分證表》分列驗方和圖表，足見其影響之大。此書據清光緒十年（1884）慎修堂刻本影印。

方藥玄機一卷

清雷豐撰。豐有《時病論》，已著録。此書署「三衢雷少逸先生著，静園主人加編詩歌，柯城六一子敬録校刊」。此書前刊印者有龔香圃序和戴銘禮序，末有「勘誤表」。全書自「辛温解表法」至「甘熱祛寒法」共六十醫法，每法先敘主治之病症狀，再列方劑，次詳爲解釋，最後爲静園主人所編方歌以便記憶。香圃刊行時，又在經驗天頭處注有數語，如「辛温解表法」天頭處有：「四時感冒、風寒皆可施用，若兼有暑熱燥氣之證，須臨時酌加可也。」對於此書價值，戴序言：「夫病症至不一也，而方藥又至不一也，必欲以至不一之方藥，而治至不一之病症，其可哉！雖然因法而處之方藥，經常也，經常者使有所守也。臨症而觀摩乎因法所處之方，加以增減，則權變也。惟先有所守，而後始可資以行權變。權變行，雖因法而處之方，亦能治至不一之病症矣。《方藥玄機》之價值在此而不在彼。」故讀此書，應明乎所守和權變之理，融會之，變通之，而能解方藥之玄機。此書爲民國十五年（1926）鉛印本，收録《六一草堂醫學叢書》第二集，附於《逸仙醫案》後，此書據其影印。

戴序

方藥玄機一卷三衢雷君少逸著全書都爲六十法每法首敍主治何症次列方藥復次詳解釋舉凡病理治解已最其要雷君嘗著時病論當刊行卽將是卷錄入故行世實已長久龔子香圃以是書能立法示人俾觀摩者得有所守殆醫藉中不可多得之作特請其尊人靜園主人於每法之末綴以韻語別刊單本列入所輯醫學叢書曰方藥玄機猶仍雷君之原稱也夫病症至不一也而方藥又至不一也必欲以至不一之方藥而治至不一之病症其可哉雖然因法而處之方變經常也經常者使有所守也臨症而觀摩乎因法所處之方加以增減則權變也惟先有所守而後始可資以行權變權變行雖因法而處之方亦能治至不一之病症矣方藥玄機之價値在此而不在彼讀方藥玄機者亦先應明乎經權之理而後始不至喪其所守甚且因融會貫通之後更別見新理是又所望於善讀斯書者也丙寅六月立庵戴銘禮序

灸法秘傳一卷

清雷豐改訂。豐有《時病論》，已著録。此書爲清稿本，不題撰者，首有「治田金鎔」所撰「小引」，下爲凡例、目録和正文。《灸法秘傳》另有清光緒九年（1883）楚北樂善堂劉氏刊本，其「應灸七十症」之首題有「治田金鎔抄傳，少逸雷豐補說，抱一江誠校字」。清刻本前有劉國光序，然無金鎔「小引」。據劉氏序可知，此書原本爲雷豐親戚金冶田所藏，得自蜀僧，施治頗驗。然原書譾陋不文，「經雷君取所列諸證，分門而爲之說，言簡意賅，深得經旨，誠濟世之良術也」，「其論穴治病，則從太乙神鍼神明而出，實近今所罕見之本」。《灸法秘傳》雖非爲雷豐初創，而經雷氏補說而得完善，故少逸亦有補訂重編之功。此書有鍼灸穴位「正面圖」「背面圖」，而「指節圖」「灸盞圖」有文字説明，

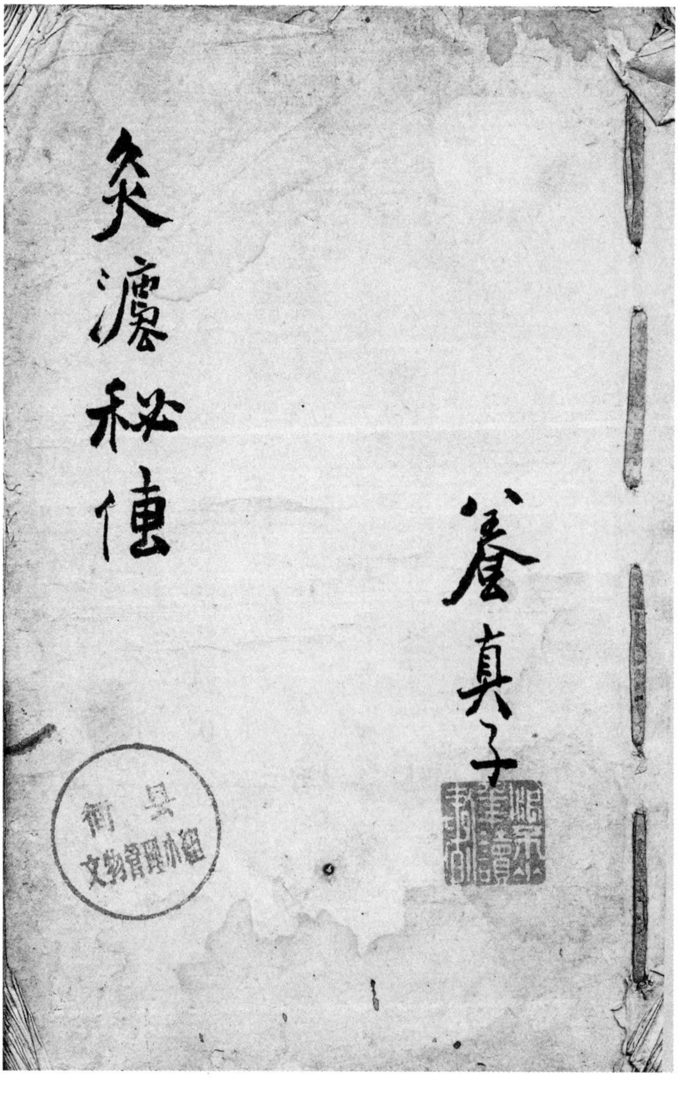

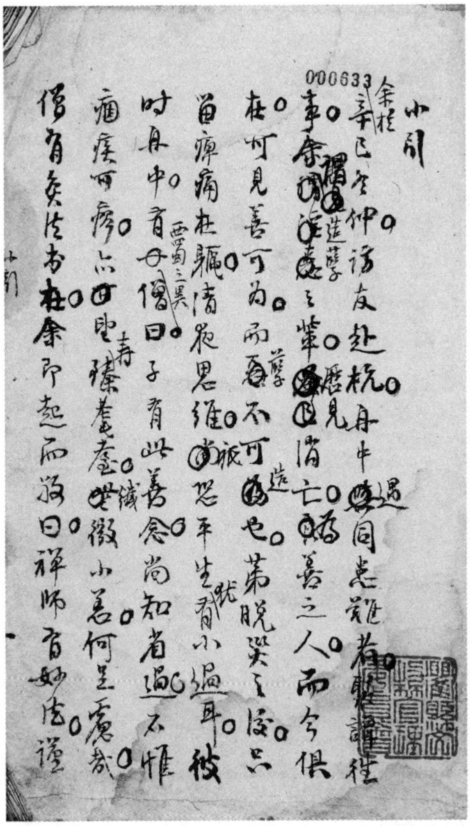

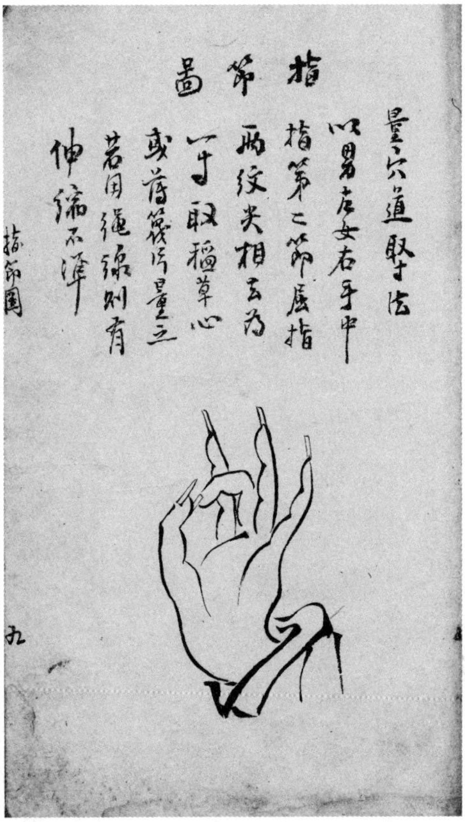

指節圖

量穴道尺寸法
以男左女右手中
指第二節屈指
兩紋尖相去為
一寸取稻草心
或薄篾片量之
若用繩線則有
伸縮不準

指節圖

九

又有「灸藥神方」「人神在日不宜灸單」。其下文爲「中風」等應灸七十症，每一病症先議病，再列應灸之穴位，皆言簡意賅。其鍼灸之法，將特製藥料放入銀質「灸盞」中進行「銀盞隔姜灸法」頗具特色，所繪製「灸盞圖」亦未見於他書有載。其用灸時講究氣候時日，認爲用灸應在天氣温和、密室無風之所。若遇人神所在，不宜灸之，如初一不宜灸足和大指，子時不宜灸踝，子日不宜治頭，甲日亦不宜治頭等，其用灸避忌頗有迷信色彩。此書據清稿本影印。

醫家四要四卷

清江誠、程曦、雷大震撰。誠字抱一，衢州西安人。以孀母多病，棄儒習醫，從遊雷豐之門。江氏於醫理剖析入微，凡他醫所束手者，誠治之，每獲生。著有《醫粹》《本草詩》等書。曦字錦文，徽州人，亦豐門人。大震字福亭，豐子。曦、大震事跡不詳。〔民國〕《衢縣志·藝文志》載：「《醫家四要》，清雷豐撰。」而此書四編皆題「三衢江誠抱一甫、新安程曦錦文甫、三衢雷大震福亭甫仝纂」，且據劉國光序亦知該書爲三人合撰。《衢縣志》所載有誤。《醫家四要》爲《脉訣入門》《病機約論》《方歌別類》《藥賦新編》四編合稱，將雷豐平日選讀之書，分脉訣、病機、湯方、藥性四類，括歌彙賦，以成是編。《脉訣入門》有四十九則，首論脉訣，其下有十二經絡、內景部位、五運六氣、萬金一統等説，「此皆從諸書中選摘最明之訓，蓋欲學者

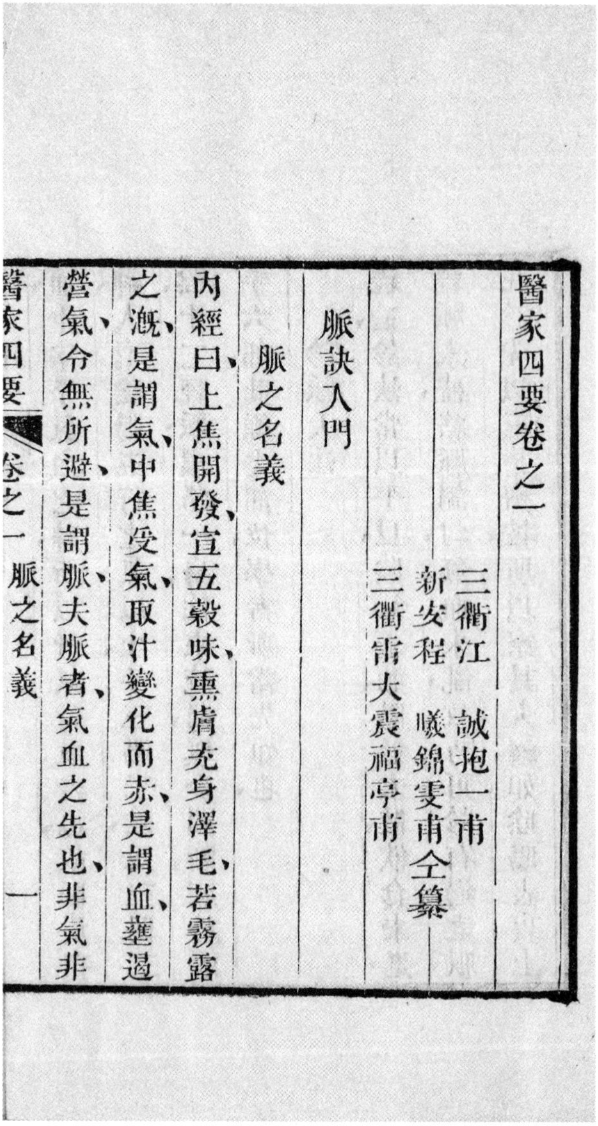
醫家四要卷之一
三衢江　誠抱一甫
新安程　曦錦雯甫仝纂
三衢雷大震福亭甫
脉訣入門
脉之名義
內經曰上焦開發宣五穀味熏膚充身澤毛若霧露之溉是謂氣中焦受氣取汁變化而赤是謂血壅遏營氣令無所避是謂脉夫脉者氣血之先也非氣非
醫家四要　卷之一　脉之名義　一

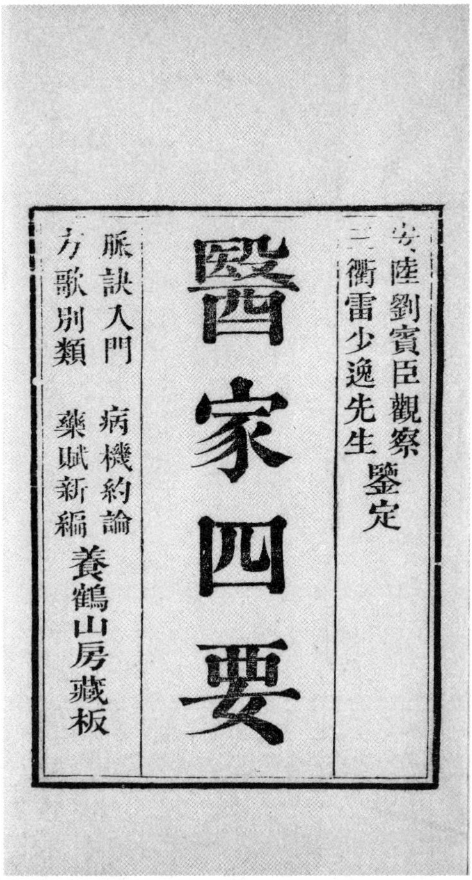

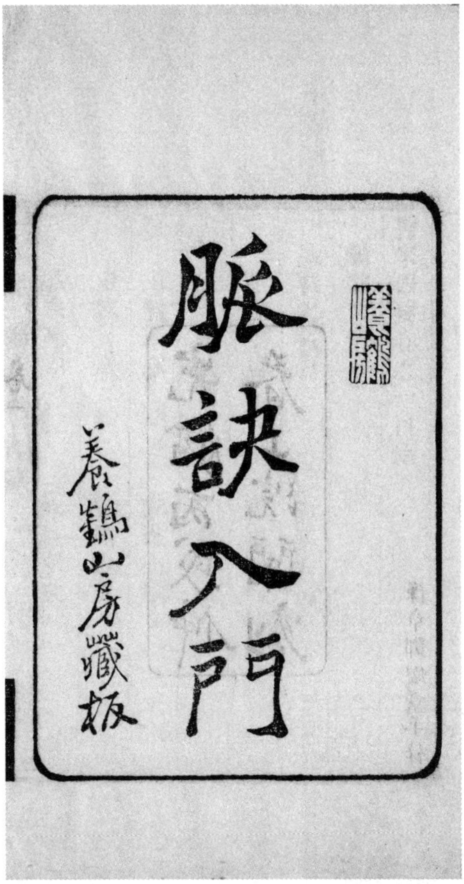

入門易易耳」。脉訣既識，當熟悉病機。較之諸書所論病機繁而難記，惟有古傳先賢名論七十二則最爲簡約，江誠等對古論加以删補，修其欠妥，遵其條目，遂成《病機約論》。病機既明，當知湯方。其《方歌別類》選時用湯方四十篇，分門別類，載明某方治某病，括爲長歌，便於記誦，附以「立方有君臣佐使」「七方」「十劑」「煎藥用水法」。「藥賦新編」分寒、熱、温、平四性，共三百六十餘種藥物，對於同類藥物，於每品之下一一載明，此編後附「藥性大略」「十八反歌」「十九畏歌」。此書前有劉國光序，稱《四要》「去泛删繁，辭明義顯，便於記誦，極易入門，誠爲醫家至要至約之訣」。此書據清光緒十二年（1886）養鶴山房刻本影印。

寶顏堂訂正丙丁龜鑑五卷續録一卷

《四庫全書總目》卷一一一《丙丁龜鑑》：

宋柴望撰。望字仲山，江山人。嘉定紹熙間爲太學上舍。除中書，特奏名。淳祐六年，歲在丙午，正旦日食，望因上此書，逮下詔獄。尋放歸。景炎二年，薦授迪功郎，史館國史編校。宋亡後，不仕而終。爲柴氏四隱之一。是書大旨以丙午、丁未爲國家厄會，因歷摭秦莊襄王以後至晉天福十二年，凡值丙午、

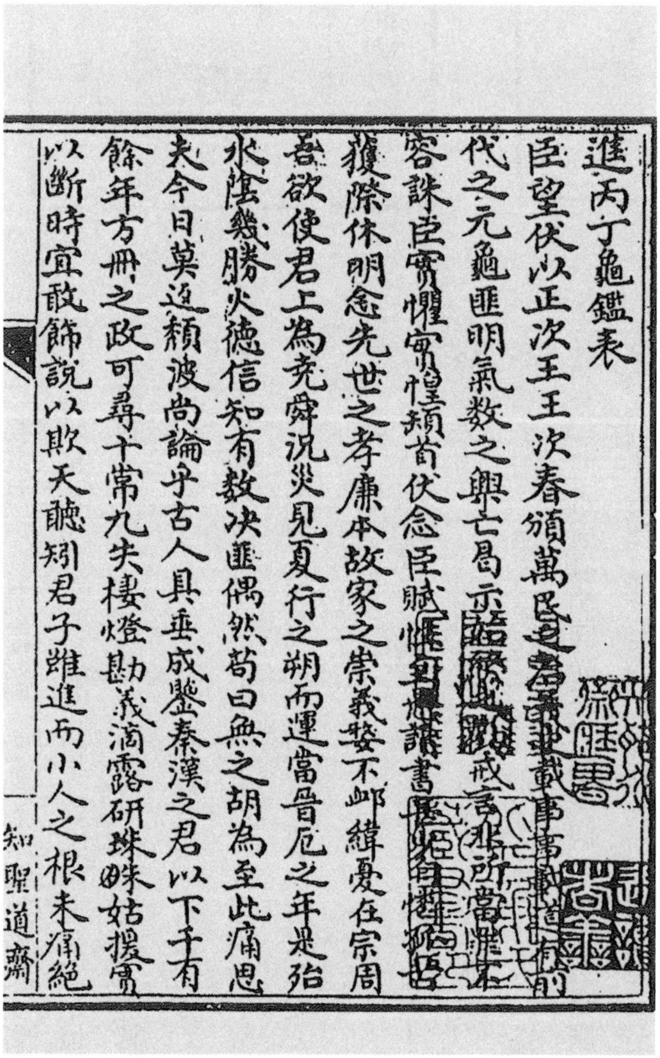
進丙丁龜鑑表
臣望伏以正次王王次春頒萬邑適[illegible]載事[illegible]
代之元龜匪明氣数之與亡曷示[illegible]戒言[illegible]所當[illegible]
容誅臣實懼實惶頓首伏念臣賦[illegible]書[illegible]
獲際休明念先世之孝康本故家之崇義婺不卹緯憂在宗周
吾欲使君上為堯舜況災見夏行之朔而運當昬厄之年是殆
水陰幾勝火德信知有数决匪偶然苟曰無之胡為至此痛思
夫今日莫追頹波尚論乎古人具垂成鑒秦漢之君以下千有
餘年方冊之政可尋千常九失樓燈勘義滴露研珠姑援實
以斷時宜敢飾說以欺天聽矧君子雖進而小人之根未痛絕
知聖道齋

丁未者二十有一，皆有事變應之，而歸本於修省戒懼，以人勝天。《通考》著録作十卷，此本止五卷。然首尾完具，蓋明人所合併也。《續録》二卷，一爲元人所撰，記宋真宗景德三年至理宗淳祐七年，值丙午、丁未者五；一爲明人所續，記元世祖大德十年至順帝至正二十七年，值丙午、丁未者二。亦各舉時事實之，如望書之例。均不著姓名。考陽九、百六、元二之説，自漢以來即有之。丙丁之説則倡於望。元人《續録序》引陰陽家之言曰：丙丁屬火，遇午未而盛，故陰極必戰，亢而有悔也。又曰：丙禄在巳，午爲刃煞。丁禄居午，未爲刃煞。其術純用術數家言，不出經典。夫王者敬天勤民，無時可懈，豈待六十年一逢厄會，始議修省。且史傳所書，亂多治少，亦不必盡繫於丙丁。望徒見靖康之變，適在是二年中，故附會其文，冀以悚聽。實則所列事跡，多涉牽就，宜其言之不行也。且論涉禨祥，易熒民聽。《輟耕録》所載龍蛇跨馬之妖言，豈非至正二十七年適當丙午，遂借是説以惑衆歟。後世重其節義，又立言出於忠愛之誠，故論雖不經，至今傳録。實則不可以爲訓也。

案：柴望號秋堂，著述除《丙丁龜鑑》外，尚有《秋堂集》《道州台衣集》《詠史詩》《涼州鼓吹》等。蘇幼安《宋國史秋堂柴公墓誌銘》載：「理宗嘉熙間，（望）爲太學上舍，除中書省。」故四庫館臣言爲「嘉定紹熙間」當誤。柴氏認爲：「數生於理，理有是非得失，則數有吉凶禍福。自昔災異之變，未有不兆於人爲者，帝王盛時格心有道則災異踈，帝王以後格心無術則災異密。」故其本於陰陽術數之説，以丙丁之厄，借古鑒今，以明治亂，遂作《丙丁龜鑑》。此書據清南昌彭氏知聖道齋抄本影印。

賴公衢州府記一卷

撰者佚名。此書題名「賴公衢州府記」，由下書「賴太素龍游縣圖記」可知，此賴公當即賴太素。太素名文俊，處州人。南宋初嘗官於建陽。好相地之術，棄職浪遊，自號布衣子，世稱賴布衣，所著有「催官篇」「紹興大地八鈐」「三十六鈐」。此書和下書題名冠以「賴公」「賴太素」之名，其實並非宋人賴氏之作。《賴公衢州府記》所載地名，今大都見在，可見此書撰述距今不遠。此書稱西安而不言衢縣，當非民國所作。是書首篇所繪爲衢州府城圖，此圖主要標出了府城諸門，東曰迎和門，南曰光遠門，北曰拱辰門，西曰朝京門，小南曰通仙門，小西曰通廣門。據［康熙］《西安縣志》，北宋宣和年間築城，東曰迎合，南曰禮賢，西曰航遠，北曰永清，小南曰清輝，小西曰和豐，此諸門名稱至南宋初當不改。《賴公衢州府記》所載諸門之名並非宋代諸門，完全是清代名稱，故可定此書爲清人托賴太素之名而撰。是書前五十七篇有記有圖，後一百九篇有記無圖。其記多以詩言，如首篇記曰：「二十四脉會三衢，中有樓臺五馬居。浮石波光涵玉印，柯山秀氣發天書。旌旗鼓角看無盡，蟠節屯軍畫不如。多少英雄來鎮此，萬家和氣藹門閭。」此書講究山川巒頭形勢，屬堪輿學之形勢派，其堪輿理念當承賴氏《催官篇》，對於研究當時堪輿學有一定價值。此書據舊抄本影印。

續公衢州府記

二十四脉會三衢中有樓臺五馬居浮石波光涵玉印柯山秀氣發天書旌旗鼓角看無盡蟠節屯軍畫不如多少英雄來鎮此萬家和氣藹門閭

靈龜負載府潭清
水拱端門出大參
午未年中多喜慶
奎星又見起東南

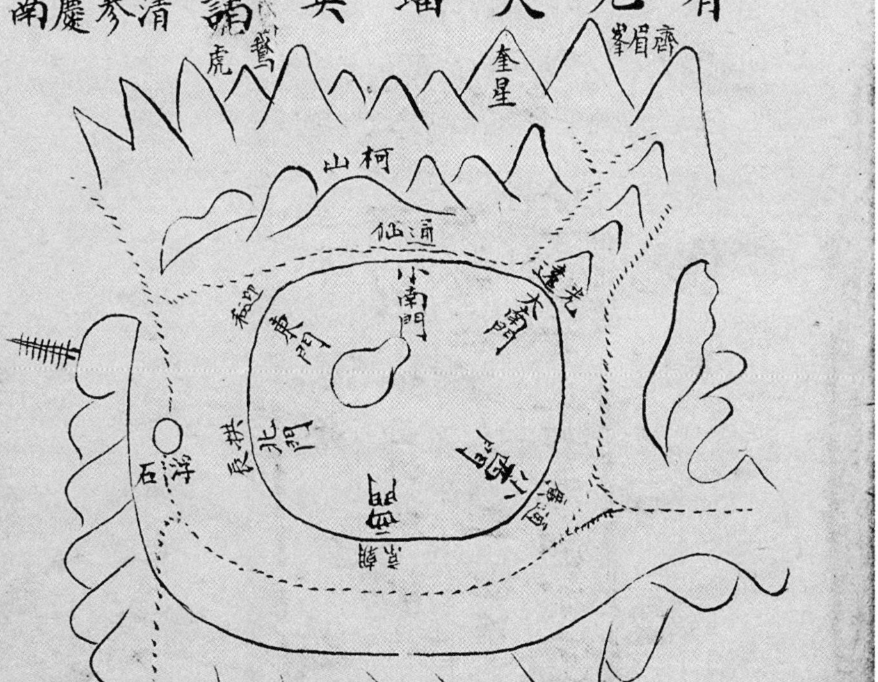

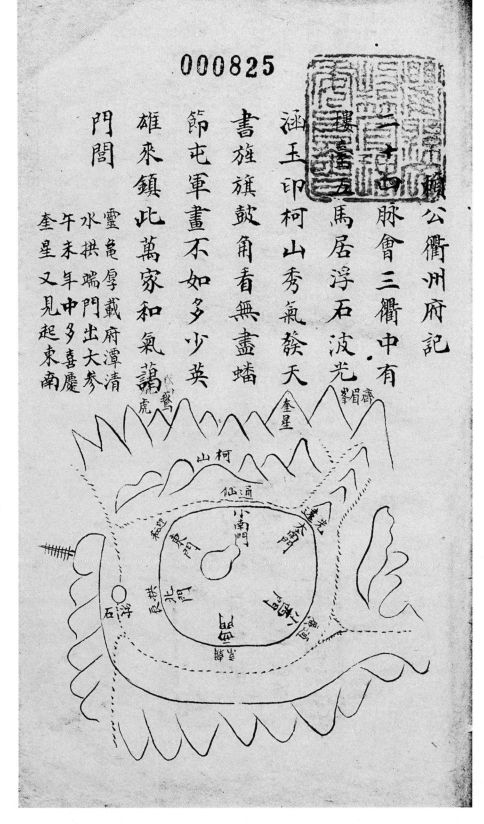

賴太素龍游縣圖記一卷

撰者佚名。此書題名冠以「賴太素」，實非賴氏所作。由其所記龍游諸都名來看，實爲清代之作。此書與《賴公衢州府記》同藏於衢州博物館，故二書當同時收藏，其撰者當亦爲同一人。是書基本按龍游諸都先後撰述圖記，自一都始，其下二都、三都以至三十五都，

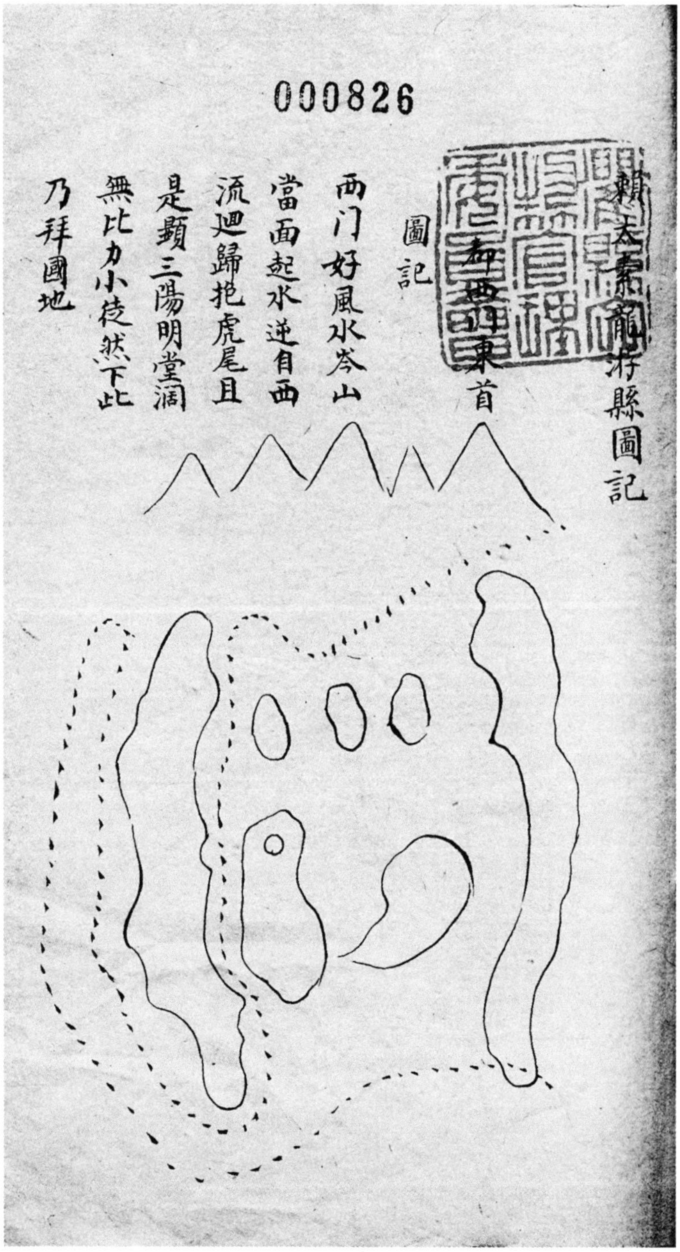

又下爲「盈川圖記」「有圖無記」「九都圖記」又「九都圖記」，末篇有圖有記，而無圖記之名。此書題名「賴太素龍游縣圖記」，大部分篇目有圖有記，有記無圖者有三十六篇。撰者承形勢派堪輿之術，注重生氣所在之龍，如「一都半路楊地圖」記曰：「龍游縣之東，有地似遊龍。山廻水朝聚，雷電與雲從。遷得龍頭穴，子息入朝中。」其下有繪圖似遊龍。此書據舊抄本影印。

陳眉公重訂學古編不分卷

《四庫全書總目》卷一一三《學古編》：

元吾丘衍撰。衍有《周秦刻石釋音》，已著録。是書專爲篆刻印章而作，首列三十五舉，詳論書體正變及篆寫摹刻之法，次合用文籍品目：一小篆品，二鐘鼎品，三古文品，四碑刻品，五器品，六辨謬品，七隸書品，八字源，九辨源，凡四十六條。又以洗印法、印油法附於後。摹刻私印，雖稱小技，而非精於六書之法者必不能工。宋代若晁克一、王俅、顔叔夏、姜夔、王厚之，各有譜録，衍因復踵而爲之，其間辨論訛謬。徐官《印史》，謂其多采他家之説，而附以己意，剖析頗精。所列小學諸書，各爲評斷，亦殊有考核。其「論漢隸」條下，稱「寫法載前卷十七舉下，此不再敷」。是原本當爲上、下二卷，今合爲一卷，蓋後人所並也。

案：此書成於元成宗大德四年（1300），初刊於元順帝至正四年（1344）。其首卷《三十五舉》爲最早研究印章藝術專論，其前十七舉（除第十三舉）主要探討篆刻藝術，後十八舉以漢印爲中心探究印章藝術。吾氏結合自身經驗、體會，在古印漢法基礎上加以創新，並就篆刻藝術提出了「古法」「渾厚」「不可太乖」「不可隨俗」等要求。其下卷「小篆品」以下四十六條著録有關篆刻印章之學著作，並爲之提要。《學古編》爲中國古代印學理論奠基之作，流傳甚廣，版本較多。明萬曆三十四年（1606）有《寶顔堂秘笈》本，此本將序和目録刊刻在「十九舉」

後，此書影印時調入正文前。此書據明萬曆三十四年刻《寶顔堂秘笈》本影印。

陳眉公重訂學古編

會郡吾丘衍子行述

檇李子逸王淑民校

三十五舉

一舉曰科斗爲字之祖象蝦蟆子形也今人不知乃巧畫形狀失本意矣上古無筆墨以竹挺點漆書竹上竹硬漆膩畫不能行故頭麄尾細似其形耳古謂筆爲聿蒼頡書從手持

事實類苑六十三卷

《四庫全書總目》卷一三三《事實類苑》：

宋江少虞撰。少虞，始末未詳。據序首自題，稱左朝請大夫權發遣吉州軍州事。而《江西通志》亦未載其履貫，蓋已不可考矣。其書成於紹興十五年。以宋代朝野事跡見於諸家記録者甚多，而畔散不屬，難於稽考，因爲選擇類次之。分二十二門，各以四字標題，曰祖宗聖訓、君臣知遇、名臣事跡、德量智識、顧問奏對、忠言讜論、典禮音律、官政治跡、衣冠盛事、官職儀制、詞翰書籍、典故沿革、詩賦歌詠、文章四六、曠達隱逸、仙釋僧道、休祥夢兆、占相醫藥、書畫技藝、忠孝節義、將相才略、知人薦

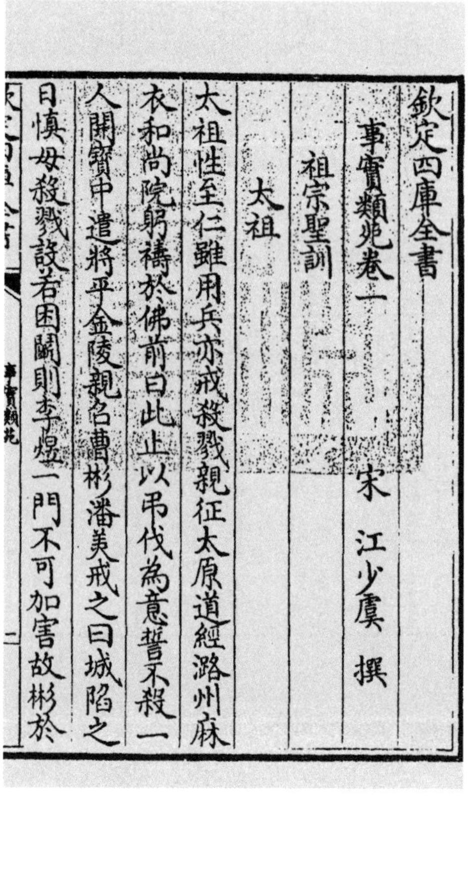
欽定四庫全書
事實類苑卷一　宋　江少虞　撰
祖宗聖訓
太祖
太祖性至仁雖用兵亦戒殺戮親征太原道經潞州麻衣和尚院躬禱於佛前曰此止以弔伐為意誓不殺一人開寶中遣將平金陵親召曹彬潘美戒之曰城陷之日慎毋殺戮設若困鬭則李煜一門不可加害故彬於
欽定四庫全書　事實類苑　一

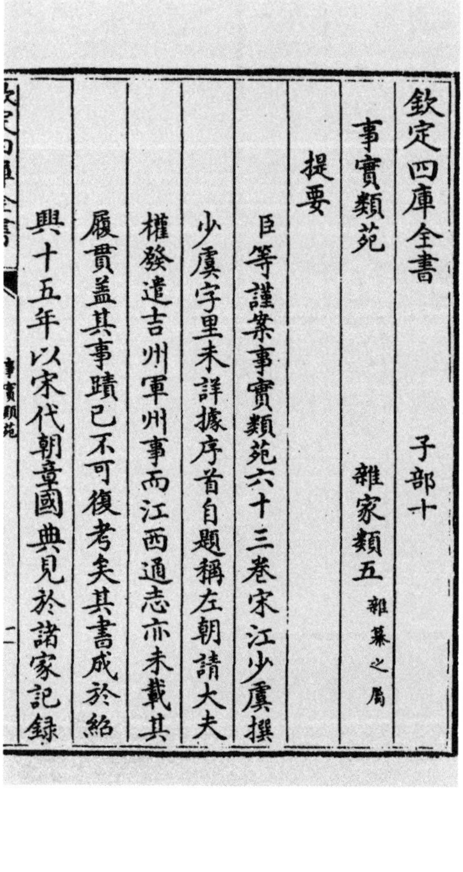
欽定四庫全書
事實類苑　子部十
雜家類五　雜纂之屬
提要
臣等謹案事實類苑六十三卷宋江少虞撰少虞字里未詳據序首自題稱左朝請大夫權發遣吉州軍州事而江西通志亦未載其履貫蓋其事蹟已不可復考矣其書成於紹興十五年以宋代朝章國典見於諸家記録
欽定四庫全書　事實類苑

舉、廣智博識、風俗雜記。自序作二十八門，蓋傳録之訛也。所引之書，悉以類相從，全録原文，不加增損，各以書名注條一，共六十餘家，凡十四年而後成，故徵采極爲浩博。其中雜摭成編，有一事爲兩書所載而先後並存者。又如邊鎬稱邊和尚等事，及諸家詩話所摘唐人詩句與宋朝事實無所關者，亦概録之，未免疏於簡汰。然北宋一代遺文逸事，略具於斯，王士禎《居易録》稱爲宋人説部之宏構，而有裨於史者，良非誣也。其間若《國朝事始》《三朝聖政録》《三朝訓鑒》《蓬山志》《忠言讜論》《元豐聖訓》《傅商公佳話》《兩朝寶訓》《熙寧奏對》《劉真之詩話》《李學士叢談》等書，今皆久佚，藉此尚考見一二，是尤説家之總彙矣。王士禎載此書作四十卷。今本實六十三卷，檢勘諸本皆同，疑爲士禎筆誤，或一時所見偶非完帙歟？

案：少虞字虞仲，衢州常山人。進士及第，調天臺學官。歷建、饒、吉三州守，治狀皆第一。著有《經説》《奏議》《文集》百餘卷。江氏任知吉州時，撰有《事實類苑》，詔藏史館。此書有「皇宋事實類苑」「皇朝事實類苑」「皇朝類苑」「宋朝事實類苑」「宋朝類要」「事實類苑」不同之稱，其卷帙又有二十六卷、六十三卷、七十八卷、五十五卷之别。《四庫全書總目》據兩淮馬裕家藏本收録此書，題《事實類苑》，爲六十三卷本。此六十三卷本據清抄本影印。

新雕皇朝類苑七十八卷

宋江少虞撰。江氏《類苑》刊行後，其卷帙因版本不同而有別。《四庫全書總目》所録爲六十三卷，已收録。陳振孫《直齋書録解題·類書類》《宋史·藝文志》王應麟《玉海·藝文》，皆著録江書爲二十六卷。又《玉海》載言其分爲二十六門，蓋當時按門分卷，然今二十六卷本不傳。《事實類苑》初有宋紹興二十三年（1153）麻沙書坊刻本，當時刻書有大卷、小卷之分，每大卷分若干小卷，故拆分爲七十八卷。麻沙本傳於日本後，於元和七年（1621）據其印行，其目録首行題「麻沙新雕皇朝事實類苑卷第目録一」，目録第三卷又有「紹興二十三年癸酉歲中元日麻沙書坊印行」。日本七十八卷本回傳後，清末以來有一些刻本據其刊刻。清宣統三年（1911），武進董康將日本傳回七十八卷本

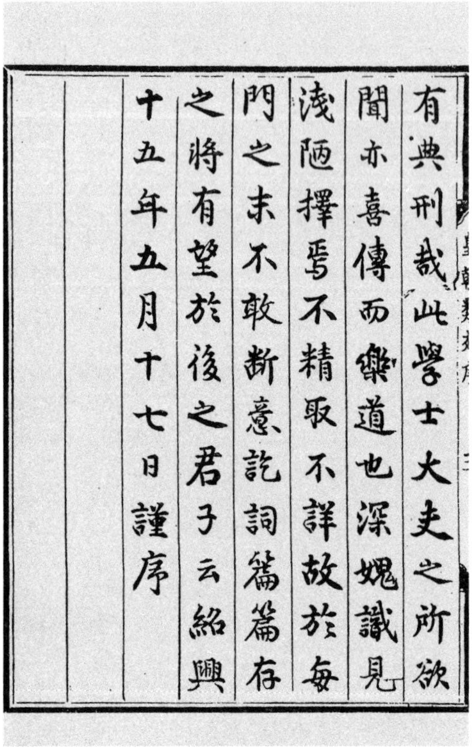
有典刑哉此學士大夫之所欲聞亦喜傳而樂道也深媿識見淺陋擇焉不精取不詳故於每門之末不敢斷意訖詞篇篇存之將有望於後之君子云紹興十五年五月十七日謹序

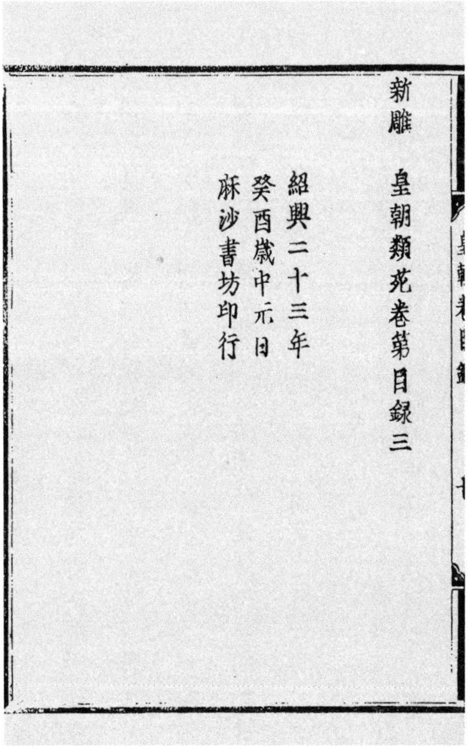
新雕　皇朝類苑卷第目録三

紹興二十三年
癸酉歲中元日
麻沙書坊印行

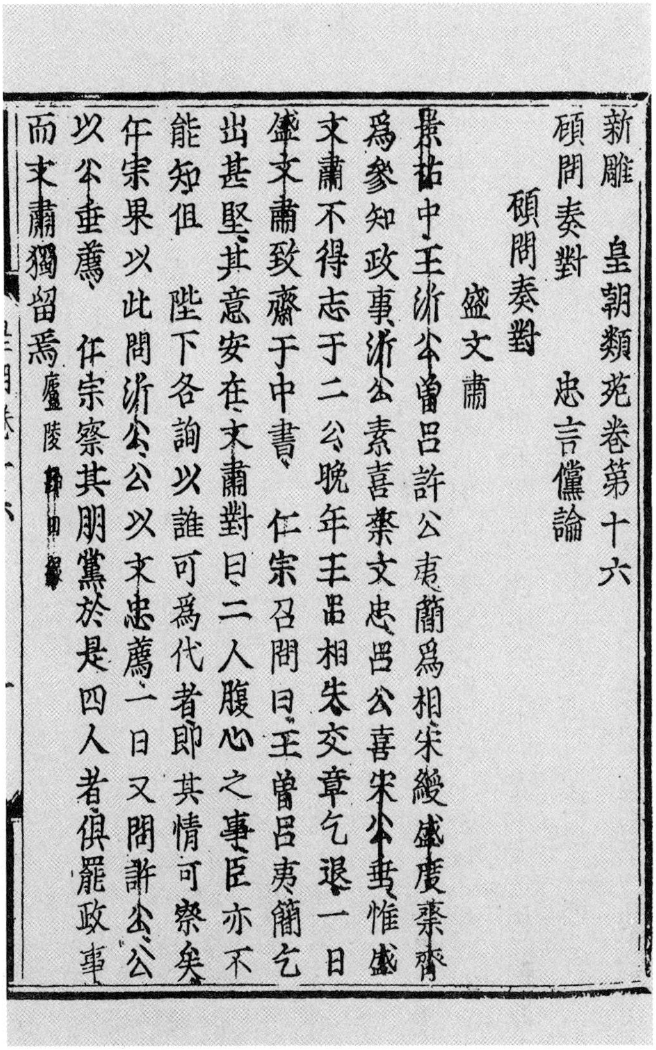
新雕　皇朝類苑卷第十六
碩問奏對　忠言讜論
碩問奏對
盛文肅
景祐中王沂公曾呂許公夷簡爲相宋綬盛度蔡齊爲參知政事沂公素喜蔡文忠呂公喜宋公垂惟盛文肅不得志于二公晚年王呂相失交章乞退一日盛文肅致齋于中書仁宗召問曰王曾呂夷簡乞出甚堅其意安在文肅對曰二人腹心之事臣亦不能知但陛下各詢以誰可爲代者即其情可察矣仁宗果以此問沂公公以文忠薦一日又問許公公以公垂薦仁宗察其朋黨於是四人者俱罷政事而文肅獨留焉廬陵歸田錄

刊行。較之六十三卷本，七十八卷本於「風土雜志」後又有「談諧戲謔」「神異幽怪」「詐妄謬誤」「安邊禦寇」四門，且第六十二卷中「風俗雜志」亦六十三本所無。加之七十八卷本後四門，遂與江氏自序所言二十八門相合。七十八卷本與六十三卷本不僅卷帙不同，而且編排有異，七十八卷本「詩賦歌詠」門分爲六卷，「文章四六」門爲一卷，而六十三卷本此二門分別爲七卷、二卷，且兩種卷帙的版本在第十五卷、十六卷編排亦有不同。此七十八卷本據日本元和七年活字本影印。

皇朝類苑五十五卷

宋江少虞撰。江氏《類苑》，有六十三卷本和七十八卷本，已皆著録。此書首爲江少虞「皇宋事實類苑序」，總目和各卷端皆題「皇朝類苑」。此本有「總目」五卷，其目至「五十五卷」後，末書「畢」。其「總目」與正文條目名稱略有不同，有些「總目」中條目直稱某人姓名，而正文中條目則或稱其官銜，或稱其謚號，如「總目」卷六有「王濟」「李穆」，而正文中條目此書「王光禄」「李尚書」。就卷帙析分來看，此本與六十三卷本大致相同。此由第三十六卷可見，七十八卷本此卷止於「陳烈先生」，此本與六十三卷本第三十六卷皆止於「蘇爲」條，自「劉沆」條至「陳烈先生」條爲三十七卷。然較之六十三卷本，此本無卷三十九至四十二、卷六十至六十三共八卷内容，且卷三十八無「錢惟演、劉筠警句」

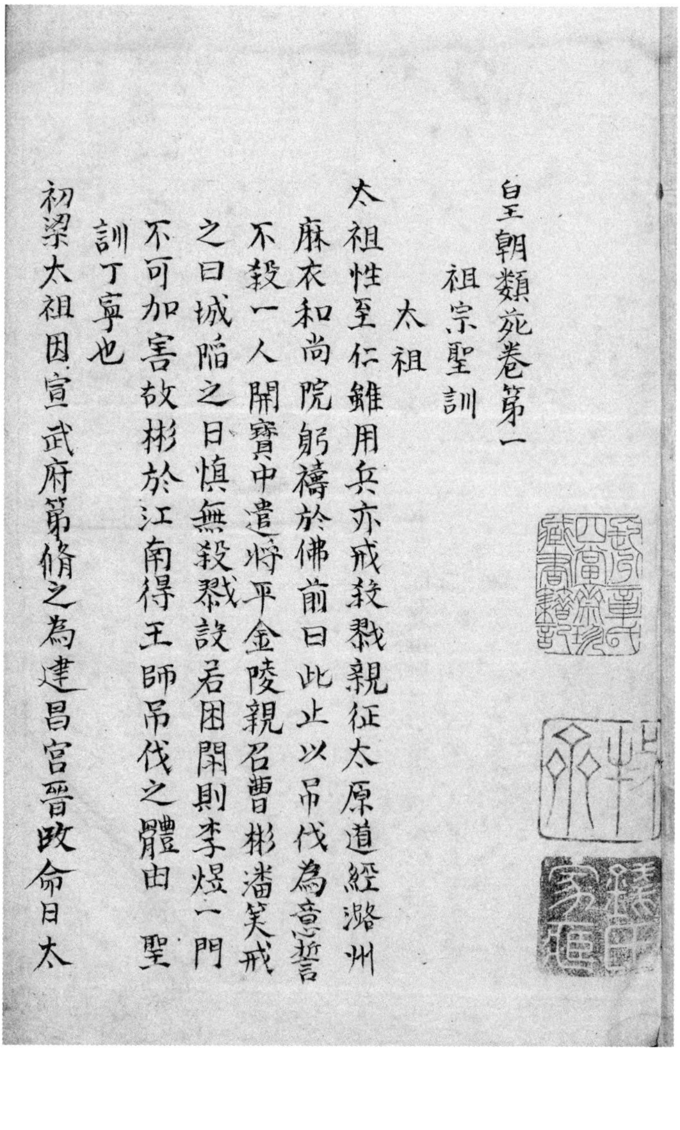
皇朝類苑卷第一
祖宗聖訓
太祖
太祖性至仁雖用兵亦戒殺戮親征太原道經潞州麻衣和尚院躬禱於佛前曰此止以吊伐為意誓不殺一人開寶中遣將平金陵親召曹彬潘美戒之曰城陷之日慎無殺戮設若困鬪則李煜一門不可加害故彬於江南得王師吊伐之體由 聖訓丁寧也
初梁太祖因宣武府第脩之為建昌宮晉改命曰太

以下七條内容。由卷帙析分，此本與六十三本相近，然具體内容却與七十八卷較一致。如卷六，此本、七十八卷本「趙韓王」皆有兩條，且末條都爲「馮元、孫奭」，而六十三卷本「趙韓王」僅有一條，且末條僅有「孫奭」而無「馮元」。又如卷八，此本「總目」中載「凡九事」，然其正文缺抄五、六、七，其餘諸條六十三卷本、七十八卷本皆載；然六十三卷本載八條，七十八卷本載九條，兩者互缺對方書中所載内容；此本抄録第四條後，直接抄録第八、九條，且明確寫爲「八」「九」，而非「五」「六」。再如卷十五「司馬温公」，三本内容相同，而六十三本分爲三條，此本和七十八卷本皆分爲兩條。可見，此本與六十三卷本、七十八卷各有同異，當別有所本。此五十五卷本據明抄本影印。

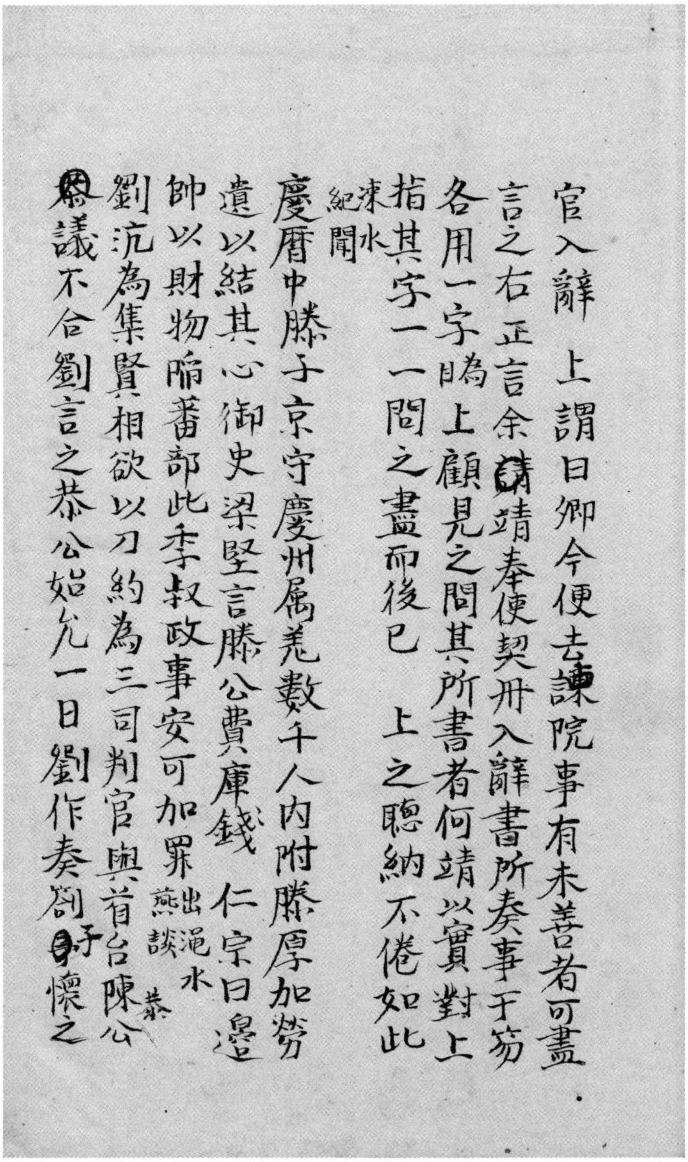
官入辭　上謂曰卿今便去諫院事有未善者可盡言之右正言余靖奉使契丹入辭書所奏事于笏各用一字㫖爲上顧見之問其所書者何靖以實對上指其字一一問之盡而後已　上之聽納不倦如此涑水紀聞

慶曆中滕子京守慶州屬羌數千人内附滕厚加勞遺以結其心御史梁堅言滕公費庫錢　仁宗曰邊帥以財物啗蕃部此李牧故事安可加罪出澠水燕談

劉沆爲集賢相欲以刁約爲三司判官與首台陳公議不合劉言之恭公始允一日劉作奏劄子懷之

閑居録一卷

《四庫全書總目》卷一二二《閑居録》：

元吾丘衍撰。衍有《學古編》，已著録。是書乃衍劄記手稿，陸友仁得於衍從父家，録而傳之。猶未經編定之本，故皆隨筆草創，先後不分，次序字句，亦多未修飾。其中如「駁戴侗六書故妄造古篆」一條，「辨徐鉉篆書筆法」一條，皆與《學古編》互相出入。蓋先記於此，後采入彼書，而初稿則未削除也。然零璣碎玉，往往可采，如辨顏氏誤解勿勿，辨魏伯陽《參同契》誤以易字從日月，辨杜甫非不詠海棠，語皆有識。惟論《堯典》中星以爲四時皆以戌刻爲昏，未免武斷。論借書一瓻謂以甕盛卷軸，亦爲穿鑿，以及論奥竈字與《爾雅》相違，論五伯字不考《後漢書·禰衡傳》，以爲唐人行杖之數，皆不免

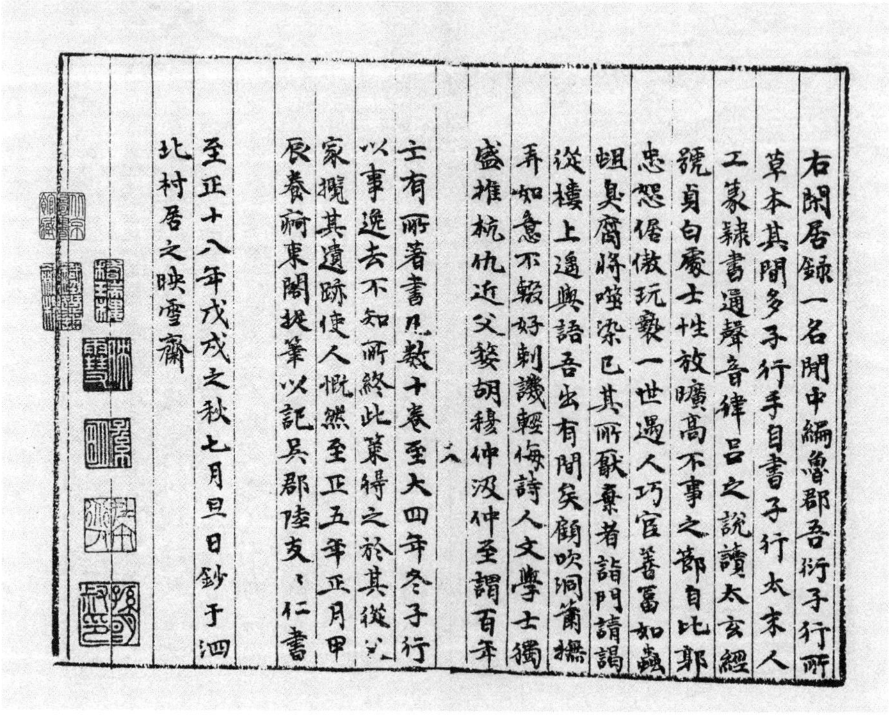
右閑居録一名閒中編魯郡吾衍子行所
草本其間多子行手自書子行太末人
工篆隸書通聲音律呂之説讀太玄經
號貞白處士性放曠高不事之節自比郭
忠恕倨傲玩褻一世遇人巧宦善富如蟲
蛆臭腐將嗌染已其所厭棄者詬門詣謁
從樓上邊與語吾出有間矣鄮吹洞簫撫
弄如意不綴好剌譏輕侮詩人文學士獨
盛推杭仇近父媄胡穆仲汲仲至謂百年
之人
士有所著書凡數十卷至大四年冬子行
以事逸去不知所終此菓得之於其從父
家攬其遺跡使人慨然至正五年正月甲
辰養痾東閣援筆以記吳郡陸友〻仁書
至正十八年戊戌之秋七月旦日鈔于泗
北村居之映雪齋

於疏漏。其他雜談神怪，亦多蕪雜。以衍學本淹通，藝尤精妙，雖偶然涉筆，終有典型。故仍録存之，以備節取焉。

案：此書陸友仁跋稱《閑居録》一名《閑中編》。《閑居録》乃吾氏所作劄記，其中不乏創見，如其提出《山海經》成書於秦，「《山海經》非禹書，其間言鯀入羽淵及夏后啓等事，且又多祭祀鬼神之説，中間凡有『政』字皆避去，則知秦時方士無疑」，此自爲一説。瞿鏞《鐵琴銅劍樓藏書目録·雜家類》著録此書，稱此書「舊出華亭孫明叔書手抄。明叔，名明道，乃同時友人親見其手稿録之，書法古雅，圖記重重，可貴也。末題識至正十八年戊戌之秋七月旦日抄於泗北村居之映雪齋」。其後有明汲古閣抄本，内容條目與元抄本同。清抄本有吳氏綉谷亭抄本和郁氏東嘯軒抄本，内容與元抄本同，而條目有異。清嘉慶十年（1805）時此書始有刻本，其後又有光緒二十二年（1896）刻本，皆以元抄本爲祖本。此書據元至正十八年（1358）抄本影印。

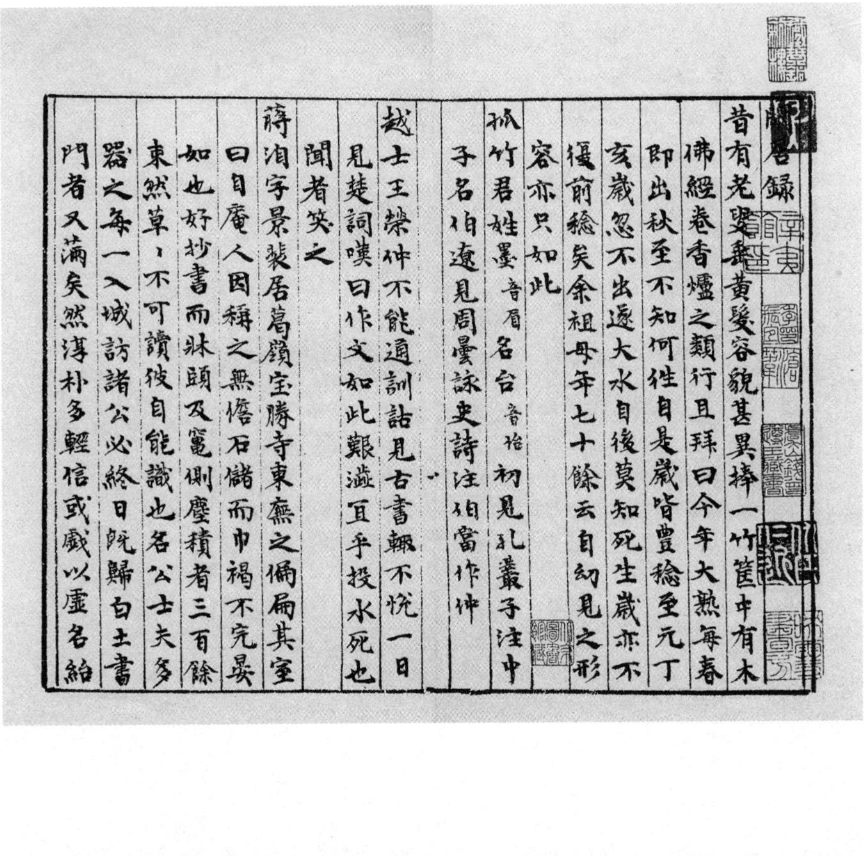
閑居録
昔有老叟垂黃髮容貌甚異捧一竹筐中有木佛經卷香爐之類行且拜曰今年大熟每春即出秋至不知何往自是歲皆豐稔至元丁亥歲忽不出遂大水自後莫知死生歲亦不復前稔矣余祖母年七十餘云自幼見之形容亦只如此
孤竹君姓墨音眉名台音怡初見孔叢子注中子名伯遼見周曇詠史詩注伯當作仲
越士王榮仲不能通訓詁見古書輒不悅一日見楚詞嘆曰作文如此艱澁宜乎投水死也聞者笑之
蔣洵字景裴居葛嶺寶勝寺東廡之偏扁其室曰自庵人因稱之無儋石儲而巾褐不完晏如也好抄書而牀頭及竈側塵積者三百餘束然草草不可讀彼自能識也名公士夫多器之每一入城訪諸公必終日既歸白土書門者又滿矣然淳朴多輕信或戲以虛名紿

閒中漫編二卷

題「古杭吾衍」撰。此書分上、下兩卷，卷前有陸友仁「閒中漫編題詞」。其最後一條內容未完，表明其下已殘缺。上卷內容與吾丘衍《閑居録》基本相同；下卷「閑居録」至「雌黄銀朱皆能損剥硯石，雌黄尤甚」，見於《閑居録》，此後四十七條爲《閑居録》未載。今考是書「陸友任」《題詞》，乃改《閑居録》陸氏跋文而來，其將原跋語首句「《閒居録》一名《閒中編》，魯郡吾衍子行所草本」改爲「《閒中漫編》一名《閑居録》，古杭吾衍子行所草本」，又將「子行，太末人」改爲「子行，元末人」。然吾氏爲元初人，陸氏亦爲元人，豈有「元末」之稱？由此可知此題詞爲後人篡改陸

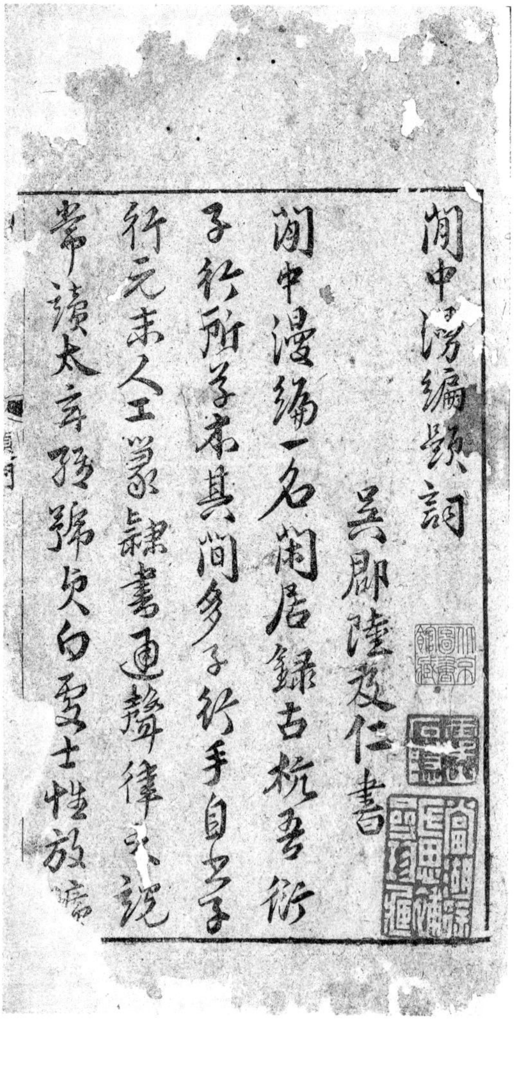
閒中漫編題詞

吳郡陸友仁書

閒中漫編一名閒居録古杭吾衍

子行所草本其間多子行手自書

行元末人工篆隸書通聲律

常讀太玄自號貞白處士性放

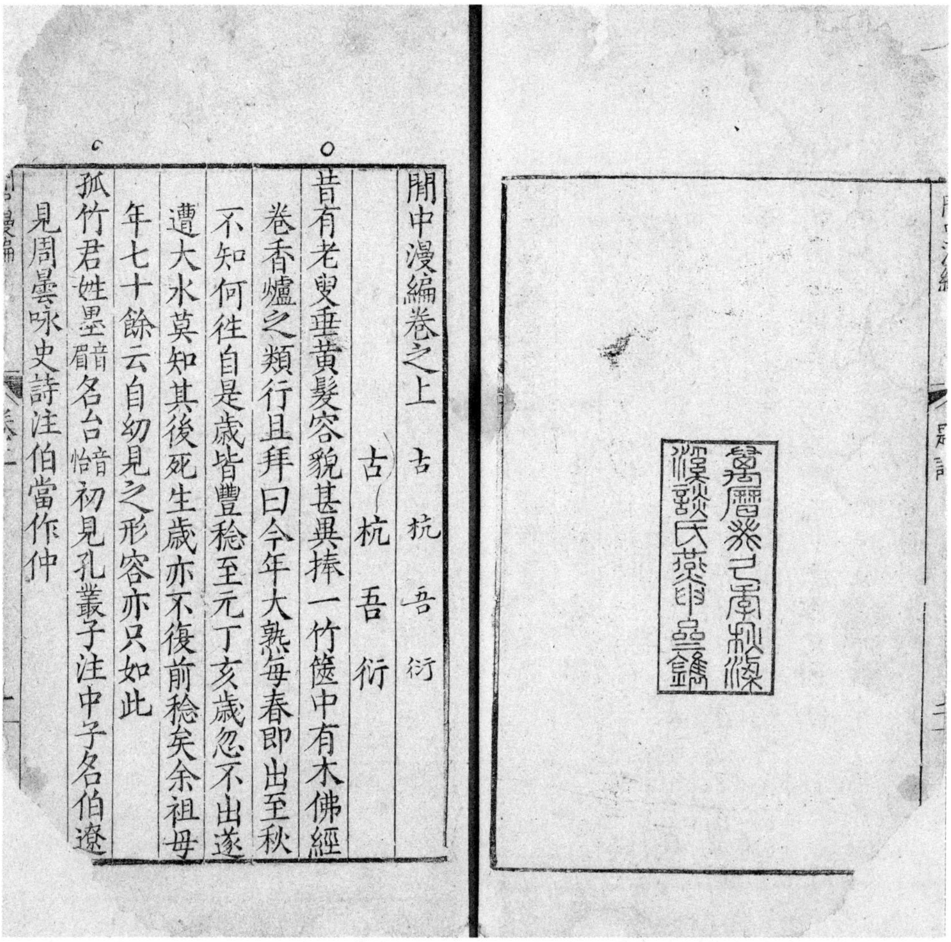

閑中漫編卷之上　古杭吾衍

古杭吾衍

昔有老叟垂黃髮容貌甚異捧一竹篋中有木佛經卷香爐之類行且拜曰今年大熟每春即出至秋不知何往自是歲皆豐稔至元丁亥歲忽不出遂遭大水莫知其後死生歲亦不復前稔矣余祖母年七十餘云自幼見之形容亦只如此

孤竹君姓墨𦙍名台𦙍音怡初見孔叢子注中子名伯遼見周曇咏史詩注伯當作仲

氏跋語而成。後四十七條中有「至正中」「至正間」「至正末」等至正時事，元初吾衍豈知元末時事？此必後人所作。又如自「錢塘僧思聰」條至「阿濫堆雀屬也」前五條，抄自宋王十朋《東坡詩集注》之注文，亦後人所爲。因此，下卷後新增諸條並非爲吾氏所作，乃後人妄增。此書雖有下卷部分內容並非出於吾丘衍之筆，然此書上卷和下卷部分內容爲吾氏所作，且今存之書爲明刻本，自有保存吾氏著述的價值，故亦收録到此書中。此書據明萬曆二十一年（1593）刻本影印。

芙蓉鏡寓言四集

明江東偉撰。東偉字清來，號壺公，衢州開化人。明萬曆三十四年（1606）舉人。患足疾後，杜門著書，吟詠不輟，詩作力追大雅。所著有《芙蓉鏡寓言》《韻言》《卮言》《孟浪言》《玄言》《文言》《心經注》《演聯珠》《净土詩》等。除《寓言》外，其它諸書皆不見。江氏自言其有《壯言》分理學、禪學、玄學三卷，《重言》分醫學、修養二卷，《孟浪言》合天壤奇事續刻之。《四庫全書總目》載《芙蓉鏡孟浪言》曰：「其書分玄部、幻部、靈部、幽部爲四集，皆摘録諸書神仙鬼怪之事，各繫評語，而佻纖殊甚。」《寓言》成書於天啓七年（1627），

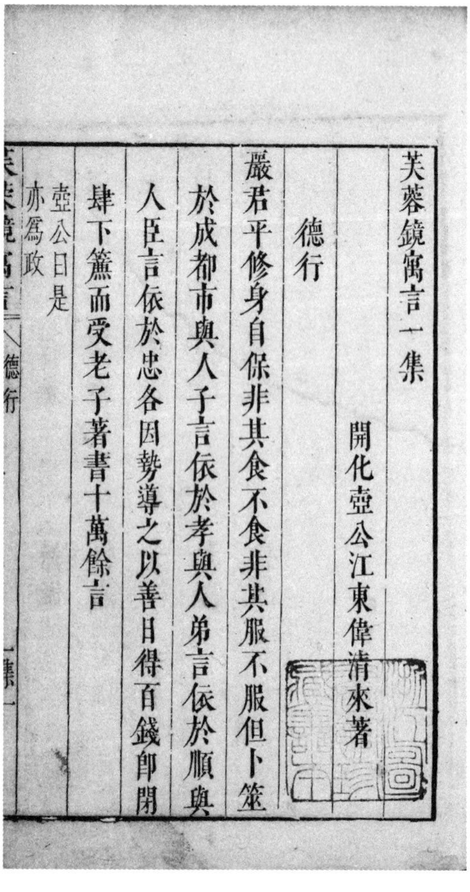

芙蓉鏡寓言一集

開化壺公江東偉清來著

德行

嚴君平修身自保非其食不食非其服不服但卜筮於成都市與人子言依於孝與人弟言依於順與人臣言依於忠各因勢導之以善日得百錢即閉肆下簾而受老子著書十萬餘言

壺公曰是亦爲政

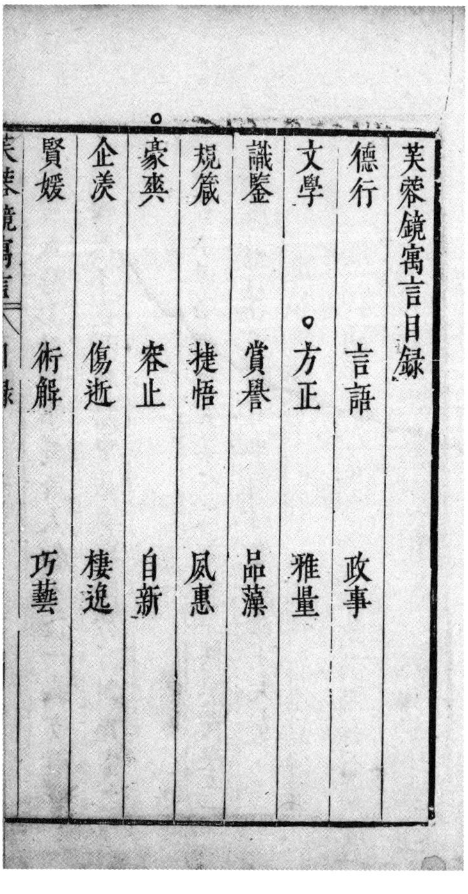

芙蓉鏡寓言目録

德行	言語	政事
文學	方正	雅量
識鑒	賞譽	品藻
規箴	捷悟	夙惠
豪爽	容止	自新
企羨	傷逝	棲逸
賢媛	術解	巧藝

分爲四集，共三十六門，卷前有潘汝楨序、但宗皋序、江氏自序、凡例、目録。其書仿《世説》而作，各門皆采《世説新語》舊例，采輯先秦至明代言行，以冀裨風教。何良俊《語林》亦因襲《世説》，而江氏取何氏《語林》者有十之三，文字無所改。除采《語林》外，明以前言行多取於歷代史書、諸家筆記等，有關明代之文多録自本朝名公之書。東偉於其所輯每條言行後，皆有「壺公曰」用簡短數字評之。清來言其著書，「最忌影射時事，臧否人物，不佞一病支離，身世兩忘，不過從往藉中拈弄」。此書之文所涉明代史事亦有不見於它書所載，具有一定史料價值。此書據明末刻本影印。

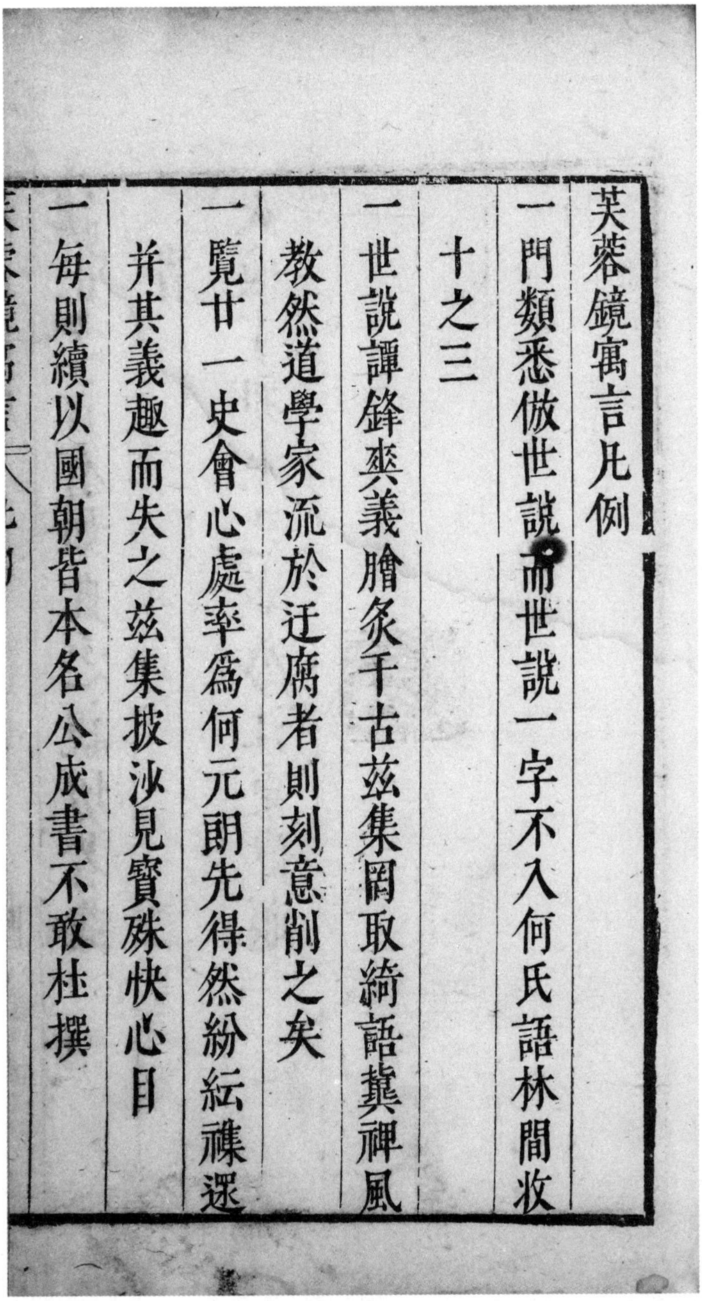
芙蓉鏡寓言凡例

一門類悉倣世説而世説一字不入何氏語林間收十之三

一世説譚鋒爽義膾炙千古茲集罔取綺語冀裨風教然道學家流於迂腐者則刻意削之矣

一覽廿一史會心處率爲何元朗先得然紛紜襍遝并其義趣而失之茲集披沙見寶殊快心目

一每則續以國朝皆本名公成書不敢杜撰

理論二卷

明葉秉敬撰。秉敬有《字學》，已著録。此書封面有容肇祖題記，簡述葉氏生平、著述。卷前有秉敬自序，述其撰述此作原委。是書成於明天啓二年（1622），分上下二卷，上卷有太極、天道、地道、人心、執中、無心、有心、精神、志氣、意身、意心、心聲、心眼、良知、無知、德風、天地位、得名、揚名、立志、得志、凡人、惡人，計二十三篇；下卷有頓漸、長生、氣塞、出神、無始、終始、先天、身心、真假、四勿、聞道、歸仁、心在、述作、好古、太過、生知、無能、鬼神、上下、大謀、大事、知人、算法、格物、中人、古，凡二十七篇。此書與《十二論》皆首論太極，葉氏於《理論》「太極篇」言：「太極即是人之清心，其生陰生陽，立爲乾坤，名爲太極生之，實則清心生之耳。」其論「太極」雖文字表述與《十二論》不同，然其主旨大意大致相通，皆以「太極爲心」立説，當受陽明心學影響。葉氏通篇所論，以心學爲宗旨，認爲天地人皆有心，其公共之心即太極爲總心，由總心生出天地人各具其心。秉敬之説雖承陽明，然其好立新意，故又與王氏心學有異。此書據明刻本影印。

理論上卷

三衢　葉秉敬　敬君父　著

太極

太極者有陰陽者耶無陰陽者耶確而言之必無陰陽者也無陰陽則何以能生陰陽無故能生也有則必不能生也無則何以能生如父之身原無子在其中母之身亦無子據其腹俄然會合即楞腹之中而成其子是則無之能生明矣太極之生陰陽也不特生震坎艮之三陽巽離兌之三陰并乾陽坤陰而生

十二論一卷

《四庫全書總目》卷一二五《寅陽十二論》：

明葉秉敬撰。秉敬有《字學》，已著録。是編分十二篇，曰太極、曰仁孝、曰性善、曰工夫、曰勉强、曰學問、曰資質、曰知行、曰理欲、曰好惡、曰零總、曰獨並。其説喜爲新奇，而理多不愜。

案：《四庫全書總目》著録此書，入《雜家類存目·二》，稱「《寅陽十二論》二卷」，爲浙江巡撫采進本。葉秉敬號寅陽，故又稱《寅陽十二論》，而今本無「寅陽」二字。此本一卷，所載十二篇與四庫館臣所言相合，或四庫館臣所見爲

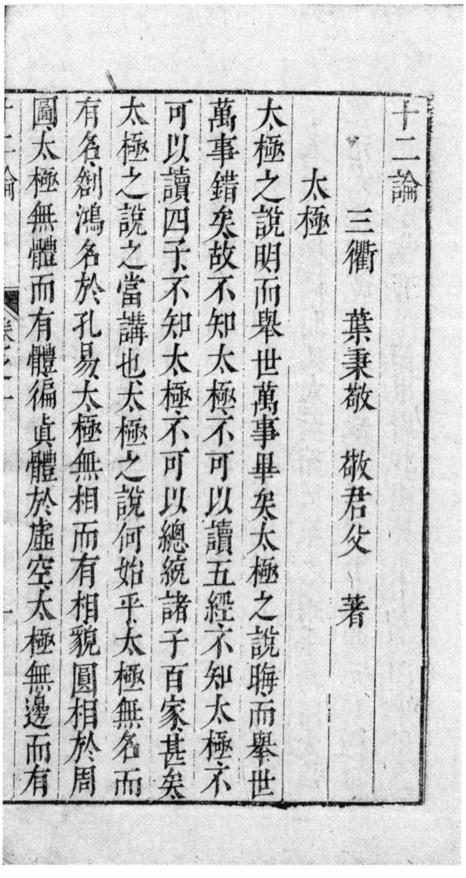
十二論

三衢　葉秉敬　敬君父著

太極

太極之説明而舉世萬事畢矣太極之説晦而舉世萬事錯矣故不知太極不可以讀五經不知太極不可以讀四子不知太極不可以總統諸子百家甚矣太極之説之當講也夫太極之説何始乎太極無名而有名剏鴻名於孔易太極無相而有相貌圓相於周圖太極無體而有體徧眞體於虛空太極無邊而有

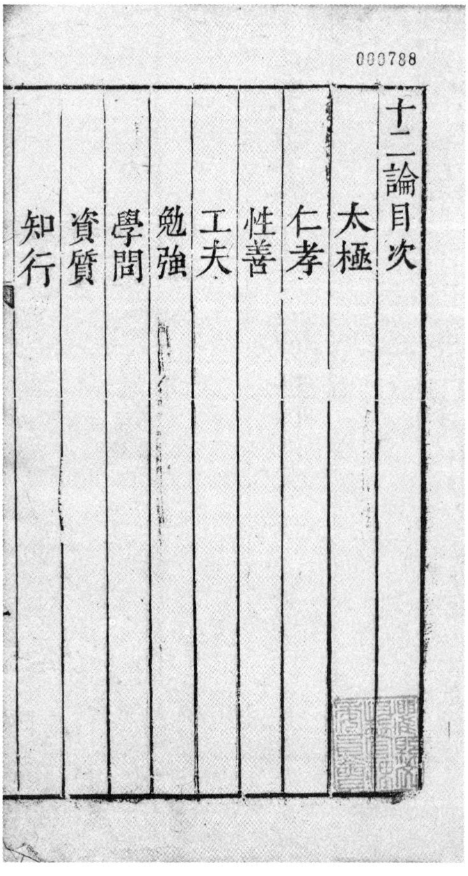
000788

十二論目次

太極

仁孝

性善

工夫

勉強

學問

資質

知行

二卷本，或所言「二卷」有誤。葉氏以「太極」之理統攝全書，其言：「太極之説明，而舉世萬事畢矣；太極之説晦，而舉世萬事錯矣。故不知太極，不可以讀『五經』；不知太極，不可以讀『四子』；不知太極，不可以總統諸子百家甚矣。」故其下文所論「仁孝」「性善」「工夫」等皆本於「太極爲心」之説。葉氏認爲，「人心各具之太極，即是天地統體之太極」，「心爲太極，太極爲心」。葉氏之説雖「喜爲新奇」，但其立説仍本於宋代以來理學理念，「太極」「工夫」「學問」「知行」「理欲」等皆宋儒廣泛討論命題，其言「仁孝」「性善」「慎獨」等仍未能超出宋學理路。此書據明刻本影印。

荊關叢語六卷

明葉秉敬撰。秉敬有《字學》，已著録。此書分六卷，依次爲講學、執中、一貫、心性上、心性下、天人。葉氏認爲講學與修德等並重，「講必以學，則講爲身心性命之實地，此夫子講學意也。夫子講學不作泛常事，直與修德、徙義、改過並列」。他以爲「堯以道授舜曰執中，孔以道授曾曰一貫」，唯得未發之喜怒哀樂、不睹不聞至隱至之心性纔得執中；又曰：「夫子之道忠恕而已矣，堯舜之道孝弟而已矣，均之千古一貫之法門也。」他從天命本性上説「心」，認爲「心是道心，性是天命之性，則心、性一矣」，真心性應與太虛打成一片，不分爲二物；「識得近取諸身，此是存心養性、超凡入聖第一門路」。其於末篇提出，「惟聖人體天之意，以自期待，故視其身非世之人，而爲天之人」。葉氏雖動輒引孔孟等先秦儒家之言，實則其説仍受當時心性之學影響。是書上海圖書館藏有明刻本，此書據其影印。

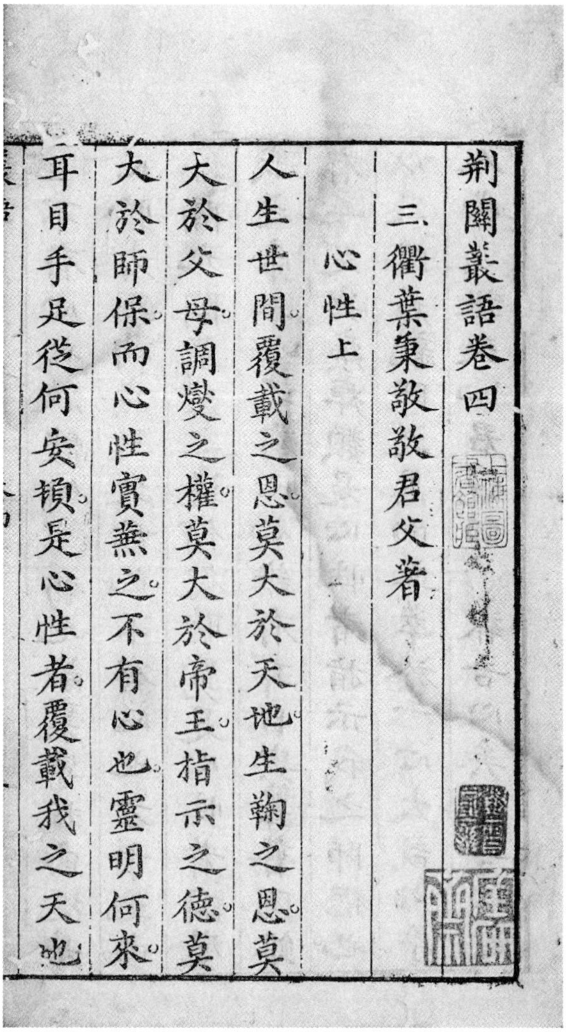
荊關叢語卷四

三衢葉秉敬敬君父著

心性上

人生世間覆載之恩莫大於天地生鞠之恩莫大於父母調燮之權莫大於帝王指示之德莫大於師保而心性實兼之不有心也靈明何來耳目手足從何安頓是心性者覆載我之天地

荊關叢語卷一

三衢葉秉敬敬君父著

講學

學是人生第一喫緊勾當講是人心第一撥轉機關故夫子曰學之不講是吾憂也夫講與不講吾舌為政誰捫吾舌而禁使弗講者耶夫子亦講之而已矣奚以之困苦而憂為曰講非一

類次書肆説鈴二卷附道徇編

《四庫全書總目》卷一二八《書肆説鈴》：

明葉秉敬撰。秉敬有《字孿》，已著録。

是書乃其隨筆劄記，原分三卷。後烏程閔元衢爲之重編，分十一類，併爲上下二卷，而仍載原次於卷首，以存其舊，即此本也。秉敬好爲議論，而考據殊疏。如謂「三代皆建寅，若周人建子則二十四氣皆錯」，不知古本無二十四氣之名。謂「《三都賦》改草木『甲坼』爲『甲宅』」，不知《周易》古本實作「甲宅」。謂「冰凝於水而寒於水爲《翰苑新書》論文之妙」，不知本《荀子》語，昭明太子《文選序》亦嘗引用。皆失之目睫之前。至於溺信二氏，謂「盲儒之議老子，

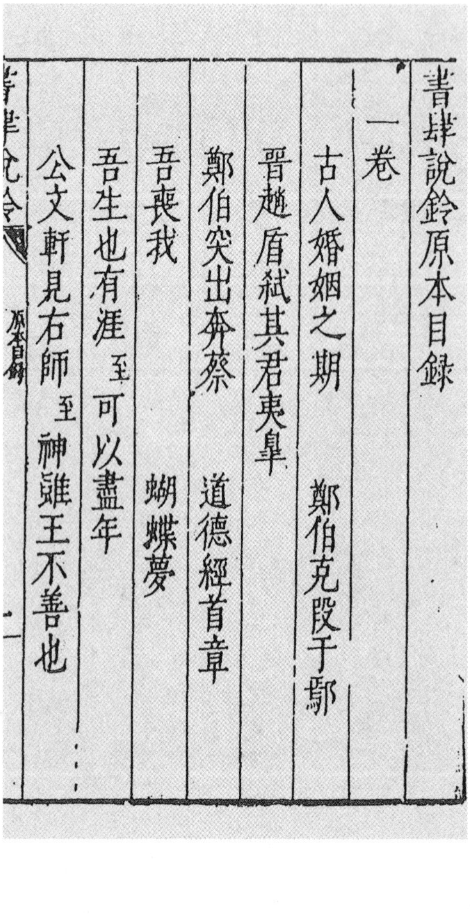

書肆説鈴原本目錄

一卷

古人婚姻之期　鄭伯克段于鄢

晋趙盾弑其君夷皐

鄭伯突出奔蔡　道德經首章

吾喪我　蝴蝶夢

吾生也有涯 至 可以盡年

公文軒見右師 至 神雖王不善也

書肆説鈴　原本目錄　一

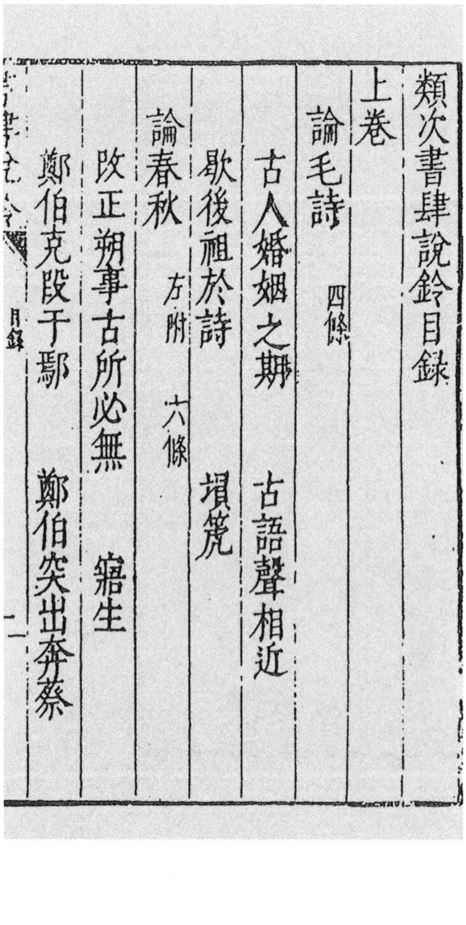

類次書肆説鈴目録

上卷

論毛詩 四條

古人婚姻之期　古語聲相近

歌後祖於詩　埙箎

論春秋 左附 六條

改正朔事古所必無　寤生

鄭伯克段于鄢　鄭伯突出奔蔡

書肆説鈴　目録　一

如叔孫之毁仲尼，桀犬之吠堯舜」，又謂「讀書不可不學禪」，其言尤不可訓也。

案：《書肆説鈴》成於明萬曆二十五年（1597），其名出於揚雄《法言·吾子篇》，揚子曰：「好書而不要諸仲尼，書肆也；好説而不見諸仲尼，説鈴也。」今所見者爲閔元衢重編本，然仍載原本目録，卷前有葉秉敬自序和閔氏《類次書肆説鈴序》。重編本分二卷十二類，上卷依次爲「論《毛詩》」四條、「論《春秋》」六條、「論《爾雅》」四條、「論《道德經》」二條、「論《莊子》」十二條，凡二十八條；下卷依次爲「論《國語》《史記》《白虎通》」各一條、「論《文選》《學文》」六條、「論古詩、學詩」七條、「論天文」七條、「論時令、統、數」五條、「論道學」五條、「論韻、字」六條，凡三十九條。秉敬之論雖有考據之疏，然頗有新意，故閔元衢贊其所闡發奥義，越葉子奇《草木子》遠甚。葉氏《葉子詩言志》十二卷，《四庫全書總目·別集類存目六》著録此書，稱此集中「《遒徇編》五卷，則裸録對聯偶語」。《葉子詩言志》已散佚，然明陶珽編《説郛續》存有《遒徇編》之文三十條，可窺一斑，此姑附於《類次書肆説鈴》後。《類次書肆説鈴》據明萬曆刻本影印，自《説郛續》所節録《遒徇編》據明末刻本影印。

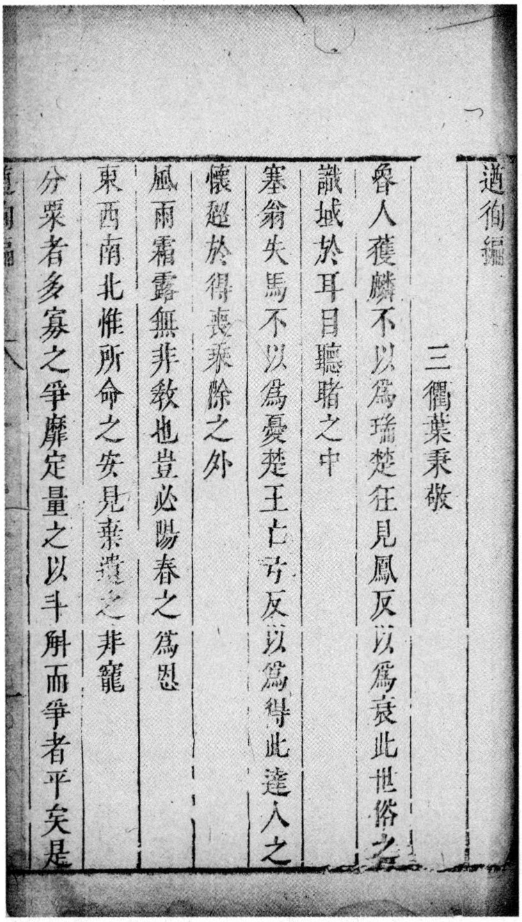
遒徇編
三衢葉秉敬
魯人獲麟不以爲瑞楚狂見鳳反以爲衰此世俗之
識域於耳目聽睹之中
塞翁失馬不以爲憂楚王亡弓反以爲得此達人之
懷超於得喪乘除之外
風雨霜露無非教也豈必陽春之爲恩
東西南北惟所命之安見棄遺之非寵
分聚者多寡之爭靡定量之以斗斛而爭者平矣是

玉芝堂談薈三十六卷

《四庫全書總目》卷一二三《玉芝堂談薈》：

明徐應秋撰。應秋字君義，浙江西安人。萬曆丙辰進士，官至福建左布政使。是書亦考證之學，而嗜博愛奇，不免兼及瑣屑之事。其例立一標題爲綱，而備引諸書以證之，大抵采自小説雜記者爲多。應秋自序有曰：「未及典謨垂世之經奇，止輯史傳解頤之雋永。名之談薈，竊附説鈴。」其宗旨固主於識小也。然其捃摭既廣，則兼收並蓄不主一途，軼事舊聞，往往而在。故考證掌故、訂正名物者，亦錯出其間。披沙揀金，集腋成裘，其博洽之功，頗足以抵冗雜之過，在讀者別擇之而已。昔李昉修《太平廣記》、陶宗儀輯《説郛》，其中譎

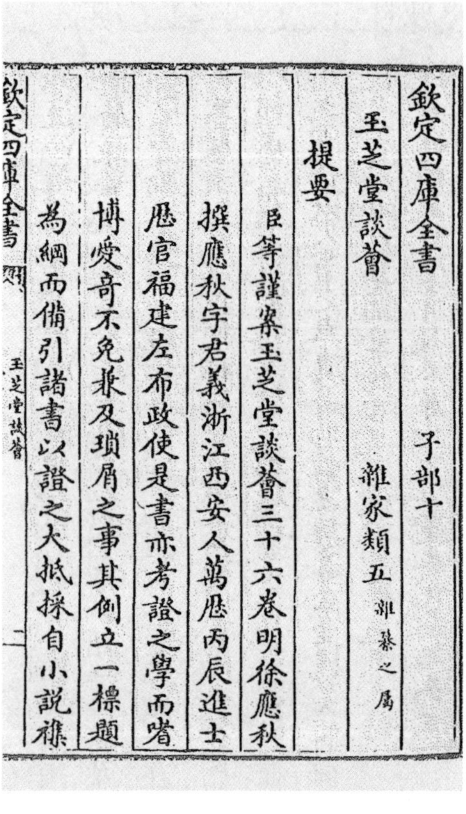

欽定四庫全書　子部十

玉芝堂談薈　雜家類五　雜纂之屬

提要

臣等謹案玉芝堂談薈三十六卷明徐應秋撰應秋字君義浙江西安人萬歷丙辰進士歷官福建左布政使是書亦考證之學而嗜博愛奇不免兼及瑣屑之事其例立一標題為綱而備引諸書以證之大抵採自小說雜

欽定四庫全書　玉芝堂談薈

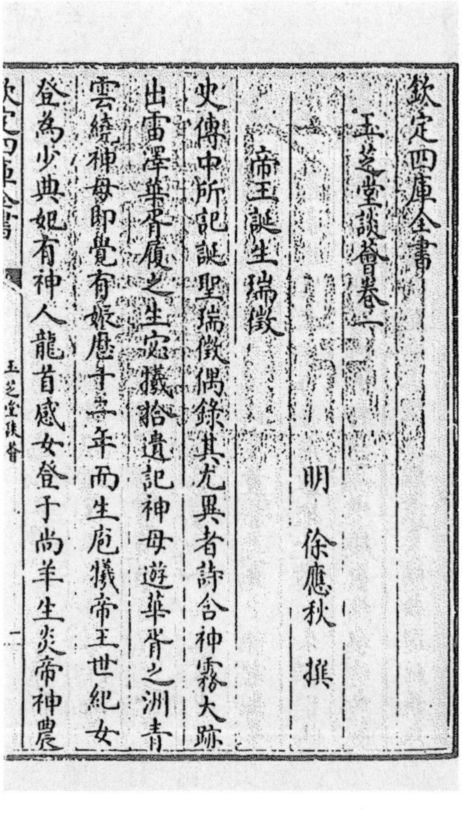

欽定四庫全書

玉芝堂談薈卷一

明　徐應秋　撰

帝王誕生瑞徵

史傳中所記誕聖瑞徵偶錄其尤異者詩含神霧大跡出雷澤華胥履之生宓犧路遺記神母遊華胥之洲青雲繞神母即覺有娠歷十二年而生庖犧帝王世紀女登為少典妃有神人龍首感女登于尚羊生炎帝神農

欽定四庫全書　玉芝堂談薈

怪居多，而皆以取材宏富，足資采擇，遂流傳不廢。應秋此編，雖體例與二書小別，而大端相近。至來集之之《樵書》，全仿應秋而作，然有其蕪漫，而無其博贍，故置彼取此焉。

案：徐應秋字君義，號雲林。巡視閩海，平巨寇劉香，其功甚著。有書癖，充棟之藏，涉獵殆盡，著述甚豐，有《雪艇塵餘》《玉芝堂談薈》《駢字憑霄》《枳記》《兩闈合刻》《古文奇艷》《古文藻海》等。雲林自言著此書，「舉尋常意想之所未經，多古今載籍之所已備，惜學人少見而多怪，致往牒似誕，而疑誣用是」，「大都標神道之妖祥，記山川之靈怪，表人事之卓異，著物性之瑰奇」。此書三十六卷，每卷又分若干則，每則多記録歷代同類之事，各立標題。此書分門别類天地人物，其記人文涉及帝王、將相以至各色人等，録有歲時、民俗、史籍、小説、碑銘、詩體、書畫、文字及各種技藝；其載自然於天文，涉及宇宙、天地、日月、星辰、風雨，於輿地涉及山川、井池、城宅、潮汐、海市、地震，亦載鳥獸、草木等。是書所載怪異之事尤多，如載「牛哀化虎」「母鷄彀中哺出小兒」「女化爲男」「人化異物」「男子孕育」等極爲荒誕。然諸多奇聞皆有所本，或取於歷代史籍，或源自諸家小説，或采於釋道典籍。其間有不少内容頗有考據之功，可資參考。此書據清抄本影印。

興朝應試必讀書八卷

清詹熙評注，濮陽增選刊。熙有《衢州奇禍記》，已著録。濮陽增號益齋，衢州人，與詹熙同時，事跡不詳。

此書目録前題「衢州肖魯甫詹熙評注，衢州益齋濮陽增選刊」。是書成於清光緒二十四年（1898）七月並刊行，時正值百日維新，其爲適應科舉新制而作。此年六月，光緒帝頒佈科舉新制，鄉會試改詩賦、小楷之法爲策論，試分三場，「第一場試中國史事、國朝政治論五道，第二場試時務策五道，專問五洲各國之政、專門之藝，第三場試《四書義》兩篇、《五經義》一篇」，科舉之重轉移至實政爲主。此書卷前有「光緒二十四年六月初一奉」，即頒佈科舉新制全文，次爲詹氏自序。詹熙於序中斥責八股取士阿世無用，認爲「古今得失之林，莫萃於史；討論時事，莫詳於策；窺見心術，莫善於經」，故力挺朝廷罷斥時文及詩賦而爲論策經義，可見詹氏支持科舉改制，以贊同維新變法。此書原爲二十卷，删削爲八卷。卷一至三爲《史論》，主要議論歷代興亡與典章制度，上卷、中卷之文選自清人徐乾學編注《古文淵鑒》，皆爲元代以前名家名篇，下卷選方苞、姚鼐以來近世名作。卷四爲《時務論》，以通商、富國爲主要論題，除鄒弢《工西藝不必習洋文論》，其餘爲詹熙文十一篇，熙弟塏文五篇。卷五爲《國朝政治策》，所議内容包括治水、兵餉、殿試、救荒、勸農、理財等，以乾隆時策文爲多。卷六爲《時務策》，主要討論學習西方技藝和制度，其中詹熙之作九篇，詹塏之作兩篇。卷七爲《五洲近今政治》，前兩篇論述中國沿海形勢，其下爲詹熙所作，介紹俄、英、日、美、法、意、德七强國政治，後附以《補遺》。卷八爲《四書義》《五經義》，《四書義》僅有任啓達制義一篇，《五經義》皆出自清朝名臣經筵進呈之作。詹熙與其弟塏之文，爲二人任上海商務報館主筆時所作。此書不僅選録詹熙諸多文論，且其他諸文篇末多有「熙注」，爲詹氏評議。此書目録與正文内容有不一致之處，如卷二有范仲淹《推委臣下論》，而目録無；又如卷七有詹熙《中國沿海形勢》《江浙沿海形勢》，而正文爲陳倫炯《中國沿海形勢》、郭起元《中國由海入江形勢説》；目録中有《五洲近今政治》，先英吉利而後俄羅斯，而正文標題作《五大洲近今政治》，先俄羅斯而後英吉利。雖然戊戌變法百日而終，此應時之作未能施用，但仍不失爲研究該時期科舉、社會等方面重要文獻。此書據清光緒二十四年石印本影印。

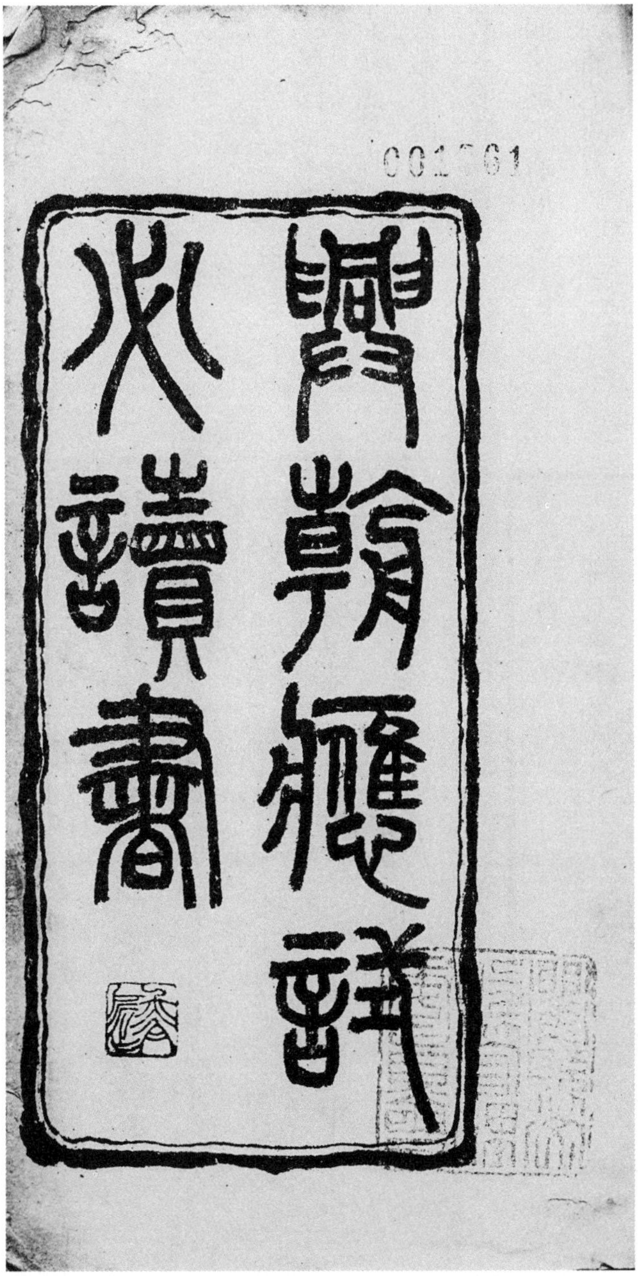

隱林四卷

清鄭永禧輯。永禧有［民國］《衢縣志》，已著録。此書前有羅道源序和作者自序。鄭氏以爲隱語言雖小而可喻大，故采擷父祖留遺者和友朋欣賞者而輯之，益以史隱和二十四格謎，而成此書。是書四卷，卷一有《湘芷隱書》《秋浦隱書》《琴浦隱書》，分别爲鄭灝湘芷、鄭桂金秋浦、鄭桂堂琴浦著，鄭永禧述，各有二十九則、六十六則、一百則。卷二有《薌林隱書》《櫟亭隱書》《蓮舫隱書》《蓬萊仙館隱略》《紅豆山莊隱略》《誦瀑山房四書

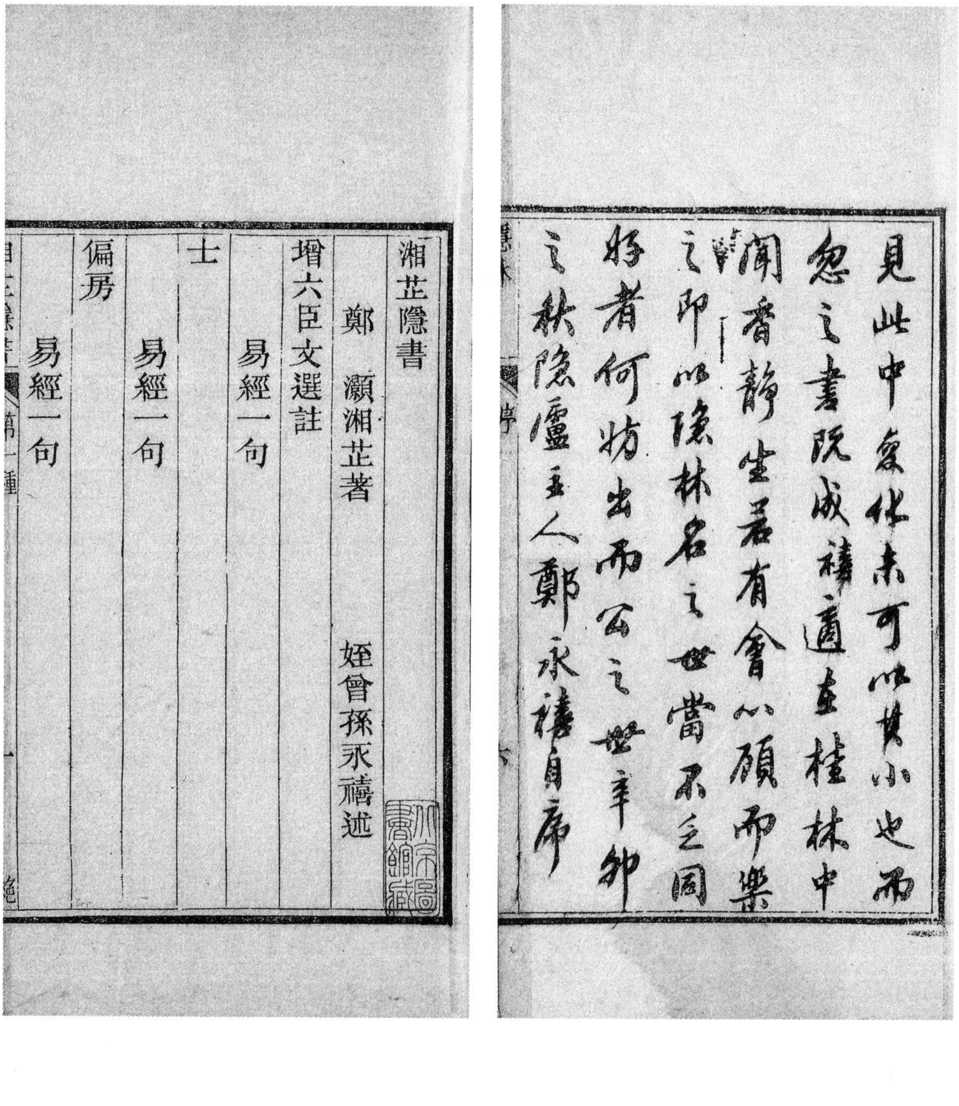

見此中象休未可以其小也而
忽之書既成禧適在桂林中
聞音静坐看有會心頗而樂
之即以隱林名之世當不乏同
好者何妨出而公之世辛卯
之秋隱廬主人鄭永禧自序
湘芷隱書
鄭灝湘芷著
姪曾孫永禧述
增六臣文選註
易經一句
士
易經一句
偏房
易經一句

謎》，前三種分別爲鄭桂東薌林、鄭桂著櫟亭、鄭鍔蓮舫著，鄭永禧述，後三種分別爲羅道源逢甫稿、吳序笠亭稿、金麗源仲白稿，鄭永禧選訂，諸書各有三十七則、十六則、五十七則、六十四則、二十八則、七十七則。前六種《隱書》之謎語、謎底分別在前後兩葉，謎底多取「五經」「四書」等經典中一句，亦有取唐詩、宋詩、宋文、元曲或《老子》《三字經》《千字文》《詩品》等中一句，其最後一小部分謎底則打一曲牌名、傳奇名、韻目、人名、官名、地名、花名、藥名、果名、蟲名、鳥名、禽言、物、字、俗語等。後三種書謎底直接見於謎語下，羅氏書按漢字「六書」分象形、會意、指事、諧聲、轉注、假借六類，謎底主要打人名、地名、藥名、韻目、字或經書中的一句，以打人名爲多；吳氏書分傳神、會意、別解、拆字四類，謎底主要猜經書、蒙書中一句和人名、藥名、詞牌等；金氏書僅打「四書」中一句，故稱《四書謎》。卷三爲《史隱》，題「三衢鄭永禧緯臣編」，分上古、唐虞、夏、商、周、東周列國、戰國、秦、楚漢、漢、後漢、晉、東晉、五胡十六國、南朝、北朝、隋、唐、五季、宋、南宋、元、明二十三部分，其謎語取古時某一事件，謎底多打經書中一句或人名、地名、物名等，此本謎底見於該卷之末。卷四爲《二十四格謎》，分梨花格、雪帽格等二十四格，此卷目録後有鄭氏附識曰：「按顧禄《清嘉録》載有二十四格之名，與此小異，以時尚有遞變，未能與古悉合也。」其於每格名下首解此格之意，如「玉頸格」下曰：「題裏第二字寫白」，即謎底中第二個字爲白字，「玉頸格」首言：「八家皆私百畝，（打）《四書》一句，（謎底）齊井（景）公田。」其中「井」爲「景」的白字。《二十四格謎》之謎底多取經書、古詩、蒙書中一句，亦有打人名、物名等。此書據清光緒十七年（1891）刻本影印。

竹隱廬隨筆四卷

清鄭永禧撰。永禧有［民國］《衢縣志》，已著録。此書題「三衢瘦竹詞人輯」，卷前有鄭氏弁言，每卷前有「渭川敘目」。永禧所以自稱瘦竹者，其於首卷次篇言明，其曰「予家有瘦竹數竿，當窗拂檻，頗饒逸致，暇時每拍詞以寄意」云云，是書所以稱爲《竹隱廬隨筆》者亦有此意。鄭氏隨筆凡四卷，卷一有五十七篇，卷二有五十四篇，卷三有七十六篇，卷四有二十九篇，合計二百十六篇。今存此本有殘缺，其中卷一缺第十至十九葉，卷二缺第二十二葉、第三十五葉，卷三完整；卷四僅至三十九葉，《春閨》以下八篇不見。此作爲渭川删削其數年隨筆而成，所記「或拾書舊之遺，或糾沿流之謬，或嘉名節以興風化，或搜逸史以廣見聞」。卷二中《通用字》《互用字》二篇，有資於閲讀古文。卷四《上大人二則》對於解魯迅《孔乙己》之題頗有意義，一般認爲「上大人孔乙己」爲舊時學童描紅習字用語，鄭氏却解爲「『上大人』八句出自宋贊美孔子之詞」，其第二則又言「江右一秤店孔姓號乙己」，可見魯迅小説用「孔乙己」之名自有來歷。鄭氏隨筆談詩詞者甚多，不少内容可視爲詩話。此書據民國木活字本影印。

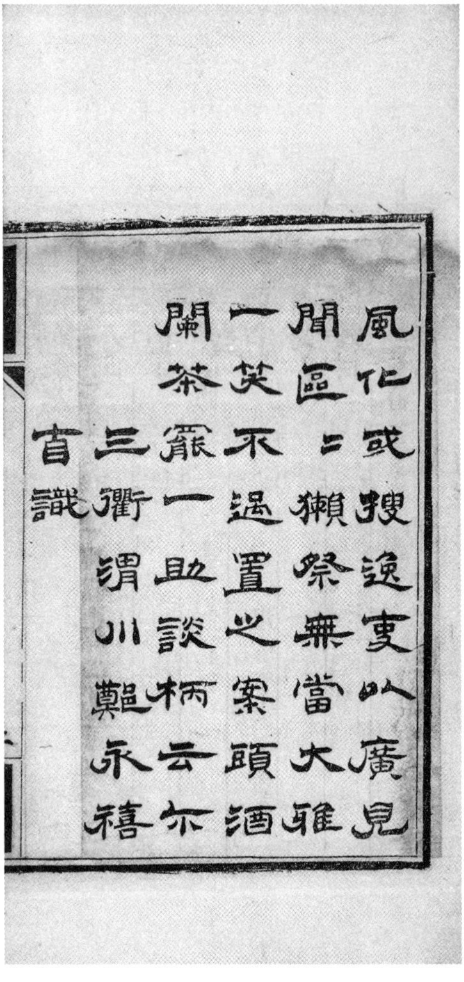
風化或搜逸史以廣見
聞區區獺祭無當大雅
一笑不過置之案頭酒
闌茶罷一助談柄云尒
三衢渭川鄭永禧
自識

竹隱廬隨筆

三衢瘦竹詞人輯

第一卷

詩源

詩何源哉曰源者亦猶之立庭中而望河漢指一處爲津涯登海上而覽波濤指一處爲邊岸總不過影響焉已耳所謂詩者自皇初以迄於今變化日多經絡散紀亦不知其幾萬萬派矣可勝言哉可勝言哉

頑瞽思存二卷

清鄭永禧撰。永禧有［民國］《衢縣志》，已著録。此書成於民國十六年（1927），分上、下兩卷，封面題「三衢解元渭川著，甲戌夏午浮若抄」，末附歙州汪浮若跋語，可見此本爲民國二十三年（1934）抄本。其上卷小序曰：「予生年六十二矣，憂患餘生，既老且瞽。偶憶前事，不忍捐棄，拉雜存之，都無詮次。以所記多頑固之言耳，閉目作書，示請諸兒女，不忘其初之意云。」可見此書爲渭川晚年之作，所記爲作者親臨塵往舊事和衢城等地逸事掌故、名物制度等，亦有作者讀書治學之心得體會和對當時社會之議論。其所載衢州名物典故有補舊志之缺，如衢州科舉舊事、藏書刻書等，皆爲史志不載；其考西安縣

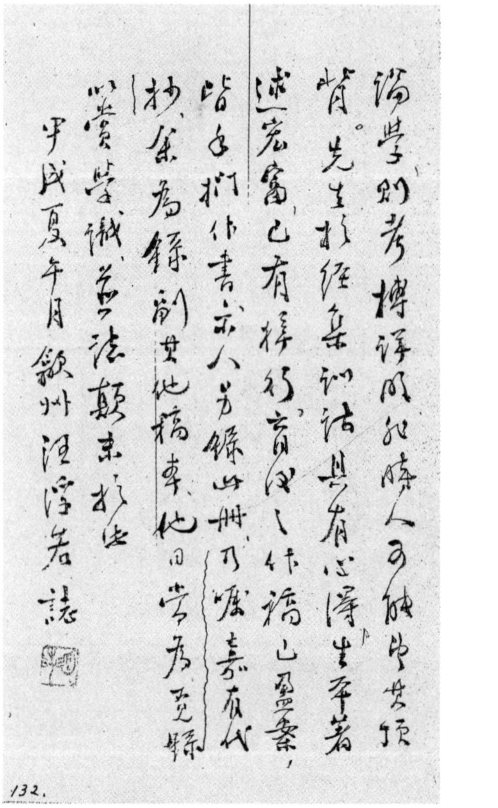
論學則考博詳明非時人可能也其頃
皆。先生於經籍訓詁具有心得生平著
述宏富已有梓行者八種山墨齋，
皆手稿作書示人方錄此冊乃嘉慶代
抄，余爲錄副其他稿本他日當爲覓錄
以資學識並誌數末於此
甲戌夏午月歙州汪浮若誌
132.

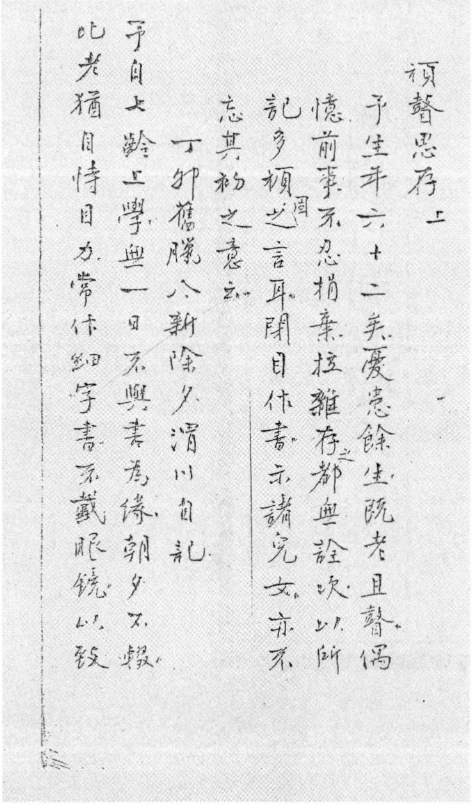
頑瞽思存 上
予生年六十二矣憂患餘生既老且瞽偶
憶前事不忍捐棄拉雜存之都無詮次以所
記多頑固之言耳閉目作書示請兒女亦不
忘其初之意云
丁卯舊臘八新除夕渭川自記
予自七齡上學無一日不與書爲緣朝夕不輟
比老猶恃目力常作細字書不戴眼鏡以致

建置、孔氏家廟、趙清獻公琴鶴等，能得其正；其論孫中山「三民主義」是對孔、孟之學繼承，頗有新意；其對忠君愛國、婦女纏足等問題見解，能反映民國以後人們思想觀念變化。此書雖爲作者晚年失聰之筆記，然對於研究清末社會特别是衢州地方史有一定參考價值。此書據民國抄本影印。

春秋類對賦一卷

《四庫全書總目》卷一三七

《春秋經傳類對賦》：

宋徐晉卿撰。晉卿，里貫未詳，自署稱將仕郎秘書省校書郎，亦不知其始末也。《左傳》文繁詞縟，學者往往緯以儷語，取便記誦，見於《宋史·藝文志》者有崔昇等十餘家，今並亡佚，惟此賦尚存。凡一百五十韻，一萬五千言，屬對雖工，而無當於義理。其徵引亦多舛漏。前有皇祐三年自序，云「首尾貫串，十得八九」。殊未然也。國朝高士奇嘗爲之注，《通志堂經解》亦收之。末有元至大戊申長沙區斗英一跋，稱江陰路總管太原趙嘉山得善本，授郡庠，俾鋟梓云。

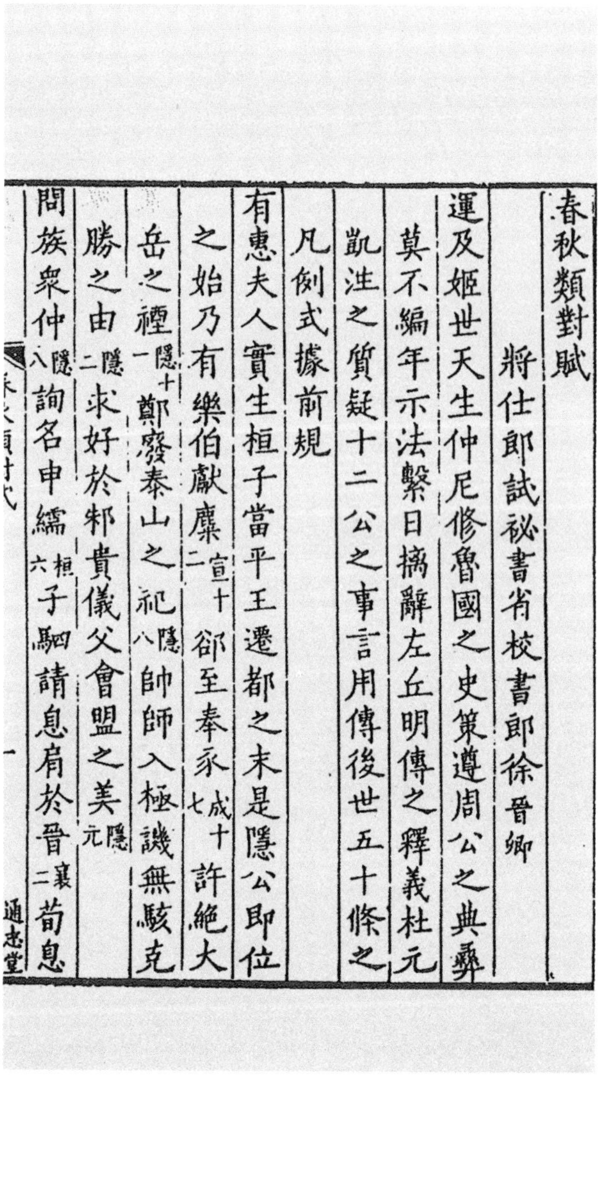
春秋類對賦　將仕郎試祕書省校書郎徐晉卿
運及姬世天生仲尼修魯國之史策遵周公之典彝莫不編年示法繫日摛辭左丘明傳之釋義杜元凱注之質疑十二公之事言用傳後世五十條之凡例式據前規
有惠夫人實生桓子當平王遷都之末是隱公即位之始乃有樂伯獻麋宣十二郤至奉豕成十七許絕大岳之禮隱十一鄭發泰山之祀隱八帥師入極譏無駭克勝之由隱二求好於邾貴儀父會盟之美隱元問族衆仲隱八詢名申繻桓六子駟請息肩於晉襄二荀息
春秋類對賦　一　通志堂

案：徐晉卿字國梁，開化人。仁宗朝召對，嘉其才，敕知洪州。宋神宗元豐五年（1082），帥師伐寇，戰亡於新城。事聞，帝臨朝慟哭，贈柱國、少保、節度使。其事略載於《衢州府志》。晉卿自序言：「余讀五經，酷好《春秋》。治《春秋》三傳，雅尚《左氏》。然義理牽合，卷帙繁多，顧茲謏聞，難以殫記，乃於暇日，撰成録賦一篇，凡一百五十韻，計一萬五千言。欲包羅經傳，牢籠善惡，則引其辭以倡之。欲錯綜名跡，源統起末，則簡其句以包之。欲按其典實，故表其年以證之。欲循其格式，故比其韻以屬之。首尾貫穿，十得其九，命曰《春秋經傳類對》。將使究其所窮，可以尋其枝葉，舉其宏綱，可以撮其樞要也。」此書賦文每一句大致述及《春秋》經傳中一事，其下注所繫之年。其文重在便於記誦，故所述之事不按年代先後排列。康熙中，納蘭性德見其書，贊曰：「屬辭比事而不亂，則深於《春秋》者也。誦秘書之賦，其比事之切，非深於《春秋》者能然歟？」此書據清康熙十九年（1680）《通志堂經解》本影印。

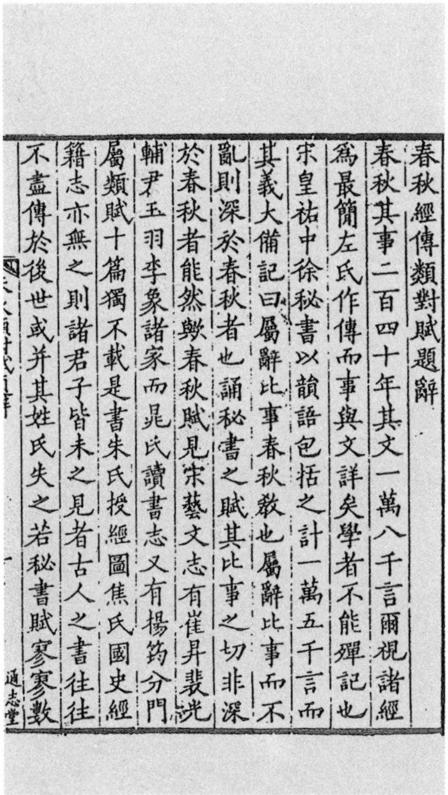
春秋經傳類對賦題辭
春秋其事二百四十年其文一萬八千言爾視諸經爲最簡左氏作傳而事與文詳矣學者不能殫記也宋皇祐中徐秘書以韻語包括之計一萬五千言而其義大備記曰屬辭比事春秋教也屬辭比事而不亂則深於春秋者也誦秘書之賦其比事之切非深於春秋者能然歟春秋賦見宋藝文志有崔昇裴洸輔君玉羽李象諸家而晁氏讀書志又有楊筠分門屬類賦十篇獨不載是書朱氏授經圖焦氏國史經籍志亦無之則諸君子皆未之見者古人之書往往不盡傳於後世或并其姓氏失之若秘書賦寥寥數
通志堂

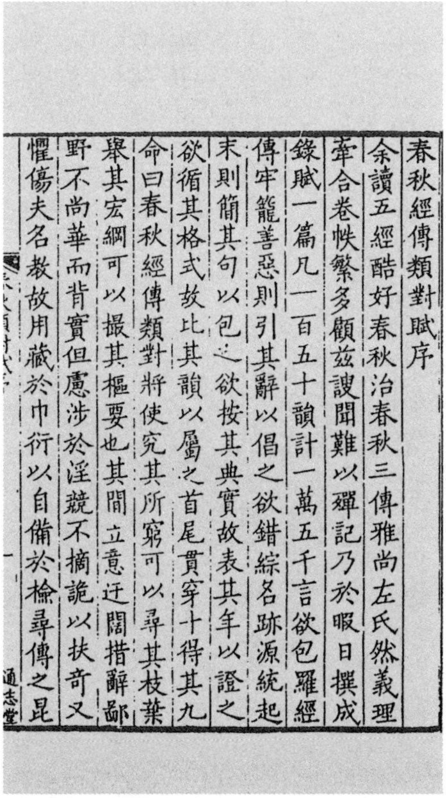
春秋經傳類對賦序
余讀五經酷好春秋治春秋三傳雅尚左氏然義理牽合卷帙繁多顧茲謏聞難以殫記乃於暇日撰成錄賦一篇凡一百五十韻計一萬五千言欲包羅經傳牢籠善惡則引其辭以倡之欲錯綜名跡源統起末則簡其句以包之欲按其典實故表其年以證之欲循其格式故比其韻以屬之首尾貫穿十得其九命曰春秋經傳類對將使究其所窮可以尋其枝葉舉其宏綱可以撮其樞要也其間立意迂闊措辭鄙野不尚華而背實但慮涉於淫競不摘詭以扶奇又懼傷夫名教故用藏於巾衍以自備於檢尋傳之昆
通志堂

班左誨蒙三卷

宋程俱撰。俱有《韓文公歷官記》，已著録。此書共三卷，成書於宋徽宗政和三年（1113），卷前有作者自序。程氏認爲，「中古以還，敘事之文唯左丘明《春秋傳》、太史公《記》、班固《漢書》最爲近古。班左得善注，故訓詁益明，世之人發言下筆終日出其中，乃或不知其所謂，又若字畫不異而音釋頓殊。苟爲道聽意讀，其不遺笑於人者幾希」，遂撰此書「以謂成學之士當易而哂之，髫齔之童將以一二誨之，則或有所取」。此書按班、左二書卷次先後編次，逐條録其中重要文詞，每詞條下注明此詞所在原文，時兼引二書注釋之文。卷上録《左傳》文詞，卷中、卷下録《漢書》文詞。程俱試圖以班、左二書之文，讓初學者作文時明瞭其用詞本意，不至於因「道聽意讀」而「遺笑於人」。有些書目著録此書，尤袤《遂初堂書目》將其列於「史學類」下，陳振孫《直齋書録解題》録於「類書類」下，馬端臨《文獻通考》載於《經部・小學類》下，王應麟《玉海》著於《藝文・論

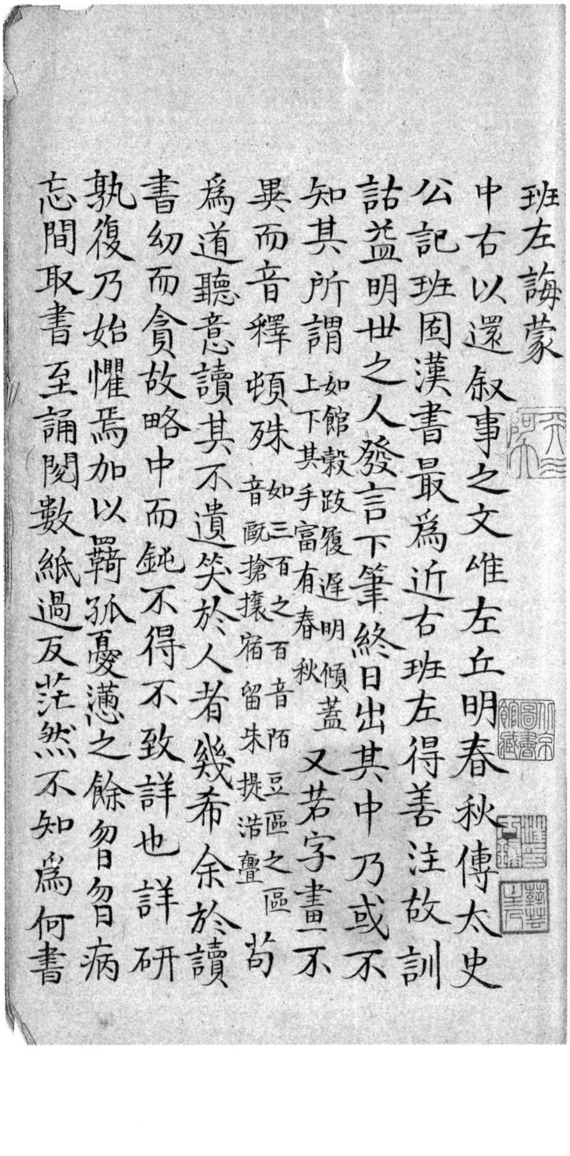
班左誨蒙
中古以還敘事之文唯左丘明春秋傳太史公記班固漢書最爲近古班左得善注故訓詁益明世之人發言下筆終日出其中乃或不知其所謂如館穀跋履遲明傾蓋上下其手富有春秋又若字畫不異而音釋頓殊如三百之百音陌豆區之區音甌搶攘宿留朱提浩亹苟爲道聽意讀其不遺笑於人者幾希余於讀書幼而貪故略中而鈍不得不致詳也詳研孰復乃始懼焉加以羈孤憂慮之餘曶曶病忘間取書至誦閱數紙過反茫然不知爲何書

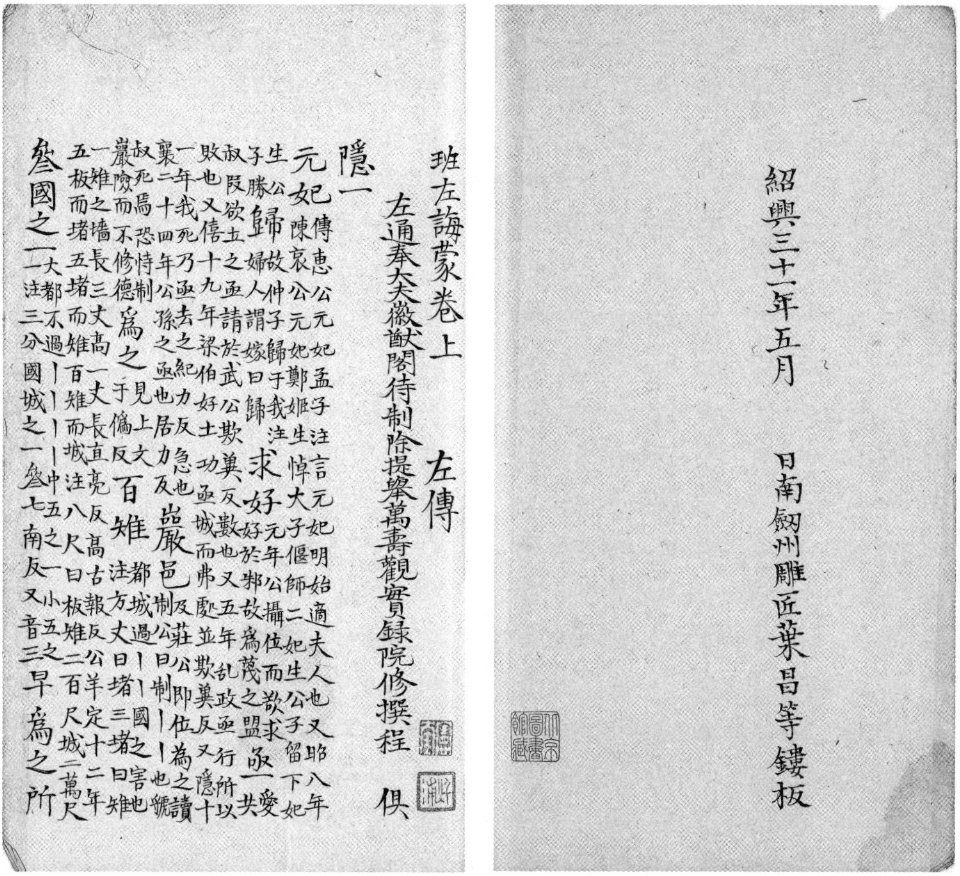
紹興三十一年五月　日南劍州雕匠葉昌等鏤板

班左誨蒙卷上

左通奉大夫徽猷閣待制除提舉萬壽觀實録院修撰程　俱

隱一　左傳

元妃 傳惠公元妃孟子注言元妃明始適夫人也又昭八年陳哀公元妃鄭姬生悼大子偃師二妃生公子留下妃生公子勝 歸 故仲子歸于我注婦人謂嫁曰歸 求好 元年公攝位而欲求好於邾故爲蔑之盟 亟 愛共叔段欲立之亟請於武公欺冀反數也又五年亂政亟行所以敗也又僖十九年梁伯好土功亟城而弗處並欺冀反又隱十一年我死乃亟去之紀力反急也襄二十四年公孫之亟也居力反 巖邑 及莊公即位爲之請制公曰制｜｜也號叔死焉恐恃制巖險而不修德 爲之 見上文于偽反 百雉 都城過｜｜國之害也注方丈曰堵三堵曰雉一雉之牆長三丈高一丈長直亮反高古報反公羊定十二年五板而堵五堵而雉百雉而城注八尺曰板雉二百尺城二萬尺 參國之一 大都不過｜｜｜｜中五之一小五之注三分國城之一參七南反又音三 早爲之所

史類》中，《宋史・藝文志》入「類事類」中。作者雖自題其書曰《誨蒙》，實有自謙之意，並非專門蒙學之書，與《經部・小學類》著作不同。程氏所取《左傳》《漢書》，今人視爲史書，然古人皆奉《左傳》爲經，且程氏僅録其文詞，並非論史，故入「史學類」「論史類」皆不當。然觀此作，雖以班、左二書内容次序録其文詞，然其逐條編次與《白孔六帖》等類書相近，其撰述主旨又與《蒙求集注》等類書相仿，故應入「類書類」。是書卷後題「紹興三十一年五月日南劍州雕匠葉昌等鏤板」，可見此書據紹興時刻本抄録。此書據清抄本影印。

唐宋白孔六帖一百卷附孔氏六帖三十卷

《四庫全書總目》卷一三五《白孔六帖》：

案《文獻通考》《六帖》三十卷，唐白居易撰；《後六帖》三十卷，宋知撫州孔傳撰。合兩書計之，總爲六十卷。此本編兩書爲一書，不知何人之所合。又作一百卷，亦不知何人之所分。考胡仔《苕溪漁隱叢話》，稱《六帖新書》出於東魯兵燹之餘，南北隔絶，其本不傳於江左，使學者弗獲增益聞見。則南渡之初，尚無傳本。王應麟《玉海》始稱孔傳亦有《六帖》，今合爲一書，則併於南宋之末矣。黄朝英《靖康緗素雜記》載，白氏《六帖》有元祐五年博平王安世序，此本佚之。卷首所冠韓駒序，則專爲孔傳續書作也。楊億《談苑》曰：「白居易作《六帖》，以陶家缾數十，各題門目，作七層架列齋中，命諸生采集其事類，投缾中，倒取抄録成書。故所記時代，多無次序。」《唐志》稱其書爲《白氏經史事類六帖》，蓋其别名。程大昌《演繁露》稱：「唐開元中舉行科試之法，帖經者以所習經掩其兩端，中間惟開一行，裁紙爲帖。凡帖三字，視時增損，可否不一。或得四、得五、得六者爲通。《六帖》之名所由起，取中帖多者名其書也。」然此書雜采成語故實，備詞藻之用，與進士帖經絶不相涉，莫詳其取義之所在。大昌所説，殆亦以意附會歟？其體例與《北堂書抄》同，而割裂餖飣，又出其下。《資暇集》摘其誤引朱博烏集事，《南部新書》摘其誤引陶潛五柳事，《東皐雜録》摘其誤引烏鳴嚶嚶事，《學林就正》摘其誤引毛寶放龜事。然所徵引，究皆唐以前書，墜簡遺文，往往而在，要未爲無裨考證也。《容齋隨筆》又稱：「俗傳淺妄書如《雲仙散録》之類，皆絶可笑，孔傳《續六帖》悉載其中事，自穢其書。」然《復齋漫録》（案：《復齋漫録》今已佚，此條見胡仔《苕溪漁隱叢話》所引）稱：「東魯孔傳字聖傳，先聖之裔，而中丞道輔之孫也。爲人博學多聞，取唐以來至於吾宋，詩頌銘贊，奇編奧録，窮力討論，纖芥不遺，撮其樞要，區分彙聚有益於世者，續唐白居易《六帖》，謂之《六帖新書》。韓子蒼爲篇引，以爲孔侯之書，如富家之儲材，榱棟枅栱，雲委山積，匠者得之，應手不窮，其用豈小」云云，則宋人亦頗重其書矣。《玉海》引《中興書目》，稱居易采經傳百家之語，摘其英華，以類分門，悉注所出卷帙名氏於其下。晁公武《讀書志》則

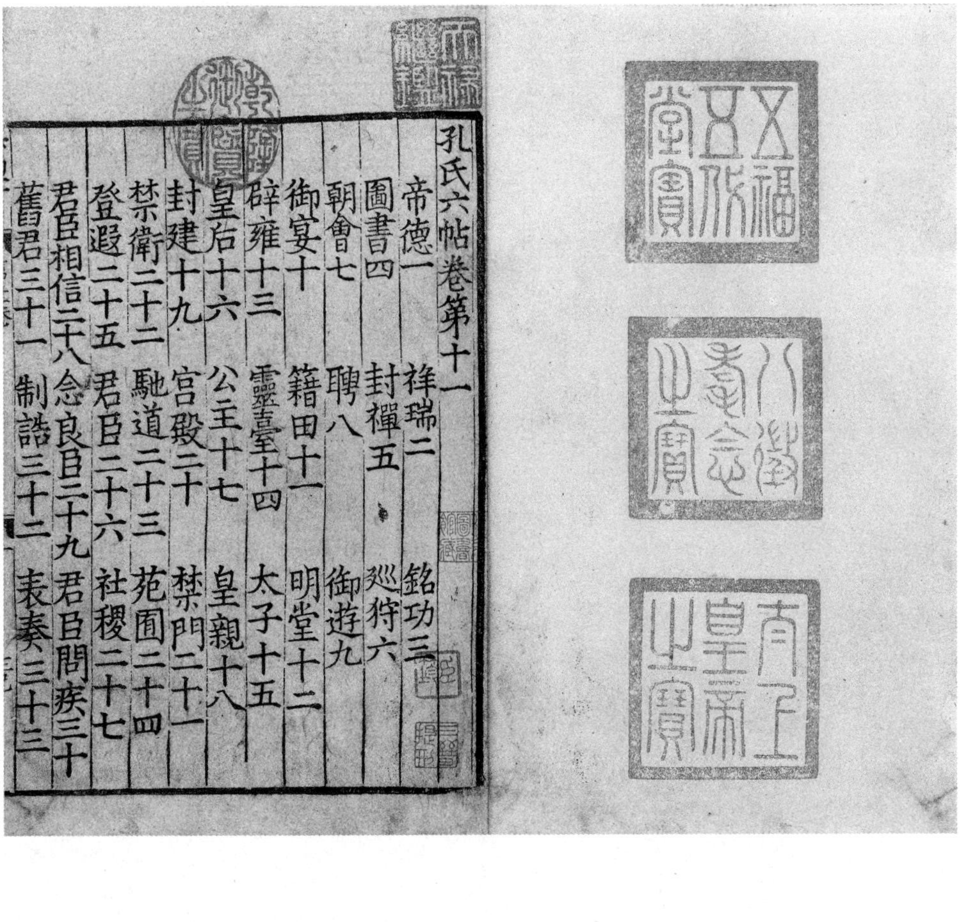

孔氏六帖卷第十一

帝德一　祥瑞二　銘功三
圖書四　封禪五　巡狩六
朝會七　聘八　御遊九
御宴十　籍田十一　明堂十二
辟雍十三　靈臺十四　太子十五
皇后十六　公主十七　皇親十八
封建十九　宮殿二十　禁門二十一
禁衛二十二　馳道二十三　苑囿二十四
登遐二十五　君臣二十六　社稷二十七
君臣相信二十八　念良臣二十九　君臣問疾三十
舊君三十一　制誥三十二　表奏三十三

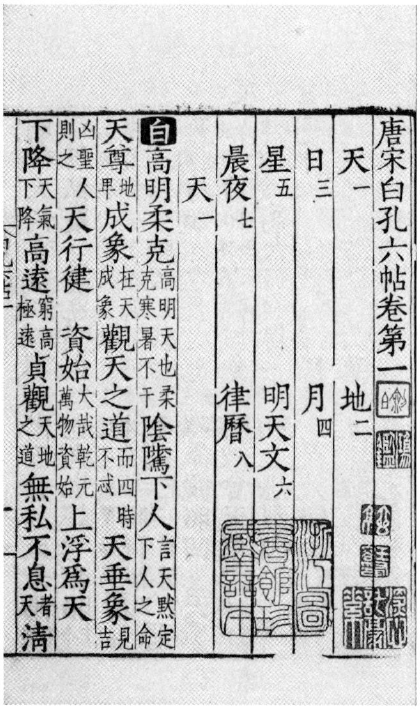
唐宋白孔六帖卷第一
天一 地二
日三 月四
星五 明天文六
晨夜七 律曆八
天一
白 高明柔克高明天也柔克寒暑不干 陰騭下人言天默定下人之命
天尊卑地成象在天成象 觀天之道而四時不忒 天垂象見吉凶聖人則之
天行健 資始大哉乾元萬物資始 上浮爲天
下降天氣下降 高遠窮高極遠 貞觀天地之道 無私不息者天 清

稱「居易原本，不載所出書，曾祖父秘閣公爲之注，行於世」，其説不同。然公武述其家事，當必不誤。且《玉海》又引《中興書目》，稱白居易以天地事分門類爲聲偶，而不載所出。其説亦自相矛盾。蓋當代所行，原有已注出處之本，又有未注出處之本，應麟各隨所見書之耳。此本注頗簡略，亦不題注者姓名，其即晁氏所注與否不可復考。今亦仍原本録之，不更增題名氏焉。居易始末，具《唐書》本傳。傳有《東家雜記》，已著録。

案：《宋史·藝文志六》載，《前後六帖》三十卷，前白居易撰，後宋孔傳撰。當是《白氏六帖》三十卷，孔氏所補之文附其後，前後合亦是三十卷。今所見《白孔六帖》一百卷，不知何時自三十卷本而分。孔傳所補《六帖》，有《孔氏六帖》《後六帖》《續六帖》《續白氏六帖》《六帖新書》之稱。孔書成於宋紹興間，時孔傳已南遷至衢。對比《白氏六帖》，孔氏基本按前《六帖》形式補充於後，所補内容各門多少不同。孔氏另新增三十二門，爲幼敏、樞密、左右丞、内翰、端明、左右司、補闕、拾遺、集賢學士、侍御、殿中侍御史、監察御史、太常博士、殿中監、司業、少府監、軍器監、都水監、賓客、諭德、左右衛、左右神策、元帥、都督、招討、總管、安撫大使、方鎮、治中司馬、防禦使、團練使、少尹，另有四十一門爲孔氏所未補。《白孔六帖》一百卷，此書據明嘉靖刻本影印。今有宋乾道二年（1166）刻本《孔氏六帖》三十卷，其中二十九卷藏於臺北「故宮博物院」，一卷藏於中國國家圖書館。惜此書僅能影印國圖所藏卷十一，附於《白孔六帖》後。

教兒識數不分卷

明葉秉敬撰。秉敬有《字孿》，已著録。此書成於明萬曆三十八年（1610），前有秉敬自序和凡例，末有《新刻教兒識數跋》。葉氏認爲，「天下未有離理之數，未有無數之理」，「理也數也，有一而無二者也」；又言「愚謂兒欲成人，不可不教之識數；兒欲識數，不可不教之悟理」，故撰是書，以使兒童「因數而見事，因事而見理」。宋王應麟有《小學紺珠》，以數目分門隸事，每門之中以數爲綱，以所統之目繫於下。葉氏《教兒識數》，實承王氏《小學紺珠》而來，不過編排與王書有異，內容較王書更爲繁多。《教兒識數》一書，「凡數自一至十百千萬，今取事之有數者，分而記之。却自二起者，所謂『虛一以象太極』也」；「事數或二或三，各從其類，其或有一事而二三四五相連者，割裂之嫌於紛糾，另立雜數以收之」；其每數之下，以天、地、人等分爲諸類，如「二數」下分爲天、地、人、君、官、文、道、術、禮、樂、兵、刑、財、寶、服、食、居、器、役、夷、鬼、蟲二十二類。新刻跋語稱此書，「於天地人物、禮樂兵刑之數，序次分列，綜錯百家，包羅萬象，要之至理實不外是」，有助於幼學由數明理。此書據明萬曆三十八年刻本影印。

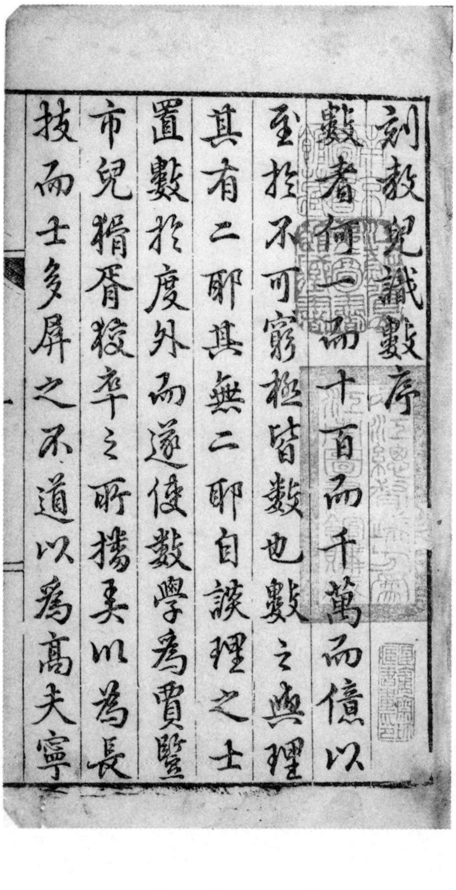
刻教兒識數序
數者何一而十百而千萬而億以
至於不可窮極皆數也數之與理
其有二耶其無二耶自諛理之士
置數於度外而遂使數學爲賈豎
市兒猾胥狡卒之所擕矣以爲長
技而士多屏之不道以爲高夫寧

駢字憑霄二十四卷

《四庫全書總目》卷一三八《駢字憑霄》：

明徐應秋撰。應秋字君義，號雲林，浙江西安人。萬曆丙辰進士，官至福建布政使。是書皆采掇經史駢連之字，備詞藻之用。凡《詮義》十卷，《釋名》十四卷。每卷又各分子目。皆略爲注釋，而不盡著出典。大概剽諸朱謀㙔《駢雅》居多，殊餖飣不足依據。其名「憑霄」者，自注引王嘉《拾遺記》曰：「蒼梧有鳥名憑霄，能吐五色氣，又吹珠如塵，積珠成壟，名書之義取此」云云。非惟險僻無義理，且考之嘉書，是舜帝南巡葬於蒼梧之故實，尤非佳事。可謂迂怪不經矣。

案：徐應秋有《玉芝堂談薈》，已著録。《明

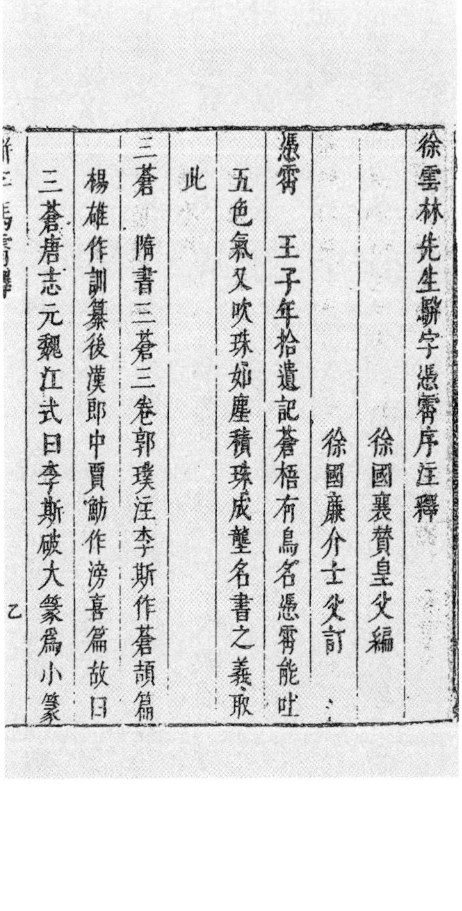

徐雲林先生駢字憑霄序注釋

徐國襄贊皇父編

徐國廉介士父訂

憑霄　王子年拾遺記蒼梧有鳥名憑霄能吐五色氣又吹珠如塵積珠成壟名書之義取此

三蒼　隋書三蒼三卷郭璞注李斯作蒼頡篇楊雄作訓纂後漢郎中賈魴作滂喜篇故曰三蒼唐志元魏江式曰李斯破大篆爲小篆

乙

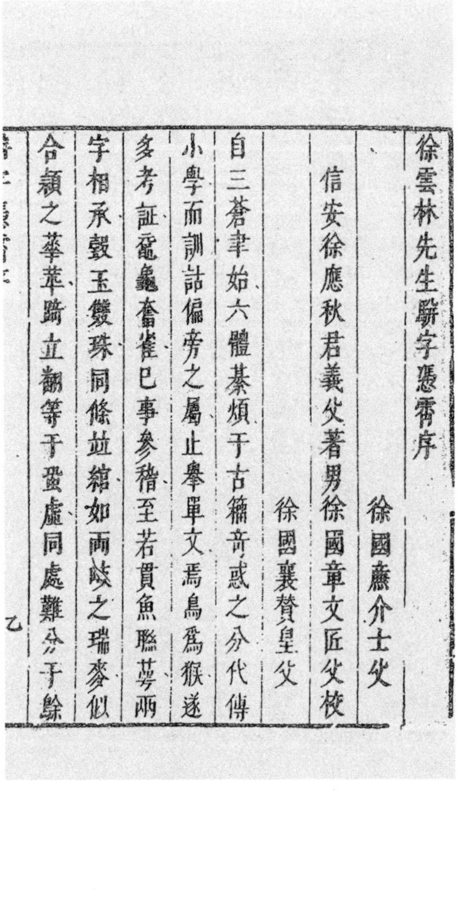

徐雲林先生駢字憑霄序

信安徐應秋君義父著男徐國章文匠父校

徐國廉介士父

徐國襄贊皇父

自三蒼肇始六體綦煩于古籀奇惑之分代傳小學而訓詁偏旁之屬止擧單文焉烏爲猴遂多考証黿龜畬雀已事參稽至若貫魚聯萼兩字相承轂玉雙珠同條並綰如兩岐之瑞麥似合穎之華莖踦立翻等于蛩虛同處難分于鰜

乙

史・藝文志》亦著録《駢字憑霄》，記爲二十卷，有誤，應是二十四卷。徐應秋《駢字憑霄》以朱謀㙔《駢雅》和陳懋仁《庶物異名疏》爲本，參之四部，益補綴其偶遺，擴充其未備。是書備搜載籍，悉采環奇，具述所由，取便披尋，務删繁冗。其摘要弋玄，止搜奇字；其於藻詞快事，無暇旁收。是編所成隨見箋記，故或以稗乘先於經典，或以元宋冠於漢唐。該書卷前有應臬、劉夢震、沈捷、鄭應昌諸序文以及徐應秋《駢字憑霄緣起》《凡例》，另有夏謹《徐雲林先生駢字憑霄序》和徐國襄、徐國廉爲夏序所作《注釋》。此書前十卷爲《詮義》；第十一卷至二十四卷爲《釋名》，諸篇子目爲「天文」「時令」「方域」「山水」「仙佛」「神鬼」「異人」「服飾」「宮室」「器用」「飲饌」「藥餌」「圖籍」「毛群」「羽族」「鱗介」「蠕動」「卉植」「竹木」「夷裔」。其於所録駢字多稍加注釋，有些注明所出典籍，亦有不加注者。此書據明末刻本影印。

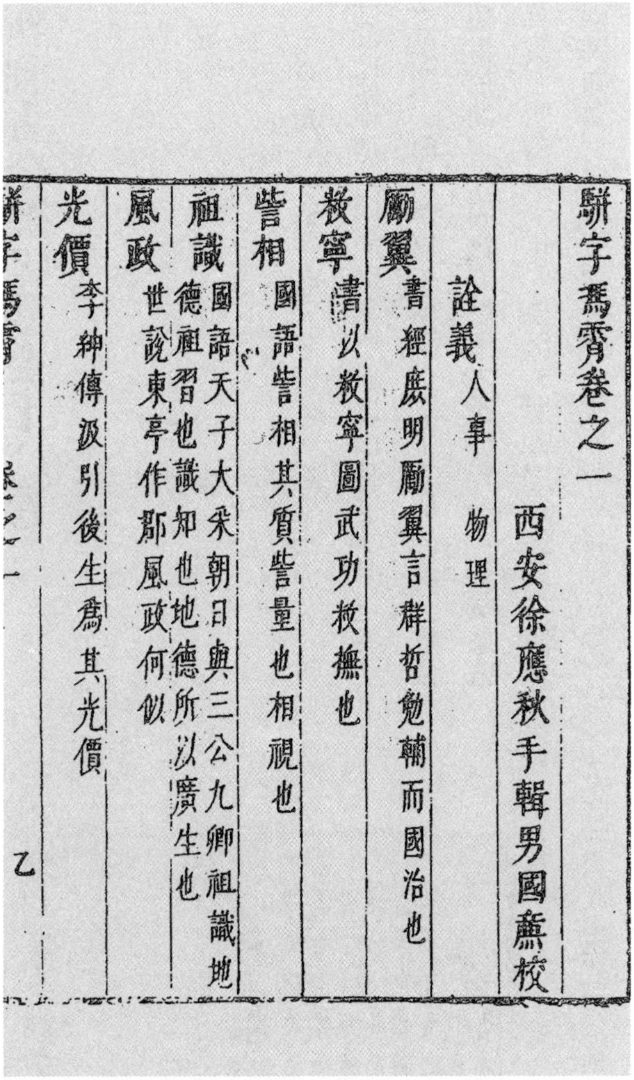
駢字憑霄卷之一

西安徐應秋手輯男國無校

詮義人事 物理

勵翼 書經庶明勵翼言群哲勉輔而國治也

教寧 書以教寧圖武功救撫也

訾相 國語訾相其質訾量也相視也

祖識 國語天子大采朝日與三公九卿祖識地德祖習也識知也地德所以廣生也

風政 世説東亭作郡風政何似

光價 李紳傳汲引後生爲其光價

駢字憑霄 卷之一 乙

新刊古今類書纂要十二卷

明璩崑玉編。崑玉字朝聘，衢州龍游人。朝聘仕途不進，困於舉業，竟以山林老。是書卷一之端題「龍丘璩崑玉朝聘甫纂集，同邑葉文懋汝功甫校閲，金閶錢國煥郁之甫梓行」。葉文懋號翼雲，明萬曆十年（1582）舉人，署武昌、蒲圻兩縣知縣，皆以廉潔著稱，所著有《省身日録》等。沈際飛爲此書作序，稱是書，「凡天地、古今、綱常、倫紀、鳥獸、草木、宮盧、服食、器物，已稍稍提挈其綱領，訓釋其文義，胡容以自覆」。此書十二卷，其以天、地、人、物分門別類，卷一爲天文部，卷二爲地理部，卷三爲時令部，卷四爲人道等三部，卷五爲仕進等七部，卷六爲文史等八部，卷七爲醫家等十二部，卷八爲草木十部，卷九至卷十二爲人事部，卷十二於人事部後又有一字至十字通義和通用部等六部。其人事部四卷，分一百七十七類，其中卷九有三十八類、卷十有四十一類、卷十一有六十四類、卷十二有三十四類。其於每詞條大多有注文，或詳或略。崑玉僻居龍游，以獨力纂輯是編，實難能可貴。此書據日本寬文九年（1669）刻本影印。

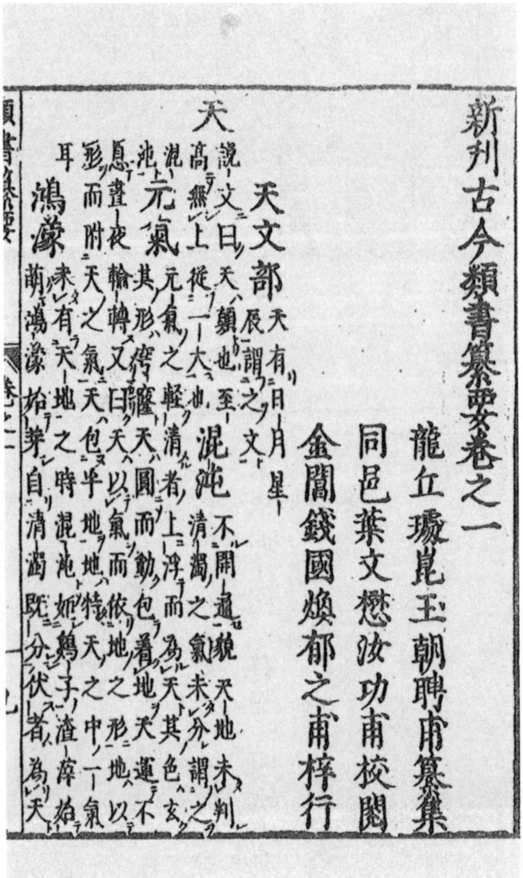
新刊古今類書纂要卷之一
龍丘璩崑玉朝聘甫纂集
同邑葉文懋汝功甫校閲
金閶錢國煥郁之甫梓行
天文部 天有日月星辰謂之文

新刊古今類書纂要目錄

花柳深情傳四卷

清詹熙撰。熙有《衢州奇禍記》，已著録。

此書封面題《繪圖花柳深情傳》，原名《醒世新編》，再版時曾題名《除三害》《花柳深情傳》《海上花魅影》。全書共四卷三十二回，前有詹氏自序，末署「光緒丁酉重九日緑意軒主人衢州肖魯甫詹熙序於上海春江書畫社」，每卷前題「緑意軒主人著」。正文前繪圖四幅，圖有九人，皆小説中人物。此書始作於清光緒二十年（1894），時值甲午戰後，朝野之士奮筆著書，争爲自强之論。當時英國儒士傅蘭雅謂中國所以不能自强者因時文、鴉片和女子纏足，「欲人著爲小説，俾閲者易解説，廣爲勸戒」，詹氏應此倡議而撰此作。此書講述西

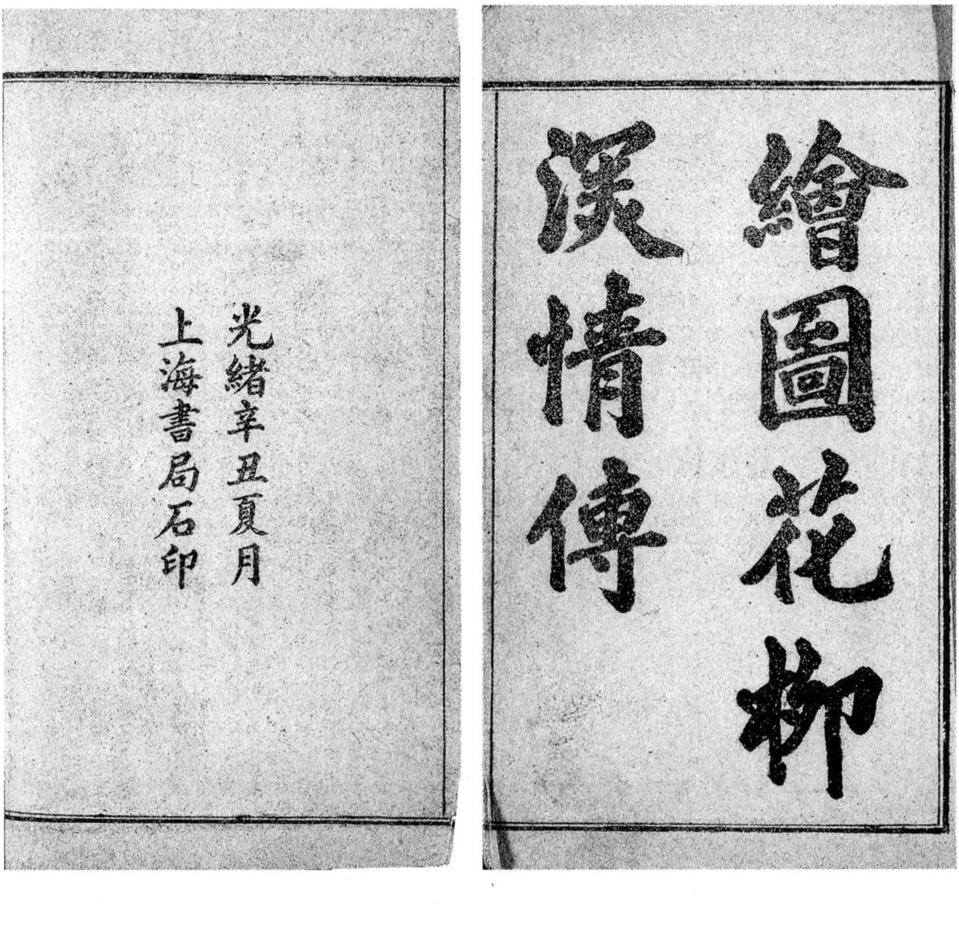

溪村大族魏氏家族的興衰，魏隱仁醉心科舉，吸食鴉片，終中毒身亡；隱仁有四子，長子鏡如喜食鴉片，次子華如癡迷時文，三子水如愛小脚女人，受此三害而家道衰敗；四子月如未染惡習，遊歷西洋後更是眼界大開，通過學習西方科技，帶領鄉鄰走上富裕之路；最終人們認識到八股、鴉片、纏足的危害，將其徹底戒除。小説通過魏氏家族的痛苦遭遇，以此反映時文、鴉片、纏足給當時社會帶來的禍害。詹熙在此書中借小説人物之口提出了「革時弊以策富强」的主張，反映了當時有志之士的願望。美國漢學家韓南提出詹氏此作與《熙朝快史》爲「最早的中國現代小説」，依此可見此書在中國近代小説史上的地位。此書據清光緒二十七年（1901）上海書局石印本影印。

海上百花傳四卷

清詹垲撰。垲，詹熙弟，字子爽，號稚癯，清光緒十一年（1885）拔貢。甲午戰後至上海，隱其姓名，自號幸樓主人，曾爲《時務報》主筆。所撰有《幸樓詩文集》二卷、《海上百花傳》四卷、《柔鄉韻史》三卷、《花史》五卷《續編》八卷、《碧海珠》《中國新女豪》《女子權》等。詹熙編《興朝應試必讀書》，所選之文有些出於詹垲之筆。此書題《繪圖海上花列傳》，正文前繪有圖七幅，皆傳中人物；圖後爲沈敬學序、詹垲自序、袁祖志等「題詞」五篇、目録，其目録當缺第一葉。詹氏自序中言：「逮中東講和而後，

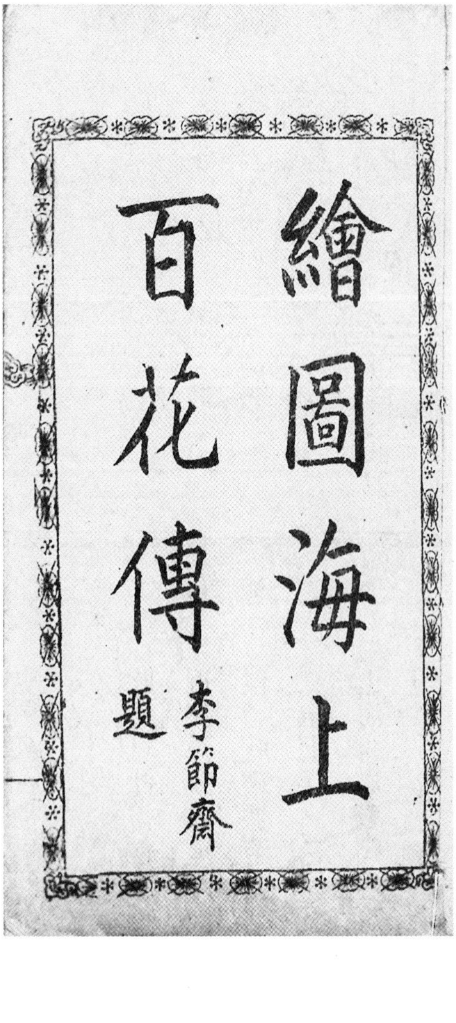

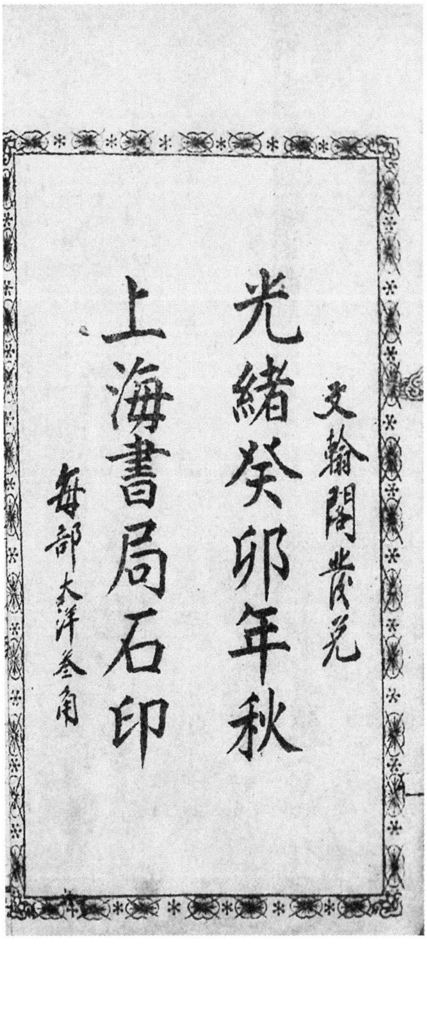

內地民窮財匱，國家創巨痛深，而滬上青樓之盛乃倍乎從前。貴游豪客之徵，逐於煙花場中者，通衢之間，肩摩轂擊，一歲所糜金錢，難以計數也。」作者以爲國難之際當應卧薪嘗膽，而國人中爲富者居然全無心肝，「乃就見聞所及，萃爲兹編，不徒以海上群芳足供采録，亦以見中國外强中乾之勢，至今日尤岌岌可危」。詹氏懷着愛國之心撰述此作，雖是爲青樓女子作傳，意在警示國人。此書分四卷，傳有單人傳及兩人或多人合傳，卷一前有小序並有傳共十三，卷二有傳共二十七，卷三有傳三十二，卷四有傳二十八，末有「李金蓮校書小傳補録」和「滬上竹枝詞十首」，其末葉殘缺。有些傳名下題「己亥年補作」，有些題「戊戌年補作」，可見是書歷數年而刊行。此書據清光緒二十九年（1903）上海書局石印本影印。

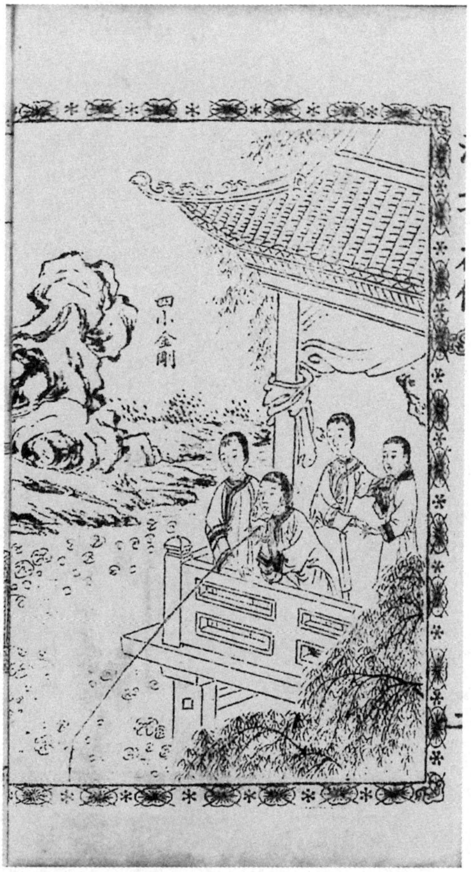

自序

余總角之年即聞滬上青樓之盛甲天下弱冠以後屢游其地則十里洋場之內釵光鬢影皆與耳目為緣歎名不虛傳逮中東講和而後內地民窮財匱　國家創鉅痛深而滬上青樓之盛乃倍乎從前貴游豪客之徵逐於烟花場中者通衢之間肩摩轂擊一歲所糜金錢難以數計也噫當此時局艱難朝野上下皆宜卧薪嘗膽之時哀我人斯何暇謀樂而乃窮極揮霍競為奢淫致滬瀆一隅無異桑濮亦可見中國人之全無心肝矣余棲遲於滬上者今又數更寒暑朋輩以花酒見招多託故不赴然窮愁寂寞之時無以自遣乃就見聞所及萃為兹編不徒以海上羣芳足供采録亦以見中國外強中乾之勢至今日尤岌岌可危云

光緒二十九年花月望日衢州寄樓主人詹塏自序

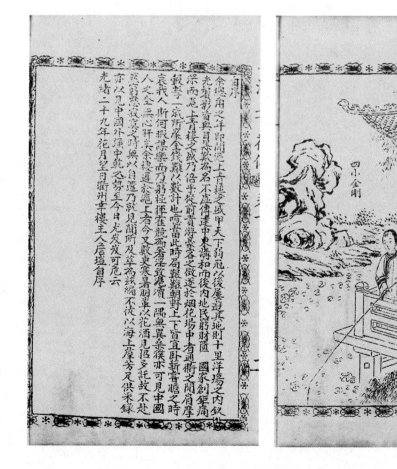

柔鄉韻史三卷

清詹塏撰。塏有《海上百花傳》，已著録。此書題《柔鄉韻史》，「衢州幸樓主人詹塏著」，正文前有序文、題詞、目録，並繪書中人物圖十八幅。此書分上、中、下三卷，立傳百餘篇，上卷立傳三十三並卷前小序，中卷立傳四十二，下卷立傳二十八，下卷末附「滬上竹枝詞十首」。此書目録與正文稍有不同，卷上正文有「趙蘭英傳」，而目録中無；卷上正文「凌倩雲傳」，目録作「凌慶雲傳」；中卷正文「祝文玉傳」，目録作「施文玉傳」；中卷正文「蔡菱芬傳」，目録作「蔡凌芬傳」。較之《海上百花傳》，二書繪圖不同，序文、題詞相同，衹不過《百花傳》詹氏自序署「光緒二十九年」，而《韻史》署「光緒三十三年」；《韻

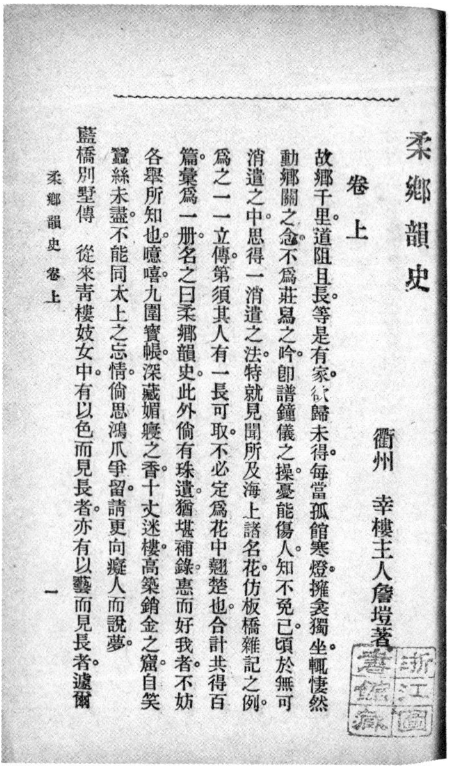
柔鄉韻史

衢州　幸樓主人詹塏著

卷上

故鄉千里道阻且長等是有家欲歸未得每當孤館寒燈擁衾獨坐輒悽然動鄉關之念不爲莊舃之吟卽譜鍾儀之操憂能傷人知不免已頃於無可消遣之中思得一消遣之法特就見聞所及海上諸名花仿板橋雜記之例爲之一一立傳第須其人有一長可取不必定爲花中翹楚也合計共得百篇彙爲一册名之曰柔鄉韻史此外倘有珠遺猶堪補錄惠而好我者不妨各舉所知也噫嘻九園寶帳深藏媚寢之香十丈迷樓高築銷金之窟自笑蠶絲未盡不能同太上之忘情倘思鴻爪爭留請更向癡人而說夢

藍橋別墅傳　從來青樓妓女中有以色而見長者亦有以藝而見長者遽爾

柔鄉韻史　卷上　一

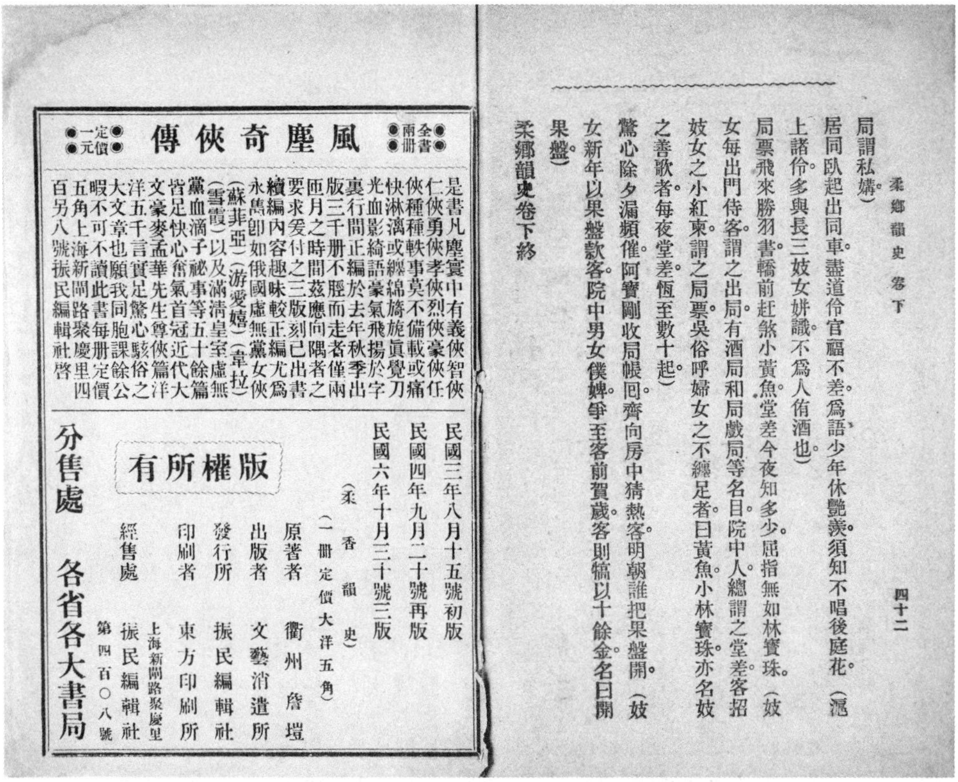
柔鄉韻史　卷下　四十二

局謂私媾。）

居同臥起出同車。盡道伶官福不差。爲語少年休艷羨。須知不唱後庭花。（滬上諸伶多與長三妓女姘識。不爲人侑酒也。）

局票飛來勝羽書。轎前赶煞小黃魚。堂差今夜知多少。屈指無如林寶珠。（妓女每出門侍客。謂之出局。有酒局和局戲局等名目。院中人總謂之堂差。客招妓女之小紅柬。謂之局票。吳俗呼婦女之不纏足者曰黃魚。小林寶珠亦名妓之善歌者。每夜堂差恆至數十起。）

驚心除夕漏頻催。阿寶剛收局帳回。齊向房中猜熱客。明朝誰把果盤開。（妓女新年以果盤款客。院中男女僕婢爭至客前賀歲。客則犒以十餘金。名曰開果盤。）

柔鄉韻史卷下終

風塵奇俠傳　全書兩冊　定價一元

是書凡塵寰中有義俠智俠仁俠勇俠孝俠烈俠豪俠任俠種種軼事莫不備載或痛快淋漓或纏綿旖旎眞覺刀光血影綺語豪氣飛揚於字裏行間正編於去年秋季出版三千冊不脛而走者僅兩匝月之時間茲應向隅者之要求爰付之三版刻已出書續編內容趣味較正編尤爲永雋卽如俄國虛無黨女俠（蘇菲亞）（游愛嬉）（韋拉）（雪霞）以及滿清皇室虛無黨血滴子祕事等五十餘篇皆足快心奮氣首冠近代大文豪麥孟華先生尊俠篇洋洋五千言實足驚心駭俗之大文章也願我同胞課餘公暇不可不讀此書每冊定價五角上海新聞路聚慶里四百另八號振民編輯社啓

民國三年八月十五號初版
民國四年九月二十號再版
民國六年十月三十號三版
（柔香韻史）
（一冊定價大洋五角）
原著者　衢州詹塏
出版者　文藝消遣所
發行所　振民編輯社
印刷者　東方印刷所
經售處　振民編輯社　上海新聞路聚慶里第四百〇八號

版權所有

分售處　各省各大書局

史》卷上前三傳爲「藍橋別墅傳」「李金桂傳」「梅嫣春傳」，爲《百花傳》所無，其餘諸傳二書相同，可見《韻史》爲增補《百花傳》而成。詹氏後來又撰有《花史》，其中有以《柔鄉韻史》舊稿附益之，故《韻史》與《花史》之傳時有重複，有些傳內容相同，亦有傳文稍有區別者，如二書皆有《花愛卿傳》，《韻史》有「迄今回憶之」等四十六字，而《花史》無。此書據民國六年（1917）上海文藝消遣所石印本影印。

花史五卷附花史續編八卷

清詹塏撰。塏有《海上百花傳》，已著録。此書首卷端題「幸樓著，藹隱編」，書末有「思綺齋印」。《花史》卷前有作者自序，末署「丙午春分前三日衢州詹塏紫蕖序於海上」，《花史序》後又有《附〈柔鄉韻史〉原序》，較之《柔鄉韻史》中序文，此《附〈柔鄉韻史〉原序》有《湯序》，而《柔鄉韻史》無。《花史續編》卷前有許序、陳序、陶序和《花史題詞》，卷後附彭鶴儔、李詠、李采、周愛卿四家詩選和《藍橋別墅勸集路股意見書》，其中彭氏傳詳載於《碧海珠》，後三家傳詳見於《花史》。據詹塏自序，其友章荷亭欲創設《新世界報》，專記「中外傑士畸人英雄兒女之異聞佚事」，又欲設學堂以教育青樓女子，因搜羅海上名花之史。章氏見詹

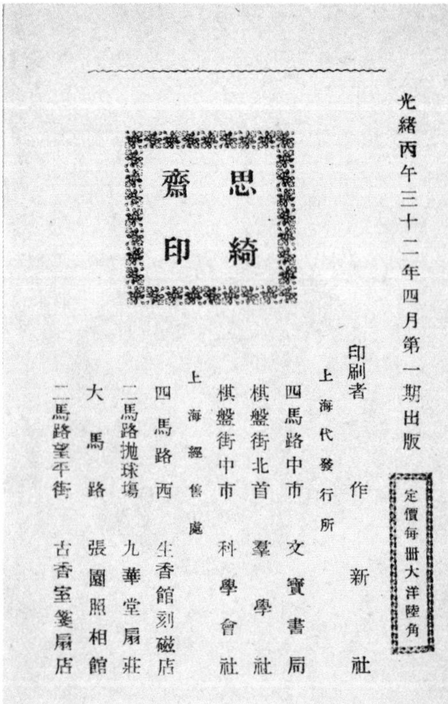
光緒丙午三十二年四月第一期出版

思綺齋印

定價每冊大洋陸角

印刷者 作新社
上海代發行所
四馬路中市 文寶書局
棋盤街北首 羣學社
棋盤街中市 科學會社
上海經售處
四馬路西 生香館刻磁店
二馬路拋球塲 九華堂扇莊
大馬路 張園照相館
二馬路寶平街 古香室箋扇店

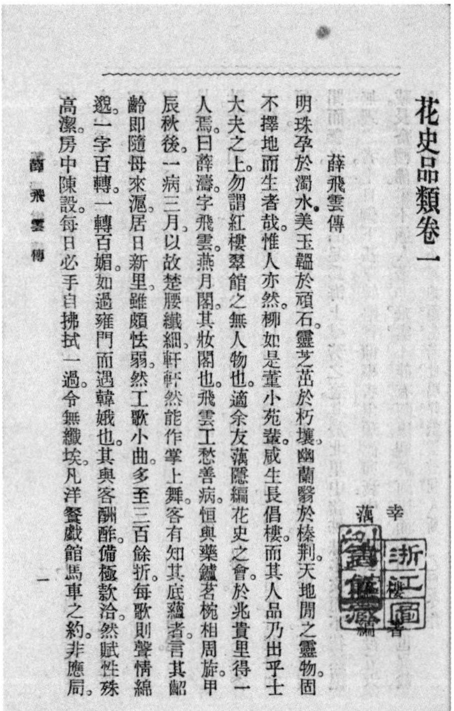
花史品類卷一

幸樓著
藹隱編

薛飛雲傳

明珠孕於濁水。美玉韞於頑石。靈芝茁於朽壤。幽蘭翳於榛荆。天地閒之靈物。固不擇地而生者哉。惟人亦然。柳如是董小宛輩。咸生長倡樓。而其人品乃出乎士大夫之上。勿謂紅樓翠館之無人物也。適余友藹隱編花史之會。於兆貴里得一人焉。曰薛濤。字飛雲。燕月閣。其妝閣也。飛雲工愁善病。恒與藥鑪茗椀相周旋。甲辰秋後。一病三月。以故楚腰纖細。軒軒然能作掌上舞。客有知其底藴者。言其齠齡即隨母來滬。居日新里。雖頗怯弱。然工歌小曲。多至三百餘折。每歌則聲情綿邈。一字百轉。一轉百媚。如過雍門而遇韓娥也。其與客酬酢。備極款洽。然賦性殊高潔。房中陳設。每日必手自拂拭一過。令無纖埃。凡洋餐戲館馬車之約。非應局。

薛飛雲傳　一

墱所撰《柔鄉韻史》殘卷而意動，遂出其搜集青樓女子資料，囑詹氏爲之立傳，遂成此作。《花史》將海上名花分爲品、情、色、藝四類，其不能入此四類者雜編一門，合爲五卷。《續編》八卷，前七卷後有《花評》，分豪品、能品、雅品、妙品、艷品、清品、流品之屬。是時值女學勃興之際，其撰述此作，有意「使失足青樓者，亦知勉自立品」，故以品類冠其首，《續編》又分品評述。在此書中或有割股奉親者，或有道不拾遺者，或有焚券示義者，或有屏絶浮華者，雖爲青樓女子，皆有品行可誦。《花史》據清光緒三十二年（1906）作新社石印本影印，《花史續編》據清光緒三十三年（1907）商務印書館石印本影印。

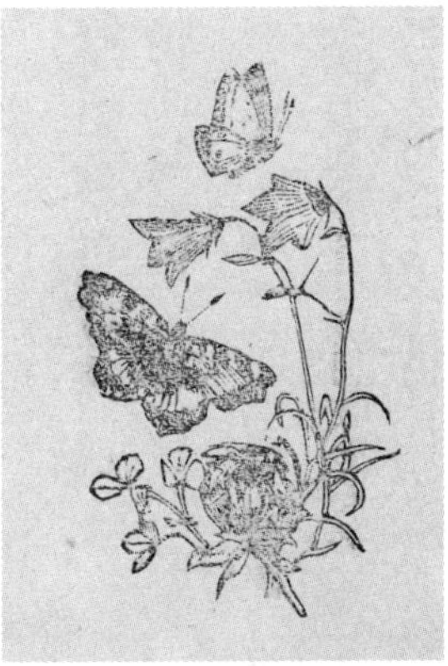

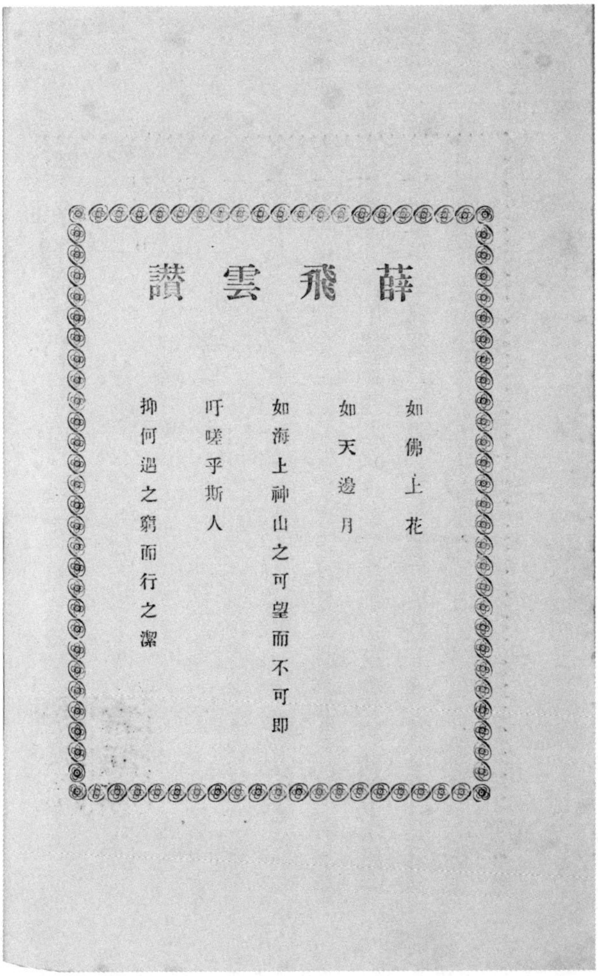

薛飛雲讚

如佛上花
如天邊月
如海上神山之可望而不可即
吁嗟乎斯人
抑何過之窮而行之潔

碧海珠不分卷

清詹塏撰。塏有《海上百花傳》，已著録。此書題「思綺齋碧海珠艷情小説之一」，署「薄倖郎述，忘情子編」。一般小説史述及「思綺齋」，罕有能言明其爲何許人。今考是書撰者「思綺齋」，乃衢州詹塏，依據如下：其一，詹塏撰有《花史》及其《續編》，其書封底皆有「思綺齋印」。其二，《花史》首卷端題「幸樓著，蕅隱編」，《花史續編·陶序》言「適藕隱生以《花史續編》授讀」云云。《陶序》中「藕隱」即《花史》所署名「蕅隱」，可見「蕅隱」（或「藕隱」）亦爲詹塏所隱名號；而《中國新女豪弁言》題「思綺齋蕅隱著」，可見「思綺齋」「蕅隱」同爲詹氏所隱名號。其三，《花史續編》卷末附有《彭鶴儔詩選》，其在《彭鶴儔小傳》中言「其生平略詳於《碧海珠》説部

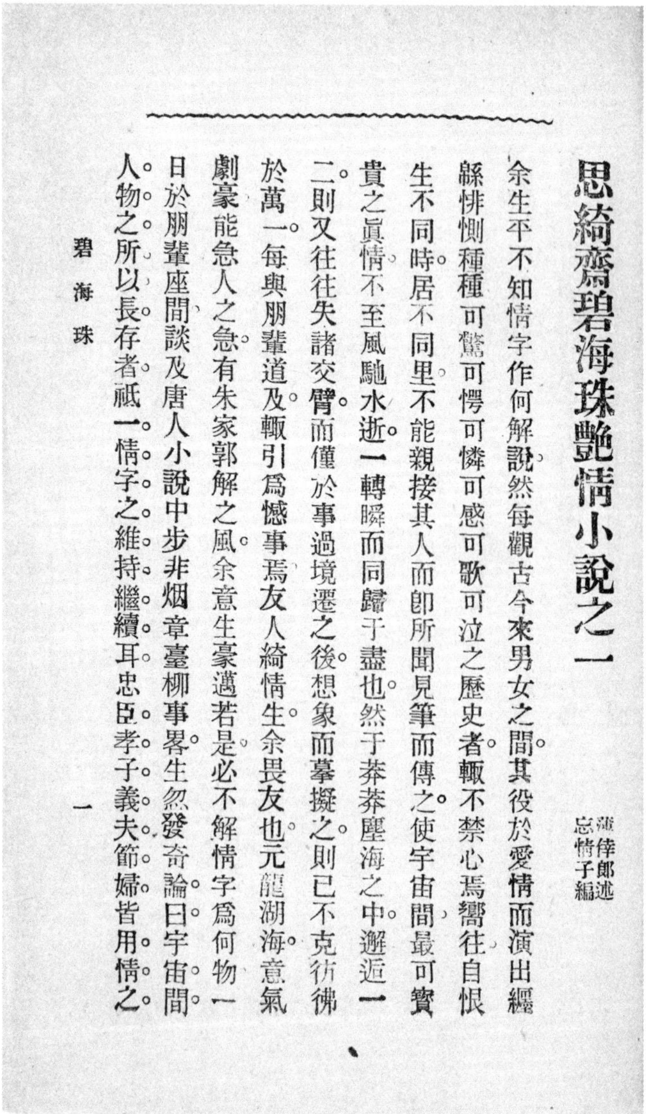

思綺齋碧海珠艷情小說之一

薄倖郎述
忘情子編

余生平不知情字作何解說然每觀古今來男女之間其役於愛情而演出纒緜悱惻種種可驚可愕可憐可感可歌可泣之歷史者輒不禁心焉嚮往自恨生不同時居不同里不能親接其人而卽所聞見筆而傳之使宇宙間最可寶貴之眞情不至風馳水逝一轉瞬而同歸于盡也然于莽莽塵海之中邂逅一二則又往往失諸交臂而僅於事過境遷之後想象而摹擬之則已不克彷彿於萬一每與朋輩道及輙引爲憾事焉友人綺情生余畏友也元龍湖海意氣劇豪能急人之急有朱家郭解之風余意生豪邁若是必不解情字爲何物一日於朋輩座間談及唐人小說中步非烟章臺柳事畧生忽發奇論曰宇宙間人物之所以長存者祗一情字之維持繼續耳忠臣孝子義夫節婦皆用情之

碧海珠　一

中」，而《碧海珠》中的主人公之一即彭鶴儔，故可知《碧海珠》亦爲詹垲之作，「思綺齋」乃詹氏之號。此書卷前有《碧海珠序》和《碧海珠題詞》。小説借綺情生之口，先述色藝冠絶上海的金小寶事跡，再敘其與彭鶴儔感情故事。鶴儔對綺情生動有真情，然綺情生不喜其動輒言買山偕隱，故終不爲其情所動。小寶放蕩不羈、天馬行空，綺情生對其有傾慕之情，而仍貌合神離。此作雖爲言情小説，也與《花史》《柔鄉韻史》等著作同樣表達了對女子命運的關切。此書據清光緒三十三年（1907）京師書業公司石印本影印。

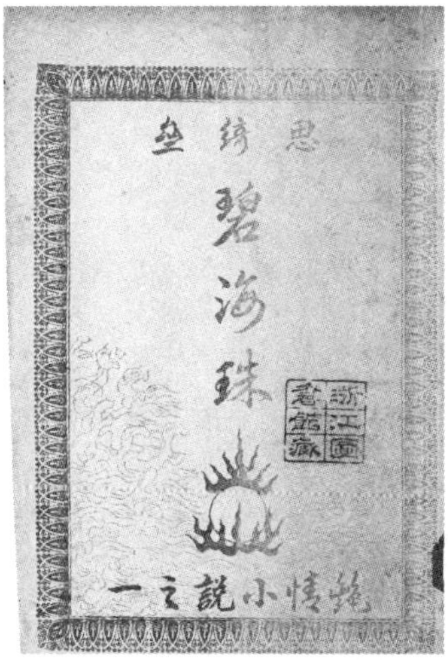

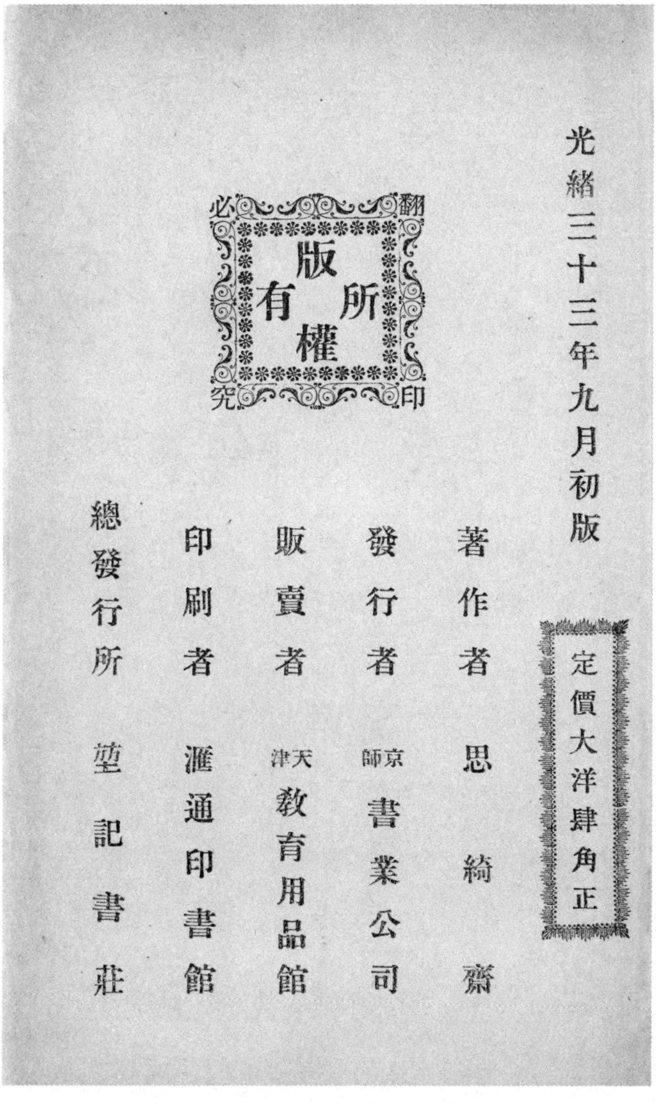

光緒三十三年九月初版

翻印必究
版權所有

定價大洋肆角正

著作者 思綺齋
發行者 京師書業公司
販賣者 天津教育用品館
印刷者 滙通印書館
總發行所 墪記書莊

中國新女豪不分卷

清詹塏撰。塏有《海上百花傳》，已著録。是書正文前有《中國新女豪弁言》，題「思綺齋蕅隱著」。「思綺齋」「蕅隱」爲詹塏稱號，於《碧海珠》之提要已言明。《弁言》作於清光緒二十二年（1896）立秋日，故《中國新女豪》成書稍晚於《花史》。詹塏撰述是作，正值女權運動勃興之際，他深惡國俗輕賤婦女，爲振興女權而大聲疾呼，其言「欲復女權，必先改良女俗，然女俗之改良，必非一朝一夕所能爲力」，「原本斯意，撰爲茲編」。此小説分十六回，塑造了黄英娘領導女權運動的女豪傑形象。英娘留學日本，在東京被女留學生推爲恢復女權會顧問，因駐日公使鎮壓，該會正副會長死之。其後英娘改换方針，成立婦女自治會，並被推爲會長。經過英娘領導女權運動的鬥争，最終使皇帝頒佈詔令，「朕維東西各國自强之道，以男女平等

爲起點，不尚壓制婦女」，遂「將從前所有男女不平等之法律，一切删除，更定新律。除政治、軍役兩端，不許婦女干預外，餘皆與男子立於同等地位」。作者試圖通過小説的語言向人們昭示，在正確的領導策略鬥争下，婦女可以獲得應有的權力。此書據清光緒三十三年（1907）上海集成圖書公司石印本影印。

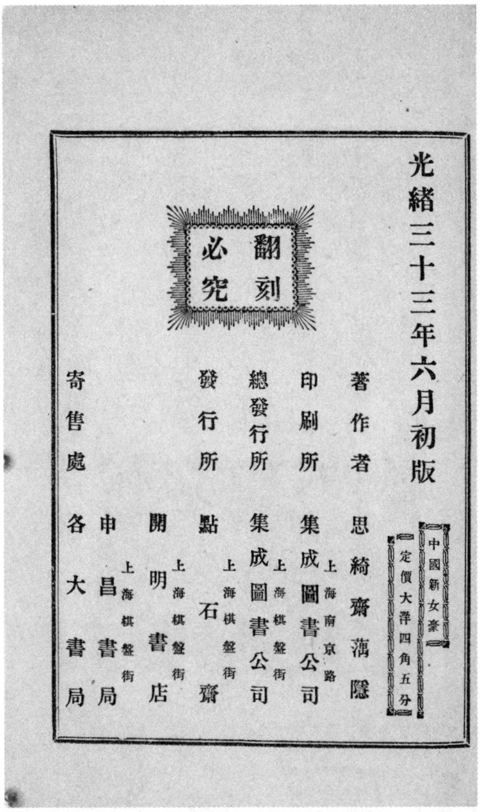

光緒三十三年六月初版

翻刻必究

中國新女豪

定價大洋四角五分

著作者　思綺齋藹隱

印刷所　集成圖書公司　上海南京路

總發行所　集成圖書公司　上海棋盤街

發行所　點石齋　上海棋盤街

開明書店　上海棋盤街

申昌書局　上海棋盤街

寄售處　各大書局

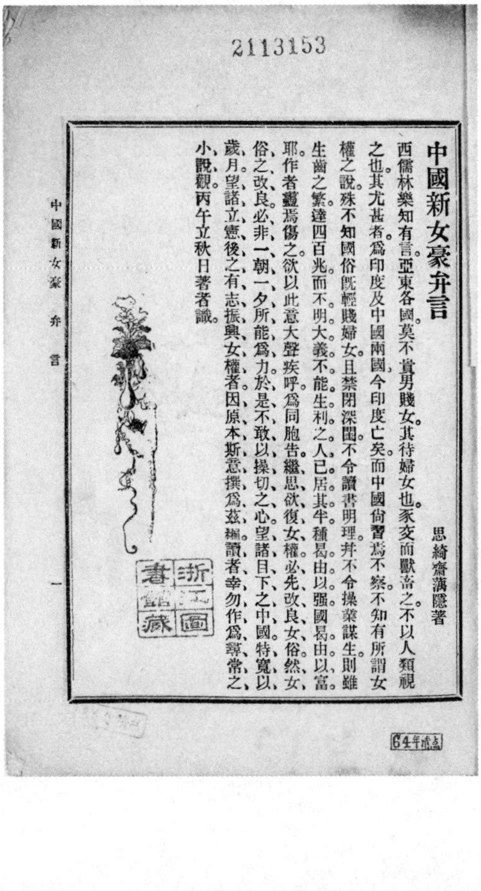

2113153

中國新女豪弁言

思綺齋藹隱著

西儒林樂知有言。亞東各國。莫不貴男賤女。其待婦女也。豕交而獸畜之。不以人類視之也。其尤甚者。爲印度及中國兩國。今印度亡矣。而中國尚習焉不察。不知有所謂女權之說。殊不知國俗既輕賤婦女。且禁閉深閨。不令讀書明理。并不令操業謀生。則雖生齒之繁。達四百兆。而不明大義。不能生利之人。已居其半。種曷由以强。國曷由以富耶。作者竊焉傷之。欲以此意大聲疾呼。爲同胞告。繼思欲復女權。必先改良女俗。然女俗之改良。必非一朝一夕所能爲力。於是不敢以操切之心。望諸目下之中國。特寬以歲月。望諸立憲後之有志振興女權者。因原本斯意。撰爲茲編。讀者幸勿作爲尋常之小說觀。丙午立秋日著者識。

中國新女豪　弁言　一

女子權不分卷

清詹塏撰。塏有《海上百花傳》，已著録。此書題「思綺齋著」，「思綺齋」爲詹塏之號，已見《碧海珠》所考。此小説分十二回，末附《中國婦女會章程》（録丁未四月十二《中外日報》北京所立）。小説主人公袁貞娘學習極好，被送北大讀書，其父因見貞娘有男同學名片，而拒絶其上北大，貞娘激憤投江。被救後，貞娘積極投身於女權運動，在貞娘等人不懈努力的活動下，皇帝下旨采文明制度，删除舊時男女不平

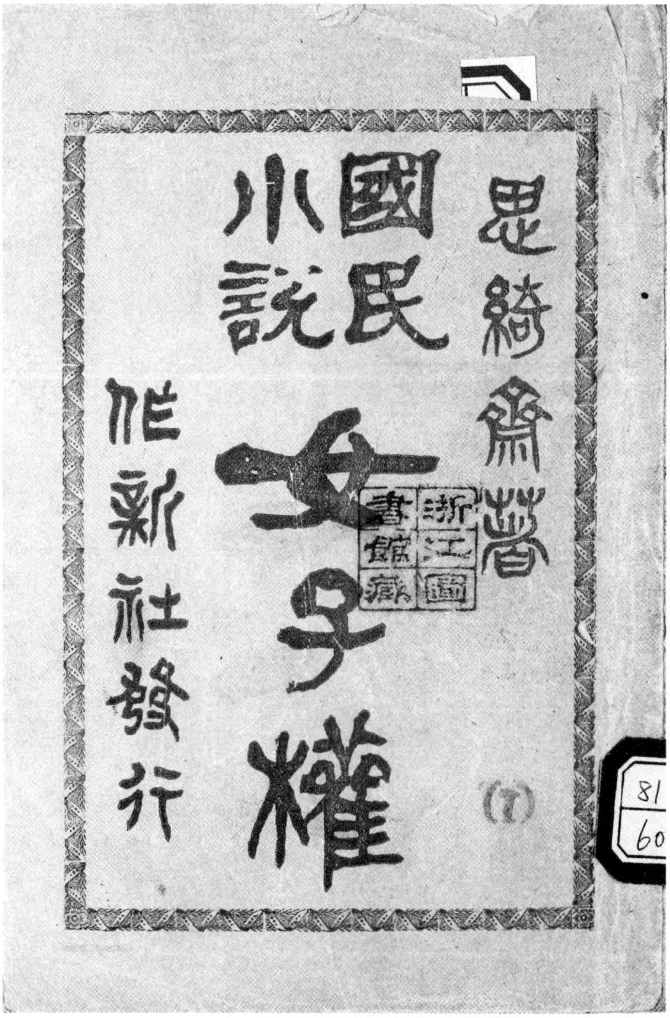

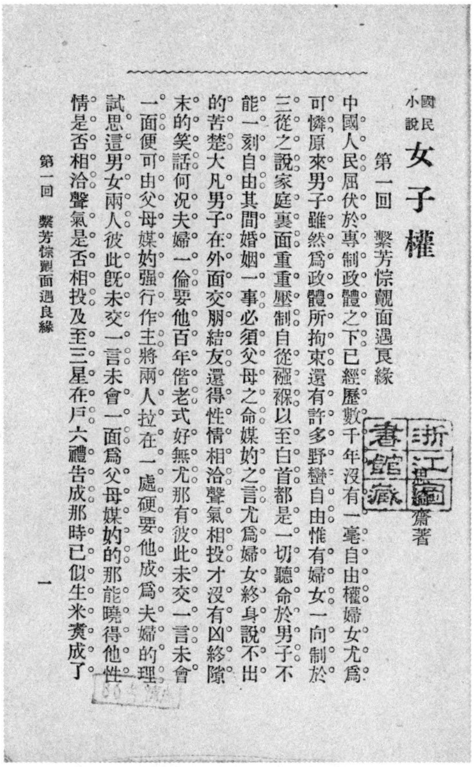

國民小說

女子權

齋著

第一回　繫芳悰覿面遇良緣

中國人民屈伏於專制政體之下已經歷數千年沒有一毫自由權婦女尤爲可憐原來男子雖然爲政體所拘束還有許多野蠻自由惟有婦女一向制於三從之說家庭裏面重重壓制自從襁褓以至白首都是一切聽命於男子不能一刻自由其間婚姻一事必須父母之命媒妁之言尤爲婦女終身說不出的苦楚大凡男子在外面交朋結友還得性情相洽聲氣相投才沒有凶終隙末的笑話何況夫婦一倫要他百年偕老式好無尤那有彼此未交一言未會一面便可由父母媒妁强行作主將兩人拉在一處硬要他成爲夫婦的理試思這男女兩人彼此既未交一言未會一面爲父母媒妁的那能曉得他性情是否相洽聲氣是否相投及至三星在戸六禮告成那時已似生米煑成了

第一回　繫芳悰覿面遇良緣　一

光緒三十三年六月
明治四十年七月　初版
大洋三角五分
翻印必究
著作者　思綺齋
印刷兼發行者　作新社
總販賣所　作新社
上海英租界四馬路五十五號

等法律。《女子權》與《中國新女豪》成書於同年，二書撰述主旨大致相同，意在爲當時興起的婦女運動探尋一條正確的道路；主人公分别稱貞娘、英娘，皆有堅貞不屈的女英雄之意；結局亦大體相近，經過艱難的鬥争後婦女最終獲取了一定的權力；末回篇目也十分相近，《新女豪》末回爲「遂初衷一旦奉綸音，懷先烈千秋仰銅像」，《女子權》末回爲「享大名千秋仰銅像」。故可稱《女子權》是《中國新女豪》的姊妹篇。此書據清光緒三十三年（1907）作新社石印本影印。

廣列仙傳七卷

明張文介輯。文介字惟守，衢州龍游人。諸生。嫻於詞賦，澹雅秀異，卓然成家。所著有《少谷》《代贊》《題行》《醉吟》《孤憤》《湖上》諸集，《御選明詩》和錢謙益《列朝詩集》皆采入其詩。《廣列仙傳》七卷，成書於明萬曆十一年（1583），卷端題「明少谷張文介輯」。又據黄虞稷《千頃堂書目·別集類》載，張文介字惟守，龍游人，有《少谷集》。此書以劉向《列仙傳》、葛洪《神仙傳》爲基礎，廣泛采録歷代正史、道教名山志以及道家、小説家、類書等著作中的神仙事跡。其取《列仙》《神仙》等書，對其傳文較少者則全録，而對傳文較詳者則加删節。此書上起上古傳説中人物，下迄明代列仙，共述三百四位神仙。與《列仙傳》《神仙傳》分別將赤松子、廣成子爲首不同，《廣列仙傳》以老子爲首，其下依次爲赤松子、容成公、廣成子、黄帝等。是書天頭處時有注文，當爲他人所加。此書廣輯明末以前歷代仙人傳記，進一步豐富了漢晉以來仙人傳記，其彙集之功亦可稱道。其末篇爲王曇陽，全取王世貞《弇州續稿》卷七十八《曇陽大師傳》。此本缺十八葉，後又據明萬曆刻本楊爾曾《仙媛紀事》相關内容補之。除末傳所補，此書據明萬曆十年（1582）刻本影印。

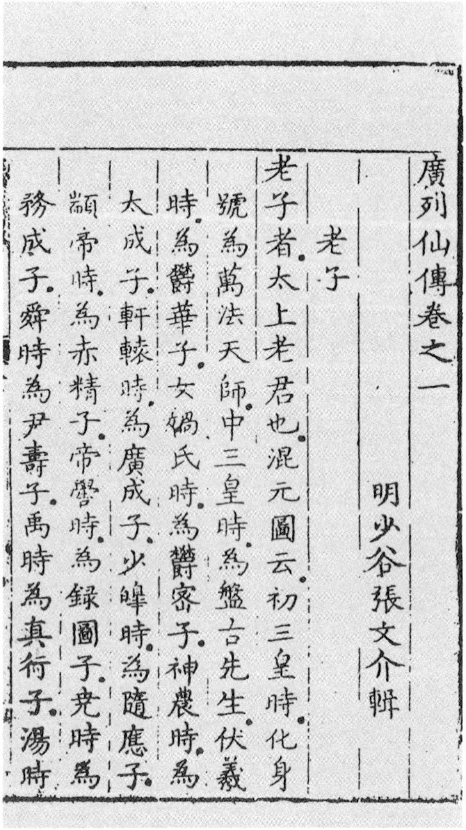
廣列仙傳卷之一
明少谷張文介輯
老子
老子者太上老君也混元圖云初三皇時化身號為萬法天師中三皇時為盤古先生伏羲時為鬱華子女媧氏時為鬱密子神農時為太成子軒轅時為廣成子少皞時為隨應子顓帝時為赤精子帝嚳時為録圖子堯時為務成子舜時為尹壽子禹時為真行子湯時

帝單行此事欲長生而不知鑄鼎丗成始[illegible]天也

隨煙上下

首山銅。鑄鼎於荊山之下。鼎既成。有龍垂胡髯下迎黃帝。黃帝乃乘之。後宮及群臣從之者。七十餘人。小臣乃悉持龍髯。龍髯拔。因墮黃帝弓。百姓仰望。帝既上。乃抱其弓與髯而號。故後世因名其處曰鼎湖。弓曰烏號。

甯封子

甯封子為黃帝陶正。有異人過之。為其掌火。能出五色煙。久則以教封子。封子積火自燒。能隨煙氣上下。

莊子膏肓四卷

明葉秉敬撰。秉敬有《字孿》，已著録。［天啓］《衢州府志·藝文志》著録有「《南華指南》四卷」。［雍正］《浙江通志·經籍志五》載：「《莊子膏肓》四卷，葉秉敬撰。按［崇禎］《衢州府志》作《南華指南》。」據葉氏《莊子膏肓序》，秉敬别撰有《莊子全解》。［天啓］《府志》成於明天啓二年（1622），爲葉秉敬纂修，其不著録《莊子膏肓》和《莊子全解》，而載有《南華指南》，不知是《指南》即《膏肓》别稱還是《全解》别名。此書作者自序末署「太末飛鳳山人葉秉敬書萬曆彊圉作噩歲陬月元日」，「彊圉作噩」即丁酉年，故此書成於萬曆二十五年（1597）。葉氏以爲，莊子之言「能脱死生，能忘是非，可以破世人之膏肓也」；「而世之學莊子者，乃不得其脱死

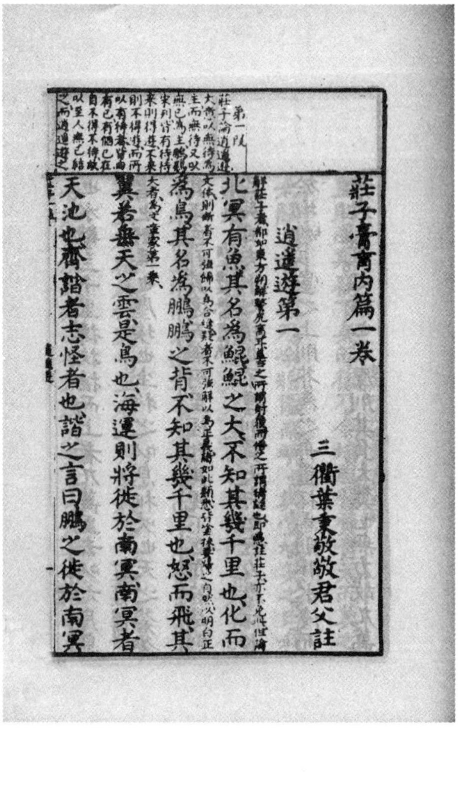

莊子膏肓内篇一卷

三衢葉秉敬敬君父註

逍遥遊第一

北冥有魚其名爲鯤鯤之大不知其幾千里也化而爲鳥其名爲鵬鵬之背不知其幾千里也怒而飛其翼若垂天之雲是鳥也海運則將徙於南冥南冥者天池也齊諧者志怪者也諧之言曰鵬之徙於南冥

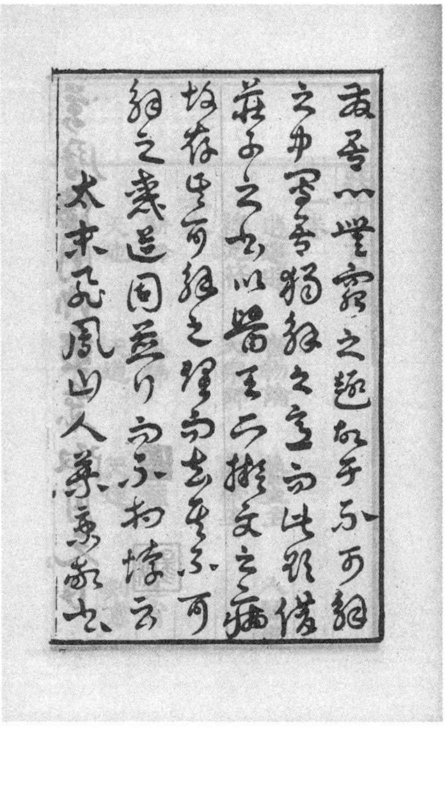

生忘是非之旨。而競相傳寫其一二，脱空杜撰之語，以相誇詡，至其中有脱簡篓編，不成文理者亦復寶之，以爲神異，人以之膏肓甚矣。夫莊子方將以其言破天下之膏肓也，而孰意後之模擬其文者，反以成文字之膏肓也耶」，故其注《莊子》，以破世人之膏肓。此書將《莊子》分爲四卷，卷一自《逍遥遊》至《應帝王》，卷二自《駢拇》至《秋水》，卷三自《至樂》至《徐無鬼》，卷四自《則陽》至《天下》。葉氏注《莊子》，詞句注文在《莊》文之右，又將《莊》文分爲若干段，對某段大意則注於天頭處，其注文不多。此書據明萬曆刻本影印。

明釋傳燈述。傳燈，字無盡，別號有門；曾居於天台高明寺，高明寺古爲幽溪道場，故又稱之爲幽溪和尚、幽溪大師。俗姓葉，衢州姑蔑人。生於明嘉靖三十三年（1554），二十六歲時出家，從進賢映庵禪師落髮，受《禪宗永嘉集》，於是由禪宗而入台教；曾遍參遍融、古清、宣理、月亭等人，而得旨於百松。於萬年寺閱藏，於瓶窑天台教院听百松講，於石城守庵受增益具戒。萬曆十四年（1586），居幽溪道場。自是在此住山四十三年講經、行懺、著述。崇禎元年（1628）五月入滅，春秋七十有五。事跡見明釋受教記《净土生無生論親聞記》卷上，清釋達默集、達林訂《净土生無生論會集》，清彭希涑述《净土聖賢録》卷五本傳，尤以《幽溪別志》卷十二《增補》所録蔣鳴玉「有門大師塔銘」爲詳。

傳燈所契之佛學，與净土、禪宗及天台教皆有關係。净土則因《龍舒净土文》，禪則因《禪宗永嘉集》，天台教則融通《法華經》《摩訶止觀》及《楞嚴經》。傳燈曾云：「盡大地是一部《楞嚴經》，蓋根、塵、識三以至七大皆圓通妙門，處處入首楞嚴定。然而期心净土，妙觀寂光。一生志願，惟在教觀。」（蔣鳴玉《有門大師塔銘》）傳燈所説《楞嚴經》，其全名《大佛頂如來密因修證了義諸菩薩萬行首楞嚴經》，一名《中印度那蘭陀大道場經》，通常簡作《首楞嚴經》《楞嚴經》，乃般剌蜜帝於唐神龍元年（705）廣州制止道場譯出。傳燈曾作

《四書》以闡釋之：「著《楞嚴四書》……師以《玄義》釋題，《圓通》釋文，《海印》修觀，《前茅》闢妄。」（蔣鳴玉《有門大師塔銘》）這裏的《玄義》即《大佛頂首楞嚴經玄義》。《首楞嚴經》的主要内容，在於説明如何破顛倒，通過十信、十住、十行等修行階次，從而顯發常住真心。而傳燈認爲，《首楞嚴經》與天台宗所宗《法華經》相通，他在本書序中説：「非唯悟《楞嚴》爲《法華》之要綱，抑以見智者惬如來之本心。談藏性則冥符性具之宗，説止觀則暗合大定之旨，乃至懸判地位，預防陰魔，一切名言，靡不殫契。」故而他「徵文立義，略擬懸談，學慚疏野，而詞愧不文，言肆支離，而義求或當。勒爲四卷，質諸同志」。

傳燈之《大佛頂首楞嚴經玄義》四卷，其撰述之時間據《楞嚴圓通疏前茅》卷上「敘承稟」，爲明萬曆十五年（1587）。今所存之本，有日本《卍續藏經》本；又有明刻本，即《徑山藏》本，即本編所收之本。（陳開勇）

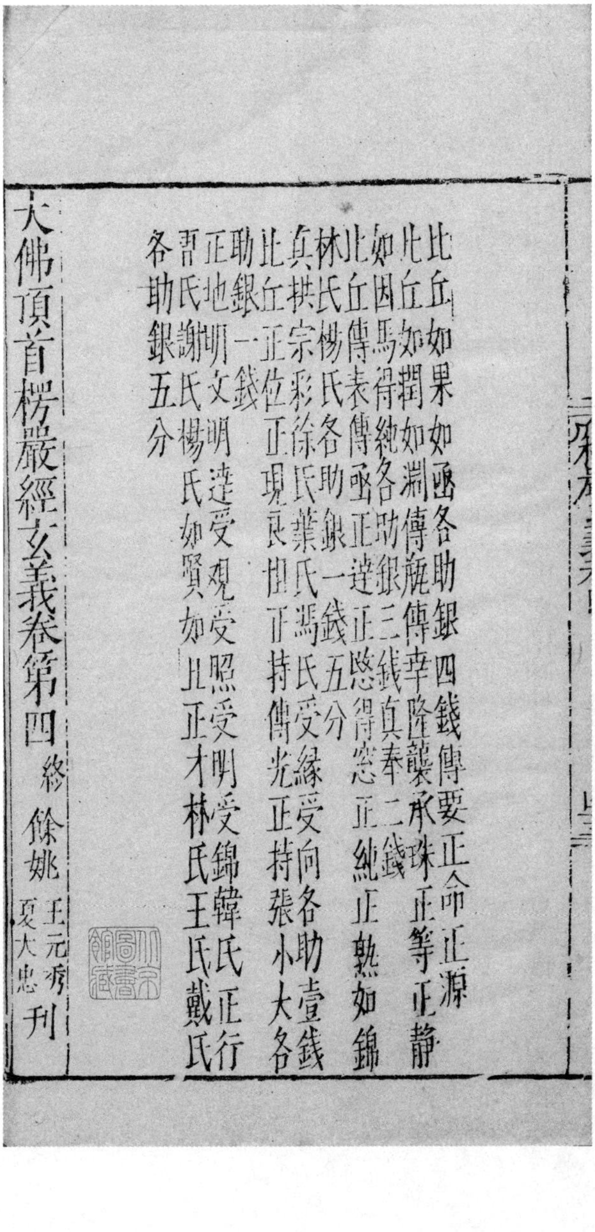
比丘如果如函各助銀四錢傳要正命正源
比丘如翔如淵傳龐傳幸隆襲承珠正等正靜
如因馬得純各助銀三錢真奉二錢
比丘傳表傳函正達正憨得窓正純正熟如錦
林氏楊氏各助銀一錢五分
真拱宗彩徐氏葉氏馮氏受緣受向各助壹錢
比丘正位正現良揖正持傳光正持張小大各
助銀一錢
正地明文明達受觀受照受明受錦韓氏正行
胥氏謝氏楊氏如賢如且正才林氏王氏戴氏
各助銀五分
大佛頂首楞嚴經玄義卷第四終 餘姚 王元秀 夏大忠 刊

楞嚴圓通疏前茅二卷

明釋傳燈述。傳燈有《大佛頂首楞嚴經玄義》四卷，已著録。傳燈此書，或簡作《圓通疏前茅》《前茅》，爲其所作《楞嚴四書》之一。其撰作之時間，據《楞嚴圓通疏前茅》卷上「敘緣起」及蔣鳴玉《有門大師塔銘》記載推斷，當作於明萬曆三十九年（1611）。關於此書的撰述動機，本書卷上「雪疑謗」中傳燈云：「是以自古諸師，莫不稟台教以釋《楞嚴》……惟近代義學，澆漓特甚，既好新而尚奇，復排同而黨異。有謂阿難雖請三法，如來但答一心，由是排斥三止，悉所不用。良由不知機應相符，磋榷互發，問處則圓伸三止之名，答處惟密宣三止之義。苟能預習天台三止，又能傍通圓覺三觀，用彼讀此，則首楞三法，如指諸掌。此等諸師，如稻麻竹葦，豈能細數其過。惟近時一二師，既形於筆，復災於木，苟不破斥，妨道孔多。然亦不能一一修究其非，但破陣首，餘當望風也。」故書名《前茅》，所謂前茅者，摧敵先鋒之意，乃爲正本清源而作。蔣鳴玉《有門大師塔銘》即云「《前茅》闢妄。」（釋無盡撰《幽溪別志》卷十二《增補》）至於所斥的具體對象，據《楞嚴圓通疏前茅》卷上「敘承稟」乃宋代覺範德洪原著，宋釋雷庵正受論補《楞嚴合論》，明釋交光真鑑所著《楞嚴正脉》兼及月川鎮澄的《楞嚴別眼》、天如惟則的《楞嚴會解》。從全書內容大略上來説，傳燈是書之內容，首爲「敘緣起」，言作書之經過。次「敘承稟」，言自己思想之師承。次「會異同」，言《楞嚴經》與《首楞嚴三昧經》《圓覺經》《法華經》

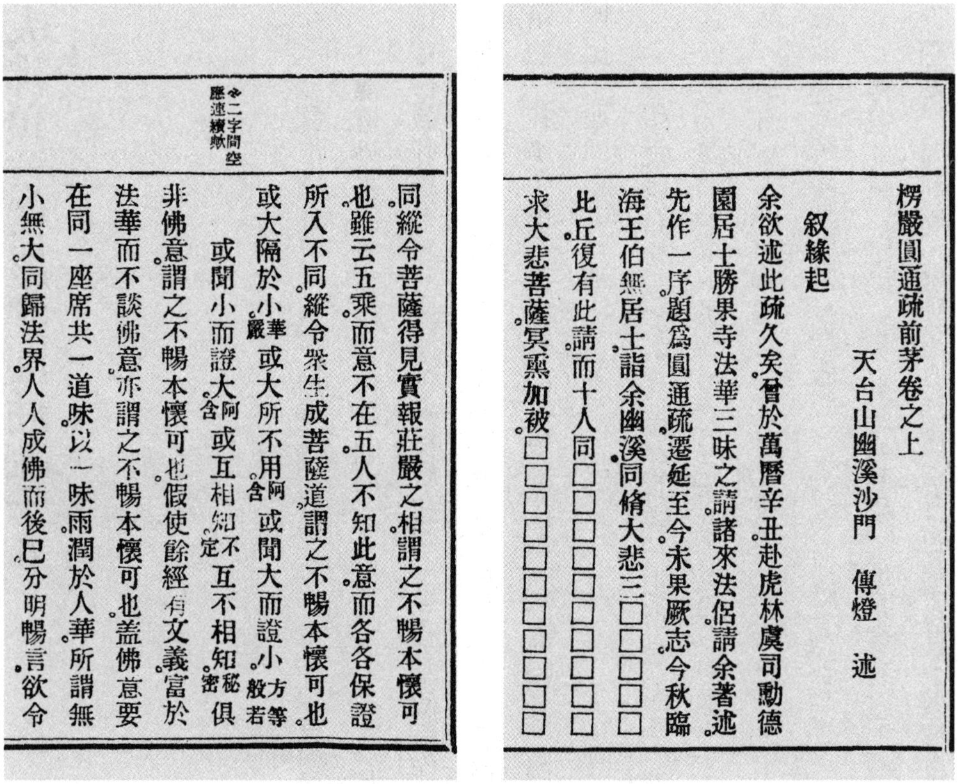

楞嚴圓通疏前茅卷之上
天台山幽溪沙門　傳燈　述
敘緣起
余欲述此疏久矣。昔於萬曆辛丑赴虎林虞司勳德
園居士勝果寺法華三昧之請。諸來法侶請余著述
先作一序題爲圓通疏遷延至今未果厥志。今秋臨
海王伯無居士詣余幽溪同脩大悲三□□□□□
比丘復有此請而十人同□□□□□□□□□
求大悲菩薩冥熏加被。□□□□□□□□□□

今二字間空歷連續歟

同縱令菩薩得見實報莊嚴之相謂之不暢本懷可
也。雖云五乘而意不在五人不知此意而各各保證
所入不同縱令衆生成菩薩道謂之不暢本懷可也。
或大隔於小華嚴或大所不用阿含或聞大而證小方等般若
或聞小而證大阿含或互相知不定或互不相知秘密俱
非佛意謂之不暢本懷可也。假使餘經有文義富於
法華而不談佛意亦謂之不暢本懷可也。蓋佛意要
在同一座席共一道味以一味雨潤於人華所謂無
小無大同歸法界人人成佛而後已。分明暢言欲令

《涅槃經》《莊子》之異同。次「明科判」，言己文分科之所依。次「雪疑謗」，依次評破《楞嚴別眼》《楞嚴正脉》《楞嚴會解》中傳燈認爲錯誤的説法，例皆先引其文，後再予以評破。次論《楞嚴正脉》得失，認爲它「得惟一，而失之有十」。最後基於「楞嚴與止觀，特大同而小異……即諸宗若性若相，若禪若教，莫不歸源於性海也」的思想立場，特設一百零八問以難交光真鑑。由此可以看出，傳燈之作，所闢重點在交光真鑑之《楞嚴正脉》耳。

是書傳世版本極其稀少，僅見於日本《卍續藏經》中，即本編所收之本。（陳開勇）

大佛頂首楞嚴經圓通疏十卷

元釋惟則會解、明釋傳燈疏。傳燈有《大佛頂首楞嚴經玄義》四卷，已著録。

傳燈是書，或簡作《楞嚴圓通疏》《圓通》，爲其所作《楞嚴四書》之一。此書乃是以元釋天如惟則《大佛頂首楞嚴經會解》（或簡稱《楞嚴會解》）爲基礎所作之彙釋疏解。惟則，元代臨濟宗禪僧，嗣法於中峰明本。其《楞嚴會解》十卷，歷三年而作成於元至正二年（1342）。其内容乃節録了興福惟慤、資中弘沇、真際崇節、携李洪敏、長水子璿、孤山智圓、吳興仁岳、泐潭曉月、温陵戒環九位唐宋間教禪諸師之有關《首楞嚴經》注疏，揚長避短，連同自己的補注，彙爲一編。

傳燈之師百松，於《楞嚴》旨趣「多所發明」，而傳燈自己，亦於《楞嚴》「大有省發」（傳燈《楞嚴圓通疏前茅》卷上「敘承禀」）。因此，傳燈於《楞嚴》，不僅有《楞嚴圓通疏前茅》批評《楞嚴經》之異説，正本清源，還有《大佛頂首楞嚴經玄義》發揮《楞嚴經》之主旨，而此書則以惟則《大佛頂首楞嚴經會解》爲基礎，廣引其前與其時諸家有關《楞嚴經》之解，以釋其文句。

傳燈此疏，雖以《會解》爲基礎，但是多有改變：其一，所引諸家，比《會解》多出近二十家。其二，體例有所變更，《會解》無科，但是爲了發明章段且不與《會解》相違，故「用細字傍經而書，謂之旁科」。其三，對於

《會解》的某些觀點有所改正。

傳燈之所以要在《會解》的基礎上進一步作疏，根本的原因是傳燈認爲《會解》在教理方面並不完備。傳燈在《大佛頂首楞嚴經圓通疏序》中有比較詳細的羅列。

但是實際上，傳燈《疏》對惟則《會解》的改變並不大，因爲二者的主要目的都是融通天台教義与《楞嚴》思想。清釋通理述《楞嚴經指掌疏懸示》就批評説：「《圓通疏》力扶台宗，專依《會解》，與《正脉》函矢相攻，未免傷於祖護。」（「天台幽溪法師傳燈玄義並圓通疏」條下注）

傳燈此《疏》所作之時間，據傳燈《大佛頂首楞嚴經圓通疏序》、釋幻輪編《釋鑑稽古略續集》，當作於明萬曆四十五年（1617）至萬曆四十七年（1619）之間。而是書之版本，今存有明刻本，即《徑山藏》本；清光緒三年（1877）刻本，乃釋敏曦募刻；又有日本《卍續藏經》本。今本編著録之本，卷一至二、卷四至十采清光緒三年刻本，而以《卍續藏經》本卷三配補而成。（陳開勇）

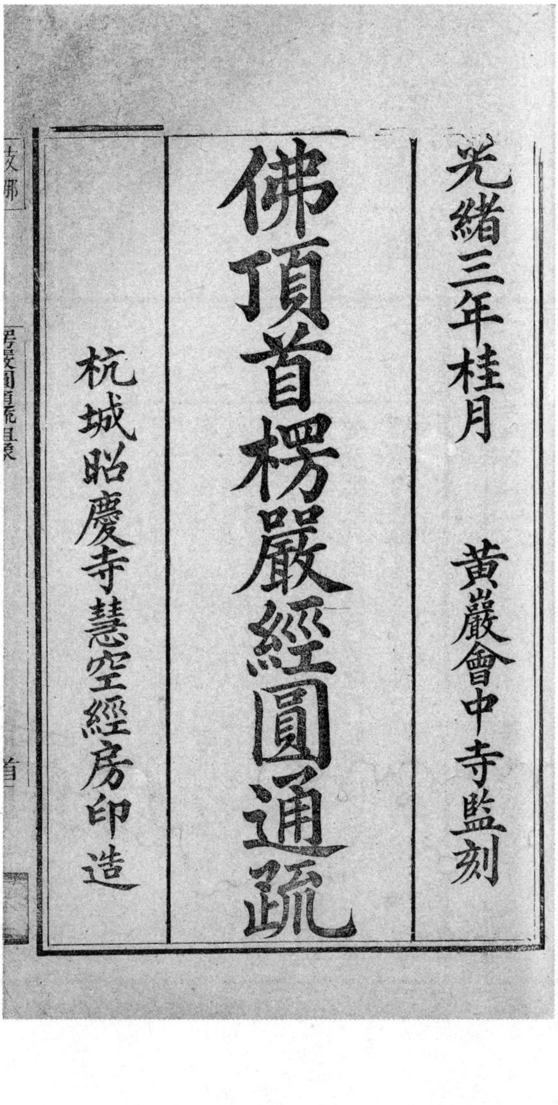

妙法蓮華經玄義輯略一卷

明釋傳燈録。傳燈有《大佛頂首楞嚴經玄義》四卷，已著録。

傳燈所信奉之教門乃天台宗，其真正的開宗者智顗有《摩訶止觀》《妙法蓮華經玄義》《法華文句》等主要著作。宋釋智圓《閑居編》第十《法華玄記十不二門正義序》曾説明三者之關係：「所謂《玄義》釋題，止談化意；《文句》解經，但事消文；至於《止觀》，方談行法。故教在《玄》《文》，行在《止觀》。意令解行相濟，成我自心。是故三部相須，闕一不可。」也就是説，這三書雖各有側重，然構成一完整體系。其中《妙法蓮華經玄義》（一般簡作《法華玄義》）是最能見出智顗通過其獨特的釋經體例、方法從而構建起自己

卽聞卽行起精進心故五心立成五根排五障成五
力乃至入三解脫門略說七重共意如此廣解五章
者一一廣起五心五根令開示悟入佛之知見耳如
是等義備在妙玄今輙錄彼五章大略
初釋名爲三初判通別二定前後三略正解初判通
別者妙法蓮華名異衆典別也俱稱爲經通也立此
二名凡約三意謂教行理從緣故教別從說故教通
從能契故行別從所契故行通理從名故別名從理
故通此略說也若廣說者夫教本應機機宜不同故

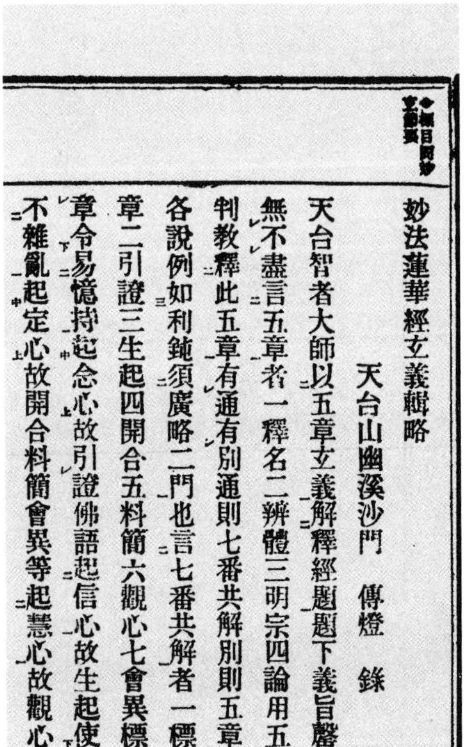
妙法蓮華經玄義輯略
天台山幽溪沙門　傳燈　錄
天台智者大師以五章玄義解釋經題題下義旨罄
無不盡言五章者一釋名二辨體三明宗四論用五
判教釋此五章有通有別通則七番共解別則五章
各說例如利鈍須廣略二門也言七番共解者一標
章二引證三生起四開合五料簡六觀心七會異標
章令易憶持起念心故引證佛語起信心故生起使
不雜亂起定心故開合料簡會異等起慧心故觀心

獨特思想體系的著作。

《妙法蓮華經玄義》的釋經體例、方法，要言之，即五重玄義，或名五章玄義：釋名、辨體、明宗、論用、判教。而《妙法蓮華經玄義》之內容，除了卷首的序言外，可分爲兩大部分：首通釋《妙法蓮華經》的五重玄義；次別釋《妙法蓮華經》的五重玄義。傳燈此《妙法蓮華經玄義輯略》，即是對於《妙法蓮華經玄義》所作的删繁就簡。

傳燈《妙法蓮華經玄義輯略》的主體部分是「五章大略」，即依據《妙法蓮華經玄義》別釋部分初釋名、第二顯體、第三明宗、第四明用、第五釋教相的順序，進行節略。然節略頗爲隨意，如第五釋教相部分，《妙法蓮華經玄義》分爲五部分闡釋：一大意，二出異，三明難，四去取，五判教。但傳燈僅節略「大意」部分，對於其他四部分則付諸闕如。又如「初釋名」，《妙法蓮華經玄義》具體分爲一判通別、二定前後、三出舊、四正解妙法蓮華共四部分，但是傳燈所節略「初釋名爲三，初判通別，二定前後，三略正解」。顯然，這裏的「三略正解」不辭。也就是説，傳燈之節略《妙法蓮華經玄義》，難免率意之譏。

傳燈此作之具體時間乏考，然明釋一如集注《妙法蓮華經科注》卷首所載傳燈之《重刻法華經科注序》至遲在明天啓七年（1627）夏以前，傳燈是書已成並鏤板，然此刻本今不存。此書的其他現存刻本亦極其稀少，僅見於日本《卍續藏經》中，即本編所收之本。

在傳燈此書之後，明釋蕅益智旭有《妙法蓮華經玄義節要》，簡作《妙玄節要》，與傳燈之《妙法蓮華經玄義輯略》屬於同一性質之作，故有人將二者混淆，本書天頭語有「《標目》同《妙玄節要》」。實際上，智旭之作優於傳燈之作。（陳開勇）

維摩詰所説經無我疏十二卷

明釋傳燈撰。傳燈有《大佛頂首楞嚴經玄義》四卷，已著録。

《維摩詰所説經》，或稱《維摩經》《净名經》，今有梵本傳世。而從漢至唐，前後漢譯凡七，今存者三，即吳支謙譯《佛説維摩詰經》二卷、姚秦鳩摩羅什譯《維摩詰所説經》三卷、唐玄奘譯《説無垢稱經》六卷，皆十四品。

其中，羅什所譯，因其辭意雙美，故流傳最廣。天台宗智顗晚年極其重視《維摩經》，曾據羅什譯本而有疏釋之作，據南宋釋慈雲遵式向朝廷上的《天台教隨函目録》記載，有《維摩經疏》（即《净名疏》）、《維摩經玄義》，但是大概真如遵式所説「文多」的原因，荆溪湛然的略本流行而智顗原來的廣本罕傳，所以明時已經亡佚了，傳燈在本書序中云：「陳隋智者，《疏》已云亡。然而《净名玄義》，既昭昭而可觀。」即其時《維摩經疏》已亡，而《維摩經玄義》尚存。

傳燈晚年重視此經，一如智顗，是從五時施教的角度來看待的。本書序云：「《維摩詰所説經》者，蓋大乘圓頓教中通方之妙典也。曷以言之？正以如來五時施教，各有專門。如華嚴則專於頓。阿含則專於小。般若則專於空。法華則專於圓。涅槃則專於常。至若方等，則無所專，無所而不專。已爲通方之時，適此經説於方等，得無所專、無所而不專之正，故曰大乘圓頓通方之妙典也……此則正專於方等，而得遍攝圓頓、秘密、不定、大乘諸教矣，故曰無所專無所而不專也……讀是經者，儻一遇此，苟能以是而融會之，則若大若小，若圓若偏，莫不歸於此經了義之正轍也。」故傳燈之疏，一如智顗，亦據羅什譯本，依其十四品順序，以五重玄義的方法，逐句闡釋。以其完整的形式言，首有簡要的科分提示，次引經文，次引僧肇、羅什、智顗等說，次以「燈曰」的形式附以己意，最後是觀解。至於爲何以無我名疏，本書序云：「題之爲《維摩詰所説經無我疏》，意用儒童之不我，以禦龜氏之二無。」其時人或簡作《净名無我疏》（見明釋受教記《净土生無生論親聞記》卷上）。

傳燈此作的時間，本書序云：「皇明天啓五年歲次乙丑季春望前五日，天台山幽溪沙門傳燈下筆於楞嚴壇東方之不瞬堂。」則最後寫成於天啓五年（1625）三月。然版本少見，僅見於日本《卍續藏經》中，即本編所收之本。

（陳開勇）

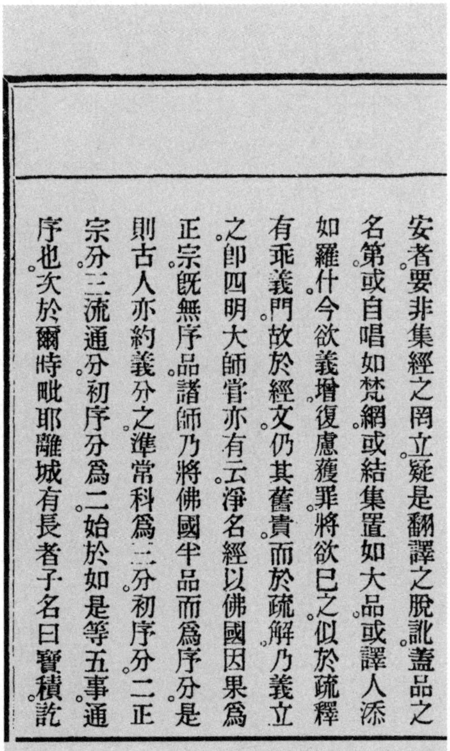
安者要非集經之罔立疑是翻譯之脫訛蓋品之名第或自唱如梵網或結集置如大品或譯人添如羅什今欲義增復慮獲罪將欲巳之似於疏釋有乖義門故於經文仍其舊貴而於疏解乃義立之即四明大師嘗亦有云淨名經以佛國因果爲正宗既無序品諸師乃將佛國半品而爲序分是則古人亦約義分之準常科爲三分初序分二正宗分三流通分初序分爲二始於如是等五事通序也次於爾時毗耶離城有長者子名曰寶積訖

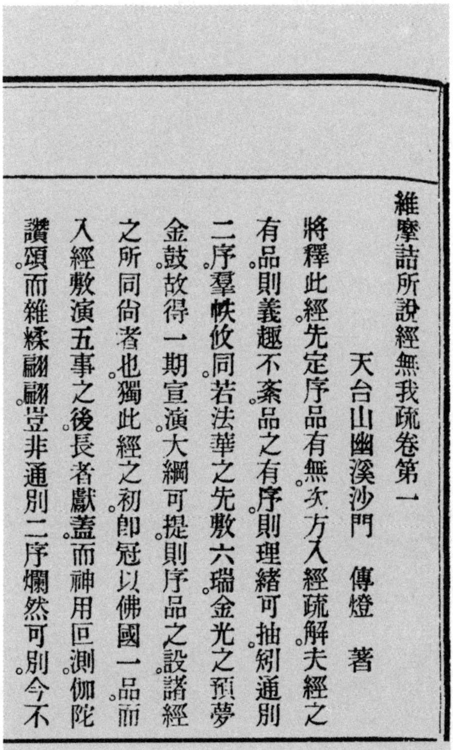
維摩詰所說經無我疏卷第一

天台山幽溪沙門　傳燈　著

將釋此經先定序品有無次方入經疏解夫經之有品則義趣不紊品之有序則理緒可抽窈通別二序羣帙攸同若法華之先敷六瑞金光之預夢金鼓故得一期宣演大綱可提則序品之設諸經之所同尚者也獨此經之初即冠以佛國一品而入經敷演五事之後長者獻蓋而神用叵測伽陀讚頌而維粲翩翩豈非通別二序燦然可別今不

彌陀略解圓中抄二卷

明釋大佑解、明釋傳燈抄。傳燈有《大佛頂首楞嚴經玄義》四卷，已著録。

《佛説阿彌陀經》今有梵本傳世。從南北朝至唐，前後漢譯凡三，即姚秦釋鳩摩羅什譯《佛説阿彌陀經》一卷、刘宋釋求那跋陀羅譯《小無量壽經》一卷、唐釋玄奘譯《稱贊净土佛攝受經》一卷，求那跋陀羅譯本早佚，而鳩摩羅什、玄奘譯本傳諸於世，其中尤其以鳩摩羅什譯本影響最爲深遠。後世講解注疏發揮，多依鳩摩羅什譯本。

明釋大佑，字蘧庵，蘇州北禪天台講寺住持，既宗奉天台，亦好净土，有《净土指歸集》。其《佛説阿彌陀經略解》則屬於釋經之作，乃據鳩摩羅什譯本而逐句解釋之，釋義簡略。傳燈以大佑《佛説阿彌陀經略解》爲基礎，列經文，存「略解」，而於二者之前增以科分，於二者之後詳加疏解，以成此書。

傳燈之所以名己作爲「圓中抄」，因與此經意旨相關，傳燈於本書《彌陀略解圓中抄序》中云：「今爲之抄，而特題爲圓中者，意以極樂依正，爲妙有一心，持名爲真空。微真空，而莫能證於極樂之妙有。微妙有，而莫能顯於此心之真空。所謂不思議假，非偏假；真空不空，非但空。合是二者而行之，則圓中圓滿，非但中之道成。是故命爲抄焉。意欲讀是經而修行者，顧名思義。誠宜一心不亂，而萬慮皆忘，則真空之理彰。七日持名，念念相續，則妙有之理顯。行成而見佛，心净而華開，娑婆之印壞，而極樂之文成。印壞所以空其情，是之謂真空。文成所以

彌陀略解圓中鈔序

天台山幽谿沙門　傳燈　撰

夫如來口密語意多含譬王索仙陀婆一名而具四實惟彼智臣善解其義俟王之若出若食若飲若戰一唱乎此則奉之以馬以鹽以水以器莫不會王之心適王之意菩薩智臣亦復如是善解如來之所說法於淺法中作深說深法中作淺說亦淺亦深法中作非淺非深說非淺非深法中作亦淺亦深說造論弘經豐約適所既不令智退亦不使義闕然後可謂升其堂而入其室也此佛說阿彌陀經乃釋迦如來於深法中作淺說廣法中作略說者也說既略矣而智臣爲之解不得不略義既深矣而智臣爲之解不得不深解略不令其智退理深不令其義闕以略探廣從容中道余於吳門蘧菴大師略解見矣其序有曰瓊林玉沼直顯於心源壽量光明全彰於自性又曰了唯心之本具億剎非遙知大願之可憑三祇橫截隱括盡全經厥語何其略惟心本性厥義何其深微菩薩智臣爲能至於是乎今爲之鈔而特題爲圓

立其法，是之爲妙有。二者俱忘而俱存。彌陀之經，厥語所以略，厥義所以深。」

傳燈此書撰述之時間，《彌陀略解圓中抄序》末題作「皇明天啓龍飛之初年季冬哉生明下筆故序」，則當撰成於明天啓元年（1621）十二月初之前。而其最早之刻本，見諸記載的，當在明天啓五年（1625），傳燈《刻圓中抄跋》：「吳門蘧庵法師之《略解》，余首登講席時，以之發軔。經三十餘年，恍焉若新。然《解》雖稱略，於中多涉教門關鑰，乃爲初學抄出圓中已證。惟心净土，本性彌陀者，必以是爲蒭狗。若失方問徑於清泰者，不無少裨云。四明延慶法子圓復，募刻流通，余嘉其有自益公人之志，故復爲之跋。皇明天啓五年冬傳天台無盡燈僧書。」然其寫本及此最早之刻本，今已不可見矣。所能見者，惟《卍續藏經》本，即本編所收之本。（陳開勇）

永嘉禪宗集注二卷

明釋傳燈重編並注。傳燈有《大佛頂首楞嚴經玄義》四卷，已著録。

《永嘉禪宗集》本指《禪宗永嘉集》一書，乃唐釋永嘉玄覺法語、書信之彙集。玄覺，字明道，號真覺大師。俗姓戴，温州永嘉人。出家遍閱三藏，精天台止觀法門。後因左溪玄朗激勵，遂與東陽玄策禪師同詣曹溪，見六祖慧能，得其印可，返回温州。於唐先天二年（713）十月入滅。其入滅之後，俗家弟子慶州刺史魏静將其平常所説法語等彙集起來，勒爲一編，名曰《禪宗永嘉集》或簡作《永嘉集》。

魏静所編《禪宗永嘉集》，宋釋行靖曾予以注釋，曰《禅宗永嘉集注》二卷。宋代有多個名行靖的釋子，如石壁行靖、南湖行靖，皆與天台宗有關。傳燈在《永嘉禪宗集注》多次引「石壁云」，此石壁當即指石壁行靖，但是没有任何文獻記載石壁行靖曾有此注。顯然，傳燈將戒珠行靖與石壁行靖混爲一談了。

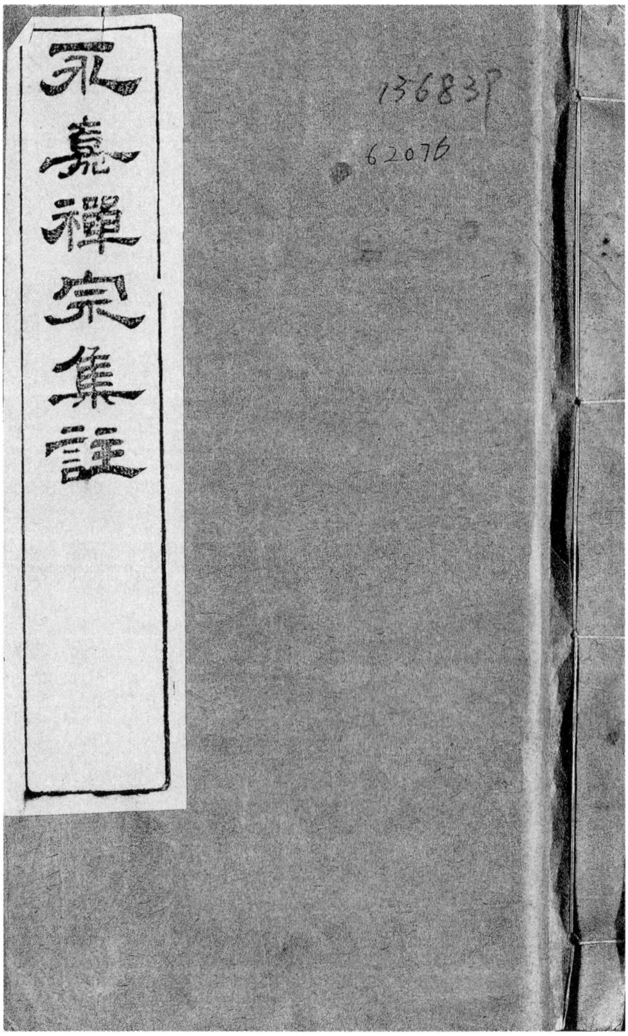

傳燈之所以注釋《禪宗永嘉集》，直接的起因是馬僧摩正眼居士的請求（見本書序），但是更深層次的原因在於，他認爲魏静編次的《禪宗永嘉集》有六個方面的不合理（見本書「唐永嘉沙門元覺撰」條下注），所以他對原書的內容作了删、分、合、重編，仍定爲十門。至於題目，傳燈也改作《永嘉禪宗集》。

傳燈此番改訂的標準是基於他的天台宗止觀思想的。這一點在上文引《永嘉禪宗集注序》中説得非常清楚。雖然他對自己的改編頗爲自信，但是，實際上有臆改之嫌。其實，玄覺思想，參訪慧能以前，其天台宗止觀思想非常明显，這从原本的第一至第八門可見；而得到慧能印可、返回温州之後，其曹溪禪的思想就很突出了，這從原書的第九門中「大師答朗禪師書」可見，此時玄覺與天台宗玄朗的思想有显然的差異。魏静所編，正好保存了有關玄覺思想的豐富資料，顯示了玄覺思想的真面目，但是，傳燈嚴格地以天台宗的思想爲標準進行删改，要想讓玄覺「於常寂光中而爲之首肯」，恐怕是不可能的。

傳燈之注，其中除了引用行靖之釋五十多處之外，其他則爲其新加之釋，主要內容是解釋名相，闡發義理。其寫作之時間，在明天啓二年（1622）。寫成後，大概是以寫本的形式流傳於世的。清順治十一年（1654），釋蕅益智旭撰成《閱藏知津》，其中卷四十二「永嘉」條下注云：「幽溪有注二册，可作四卷。」據此注，傳燈《永嘉禪宗集注》之原貌當有二册，但不分卷，僅僅分門而已，其至智旭之時亦尚未付板刊刻。今存之本，有《卍續藏》所收本，然版本不明；還有清光緒二十二年（1896）李培楨刊本，即本編所收之本也。（陳開勇）

天台傳佛心印記注二卷

明釋傳燈注。傳燈有《大佛頂首楞嚴經玄義》四卷，已著録。

《天台傳佛心印記》乃元代天台宗僧虎溪懷則所述。主要追溯從釋尊至於荆溪湛然的天台宗統，力倡天台宗的性具思想，並以此爲標準，批評性宗、相宗及禪宗的佛性思想。傳燈則據懷則之《天台傳佛心印記》而加以注釋。

傳燈與懷則，同屬天台，所持理論標準是一致的，傳燈在《天台傳佛心印記注序》中云：「是故作《傳佛心印》者，廣引佛祖誠言，以明性具宗旨，庶令從事斯道者了衆生修惡之地，本全性以起修。雖昏盲倒惑之鄉，亦全修而在性。是則生佛因果，悉由悟迷；悟

傳佛心印記註卷上

幽溪沙門　傳燈　註
楞嚴比丘　靈耀　較

△初題目

天台傳佛心印記

此之記題乃用三別以揀三通謂通記別記通印別印通傳別傳也通別記者如四明光明拾遺等栢庭仁王神寶等皆稱爲記故通光明拾遺非仁王神寶等故別今以心印之別冠於此通之上乃顯此記別從心印以受稱也通別印者如小乘無常無我寂滅大乘一實相皆稱爲印故通大乘一印非小乘三印等故別今以佛心之別冠於此通之上乃顯此印從一心實相爲印受稱也通別傳者如達摩賢首等故別今以天台之別冠於此通之上乃顯此傳別從天台而受稱焉故云天台傳佛心印記天台佛心之旨其義云何佛雖無心而無不心乃以三智爲心也須知今家言佛心者非夐指眞心爲佛心乃指現前介爾一念妄心當體

迷無因，本乎心性。迷之則道修曠劫猶曝腮於龍門，悟之則稗販屠沽亦高超於上乘。然而見道雖齊於諸佛，結習猶紆於下凡。所當全性以起修，妙達全修而在性。全性以起修，則修無別修；全修而在性，則性無別性。此則終日在性，念念達性以成修；終日起修，心心了修而在性。不妨建立水月道場，廣作空花佛事；修行如幻三昧，回向鏡像如來；具菩薩之威儀，成比丘之細行；立文殊之智種，圓普賢之行門。能具乎此，則學道事畢。此《傳佛心印記》之所以作也。」而其批判對象，主要在禪宗的「教外別傳，不立文字」「直指人心，見性成佛」之思想。

傳燈此注之主要特色，在於廣泛闡述天台宗之思想。其例，首科分，次引懷則《天台傳佛心印記》之原文，次詳釋。因其層次清晰、内容純厚，頗爲其時人所重，明釋智旭著《靈峰蕅益大師宗論》卷五之一載「寄修雅法主」中云：「《傳佛心印記注》，附呈清覽。此翁學識俱富，解行兩優，堪爲近日作家。虚心玩味，知未易及耳。」（明《嘉興大藏經》本）

傳燈此注寫成之時間，當明天啓七年（1627），而最早付板，是在天台高明寺。清康熙十九年（1680），釋靈耀重新校訂，刊板流傳。日本元禄十年（1697），釋大雲又加刊刻。《卍續藏經》所收，即大雲之本，亦即本編所收之本也。（陳開勇）

净土生無生論一卷

明釋傳燈撰。傳燈有《大佛頂首楞嚴經玄義》四卷，已著録。

天台宗諸僧，自智顗以來，已重視净土，他如四明知禮、慈雲遵式、石芝宗曉等天台宗大德，都有有關净土的著述。傳燈此作，乃踵武其宗派前賢之興趣，闡發自己所體之净土理論而已。

傳燈是書之宗旨，是依據天台宗一心三觀，闡述唯心净土生即無生、無生即生的圓融關係，其在本書第七「三觀法爾門」中云：「是以觀極樂依正者，以吾心一觀之三觀，照彼一境之三諦，無不可者。以吾三觀之一心，照彼三諦之一境，亦無不可者。」第十「現未互在門」云：「圓頓教人，頓悟心性，無修而修，修彼樂邦。性中所具極樂，由修顯發。而此心性竪貫三際，横裹十虚，佛法、生法、正法、依法、因法、果法，一念圓成。是以念佛之人，名爲全性起修，全修在性。全性起修，雖名爲因，全修在性，因中有果，以所具因法與所具果法同居一性，心性融通，無法不攝，故如蓮華開敷，華中有果，况此心常住，無生滅去來！」

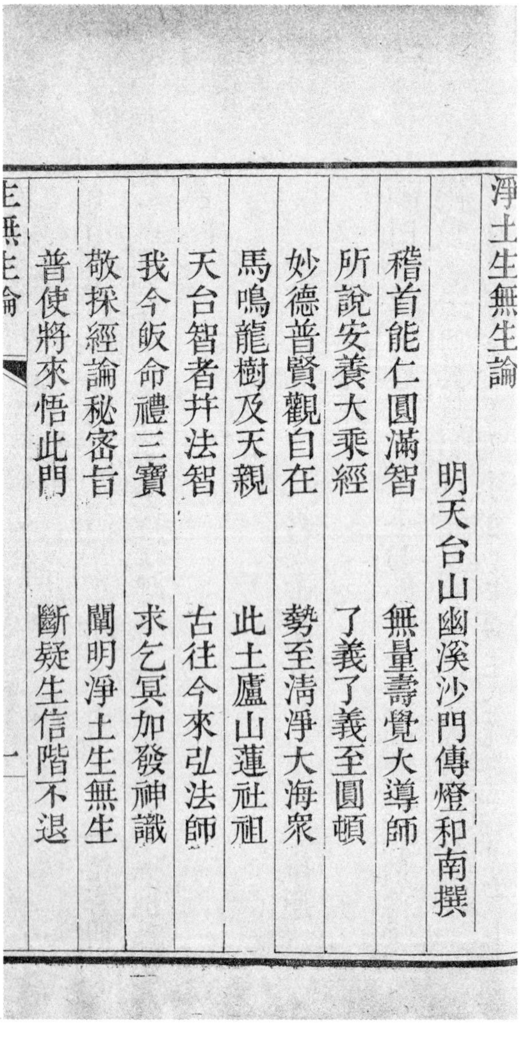
淨土生無生論

明天台山幽溪沙門傳燈和南撰

稽首能仁圓滿智　無量壽覺大導師
所說安養大乘經　了義了義至圓頓
妙德普賢觀自在　勢至清淨大海衆
馬鳴龍樹及天親　此土廬山蓮社祖
天台智者幷法智　古往今來弘法師
我今皈命禮三寶　求乞冥加發神識
敬採經論秘密旨　闡明淨土生無生
普使將來悟此門　斷疑生信階不退

生無生論　一

是書結構上首爲七言偈頌一首，説明此書撰述之目的，接着示以全文所立門類，此相當於序。正文分爲十門：一真法界門；二身土緣起門；三心土相即門；四生佛不二門；五法界爲念門；六境觀相吞門；七三觀法爾門；八感應任運門；九彼此恒一門；十現未互在門。每門首爲五言偈頌，次引經論以解釋，如其卷首「七言偈頌」所言：「敬采經論秘密旨，闡明浄土生無生，普使將來悟此門，斷疑生信階不退。」

傳燈之著此書，直接的起因乃應居士聞隱鱗之請，作於明萬曆三十一年（1603）。萬曆三十二年（1604）初次在新昌石佛寺宣講（明釋受教記《浄土生無生論親聞記》卷末附清釋真銘「跋語」，《卍續藏經》本）。居士即已鋟梓流通（明釋正寂《浄土生無生論注序》，《卍續藏經》本），然是本已不存。萬曆四十五年（1617）春，正

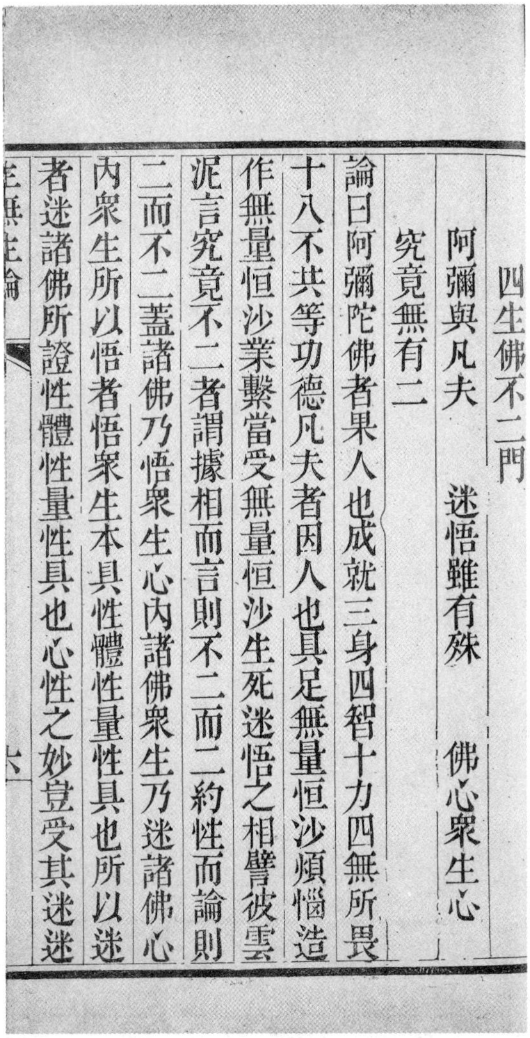
生無生論　六

四生佛不二門

阿彌與凡夫　迷悟雖有殊　佛心衆生心

究竟無有二

論曰阿彌陀佛者果人也成就三身四智十力四無所畏十八不共等功德凡夫者因人也具足無量恒沙煩惱造作無量恒沙業繫當受無量恒沙生死迷悟之相譬彼雲泥言究竟不二者謂據相而言則不二而二約性而論則二而不二蓋諸佛乃悟衆生心內諸佛衆生乃迷諸佛心內衆生所以悟者悟衆生本具性體性量性具也所以迷者迷諸佛所證性體性量性具也心性之妙豈受其迷迷

知歸依傳燈後不久，曾予以刊刻；到了清順治三年，正知又將此書與《浄土十疑論》《念佛三昧寶王論》合成《浄土三論》，刻板流傳。此正知之本，一存於蕅益智旭《浄土十要》中，此本後又經成時删改評點。一存於清乾隆四十九年（1784）衍法寺刻《浄土津梁》中，即本編所收之本。另外，日本有德川時代刊本，爲《大正新修大藏經》所收。（陳開勇）

性善惡論六卷

明釋傳燈撰。傳燈有《大佛頂首楞嚴經玄義》四卷，已著録。

性具善惡，是智顗所開創的天台宗最具特色的思想之一。唐宋天台宗徒亦多有闡釋發揮。

傳燈的思想，與智顗、知禮等天台前賢的思想是一致的，不過，因應其時代思想文化的新情況，他的思想有更加明顯的自己的訴求，表現出明顯的新特色。其一，在理的高度上來談性。傳燈在本書卷一就開宗明義：「夫性者理也，性之爲理，本非善惡。古今之立論，以善惡言者，無乃寄修以談性，借事以名理。猶緣響以求聲，緣影以求形。性之爲理，豈善惡之足言哉？」在卷六也借客之口，云：「雖言善惡，實不分而

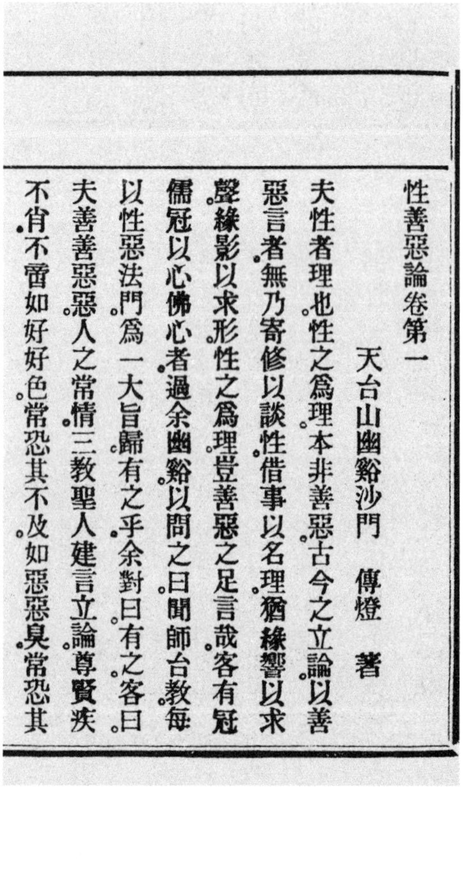
性善惡論卷第一
天台山幽谿沙門　傳燈　著
夫性者理也性之爲理本非善惡古今之立論以善
惡言者無乃寄修以談性借事以名理猶緣響以求
聲緣影以求形性之爲理豈善惡之足言哉客有冠
儒冠以心佛心者過余幽谿以問之曰聞師台教每
以性惡法門爲一大旨歸有之乎余對曰有之客曰
夫善善惡惡人之常情三教聖人建言立論尊賢疾
不肖不啻如好好色常恐其不及如惡惡臭常恐其

分，分而不分。故得性善性惡，其理融通。是則九界性惡遍處，即佛界性善遍處。」其二，傳燈是特別重視修的，認爲性具善惡，是就性上而言；但是，就修上而言，就有善惡之分了，卷一云：「蓋台宗之言性也，則善惡具。言修也，而後善惡分。乃以本具佛界爲性善，本具九界爲性惡。修成佛界爲修善，修成九界爲修惡。他宗既但知性具善，而不知性具惡，則佛界有所取，九界有所捨，不得契合《净名經》生死即涅槃，煩惱即菩提，平等不二之旨。故立圓理以破偏宗，且欲援九界修惡之人，不須轉側，以達性惡。性惡融通，無法不趣，任運攝得佛界性善，以爲直指人心，見性成佛妙門。」其三，在體用的關係上來談性與修。卷一云：「惟楊子人性善惡混爲近理。蓋善惡之論，有性也、修也。於性之未形，固不當以善惡論。若以修而觀乎性，孰有無體之用，異性之修乎？是故約修以論性。修既有善惡矣，而性豈得無之？」

總之，從傳燈的思想看，他一方面批評其他思想，一方面又力圖融會天台與宋儒、禪宗的思想，但是，其天台的立場是非常鮮明的。同時，傳燈此書之特色還在於其技巧，全文既設賓主問答，又廣引佛經因緣譬喻故事，文學意味濃厚。這些特色，正如其《性善惡論序》所云：「是故假托賓主，以性善惡而立論焉。然以道該儒釋，理別偏圓，各有攸歸，曷容概與。世出、世間之旨，不得不霄壤以分庭。大小頓漸之宗，不得不雲泥而立壺。兼之修性駢舉，法喻重伸，援事援人，證經證論。」

據傳燈《性善惡論序》，是書寫作始於明天啓元年（1621）六月，成於八月。居士弟子聞龍、張師繹、袁世振、王立轂等同校，永嘉縣漁潭寺受戒弟子衆等奉刻流通。《卍續藏經》所收本即此本，然其刊刻時間、原本還是翻刻本，皆無法確考。本編所録即《卍續藏經》本。（陳開勇）

禮吳中石佛起止儀式一卷

明釋傳燈集。傳燈有《大佛頂首楞嚴經玄義》四卷，已著録。

吳中石佛，念常集《佛祖歷代通載》卷六載，西晉愍帝建興元年（313），吳中有維衛、迦葉二佛石像泛海而來，故當地人將其奉安於通玄寺供養。

對於吳中石佛的宗教性贊頌崇拜，與傳燈同時而年稍長的紫柏真可作有《吳中泛海石佛贊並序》云：「夫像設之始，莫始於優填王金像與旃檀像。像設之靈奇，則莫靈奇於阿育王銅像與吳中石像。夫金佛不度鑪，木佛不度火，則石佛不度水明矣。而吳中石佛，乃出没大海，浮沉驚濤，螺髮繩衣，跏趺於碧琉璃上，現大希奇，魚龍悲仰，濟海入吳，而獨應朱氏父子之請。由是觀之，石佛既以度水，則金佛度鑪，木佛亦度火矣。予是以知無物非心，無像非真。心能所卷舒，精粗莫測，惟照用俱全者，則黄土與松枝，皆隨感放光。况我維衛、迦葉二如來，於無量劫，與吳人有大因緣，特此顯現。令無量衆生起靈應想，想則思，思則悟，悟則通，通則近取諸身，遠取諸物，皆自心也。然四方黑白不道於吳者，無緣瞻仰。予甚慨之，乃屬丁南羽氏繪像以傳。」（明釋德清閲《紫柏尊者全集》卷十七）據《卍續藏經》本「與曹直指夜談」中李麟所記，此贊作於萬曆二十八年（1600）（明釋德清閲《紫柏尊者全集》卷首「紫柏老人圜中語録」）。與真可請丁南羽「繪像以傳」的崇拜行爲表現形式不同，傳燈是以製訂其崇拜禮儀來表達自己對石佛的信仰的。

所謂《禮吳中石佛起止儀式》，即是對於吳中石佛的崇拜應具的儀規。內容可分爲四：首爲禮唱，次贊佛莊嚴，次依次贊維衛、迦葉二佛諸相好，最後懺悔發願。內容無什新奇。

在實際的宗教生活中，天台宗一貫的作風就是重視懺儀，所以這個宗派的大德多熱衷於製作儀規。智顗一生就有多種製作。特別是到了宋代的慈雲遵式，更是熱衷於此。傳燈的這種行爲，一方面是延續了其宗派的興趣。另一方面，據蔣鳴玉《有門大師塔銘》記載，傳燈居於幽溪道場的時候，曾「領衆行道石城、吳中、育王，皆禮八萬四千三世佛也」（釋無盡撰《幽溪別志》卷十二《增補》）。因此，傳燈此作，實乃其率衆於吳中禮佛時的具體儀規指導説明書。

是書今存版本不多，一爲寫本，乃明崇禎十一年（1638）曹禎驥寫本，收於台北新文豐所出《嘉興大藏經》中，即本編所收之本；一爲刻本，收於日本《卍續藏經》中。（陳開勇）

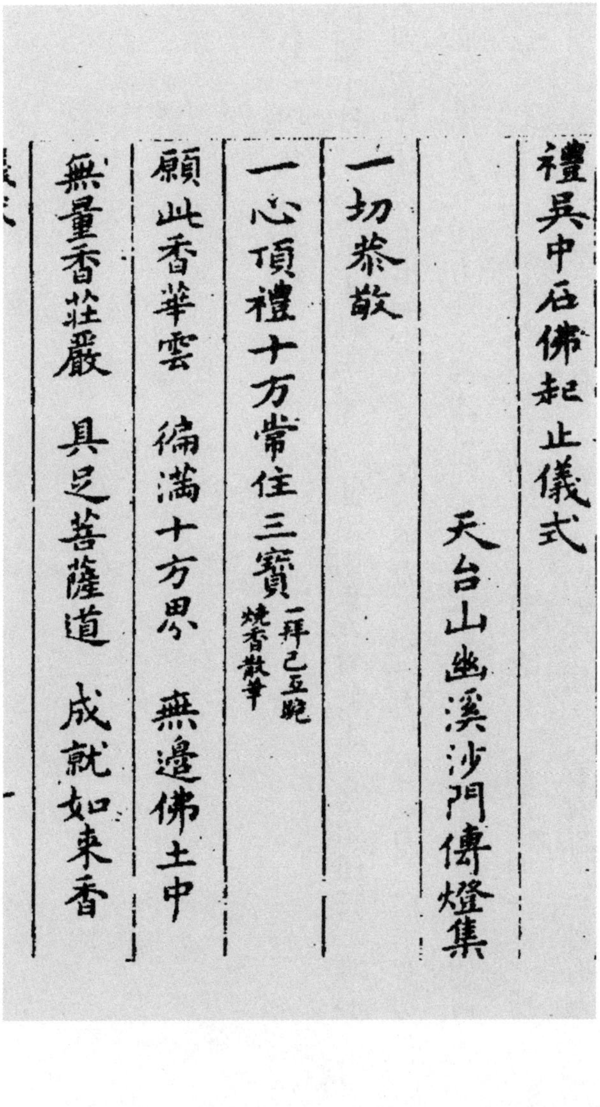
禮吳中石佛起止儀式
天台山幽溪沙門傳燈集
一切恭敬
一心頂禮十方常住三寶一拜已五跪燒香散華
願此香華雲　徧滿十方界　無邊佛土中
無量香莊嚴　具足菩薩道　成就如來香

幽溪無盡大師浄土法語一卷

明釋傳燈述。傳燈有《大佛頂首楞嚴經玄義》四卷，已著録。

傳燈之浄土思想，已見於其《彌陀略解圓中抄》《浄土生無生論》，此書則重在實修上。傳燈雖持「唯心浄土」「本性彌陀」之天台圓教觀念，認識到「蓋凡修行求出離生死，須仗三種力，一自力，二他力，三本有功德之力」。但是在具體的修持上，認爲在濁惡之世，藉助他力即念佛才可往生。故本篇之内容，主要是説明如何「一念」。傳燈首先論述輕愛之道，他認爲「欲一其念，莫若輕愛；欲輕其愛，莫若一念」，此乃「明一念之所以一」；對於「一念之道」的具體説明，傳燈認爲「一念之道有三，曰信，曰行，曰願」。信「大要有二：悟妙有遍周遍具，以爲欣浄之本；悟真空圓離圓脱，以爲舍蕨之原」；行有正行、助行二門，其中正行有二：稱名、觀想；助行亦有二：世間之行、出世之行。

傳燈所生活的時代，是一個浄土思想深入人心的時代，所謂「處處彌陀佛，家家觀世音」（明釋無相説《法華大意》卷上，《卍續藏經》本）。與傳燈同時而稍前的雲棲袾宏亦是當時提倡浄土念佛的著名大德，與傳燈稱名、觀想兼行不同，袾宏認爲衹要念佛就可往生，極其簡單易行。鍾惺云：「讀所寄《浄土三妙門》，始知念佛一事不可視爲太難，亦不可恃其太易。雲棲之言念佛，似衹須口誦，便可往生。彼非不欲知幽溪所言，恐人以爲難，反生退轉，不若且引之口誦。幽溪極深之論，恐人視爲太易。然不善會之，亦能生退轉。」（鍾惺著《隱秀軒集》卷二八「與徐元歎」，上海古籍出版社一九九二年本）實際上，雖然二者皆倡彌陀净土，但是傳燈所持的立場是天台宗的净土觀，而袾宏所持是典型的净土宗的净土觀。

傳燈此作之刊，見於記載者，首爲其弟子正知校刊，《幽溪無盡法師净土法語》跋云：「不肖正知向蒙天台無盡大師開示《法語》，即與《生無生論》等合梓印施矣……敬將眷屬遺貲，重刻《法語》並天如《或問》《净土三論》等，願爲再廣流通，用代事、理二懺……丁亥季春菩薩戒比丘正知識於幽棲禪寺，時年六十有一。」丁亥年乃清順治四年。據《净土生無生論》正知跋語，正知第一次刊《净土生無生論》在萬曆四十五年（1617）春他歸依傳燈後不久，則《幽溪無盡法師净土法語》首次刊刻當亦在此時。到了清順治四年（1647），正知又重刊流通。此正知本存於蕅益智旭所編《净土十要》中，此本後又經成時删改評點。又有乾隆四十九年（1784）衍法寺刻《净土津梁》本，即爲本編所收之本。比較而言，現存《净土津梁》本優於《净土十要》本。（陳開勇）

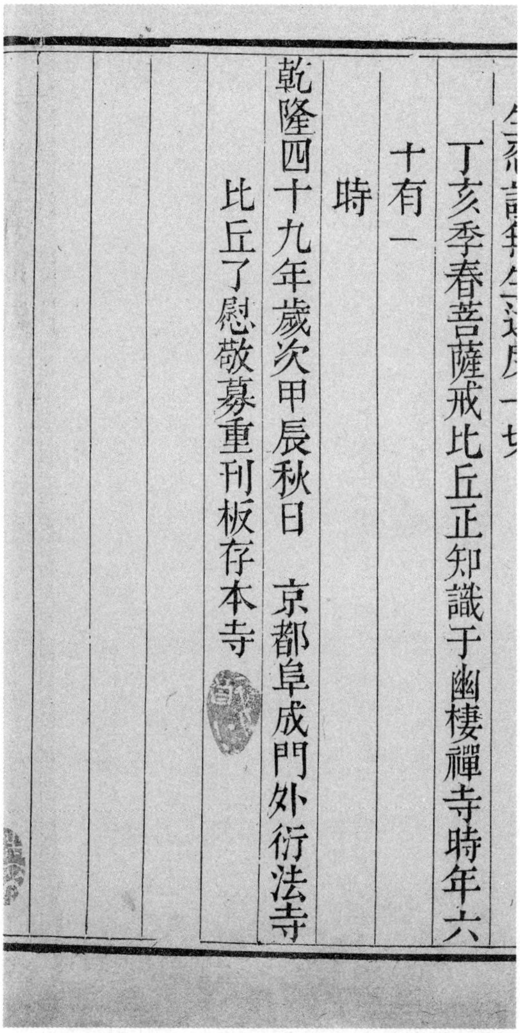
丁亥季春菩薩戒比丘正知識于幽棲禪寺時年六
十有一
時
乾隆四十九年歲次甲辰秋日　京都阜成門外衍法寺
比丘了慰敬募重刊板存本寺

觀經連環圖

明釋傳燈繪圖並攝頌。傳燈有《大佛頂首楞嚴經玄義》四卷，已著録。

《觀經》即《觀無量壽佛經》之簡稱，劉宋釋畺良耶舍譯，内容主要敘述釋迦佛向阿難和韋提希講説對於阿彌陀佛净土的十六觀法：日想觀、水想觀、地想觀、寶樹觀、寶池觀、寶樓觀、華座觀、想像觀、無量壽佛像觀、觀世音菩薩像觀、大勢至菩薩像觀、普觀、雜想觀、上品生觀、中品生觀、下品生想觀。故又稱《十六觀經》。此經與《佛説無量壽經》《佛説阿彌陀經》同稱爲净土三部經，是净土法門所依的核心經典。此經不僅净土宗徒有很多注釋，就是在天台宗内，也一直注重此書。隋代智顗有《觀無量壽佛經疏》、宋代知禮有《觀無量壽佛經融心解》等。

傳燈《觀無量壽佛經圖頌》，是通過圖、頌配合的方式來對《觀無量壽佛經》的内容提綱挈領的。現存比較原始的主要有兩本：一是一九五五年上海大雄書局的刊印本，名曰《觀經連環圖》；二是《卍續藏經》本，名曰《觀無量壽佛經圖頌》。

就圖而言，《卍續藏經》本無圖，但以其名稱推斷，亦當有圖。

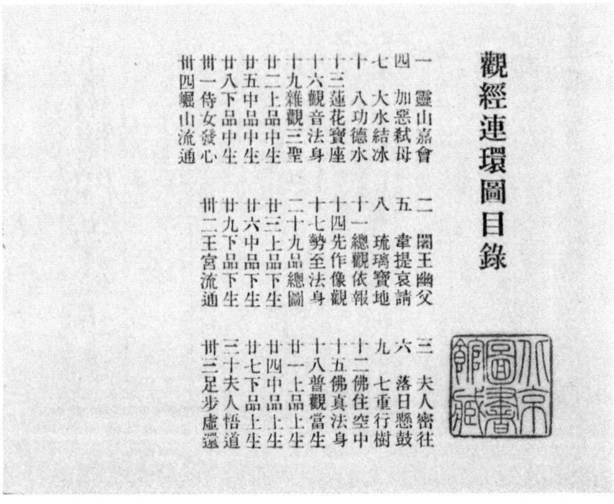
觀經連環圖目録

就偈頌而言，兩本有五十一首偈頌相同，但是上海大雄書局本的「韋提哀請」在《卍續藏經》本裏作「緣起弑逆韋提哀請」，即多了「緣起弑逆」一偈，由於其上一偈是「加惡弑母」，顯然，《卍續藏經》本衍此偈；但是，比起《卍續藏經》本，上海大雄書局本在「落日懸鼓」「大水結冰」等十四頌後附有中峰、善導、省庵等的詩偈，這些詩乃後人所加，當非傳燈原本所有。

就體例而言，《卍續藏經》本一般首爲《觀無量壽佛經》原經文提示，次偈頌，次注釋，其中衹有最後的「繪圖攝頌」没有原經文，「緣起弑逆」和「韋提哀請」「九品總圖」和「上品上生」合用一段原經文；但是上海大雄書局本全部都没有原經文提示。至於注釋，《卍續藏經》本「闍王幽父」「大水結冰」等十三頌後有注釋，但是上海大雄書局本衹有「闍王幽父」等六頌後有。這些注釋是張文嘉所增。文嘉，字仲嘉，浙江錢塘人。

據《幽溪別志》卷十二《增補》所録蔣鳴玉「有門大師塔銘」、明釋受教記《净土生無生論親聞記》卷上等文獻所記載的傳燈的著述，其中並無此圖頌著作。但是《觀無量壽佛經圖頌》卷首所載張文嘉之「敘」云：「天台無盡法師，教中義虎，精通三觀，搆圖精工，攝頌爾雅，惜年久湮蕪，傳布甚少，故特重梓流通。復爲粗釋一二典故，以便初機。」「敘」作於乙未秋日，即清順治十二年（1655），此去傳燈入滅僅相距二十多年，其説當有所憑，且傳燈有《道俗問法答問》《法身二十六問》等側重於針對俗人的著述，因此，他撰述這樣直觀應俗的作品不是不可能的。

是書傳燈原本已不傳。現傳二本實屬同一系，即爲張文嘉刻本。其中題爲《觀無量壽佛經圖頌》者近真，《觀經連環圖》則又經過後人的改造。雖然如此，二者各有優劣。倘以圖、頌皆具而言，《觀經連環圖》優於《觀無量壽佛經圖頌》。至於其他現當代印本，甚劣。本編所録者，即一九五五年上海大雄書局刊印《觀經連環圖》本。

（陳開勇）

集部

屈騷心印五卷

《四庫全書總目》卷一四八《屈騷心印》：

國朝夏大霖撰。大霖字用雨，號梅皋，衢州西安人。是編成於乾隆甲子，因林雲銘《楚辭燈》而改訂之。據其自述，自林本以外，所見惟朱子、來欽之、黄維章三家本。其《論韻》稱沈約爲晉人，所引據者亦不過李漁《笠翁詩韻》、蔡方炳《廣輿記》諸書。前有毛以陽評，謂朱子未暇注《楚辭》，今本出後人之附會，尤不知何據也。

案：據「乾隆」《開化縣志・文苑傳》，大霖爲衢州開化歲貢。作者自署「太末夏大霖用雨氏疏注」，四庫館臣誤以爲西安人。全書凡五卷，卷一「離騷」，卷二「九歌」，卷三「天問」，卷四「九章」，卷五「漁父」「卜居」「遠遊」「招魂」「大招」。卷首有毛雲孫清雍正十二年（1734）序，

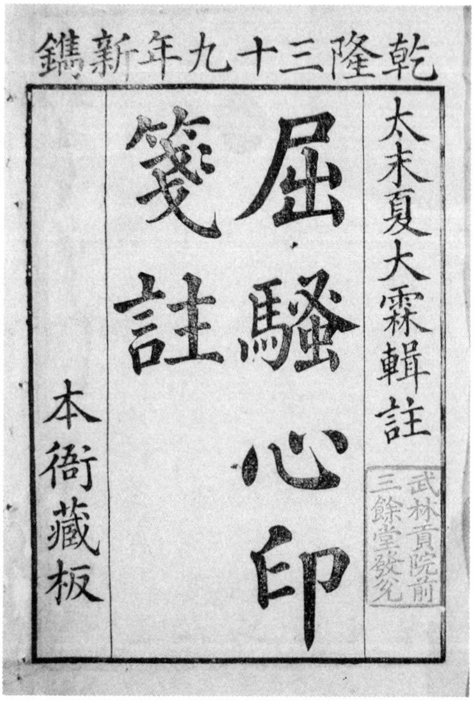

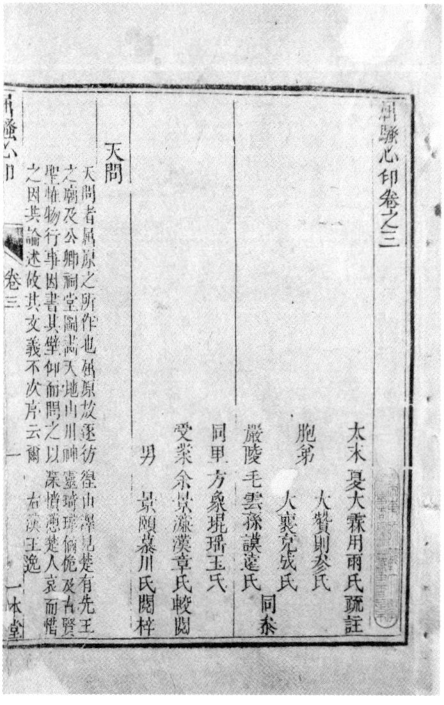

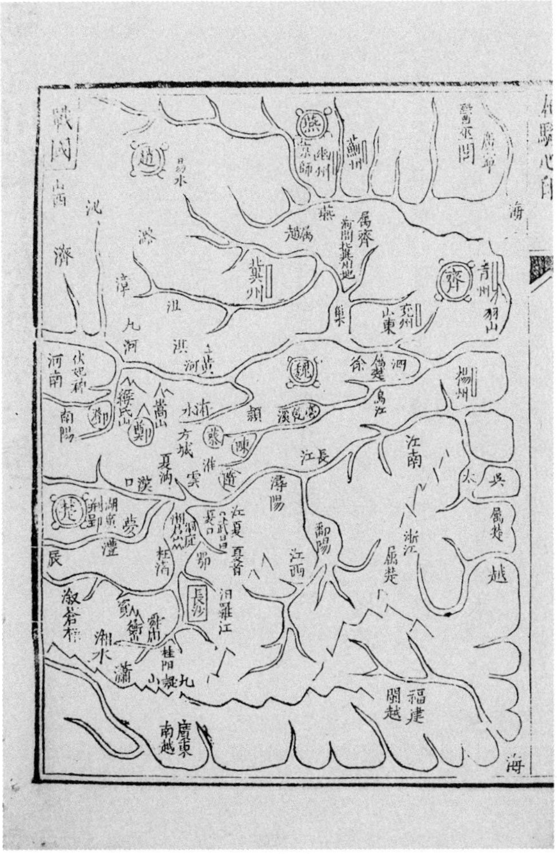

大霖乾隆九年「自述」「發凡」十八條、「參閱評論」五條、「注《屈騷》書後」，《史記・屈原列傳》並作注及「附頃襄王世家」，「七國輿圖」和「圖説」。卷後有其子景頤跋。此書稱「心印」，出於毛謨遠勸勉，「此爲至性之文，亦今乃得至性人而後解，非以心印能通其故乎，請標是書曰『心印』」。大霖自言：「注是編，衹以順理成章四字爲程。心印屈子幽思之作，必無不順之理，必無不成之章。其有於此爲之説者，亂之也。如『九章』必如此而順理，『天問』必如此而成章。」姜亮夫於《楚辭書目五種》中評是書曰：「本書於音釋文義爲詳。考定各篇寫作時代，亦略有可采（見《發凡》中）。至論「九章」應合「漁夫」「卜居」，數共十一，與「九歌」相符，膚受附會，不足觀矣。」黄靈庚先生在《楚辭文獻述要》中所論夏書甚詳，其曰：「夏氏解「騷」，或者屬意於通篇章法結構，及前後照應之關棙，雖未明言區分段落，而疏解之中亦已分之，且總括此段大旨，評騭上下過度之妙。」「至於字義訓詁，非其所長，而偶見一二精義，非一無是處者。」「『離騷』一篇，夏氏承朱子男女比君臣之説，重在闡繹男女君臣之寓意，其剏新之所在也。」「夏氏釋解『天問』一篇，不蹈前人之成説，別啓徑路，而類以後世之『策問』。」此書據清乾隆三十九年（1774）一本堂刻本影印。

楊盈川集十卷附録一卷

《四庫全書總目》卷一四九《盈川集》：

唐楊炯撰。《唐書·文苑傳》稱其文集本三十卷，晁公武《讀書志》僅著録二十卷，云「今多亡逸」，是宋代已非完本，然其本今亦不傳。此乃明萬曆中龍游童佩從諸書裒集，詮次成編，併以本傳及贈答之文、評論之語別爲附録一卷，皇甫汸爲之序。凡賦八首、詩三十四首、雜文三十九首。《文苑英華》載其《彭城公夫人爾朱氏墓誌銘》一首、《伯母東平郡夫人李氏墓誌銘》一首，列庾信文後，明人因誤編入信集中，此本收爾朱氏誌一篇，而李氏誌仍不載，則

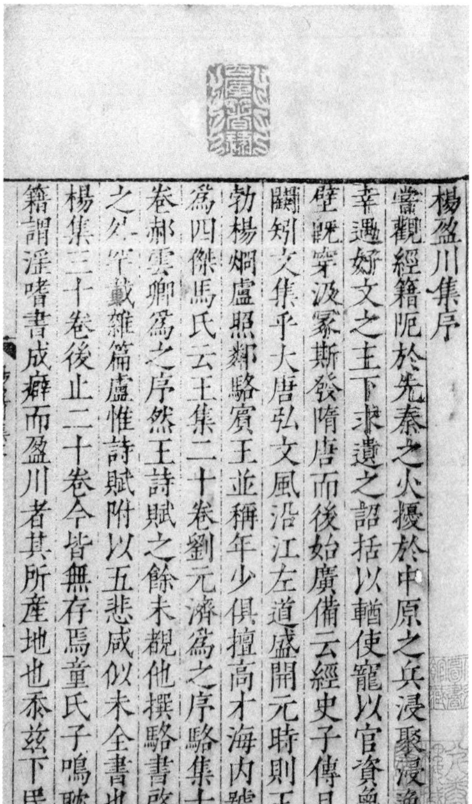
楊盈川集序
嘗觀經籍阨於先秦之火擾於中原之兵浸聚浸逸幸遇好文之主下求遺之詔括以輶使寵以官資曾壁既穿汲冢斯發隋唐而後始廣備云經史子傳且闕矧文集乎大唐弘文風沿江左道盛開元時則王勃楊炯盧照鄰駱賓王並稱年少俱擅高才海内號爲四傑馬氏云王集二十卷劉元濟爲之序駱集十卷郗雲卿爲之序然王詩賦之餘未覩他撰駱書啓之外罕載雜篇盧惟詩賦附以五悲咸似未全書也楊集三十卷後止二十卷今皆無存焉童氏子鳴耽籍謂淫嗜書成癖而盈川者其所産地也黍兹下民

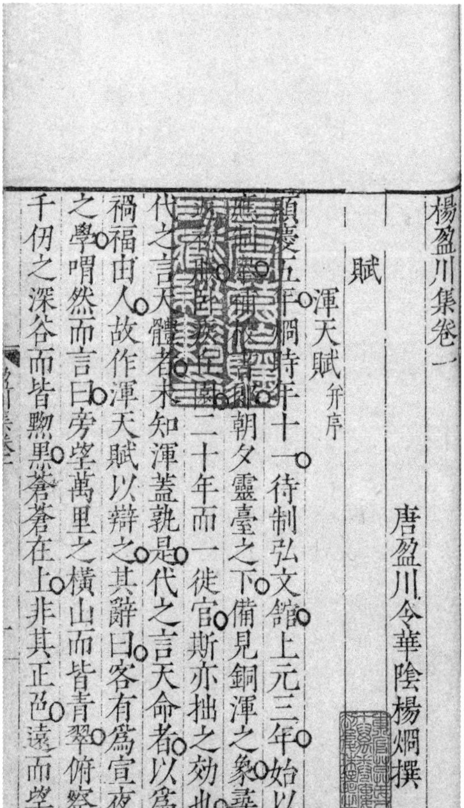
楊盈川集卷一
賦
渾天賦并序　唐盈川令華陰楊炯撰
顯慶五年炯時年十一待制弘文館上元三年始以應制舉補校書郎朝夕靈臺之下備見銅渾之象尋返初服卧病邱園二十年而一徙官斯亦拙之効也代之言天體者未知渾蓋孰是代之言天命者以爲禍福由人故作渾天賦以辯之其辭曰客有爲宣夜之學喟然而言曰旁望萬里之横山而皆青翠俯察千仞之深谷而皆黝黑蒼蒼在上非其正色遠而望

搜羅尚有所遺也。《舊唐書》本傳最稱其《盂蘭盆賦》，然炯之麗製，不止此篇，劉昫殆以爲奏御之作，故特加紀録歟！傳又載其《駁太常博士蘇知幾冕服議》一篇，引援經義，排斥游談，炯文之最有根柢者。知其詞章瑰麗，由於貫穿典籍，不止涉獵浮華，而《新唐書》本傳删之不載，蓋猶《本紀》不載詔令之意，是宋祁之偏見，非定評也。又新、舊《唐書》並稱炯爲政嚴酷，則非循吏可概見。童佩序稱：「盈川廢縣在瀫水北，其地隸龍邱，去郡四十餘里，今址巋然獨存。炯令盈川，無何卒，縣尋罷，民尸祝其地，至今春秋不輟。」是則因其文藝而更粉飾其治績，亦非公論矣。

案：楊炯，華陰人，曾任盈川（今龍游）縣令。此集目録前題「唐華陰楊炯撰，皇明龍游童珮詮次」，卷一前題「唐盈川令華陰楊炯撰」，正文前有皇甫汸序、童珮序、附録和目録。童珮字子鳴，衢州龍游人，有《童子鳴集》，下文將著録。楊炯詩文有三十卷，至明萬曆初子鳴所見僅存詩一卷。童氏爲書商，家藏書逾二萬五千卷，每見楊炯詩文輒録之，詮次而成此書。童珮輯成《楊盈川集》，後世不斷翻刻之，遂使楊氏之文得以流傳。《盈川集》雖爲華陰楊炯之作，但龍游童珮搜集、整理此書佚文數十篇，遂使此集得以傳世。因童氏輯佚之功，此書收録之。此書據明萬曆三年（1575）刻本影印。

徐侍郎集二卷附録一卷

唐徐安貞撰。安貞，初名楚璧，信安龍丘（今龍游）人。尤善五言詩。嘗應制舉，一歲三擢甲科，士人稱之。唐開元中爲中書舍人、集賢院學士。上每屬文及作手詔，多命安貞視草，甚承恩顧。與李林甫等合注《御刊定禮記月令》一卷，又參撰《文府》二十卷。終中書侍郎、東海縣子。相傳安貞有集凡若干卷，至明已散佚。後邑人童珮輯得徐氏詩賦雜文十三篇，並爲之序，其序文今可見於《童子鳴集》。然今傳此抄本二卷，即詩賦雜文十六篇，後附録一卷，且無童氏序文，不知是爲童氏所輯。此集卷上有賦一首、詩十首，卷下有文五篇，附録九篇。此輯安貞詩文，未能注明出處，其中《奉和聖製喜雨賦》《書殿侍宴應制》《奉

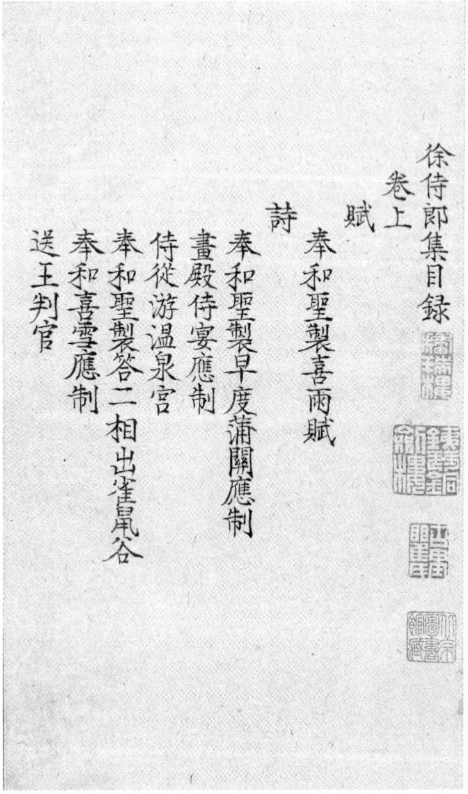
徐侍郎集目録
卷上
賦
奉和聖製喜雨賦
詩
奉和聖製早度蒲關應制
書殿侍宴應制
侍從游温泉宫
奉和聖製答二相出雀鼠谷
奉和喜雪應制
送王判官

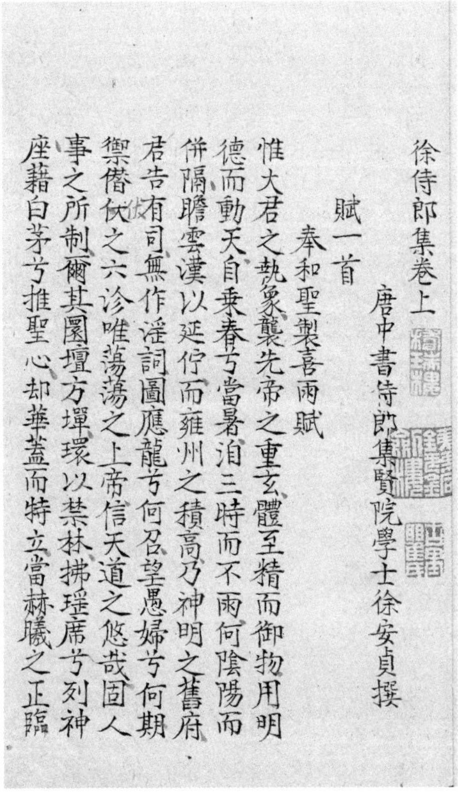
徐侍郎集卷上
唐中書侍郎集賢院學士徐安貞撰
賦一首
奉和聖製喜雨賦
惟大君之執象襲先帝之重玄體至精而御物用明德而動天自秉春兮當暑洎三時而不雨何陰陽而併隔瞻雲漢以延佇而雍州之積高乃神明之舊府君告有司無作淫詞圖應龍兮何召望愚婦兮何期禦僭伏之六沴唯蕩蕩之上帝信天道之悠哉固人事之所制爾其圜壇方墠環以禁林拂瑶席兮列神座藉白茅兮推聖心却華蓋而特立當赫曦之正臨

和聖製早度蒲關應制》《奉和同前應制》《授席豫尚書右丞等制》《授王翼殿中侍御史等制》《除裴耀卿黄門侍郎張九齡中書侍郎同平章事制》《貞順皇后哀册文》當輯自《文苑英華》，其他詩文不知出於何書。唐芮挺章編《國秀集》卷上載徐氏詩六首，其中《從駕温泉宫》《書殿侍宴》《送吕向補闕西嶽勒碑》，此集分别作《侍從游温泉宫》《書殿侍宴應制》《送吕補闕西岳嶽勒碑》，當所輯之書與《國秀集》不同。此集輯文有所漏失，《唐大詔令集》載《讓皇帝哀册文》、明曹學佺編《石倉歷代詩選》所載七言律詩《聞鄰家理箏》、國家圖書館藏《唐故尚書右丞相贈荆州大都督始興公陰堂誌銘並序》（按：此爲張九齡墓誌銘），皆爲徐安貞所作，未見此集。另趙明誠《金石録》載，安貞撰有《唐徐偃王廟碑》《唐華嚴玄覽律師碑》《嘉禾寺禪院碑》，然其文不見。安貞詩文有名氣，童珮評之曰：「今讀其文與詩，並厚重敷贍，端嚴警拔，都無凌轢急促之氣。」惜其詩文傳世者不多，今可見者皆散金碎玉。此書據明抄本影印。

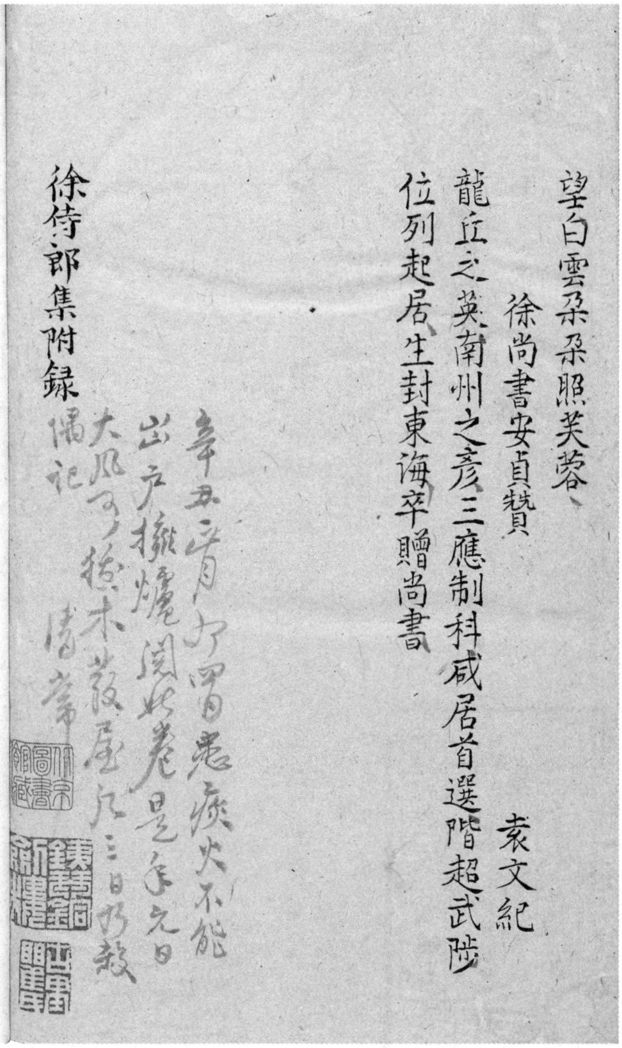
望白雲朶朶照芙蓉、
徐尚書安貞贊　袁文紀
龍丘之英南州之彦三應制科咸居首選階超武陟
位列起居生封東海卒贈尚書
徐侍郎集附録

音注韓文公文集四十卷外集十二卷

宋祝充等注。充字季賓，一作字延賓，衢州江山人。《郡齋讀書附志·別集類一》載：「《韓文音義》一卷，右從政郎潭州寧鄉縣丞祝充所進也。毛叔度爲之序。張杓刻而叙其後。」據［雍正］《浙江通志·選舉志三》，「紹興五年乙卯汪應辰榜」有「毛叔度，江山人，宣教郎」。祝充當與毛叔度同爲南宋初人。《宋史·藝文志》載有「祝充《韓文音義》五十卷」。［康熙］《江山縣志·邑人著述》載：「《韓昌黎集

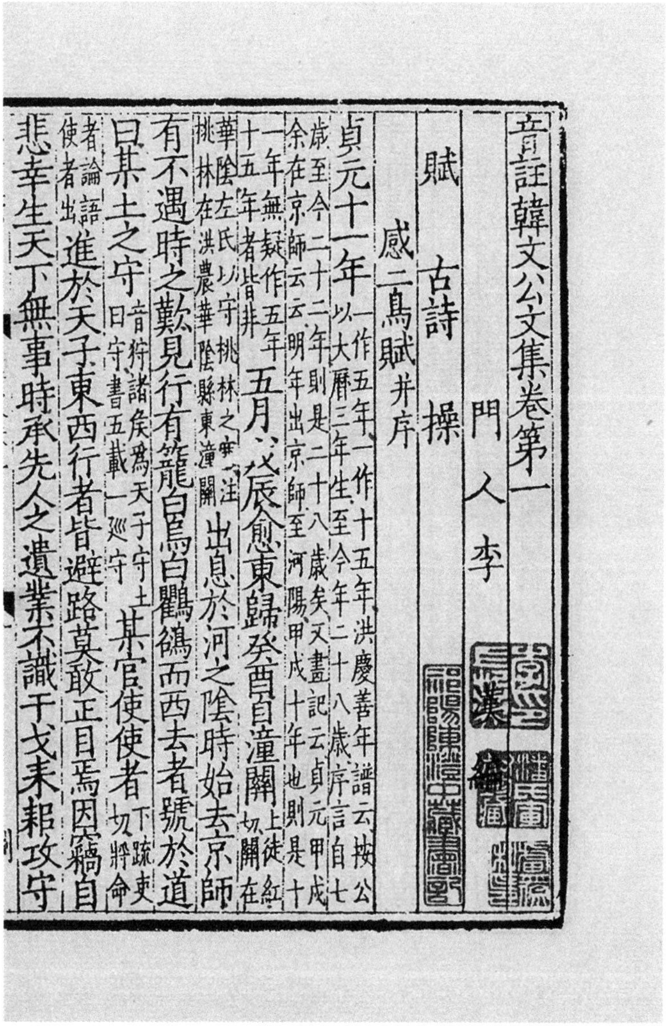
音註韓文公文集卷第一
門人李漢編
賦　古詩　操
感二鳥賦并序
貞元十一年一作五年一作十五年洪慶善年譜云按公以大曆三年生至今年二十八歲序言自七歲至今二十二年則是二十八歲矣又畫記云貞元甲戌余在京師云云明年出京師至河陽甲戌十年也則是十一年無疑作五年十五年者皆非五月戊辰愈東歸癸酉自潼關上從紅切關在華陰左氏以守桃林之塞注桃林在洪農華陰縣東潼關出息於河之陰時始去京師有不遇時之歎見行有籠白烏白鸜鵒而西去者號於道曰某土之守音狩諸侯爲天子守土日守書五載一巡守某官使使者下踈吏切將命者論語使者出進於天子東西行者皆避路莫敢正目焉因竊自悲幸生天下無事時承先人之遺業不識干戈耒耜攻守

注》，祝充著。」韓愈詩文對後世影響甚遠，宋時有五百家注韓集之說，《音注韓文公文集》就是當時有代表性的注本。魏仲舉《五百家注昌黎文集》，載《評論詁訓音釋諸儒名氏》有「文溪祝氏，名充，字廷賓，全解」，魏氏此書引祝氏注解達一千多條。今存《音注韓文公文集》，不載注者。傅增湘《藏園群書題記·別集類二》：「《音注韓文公文集》四十卷，《外集》十二卷，次第大率與他本同，惟遺文、傳贊、後序等篇合爲外集末兩卷，爲小異耳。全書及前後均不載撰注人姓名，以《五百家注》本考之，知爲文溪祝充也。」今將《音注韓集》注文與魏氏《五百家注》注文相較，其注不盡出祝氏，然以祝充最多，故《音注韓集》注者應爲「祝充等注」。此書雖題《音注韓文公文集》，其實並非盡爲音注，亦有不少校勘之注和解釋詞意者。此書據宋刻本影印。

南陽集六卷

《四庫全書總目》卷一五二《南陽集》：

宋趙湘撰。湘字叔靈，其先自京兆徙家於越，至湘始家於衢，遂爲西安人。登淳化三年（992）孫何榜進士，即資政殿大學士趙抃之祖也。《宋史》抃傳不著世繫，故湘始末亦不具。惟蘇軾爲抃作碑，稱湘官爲廬州廬江尉，其後追贈司徒，則以抃貴推恩者也。湘著作散佚，僅《宋文鑑》載其《春夕偶作》詩一首，《剡録》載其《剡中齊唐郎中所居》詩一首，《方輿勝覽》載其《方廣寺石橋》詩一首，《瀛奎律髓》載其《贈水墨巒上人》《贈張處士》詩二首，《文翰類選》載其《秋夜集李式西齋》詩一首，《雲門集》載其《别耶溪諸叔》詩一首，《爛柯山志》載其《遊爛柯山》詩一首，餘悉不傳。並《南陽集》之名，知者亦罕。惟《永樂大典》所載詩文頗夥，裒之尚可成帙。北宋遺集，傳者已稀，是亦難覯之秘本矣。案元方回作《羅壽可詩序》稱「宋劃五

代舊習，詩有白體、崑體、晚唐體。其晚唐一體，九僧最迫真，寇萊公、林和靖、魏仲先父子、潘逍遥、趙清獻之祖凡數家，深涵茂育，氣勢極盛」。又回所選《瀛奎律髓》評湘贈《張處士詩》曰「清獻家審言如此，宜乎乃孫之詩，如其人之清，有自來哉」云云，其推挹湘者甚至。然回録湘二詩，皆取其體近江西者，殊不盡湘所長。今以《永樂大典》所載觀之，大抵運意清新，而風骨不失蒼秀。雖源出姚合，實與彫鏤瑣碎、務趨僻澀者迥殊，其古文亦掃除排偶，有李翱、皇甫湜、孫樵之遺，非五季諸家所可及。沉埋晦蝕幾數百年，今逢聖代右文，復得掇拾散亡，表見於世，豈非其精神足以不朽，故光氣終莫可掩歟！其中《揚子三辨》一篇，推重揚雄，頗爲過當。然孫復、司馬光亦同此失，蓋北宋儒者所見如斯，不能獨爲湘責，知其所短則可矣。據方回稱「清獻漕益路時，宋景文序叔靈集，歐陽公跋亦稱之」，是原集實抃所編。今其目次已不可考，謹分類排訂，釐爲六卷。

案：《遂初堂書目》載有《趙叔靈詩》，當即趙湘詩之别本，惜已散佚。趙湘《南陽集》原佚，此書爲四庫館臣從《永樂大典》中輯出。今存此集凡六卷，卷一有賦三首、雅八首、頌二首，卷二有五言律詩六十八首，卷三有七言律詩三十二首、五言排律二首、七言絶句五首，卷四有箴銘六首、論二首、辨四首，卷五有説四首、解一首、序六首，卷六有雜著六首。是書前有胡森《刻宋贈司徒趙公南陽集緣起》和宋祁序，後附歐陽修等跋五首。歐陽修評其詩文云：「余讀太傅趙公文，至於抑揚馳騁，辯博宏遠，可謂壯矣，豈止其詩清淑粹美之可喜也，公之盛德有後矣。然方其屈於一時，其所以自樂而忘憂者詩也，可以想見其人焉。」宋祁贊曰：「南陽趙叔靈詩，纔十餘解，清整有法度，渾焉所得，不琢而美，無丹雘而采然」，「其文恢動沉蔚，不減於詩」，「叔靈不旁古，不緣今，獨行太虛，探出新意，其無藉一家者歟？」此書據清道光二年（1822）武英殿刻本影印。

趙清獻公文集十六卷

《四庫全書總目》卷一五二《清獻集》：

宋趙抃撰。抃事跡具《宋史》本傳。是集詩文各五卷，前有天台陳仁玉序，乃從宋嘉定中舊本重刊。所載多關時事，其劾陳執中、王拱辰疏皆七八上，可以知其伉直。而宋庠、范鎮亦皆見之彈章，古所稱群而不黨，抃庶幾焉。其詩諧婉多姿，乃不類其爲人。王士禎《居易録》稱其五言律中《暖風》一首、《芳草》一首、《杜鵑》一首、《寒食》一首、《觀水》一首，謂數詩掩卷讀之，豈復知鐵面者所爲。案：皮日休《桃花賦序》稱宋廣平鐵心石腸，而所作《梅花賦》輕便富艷，得南朝徐庾體。抃之詩情殆，亦是類矣。

案：趙抃有《御試備官日記》，已著録。《四庫全書

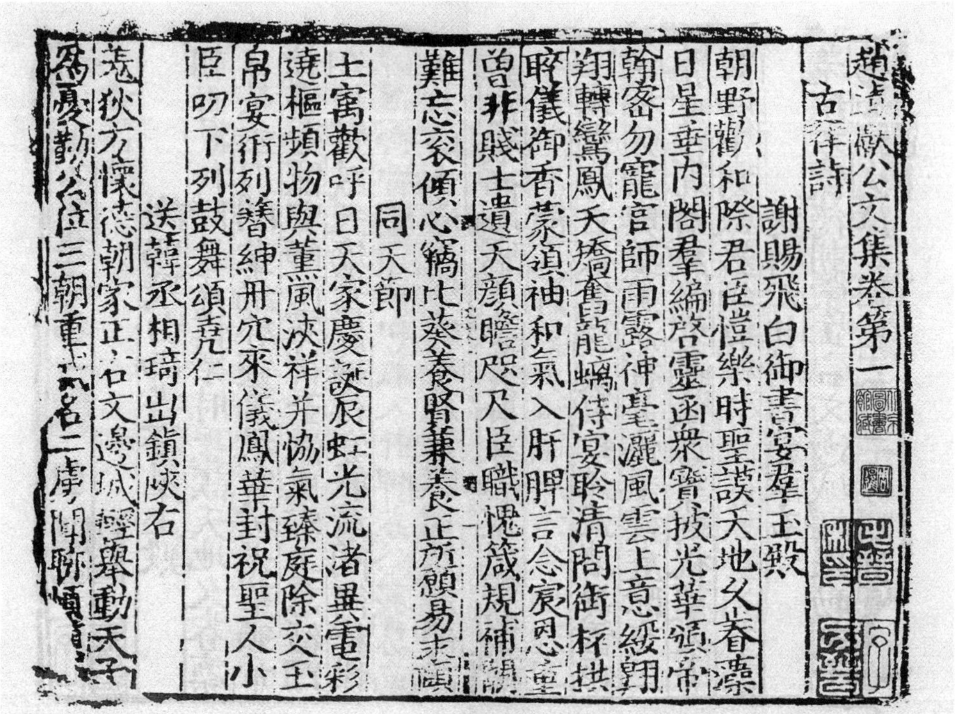

趙清獻公文集卷第一

古律詩

謝賜飛白御書宴羣玉殿

朝野歡和際君臣愷樂時聖謨天地久睿藻日星垂內閣羣綸啓靈函衆寶披光華頌帝翰容匆寵官師雨露神毫灑風雲上意綴翔翔轉鸞鳳夭矯奮龍螭侍宴聆清問銜杯拱睟儀御香蒙領袖和氣入肝脾言念宸恩重曾非賤士遺天顏瞻咫尺臣職愧箴規補闕難忘忝傾心竊比葵養賢兼養正所頒易未讀

同天節

土寓歡呼日天家慶誕辰虹光流渚異電彩遶樞頻物與薰風決祥并協氣臻庭除交玉帛宴衎列簪紳冊冗來儀鳳華封祝聖人小臣叨下列鼓舞頌堯仁

送韓丞相琦出鎮陝右

蒐狄方懷德朝家正右文邊城經舉動天子爲憂勤公在三朝重名二虜聞聊煩

總目》載「《清獻集》十卷」，今所據宋元遞修本乃十六卷，題「《趙清獻公文集》」，與四庫本卷帙不同，而詩文內容基本相同。宋景定元年（1260），衢州郡守天台陳仁玉刊刻《趙清獻公文集》十六卷，並爲之序。在陳氏刊本基礎上，有元明遞修本。此本卷一至七爲古詩、律詩、絶句，卷八至十三爲奏議，卷十四包括奏議、表狀和記。卷十五爲補遺，當爲仁玉刊行時搜佚之文，所補有詩五首、銘二篇、贊一篇、誦二篇、記一篇、疏一篇。卷十六附

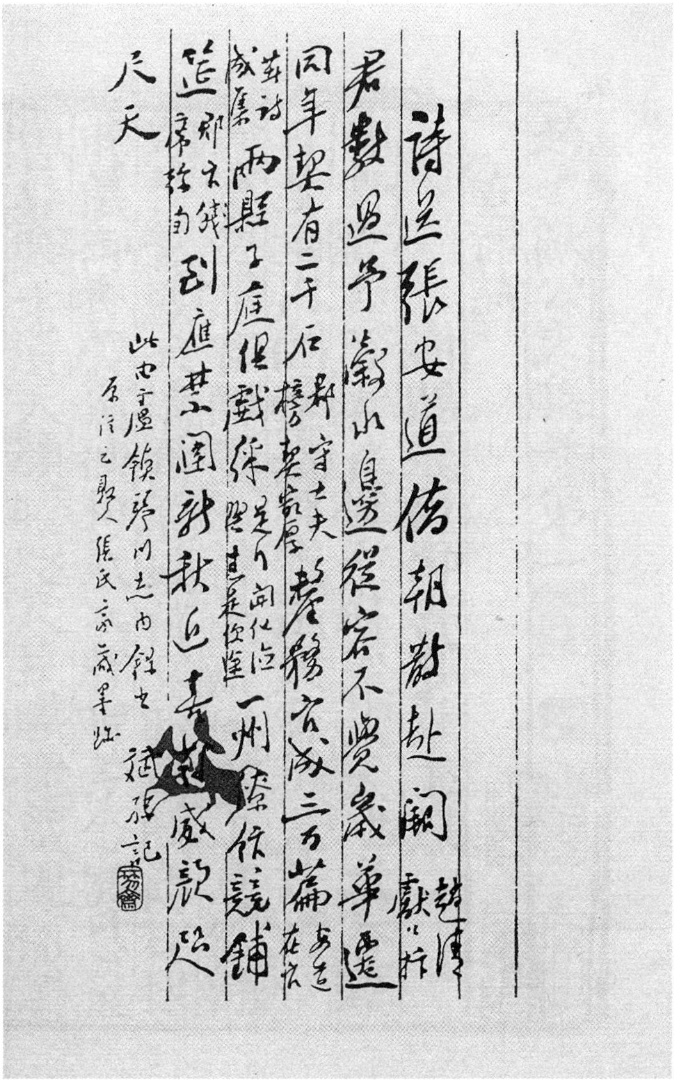

録有《宋史·趙抃傳》、蘇軾《神道碑》、曾鞏《越州救淄記》等。明成化七年（1471），衢州知府閻鐸將殘宋本釐爲十卷刊行，此乃十卷本之祖。明萬曆四十三年（1615），又有《趙清獻公詩集》五卷梓行，題「宋趙抃閱道甫著，明潘是仁訒叔甫輯較」，輯録五言古詩十五首、五言律詩二十三首、五言排律五首、七言律詩八十首、五言絶句十八首，皆見於《趙清獻文公文集》，且篇數遠少於《文集》。此書據元明遞修本影印。

東堂集十卷

《四庫全書總目》卷一五五《東堂集》：

宋毛滂撰。滂字澤民，衢州江山人。官至祠部員外郎，知秀州。陳振孫《書録解題》載滂《東堂集》六卷、《詩》四卷、《書簡》一卷、《樂府》二卷。滂嘗知武康縣，縣有東堂，故以名其集也。初，元祐中蘇軾守杭州，滂爲法曹，秩滿，去，已行抵富陽，軾聞有歌其《惜分飛》詞者，折簡追還，留連數月，由此知名。然其後乃出蔡氏兄弟之門，蔡絛《鐵圍山叢談》載，蔡京柄政時，滂上一詞甚偉麗，因驟得進用。王明清《揮麈後録》又載，滂爲曾布所賞，擢置

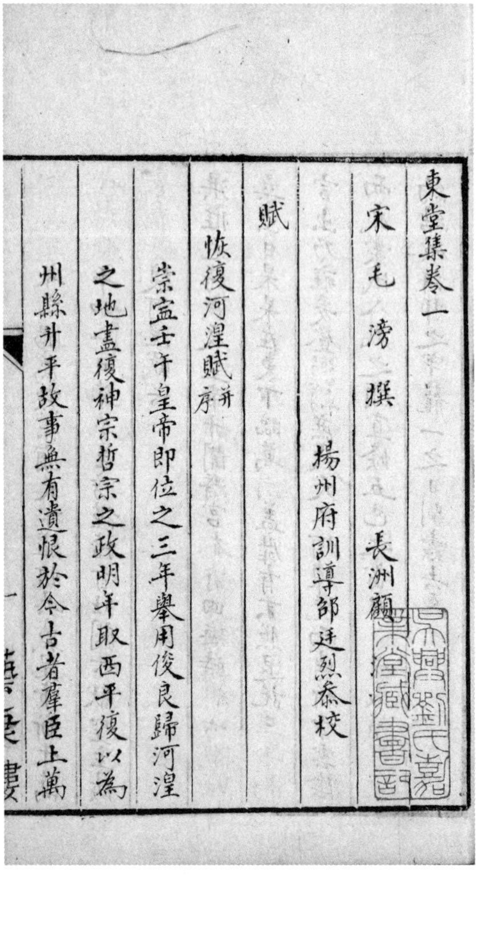
東堂集卷一
宋 毛滂 撰 長洲顧
揚州府訓導郎廷烈恭校
賦
恢復河湟賦并序
崇寧壬午皇帝即位之三年舉用俊良歸河湟之地盡復神宗哲宗之政明年取西平復以為州縣升平故事無有遺恨於今古者羣臣上萬

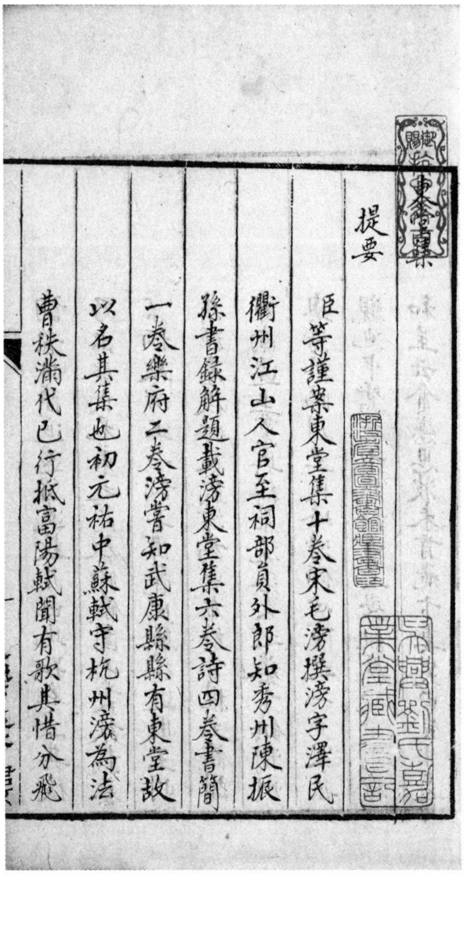
提要
臣等謹案東堂集十卷宋毛滂撰滂字澤民衢州江山人官至祠部員外郎知秀州陳振孫書録解題載滂東堂集六卷詩四卷書簡一卷樂府二卷滂嘗知武康縣縣有東堂故以名其集也初元祐中蘇軾守杭州滂為法曹秩滿代已行抵富陽軾聞有歌其惜分飛

館閣，布南遷，坐黨與得罪，流落久之。蔡卞鎮潤州，與滂俱臨川王氏婿，滂傾心事之。一日家集，觀池中鴛鴦，卞賦詩云「莫學饑鷹飽便飛」，滂和呈云「貪戀恩波未肯飛」，卞妻笑曰：「豈非適從曾相公池中飛過來者乎？」滂大慚云云。是其素行儇薄，反覆不常，至爲婦人女子所譏，人品殊不足重。即集中所載酬答之文，亦多涉請謁干祈，不免脂韋淟涊之態，故陳振孫謂其詩文視樂府頗不逮，蓋亦因其人而少之。然平情而論，其詩有風發泉湧之致，頗爲豪放不羈，文亦大氣盤礴，汪洋恣肆，與李廌足以對壘。在北宋之末，要足以自成一家，固未可竟置之不議也。謹從《永樂大典》搜采裒輯，釐爲詩四卷、文六卷，仍還其十卷之舊。其書簡即附入文集，不復別編。至所作《東堂詞》，則毛晉已刊入《六十家詞》中，世多有其本，今亦別著於録焉。

案：陳振孫《直齋書録解題》載滂有《書簡》二卷，非四庫館臣所言一卷。據陳氏《書録解題》著録十四卷，又加《東堂詞》一卷，《毛滂全集》合爲十五卷，故《宋史·藝文志》載《毛滂集》十五卷。四庫館臣自《永樂大典》中輯出《東堂集》，編爲十卷，非原《毛滂集》之舊。此集十卷，卷一至四爲詩賦，有賦二篇、五言古詩二十六首、七言古詩三十四首、五言律詩三十七首、七言律詩六十六首、五言絶句二十二首、七言絶句八十六首；卷五至十爲文，有制三篇、表五篇、啓二十八篇、書二十九篇、記九篇、序三篇、贊六篇、銘一篇、墓誌四篇、文十五篇。此書據清顧氏藝海樓抄本影印。

東堂詞一卷

《四庫全書總目》卷一九八《東堂詞》：

宋毛滂撰。滂有《東堂集》，已著録。此詞一卷，載於馬端臨《經籍考》，與今本相合。蓋其文集久佚，今乃裒録成帙。其詞集則別本孤行，幸而得存也。端臨又引《百家詩序》，稱其罷杭州法曹時，以贈妓詞「今夜山深處，斷魂分付潮回去」句，見賞於蘇軾。其詞爲《惜分飛》，今載集中。然集中有《太師生辰詞》數首，實爲蔡京而作。蔡絛《鐵圍山叢談》載其父柄政時，滂獻一詞甚偉麗，驟得進用者，當即在此數首之中。則滂雖由軾得名，實附京以得官，徒擅才華，本非端士。方回《瀛奎律髓》乃以爲守正之士，蓋偶未及考。其詞則情韻特勝，陳振孫謂滂「他詞雖工，終無及蘇軾所賞一首者」，亦隨人作計之見，非篤論也。其文集、詞集並稱「東

堂」者，滂令武康時，改「盡心堂」爲「東堂」，集中《驀山溪》一闋，自注其事甚悉云。

案：毛滂爲蘇軾弟子，東坡曾作《次韻毛滂法曹感雨詩》，有言：「公子豈我徒，衣鉢傳一簞。定非郊與島，筆勢江河寬。」可見蘇公甚重毛滂，以孟郊、賈島比之。清人張思巖《詞林紀事》評毛詞曰：「其令武康東堂《驀山溪》詞最著，其小序亦工」，「今讀《山花子》《剔銀燈》《西江月》諸詞，想見一時主賓，試茶勸酒，競渡觀燈，伐柳看山，插花劇飲，風流跌宕，承平盛事，試取『聽訟陰中苔自綠，舞衣紅』之句，曼聲歌之，不禁低徊欲絶也。」張氏以爲，毛滂「謂非元祐初一知名之士也？知之者，豈獨一蘇公耶」。今人薛礪若認爲毛氏爲当時宋词中潇洒派之领袖，其《宋詞通論》中有言：「他有耆卿之清幽，而無其婉膩；有東坡之疏爽，而無其豪縱；有少游之明暢，而無其柔媚。他是一個俯仰自樂、不沾世態的風雅作家。」

此書據明崇禎毛氏汲古閣刻本影印。

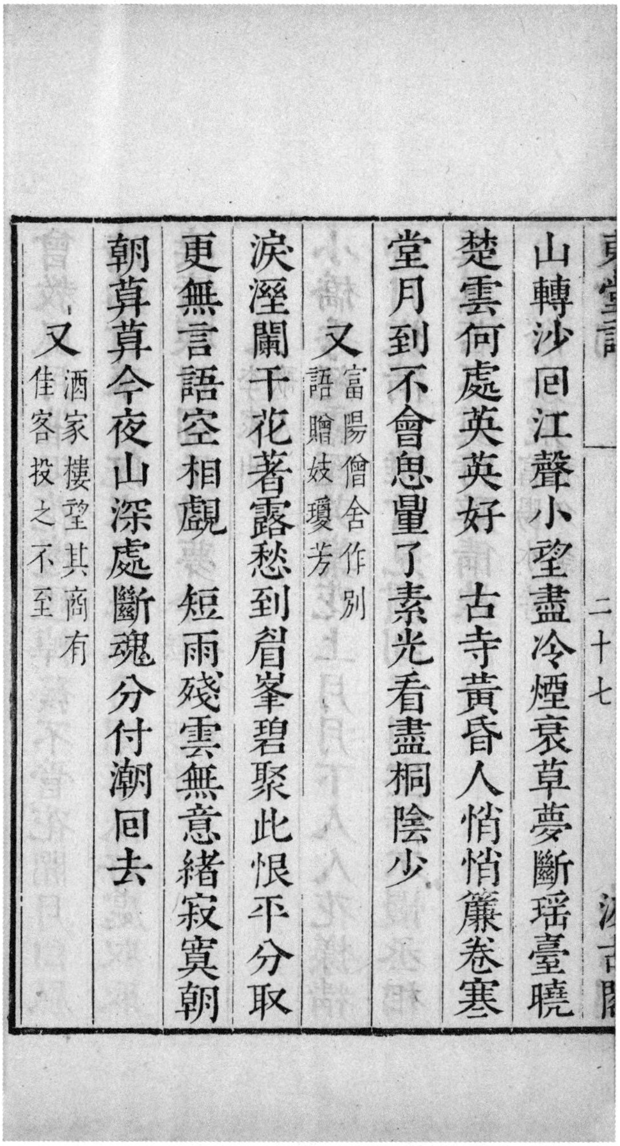
東堂詞 二十七 汲古閣

山轉沙回江聲小望盡冷煙衰草夢斷瑤臺曉楚雲何處英英好 古寺黄昏人悄悄簾卷寒堂月到不會思量了素光看盡桐陰少

又 富陽僧舍作別語贈妓瓊芳

淚溼闌干花著露愁到眉峯碧聚此恨平分取更無言語空相覷 短雨殘雲無意緒寂寞朝朝暮暮今夜山深處斷魂分付潮回去

又 酒家樓望其商有佳客投之不至

宮詞一卷

宋周彦質撰。彦質字文之，衢州江山人。宋熙寧六年（1073）進士。紹聖中，知循州。崇宁三年（1104），爲淮南轉運副使。彦質有《齊峰集》，已散佚；另有《賀鄭憲被召啓》《賀吕丞相帥永興啓》，分别載於魏齊賢、葉棻同輯《五百家播芳大全文粹》卷十五、十六。《宫詞》題「奉議郎直祕閣權發遣江南東路計度轉運副使周彦質撰」。周氏《宫詞》文詞華美，主要描寫帝王、大臣等宫廷活動，歌頌帝王豐功偉績，其寫宫廷政事如第一首：「正朝排仗謹天元，常服無令入禁閽。十樣冠裳五千襲，紫宸前殿對諸蕃。」寫宫廷節慶活動如第十五首：「元宵鼓吹滿嚴城，萬燭熒煌御駕行。纔入端門回鳳輦，兩軍游藝一齊呈。」寫宫廷日常生活如第三十八首：「名園蹴鞠稱春遊，近密宣呈技最優。當殿不教身背向，側中飛出足跟球。」爲帝王歌功頌德如第六十八首：「聖主邊謀過六奇，指蹤決勝率前知。深沉清禁傳三鼓，猶報金牌出睿思。」陳振孫《直齋書録解題》著録有《五家宫詞》五卷，周彦質《宫詞》爲其一。後有《四家宫詞》《十家宫詞》等，皆收録周氏宫詞。此書據宋刻《四家宫詞》本影印。

宮詞卷第四

奉議郎直祕閣權發遣江南東路計度轉運副使周彥質

正朝排仗謹天元常服無令入禁闈十樣冠裳五千襲紫宸前殿對諸蕃

大内相連闕邇英每延禁從侍談經君王克謹持盈戒無逸新書易畫屏

君王端的似唐虞仁政天心若合符不獨四方傳瑞牒靈芝甘露薦皇都

聖主詞章盡典謨宮嬪一一究詩書如今轉覺西京陋只說班家有婕妤

和清真詞一卷

《四庫全書總目》卷一九八《和清真詞》：

宋方千里撰。千里，信安人。官舒州簽判。李蓘《宋藝圃集》嘗録其《題真源宮》一詩，其事跡則未之詳也。此集皆和周邦彦詞。邦彦妙解聲律，爲詞家之冠，所製諸調，不獨音之平仄宜遵，即仄字中上、去、入三音亦不容相混，所謂分刌節度，深契微芒。故千里和詞，字字奉爲標準。今以兩集相校，中有調名稍異者，如「浣溪沙」，目録與周詞相同，而調則誤作「浣沙溪」；「荔枝香」，周詞作「荔枝香近」，吴文英《夢窗稿》亦同，此集獨少「近」字；「浪淘沙」，周詞作「浪淘沙慢」，蓋「浪淘沙」製調之始，皇甫松惟七言絶句，李後主始用雙調，亦止五十四字，周詞至百三十三字之多，故加以「慢」字，此去「慢」字，即非此調。蓋皆傳刻之訛，非千里之舊。又其字句互異者，如《荔枝香》第二調前闋「是處池館春遍」，周詞作「但怪燈偏簾卷」，不惟音異，平仄亦殊；《霜葉飛》前闋「自遍拂塵埃玉鏡羞照」句止九字，周詞作「又透入清輝半晌特地留照」共十一字，則和詞必上脱二字；《塞垣春》前闋結句「短長音如寫」句，止五字，周詞作「一懷幽恨如寫」乃六字句，則和詞亦脱一字，後闋「滿堆襟袖」，周詞作「兩袖珠淚」，則第二字不用平聲，和詞當爲「堆滿襟袖」之誤；《三部樂》前闋「天際留殘月」句，止五字，周詞作「何用交光明月」，亦六字句，則和調又脱一字。若《六醜》之分段，以「人間春寂」句屬前半闋之末，周詞刊本亦同，然證以吴文英此調，當爲過變之起句，則兩集傳刻俱訛也。據毛晉跋，「樂安楊澤民亦有《和清真詞》，或合爲《三英集》刊行」。然晉所刻六十一家之内，無澤民詞，又不知何以云然矣。

案：對於方千里《和清真詞》，後人評價不一。劉體仁《七頌堂詞繹》評曰：「千里偏和美成詞，非不甚工，總是堆練法，不動宕。唯『鴻影又被戰塵迷』一闋，差有氣。」馮煦《蒿庵論詞》評曰：「千里和清真，亦趨亦步，可謂謹嚴。然貌合神離，且有襲跡，非真清真也。其勝處則近屯田，蓋屯田勝處，本近清真，而清真勝處，要非屯田所能到。」丁紹儀《聽秋聲館詞話》言：「三衢方千里有《和清真詞》一卷，雖不能如駿之靳，與陳西麓頗堪並駕。」毛晉《和清真詞原跋》曰：「美成當徽廟時，提舉大晟樂府，每製一調，名流輒依律賡唱，獨東楚方千里、樂安楊澤民有《和清真全詞》各一卷，或合爲《三英集》行世。花菴詞客止選千里《過秦樓》《風流子》《訴衷情》三闋，而澤民不載，豈楊劣於方耶？」此書據明末毛氏汲古閣刻本影印。

汲古閣繡鐫
和清眞詞

北山小集四十卷

《四庫全書總目》卷一五六《北山小集》：

宋程俱撰。俱有《麟臺故事》，已著録。是集凡詩十一卷、賦及雜文二十九卷。俱天性伉直，其在掖垣，多所糾正。如《高宗幸秀州賜對劄子》極言賞罰施置之當合人心，《論武功大夫蘇易轉横行劄子》極言朝廷之當愛重官職，又徐俯與中人唱和，驟轉諫議大夫，俱亦繳還録黄，頗著氣節。今諸劄俱在集中，其抗論不阿之狀，讀之猶可以想見。至制誥諸作，尤所擅場。史稱其典雅閎奥，殆無愧色。詩則取徑韋、柳以上窺陶、謝，蕭散古澹，亦頗有自得之趣。其《九日》一首，毛奇齡選唐人七律，至誤以爲高適之作，足知其音情之近古矣。其集傳世頗稀，此本乃石門吴之振得於泰興季振宜家，蓋猶從宋槧抄存，故鮮所闕佚。近時厲鶚作《宋詩紀事》，載俱古詩二首、律詩二首、聯句一首，皆稱采自《北山集》，而其中《南園》一首，檢集本實作《章僕射山林》，與鶚所引已不相合。又《遊大滌》一首采自《洞霄詩集》，而集本第三卷内有《同餘杭尉江仲嘉褒道人陳祖德良孫遊洞霄宫》一首，檢勘即鶚所引，而篇幅較長，幾過其半，鶚亦不及詳檢，反欲以補是集之遺，殊爲疏舛。殆鶚據他書轉引，未見此本歟。

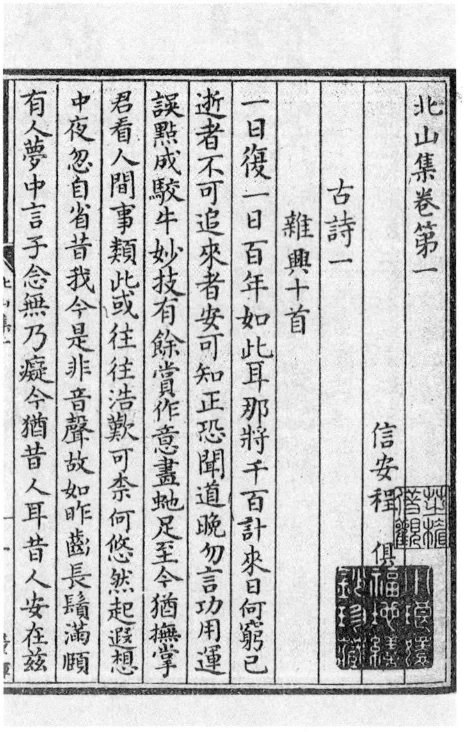
北山集卷第一
信安程俱
古詩一
雜興十首
一日復一日百年如此耳那將千百計來日何窮已
逝者不可追來者安可知正恐聞道晚勿言功用遲
誤黠成駮牛妙技有餘賞作意盡蛇足至今猶撫掌
君看人間事類此或往往浩歎可柰何悠然起遐想
中夜忽自省昔我今是非音聲故如昨齒長鬚滿頤
有人夢中言予念無乃癡今猶昔人耳昔人安在兹

案：此書名有《北山集》《北山小集》之稱，其卷帙多爲四十卷。葉夢得爲程氏此書作序稱之《程致道集》四十卷，陳振孫《直齋書録解題》言「《北山小集》四十卷」，而《宋史·藝文志》載爲「《程俱集》三十四卷」，皆不同。此本凡四十卷，有古詩八卷、律詩二卷、絶句一卷、賦騷一卷、論二卷、雜著三卷、碑記二卷、表一卷、啓、書、咨目、簡合一卷、外制六卷、内制、進故事合一卷、進講一卷、墓誌銘四卷、行狀一卷、狀劄六卷。程俱歷經兩宋交際之亂，然心存民生，這在其詩文中有所反映。葉夢得評曰：「今觀其文精確深遠，議論皆本仁義，而經緯錯綜之際，則左丘明、班孟堅之用意也。至於詩章，兼得唐中葉以前名士衆體。晚而在朝，雖不久遇，所建明尤偉，蓋其爲人剛介自信，擇於理者明所行，寧失之隘不肯少貶以從物。是以善類皆相與，推先惟恐失，雖有不樂之者，亦不敢秋毫加疵病，信乎直道之不可終屈也。」程俱詩文較有價值，引起後人關注，出現了不同選本。《四庫全書存目》載有《北山律式》二卷，其提要言：「是編前有夢得序，稱『致道《北山集》四十卷，既爲之序，人皆知致道之文，而不知其詩。即知其詩，亦僅知其古風，而不知其律詩之妙。及門鄭晦係致道同里人，初學韻語，予謂其何舍近而就遠也？因選録致道近體詩二卷，名曰《北山律式》』云云。其文淺鄙，不似夢得他作。《北山集》已别著録，此爲駢拇枝指，無論真僞矣。卷後附録王炎《雙溪類稿》十數首，晁沖之《具茨集》數首，尤不解其何意，大抵雜湊之本，姑充插架之數者也。」《北山律式》所選爲程俱詩，當出於《北山小集》，《律式》今已散佚。明人施介夫輯有《北山小集》八卷，有五言律詩一卷，七言律詩一卷，賦、表、記一卷，序、論、辨、題、傳、書、祭文、贊一卷，後附程俱行狀一卷。另清人吴之振編《宋詩抄》中選有《北山小集抄》一卷。《北山小集》清代抄本較多，有清道光五年（1825）袁氏貞節堂抄本、道光七年（1827）張蓉鏡家抄本、金氏文瑞樓抄本等，又有傅增湘影宋寫本。此書據傅氏影宋寫本影印。

樵隱詞一卷

《四庫全書總目》卷一九八《樵隱詞》：

宋毛幵撰。幵字平仲，信安人，舊刻題曰「三衢」，蓋偶從古名也。嘗爲宛陵、東陽二州倅，所著有《樵隱集》十五卷，尤袤爲之序，今已不傳。陳振孫《書録解題》載《樵隱詞》一卷。此刻計四十二首，據毛晉跋謂得自楊夢羽家秘藏抄本，不知即振孫所見否也。幵他作不甚著，而小詞最工。卷首王木叔題詞有「或病其詩文視樂府頗不逮」之語，蓋當時已有定論矣。集中《滿江紅》「潑火初收」一闋，尤爲清麗芊眠，故楊慎《詞品》特爲激賞。其《江城子》一闋注「次葉石林韻」，後半「争勸紫髯翁」句，實押翁字，而今本《石林詞》此句乃押「宫」字，於本詞爲複用，可訂《石林詞》刊本之訛。至於《瑞鶴仙》一調，宋人諸本並同，此本乃題與目録俱訛作《瑞仙鶴》。又《燕山亭》前闋「密映窺亭亭萬枝開遍」句止九字，考曾覿此調作「寒壘宣威，紫綬幾垂金印」共十字，則窺字上下必尚脱一字，尾句「愁酒醒緋千片」止六字，曾覿此調作「長占取朱顔緑鬢」共七字，則緋字上下又必尚脱一字。其餘如《滿庭芳》第一首注中「東陽」之訛「東易」，第三首注中「西安」之訛「四安」，《好事近》注中「陳天予」之訛「陳天子」，魯魚糾紛，則毛本校讎之疏矣。陳正晦《遯齋閒覽》載幵爲郡，因陳牒婦人立雨中，作《清平調》一詞，事既媟褻，且幵亦未嘗爲郡。此宋人小説之誣，晉不收其詞，特爲有識。今附辨於此，亦不復補入云。

案：毛幵，衢州西安人，南宋隱士，其詞爲隱居所作，故稱《樵隱詞》。乾道中，永嘉王木叔《題樵隱詞》云：「《樵隱詩餘》一卷，信安毛平仲所作也。平仲爲人傲世自高，與時多忤，獨與錫山尤遂初厚善，臨終以書別之，囑以志墓，遂初既爲墓誌銘，又序其集。或病其詩文視樂府頗不逮其，然豈其然乎？」又毛晉《樵隱詞跋》曰：「平仲三衢人，仕止州倅，禮部尚書友之子。負才玩世，頗有毛伯成之風。撰《樵隱集》十五卷，尤延之爲序，惜乎不傳。楊用修云『毛幵《小詞》一卷，惟余家有之』，極賞其『潑火初收』一闋，今亦不多見。余近得楊夢羽先生秘藏《宋元名家詞》抄本二十七種，內有《樵隱詩餘》一卷，共四十二首，調名二十有三，亟梓而行之，庶不與集俱湮耳。」《歷代詞人考略》云：「毛平仲《賀新郎》『風月連朝夕』云云，清雋疏逸，不在升庵所賞《滿江紅》下。」又言毛詞如《念奴嬌》云「夢裏京華，不須驚嘆，春草年年綠」等句，「皆玉屑清言」。此書據明末毛氏汲古閣刻本影印。

吾竹小稿一卷

宋毛珝撰。珝字元白，號吾竹，衢州西安人，豪於詩，有聲南宋端平間，有《吾竹小稿》一卷。李龏於宋寶祐六年（1258）爲此書作序曰：「柯山毛元白，詩人之秀者也，通今達古，著蔡後生，采詩之家得其一二，如寶肆中犀璧混於螺貝。惜其以文自晦，不求於時，吟稿一帙，章不盈百，清深雅正，跡前事而寫芳襟深，有沈千運獨挺一世之作，奚祇嘲弄風月而已哉！千運之詩，世不多見，元白馳軼，駕於天壤間，豈不能接殊響於當世。」由此可見毛氏之詩在當時影響。毛珝以詩見長，亦有詞作。今收其詞佚文兩首，録於此。

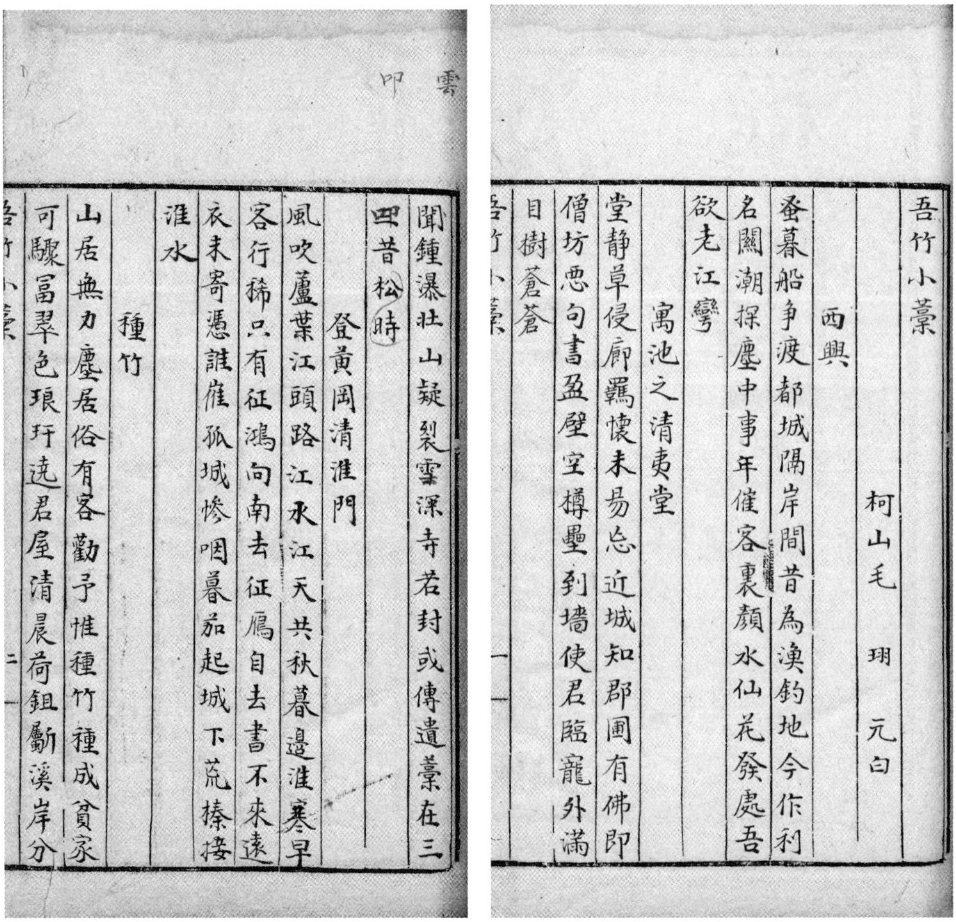
吾竹小藳
柯山毛　珝　元白
西興
蚤暮船爭渡都城隔岸間昔為漁釣地今作利名關潮捲塵中事年催客裏顏水仙花發處吾欲老江灣
寓池之清夷堂
堂靜草侵廊羈懷未易忘近城知郡圃有佛即僧坊惡句書盈壁空樽壘到墻使君臨寵外滿目樹蒼蒼
吾竹小藳　一

聞鐘瀑壯山疑裂雲深寺若封或傳遺藳在三四昔松時
登黃岡清淮門
風吹蘆葉江頭路江水江天共秋暮邊淮寒早客行稀只有征鴻向南去征鴈自去書不來遠衣未寄憑誰雁孤城慘咽暮笳起城下荒榛接淮水
種竹
山居無力塵居俗有客勸予惟種竹種成貧家可驟富翠色琅玕遶君屋清晨荷鉏斸溪岸分
吾竹小藳　二

其一，《浣溪紗》：「緑玉枝頭一粟黄，碧紗帳裏夢魂香。曉風和月步新涼。吟倚畫欄懷李賀，笑持玉斧恨吳剛。素娥不嫁爲誰妝。」載宋周密輯《絶妙好詞》卷五。其二，《踏莎行（題《草窗詞》卷）》：「顧曲多情，尋芳未老，一庭風日知音少。夢隨蝶去恨牆高，醉聽鶯語嫌籠小。紅燭呼盧，黄金買笑，彈絲踮屣長安道。彩箋拈起錦囊花，緑窗留得羅裙草。」載朱彝尊《詞綜》卷二十二。毛氏《吾竹小稿》最早收録於宋人陳起《江湖群賢小集》，計五十八篇八十首。其後，宋陳思編、元陳世隆補《兩宋名賢小集》亦録之，較之《江湖小集》，少《石湖》一首。清人曹庭棟《宋百家詩存》收録毛珝《吾竹小稿》四十六篇六十首，厲鶚《宋詩紀事》從《吾竹小稿》中選録七首。陳起《小集》有《浙江潮》一首，其他諸書皆稱之《浙江》，就其詩作内容來看，當以《浙江潮》爲是。由於陳起之書先出且收録毛詩最全，故取陳起《小集》中《吾竹小稿》收録此書。此本《江湖群賢小集》，有後人批校，或補其缺字，或正其誤字。此書據清抄《江湖群賢小集》本影印。

實齋詠梅集一卷

宋張道洽撰。道洽字澤民，號實齋，衢州開化人。從學真德秀。宋端平二年（1235）進士，授池州簽判，改襄陽府推官。所著有《實齋詩集》。實齋嘗奉使至海外，經羅浮山下，登廣平堂，酌酒賦詩，其言：「別庾嶺十年，留此面與梅花相見，無一點媿色。」實齋以詠梅詩最富，並自爲序云：「余詩似梅乎，梅似余詩乎？黄梅夜半，當持叩丹山消息。」［康熙］《衢州府志·藝文考》載張道洽有《詠梅詩》三百首，黄虞稷《千頃堂書目》著録「張道洽《實齋梅花詩》四卷」，雖題名有異，當與《實齋詠梅集》同爲一書。曹庭棟序其詩曰「（實齋）嘗自裒所作，次爲二卷」，此言「二卷」，與黄氏《書目》不同。方回《瀛奎律髓·梅花類》收録實齋梅花七言律詩十六首，而其序文稱之爲二十首。曹庭棟《宋百家詩存》卷三十五收録實齋詩八十七首，其

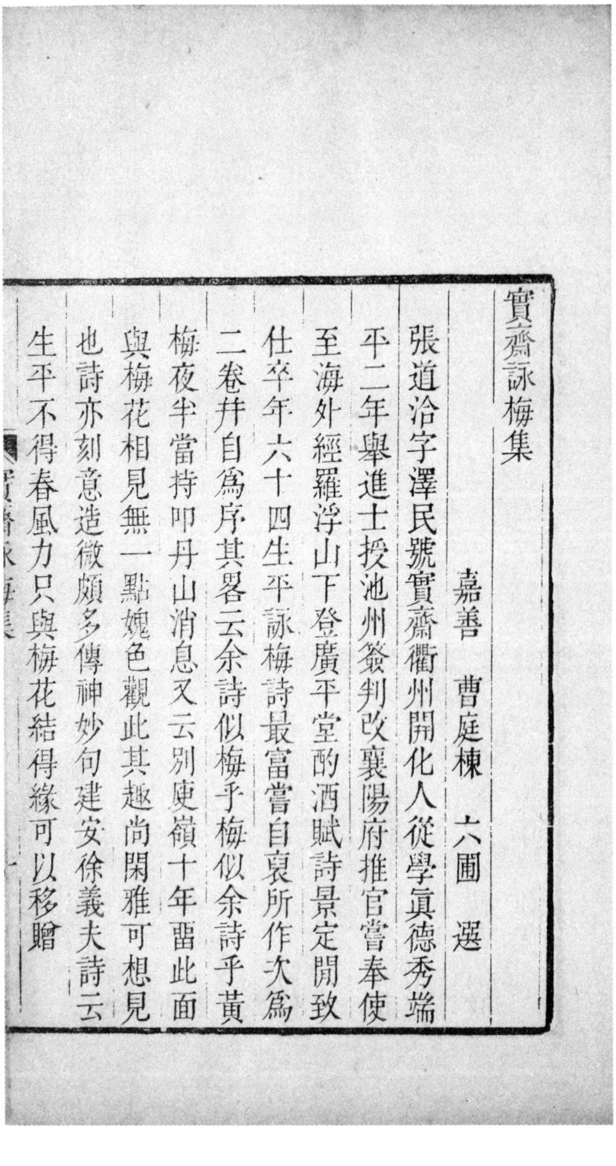
實齋詠梅集
嘉善 曹庭楝 六圃 選
張道洽字澤民號實齋衢州開化人從學眞德秀端平二年舉進士授池州簽判改襄陽府推官嘗奉使至海外經羅浮山下登廣平堂酌酒賦詩景定間致仕卒年六十四生平詠梅詩最富嘗自裒所作次爲二卷幷自爲序其畧云余詩似梅乎梅似余詩乎黄梅夜半當持叩丹山消息又云別庾嶺十年留此面與梅花相見無一點媿色觀此其趣尚閑雅可想見也詩亦刻意造微頗多傳神妙句建安徐義夫詩云生平不得春風力只與梅花結得緣可以移贈

中五言律詩十六首、七言律詩三十八首、五言絶句五首、七言絶句十二首、詠梅雜詩十六首，題《實齋詠梅集》。清人所輯《南宋群賢小集》收録有張道洽《梅花詩》一卷，民國七年（1918）葉渭清編《開化叢書》亦收有張道洽《梅花詩》一卷。實齋詠梅詩頗受後人好評。元人方回贊其詩曰：「或喜其『一白雪相似，獨清春不知』。殊不知篇篇有味，雖不過古人已言之意，然縱説、横説、信口、信手，皆脱灑清楚。」然清代紀昀對張道洽梅花詩評之不高，其言：「時有數句可觀。然語既重複，才又淺薄，强作連章、疊韻之難題，可謂不度德、不量力矣。」曹庭棟評其詩曰：「詩亦刻意造微，頗多傳神妙句。」因曹氏《宋百家詩存》所收實齋詩最多，故采之，仍題曰《實齋詠梅集》。《宋百家詩存》有清乾隆六年（1741）曹氏二六書堂刻本，本書據其影印其中《實齋詠梅集》。

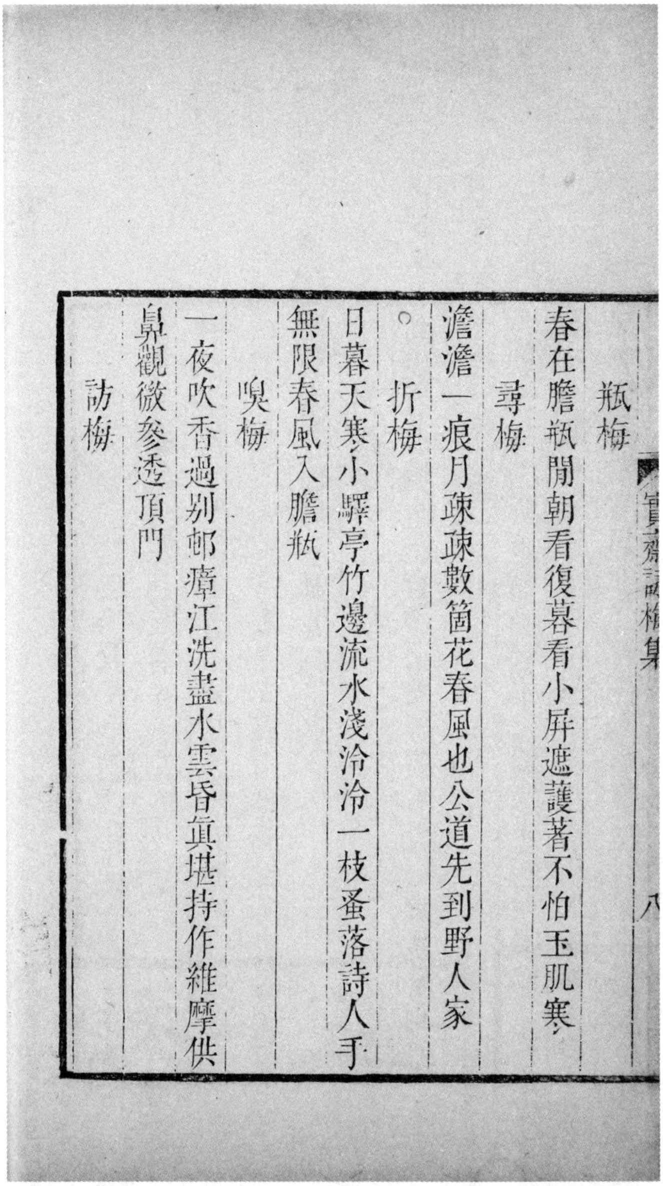
實齋詠梅集　八

瓶梅
春在膽瓶開朝看復暮看小屏遮護著不怕玉肌寒
尋梅
澹澹一痕月疎疎數箇花春風也公道先到野人家
○折梅
日暮天寒小驛亭竹邊流水淺泠泠一枝蚤落詩人手
無限春風入膽瓶
嗅梅
一夜吹香過別郵瘴江洗盡水雲昏真堪持作維摩供
鼻觀微參透頂門
訪梅

秋堂集三卷

《四庫全書總目》卷一六五《秋堂集》：

宋柴望撰。望有《丙丁龜鑑》，已著録。其詩有《道州台衣集》《詠史詩》《西涼鼓吹》諸編，俱佚不存。此本乃後人雜裒而成。詩末尚有《道州台衣集序》，其《夢傳説》以下十一絶，疑即《詠史詩》中之作也。望以淳祐丙午上《丙丁龜鑑》得名。然應詔上書，但當指陳人事，論朝政之是非，乃牽引讖緯，以值歲干支推衍禍福，穿鑿附會，迂誕支離，其心雖出於忠誠，其言

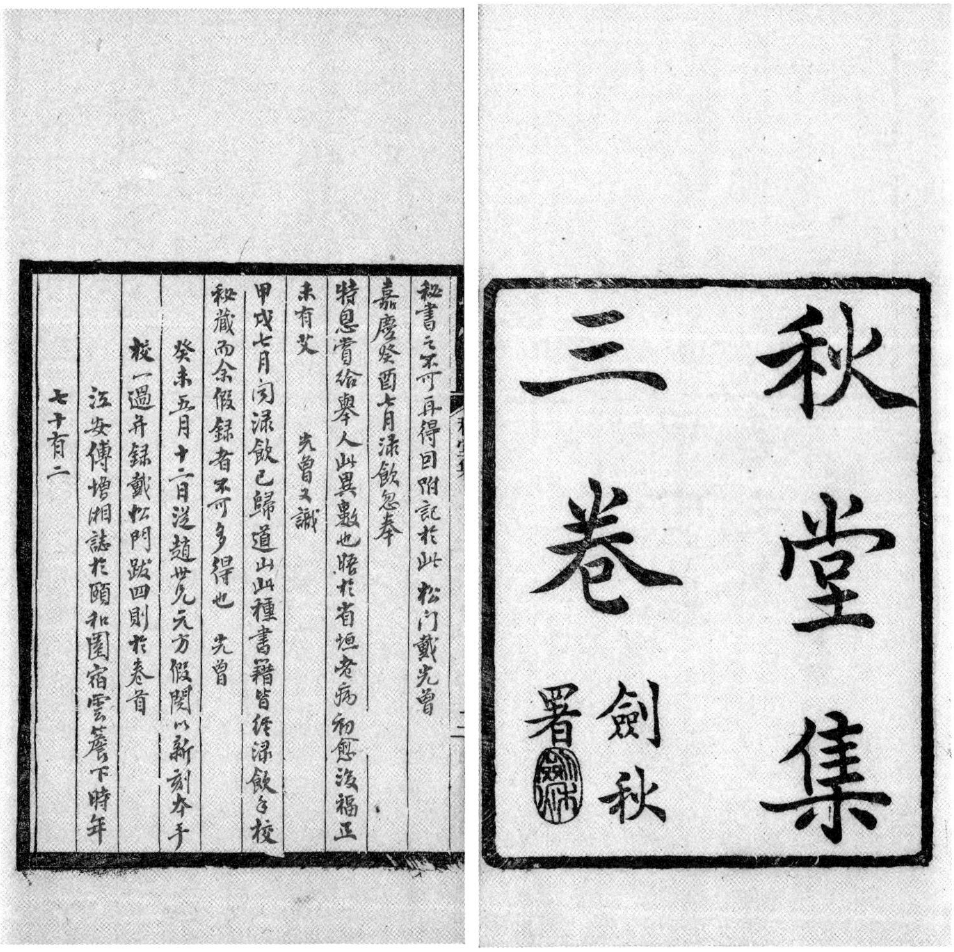

則涉於妖妄。乃出獄歸里，士大夫至祖道湧金門外，賦詩感慨，傾動一時。王應麟《困學紀聞》尚載其表中之語，以爲佳話。宋末士氣之浮囂，於是爲極。已別存其目，糾正於本條之下。至其人，則宋亡以後，遁跡深山，至元十七年乃卒。翛然高節，追步東籬。其詩雖格近晚唐，未爲高邁，而黍離、麥秀，寓痛至深，騷屑哀音，特爲悽動，亦可與謝翱諸人並傳不朽。故殘章斷簡，猶能流播至今也。

案：柴望詩詞之作有《道州台衣集》《詠史詩》《涼州鼓吹》，皆散佚。後人輯録所佚詩文，合編爲《秋堂集》。此本前有《四庫全書總目》所載《秋堂集》提要、丁丙《善本書室藏書志》所載《秋堂集》題跋、陸心源《宋史翼列傳三十四獻疑一》、張斗《柴氏四賢集敘》、柴復貞《刻柴氏四隱集敘》、楊仲弘《原序》，後附《墓誌銘》、補《詩餘》三闋、《秋堂集跋》。是書凡三卷，卷一録文類五篇，卷二録詩五十八首，卷三録詩餘十一首。楊仲弘評柴望詩云：「公詩秉於忠義，而慮於危迫，摛詞琢句，動諧音律。雄豪超越，如天馬之驟空；瀟灑清揚，如春花之映日。就其所造之深，直能卑視近代，而與唐之諸名家相上下矣。至其詩之所以至者，則又上抒李、杜之精華，而性情法度不啻自其胸中流出。」柴望乃宋亡以後隱者，故其詩文多出於時事所激。民國三年（1914），南城李之鼎宜秋館叢書《宋人集》收録有柴氏《秋堂集》三卷，其《補遺》三闋乃自趙聞禮《陽春白雪》輯出。今收此本，有後人批校，於陸心源文後補入傅增湘題識，卷一末補有《道州台衣集自序》，卷二末補有《梁州鼓吹詩餘自序》，《補遺》後又補柴日新識語。此書據民國三年李氏宜秋館刻本影印。

柴氏四隱集五卷補遺一卷附録一卷

《四庫全書總目》卷一八七《柴氏四隱集》：

宋柴望及其從弟隨亨、元亨、元彪之詩文也。望有《丙丁龜鑑》，已著録。隨亨字瞻屺，登文天祥榜進士，歷知建昌軍事。元亨字吉甫，與隨亨同舉進士，歷官朝散大夫、荆湖參制。元彪字炳中，號澤曜居士，嘗官察推。宋亡以後，兄弟俱遁跡不仕，時稱柴氏四隱。望所著有《道州台衣集》《詠史詩》《涼州鼓吹》。元彪所著有《襪綫集》。隨亨、元亨著作散佚，其集名皆不可考。明萬曆中，其十一世孫復貞等搜羅遺稿，元亨之作已無復存，因合望與隨亨、元彪詩文共爲一集，仍以「四隱」爲名，因舊稱也。世所行者，僅望《秋堂》一集，而實非足本，錢塘吴允嘉始得刻本抄傳之，又據《江山志》及《吴氏詩永》，益以集外詩五首遂爲完書。其詩格頗近晚唐，無宋人杈椏之習。隨亨、元彪所作，差遜其兄。然諒節高風，萃於一門，雖遺編零落，而幽憂悲感之意托諸歌吟者，往往猶可考見，存之足以勵風教，正非徒以文章重矣。

案：四庫館臣言「隨亨字瞻屺」，而據厲鶚《宋詩紀事》載「柴隨亨字剛中，號瞻岵居士」。柴氏四隱，指柴望、柴隨亨、柴元亨、柴元彪四人，望有《秋堂集》，隨亨有《瞻岵居士集》，元彪有《襪綫集》。《柴氏四隱集》，乃柴望十一世孫柴復貞所編，初刊於明萬曆十六年（1588），前有張斗、柴復貞二序，末又有柴復貞、柴時

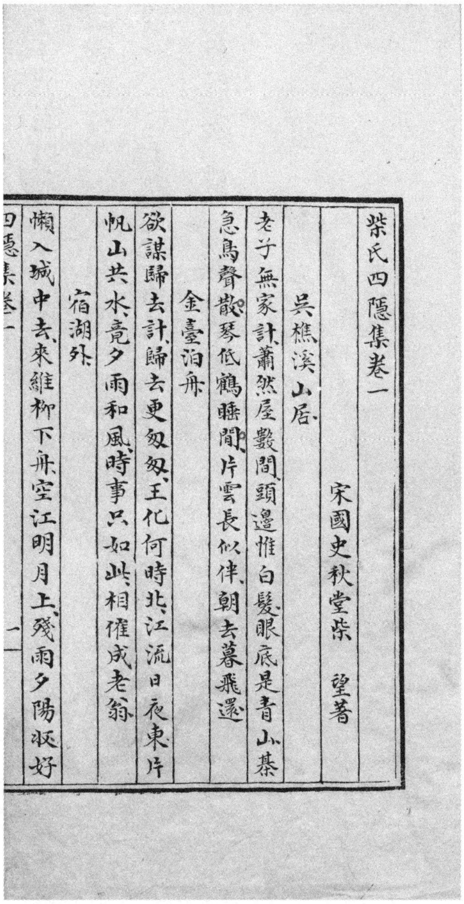

柴氏四隱集卷一

宋國史秋堂柴　望著

吳樵溪山居

老子無家計蕭然屋數間頭邊惟白髮眼底是青山棊急鳥聲散琴低鶴睡閒片雲長似伴朝去暮飛還

金臺泊舟

欲謀歸去計歸去更匆匆王化何時北江流日夜東片帆山共水竟夕雨和風時事只如此相催成老翁

宿湖外

懶入城中去來維柳下舟空江明月上殘雨夕陽収好

四隱集卷一　一

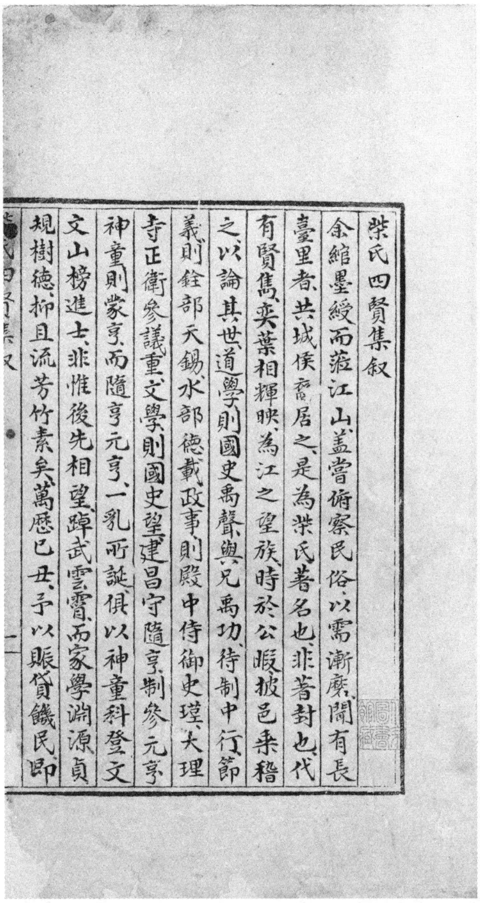

柴氏四賢集叙

余綰墨綬而蒞江山蓋嘗俯察民俗以需漸靡聞有長臺里者共城侯奮居之是為柴氏著名也非著封也代有賢雋奕葉相輝映為江之望族時於公暇披邑乘稽之以論其世道學則國史禹聲與兄禹功待制中行節義則銓部天錫水部德載政事則殿中侍御史瑾大理寺正衛參議重文學則國史望建昌守隨亨制參元亨神童則冡亨而隨亨元亨一乳所誕俱以神童科登文文山榜進士非惟後先相望踔武雲霄而家學淵源貞規樹德抑且流芳竹素矣萬歷己丑予以賑貸饑民昂

柴氏四賢集叙　一

秀後序，初刊本今佚。《四庫全書》收録《柴氏四隐集》，分爲三卷，柴望、隨亨、元亨三隱集各爲一卷。今有嘉慶三年（1798）鮑氏知不足齋抄本，與四庫本編排不同。鮑氏抄本分爲五卷，卷一、卷二爲柴望詩文，卷三爲隨亨詩，卷四爲元彪詩，卷五爲元彪詞。四庫本誤收趙抃《白雲莊四首》，鮑氏抄本無；鮑氏本有柴望《崧山書院上梁文》，四庫本無。此書據清嘉慶三年鮑氏知不足齋抄本影印。

四隱集四卷

宋柴望等撰。此書稱《四隱集》，附刻於江山柴氏《江陽嵩高柴氏宗譜》後，收録柴望、柴隨亨、柴元彪及元彪子登孫四家詩文。清道光二十五年（1845），柴隨亨十七世孫亨榮以其家藏《秋堂》《瞻屺》《襪綫》三集抄本爲基礎，增以登孫《芳所吟稿》，並録其宗譜所載柴氏四隱詩文，遂重刻而成此本。此書前有柴亨榮、朱家麒、朱履勝序跋，各家集前有四隱小傳，《秋堂》《襪綫》集後還附刻與二隱相關詩文。此本不僅新增《芳所吟稿》詩三十六首，就柴望、隨亨、元彪三隱而言，也較萬曆時柴復貞輯本多出四十餘篇。亨榮輯本中有柴望詩《登高行》《秋暮行》《武夷行》等三十九首，不見於柴復貞輯本；元彪有《嚴子陵贊》《諸葛亮贊》《陶淵明贊》《李太白贊》《杜子美贊》五篇，亦不見於復貞本。較之柴氏舊譜，亨榮時新修柴氏宗譜，係全族十五派合力纂成，故亨榮廣搜衆家譜牒中四隱佚文，在萬曆柴復貞輯本基礎上又得新篇。此書據清道光刻本影印。

秋堂集

柴　望著

字仲山號秋堂又號歸田世居江山宋理宗嘉熙間爲太學上舍除中書省奏名淳祐六年丙午元旦日食詔求直言應詔上丙丁龜鑑十卷下臨安獄京尹忠齋趙公疏救得免放歸田里一時名流祖餞湧金

竹素山房集三卷補遺一卷附録一卷

《四庫全書總目》卷一六六《竹素山房集》：

元吾邱衍撰。衍有《晉史乘》，已著録。此其所著詩集，而附以遺文二篇。其詩頗效李賀體，不能盡脱元人窠臼。然胸次既高，神韻自别，往往於町畦之外逸致横生，所謂「王謝家子弟雖復不端正者，亦奕奕有一種風氣」也。考衍於至大三年爲人所累，被攝得釋，不勝其恚，自投西湖死，留一詩别其友仇遠云：「劉伶一鍤事徒然，蝴蝶飛來别有天。欲語太元何處問？西泠西畔斷橋邊。」别見於《釋宗泐集》，而此三卷中無之。意者原稿爲衍所自編，故未經載入歟？朱存理《樓居雜著》有《書吾氏類集》一篇，稱「《虞山雜抄》内有《竹房集》三卷，予家有子《招雨師文》等篇遺跡一册，録附集後」，其卷帙與此本合，則此猶舊帙矣。

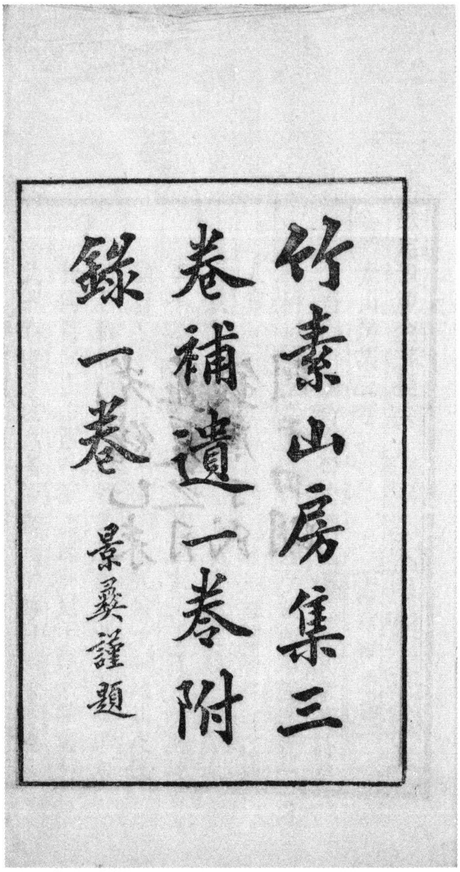

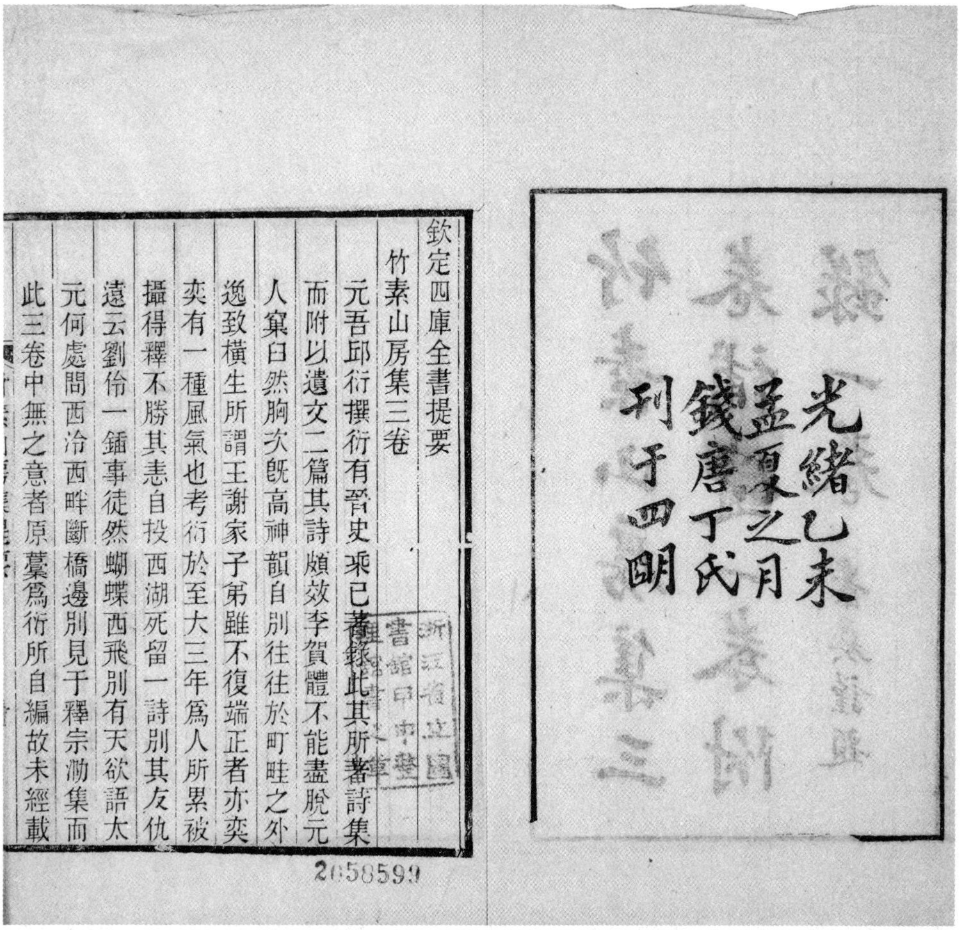
光緒乙未
孟夏之月
錢唐丁氏
刊于四明

欽定四庫全書提要
竹素山房集三卷
元吾邱衍撰衍有晉史乘已著錄此其所著詩集而附以遺文二篇其詩頗效李賀體不能盡脫元人窠臼然胸次既高神韻自別往往於町畦之外逸致橫生所謂王謝家子弟雖不復端正者亦奕奕有一種風氣也考衍於至大三年為人所累被攝得釋不勝其恚自投西湖死留一詩別其友仇遠云劉伶一锸事徒然蝴蝶西飛別有天欲語太元何處問西泠西畔斷橋邊別見于釋宗泐集而此三卷中無之意者原稾為衍所自編故未經載

案：吾丘衍有《周秦刻石釋音》，已著録。衍字子行，號竹素。此書正文三卷，收入詩一百五十四首，文中有《招雨師文》，詩後有《錢良佑名説》，卷三《送友人還江西》後脱文十二行，又有補遺七首。卷前有《四庫全書》所載本集提要，詩文後附録收録關吾氏墓銘、傳記、贈酬、題跋等詩文二十三篇。胡長孺評吾氏曰：「慕李長吉詩，樂府效其體，爲之氣韻，輒與相似。性曠放，有高世不仕之節，自比張志和、郭忠恕，玩衺一世。」吾丘衍不少詩效仿李賀，亦有詩篇抒發其超然遁世情懷，如《洞山吟》所涉愚公、夸娥、釣鼇人、龍伯國、玄洲鶴侶、玄元真人等皆不入仕。清人顧嗣立編《元詩選》收録吾丘衍詩十二首，《御選元詩》收録吾氏詩九首。此書據清光緒二十一年（1895）錢塘丁氏刻本影印。

桐山老農集四卷

《四庫全書總目》卷一六八

《桐山老農集》：

元魯貞撰。貞字起元，自號曰「桐山老農」，開化人。集中《萬青軒記》自稱曲阜人，蓋曲阜其祖貫也。是集凡文三卷，詩一卷，凡元代所作皆題至正年號，其入明以後惟題甲子，殆亦「栗里」之遺意。詩不出元末之格，且間有累句，殊非所長。其文亦聞見頗狹，或失考正，如《武安王廟記迎神詞》中有「蘭佩下兮桂旗揚，乘赤兔兮從周倉」句，考「周倉」之名不見史傳，是直以委巷俚語鐫刻金石，殊乖大雅。然人品既高，胸懷夷曠，一切塵容俗狀無由入其筆端，故稱臆而談，自饒清韻，譬諸深山幽谷，老柏蒼松，雖不中繩規，而天然有出塵之意，其故正不在語言文字間矣。

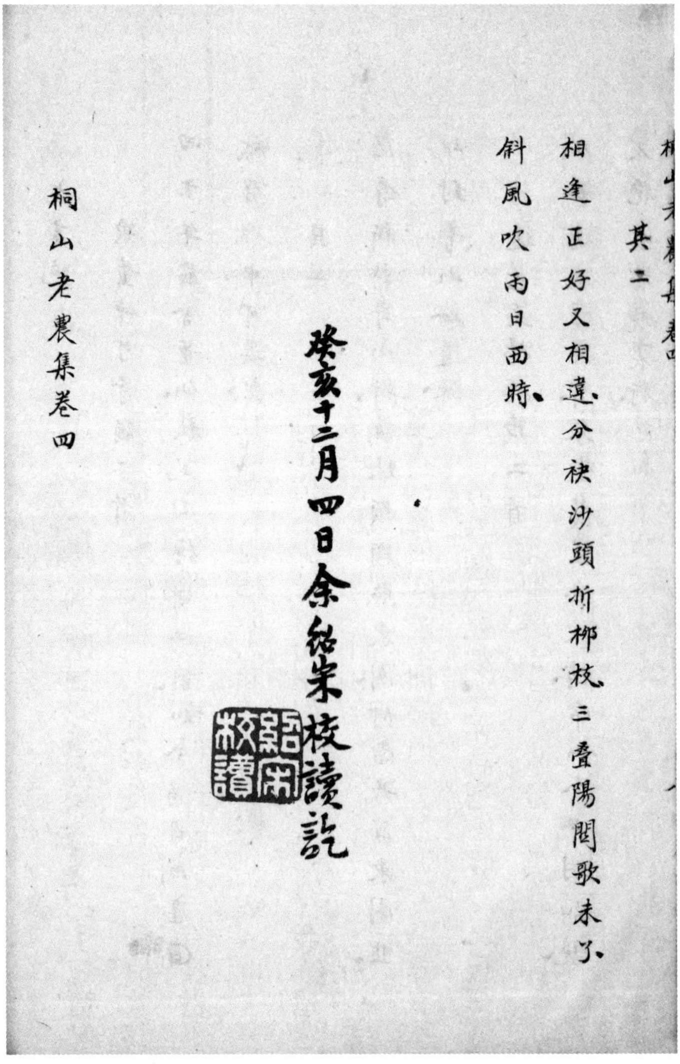

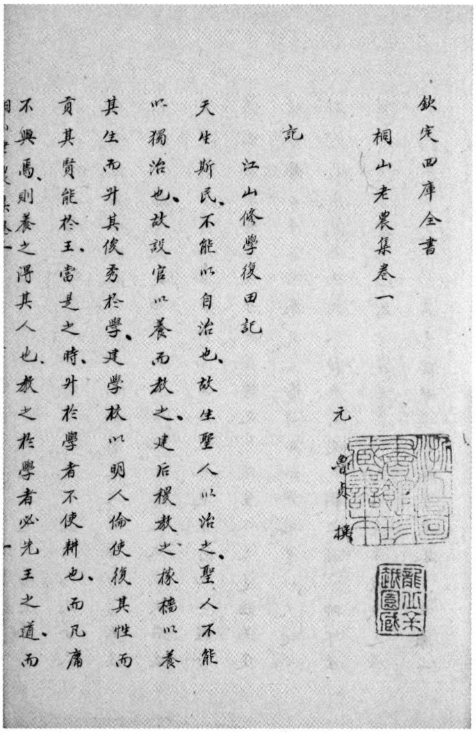

欽定四庫全書

桐山老農集卷一

元 魯貞 撰

記

江山修學復田記

天生斯民不能以自治也故生聖人以治之聖人不能以獨治也故設官以養而教之建后稷教之稼穡以養其生而升其俊秀於學建學校以明人倫使復其性而貢其賢能於王當是之時升於學者不使耕也而凡庠不興焉則養之得其人也教之於學者必先王之道而

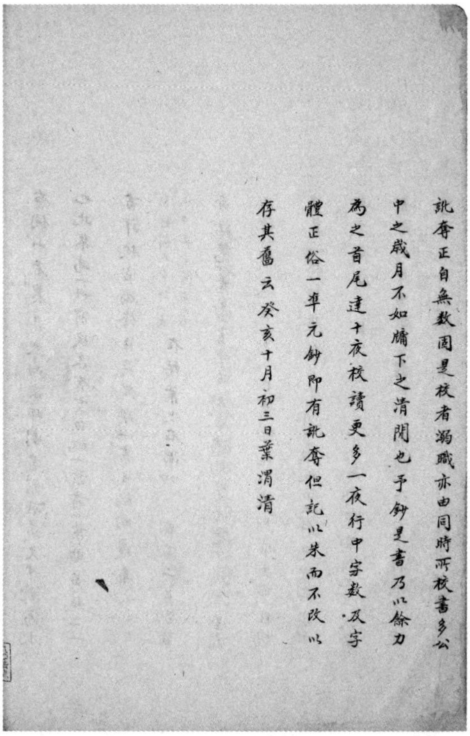

訛舛正自無數固是校者溺職亦由同時所校書多公中之歲月不如牖下之清閒也予鈔是書乃以餘力爲之首尾逮十夜校讀更多一夜行中字數及字體正俗一準元鈔即有訛舛但記以朱而不改以存其舊云癸亥十月初三日葉渭清

案：魯貞爲元元統二年（1334）舉人，後隱居不仕，邃於理學，躬行實踐。所著有《春秋案斷》《中庸解》《易注》《古今文典》《桐山老農集》。［天啓］《衢州府志·藝文志》載有魯貞《起元文集》，當即《桐山老農集》。此集凡四卷，卷一爲記十三篇，卷二爲序十篇，卷三爲雜著九篇，卷四爲詩三十六首。魯貞詩文有散見於其他典籍者，陳元龍《歷代賦彙·禎祥》收録有魯貞《龍馬圖賦》，［崇禎］《開化縣志·藝文志》載有《修學記》《縣學七賢堂記》《湖山堰詩序》《修學詩》，清人顧嗣立、席世臣編《元詩選癸集·己集上》收有魯貞《題塔山》，《癸集下》又録有《水南山》《横碧軒》。此本爲清抄本，卷前有《四庫全書總目》所載本集提要，間有龍游余紹宋批注，卷四末有「癸亥十二月四日余紹宋校讀訖」，末爲葉渭清跋語。此書據余紹宋所校清抄本影印。

覺非齋文集二十八卷附録一卷

明金寔撰。寔字用誠，衢州開化人。楊士奇《故奉議大夫衛府左長史金君墓誌銘》言金君諱「寔」，亦有載作「金實」者，此從「金寔」之稱。金氏晚號其齋居曰覺非，以自儆不妄。寔博究經史，旁通陰陽、星曆、醫藥之書，至佛老之説，亦辨其所背於吾儒者，指示來學。明永樂時，除翰林典籍，參與修撰《明太祖實録》《永樂大典》，選爲東宮講官，歷左春坊左司直。洪熙中，升衛府左長史，召入西掖，纂述《先正格言》，以備顧問。《明史・藝文志》載有《金實文集》二十八卷，黃虞稷《千頃堂書目・別集類》載金實《覺非齋文集》二十八卷，［康熙］《衢州府志・藝文考》和［雍正］《開化縣志・藝文志》均作「金寔《覺非

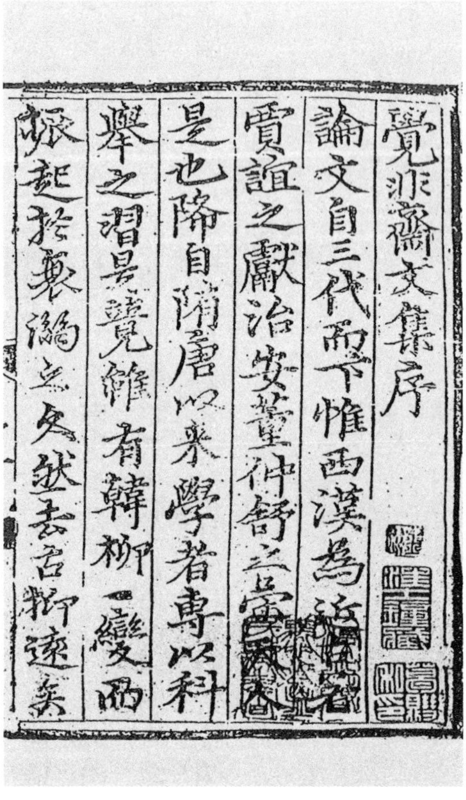
覺非齋文集序
論文自三代而下惟西漢爲盛
是也降自隋唐以來學者專以科
舉之習是覺雖有韓柳一變而

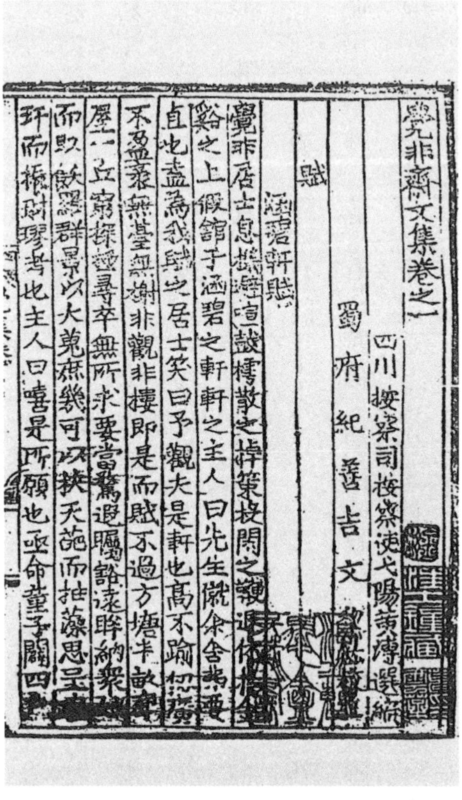
覺非齋文集卷之一
四川按察司按察使弋陽黃溥選編
蜀府紀善吉文
賦

集》」。而錢溥序稱此書爲《覺非齋文集》，今傳本題名與其同。是書凡二十八卷，卷一爲賦、詩、歌、詞、頌，卷二至九皆爲詩，卷十至十二爲記，卷十三至十九爲序，卷二十爲行狀、哀詞，卷二十一至二十三爲墓誌、碑碣，卷二十四爲傳，卷二十五爲講義，卷二十六爲箴、銘、贊、説，卷二十七爲雜著，卷二十八爲題跋、祭文。卷前有錢溥序、黎近之序，卷末有唐瑜後序。各卷端題「四川按察司按察使弋陽黄溥選編，蜀府紀善吉文黎紘校正」，此乃黄溥選編之本，非寔集之全。［崇禎］《開化縣志·藝文志》所存金寔《通濟橋記》《静照圓通閣記》《贈開化令梁公之官序》，爲《覺非齋文集》所未録。楊士奇贊金寔「文章豐腴雅則」，錢溥評其詩文曰：「獨以先生之文，其浩瀚馳遂如長江萬斛風帆，駛千里於一息，雖賁、育莫之禦也；其清簡峭挾如天開日霽，矗孤峰於萬仞，而一塵不之染也。其詞賦則援經據騷，而瞻廉以則；其詩歌本唐人音響，而古選純似韋、陶，氣味尤爲時所推讓。蓋皆根極理致而暢之以詞，故能不溺於近習而駸駸乎，有復古之盛也。」此書據明成化元年（1465）唐瑜刻本影印。

恥菴先生遺稿不分卷

明胡超撰。胡超字彥超，號恥菴，衢州龍游人。明成化八年（1472）舉進士，授都水主事，改虞衡司。黃虞稷《千頃堂書目》載：「胡超（字彥超，龍游人）《恥菴集》十卷」。據此書後潘景鄭跋語，彥超另有《班超傳奇》，惜未見傳本。明成化七年（1471），析金華、蘭溪、龍游、遂昌四縣之地爲湯溪縣。此集中有《新建湯溪縣上梁文》，末署「時成化七年歲舍辛卯閏九月七日，邑人進士胡超撰」，時胡超尚未登進士榜，此「進士」當爲後人所加。可見成化七年後胡超家居之地由龍游改屬湯溪。有關胡超籍貫問題，余紹宋於「民國」《龍游縣志·敘例》提出：「諸書中載胡超及其祖榮多作湯溪人，皆緣未考湯溪置縣年月，所致不足辨

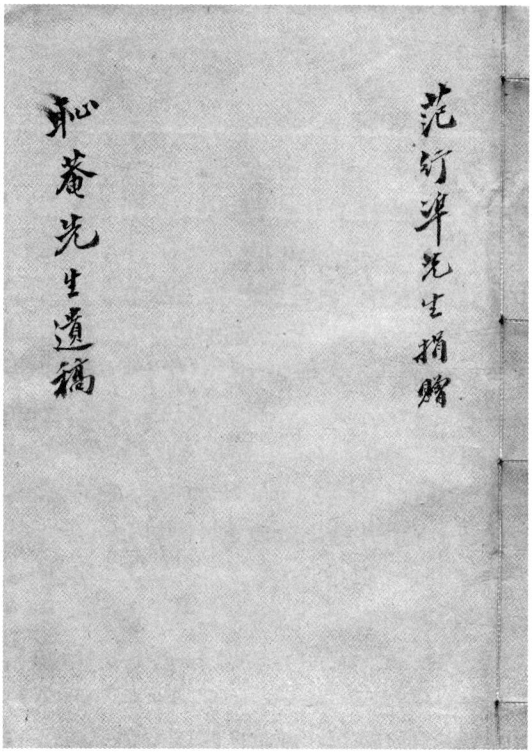

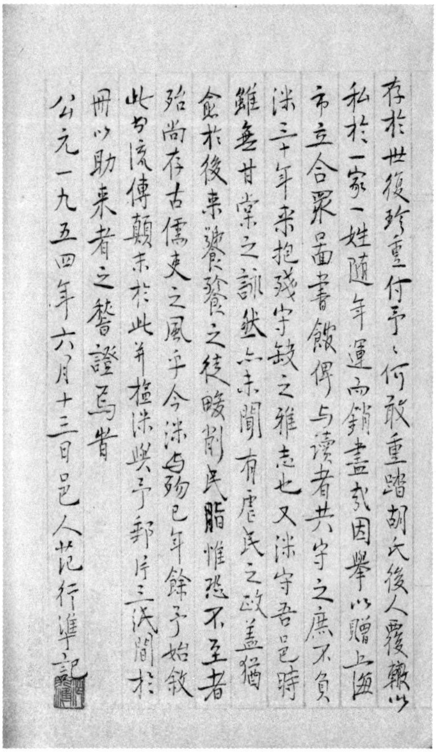
存於世復珍重付予，何敢重蹈胡氏後人覆轍，以私於一家一姓，隨年運而銷盡哉。因舉以贈上海市立合衆圖書館，俾與讀者共守之，庶不負沫三十年來抱殘守缺之雅志也。又沫守吾邑時雖無甘棠之詠，然亦未聞有虐民之政，蓋猶愈於後來饕餮之徒，暎削民脂惟恐不至者，殆尚存古儒吏之風乎。今沫與殆已年餘，予始敘此書流傳顛末於此，并述沫與予鄉府三氏間於冊，以助來者之參證焉。
公元一九五四年六月十三日邑人范行準記

也。」余氏遂以胡超爲龍游人。胡超父祖皆龍游人，超中進士前夕始置湯溪縣，故黄氏《書目》亦言其爲「龍游人」，而不作湯溪人。故胡超《遺稿》亦應收録本書中。此書爲超七世孫俊生手抄本，其中有三處於書葉頂端題「《恥菴先生遺稿》」，全集共載詩七百七十八首（其中《寄衣曲》重出），祭文五篇，末篇爲「新建湯溪縣上梁文」，附録有長洲吴寬「恥菴説」、古剡舜夫錢悌「感遇詩序」。俊生抄文後，有近人潘景鄭、范行準二跋語。由范氏跋語可知，衡陽李洣於杭州書肆中購得此書，後由李氏轉爲范氏收藏，今上海圖書館藏有是書，封面題有「范行準先生捐贈」。此書據清抄本影印。

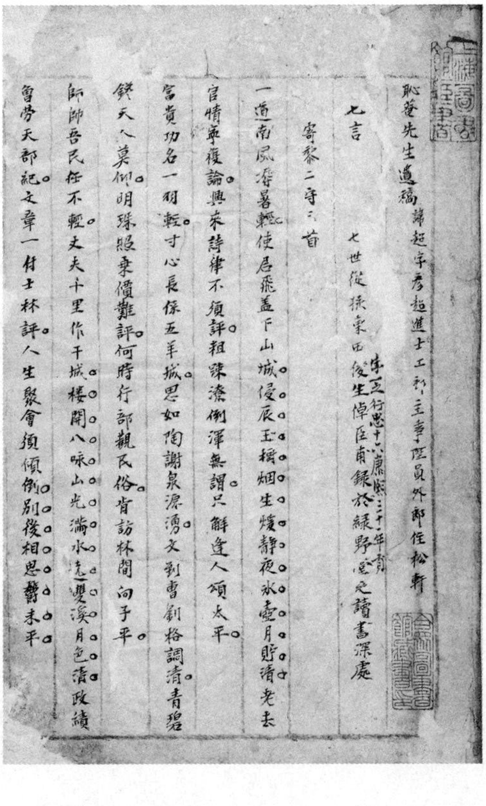
恥菴先生遺稿 龍游胡超字彦超進士工部主事陞員外郎任松軒
七言 七世從孫秉田俊生偉臣甫録於緑野堂之讀書深處
寄黎二守六首
一道南風澹暑輕。使君飛蓋下山城。侵晨玉樹烟生幰。静夜冰壺月貯清。老去
宦情寧復論。興來詩律不須評。粗疎潦倒渾無謂。只解逢人頌太平。
富貴功名一羽輕。寸心長係五羊城。思如陶謝泉源湧。文到曹劉格調清。青瑣
鈞天入莫傾。明珠照乘價難評。何時行部觀民俗。肯訪林間向子平。
師帥吾民任不輕。丈夫千里作干城。樓開八咏山光滿。水遶雙溪月色清。政績
曾勞天部紀。文章一付士林評。人生聚會須傾倒。別後相思鬱未平。

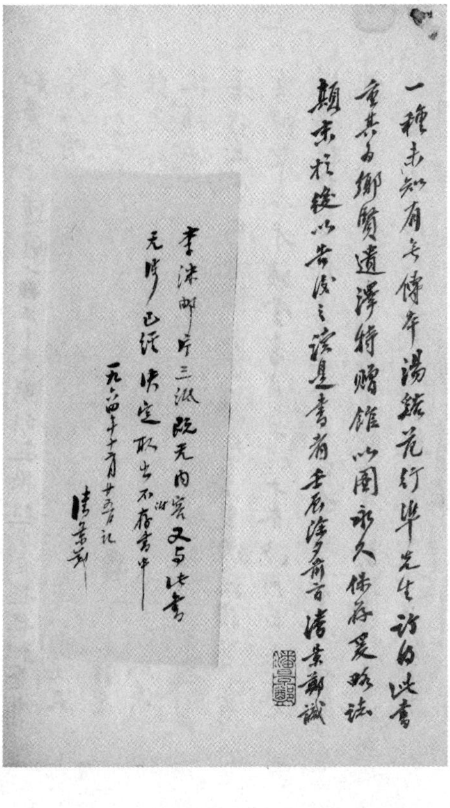
一種未知有無傳本。湯銘范行準先生訪得此書，
重其爲鄉賢遺澤，特贈館以圖永久保存，爰略誌
顛末於後，以告後之讀是書者。壬辰潘景鄭識

棠陵文集八卷

《四庫全書總目》卷一七六《棠陵集》：

明方豪撰。豪有《斷碑集》，已著録。是集前六卷爲文，後二卷爲詩。豪與鄭善夫友善，集中有《祭鄭繼之文》，敘交情極爲篤摯，而詩則不及善夫遠甚。

案：方豪字思道，開化人。明正德三年（1508）進士。除崑山知縣，遷刑部主事。歷官湖廣副使，罷歸，所著有《韻譜》五卷、《斷碑集》一卷、《養餘録》《珍憶録》《老農編》《洞庭烟雨編》《奉希集》《崑山集》《見樹窗集》《棠陵文集》八卷、《蓉溪書屋集》四卷。黄虞稷《千頃堂書目》載方豪有《棠陵集》三卷，又《棠陵文選》八卷，四庫館臣言《棠陵集》爲八卷。此編《棠陵文集》爲魏憲所選，卷前有劉友光序、方豪裔孫元啓序、魏憲序，又有《王陽明先生常山縣留别方思道詩》，《王文成公全書》亦録有此詩，題「方思道送西峰」，名稱有所不同。此集前五卷爲疏、序、記等文，卷六、卷七分别爲古、近體詩，卷八爲詩文補遺。方豪之詩較有盛名，王陽明贊曰：「每逢泉石處，必刻棠陵詩。」方豪有不少詩文散見於諸書中，爲魏憲輯《棠陵文集》未收。方豪曾爲崑山縣令，在任間對當地水利建設有所貢獻，有相關詩文見存，明張內蘊、周大韶《三吳水考》載有方豪《崑山知縣方豪水利議》《崑山知縣方豪勘荒書》，明張國維《吳中水利全書》載有方豪《勘視崑承湖復治水都御史俞諫揭

（正德八年）》《勘視陽城湖復治水都御史俞諫揭（正德八年）》《謁林知府懋舉於白茆港舟中獻詩（有序）》《倪宗、正方豪白茅舟中聯句》《方豪過河舍》。方豪與鄭善夫友善，鄭氏《少谷集》附録中有方豪《題少谷先生遺稿》《和勾谷哭少谷先生》詩文。孫一元《太白山人漫稿》卷首有方豪《太白山人漫稿序》，夏良勝《東洲初稿》附有方豪《夏年兄先生歸麻姑山》詩。明李攀龍《古今詩删》存有方豪《常山卧雪亭》《答林炫見懷》，［雍正］《浙江通志・祠祀志八》載方豪《德惠祠記》和《忠義祠記》，［崇禎］《開化縣志・藝文志》有方豪《重建戒石亭記》。清人張豫章編《御選明詩》收録有方豪《太白樓席上追和先輩陳剛中》《冰玉篇贈徐子謙》《贈寫真孫木峰》《棄瓢圖寄國英侍御》《尋王粲樓故址》《游桃花寺》《看月》《題畫《鴛鴦湖》《贈陳生》，朱彝尊編《明詩綜》收有方豪《尋王粲樓故址》《游桃花寺》《看月》《滄江吟》《題畫》《鴛鴦湖》詩六首。本書下所收録之《方棠陵集》，亦多不見是集。此書據清康熙十二年（1673）方元啓刻本影印。

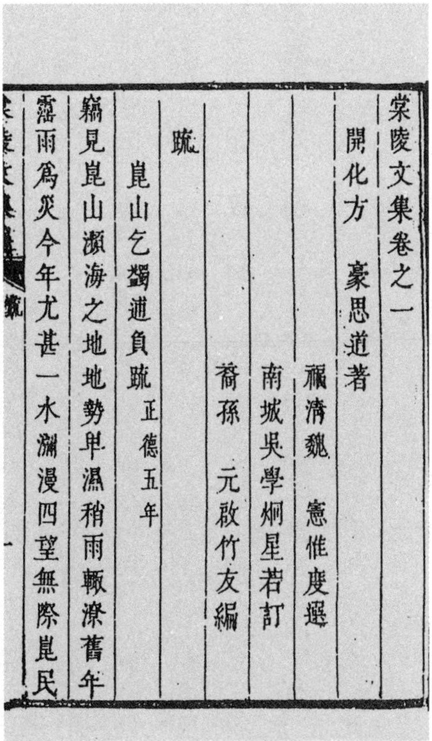

棠陵文集卷之一

開化方　豪思道著

福清魏　憲惟度選

南城吳學炯星若訂

裔孫　元啓竹友編

疏

崑山乞蠲逋負疏 正德五年

竊見崑山瀕海之地地勢卑濕稍雨輙潦舊年霪雨爲災今年尤甚一水瀰漫四望無際崑民

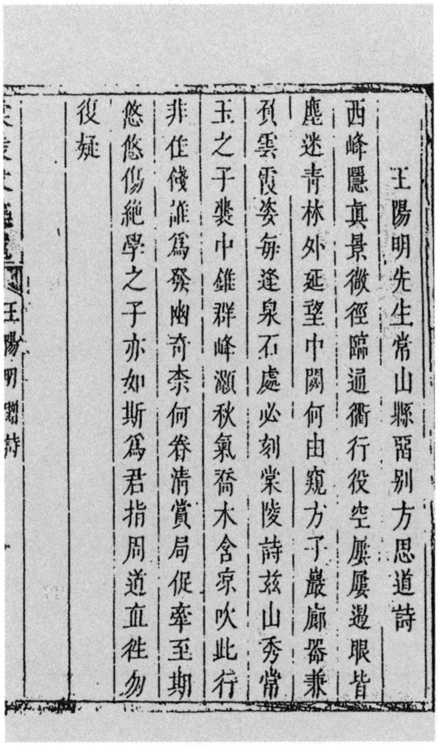

王陽明先生常山縣留别方思道詩

西峰隱真景微徑臨逼衢行役空屢屢邈眼皆塵迷青林外延望中闕何由窺方子巖廊器兼負雲霞姿每逢泉石處必刻棠陵詩茲山秀常玉之子斐中雖群峰瀕秋氣喬木含凉吹此行非任俄誰爲發幽奇柰何眷淸賞局促牽至期悠悠傷絶學之子亦如斯爲君指周道直往勿復疑

方棠陵集一卷

明方豪撰。豪有《棠陵文集》，已著録。此集爲明人俞憲編《盛明百家詩》中的一卷。俞氏序曰：「開化方思道豪，負磊落不羈之才，厲超忽無求之志，高視遠覽，發諸聲詩。嘗自號棠陵子，官止按察副使。明正德戊辰（1508）進士。初仕崑山，即有文名，故吴中猶盛傳之。今刻僅得《洞庭》《老農》二編，餘多未録。」可見俞氏所録之文輯自《洞庭煙雨編》《老農編》之詩。此集録方氏詩一百二十七首，七言絶句、五言絶句、七言律詩、五言律詩、七言古風、樂府等皆有，俞氏輯編時不以類别。蓋此集前部分選自《洞庭煙雨編》，後部分録自《老農編》。由其詩作中所言姚江、西湖、瓜洲、蘭溪、白鹿洞、廬山、赤壁、荆門、黄鶴樓等，可知諸詩爲方氏遊歷各地所作，蓋屬《洞庭煙雨編》。此集後部分如《牧牛詞》《療飢園》及諸茶山之作，多吟農事，如《療飢園》曰：「春風芝草發，秋雨菊苗肥。」「老農仍學圃，便欲扣柴扉。」又如《再至茶山》有：「野色連秔稻，洲容雜蓼蘋。壯心今欲已，自拂老農中。」顯然出自《老農編》。《盛明百家詩》有諸多版本，此取明嘉靖隆慶間刻本，此書即據其影印。

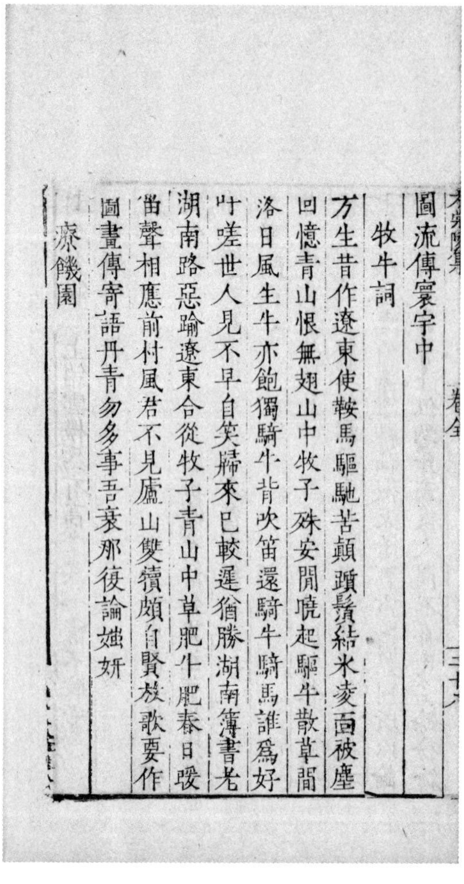
圖流傳寰宇中
牧牛詞
方生昔作遼東使鞍馬驅馳苦顛躓鬢結冰凌面被塵
回憶青山恨無翅山中牧子殊安閒曉起驅牛散草間
落日風生牛亦飽獨騎牛背吹笛還騎牛騎馬誰爲好
吁嗟世人見不早自笑歸來已較遲猶勝湖南簿書老
湖南路惡踰遼東合從牧子青山中草肥牛肥春日暖
笛聲相應前村風君不見廬山雙犢頗自賢故歌要作
圖畫傳寄語丹青勿多事吾家那復論媸妍
療饑園

盛明百家詩　方棠陵集

開化方思道豪負磊落不羈之才厲超忽無求之志高視遠覽發諸聲詩嘗自號棠陵子官止按察副使正德戊辰進士初仕崑山即有文名故吳中猶盛傳之今刻僅得洞庭老農二編餘多未録錫山是堂俞憲識

鷗涯曲

吾聞姚江接東海江涯海涯鷗飛飛玉團忽露碧烟淑雪片亂灑蒼苔磯此鳥聰明解人事能分易慮與忘機雙橋楊翁江海性苦愛鷗涯泯孤榜春霞追逐水花明

了虛先生文集不分卷

明吾謹撰。謹字惟可，號了虛，衢州開化人。明正德十二年（1517）進士。總角能吟，有奇童稱。十八歲爲詩文，皆崛峻崚勵，可喜可愕。於經、傳、子、史、天文、地理、兵家、陰陽、釋、道等書，過目不忘。謹志節甚高，蟬脱聲利之外，得第後，歸隱少華山。又曾與王陽明、李攀龍、何景明等往復辨難，不務隨聲。李夢陽奇之曰：「今之李賀也。」［天啓］《衢州府志·藝文志》載有「吾謹《大方笑集》」，黄虞稷《千頃堂書目》亦著録之。而［康熙］《衢州府志·藝文考》和諸《開化縣志》皆僅載徐曦《大方笑集》和吾謹《了虛集》，不載吾謹有《大方笑集》。頗疑［天啓］《衢州府志》誤，而黄氏《書目》因之亦誤。此書

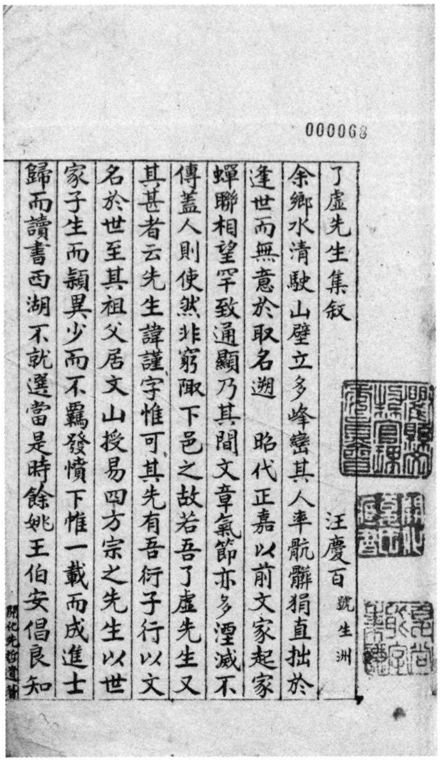
000068
了虛先生集叙　汪慶百 號生洲
余鄉水清駛山壁立多峰巒其人率骯髒狷直拙於逢世而無意於取名遡　昭代正嘉以前文家起家蟬聯相望罕致通顯乃其閒文章氣節亦多湮滅不傳蓋人則使然非窮陬下邑之故若吾了虛先生又其甚者云先生諱謹字惟可其先有吾衍子行以文名於世至其祖父居文山授易四方宗之先生以世家子生而頴異少而不羈發憤下帷一載而成進士歸而讀書西湖不就選當是時餘姚王伯安倡良知

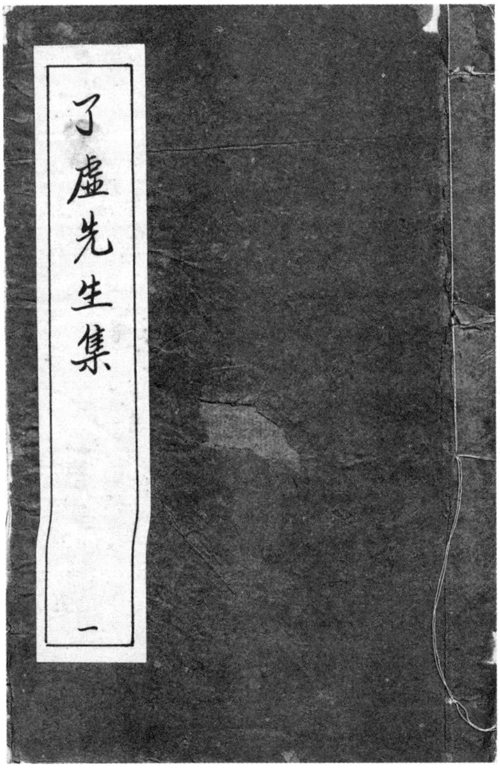

題《了虛先生文集》，「開化文山了虛吾謹著」，其版心時有「開化先哲遺著」，首有汪慶百「了虛先生集序」。汪慶百，明崇禎時開化人。此文集非吾謹自編，當是明末邑人整理而成。此書不分卷，共九類，其中詩類有七言絶句十四篇、七言律詩三十四篇、七言古風十三篇，歌類五篇，行類二篇，樂府類十一篇，辭類八篇，賦類六篇，誌類五篇，書牘類十二篇，雜著類十八篇，末附《補遺》四篇。《三衢吾氏重修宗譜·藝文考》自《惟可了虛集》收録詩文多篇，其中七言律詩《徐孺亭》，《宗譜》作《徐孺子亭》。《宗譜》中《恬弭八政頌並序》、五言古詩《瀑布泉》《贈御史吳公鳳木餘哀序》《澧蘭録序》爲《了虛先生文集》所未載。另［崇禎］《開化縣志》收録有吾謹五言律詩三首《答施公毅》《秋夜喜何仲默過飲》《館試春日述懷》，亦不見《了虛先生文集》。此書據舊抄本影印。

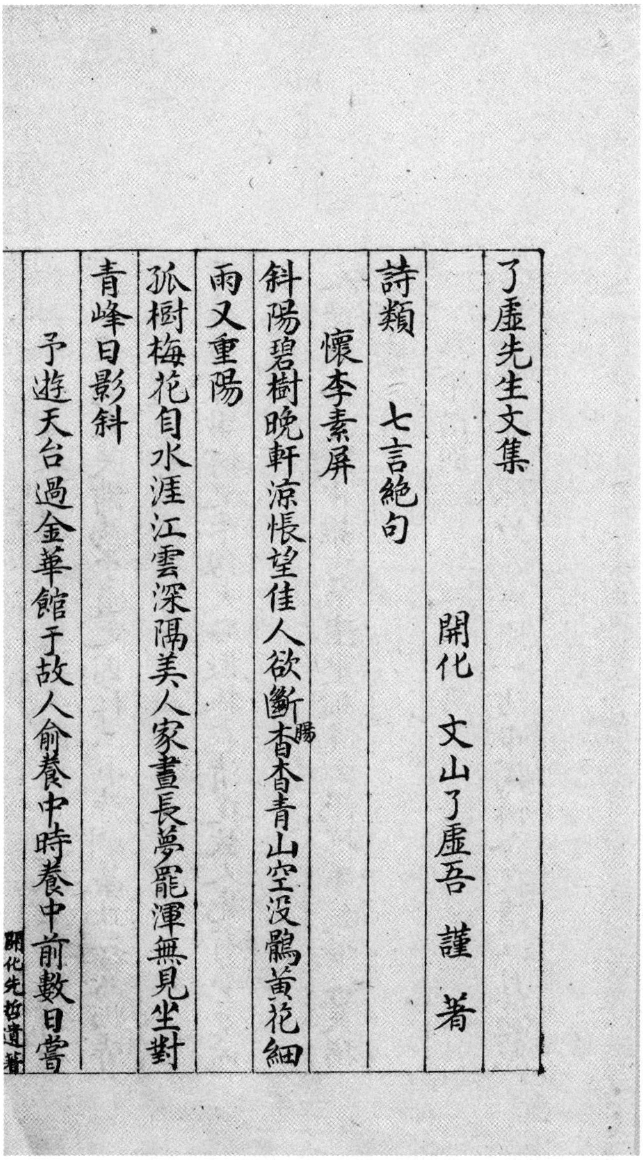
了虛先生文集
開化 文山了虛吾 謹 著
詩類 七言絶句
懷李素屏
斜陽碧樹晚軒涼悵望佳人欲斷腸杳杳青山空没鵲黄花細雨又重陽
孤樹梅花自水涯江雲深隔美人家晝長夢罷渾無見坐對青峰日影斜
予遊天台過金華館于故人俞養中時養中前數日嘗
開化先哲遺著

還峰宋先生集十卷首一卷附録一卷

明宋淳撰。淳字德完，號還峰，衢州開化人。明嘉靖十四年（1535）進士。初任職刑部，其後任太平知府、大名兵備副使、山西參政、南贛巡撫等職。晚居林泉，游心古籍，寄興詩文。黄虞稷《千頃堂書目》載宋淳《中丞集》，又《三宋詩》。此書卷端題《還峰宋先生集》，「明通議大夫右副都御史開化宋淳著」，版心題《宋中丞集》。還峰詩文較多，然多散佚，此集爲其子治卿所輯，書前有萬曆四年（1576）何維柏序和目録，書末有萬曆十年（1582）劉經緯跋。全書凡十卷，另首一卷、附録一卷，卷首收録奏疏兩篇，卷一記四篇、序十一篇，卷二序十五篇、傳一篇，卷三書啓三十二篇，卷四墓誌三篇、祭文十四篇，卷五雜著十篇、贊十篇，卷六五言詩一百八十九首、五言長篇二首，卷七五言長篇六十四首，卷八七言詩一百三十七首，卷九七言長篇八首，卷十四言擬古五首、五言絶句四十首、六言詩七首、七言絶句九十四首，卷末附刻金統《明故承德即雲南徵江府通判前刑部主事宋公墓碣銘》和毛愷《明故通議大夫都察院右副都御史還峰宋公行狀》。毛愷評還峰詩文曰：「爲文章温純平易，不爲險刻峭厲之言。作詩古體追漢魏，五言、七言、近體，春容渾厚，有盛唐音。」劉經緯言：「今觀其集，學問宏博，而詞氣雅馴，文宗左氏、司馬遷，詩宗初唐、杜工部。」此書據明萬曆刻本影印。

還峯宋先生集卷之首

明通議大夫右副都御史開化宋淳著

奏疏

欽差刑部署員外郎事主事臣宋淳謹

題為恤刑事節該欽奉

勅諭特命爾往廣東會同巡按御史并三司掌印守巡等官遵照該部題准事理即將見監罪囚從公審録死罪情真罪當者照例監候聽決其情有可矜罪可疑事無證佐可結正者具奏定奪雜犯死罪准徒五年減去壹年例該枷號者就便釋放其餘徒流以下各減等擬審

寓東和集三卷

明徐鳴鑾撰。鳴鑾字廷和，號東和，衢州江山人。明正德十六年（1521）進士。幼在善壇自作臺煉丹，後子孫因稱其丹臺公，學者稱丹臺先生。嘉靖元年（1522）壬午禮部廷試，選授福建政和縣司訓導。丹臺潛心理學，以周濂溪《太極圖説》、邵康節《皇極經世書·觀物内篇》、程明道《定性書》和張横渠《西銘》爲《後四書》，表而出之，使後人知性與天道真旨。其治經，尤精《易》，有《講餘集》一卷，另有《史綱統要》《寓東和集》等。俸滿回鄉，修宗譜以明世系，立宗法以貽子孫，徐氏家規皆出於其手。此書卷端題「丹臺居士寓東和集」，

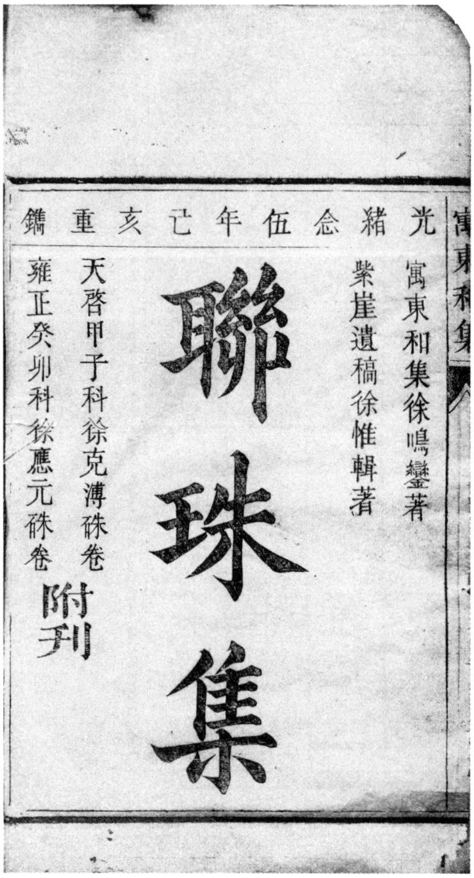
光緒念伍年己亥重鐫
寓東和集徐鳴鑾著
紫崖遺稿徐惟韓著
聯珠集
天啓甲子科徐克溥硃卷
雍正癸卯科徐應元硃卷
附刊

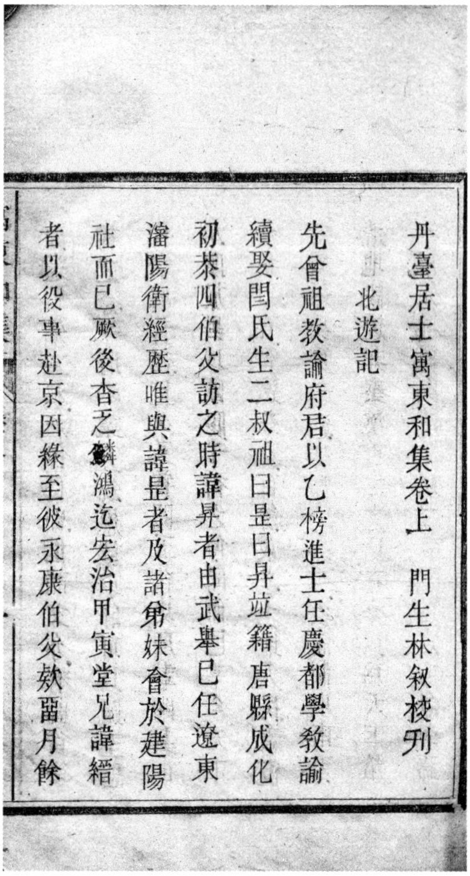
丹臺居士寓東和集卷上　門生林叙校刊
北遊記
先曾祖教諭府君以乙榜進士任慶都學教諭續娶閆氏生二叔祖曰昱曰昇竝籍唐縣成化初恭四伯父訪之時諱昇者由武舉已任遼東瀋陽衛經歷唯與諱昱者及諸弟妹會於建陽社而已厥後杳之鱗鴻迄宏治甲寅堂兄諱縉者以役事赴京因緣至彼承康伯父款留月餘

「門生林敘校刊」。「寓東和」，蓋此書多居政和所作。是書卷上首篇《北遊記》末署「嘉靖壬午至日丹臺主人寓東和書」；卷下《又自悼一律》云其子惟軏逝後，「自從去歲辭歸後，無復東和省侍來」；下文《命立仲子惟軏後諭告文》言「維嘉靖戊子七年（1528）月日，寓政和父遺書」云云，且言「忽傳訃於東和，銷我魂於九地」；下文《祭王氏甥文》亦言「維嘉靖戊子月日寓政和」云云，後又有言「嘉靖壬午元年，我官政和」。可見嗚鑾言「寓政和」，與「寓東和」同，當是其爲官政和縣所言。此書成於嘉靖七年，時仍官政和，據其諸文內容來看，皆是在政和縣所作，故書稱《寓東和集》。全書共三卷，合八十二篇詩、文，前有其門生徐惟輻序和重刊時跋語。該書有律詩、長歌、聯句、序跋、書牘、墓誌、祭文等各種文體，其編排諸詩、文則不以文體，首篇作於嘉靖壬午初官政和之年，末篇成於嘉靖戊子此集成時，且由所記內容來看，當是以年編排。徐氏有感丘濬《世史正綱》矯激迂妄而作《史綱統要》，《統要》今不傳，由該書所收《史綱統要序》可見，嗚鑾本於「經權合一」之説批評丘氏，史觀鮮明。書中有《〈水滸傳〉略序》，對高俅、童貫、蔡京、楊戩等奸臣怒加鞭笞，對宋江等梁山好漢贊揚有加，可見其觀念不同於當時流俗。此本刊於光緒二十五年（1899），與其子惟輯《紫崖遺稿》合刻，稱《聯珠集》。此書據清光緒二十五年刻本影印。

紫崖遺稿二卷附録一卷

明徐惟輯撰。惟輯號紫崖，衢州江山人，嗚鑾子。明嘉靖三十八年（1559）進士。博學能文，爲内閣中書舍人，相國徐階應詔製青詞，命惟輯代爲之，上未嘗不稱善。［天啓］《衢州府志·人物志》言紫崖「有《詩集》行於世」，此《詩集》當即《紫崖遺稿》。是書與其父《寓東和集》合刻於《聯珠集》，卷前有邑人趙鏜、柴惟道序文兩篇，卷後有其孫徐克溥編撰此書《後述》和光緒間重刻《聯珠集》跋語，末附《天啓甲子科徐克溥殊卷》和《雍正癸卯科徐應元殊卷》。是書卷端題「紫崖遺稿」，「江陽紫崖徐惟輯著，同邑介川毛愷校」。愷，惟輯妻之叔父，官至刑部尚書。是書分上下兩卷，由柴惟道詮次訂正，以成卷帙，上卷有詩一百十二篇、一百六十六首，下卷有詩一百三十七篇、一百六十四首。對其詩文内容，惟道言：「今觀紫崖君集稿，補衮樓作，寓意王室，事君之誠也；侍食慈幃，念兄嗚咽，孝友之至也；旅館有懷，慰勉崇德，友生之誼也；秋風寄興，慨然永思，志道之心也；山署聞鐘，揭示聲塵，悟性之詮也；贈處之詞，勸諭深遠，輔仁之規也；夢舊之歌，死生契闊，刑家之則也；聞寇警報，每爲感惕，憂世之真也。」惟輯以詩名，趙鏜贊其詩：「大都興寄沖玄，思調清逸，不煩繩削，昭合作者，雖與國寶、國雅方軌並驅可也。」此或有過譽，但可知其詩不俗。此書據清光緒二十五年（1899）刻本影印。

丹臺紫崖二公傳稿合編重刊跋

世所謂不朽之大業必傳之盛事者文章與功德實並重焉故文章足垂千古卽頌詩讀書猶當論世知人況祖宗遺文一脉相承者繼述不愈爲至要哉浙省上虞廷分咨以來禹貢山海著於柏翳既偕乾坤而並壽及若木受姓而後代有作者史不絕書則遠稽蚤公諸海宇近考詎聽夫銷沉緬想自隋以前註作不無剝蝕由宋而下紀載尚多流傳若宋西窻止軒楳埜古爲先公當日朱晦菴張南軒眞西山諸先生相與講學以至明

東溪先生文集十九卷

明徐霈撰。霈字孔霖，號東溪，衢州江山人。明嘉靖二十年（1546）進士。爲監察御史，抗疏救夏言，遭廷杖，出爲河南督學，後升至廣東布政使，以清介聞。師事陽明，悟良知之諦，一掃誦習塵詮。解綬歸家後，筑講會舍館，著書談道，老而不倦。所著有《世德乘》《東溪先生文集》等。是集卷首有序文四篇，分別爲彭啓豐、蔣德璟、羅汝芳、趙鏜之作，有劉佳《東溪公傳》一篇。正文十九卷，卷一爲奏疏、表，卷二爲詳文、議，卷三至七爲序，卷八爲記，卷九爲論，卷十爲説，卷十一爲雜作，卷十二爲講意，卷十三爲詩類，卷十四爲傳，卷十五爲誌、銘、表、碣，卷十六（案：目録中誤爲「卷十八」）爲贊、銘、箴、考、序，卷十七爲祭文，卷十八、十九爲書、啓。卷末附「紀事」一篇，「增補」六篇，萬曆四十二年（1614）、道光三年（1823）、民国十五年（1926）跋四篇。其中「增補」諸篇，非徐氏所作，爲他人送東溪序文等。集中《附與掌科論隱符書》有言

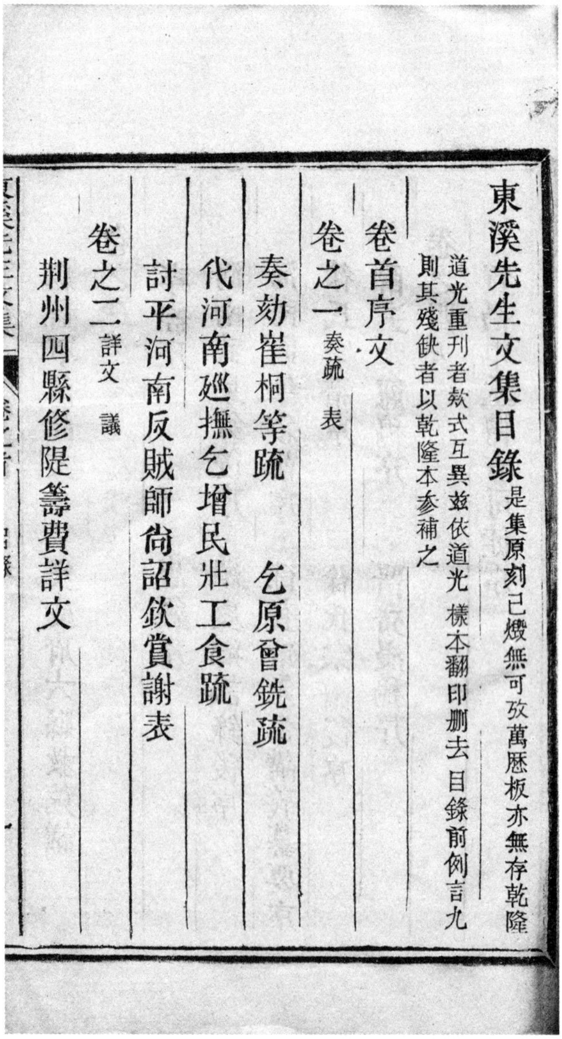

東溪先生文集目錄 是集原刻已燬無可攷萬歷板亦無存乾隆道光重刊者款式互異玆依道光㨾本翻印删去目錄前例言九則其殘缺者以乾隆本參補之

卷首序文

卷之一 奏疏 表

奏劾崔桐等疏　乞原晉銑疏

代河南廵撫乞增民壯工食疏

討平河南反賊師尚詔欽賞謝表

卷之二 詳文 議

荆州四縣修隄籌費詳文

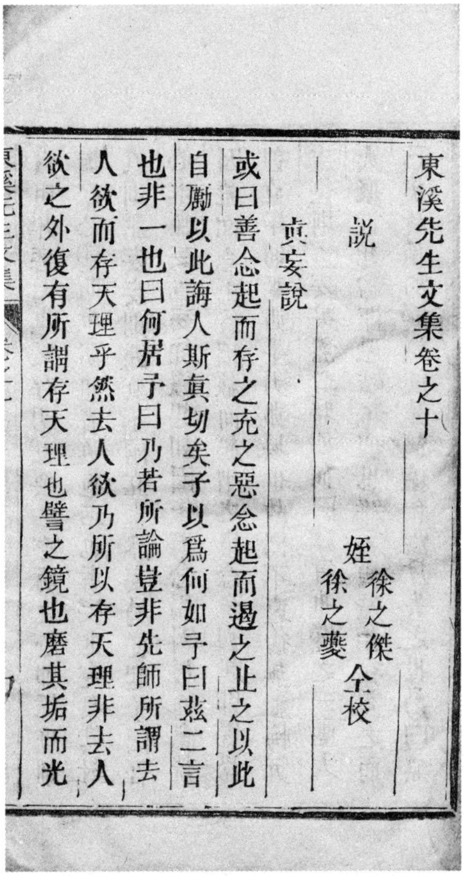
東溪先生文集卷之十

說

姪 徐之傑 徐之夔 仝校

真妄說

或曰善念起而存之充之惡念起而遏之止之以此自勵以此誨人斯真切矣子以爲何如予曰茲二言也非一也曰何居予曰乃若所論豈非先師所謂去人欲而存天理乎然去人欲乃所以存天理非去人欲之外復有所謂存天理也譬之鏡也磨其垢而光

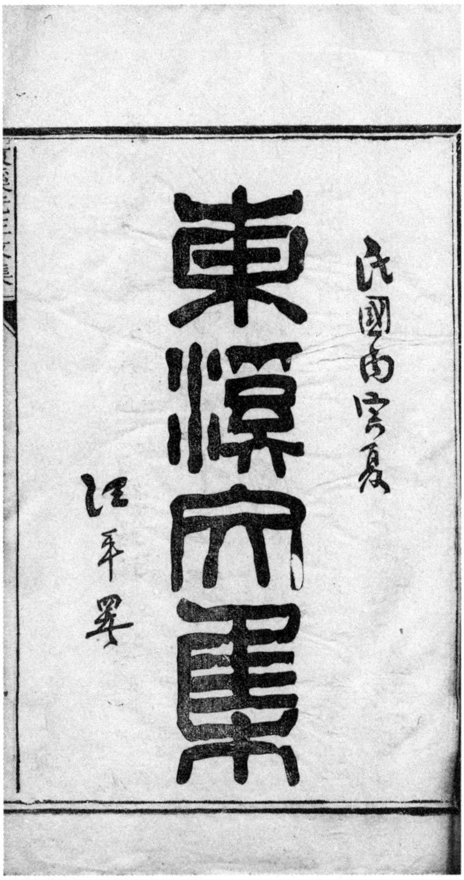

「承諭《陰符經》，乃戰國隱謀之書」，此二「隱」字皆誤，當爲「陰」字；又目録中篇目爲《與胡掌科論陰符書》，當以目録爲是。東溪學於陽明之門，集中所載諸說、講義皆本於心性之說，諸奏議悉關國計民生，故趙鏜贊之：「神理道器之諸書、真妄無思諸說，則宋大儒之未發也；賑濟修堤諸議，則賈太傅之通達也；奏疏明庭條陳諸篇，則陸宣公之流亞也；其序記碑銘雜作，又皆醇雅典則，如渾金璞玉，不見斲琢刻畫之工，而光彩襲人，睹者傾動，可與古之作者相頡頏，信無愧於陽明先生之文之學也已。」是集原刻已毁無可考，萬曆版無存，乾隆、道光重刊者款式互異。民國十五年再刊時，依道光本翻印，删去目録前例言九則，其殘缺者以乾隆本參補之。此書據民國十五年刻本影印。

玩梅亭集稿二卷

《四庫全書總目》卷一八〇《玩梅亭詩集》：

明柴惟道撰。惟道字允中，號白巖山人，嚴州人。是集前有原序，而此本闕其末頁，遂不知誰作。序自稱山人以才不遇，而所抱有以自樂，遊公卿間，泊然無所求，乃稱其高。然其詩則未成家也。

案：柴惟道，衢州江山人。此書題「江陽白巖山人柴惟道」撰。江山縣《江陽嵩高柴氏譜》有柴惟道，號白巖山人，故其自題「江陽白巖山人柴惟道」。四庫館臣言柴惟道爲嚴州人，當誤，應爲江山人。黃虞稷《千頃堂書目》載惟道此集於嘉靖年下，表明惟道爲嘉靖時人。四庫館臣言柴書名爲《玩梅亭詩集》，今傳

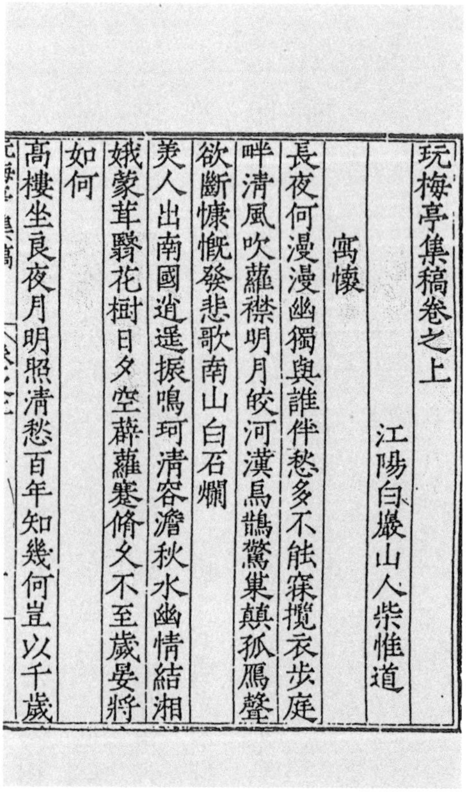
玩梅亭集稿卷之上
江陽白巖山人柴惟道
寓懷
長夜何漫漫幽獨與誰伴愁多不能寐攬衣步庭
畔清風吹蘿襟明月皎河漢烏鵲驚巢鎮孤鴈聲
欲斷慷慨發悲歌南山白石爛
美人出南國逍遥振鳴珂清容澹秋水幽情結湘
娥蒙茸翳花樹日夕空薜蘿蹇脩久不至歲晏將
如何
高樓坐良夜月明照清愁百年知幾何豈以千歲

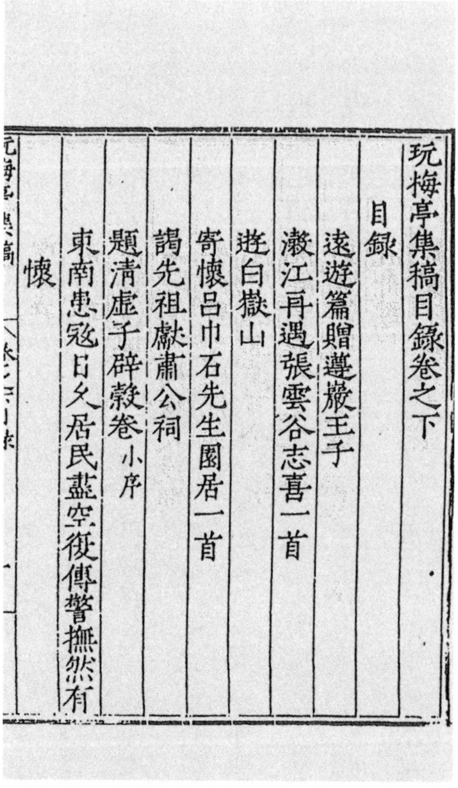
玩梅亭集稿目錄卷之下
目錄
遠遊篇贈遵巖王子
瀲江再遇張雲谷志喜一首
遊白嶽山
寄懷吕巾石先生園居一首
謁先祖獻肅公祠
題清虛子碎穀卷小序
東南患寇日久居民盡空徙傳警撫然有
懷

此本卷端題爲《玩梅亭集稿》，此二卷皆爲詩作。惟道好爲詩，其詩清潔如水，飄灑如風。［天啓］《衢州府志》言天台友人王宗沐爲作「玩梅亭稿序」，四庫館臣亦言是書有序，而今傳本不見序文。此書於清代遭毁，據姚覲元《清代禁毁書目四種》，是書被抽毁，「查《玩梅亭集》，係明柴惟道撰，卷下《吊國史秋堂公》詩、《登建昌郡大夫墓》詩小序中，俱有偏謬語，應抽毁」。國家圖書館藏有柴氏《玩梅亭集稿》，既無序文，亦無抽毁兩詩，或被抽毁。此書據明刻本影印。

童子鳴集六卷附童賈集一卷

《四庫全書總目》卷一七八《童子鳴集》：

明童佩撰。佩字子鳴，龍游人。世爲書賈。佩獨以詩文遊公卿間，嘗受業於歸有光。其歿也，王世貞爲作傳，王穉登爲作墓誌，蓋亦宋陳起之流也。詩格清越，不失古音，而時有累句。如《讀李博士集》「繞屋梅花然」句，蓋用沈約詩「山櫻紅欲然」語，以之品梅殊不類。又如《觀魏知古告身歌》「高齋試展竹滿牆」句，上四字下三字邈不相貫。他如「囊琴挾水流，客鬢帶山蒼」之類，皆失之纖巧。「公牘無盈案，私錢不入囊」之類，皆失之拙俚。「川原呈伎倆」之類，尤失之儇佻。舊序稱其「閉戶屬草，必屢易而後出。出則使人彈射其疵，往往未慊，併其稿削之，不留一字。」殊不盡然也。

案：童珮，四庫館臣寫作「童佩」，王世貞《童子鳴傳》、王穉登《童君子鳴墓誌銘》和錢謙益《童書賈珮傳》均作「珮」。童氏世爲書賈，其家藏書極豐，胡應麟《少室山房筆叢》言：「龍丘童子鳴家，藏書二萬五千卷。余嘗得其目，頗多秘帙，而猥雜亦十三四，至諸大類書，則盡缺焉。」子鳴藏書甚巨，爲其手所自讎校者亦不少。童珮曾遊九華山、南嶽衡山、東嶽泰山等地，並作有《九華遊記》《南嶽東岱詩》。明萬曆四年（1576），童珮、余湘合撰《龍游縣志》十卷。另外，童氏還撰《佩萸雜録》等作。子鳴據其豐富藏書，輯有唐故邑令楊烱《楊盈川集》十卷、邑人徐安貞《徐侍郎集》二卷，太守爲鋟梓行之，傳世至今。其所刻叢書《奚囊廣要》《奚囊徐要》，至今仍存。《童子鳴集》六卷，前四卷爲詩集，有五言古詩三十五首、七言古詩十四首、五言律詩一百十一首、七言律詩一百十六首、五言絶句十八首、七言絶句二十一首。後二卷爲文集，依次有包括序四篇、記六篇、疏一篇、誦一篇、銘五篇、傳兩篇、行狀一篇、書四篇，卷前有王世貞「童子鳴傳」和王穉登「明故龍丘高士童君子鳴墓誌銘」。世貞言子鳴「業五七言古詩，有清韻，而其爲他文亦工，尤善考證諸書畫、名跡、古碑、彝敦之屬」。《童子鳴集》據明萬曆梁溪談氏天籟堂刻本影印。俞憲《盛明百家詩》選有童珮《童賈集》一卷，凡録詩八十八首。此據明嘉靖隆慶間刻《盛明百家詩》本，影印其中《童賈集》一卷，附於《童子鳴集》後。

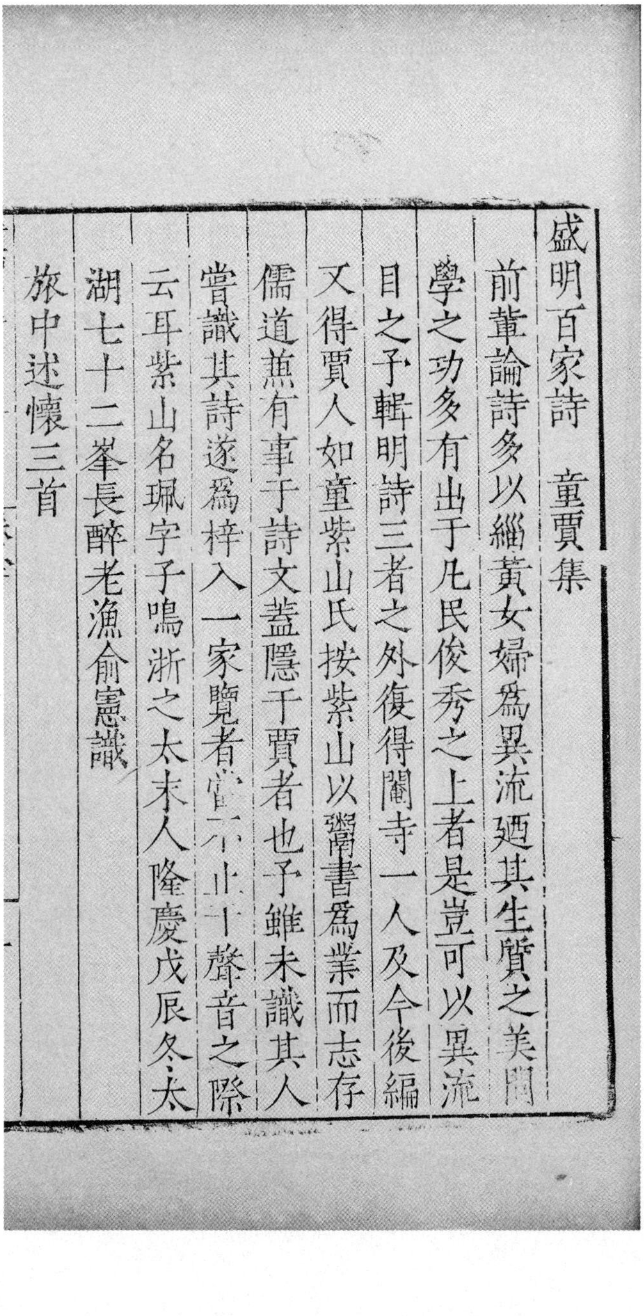
盛明百家詩　童賈集

前輩論詩多以緇黃女婦爲異流廼其生質之美閒學之功多有出于凡民俊秀之上者是豈可以異流目之予輯明詩三者之外復得閹寺一人及今後編又得賈人如童紫山氏按紫山以鬻書爲業而志存儒道蔗有事于詩文蓋隱于賈者也予雖未識其人嘗識其詩遂爲梓入一家覽者當不止于聲音之際云耳紫山名珮字子鳴浙之太末人隆慶戊辰冬太湖七十二峯長醉老漁俞憲識

旅中述懷三首

幽溪文集十二卷

明釋傳燈撰。傳燈有《天台山方外志》，已著録。此集十二卷，題「明天台沙門無盡傳燈著，法孫受教記編」。卷一爲序，收録諸佛教著述序文；卷二爲贊，收録佛像或佛教人士等像贊；卷三亦爲序，收録《天台山方外志》《天台山幽溪別志》二書總序和各分考諸序；卷四亦爲序，收録《四明阿育王山志》《四明延慶寺志》二書之總序和各分考諸序；卷五、六爲疏，所收多爲募緣疏；卷七爲記，諸記多與佛事或佛教建築等相涉；卷八首篇爲寱言，爲傳燈所講佛法，其餘可見者爲銘；卷十、十一、十二爲幽溪大師問答之語。《四庫全書總目》等各書目著録《阿育王山志》皆言撰者爲郭子章，由此集所收《四明阿育王山志總序》和各分序可證，《山志》實爲傳燈之作。若非今存《幽溪文集》，世人實難知《山志》爲郭氏竊取。由此集可知傳燈另撰有《四明延慶寺志》，且《文集》保存了該志的部分內容。今見此本已殘

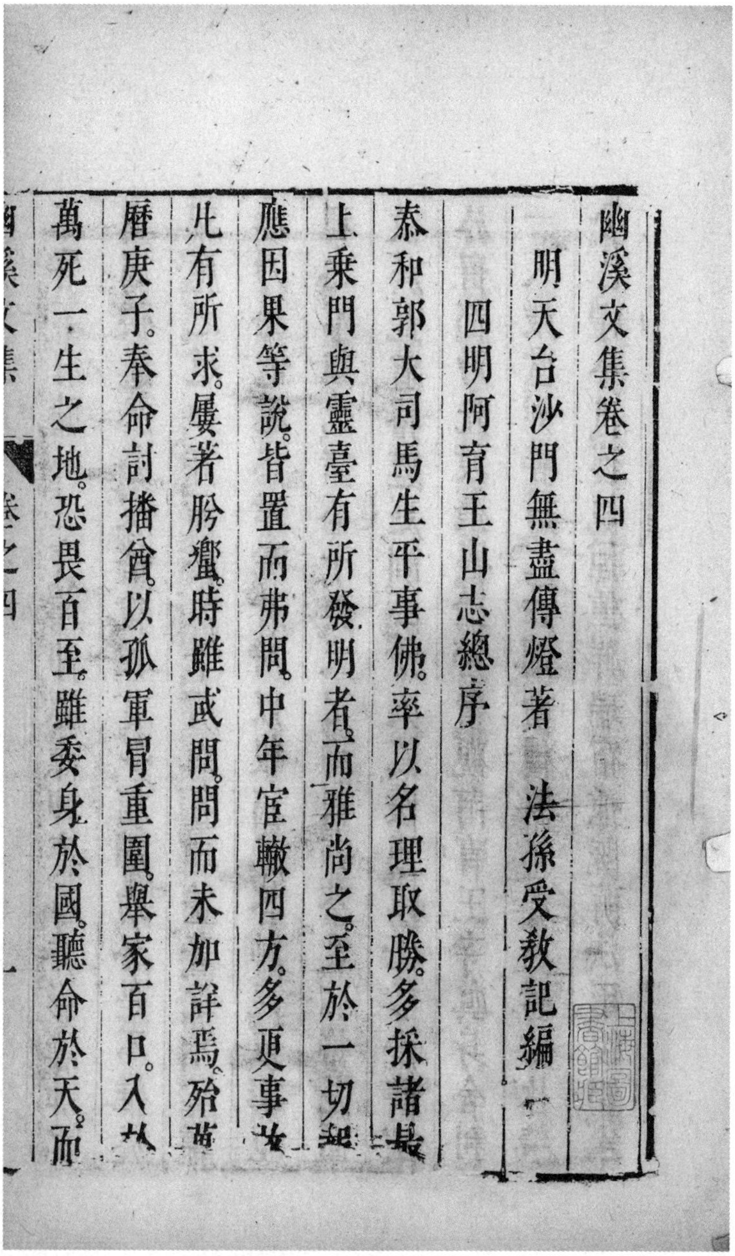

幽溪文集卷之四

明天台沙門無盡傳燈著　法孫受教記編

四明阿育王山志總序

泰和郭大司馬生平事佛。率以名理取勝。多採諸
上乘門與靈臺有所發明者。而雅尚之。至於一切
應因果等說。皆置而弗問。中年宦轍四方。多更事
凡有所求。屢著肹蠁。時雖武問。問而未加詳焉。殆
曆庚子。奉命討播酋。以孤軍冒重圍。舉家百口。入
萬死一生之地。恐畏百至。雖委身於國。聽命於天。而

幽溪文集　卷之四　一

破，其中卷一缺第三十五、三十六兩葉，卷六缺第四葉，卷七缺第十一、十二兩葉，卷九全缺，卷十缺八葉，卷十一僅存十五葉，卷十二内容未完而中斷，其下已殘缺，其他葉中亦殘缺部分。此書據清光緒十九年（1893）天台山真覺寺刻本影印。

定山園迴文集一卷

明葉秉敬撰。秉敬有《字學》，已著録。有關迴文詩，宋人桑世昌《迴文類聚序》言之甚詳，其曰：「《詩苑》云：迴文始於竇滔妻，反覆皆可成章。舊爲二體，今合爲一。止兩韻者謂之迴文，而舉一字皆成讀者謂之反覆。又上官儀曰：凡詩對有八，其七曰迴文對。『情親因得意，得意逐情親』是也。自爾或四言，或六言，或唐律，或短語，既極其工，且流而爲樂章。蓋情詞交通，妙均造化，此文之所以爲無窮也。」竇滔妻者，前秦苻堅時蘇蕙也，其織錦迴文，是爲《璇璣圖詩》，古今傳爲佳話。明代能作迴文詩之人不少，而能如葉秉敬作迴文詩之多者甚鮮。此集首篇爲《七言排律迴文二十韻》，迴文詩文甚長；其下爲《七言律迴文一百首》，迴文詩篇甚多。詩篇前有葉秉敬自序，言其退居定山園，作詩吟誦園内外之山水景物，以爲尋常之詩未足解戲，遂吟迴文詩以解之。今存此集，《七言律迴文一百首》僅存前九十九首，缺最後一首，序文、七言排律以及七言律詩第三、十、十二、十六、二十一、二十五略有殘缺。此書據明萬曆四十七年（1619）刻本影印。

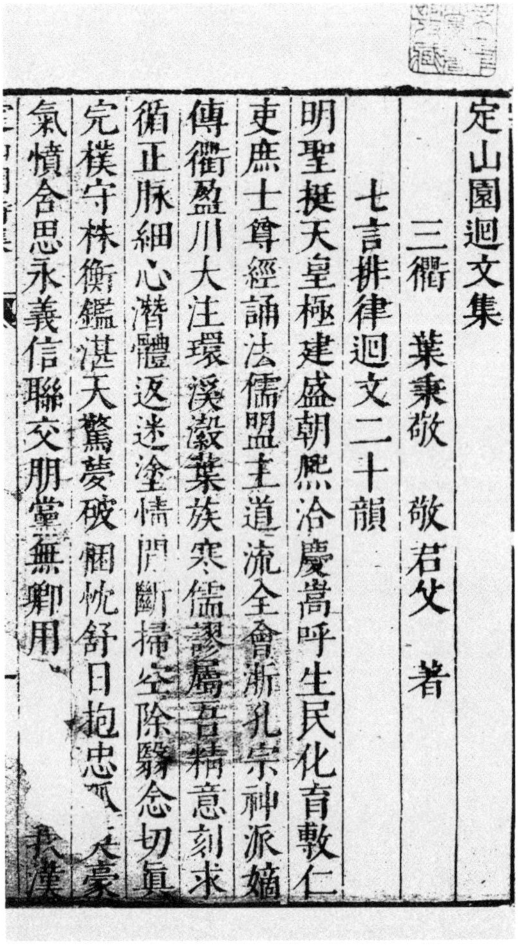
定山園迴文集

三衢　葉秉敬　敬君父　著

七言排律迴文二十韻

明聖挺天皇極建盛朝熙洽慶嵩呼生民化育敷仁

吏庶士尊經誦法儒盟主道流全會浙孔宗神派嫡

傳衢盈川大注環溪瀫葉族寒儒謬属吾精意刻求

循正脉細心潛體返迷塗情門斷掃空除翳念切眞

完樸守林衡鑑湛天驚夢破烟枕舒日抱忠

氣憤含思永義信聯交朋黨無鄉用

徐子卿近集十卷

明徐日久撰。日久有《徐子學譜》，已著録。此書凡十卷，分「啓事」六卷、「雜録」四卷，卷前有友人晉江張維樞題序。「啓事」收録子卿寫與友人書牘，共二百九十五篇。「雜録」收有申詳十二件、呈揭八件、募疏一首、告神二首、序八首、壽文一首、記二首、議二首、祭文二首。子卿爲學，重在經世致用，不喜有韻之文，未嘗留意古文辭，故徐氏此集僅有文無詩。徐氏諸文多涉政事，即使與友人啓文所談大都與政事有關，其爲官務實，故其文亦無虛發。如《分布議》小序言：「西安之俗，親死，先以布分親戚朋友，於是受布者各償其直以爲典儀。至其輕重多寡，則彼此又各以世情爲衡量，尤可厭薄。余故爲是議革之。」其議旨在移風易俗，以革世弊，亦爲經世而作。較之俗吏無關痛癢吟誦之作，徐氏之文頗有資於世。此集諸文對於研究明末政治、經濟、社會諸端，具有較高的史料價值。此書據明末刻本影印。

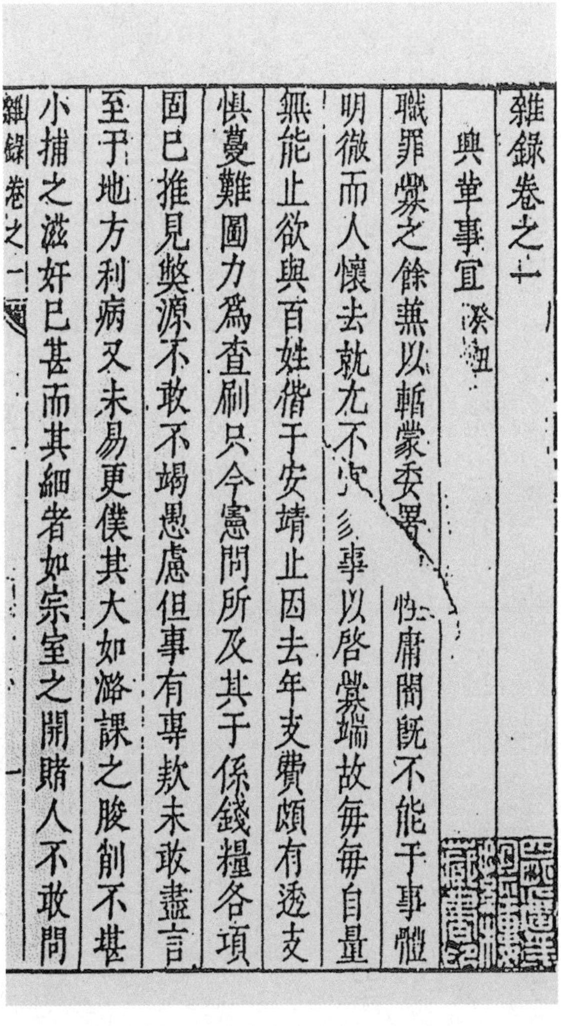
雜録卷之一

與革事宜 癸丑

職罪叢之餘無以輒蒙委署　性庸闇既不能于事體

明徹而人懷去就尤不決　事以啓釁端故每每自量

無能止欲與百姓偕于安靖止因去年支費頗有透支

懼蔓難圖力爲查刷只今憲問所及其于係錢糧各項

固巳推見弊源不敢不竭愚慮但事有專款未敢盡言

至于地方利病又未易更僕其大如滛課之朘削不堪

小捕之滋奸巳甚而其細者如宗室之開賭人不敢問

雜録卷之一

青來閣初集十卷

明方應祥撰。應祥有《周易初談講意》，已著録。此集成於明萬曆四十五年（1617），卷前有莆陽宋珏、渤海吳之鯨、嘉定汪明際、甬東應臯爲之序。此集僅收録文章，無詩作，卷一、二序文三十六篇，卷三至七尺牘一百三十六首，卷八、九雜著四十三篇，卷十祭文十三篇，共二百二十八篇。其中雜著部分，目録與正文內容顛倒，目録中卷八的內容在正文卷九，目録中卷九的內容反而在卷八。應祥以文章著稱，汪明際以爲「孟旋之爲文也，深之以經術，而抒之以湛思，出之以吞吐之氣，而挾之以造勝遍決之靈性」。方氏「爲文自闢阡陌，非六經語不道」，李維楨贊「其言多發明五經、孔、曾、思、孟之旨，與濂、洛、關、閩諸儒訓詁同切」。方文對後學

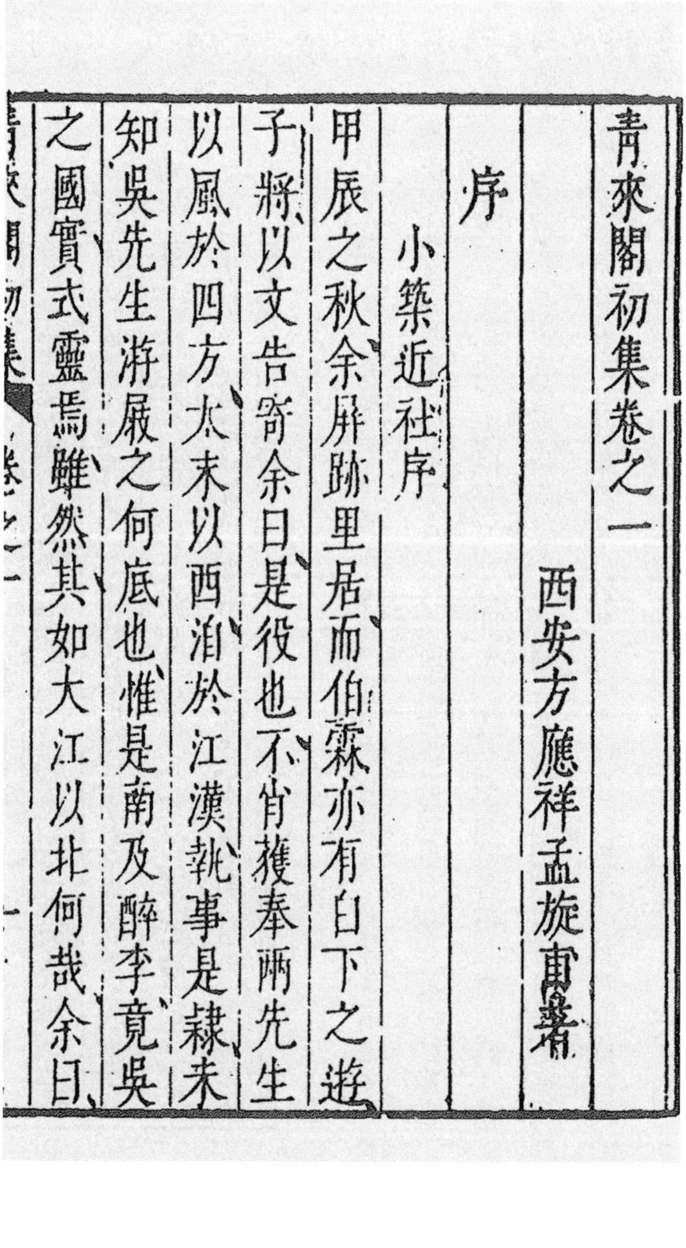
青來閣初集卷之一
西安方應祥孟旋甫著
序
小築近社序
甲辰之秋余屏跡里居而伯霖亦有白下之遊子將以文告寄余曰是役也不肖獲奉兩先生以風於四方太末以西洎於江漢執事是隸未知吳先生游屐之何底也惟是南及醉李竟吳之國實式靈焉雖然其如大江以北何哉余曰

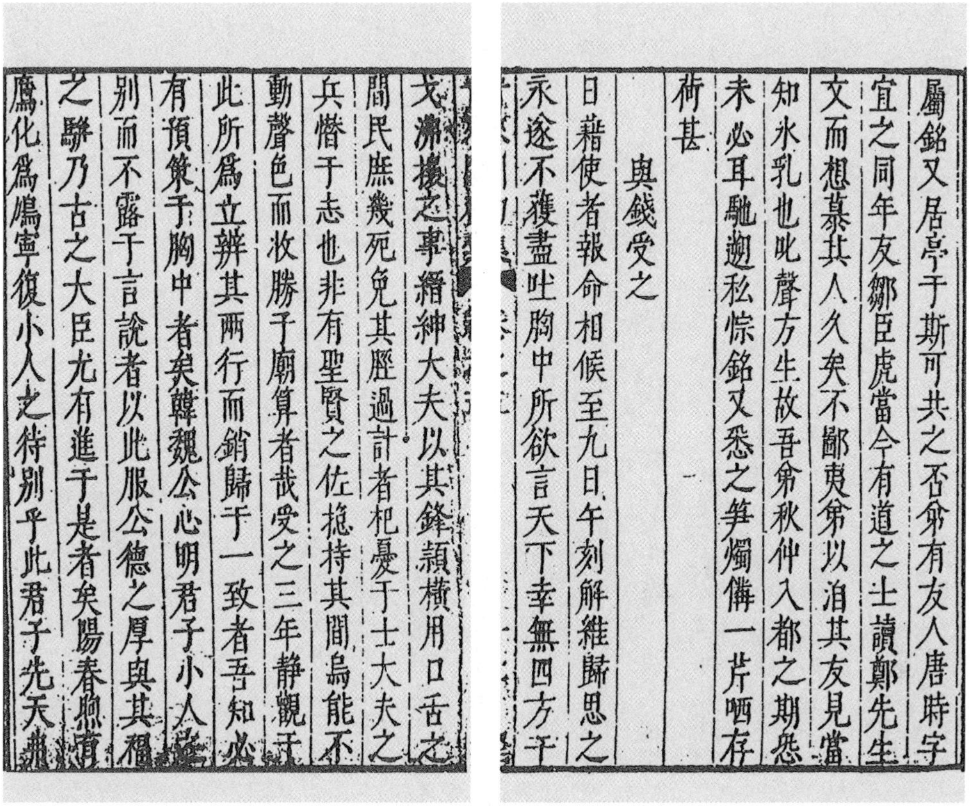
屬銘又居亭于斯可共之否余有友人唐時字
宜之同年友鄉臣虎當今有道之士讀鄭先生
文而想慕其人久矣不鄙夷余以洎其友見當
知冰乳也叱聲方生故吾余秋仲入都之期恐
未必耳馳趨私悰銘又忝之笋獨備一芹哂存
荷甚

與錢受之

日藉使者報命相候至九日午刻解維歸思之
永遂不獲盡吐胸中所欲言天下幸無四方干
戈滿擾之事縉紳大夫以其鋒穎橫用口舌之
間民庶幾死免其歷過計者杞憂于士大夫之
兵憯于志也非有聖賢之佐揔持其間烏能不
動聲色而收勝于廟算者哉受之三年靜觀于
此所爲立辨其兩行而銷歸于一致者吾知必
有預策于胸中者矣韓魏公心明君子小人[illegible]
別而不露于言說者以此服公德之厚與其福
之驗乃古之大臣尤有進于是者矣陽春煦育
鷹化爲鳩寧復小人之待別乎此君子先天弗

甚有影響，艾南英稱其「汲引天下文士，無論識與不識，爲之表章發明，以揚其幽，又爲之聯上下疏戚之交，以廣威輔氣者，不啻韓子之於李翺、長吉，歐陽子之於介甫、子固諸人者也」。方氏爲文雖有盛名，然其諸集却遭清廷禁毁。據姚覲元《清代禁毁書目四種》，方氏《青來閣初集》屬抽毁書目，「查《青來閣初集》，係明方應祥撰。卷五内與錢謙益兩尺牘，推崇太過，應抽毁」。方、錢同年中舉，二人交誼頗深。錢謙益著作在乾隆時嚴旨禁毁，《初集》卷五有《與錢受之》尺牘兩篇，方氏言語中充滿自謙，然無太多粉飾錢氏之句，但仍遭抽毁。此書據明萬曆四十五年刻本影印。

青來閣二集十卷

明方應祥撰。應祥有《周易初談講意》，已著録。此集成於明天啓四年（1624），收録萬曆四十六年（1618）至天啓三年（1623）序文、書牘和雜著，前有東鄉艾南英、京山李維楨二序，其下有《校刻〈二集〉姓氏》。方氏善爲文，認爲詩賦太過細膩多愁而不喜詩，故其青來閣諸集全爲文。此集卷一、二序文三十四篇，卷三至九尺牘共一百八十四篇，卷十雜著二十一篇，共二百三十九篇。《軍機處奏準全毁書目》有《青來閣二集》。《初集》被抽毁，因與錢謙益尺牘推崇太過，《二集》卷三至五皆有與謙益書。《二集》卷三《奉曾棠芾座師書》稱滿人爲「黠猾不可控御之酋虜」，《與徐明衡年兄》言及遼東之敗「可謂摧敗

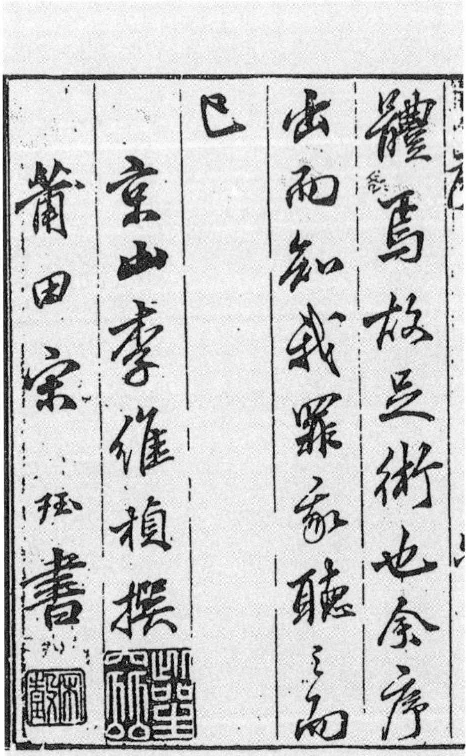
體焉故足術也余序
出而知我罪我聽之而
已
京山李維楨撰
莆田宋珏書

方孟旋先生
青來閣二集
一集序文 一集尺牘 一集襍著

困踣之極」；《奉曾棠芾老師》又言「宇內腥氛未澄，殺機方衡」，「我不內用而聽其用於外生者」，「遼東必非國家之有」，「今日上計，唯有必請天子之怒臨，次則商守都城之方略，事有不測，虜雖薄城，聖心屹然」。《二集》全遭禁毀不僅因其中有與錢謙益書文，當亦因對滿人不敬之辭及其禦外患方略。方應祥又有「《青來閣三集》十本」，見《清代禁毀書目四種》之《全毀書目》。《三集》十五卷，成書較晚，時明與滿人交爭，可能文集中有些內容涉及當時事，故遭全毀。方氏《二集》雖遭清廷禁毀，然仍傳諸於今。此書據明天啓四年刻本影印。

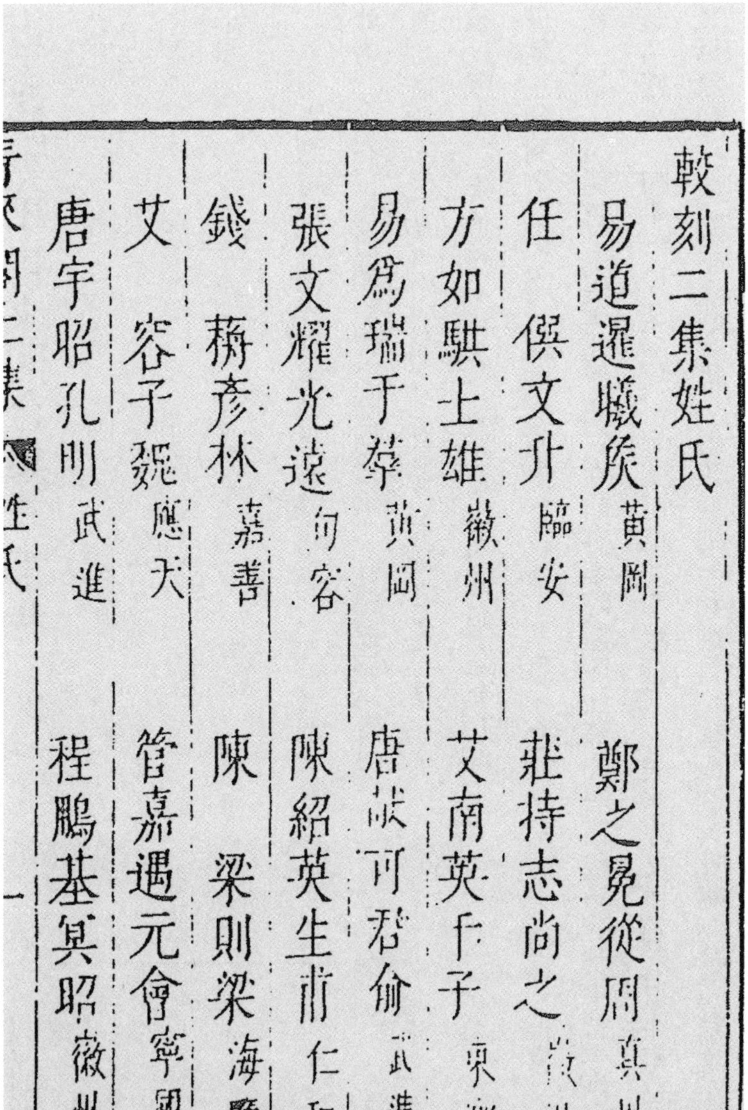
較刻二集姓氏

易道暹 職庚 黄岡　鄭之晃 從周 眞州

任 俁 文升 臨安　韭持志 尚之 眞州

方如騏 上雄 徽州　艾南英 千子 東鄉

易爲瑞 于莘 黄岡　唐世可 君俞 武進

張文耀 光遠 句容　陳紹英 生甫 仁和

錢 旃 彥林 嘉善　陳 梁 則梁 海鹽

艾 容 子魏 應天　管嘉遇 元會 寧國

唐宇昭 孔明 武進　程鵬基 冀昭 徽州

青來閣二集 姓氏 一

方孟旋先生青來閣合集二十卷

明方應祥撰。應祥有《周易初談講意》，已著録。

此書二十卷，爲清順治間李際期選編，收録孟旋《青來閣初集》《二集》中的部分文章及未刻之文。卷一至三爲序文，分制義、詩文、贈賀三類，卷四至十五爲書牘，分論文、經濟、善世、薦揚、敘述、孝思、念故、唁慰、通候、禪喜、小品十二類，卷十六至二十依次爲誌銘、祭文、傳贊、記紀、雜文。卷前有李際期序二篇和一篇跋語，其中首序已殘，僅剩數行。際期序跋後又録舒曰敬、應臯《初集》序文兩篇，録艾南英、李維楨《二集》序文兩篇，其中舒曰敬不見今傳本《初集》所載。序文下又爲際期《梓〈青來閣合集〉雜論四則》和總目。李氏刊刻此集，於每篇文下皆注明其出自「初集」「二集」，或是「未刻」，或爲「逸稿」，其中「未刻」者達二百四十九篇，「逸稿」四篇。《青來閣初集》《二集》《三集》皆遭清廷禁毀，然《初集》《二集》至今完存，《三集》仍未見存。幸此合集所收之文，於《初集》《二集》外，尚有甚多未刻之文。據際期《雜論四則》刊刻《合集》時，《三集》尚未梓行。故此集所載「未刻」之文，當爲後來《三集》所收。《三集》雖佚，其部分文章當賴《合集》幸存。此書據清順治九年（1652）刻本影印。

方孟旋先生青來閣合集目
卷五
書牘經濟
奉曾棠墅座師二集
又二集
又二集
又二集
又未刻
又未刻
青來閣合集卷五

方孟旋先生合集卷之一

後學盟津李際期庚生甫選梓

序文制義

小築近社序 初集

甲辰之秋余屏跡里居而伯霖亦有白下之遊予將以文告寄余曰是役也不肖獲奉兩先生以風於四方太末以西泊於江漢執事是隷未知吳先生游屐之何底也惟是南及醉李竟吳之國實式靈焉雖然其如大江以北何哉余曰西北天地所告成也子盍

方孟旋稿一卷

明方應祥撰。應祥有《周易初談講意》，已著録。此書封面題「名家制義」，後有小序《題〈方孟旋稿〉》，蓋方氏之作爲衆「名家制義」之一種。小序稱孟旋「自少至老，與親爲命，固宜其文之深沉而可誦也。聞先生家居時，授徒講學，名擬昔賢，且清節文望著於海内」。此集選孟旋制義二十九篇，方氏文後一般有陳百史、馬君常、韓求仲等評語，以陳氏所評最多。每篇最後都有不加作者署名之評語，當爲《名家制義》編者所言。如《已欲達而達人》篇後，周介生評曰：「妙在無一句可移到立人處。」其下又有評語：「立是體，達是用，最難鏤刻，鏤刻極精，鏤刻極確。蘊蓄宏深，而文特高潔，可方駕弘正諸程。」可見諸評語對方氏制義極爲贊賞。孟旋爲學，秉承孔孟，深得經術，行爲世範，故其制義之作爲世楷模。八股之文，近人批評者甚多，然方氏所作斷無套語矯情，蓋得之於治學做人之止。本書據清抄本影印。

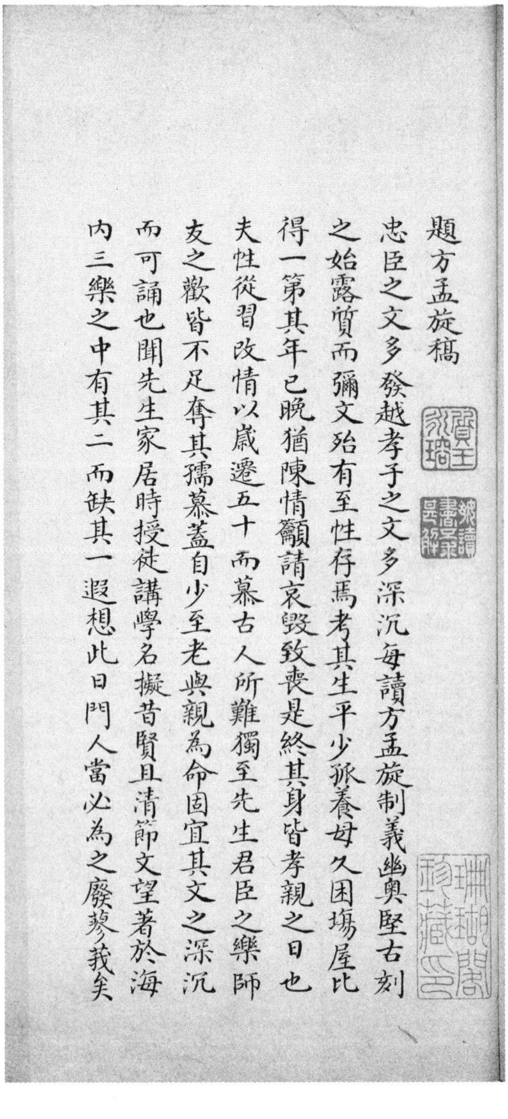
題方孟旋稿

忠臣之文多發越孝子之文多深沉每讀方孟旋制義幽奥堅古刻之始露質而彌文殆有至性存焉考其生平少孤養母久困場屋比得一第其年已晚猶陳情籲請哀毀致喪是終其身皆孝親之日也夫性從習改情以歲遷五十而慕古人所難獨至先生君臣之樂師友之歡皆不足奪其孺慕蓋自少至老與親為命固宜其文之深沉而可誦也聞先生家居時授徒講學名擬昔賢且清節文望著於海內三樂之中有其二而缺其一遐想此日門人當必為之廢蓼莪矣

方孟旋先生四書藝不分卷

明方應祥撰。應祥有《周易初談講意》，已著録。此書題名「方孟旋先生四書藝」，卷端題「後學李瀛、吳德旋、陳用光選評，後學周壬福校刊」。目録前有吳德旋《重刻〈方孟旋先生四書藝〉序》和陳用光《方孟旋先生傳》。此集收録方氏制義五十六篇，方文之後一般有吳仲倫等人評語，亦有篇目無評語者。《四書藝》中的有些篇章亦見於《方孟旋稿》，其後評語不僅評論者不盡相同，即使有相同者，文詞間有的也有差異。如《居下位不夷也》篇，《四書藝》有韓求仲、何季穆、（吳）仲倫三人評語，《方孟旋稿》此篇後評者爲韓求仲和《名家制義》編者；《四書藝》中韓氏評曰：「不事正以維事使之，分暗逗仁字，見地精絶。」《方孟旋稿》中韓氏語前面皆同，最後四字爲「可稱精解」。方氏以理學名，學問造詣甚深，且「三十年治此一藝，寸心嘔，修髯枯，殉之以性命」，故其所撰制義爲後來者師法。陳用光評孟旋制義曰：「其《四書藝》發揮理義，使人見聖賢立言之旨，而感發其志氣。」今讀方氏制藝，亦見其治學爲人。此書據清道光十四年（1834）刻本影印。

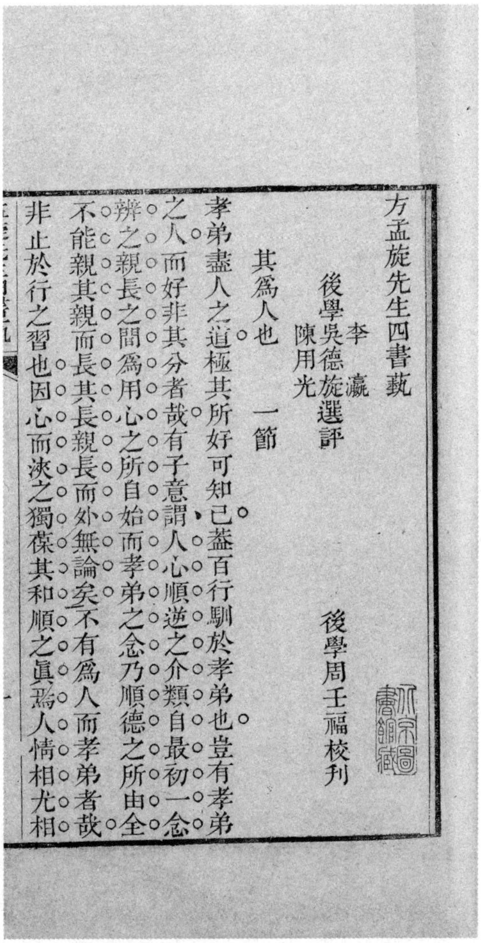
方孟旋先生四書藝
李瀛
後學吳德旋選評
陳用光
後學周壬福校刊
其爲人也　一節
孝弟盡人之道極其所好可知已蓋百行馴於孝弟也豈有孝弟之人而好非其分者哉有子意謂人心順逆之介類自最初一念辨之親長之間爲用心之所自始而孝弟之念乃順德之所由全不能親其親而長其長親長而外無論矣不有爲人而孝弟者哉非止於行之習也因心而浹之獨葆其和順之眞爲人情相尤相

開化遊一卷

明陸寶撰。寶字敬身，鄞縣人，官內閣中書。

《開化遊》爲《陸敬身全集》中一卷。此卷前有明萬曆三十三年（1605）王稺登「開化遊序」，王氏將敬身自明州遊開化，與司馬相如自成都遊臨邛相比，且贊此詩作「篇篇麗逸，令人讀之唯恐其盡」。敬身以蘇令君故，往遊開化，因留下詩作十九篇。此卷起於「寄蘇開化」，即敬身起身前之作；敬身前往開化，途經余姚、山陰、嚴子陵釣臺、蘭溪、龍游、常山等地，沿途吟誦；至開化後，陸氏覽此地古跡名勝，曾宿靈山寺，遊宋中丞園亭，過鐘山道院，至張氏隱居等處，皆留有詩篇；離別開化，最後作「東歸留別蘇開化及諸同遊」。《陸敬身全集》爲民國抄本，版心

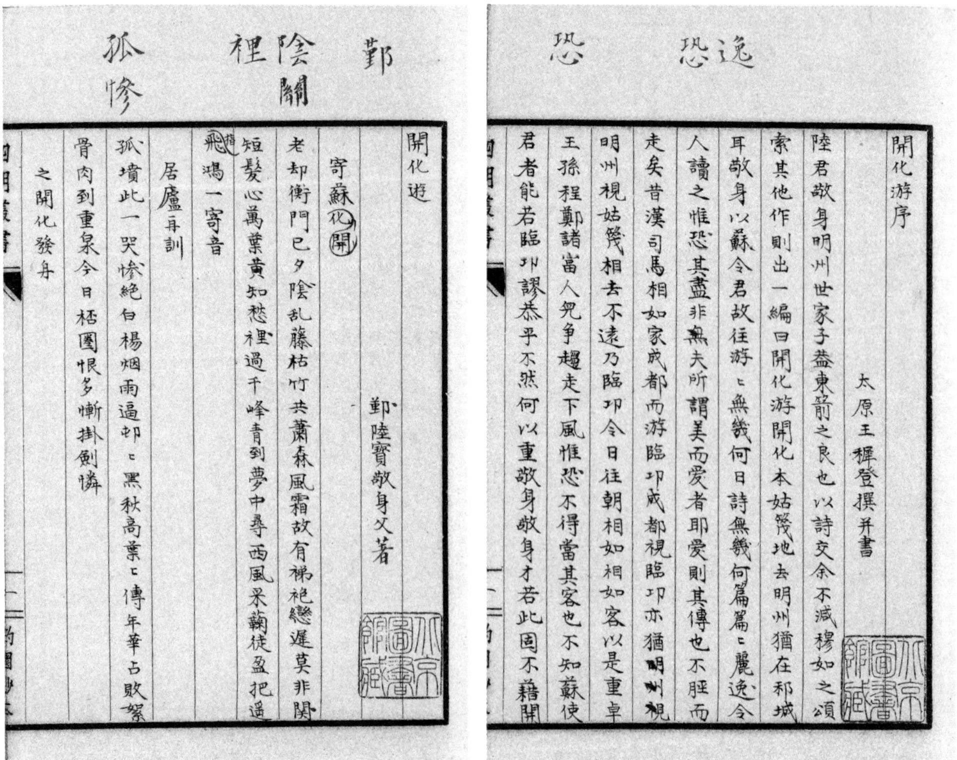
開化游序　　太原王稺登撰并書

陸君敬身明州世家子益東箭之良也以詩交余不減穆如之頌
家其他作則出一編曰開化游開化本姑蔑地去明州猶在邾城
耳敬身以蘇令君故往游〻無幾何日詩無幾何篇〻〻麗逸令
人讀之惟恐其盡非無夫所謂美而愛者耶愛則其傳也不脛而
走矣昔漢司馬相如家成都而游臨邛成都視臨邛亦猶明州視
明州視姑蔑相去不遠乃臨邛令日往朝相如〻如客以是重卓
王孫程鄭諸富人兕爭趨走下風惟恐不得當其客也不知蘇使
君者能若臨邛謬恭乎不然何以重敬身〻〻才若此固不藉開

開化遊　　鄞陸寶敬身父著

寄蘇開化

老却衡門已夕陰乱藤枯竹共蕭森風霜故有綈袍戀遲莫非關
短髮心萬葉黃知愁裡過千峰青到夢中尋西風采鷁徒盈把遥
鴻一寄音

居廬再訓

孤墳此一哭慘絕白楊烟雨逼𡖋〻黑秋高葉〻傳年華占敗絮
骨肉到重泉今日梧園恨多慚掛劍憐

之開化發舟

有「四明叢書」四字，當爲《四明叢書》之一種。然《中國叢書綜録》所著録民國張壽鏞輯《四明叢書》（張氏約園刊本）無陸寶此集。此抄本偶有抄寫之誤，後乃朱筆修改，如首篇詩「寄蘇開化」，誤爲「寄蘇化開」；此篇末句「遥指飛鴻一寄音」，脱一「指」字，後又補上。陸寶雖非衢人，然其《開化遊》與衢州開化相涉，故此書亦收録此作。此書據民國抄本影印。

浮石集七卷

清陳鵬年撰。鵬年字北溟，號滄州，湖南湘潭人。清康熙三十年（1691）進士。三十四年（1695）任西安知縣，其後歷官山陽知縣、江寧知府、蘇州知府、河道總督。雍正元年（1723）卒，謚恪勤。著有《陳恪勤集》《道榮堂文集》《喝月詞》《歷仕政略》《河工條約》等。《陳恪勤集》三十九卷，收録北溟古今體詩，《四庫全書總目》著録此書，其提要曰：「是集凡分十編，曰《耦耕集》者，以舍北『耦耕堂』而名也；《水東集》者，以其先人隴墓所在也；《蒿廬集》者，憂居前後所作也；《浮石集》《昫山集》《淮海集》者，皆宦遊地也；《于山集》《香山集》《武夷集》者，皆往來游息處也；末附《喝月詞》五卷，則詩餘也。」《浮石集》七卷，收録於《陳恪勤集》中。浮石乃衢州城北浮石潭，《方輿勝覽》載：「浮石潭，在西安東北五里。溪中有石，高丈餘，水泛亦不没。」白居易《歲暮枉衢州張使君書并詩因以長句報之》詩曰：「浮石潭邊停五馬，望濤樓上得雙魚。」北溟《浮石集》諸詩爲任官衢州西安而作，因以衢地浮石而名。集中《浮石即事》曰：「香山遺跡停軒處，攬轡真慚瀫水清。」故此集當亦追思樂天詩作而名之。此集收古今體詩四百十九首，許多詩作吟誦衢州山水、景物，贈答衢地友人、同僚，故當收録本書中。《陳恪勤集》今有清康熙刻本，本書節取其中《浮石集》影印。

浮石集卷第一

湘潭　陳　鵬年

古今體詩共五十八首

將赴信安留別劉仰山同年并次來韵

頻年襆被逐都市到處騎驢笑腐儒自爲老親遲薄祿何知劇邑偶分符三江波浪家千里百粤關山地一隅最是春來相憶甚晴烟柳色在西湖

又

悠悠出處把詩篇幾度燒燈風雪天紗帽半隨鷗鳥外布袍須記菜根年潘輿夜傍三湘雨陸橘春携五嶺烟南北相期剛數月共君舞袖各團圓

衢州古祥符寺月海禪師仿梅集二卷

清釋月海撰。月海，事跡不詳。此集有第三首詩爲《回金陵省親即事》，可知月海本籍江蘇江寧。又此集序言：「海公和尚，古棠閥閱之家，江左蟬聯之族」，亦證月海爲江寧人。此集卷端題「衢州古祥符寺月海禪師仿梅集」，「婺東徐尚德仔文氏閲，西泠蕭啓熊文卜氏訂，記室然英、然傑仝録」。據其書名可知，月海爲衢州祥符寺禪師。衢州大中祥符寺歷史悠久，且有聲名，民國時弘一法師曾駐錫此寺。此集二卷，收録月海詩一百三首。有些詩文時有後人批注，如《柯山》：「偶訪柯巖入翠重，蒼松幾樹尚留踪。天開一綫通虛竇，疑有樵雲出戰龍。」次句旁有注曰「松樹能走路，又是大奇」，第三句旁注云「大可鑽如爲期」，末句旁

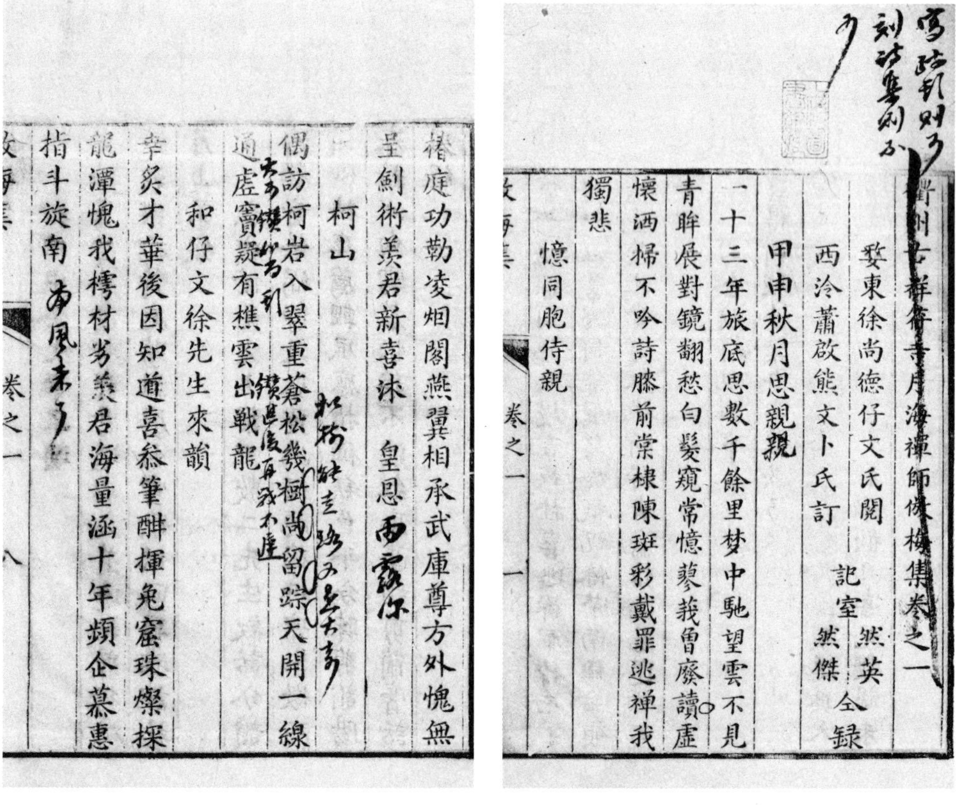
衢州古祥符寺月海禪師仿梅集卷之一
婺東徐尚德仔文氏閲
西泠蕭啟熊文卜氏訂
記室 然英 然傑 仝録
甲申秋月思親
一十三年旅底思數千餘里夢中馳望雲不見青眸展對鏡翻愁白髮窺常憶蓼莪曾廢讀虛懷洒掃不吟詩膝前棠棣陳斑彩戴罪逃禪我獨悲
憶同胞侍親

楮庭功勳凌烟閣燕翼相承武庫尊方外愧無呈劍術羨君新喜沐皇恩
柯山
偶訪柯岩入翠重蒼松幾樹尚留踪天開一線通虛竇疑有樵雲出戰龍
和仔文徐先生來韻
幸炙才華後因知道喜忝筆酬揮兔窟珠燦探龍潭愧我樗材劣羨君海量涵十年頻企慕惠指斗旋南

又注「鑽進後再戰不遲」。集中許多詩詠吟衢州景物，寄贈衢地守令。卷前有徐尚德序，徐序言月海「跡寄錢江，名蜚瀫水，栖遲乎柯郡，偃息於霞城」，「居三衢而倒屣」，「行來浮石渡前」，皆證此集許多詩作於衢州。故月海雖非衢人，其《仿梅集》亦應收録此書。此書封面題有「但植之先生所贈」。植之名燾，湖北赤壁人，民國成立時任孫中山總統府秘書，其後又曾任民國時參議院秘書長、國史館副館長等職。蓋是書曾爲但燾收藏，此書據清康熙四十四年（1705）刻本影印。

少保公遺書不分卷

清柴大紀撰。大紀字肇修，號東山，衢州江山人。大紀幼習舉業，善屬文。後棄文從武，清乾隆二十八年（1763）中武進士，四十八年（1783）任臺灣鎮總兵。在鎮壓臺灣林爽文起事中立功，官升福建陸路提督，又改水師提督，加太子少保、一等義勇伯。因得罪朝中權貴福康安，遂遭殺身之禍。大紀雖身列行陣，雅好文翰，每有得意處，常揮毫直書，惜多散亂。光緒二十五年（1899），大紀曾孫之藩於其舊宅墻中，拾得稿紙數十篇，係大紀平臺時文札等，乃搜輯成帙。此書亦名爲「平臺灣寇亂遺書」，之藩刊行時題名爲「少保公遺書」。其書首爲柴

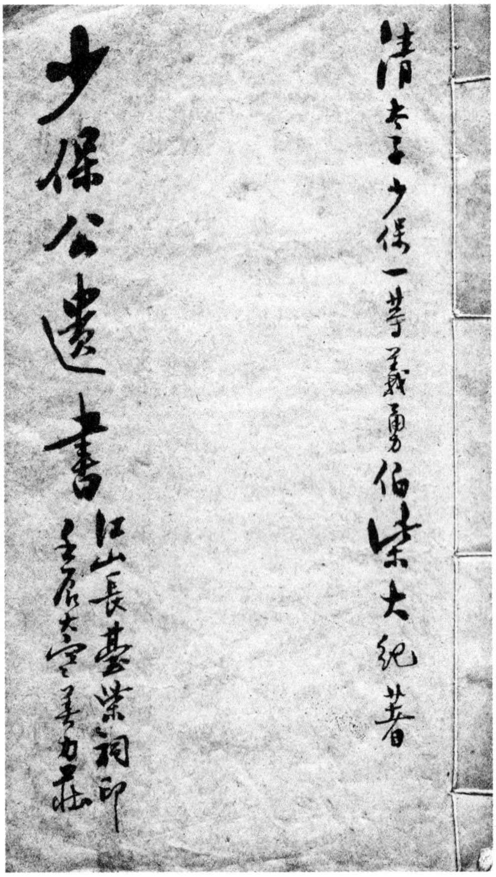

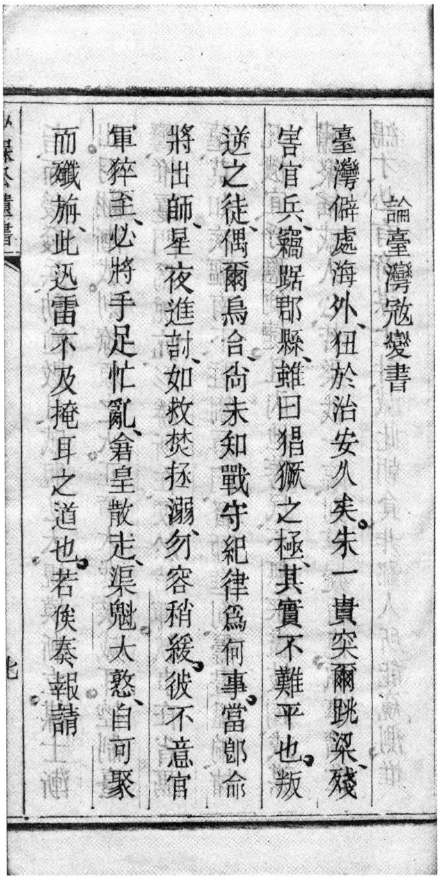
論臺灣寇變書
臺灣僻處海外、狃於治安久矣。朱一貴突爾跳梁、殘害官兵、竊踞郡縣、雖曰猖獗之極、其實不難平也。叛逆之徒、偶爾烏合、尚未知戰守紀律爲何事。當郎命將出師、星夜進討、如救焚拯溺、勿容稍緩。彼不意官軍猝至、必將手足忙亂、倉皇散走、渠魁太憝、自可聚而殲旃、此迅雷不及掩耳之道也。若俟奏報請

之藩爲大紀所立小傳，下爲江山知事姚應泰爲本書撰序，再下爲之藩《答江山縣知事姚君贈序書》，其下爲大紀遺作。大紀遺書有二十三篇，除幾篇在臺遊記外，大多議論其駐臺平亂等相關政事。此書每篇文後，皆有評語，其中《記十八重溪示諸將弁》後有評者「徐侶鹿」，其餘諸篇評語皆無作者，或爲柴之藩所作。如接福建制軍檄文，要求將臺灣山中數萬戶居民遷徙至山外，大紀作《復制軍遷民劃界書》，論述遷徙之事不可實施，其下評曰：「以極有謨略幹濟定亂之偉人，忽然有此恠檄，殊不可解。豈功成智昏，江淹才盡，抑欲以試地方文武之本事擔當歟？前面許多婉轉，竟是認真要奉行一樣，以後層層駁入，步步逼緊，直令一辭莫措，可謂善於挽回。」是書對於研究乾隆末年的臺灣歷史有很高的價值，如《復制軍論築城書》《與制軍再論築城書》等可爲研究當時臺灣城邑築建參考。此書據清光緒二十五年江山長臺柴祠刻本影印。

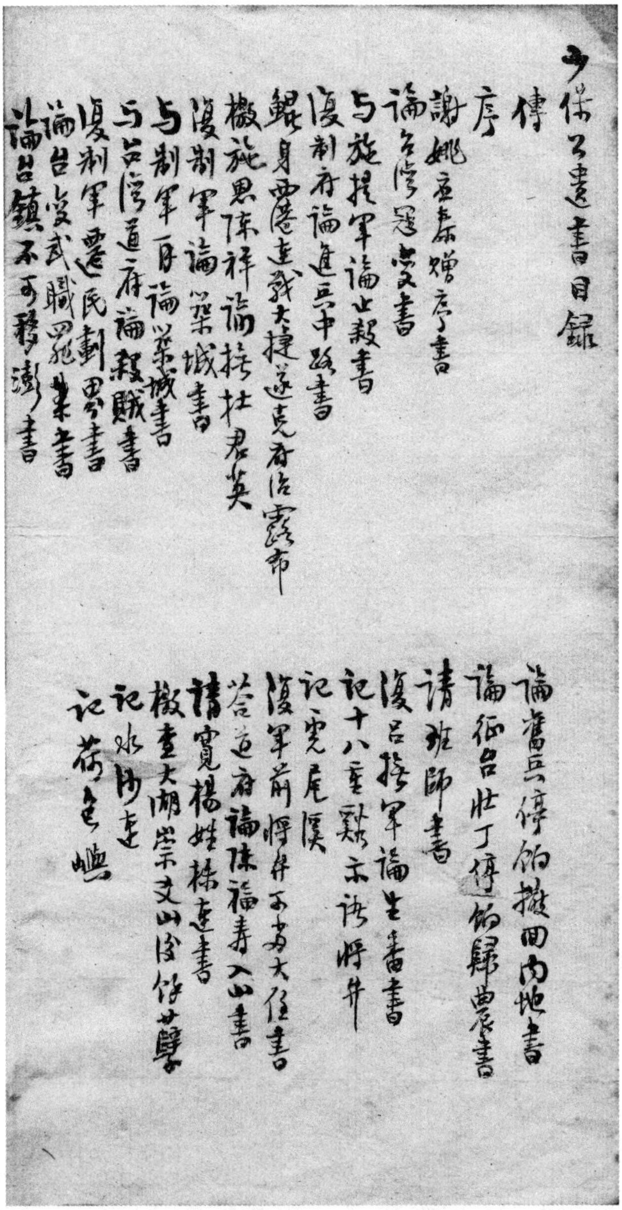

傳
序　姚應泰贈序書
謝[illegible]書
與施提軍論止殺書
復制府論進兵中路書
[illegible]
檄[illegible]論擒杜君英
復制軍論築城書
與制軍再論築城書
與台灣道府論殺賊書
復制軍遷民劃界書
論台[illegible]武職[illegible]書
論台鎮不可移澎書
論舊兵停餉撥回內地書
論[illegible]壯丁停餉歸農書
請班師書
復呂提軍論生番書
記十八重溪示諸將弁
記虎尾溪
復軍前將弁[illegible]書
答道府論陳福壽入山書
請寬楊姓株連書
檄查大湖崇文山後餘孽
記水沙連
記荷包嶼

笏山詩集十卷

清申甫撰。甫字及甫，號笏山，別作拂珊，衢州西安人。清乾隆元年（1736）舉博學鴻詞科，六年（1741）中舉。官至都察院左副都御史。此書卷端題「江都申甫及甫」撰。申甫祖籍江都，其父承德公爲衢州西安驛丞，而居家衢城。據《詞科掌録》，申氏舉博學鴻詞科，由浙江總督所薦，故《詞科舉目》作申甫爲浙江西安人。潘衍桐《兩浙輶軒續録》録有申甫詩，亦言甫爲西安人。又鄭板橋《申甫》云：「男兒須門百千期，眼底微名豈足奇。料得水枯青石爛，天涯滿誦笏山詩。」此詩前有小序曰：「申甫，號笏山，關中人，孝廉，工詩。」板橋爲興化人，其言申甫爲關中人有誤。

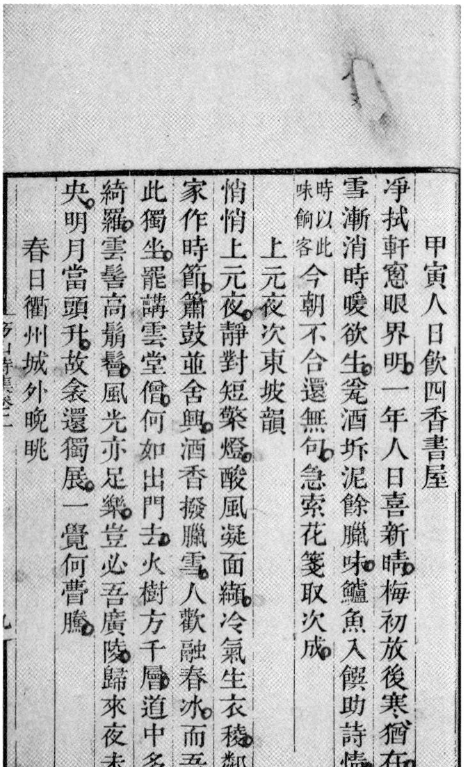

甲寅人日飲四香書屋
淨拭軒窻眼界明一年人日喜新晴梅初放後寒猶在
雪漸消時暖欲生瓮酒坼泥餘臘味鱸魚入饌助詩情
時以此味餉客今朝不合還無句急索花箋取次成
上元夜次東坡韻
悄悄上元夜靜對短檠燈酸風凝面纈冷氣生衣稜鄰
家作時節簫鼓並舍興酒香撥臘雪人歡融春冰而吾
此獨坐罷講雲堂僧何如出門去火樹方千層道中多
綺羅雲髻高鬅鬙風光亦足樂豈必吾廣陵歸來夜未
央明月當頭升故衾還獨展一覺何曹騰
春日衢州城外晚眺

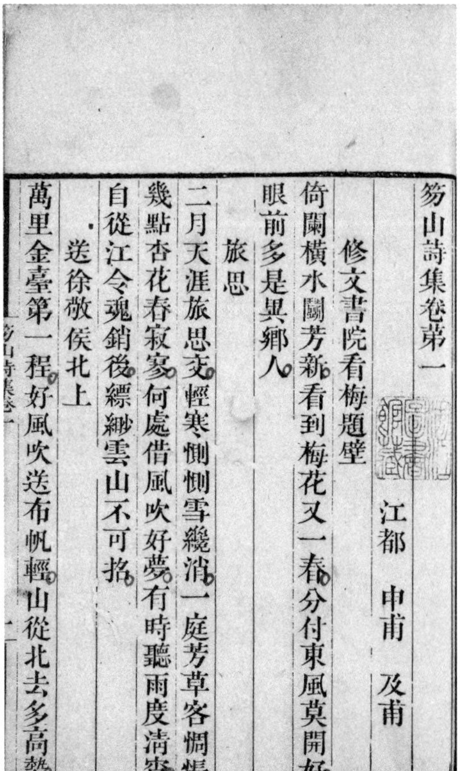

笏山詩集卷第一
江都 申甫 及甫
修文書院看梅題壁
倚闌橫水鬬芳新看到梅花又一春分付東風莫開好
眼前多是異鄉人
旅思
二月天涯旅思交輕寒惻惻雪纔消一庭芳草客惆悵
幾點杏花春寂寥何處借風吹好夢有時聽雨度清宵
自從江令魂銷後縹緲雲山不可招
送徐敬侯北上
萬里金臺第一程好風吹送布帆輕山從北去多高勢

鄭永禧《衢縣志》載申甫小傳，據板橋詩序曰：「詩序以笏山爲關中人，是誤以此西安爲陝之西安也。然興化、江都同屬揚州，而板橋不知，可見笏山入仕後未嘗一歸故里矣。」申甫自其父已家居西安，自幼長於衢州，且由此地進入仕途，故可視爲西安人。此集十卷，共收録古今體詩六百五十六首。卷一有《九日偕卓履翁樓逸亭登鹿鳴山》《曉過常山》《華埠道中》等，卷二有《趙姬墓次趙恒夫黄門韻》《謁趙清獻公祠》《春日衢州城外晚眺》等，所寫皆衢州景物，此二卷多爲早年在衢州所作，亦偶有在蘇、杭時詩篇。卷三有《沂州道中》《定州》《初至津門賦》等，笏山此時已出衢州，北上京師，此卷乃沿途所見之作。由卷四至十之《恭和》，可知這些詩作爲在京爲官或自京外出所作。此集最後一首爲《病甚將請假南歸》，此詩前四首有《甲午九月重苙副憲之任》，由此推斷此集詩作最晚當作於乾隆三十九年（1744）。此書卷前有袁枚乾隆五十七年（1792）序，時申甫已逝。袁氏論笏山詩曰：「及余改官外用，賡以詩者無慮數十家，惟笏山七律四章群推絶唱，不減楊汝士之壓元、白也。」又贊之曰：「自束清峭不群，取之於人意之中，得之於物像之外。」此書據清乾隆五十七年刻本影印。

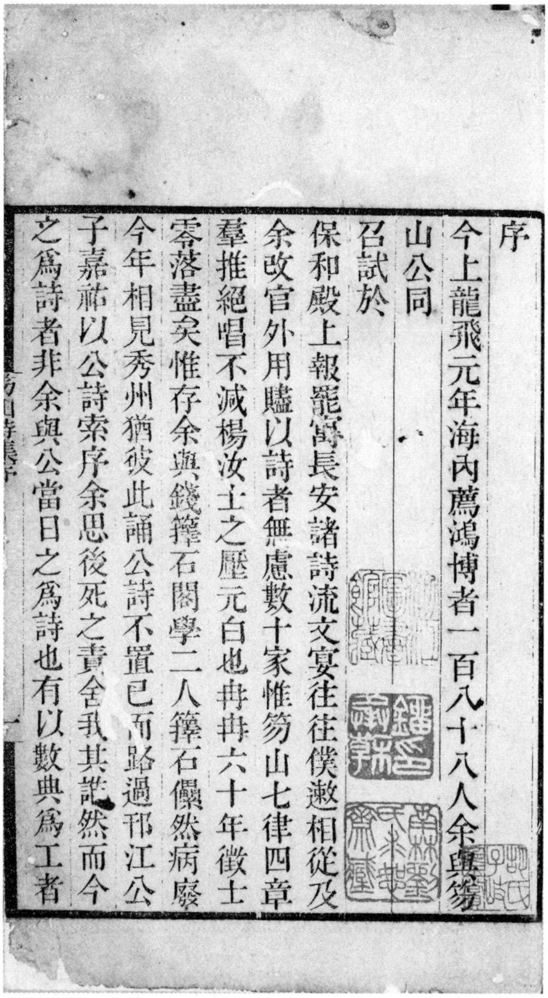
序
今上龍飛元年海内薦鴻博者一百八十八人余與笏山公同
召試於
保和殿上報罷寓長安諸詩流文宴往往僕邀相從及余改官外用賡以詩者無慮數十家惟笏山七律四章羣推絕唱不減楊汝士之壓元白也冉冉六十年徵士零落盡矣惟存余與錢籜石閣學二人籜石儽然病廢今年相見秀州猶彼此誦公詩不置已而路過邗江公子嘉祚以公詩索序余思後死之責舍我其誰然而今之爲詩者非余與公當日之爲詩也有以數典爲工者

星隄詩草八卷

清余華撰。華字佩齋，衢州龍游人。善書，工於篆。弱冠精騎射，遂不文試，而應武試，爲武庠生。然嗜詩酒，又棄弓矢，折節讀書。據余紹宋［民國］《龍游縣志·藝文考》：「《星隄詩草》四卷，余華撰。案：此詩余華自編甲子，始於乾隆三十八年辛巳，止於嘉慶二年丁巳。家居縣城西湖文星隄之東，故自號星隄。乾隆五十二年丁未，其族人可大繪『星隄步月圖』並序，述星隄原委機詳。乾隆間，龍游三遭大水，暨有餘、溙兩知縣與劉教諭，並賴此詩編年藉知崖略，是其有關縣志掌故，足稱詩史。［康熙］《縣志·選舉》內有『余華，康熙四十五年歲貢』。計自嘉慶二年丁巳，下溯康熙四十五年，相去

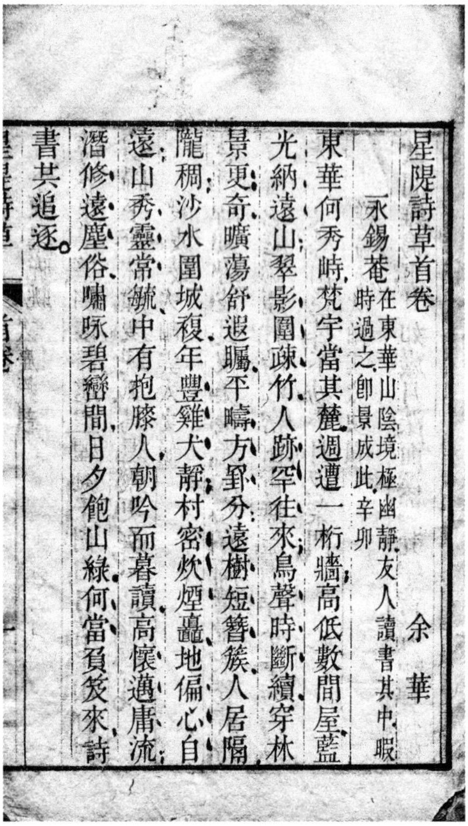

星隄詩草首卷　　余華

永錫菴 在東華山陰境極幽靜友人讀書其中暇時過之即景成此辛卯

東華何秀峙梵宇當其麓週遭一桁牆高低數間屋藍光納遠山翠影圍疎竹人跡罕往來鳥聲時斷續穿林景更奇曠蕩舒遐矚平疇方罫分遠樹短簪簇人居隔隴稠沙水圍城複年豐雞犬靜村密炊煙矗地偏心自遠山秀靈常毓中有抱膝人朝吟而暮讀高懷適庸流潛修遠塵俗嘯咏碧巒間日夕飽山綠何當負笈來詩書共追逐

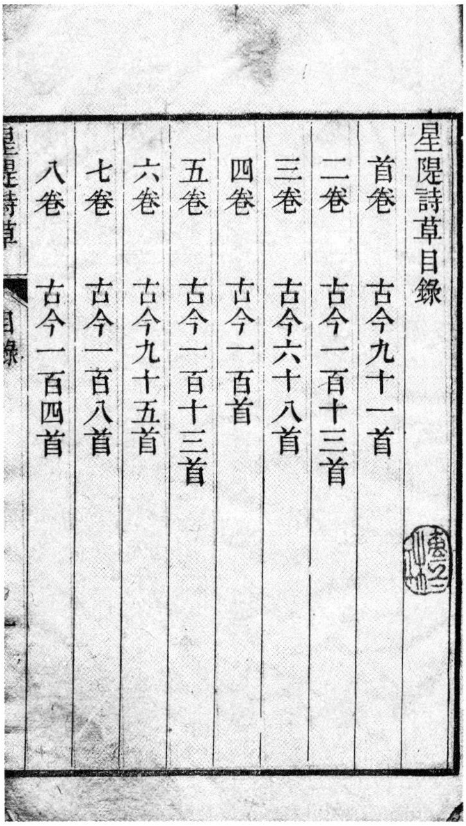

星隄詩草目錄

首卷	古今九十一首
二卷	古今一百十三首
三卷	古今六十八首
四卷	古今一百首
五卷	古今一百十三首
六卷	古今九十五首
七卷	古今一百八首
八卷	古今一百四首

已九十二年，蓋姓名偶同者，亦賴此詩編年，不至誤合爲一。」《藝文考》載《詩草》四卷，「止於嘉慶二年」，皆不確。是書今存八卷，分兩册，上册四卷，止於嘉慶二年丁巳；下册亦四卷，止於清嘉慶二十一年（1816）丙子。蓋余紹宋僅見上册，故所述不當。今所見此書略殘，余懷瑾序文僅存最後數語，此前内容不見。書之前幾葉有民國時人手抄余華小傳和會稽人莫晉「星堤詩草序」，此傳、序全録於余紹宋《龍游縣志》卷十九人物志、卷三十六文徵志。除手抄莫氏序外，正文前還有余懷瑾序（已殘缺）、戴敦元序、春山樵雙序、李泉序。正文共收録詩作七百九十二首，後附宋璠《星隄步月圖賦》和孫大夏等《星隄步月圖詩》十九篇。余華詩出入唐宋，戴敦元贊其「清和深秀」。莫晉以爲余華五言詩「大體氣味清深，體裁雅潔」；七言古體詩「清挺絶俗，意境超曠」；近體諸作「得宫商之正聲，奮絲竹之逸響，動合天籟，漸近自然」。今見余華此集最晚詩至於清嘉慶二十一年，當刊成於此年後。此書據清刻本影印。

蓮湖詩草二卷

清徐崇烱撰。崇烱字寶光，號西河，又號蓮湖，衢州西安人。清乾隆三十六年（1771）舉人。官江蘇甘泉知縣，後署泰州知州。以吟詠自娱，不事雕琢，所著有《蓮湖詩草》及其《續稿》，並《蜀遊草》。此集成於嘉慶初，分上、下兩卷，上卷有古今體詩一百四十二首，下卷有一百二十一首，卷前有桐鄉馮集梧序和同門校訂姓氏，卷後有門生王洲跋和吳文祥、陳夔題辭。其同門校訂姓氏多達四十五人，每卷末又有金柯等六人「仝較字」。王洲言徐氏詩曰：「吾師西河先生之詩，追溯於陶、謝，醞釀於孟、韋，究心於昌黎、山谷，取法於樂天、放翁，以意勝，

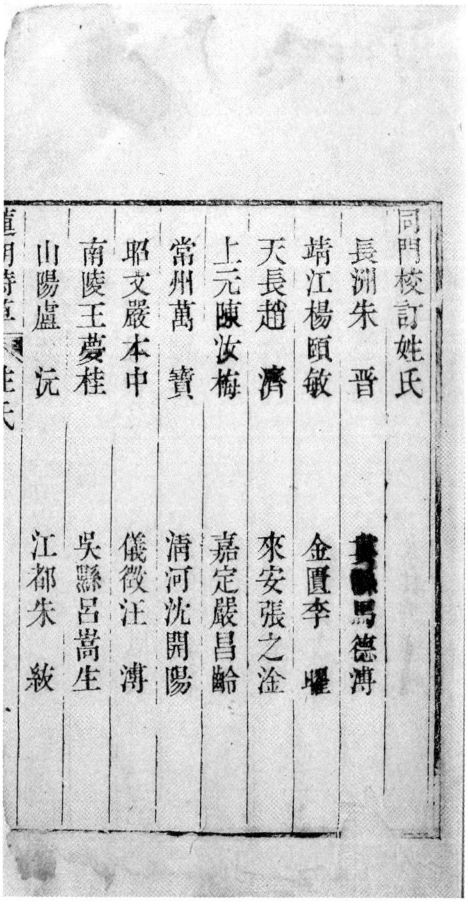

同門校訂姓氏

長洲朱　晉　[illegible]馬德溥

靖江楊頤敏　金匱李　曜

天長趙　濟　來安張之淦

上元陳汝梅　嘉定嚴昌齡

常州萬　寶　清河沈開陽

邵文嚴本中　儀徵汪　溥

南陵王夢桂　吳縣呂嵩生

山陽盧　沅　江都朱　紋

蓮湖詩草　姓氏

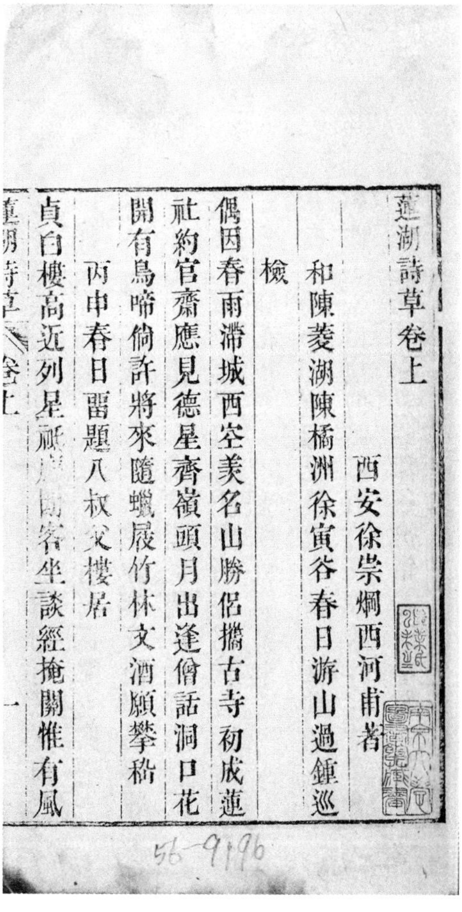

蓮湖詩草卷上

西安徐崇烱西河甫著

和陳菱湖陳橋洲徐寅谷春日游山過鍾巡檢

偶因春雨滯城西空羡名山勝侶攜古寺初成蓮社約官齋應見德星齊嶺頭月出逢僧話洞口花開有鳥啼倘許將來隨蠟屐竹林文酒願攀稽

丙申春日雷題八叔父樓居

貞白樓高近列星祇[illegible]閒客坐談經掩關惟有風

蓮湖詩草　卷上　一

不以詞勝。」由此可見西河作詩旨趣。潘衍桐《兩浙輶軒續録》卷十收徐氏《贈別韓檢校告養回里》：「廿載風塵作冷官，惟將詩酒度春寒。倚閭老母歸心切，侍坐諸生禮數寬。應有人才光學校，獨存正義在衣冠。長途山水供吟眺，可寄新詩待醉看。」該詩不見於是集，故録於此。此書據清嘉慶刻本影印。

巽巖詩草一卷附録一卷

清徐逢春撰。逢春字聖原，號巽巖，衢州西安人，清嘉慶間諸生。此《詩草》題「西安徐逢春聖原著，頡雲王世英廷彥參訂，男南庚枝校字」。卷前有王世英序文，已殘，卷後有葉封唐跋語。此集所以稱「巽巖」，葉氏釋曰：「巽者順也，順則和，和則樂，樂則性情舒暢，故其形諸歌詠者，局度安詳，機趣洋溢，殆所謂和順積中，而英華發外者歟！」此書收録逢春五言古詩十二首，七言古風七首，五言絶句七首，七言絶句二十二首，五言律詩二十首，七言律詩七十八首，五言排律七首，聯句三首，合計一百五十六首。據王世英序，逢春詩草本不下四五百首，此

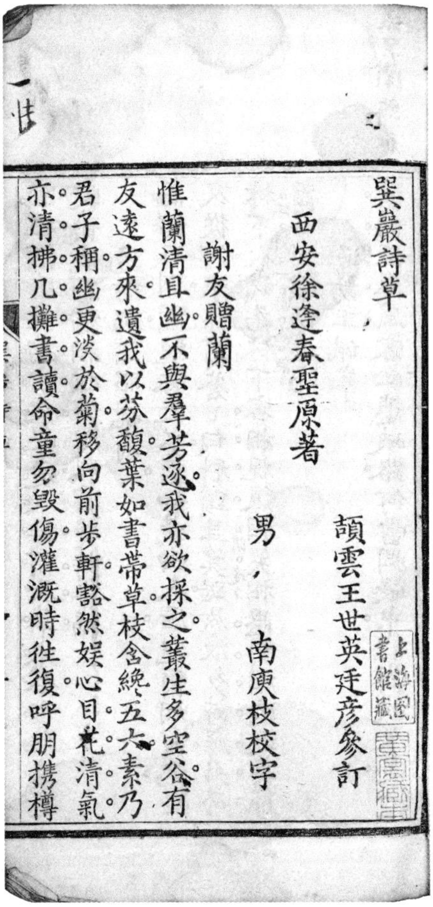
巽巖詩草

西安徐逢春聖原著　頡雲王世英廷彥參訂

男　南庚枝校字

謝友贈蘭

惟蘭清且幽不與羣芳逐我亦欲採之叢生多空谷有友遠方來遺我以芬馥葉如書帶草枝含絶五六素乃君子稱幽更淡於菊移向前步軒豁然娛心目花清氣亦清拂几攤書讀命童勿毀傷灌溉時往復呼朋携樽

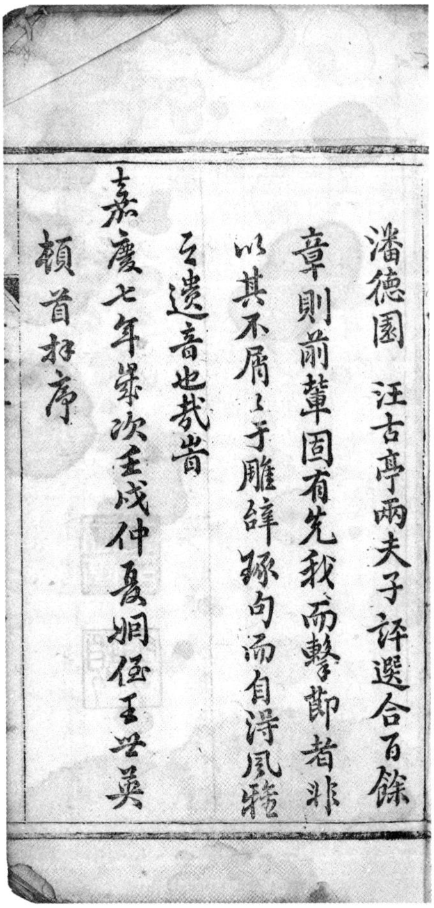
潘德園　汪古亭兩夫子評選合百餘章則前輩固有先我而擊節者非以其不屑屑于雕飾琢句而自得風雅之遺音也哉旹

嘉慶七年歲次壬戌仲夏姻侄王世英

頓首拜序

所收者當乃刪削後結集。世英論徐氏之詩，「上以揚聖朝承平之盛，下以敘家庭和樂之忱」，其詩「語諧情摯，機動神流」，「其古風則真樸也，其絶句則沖和也，其近體則清腴而閑遠也」。此集刊刻時，於其行間時有潘德園、汪古亭評語，如《交道難》行間有「汪評：感慨淋漓」，後又有評曰：「意宗王、杜，體仿初唐。或正或喻，自成章法。」徐氏《詩草》後附王世英《頡雲詩稿》詩二十四首，然此本完存者僅八首，其《松濤》詩僅存二十一字。世英字頡雲，號誠齋，道光己丑（1829）歲貢。《頡雲詩稿》前有逢春記曰：「王頡雲，余忘年友也。設帳麓齋，於今七載。教學餘閑，或依韻唱和，或分題賦物。余喜其才思俊逸，附録數章，不惟全豹一斑，且誌數年欵洽之意云。」由此記可知逢春《詩草》後所以附録世英詩。此書據清嘉慶七年（1802）刻本影印。

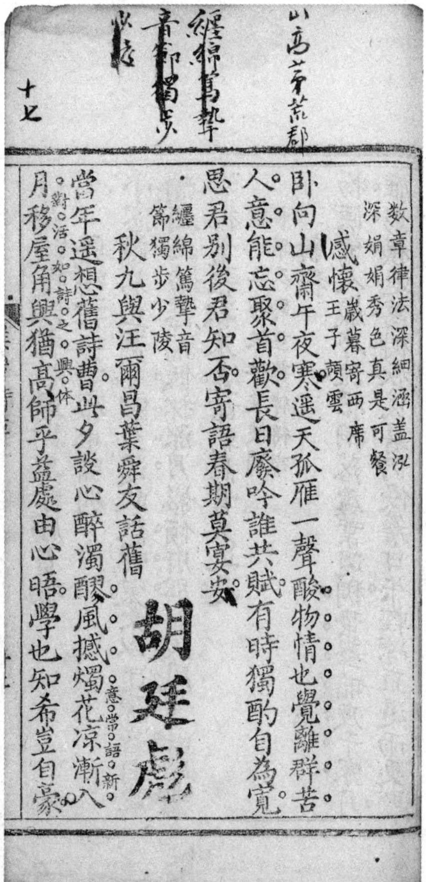
十七

數章律法深細涵蓋泓深娟娟秀色真是可餐

感懷 歲暮寄西席 王子頡雲

卧向山齋午夜寒遥天孤雁一聲酸物情也覺離群苦人意能忘聚首歡長日廢吟誰共賦有時獨酌自為寬思君别後君知否寄語春期莫宴安

纏綿篤摯音節獨步少陵

秋九與汪爾昌葉舜友話舊

當年遥想舊詩曹此夕談心醉濁醪風撼燭花涼漸入月移屋角興猶高帥乎益處由心晤學也知希豈自豪

胡廷彪

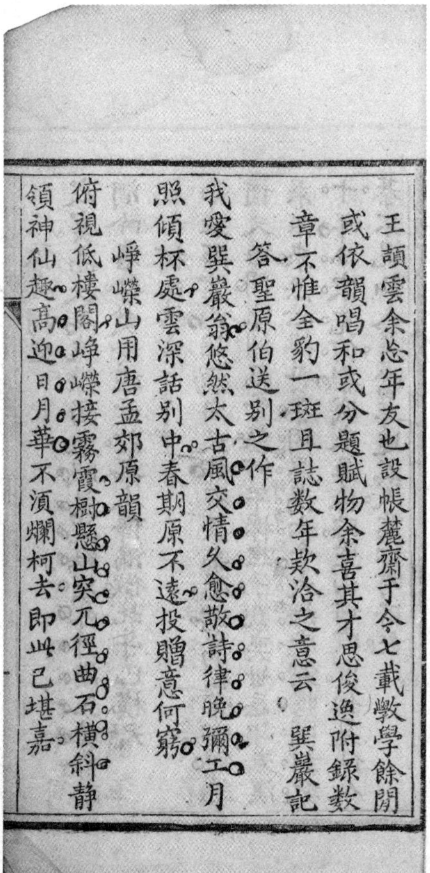
王頡雲余忘年友也設帳麓齋于今七載教學餘閒或依韻唱和或分題賦物余喜其才思俊逸附錄數章不惟全豹一斑且誌數年欵洽之意云 巽巖記

答聖原伯送别之作

我愛巽巖翁悠然太古風交情久愈敬詩律晚彌工月照傾杯處雲深話别中春期原不遠投贈意何窮

崢嶸山用唐孟郊原韻

俯視低樓閣崢嶸接霧霞樹懸山突兀徑曲石横斜静領神仙趣高迎日月華不須爛柯去即此已堪嘉

盈川小草三卷

清朱邕撰。邕字錫芬，嘉興舉人。清嘉慶八年（1803）任衢州西安縣學教諭，勤於課士，富有詩才，著有《盈川小草》三卷。是書卷前有衢州府學教授陳岱序，後有西安縣學訓導楊士英跋語和錫芬門人徐鏞識語。盈川爲衢州龍游唐時舊縣之稱，有時泛指衢州之地。此詩集所以稱《盈川小草》，乃因朱邕所作諸詩主要成於其任西安教諭期間。卷之首篇爲「壬戌季冬赴西安學博任留别禾中諸親友作」，次首亦爲留别詩。其下爲錫芬離别嘉禾，詩詠途中西湖、富陽、桐廬、嚴州、蘭溪、龍游之見聞，次爲「抵衢郡」「就館」。此後諸詩所寫，有祭至聖先師廟者，有題忠壯公遺像者，有吊趙姬墓者，有寫衢城火災者，有詠青霞洞、柯山書院者，有或和或贈或送或壽衢

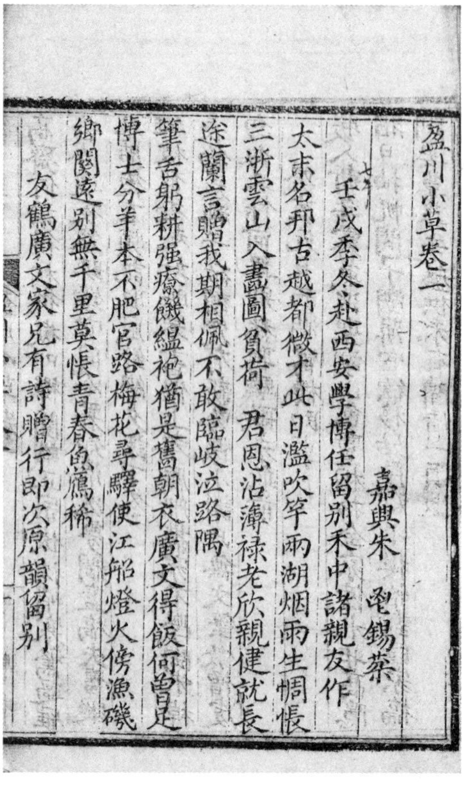

盈川小草卷一

嘉興朱　邕錫蕃

壬戌季冬赴西安學博任留别禾中諸親友作

太末名邦古越都微才此日濫吹竽兩湖烟雨生惆悵三浙雲山入畫圖負荷　君恩沾薄禄老欣親健就長途蘭言贈我期相佩不敢臨岐泣路隅

筆舌躬耕强療饑緼袍猶是舊朝衣廣文得飯何曾足博士分羊本不肥官路梅花尋驛使江船燈火傍漁磯鄉關遠别無千里莫悵青春魚鴈稀

友鶴廣文家兄有詩贈行即次原韻留别

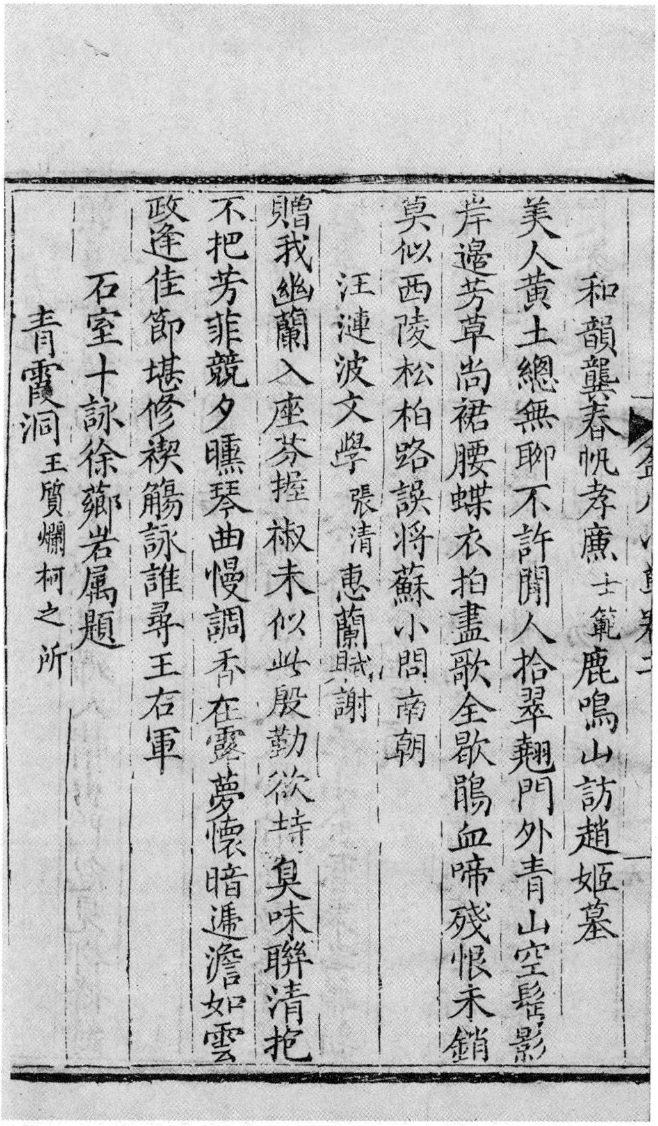
和韻龔春帆孝廉士範鹿鳴山訪趙姬墓
美人黃土總無聊不許閒人拾翠翹門外青山空髻影
岸邊芳草尚裙腰蝶衣拍盡歌全歇鵑血啼殘恨未銷
莫似西陵松柏路誤將蘇小問南朝
汪漣波文學張清惠蘭賦謝
贈我幽蘭入座芬握椒未似此殷勤欲持臭味聯清抱
不把芳菲競夕曛琴曲慢調香在靈夢懷暗遞澹如雲
政逢佳節堪修禊觴詠誰尋王右軍
石室十詠徐鄭岩屬題
青霞洞王質爛柯之所

地友人者，有爲課士而作者，皆與衢州相關。徐鏞跋語亦曰「其采姑妹之珍，挹青霞之秀，吊深源之廢宅，訪閱道之高齋，憑眺慷慨，是可以興」，此「姑妹」即姑蔑，「青霞」即柯山，「深源」即殷浩，「閱道」即趙抃，或爲衢地之稱，或涉衢州人物。此集諸詩大多吟誦衢地物景，或詩爲衢州友人而作，故作者雖非衢人，亦應入衢州叢書。此書據清嘉慶十四年（1809）刻本影印。

鋤藥初集四卷

清范崇楷撰。崇楷有［嘉慶］《西安縣志》，已著録。此書成於清嘉慶十五年（1810），爲其歸田之後整理前稿而成。其每卷端題「鋤藥初集」，署「西安范崇楷退樵稿，男錫疇、學易、學詩仝校」，版心爲「鋤藥集」。范氏以爲，「歸田之後，既老且病，所須惟藥，因憶唐人施肩吾句云『鋤藥顧老叟』，又云『藥心抽緑帶，煙鋤從此味』」，乃繪鋤藥小照，並取以名其集。此集四卷，全爲詩，卷前有陳登龍序、余本敦序和作者自序。退樵才氣俊爽，余本敦贊其詩曰：「生平倡酬之作，興到筆隨，擊鉢可就取，自適性情而止，然得意之句，往往符合古人。宦遊以後，風格一變，爲砰宏，爲沉拔，爲峻削，爲雄深，爲譎宕奇偉，要皆自在流出，不假憮刻。而憂民勤政之意，無不吐露行間，又非獨流連光景而已。」今見此書首葉有「余氏寒柯堂藏書，哲嗣翼等捐贈」紅印，末葉有「乙亥十二月廿四日校，樾園記」。可見，此傳本原爲余紹宋家藏，並經余氏手校。

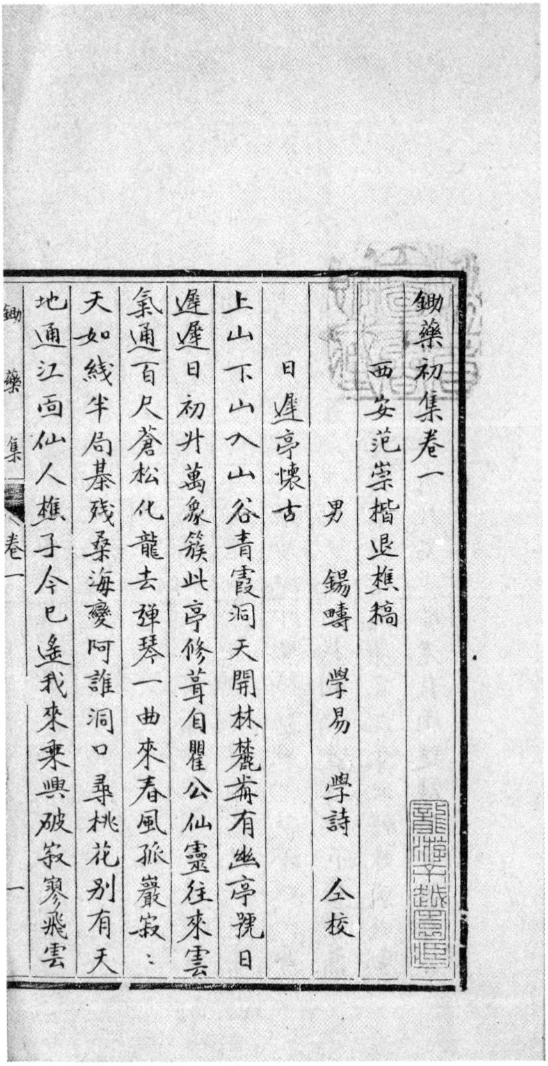

鋤藥初集卷一
西安范崇楷退樵稿
男 錫疇 學易 學詩 仝校
日暹亭懷古
上山下山入山谷青霞洞天開林麓嵛有幽亭號日
暹暹日初升萬象簇此亭修葺自瞿公仙靈往來雲
氣通百尺蒼松化龍去彈琴一曲來春風孤巖寂寂
天如綫半局棊殘桑海變阿誰洞口尋桃花別有天
地通江西仙人樵子今已遙我來乘興破寂寥飛雲
鋤藥集 卷一 一

此書原校不精，致有舛誤不少。其刊行中亦發現有誤，於天頭等處注出誤文，如卷二《集蘭亭字》「足跡已陳懷老倦」句脱「陳」字，於詩文末尾處有「『已』下失『陳』字」；又如卷四《舟行遇旱》「經吳復入越」句脱「入」字，其天頭處有「『復』下脱『入』字」。此書中更多的錯誤則爲余樾園所校出，如《集蘭亭字》又有「林間蘭氣得幽風」，余氏改「幽風」爲「風幽」，極是；又如卷三《渡邗江》中改「柳」爲「岸」，改「月夜」爲「夜月」，改「樓」爲「棲」。余氏所改，當有所本。鄭永禧《西安懷舊録》收録其詩《金純三峰歌》等三十五首，余紹宋所改《初集》中的一些錯誤，而《懷舊録》不誤，或鄭氏所見《初集》版本與今本不同。當然，也有些內容

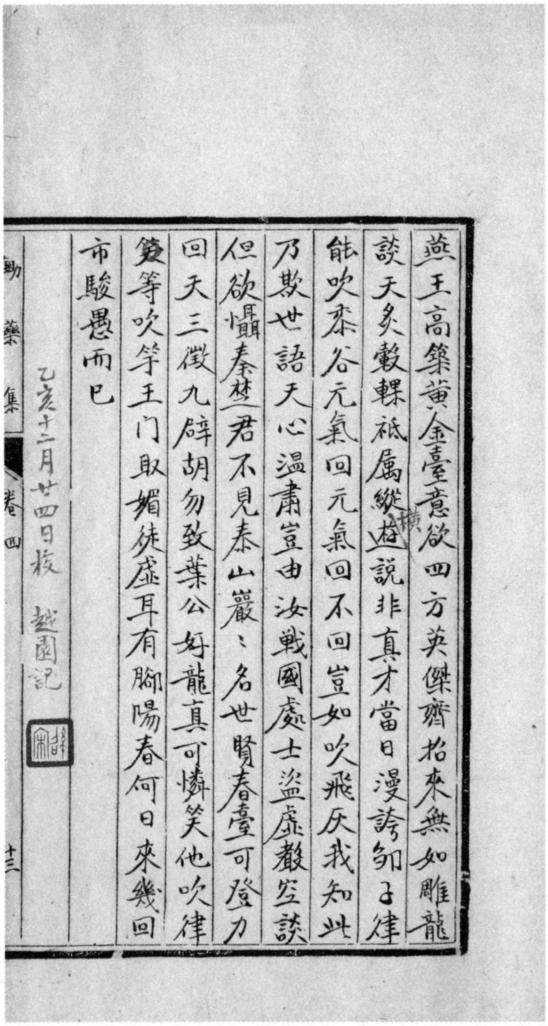

藥集 卷四 十三

燕王高築黄金臺意欲四方英傑齊招來無如雕龍談天炙轂輠衹屬縱横説非真才當日漫誇鄒子律能吹黍谷元氣回元氣回不回豈如吹飛灰我知此乃欺世語天心温肅豈由汝戰國處士盜虛聲空談但欲懾秦楚君不見泰山巖巖名世賢春臺可登力回天三徵九辟胡勿致葉公好龍真可憐笑他吹律簧等吹竽王門取媚徒虛耳有腳陽春何日來幾回市駿愚而已

乙亥十二月廿四日校 越園記

《初集》《懷舊録》不同，余氏未改，如《初集》卷二有《夜宴和華煦堂原韻》，其中有句「千里蓴羹得便休」，「砧聲何處擣清秋」，「無數山峰雲外青」；《懷舊録》題名爲「夜坐和華煦堂原韻」，文分別作「千里蓴羹興未幽」，「砧聲滿耳擣清秋」，「無數雲山繞郭青」，當以《懷舊録》爲是。又如《集蘭亭字》有「一生觴詠寄相如」，《懷舊録》「如」字作「知」，應是。此書據清抄本影印。

二陳詩選四卷

清陳聖洛、陳聖澤撰。聖洛字二川，晚號且翁，衢州西安人。二川人品高潔，與遊皆當世名士。家藏圖書甚豐，賦物懷人，不問戶外事。月白風清，或撫焦桐以適志。著《桐炭集》《候蟲集》。聖澤字雲嶹，號橘洲，聖洛弟。雲嶹精研經傳，抉奧鈎玄，泛濫於漢唐以下諸大家，尤篤嗜《杜工部》《韓昌黎全集》，口誦如流，首尾不遺一字。以著述爲樂，有《讀易記》《詩經集説》《讀杜解》《橘洲近稿》《中晚吟》。此集爲陳樸選訂。樸字繼華，雲嶹仲子，著有《思孟年譜》《孔氏家廟志》《趙清獻公祠墓録》《徐忠壯公祠墓録》等。是書四卷，選入古今體詩共二百六十四首，前有費淳、鄭烺二序。卷一有詩四十六首，選自《桐炭集》；卷二有詩六十七首，選自《候蟲集》；卷三有詩七十九首，選自《橘洲近稿》；卷四有詩七十二首，選自《中晚吟》。聖洛、聖澤及陳一夔，各有諸多覽勝寫景同名作，當是兄弟諸人同遊一地，相互酬唱而作。二陳兄弟以詩名，時稱二難，

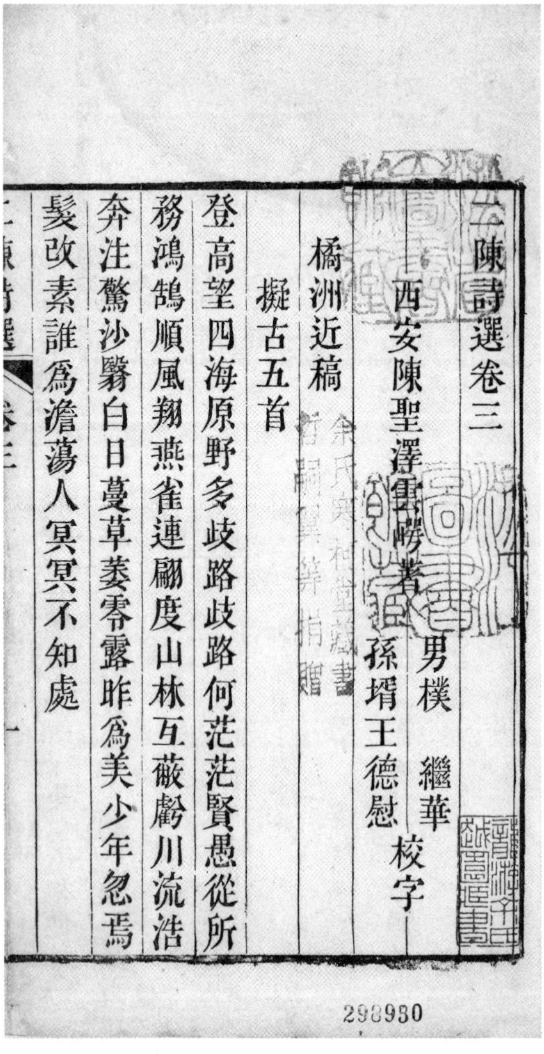

二陳詩選卷三

西安陳聖澤雲嶹著　男樸　繼華

孫壻王德慰　校字

橘洲近稿

擬古五首

登高望四海原野多歧路歧路何茫茫賢愚從所務鴻鵠順風翔燕雀連翩度山林互蔽虧川流浩奔注鶩沙翳白日蔓草萎零露昨爲美少年忽焉鬢改素誰爲滄蕩人冥冥不知處

298930

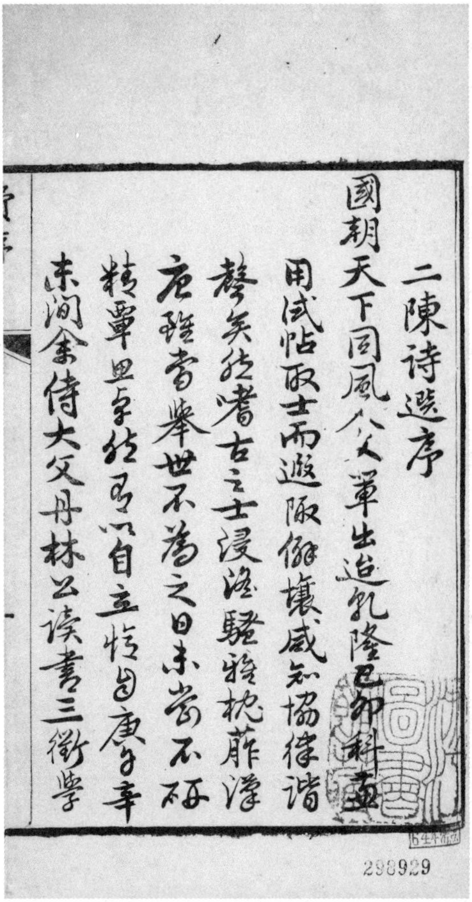

二陳詩選序
國朝天下同風人文畢出迨乾隆己卯科五
用試帖取士而遊隊偕壞咸知協律諧
聲矣然嗜古之士浸淫騷雅枕葄漢
唐雖當舉世不爲之日未嘗不研
精覃思以自立壇宇庚子辛
未間余侍大父丹林公讀書三衢學

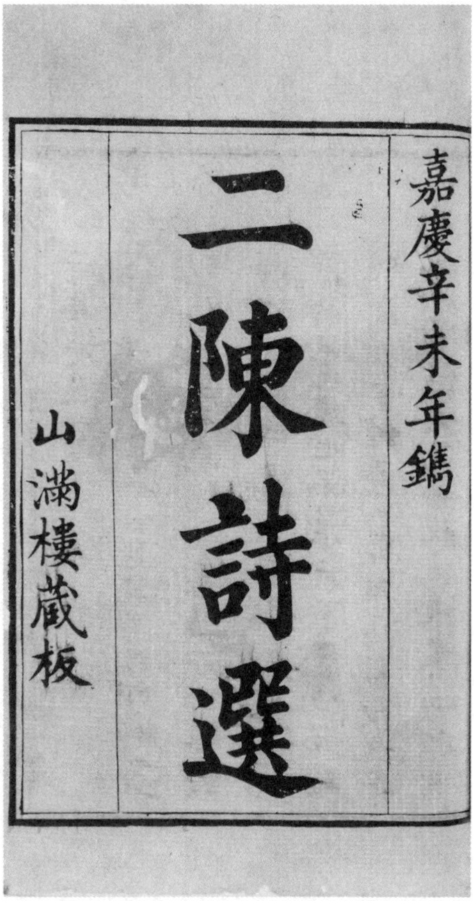

嘉慶辛未年鐫
二陳詩選
山滿樓藏板

江都鄭板橋等俱郵書索稿，問難不置。費淳稱且翁詩「清麗芊綿，淵雅可誦」，鄭灝評之如邊京兆畫，「一花一卉，皆臻奇妙」。龔渭評橋洲，「詩學韓、杜，而出以柔脆之筆，覺面目一新，爲一時吟壇指南」。阮元《兩浙輶軒録》采入聖澤《閑居作》《郭香浦司馬枉顧草堂》《東皋》和《酒熟招家賞侯徐采朝》詩四首，潘衍桐《兩浙輶軒續録》録有聖洛《擬古樂府》《讀柯山石刻得唐貞元元和二碑並録其文以歸》詩二首。鄭永禧《西安懷舊録》載有聖洛詩五十首、聖澤詩五十二首，其中聖洛《悠然樓望遠山》未見於《二陳詩選》，此録其文：「誰將淡淡喻麋汁，渲染悠然樓外山。翠掃淺深蛾子黛，螺堆凹凸佛頭鬟。斷從空際行雲補，晚襯天邊落照斑。怪底文園詩思媚，聯娟常對酒樽彎。」此書據清嘉慶十六年（1811）山滿樓刻本影印。

二石詩選一卷

清陳一夔撰。一夔字賞侯，衢州西安人。賞侯天姿豪邁，倜儻不羈，讀書肆力於古，善騎射，工擊劍。自謂紆青拖紫如拾芥耳，然屢次科第不舉。於是徜徉山水，寄托琴樽，發而爲詩，集爲《二石近稿》二卷。二石詩初與橘洲詩合刻，名曰《他山集》，後經龔春帆、鄭秋史選訂，益以晚年之作，自爲一編。鄭永禧《西安懷舊録》云：「《二石詩稿》，親見原刻真本尚存，不知何人竄入錢塘費辰《榆村集》，又雜見嘉善周鼎樞《清聞齋詩存》中，筆力均不相類甚哉！文恪公序《二陳詩集》有言：『毋使他人駕名竊取，又爲向、郭之二《莊》也。』」陳氏菱湖草堂與山滿樓有菱湖詩社，時費雄飛主社，陳聖洛、陳聖澤、陳一夔、費辰等皆入

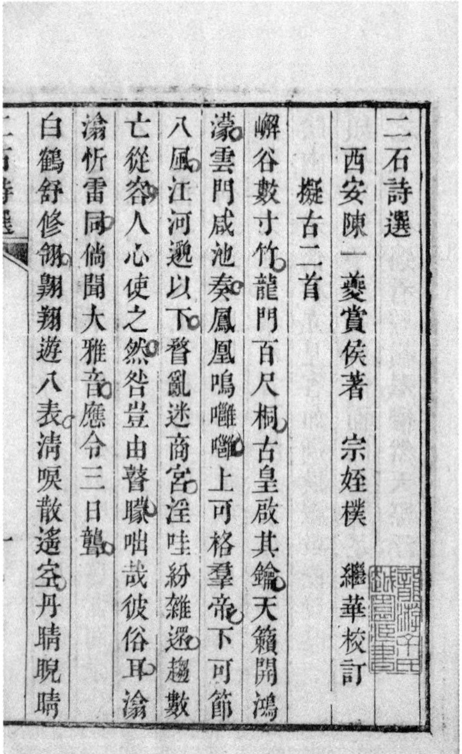
二石詩選
西安陳一夔賞侯著　宗姪樸　繼華校訂
擬古二首
嶰谷數寸竹龍門百尺桐古皇啟其鑰天籟開鴻濛雲門咸池奏鳳凰鳴噰噰上可格羣帝下可節八風江河遞以下瞀亂迷商宮淫哇紛雜遝趨數亡從容入心使之然咎豈由瞽矇咄哉彼俗耳淪渝忻雷同倘聞大雅音應令三日聾
白鶴舒修翎翱翔遊八表清唳散遙空丹睛睨睛

嘉慶辛未鐫
二石詩選
山滿樓藏板

社，集詩爲《菱湖社草》。後人集《二石詩稿》時，蓋將費辰之詩誤入。此書選入一夔古今體詩七十四首，由其宗侄陳樸選訂，卷前有徐崇烱、范崇楷、鄭烺三序。《西安懷舊録》收録賞侯詩三十四首，其文與此集同。《兩浙輶軒録》收録賞侯之詩《偶成》，爲《二石詩選》未收，此録其文：「有月即乘興，無人但閉關。世途多白眼，吾道屬青山。村酒聊復醉，園花日以般。置身在何許，材與不材間。」《輶軒録》引《碧溪詩話》言：「二陳之詩，雲崿長於七律，賞侯長於七古，佳處各不相襲。」鄭烺評其詩曰：「其思悲，其語壯，其色斑駁而陸離，其音噌吰而鏜鞳。集中《擬古》曰『下視齊州平，九點孤煙裊』，《詠梅》曰『要與李桃存氣骨，偏從霜雪試精神』，是何等胸襟耶！下筆咄咄逼人，豈非『語不驚人死不休』歟！」此書據清嘉慶十六年（1811）山滿樓刻本影印。

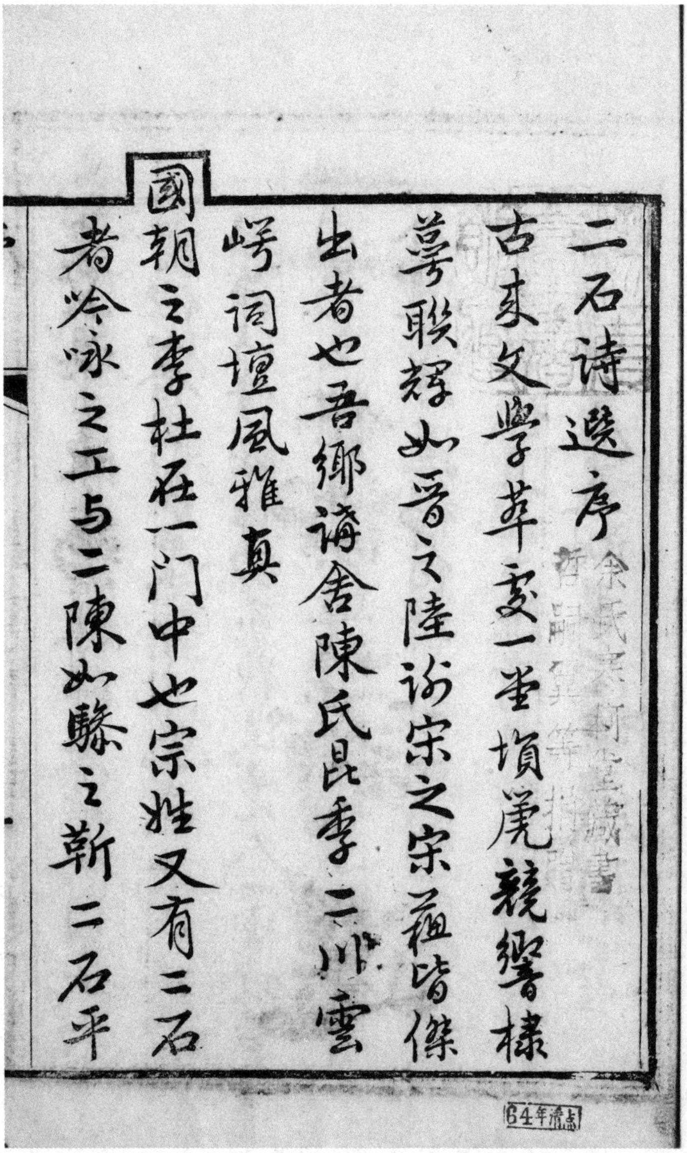
二石詩選序
古來文學萃處一堂頃麗競響棣
萼聯輝如晉之陸謝宋之宋蘇皆傑
出者也吾鄉諸舍陳氏昆季二川雲
崿詞壇風雅真
國朝之李杜在一門中也宗姓又有二石
者吟詠之工與二陳如驂之靳二石平

宜蘭詩草一卷

清吳雲溪撰。雲溪，清乾隆間西安太學生汪彭彬室，自號雲溪女史。雲溪父德庵，歸安人，進士出身，曾任河南縣令，早卒。吳氏隨外祖許弘健司訓西安，因歸於衢州，後與汪氏結縭，故潘衍桐《兩浙輶軒續録》稱其爲西安人。雲溪喜讀書，通文翰，凡遇一切可喜可愕之事，而寄之於詩，所著集爲《宜蘭詩草》。此集前有吳元會、范崇楷、鄭烺三序，後有其子彭家仁識語。雲溪詩共有一百四十四首，依次爲五言古詩兩首，五言絶句十首，五言律詩二十首，七言古詩兩首，七言絶句四十首，七言律詩五十首。鄭烺讀其詩，歎曰：「孺人至性過人，集中《哭母》《寄弟》諸什，纏

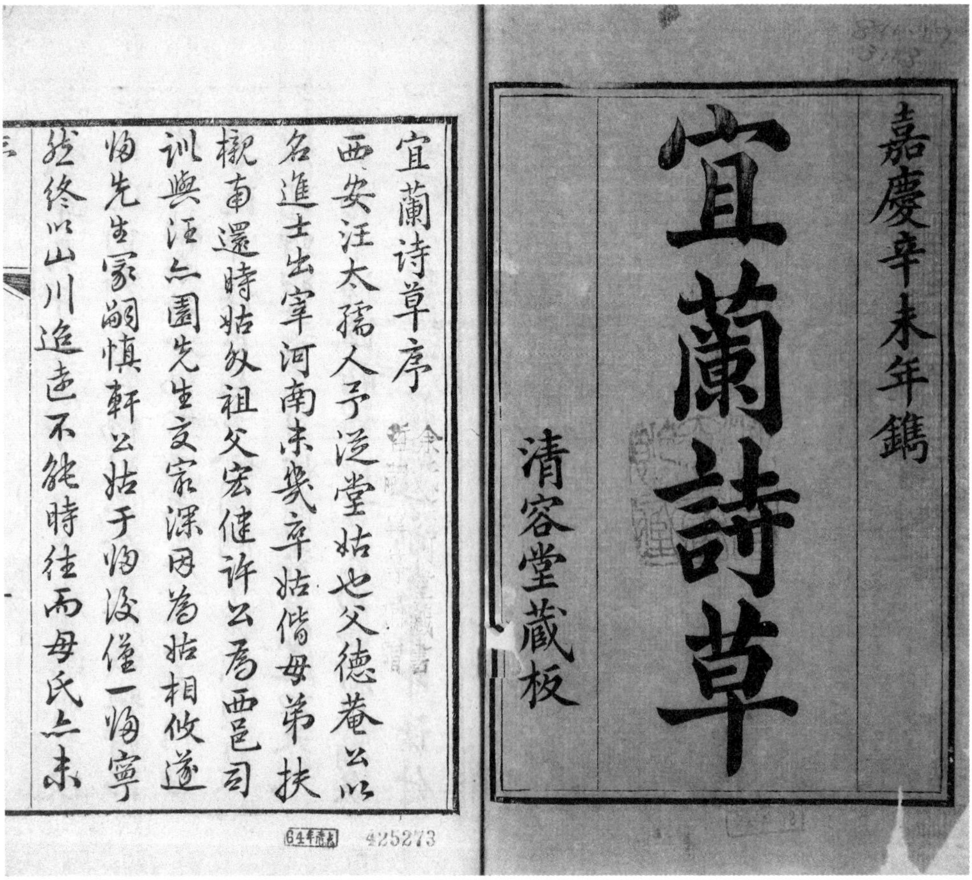

嘉慶辛未年鐫

宜蘭詩草

清容堂藏板

宜蘭詩草序

西安汪太孺人予從堂姑也父德菴公以名進士出宰河南未幾卒姑偕母弟扶櫬南還時姑外祖父宏健許公爲西邑司訓與汪亦園先生交最深因爲姑相攸遂歸先生冢嗣慎軒公姑于歸後僅一歸寧然終以山川迢遞不能時往而母氏亦未

綿悽惻，發乎情，止乎理義，有如南陔所賡者，豈區區春花秋月假翰墨以怡情哉！」潘氏《續録》采入其五言律詩「秋夜」、七言律詩「舟過蘭江」詩二首。郑永禧《西安懷舊録》收録雲溪詩三十九首，其與今本《詩草》文字有較多不同。如《舟過蘭江》中，《懷舊録》作「雲邊石堆春新水，柳外樵歌唱夕陽。更愛篷窗閑立處，每逢魚步識漁莊」，《詩草》作「雲邊石堆春新水，柳外漁歌唱夕陽。更愛篷窗閑立處，每逢小埠識村莊」，《輶軒續録》中此篇「新水」作「新米」，其餘與《懷舊録》同。又如《懷舊録》中《别弟後三日得書賦寄》有句「好待端陽節，來迎縠水船」，《詩草》中後句作「重來瀫水邊」。又如《懷舊録》中《梅花》有句「庾嶺先開壓衆芳」，《詩草》中「壓衆芳」作「縞素妝」。又如《懷舊録》中《定陽張宜人於閏九月歸寧與姑姊妹宴園中即席偶作》有句「菊迎白露花争艷，楓染丹砂葉較濃」，其中「争」「葉」「較」三字，《詩草》中分別作「猶」「色」「更」。又如《懷舊録》中《小園獨坐》有句「折來花可小餅載」，《詩草》作「折餘花用小餅載」。潘氏、鄭氏所見《宜蘭詩草》，當與今本不同，更富有詩意，或爲經雲溪修葺後之作。此書據清嘉慶十六年（1811）清容堂刻本影印。

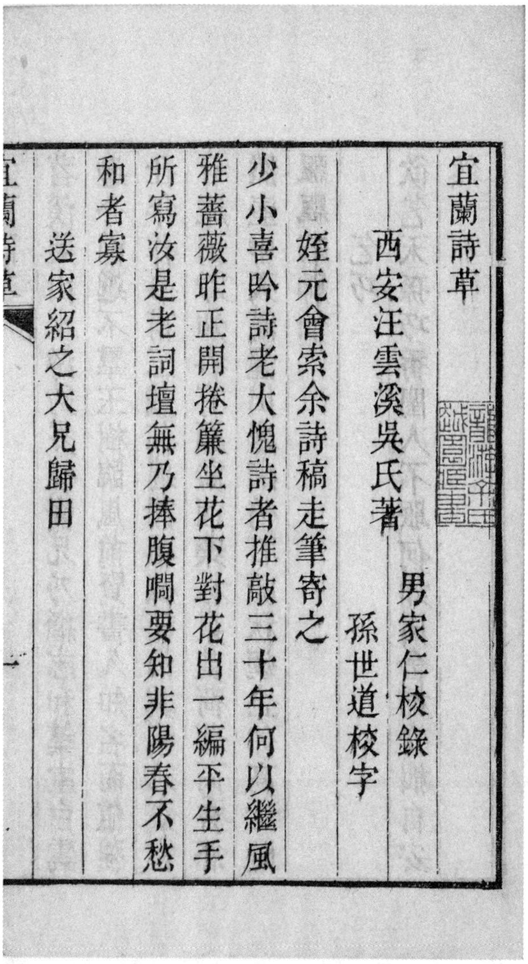
宜蘭詩草
西安汪雲溪吳氏著　男家仁校録
孫世道校字
姪元會索余詩稿走筆寄之
少小喜吟詩老大愧詩者推敲三十年何以繼風雅薔薇昨正開捲簾坐花下對花出一編平生手所寫汝是老詞壇無乃捧腹噱要知非陽春不愁和者寡
送家紹之大兄歸田
宜蘭詩草　一

瀔江遊草二卷

清費辰撰。辰字斗占（一作斗瞻），號榆村，本籍錢塘，寓居衢州西安。晚年舉孝廉，清嘉慶十年（1805）會試，欽賜翰林院檢討。長於詞賦，刊有《瀔江遊草》二卷、《榆村詩集》六卷。據［嘉慶］《西安縣志・寓賢》載，費辰爲杭州府學生，少隨伯父遊學三衢，與信安諸名士章天敘、盛葛湖、陳二川、橘洲昆季觴詠酬唱，聲名藉甚。費辰爲杭州人，雖寓居三衢，其書仍署「錢塘費辰斗占」撰。［弘治］《衢州府志》有「郡名」一目，衢州別名有「縠江」。「縠江」又別作「瀔江」，皆爲衢州別稱。費辰寓居衢地，此詩集大多吟誦三衢景物，吟唱柯城人事，故稱《瀔江遊草》。此集二卷，卷一收詩三十八首，卷二録有四十一首，其中與章天敘、陳聖洛、陳聖澤、陳一夔等衢州友人唱和詩、贈送詩爲多；除吟誦自杭州來往衢州沿途山川外，其寫景物抒懷則在衢地所見而作。此書據清活字本影印。

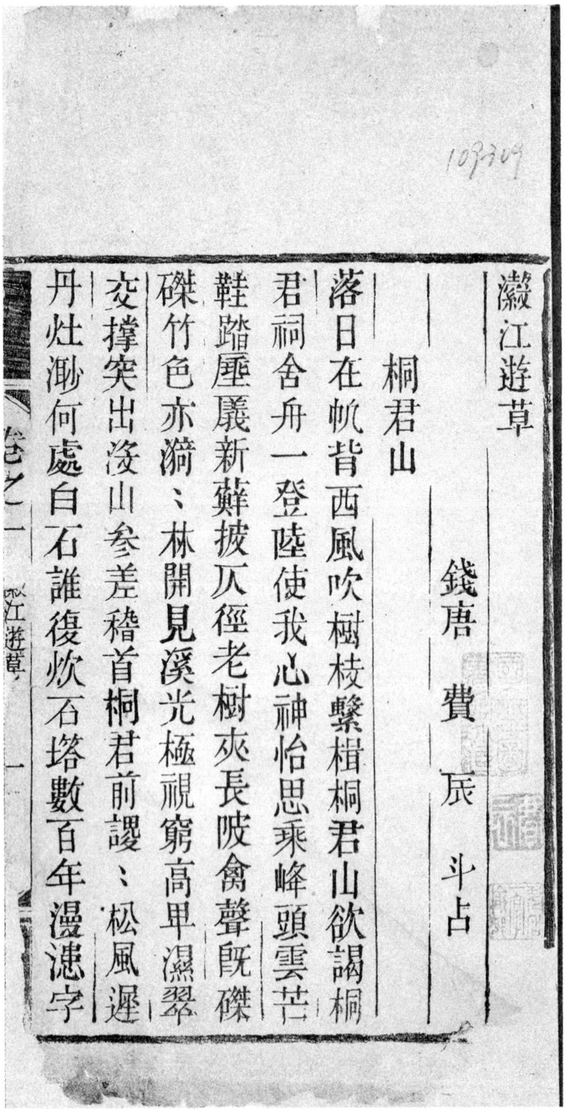
瀔江遊草

錢唐 費辰 斗占

桐君山

落日在帆背西風吹樹枝繫楫桐君山欲謁桐君祠舍舟一登陸使我心神怡思乘峰頭雲芒鞋踏歷巖新蘚披仄徑老樹夾長吠禽聲既磔磔竹色亦漪漪林開見溪光極視窮高卑濕翠交撐突出淩山參差稽首桐君前謖謖松風遲丹灶渺何處白石誰復炊石塔數百年漫漶字

卷之一　瀔江遊草　一

爛柯山

石梁横亘如長虹青芝白石披蒙茸不知何年策爾五丁力天驚石破懸玲瓏我來山中秋已杪山前落木禿如帚不見當年伐木人惟餘斷碣横秋草盤〻一徑入空青欲散未散烟冥〻日月雷雨走其下龍歸時復聞羶腥俯視鱗〻見城郭曠哉天地何寥廓仙人樵子雖不存已覺心胸去粘縛吁嗟乎神仙之説亦太奇殘星半局滄桑移摩挲石枰三太息松風浩〻雲霏

榆村詩集六卷

清費辰撰。辰有《瀫江遊草》，已著録。［民國］《衢縣志・藝文志下》載：「《榆村詩稿（一作集）》，清費辰撰。清乾隆間刊本，四卷。按，辰字斗瞻，號榆村，雄飛弟。晚中錢塘舉人，居衢。初著有《瀫江遊草》《榆村近稿》，後合刊爲《榆村詩集》四卷，分訂兩册。但有二陳及葉竹巢詩羼雜其內，疑皆當時唱和之作也。」此集共六卷，今存第四至六卷，與鄭永禧所見不同。或《榆村集》先有四卷刊本，而後增至六卷，抑或鄭氏所見缺後兩卷。據《衢縣志》，此集收有《瀫江遊草》所録之詩，幸今存《遊草》二卷，故《榆村詩集》所缺前三卷中，有《遊草》可補二卷。鄭氏又言此集羼雜「二陳及葉竹巢詩」，二陳者，陳聖洛、陳聖澤兄弟也，有《二陳詩選》已著録；葉竹巢者，西安貢生葉聞性也，字逢原，號竹巢，有《北遊草》二卷、《自娱集》四卷，皆不傳。此集題「錢塘費辰斗占」撰，榆村舊籍錢塘，故書之。然今存此集諸詩，大多作於衢州，不僅有諸多與陳、葉等西安鄉賢唱和之詩，亦有甚多吟誦衢州景物之作，還有許多投贈衢州友人之篇，故當收録此書。此書據清刻本影印。

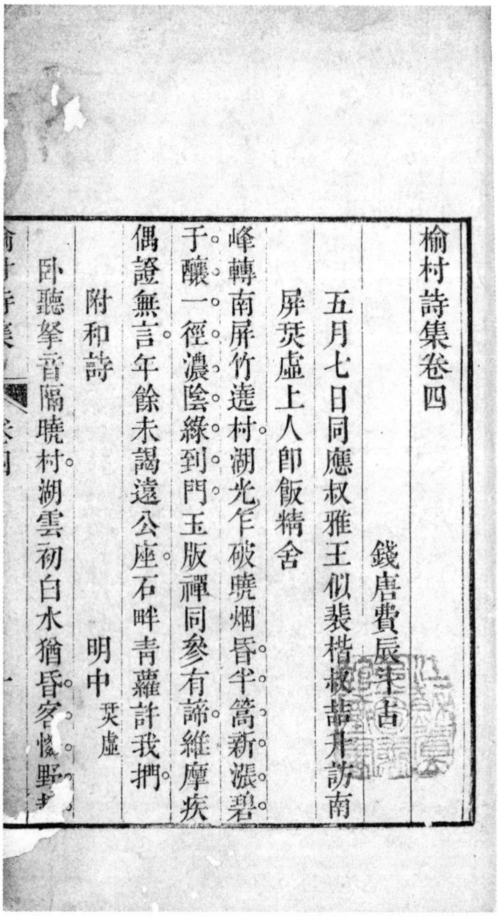
榆村詩集卷四

錢唐費辰斗占

五月七日同應叔雅王似裴楷叔喆升訪南屏熒虛上人即飯精舍

峰轉南屏竹遶村湖光乍破曉烟昏半篙新漲碧于釀一徑濃陰綠到門玉版禪同參有諦維摩疾偶證無言年餘未謁遠公座石畔青蘿許我捫

附和詩　明中　熒虛

卧聽鐘音隔曉村湖雲初白水猶昏客懷野

雨聽無聲樓頭岩翠如螺好穩臥松關日掩荆

壽廖古檀桃花影題詞後

埋玉藏香湖水清蘭因絮果證前盟汝陽仙令情如海倩女亭亭爲寫生

西泠橋下短碑存曾采青芹薦墓門今日春風重回首暗香疎影爲招魂予于庚午秋同人奠小青墓于孤山碑識巋然今不知所去

一曲當筵乏賞音周郎顧悞到如今傳神賴有江毫健浣出千秋冰雪心

閨鐸類吟注釋六卷附詩一卷

清詹師韓撰。師韓字臚雲，號荊州，又號惷魔道人，衢州開化人。邑增生。精醫學，工詩，著《城南集》四卷、《閨鐸類吟注釋》六卷。《閨鐸類吟注釋》前有吳文煥、宋國澍、張錬嬾三序。序文後有詩五十八首，分爲「雜詠七律」「釣臺懷古四首」「琴棋書畫四感」「感懷雜詠」「詠物雜詠」「親民坊奎樓前望八景」「塘陵八景」「閨趣四詠」八章。其所詠物寫景之作，多爲開化景物，這

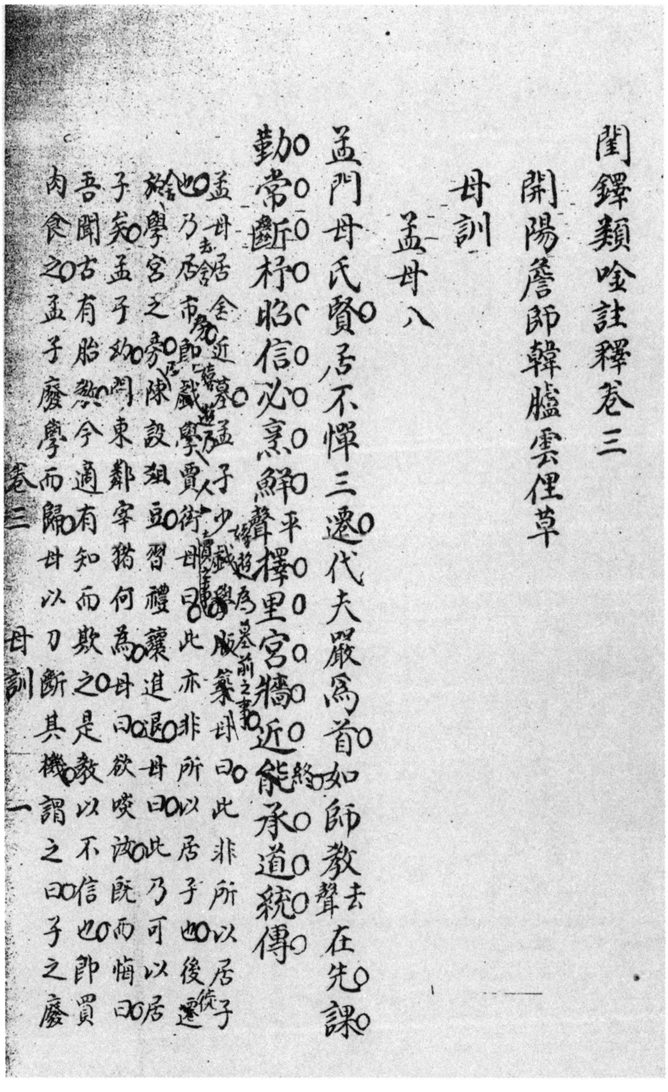
閨鐸類唫註釋卷三
開陽詹師韓臚雲俚草
母訓
孟母八
孟門母氏賢，居不憚三遷。代夫嚴爲首，如師教去聲在先。課勤加，常斷杼，胎信必烹豚。平聲擇里宮牆近，能終承道統傳。
孟母居近墓，孟子少嬉遊爲墓前之事。母曰：此非所以居子也。乃去舍市傍，孟子嬉戲學賈人衒賣。母曰：此亦非所以居子也。後遷於學宮之旁，陳設俎豆，習禮讓進退。母曰：此乃可以居子矣。孟子幼問東鄰宰豬何爲，母曰：欲啖汝。既而悔曰：吾聞古有胎教，今適有知而欺之，是教以不信也。即買肉食之。孟子廢學而歸，母以刀斷其機，謂之曰：子之廢
卷三　母訓　一

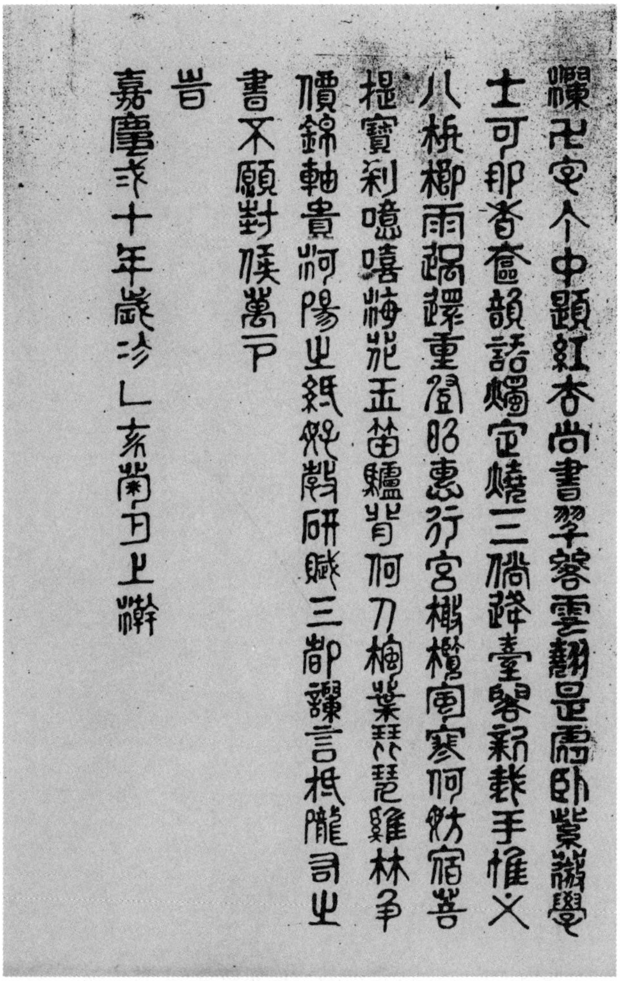

些詩篇或爲詹氏《城南集》中部分内容，遂録於此。《閨鐸類吟注釋》卷端題「開陽詹師韓臚雲俚草」，分宫廷、閨閫、母訓、婦箴、忠孝、節烈六卷，每首詩文都詳加注釋，介紹所吟誦女性德行、事跡等。卷一所吟皆古代名后名妃，如虞帝二妃、漢馬皇后、班婕妤、唐長孫皇后、遼蕭后等三十一人，其吟先秦名后最多，漢唐次之。卷二所誦皆或德行甚高，或才藝極佳，有孟光、曹大家、蘇若蘭等二十七人。卷三皆教子有方母親，有孟母、歐陽修母等三十五人。卷四有柳下惠妻趙姬、樂羊子妻等三十人，皆婦德高尚，箴言足使其夫君受益。卷五女性如趙簡子夫人、淳于緹縈、曹娥等二十六人，或孝順父母舅姑，或忠君愛國。卷六有衛共姜、楚昭王母等四十八人，皆節婦烈女，爲史家稱道。詹氏作詩專門詠誦歷史上各類女性，此類詩作實爲難得。宋國澍贊其詩，「集中閨情閨怨，二百有奇，戒蹈妖艷，寓箴規於空空色色，實欲引人入深，端後學之性情也。至於感物紀事，俱關世道人心，神融景物之中，男托風雲之志，樂不淫，哀不傷，得性情之正」。此書據清嘉慶二十年（1815）稿本影印。

戴簡恪公遺集八卷

清戴敦元撰。敦元字金溪，衢州開化人。清乾隆五十五年（1790）進士。嘉慶二十四年（1819）初爲廣東高廉道。道光元年（1821）擢江西按察使，二年遷山西布政使，三年召授刑部侍郎，十二年擢刑部尚書。十四年卒，贈太子太保，謚簡恪。敦元博聞强識，觀書過輒不忘。喜天文、律算，討論有年，著有《九章算術方程新術》。此集前五卷爲古今體詩，［光緒］《開化縣志·名臣傳》載戴敦元有《古今詩體遺集》，當即此五卷。古今體詩按年編排，卷一爲乾隆甲辰己酉詩一百十六首，卷二己酉時詩一百十九首，卷三爲己酉至丙辰詩一百三十一首，卷四爲嘉慶丙辰至戊辰詩一百六十二首，卷五爲戊辰至道光壬辰詩二百八首，卷

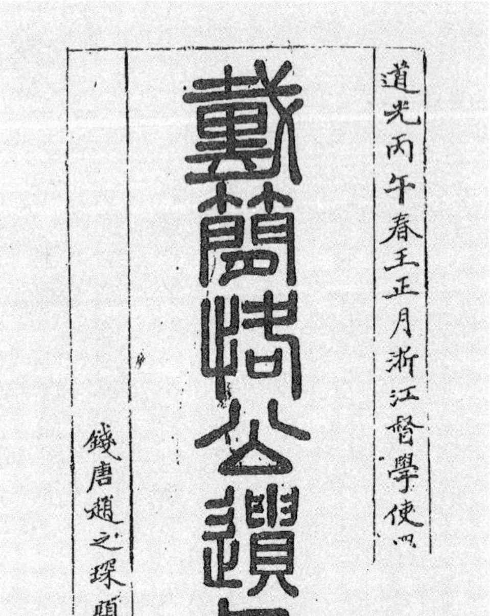

六爲集蘇句一百七十三首，卷七爲詩餘九十六闋，附存十五闋，卷八爲詩餘七十一闋。此集卷前有長洲陳奐《戴簡恪公紀略》和門人吳鍾駿序。袁行雲《清人詩集敘録》言簡恪公詩：「其詩不以雕琢爲工。詠天津、臨清、聊城、高郵等都會之區，平實之中，必有感觸。題畫詩亦能自抒胸臆，《題徐俟齋先生像》，尤爲切典。酬寄交往如孫原湘、戚學標、查揆、屠倬、陳鴻壽爲風雅士。《晚晴簃詩匯》舉其近體《項王廟》《漂母祠》截句，氣象灑落。及流連風景之作，取徑幽秀，句奇語重，是亦根柢深厚焉。」敦元雖罕爲文，亦有文傳，［民國］《江山縣志·藝文志》録有戴氏道光二十年（1840）所作「蔡東軒先生傳」。此書據清同治六年（1867）戴壽祺抄本影印。

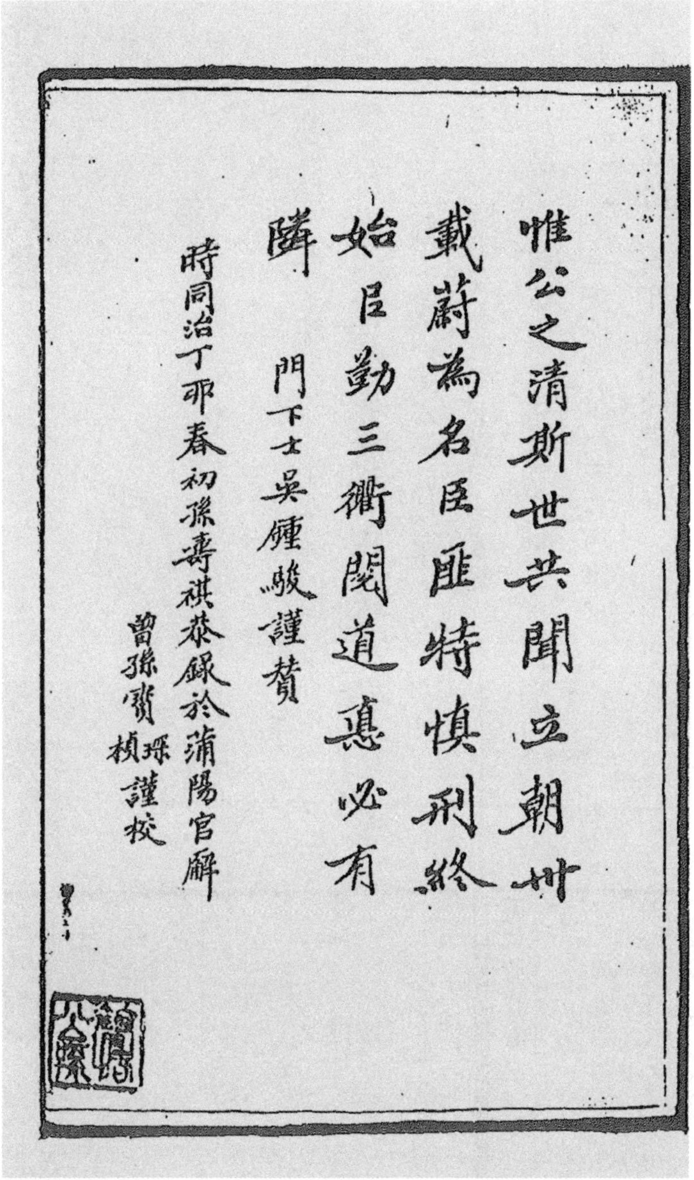
惟公之清斯世共聞立朝卅載蔚爲名臣匪特慎刑終始以勤三衢闡道悳必有鄰

門下士吳鍾駿謹贊

時同治丁卯春初孫壽祺恭録於蒲陽官廨

曾孫賓楨璟謹校

香雪詩存六卷

清劉侃撰。侃字諫臾，一字式端，號香雪，衢州江山人。清嘉慶間廩貢。香雪嗜古洽聞，務爲有用之學，讀書精於校勘，尤長輿地之學，所輯有《三衢正聲》《玉葉詩存》《類肪》《輿肪》《姓肪》《韻肪》《典肪》《二十一史抄》及《香雪隨筆》等書。此集題「須江劉侃諫臾」撰，「須江」爲江山縣唐時舊稱。是書凡六卷，末有劉佳跋語，收録古今體詩二百九十三首。是集多遊記詩作，其遊歷主要限於自江山至杭州間。卷六有詞題曰，「數年來，四鄉多虎患。今歲夏，虎過筸嘉渡，至近郊攫民豕

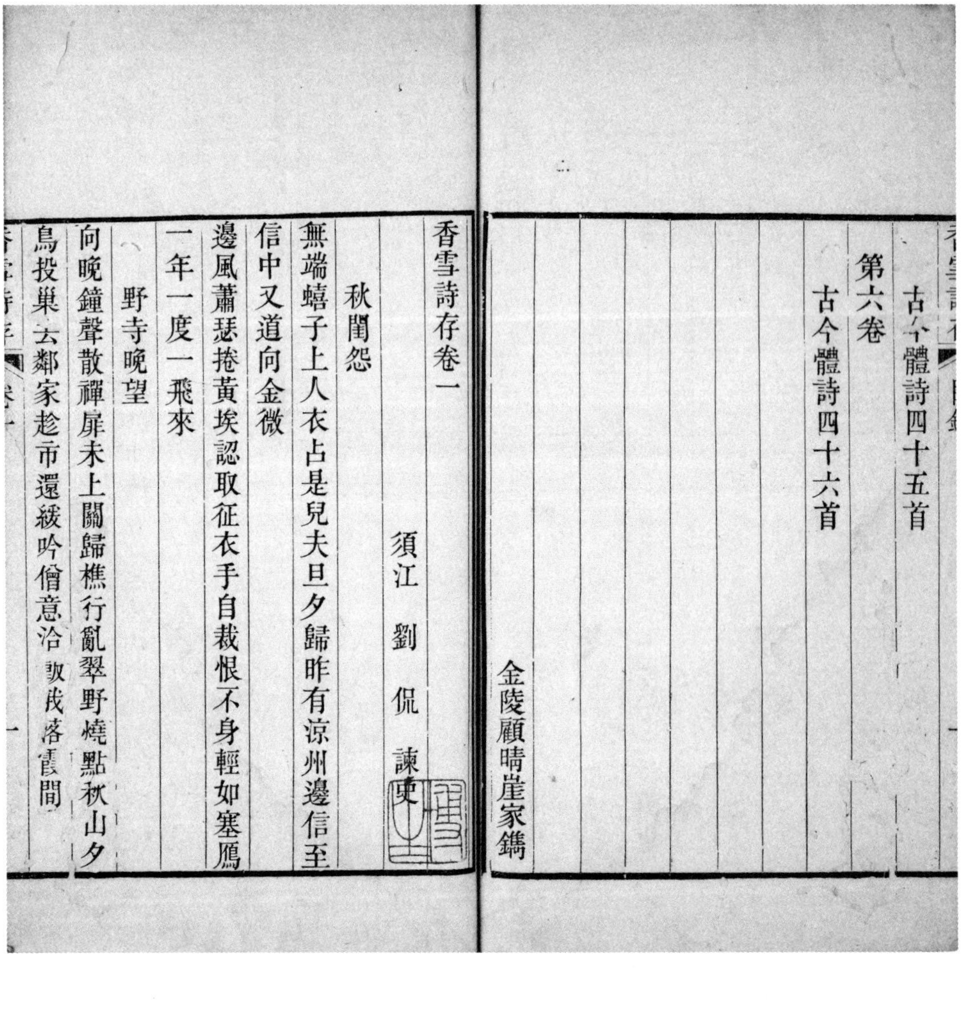

香雪詩存 目錄

古今體詩四十五首

第六卷

古今體詩四十六首

金陵顧晴崖家鐫

香雪詩存卷一

須江 劉 侃 諫臾

秋閨怨

無端蟢子上人衣占是兒夫旦夕歸昨有涼州邊信至信中又道向金微

邊風蕭瑟捲黃埃認取征衣手自裁恨不身輕如塞鴈一年一度一飛來

野寺晚望

向晚鐘聲散禪扉未上關歸樵行亂翠野燒點秋山夕鳥投巢去鄰家趁市還綏吟僧意洽敦戍落霞間

香雪詩存 卷一 一

犬，邑人相戒。劉子感焉，乃禱於山神而請殛之」。由此可證，在清嘉慶間江山尚有虎出沒。卷六又有《雜書》，並非純爲詩體，多爲個人識見。其侄劉履芬撰其事略言：「吾邑荒僻，鮮有知詩者。自府君與徐先生履誠爲之倡，自後風雅一道，彬彬可觀。」可見香雪詩在江邑有一定影響。潘氏《兩浙輶軒續録》亦録其詩，載有「晚泊龍邱」「秋獵」「秋寺」「不寐」「鄉婦歎」「捋棹行」「龍潭冬遊和弟德甫韻」詩七首。此書據清道光十六年（1836）直方堂刻本影印。

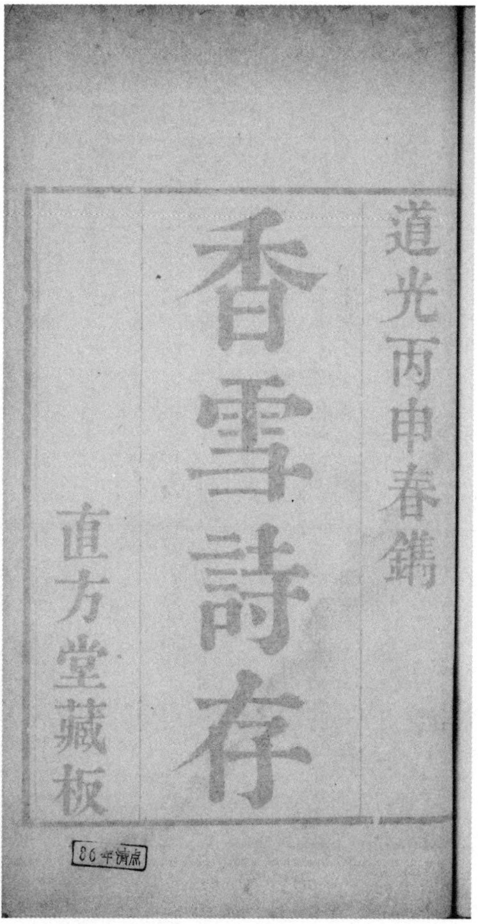
道光丙申春鐫

香雪詩存

直方堂藏板

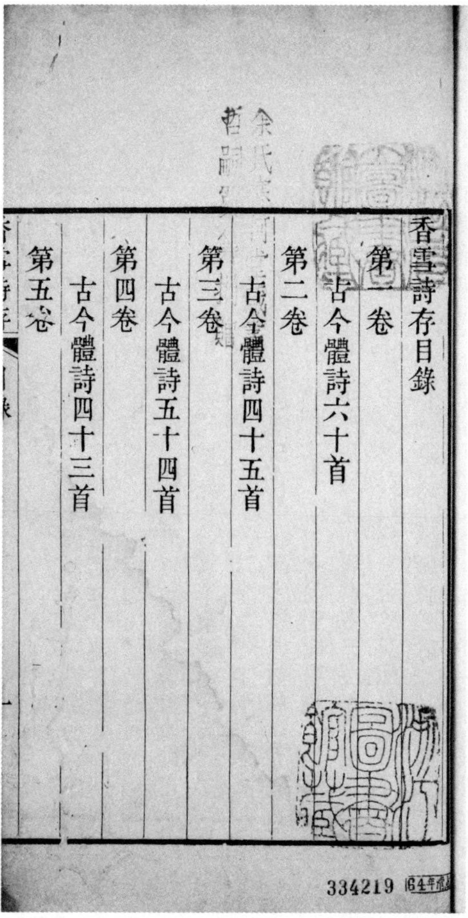
香雪詩存目錄

釣魚篷山館集六卷

清劉佳撰。佳字德甫，號眉士，侃胞弟。清嘉慶十三年（1808）舉人，先後任奉賢、溧水知縣。所著有《釣魚篷山館集》《釣魚篷山館時文》《釣魚篷山館筆記》《治溧官書》二卷、《寓杭日記》一卷、《瞻雲録》一卷、《內簾日記》五卷、《漢唐地理注合編》二卷、《輿圖補注》一卷、《格致小録》四卷，又《日省編》《治奉日成》《治溧日成》《寓吳日記》《史稊》若干卷。此集六卷，卷一至五收録古今體詩四百二十四首，卷六收録文二十五篇，前有徐庚瑞序，後有其子履芬所撰《劉府君事

釣魚篷山館集序 一

余與劉君眉士舊交也眉士少余六歲嘉慶庚申冬同補博士弟子員過從益密繼同受業於廣文蔡東軒先生賞奇析疑殆無虛日初眉士溺於帖括之學余屢非之始從事於史漢及周秦古文辭稍暇旁究古今體詩嘗拈題彼此唱和取益最多戊辰眉士綴巍科以去既而計偕旋里時時聚首非獨舉業互相切劘凡處事接物罔不取懷而予誼若弟昆至道光甲申出宰江南奉賢丁亥調溧水書問時通未嘗以道遠廢也戊子春正偕何君濟初訪之路過溧陽循聲克著嘗書一聯贈別曰勉爲良吏斯民幸問到廉聲稚子知蓋紀實也越十四年辛丑秋余與其壻周君右銘遊姑蘇則眉士已告歸僑寓吳縣朱家園矣門庭蕭寂惟見藏書充棟不改儒素私心甚喜時余勸其歸里眉士逡巡未果又數年得中風

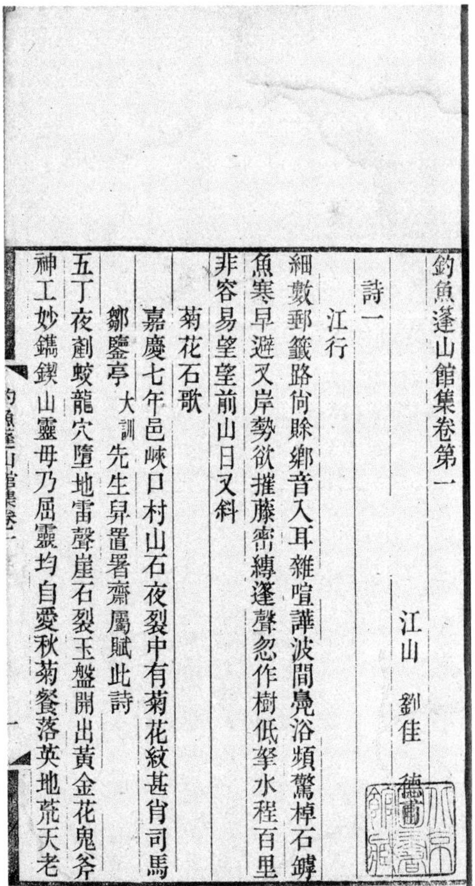

釣魚篷山館集卷第一

江山 劉佳 德甫

詩一

江行

細數郵籤路尙賒鄉音入耳雜喧譁波間鳧浴頻驚棹石罅魚寒早避叉岸勢欲摧藤牽縛蓬聲忽作樹低拏水程百里非容易望望前山日又斜

菊花石歌

嘉慶七年邑峽口村山石夜裂中有菊花紋甚肖司馬鄒鑒亭大訓先生舁置署齋屬賦此詩

五丁夜劃蛟龍穴墮地雷聲崖石裂玉盤開出黃金花鬼斧神工妙鐫鍥山靈毋乃屈靈均自愛秋菊餐落英地荒天老

狀》。據履芬所述，「府君於文嗜左史，於詩嗜蘇陸，於書嗜米董」。眉士詩文爲時人贊賞，嘉定程庭鷺稱眉士詩「清遠閑放，近於劍南」。今存清人别集，柴大紀《少保公遺書》全收文章，劉佳及其子履芬、孫毓盤諸集兼載詩文，其他别集大多爲詩集。江山劉氏雖以詩詞而名，亦善爲文，眉士當創其家學。此集初刊於道光二十九年（1849），再版於咸豐十年（1860），同治十三年（1874）復刻。同治本末附劉佳《寓杭日記》《瞻雲録》，皆爲眉士日記，下劉佳《釣魚篷山館外集》收録之。此書據清道光二十九年刻本影印。

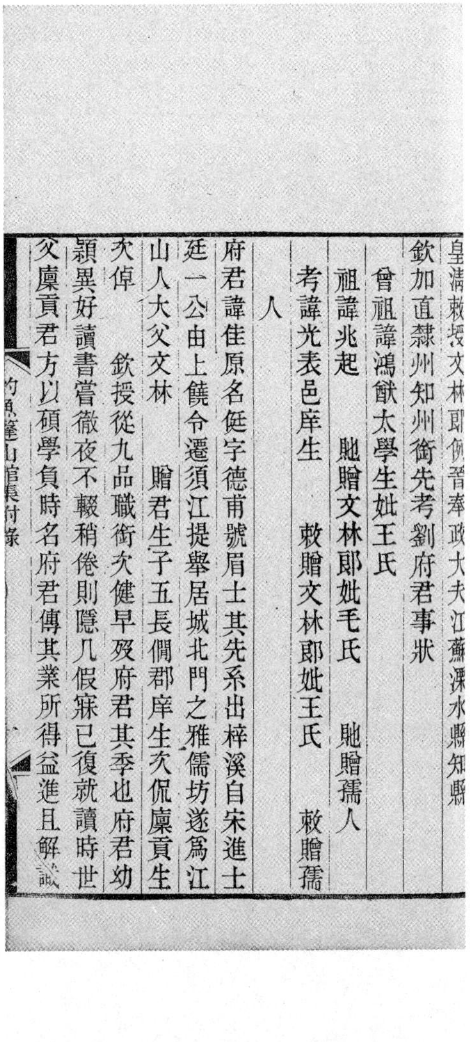

皇清敕授文林郎例晉奉政大夫江蘇溧水縣知縣
欽加直隸州知州銜先考劉府君事狀
曾祖諱鴻猷太學生妣王氏
祖諱兆起　貤贈文林郎妣毛氏　貤贈孺人
考諱光表邑庠生　敕贈文林郎妣王氏　敕贈孺人
府君諱佳原名侹字德甫號眉士其先系出梓溪自宋進士廷一公由上饒令遷須江提舉居城北門之雅儒坊遂爲江山人大父文林　贈君生子五長倜郡庠生次侃廩貢生次倬　欽授從九品職銜次健早歿府君其季也府君幼穎異好讀書嘗徹夜不輟稍倦則隱几假寐已復就讀時世父廩貢君方以碩學負時名府君傳其業所得益進且解識

釣魚篷山館外集三卷

清劉佳撰。佳有《釣魚篷山館集》，已著録。此外集收録劉佳之作三種，即《釣魚篷山館筆記》《寓杭日記》《瞻雲録》，首有門人甘煦「欽加直隸州知州銜前溧水縣知縣劉先生墓誌銘」。《筆記》分條記録，一般少則二十餘字，多則二三百字，僅辛卯年、壬辰年、癸巳年、甲午年、己亥年、庚子年、辛丑年日記内容稍多。《筆記》所載多爲劉氏所見所聞所行之事，有些内容純爲日記，其紀事起於清嘉慶十三年（1808），止於道光二十一年（1841）。除劉佳親歷之事外，《筆記》還録有逸聞軼事及從它書摘抄而來之雜事或人物小傳等。如第十四至十九條，乃從同邑何氏家乘中采得何程等六人小傳。《寓杭日記》所記，時在道光二年（1822）十一月十七日至次年正月十六日，爲劉佳在杭遊歷之見聞。《瞻雲録》亦爲日記，時在道光四年（1824）五月十一日至次年正月二十二日，劉佳以奉賢、溧水兩任知縣，十年俸滿，咨取引見，遂北上京師，此記其在京及其來回沿途見聞。《寓杭日記》《瞻雲録》所記，可分别與《釣魚篷山館集》卷三、卷四諸詩互見。《筆記》後時有劉履芬案語，其第二十條後案語曰：「筆記中、諸集中多未存稿，是履芬從同邑王明經鈺撰抄得之，今皆依次羼入。」據此可見劉佳《外集》當爲其子履芬整理而成。此書據清抄本影印。

釣魚篷山館筆記

余於戊辰十月初八日渡錢江謁房師沈筠溪先生是日至西興初九日自蕭山起程次早至越郡是日復買舟至好壩十一日至嵊縣梨樹灘已三更矣遇沈師於舟次遂同舟而返逾四日而至杭州

己巳正月余公車過杭敬展于忠肅公墓見王文成楹語云碧血既丹書公自大名垂宇宙青山埋白骨我來何處哭英雄書法絕遒勁又錢武肅王祠有順天者存四字額亦文成筆也

過吳江城中河干一廟正月賽會甚盛內懸吳道子水墨觀音一幅匆匆別去惜未記其廟名也

耕心齋詩抄一卷

清徐本元撰。本元字登瀛，號仙槎，衢州龍游人。所著有《耕心齋文抄》《耕心齋詩抄》《皇朝名臣事略》《曲阿叢載》。［民國］《龍游縣志·藝文考》載，《耕心齋詩抄》二卷，止於清咸豐三年（1853）。今見此本存於《名家詩詞叢抄》，僅一卷，收録道光二十一年（1841）至二十五年間詩作四十首。［民國］《龍游縣志·文徵志四》載有劉詠之《耕心齋文抄序》，《名家詩詞叢抄》未載，故録劉序全文於此：「余往嘗過夢蘭，談論

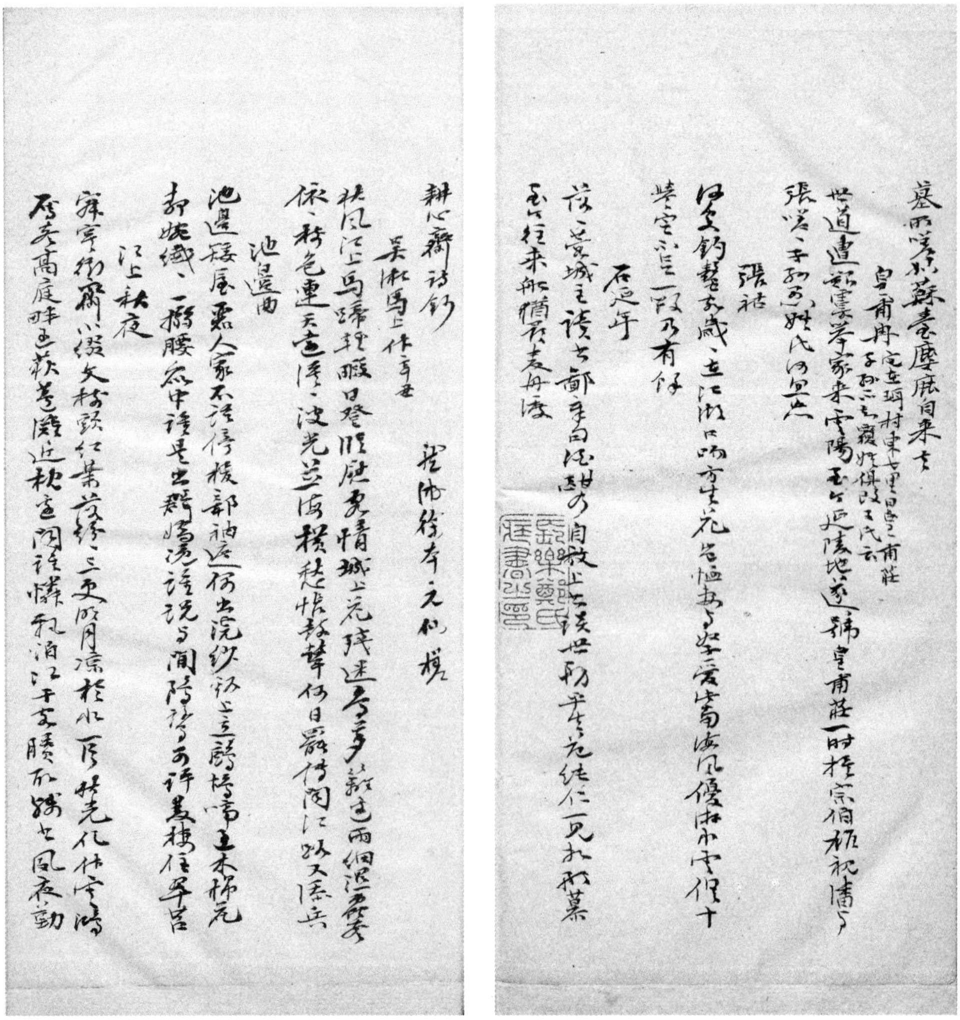

即識，君沉静而多才，無少年華縟意，蓋翩然佳公子也。君浙江龍游人，侍尊甫少尉公宦行吳中，故夢老館君舍，君得修執贄禮。夢老志學最勤敏，君亦希心古人，日摩弄典籍，其所尚與所樂同也。君頗厭浮會，又不自矜伐。余方重其趨以謂世所難，其他文章宜工之如此。固未知其復有詩也，涣汗以爲美，亦淵然其不可測矣。此編適在楊元潔處，意其近日所爲詩，展之始識是君作，即坐間讀三四行，驚矍色動，其功力之妙，固有足多者。遂乞歸使暢讀卷中，時積雪寒甚，漏已二下，竟忘其所苦。大略通體俱合，七言古風於論斷步驟綽有餘裕，頗不落大曆後；五言真摯可誦，近體清淑而多遠神，其品藻亦在南渡諸子間。此君少作可造詣已若此高雅，後日其可量乎？真吾夢老之畏友也。况沉静善學如君者，又力能修古之作，以謙沖行之，駸駸乎日加一日矣。我聞德必有鄰，豈止夢老爲不孤行耶，實亦世之所寵也！雖然學有源有委，而詩之道要在是乎？亦幸其無欲速焉而已。於是書卷尾歸之，且自負能識此。倘君有請益之餘暇，並質之夢老，爲何如人也。」《文徵志》録此文題名曰「耕心齋文抄序」，然讀此序可知，實爲《耕心齋詩抄序》。今有清抄本《名家詩詞叢抄》，徐氏《詩抄》載於其中，本書據其影印。

吴越雜事詩一卷

清余恩鑅撰。恩鑅字鏡波，原名鑾，字聽詔，衢州龍游人。清道光十三年（1833）優貢。明年，中式順天鄉試舉人。咸豐三年（1853），以知縣銓發廣東，調署海陽、饒平知縣。歷署東莞、德慶、南雄各州。在南雄時較清簡，與金錫慶、杜承濬、沈潤身、李聯珠四人唱和爲多，刻有《凌江唱和詩》二卷。恩鑅尤喜培植人才，聽訟之暇，即與士子講習文藝，娓娓不倦。輯有《勵志書屋課藝》四卷，皆歷任課士子之作，當時粤中盛行。宦中餘資，悉以購置明人書畫、金石，又精於考訂，撰有《藏拙軒珍賞》六卷。又喜抄書，

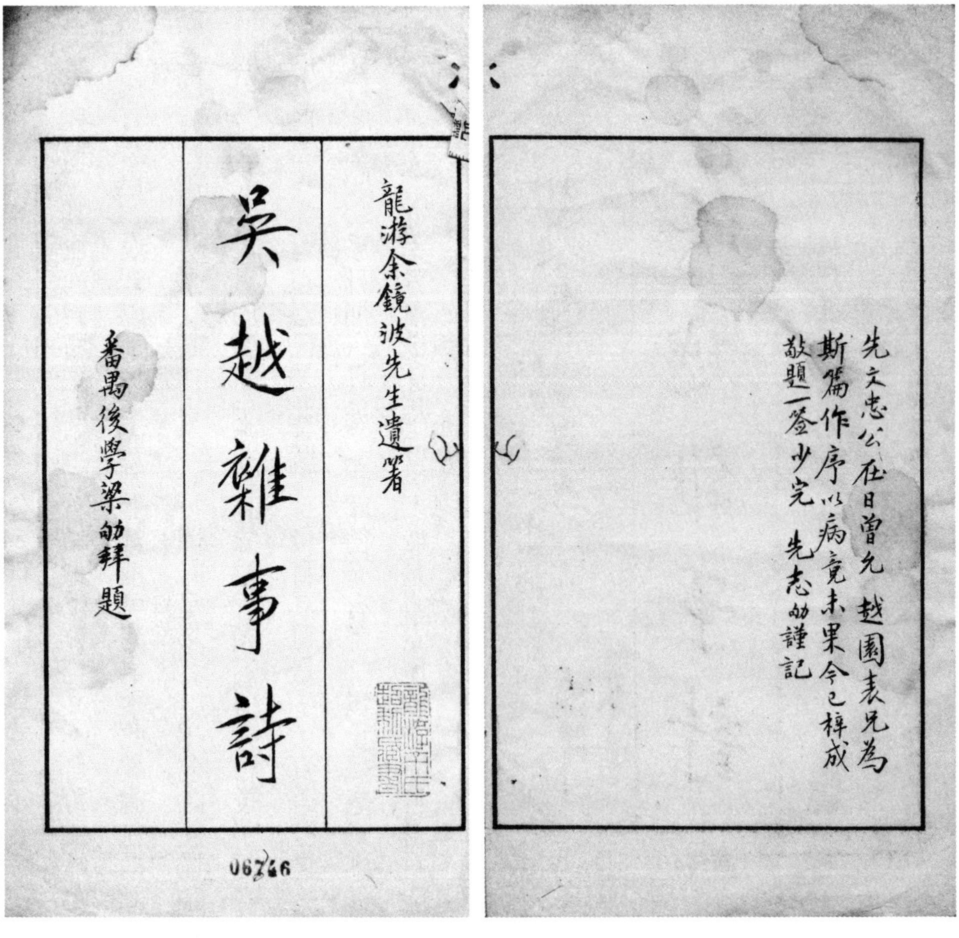

所抄書逾四百卷。歸田後，又輯所爲詩文四卷，名曰《勵志書屋續稿》。鏡波《吳越雜事詩》共一百首，吟唱五代時吳越國雜事，並自爲作注。其自注「典故禁引《十國春秋》」，所引書諸如《新五代史》《東都事略》《吳越備史》《五代會要》《太平寰宇記》《臨安縣志》《北夢瑣言》《夢粱録》《劉後村集》《漁隱叢話》等，凡正史、别史、雜史、政書、方志、筆記、文集、詩話等共五十餘種。蘭溪唐立夫讀此作後，稱其「筆情之飛舞，色澤之鮮明，徵引之繁博，是劉舍人所謂寫實反虛、鎔經鑄緯者」。書後有恩鏁曾孫余紹宋題跋，稱此書原已散失，民國三年（1914）紹宋於書肆中購得，民國十一年付刊。此書據民國十一年（1922）余紹宋刻本影印。

淡永山窗詩集十一卷

清周世滋撰。世滋字潤卿，衢州西安人。清同治年歲貢。任永康訓導一載，解任歸，閉戶著書，詩文結集有《淡水山窗詩集》《玉屑編》《玉屑詩話》等。潤卿好搜古代名印私章，所鑒尤精，晶玉竹石，陳列几案，璀璨奪目，刊有《萬石齋印譜》；又好讀莊子及諸釋典，詮釋《金剛經》而刊成《蓮池片葉》。《淡永山窗詩集》十一卷，收録道光二十二年（1842）至咸豐十一年（1861）古今體詩，凡八百八十一首，以作詩之年先後次序編定，卷前有詹嗣曾題辭和作者自序。世滋自言，自太平天國喪亂以來，圖籍盡毀，亂後掇拾，惟詩

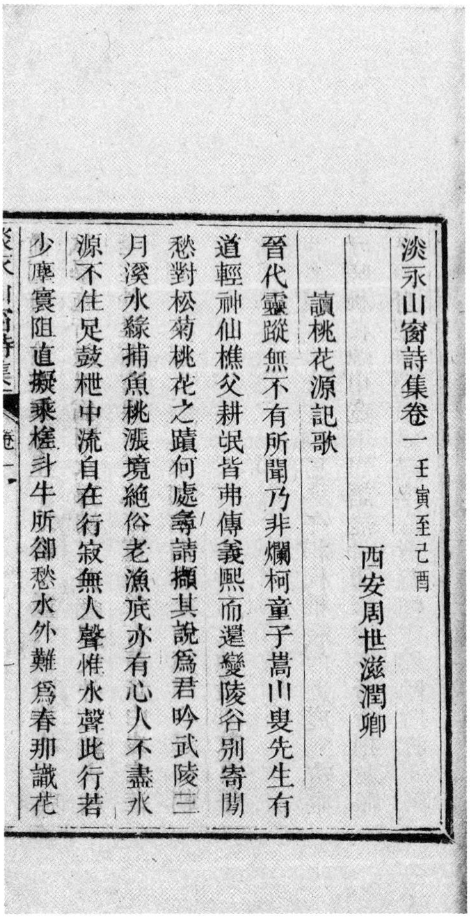
淡永山窗詩集卷一　壬寅至己酉

西安周世滋潤卿

讀桃花源記歌

晉代靈蹤無不有所聞乃非爛柯童子嵩山叟先生有道輕神仙樵父耕氓皆弗傳羲熙而還變陵谷別寄閒愁對松菊桃花之蹟何處尋請擷其説爲君吟武陵三月溪水綠捕魚桃源境絶俗老漁底亦有心人不盡水源不住足鼓枻中流自在行寂無人聲惟水聲此行若少庳寰阻直擬乘槎斗牛所卻愁水外難爲春那識花

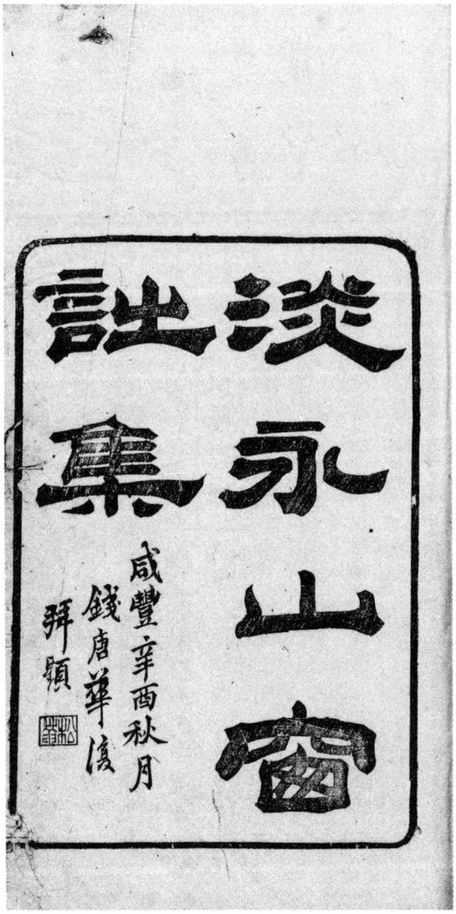
淡永山窗詩集

咸豐辛酉秋月

錢唐華復

拜題

草幸存，「顧維平生疏懶，賦性不近功名。束髮後無他，嗜文史，暇喜觀古人全集，想見其爲人。九齡即解吟詠，仲春夜夢，登岱窺海，日咽其光，而吞之用是賦詩，輒有好句。逮乎壯歲遭歷世變命，蕘愁山哀，詞恨賦雅，不欲出以示人」，然爲知己所推，遂將此集梓行。此集卷三有「删詩」一篇，其中有言，「作詩遲速較，論詩工拙爭。選詩畫風氣，唐宋元明分。删詩衷一是，餘外都不論。删人詩務博，删己詩務精。拉雜十删九，披沙時見金。删後復再删，所獲皆奇珍」。由此可見其對詩歌創作、删改之見解。又卷四「偶成」有句「燈前罔兩堪同語，海内文章半可燒」，此亦見作者品評詩文要求之高。周氏此集頗受西安賢達推許，詹嗣曾尤重之，言周詩「引義就根柢，斂才束規矩。誰謂推敲閑，斟酌必韓愈。但守子輿言，忠告豁肺腑」。潘衍桐《兩浙輶軒續録》收録周世滋「撥悶」「偶成」二篇詩作，《西安懷舊録》録入周氏詩二十一篇。此書據清同治元年（1862）刻本影印。

埽雲仙館詩抄四卷

清詹嗣曾撰。嗣曾字省三，號魯齋、癯仙，衢州西安人。清同治十二年（1873）拔貢，曾入左宗棠幕府。自幼於詩有獨好，泛覽六朝、唐、宋，尤神明於少陵格律。曾遊嘉興，知府許雪門聘修《府志》，又代輯《鴛湖詩抄》。嗣曾平日讀史有得，隨時筆記，而成《讀史雜俎》，未刊。［民國］《衢縣志·人物志三》載，嗣曾字「魯儕」，此《詩抄》詹氏自序和王日烜《題辭》均稱「魯齋」，或《衢縣志》有誤。此集舊名《珍珠船草》，刊行時改稱《埽雲仙館詩抄》，收録嗣曾道光二十八年（1848）

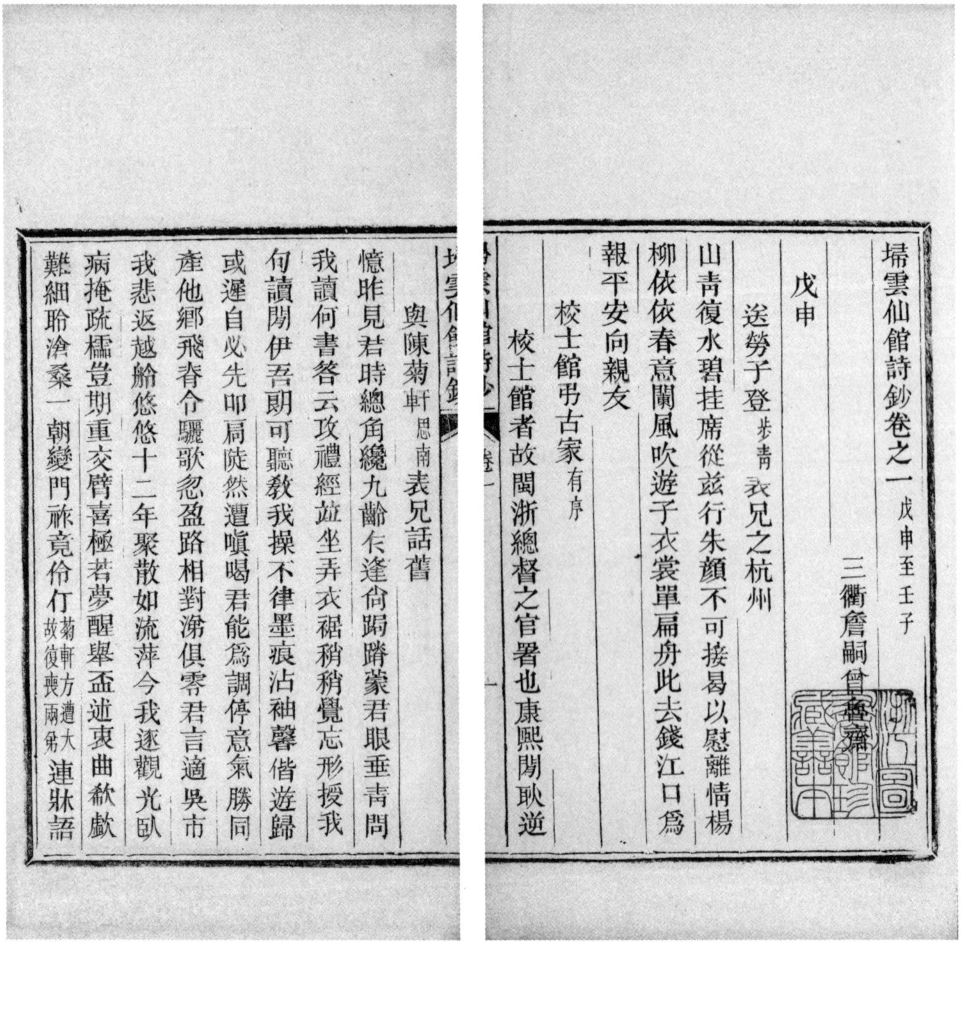
埽雲仙館詩鈔卷之一 戊申至壬子
三衢詹嗣曾魯齋
戊申
送勞子登步青表兄之杭州
山青復水碧挂席從茲行朱顏不可接曷以慰離情楊柳依依春意闌風吹遊子衣裳單扁舟此去錢江口爲報平安向親友
校士館弔古冢有序
校士館者故閩浙總督之官署也康熙閒耿逆
與陳菊軒思南表兄話舊
憶昨見君時總角纔九齡矢逢尙蹁躚蒙君眼垂青問我讀何書答云攻禮經並坐弄衣裾稍稍覺忘形授我句讀閒伊吾朗可聽教我操不律墨痕沾袖馨偕遊歸或遲自必先叩扃陡然遭嗔喝君能爲調停意氣勝同產他鄉飛脊令驪歌忽盈路相對涕俱零君言適吳市我悲返越舲悠悠十二年聚散如流萍今我遂觀光臥病掩疏櫺豈期重交臂喜極若夢醒舉盃述衷曲欷歔難細聆滄桑一朝變門祚竟伶仃菊軒方遭大故復喪兩弟連牀語

至咸豐十一年（1861）間古今體詩三百四十八首。書前有西安周世滋、閩縣徐壽恬、西安葉如圭、錢塘諸可權、龍游王日烜「題辭」五篇，下爲嗣曾自序，末有其妻王慶棣跋語。嗣曾詩作中時有自注，以解詩中有特定術語，如卷二「龍燈歌」有句「嶄然頭角矗尺木，横纏十丈紅錦紅」，其下注曰：「衢俗，娶婦之家以紅帛繫龍角，謂之挂紅。」此集卷一作於道光二十八年（1848）戊申至咸豐二年（1852）壬子，與後三卷詩作有所不同。卷一多寫景、遊記之作，詩句多抒己意，無關家國。自咸豐三年（1853）癸丑之歲，嗣曾感受到當時烽火彌漫，故此後多爲感懷之作，充滿憂世之情，如卷三《和又園次内子西村感懷原韻》：「亂定聊爲樂，愁多自足傷。生涯際衰落，詩思激悲涼。枯樹寒如病，秋山晴更蒼。此身無所寄，吟罷立斜陽。」由此可見作者歷經國家戰亂之痛。嗣曾自幼習杜詩，故其憂國之詩多受少陵影響，其妻王氏深解之，故言：「初吟俊逸詞，韻疑叶笙簧。繼作牢騷音，一一堪斷腸。傾心在杜陵，餘亦宗三唐。」《西安懷舊録》收録嗣曾詩三十一篇。此書據清同治元年（1862）刻本影印。

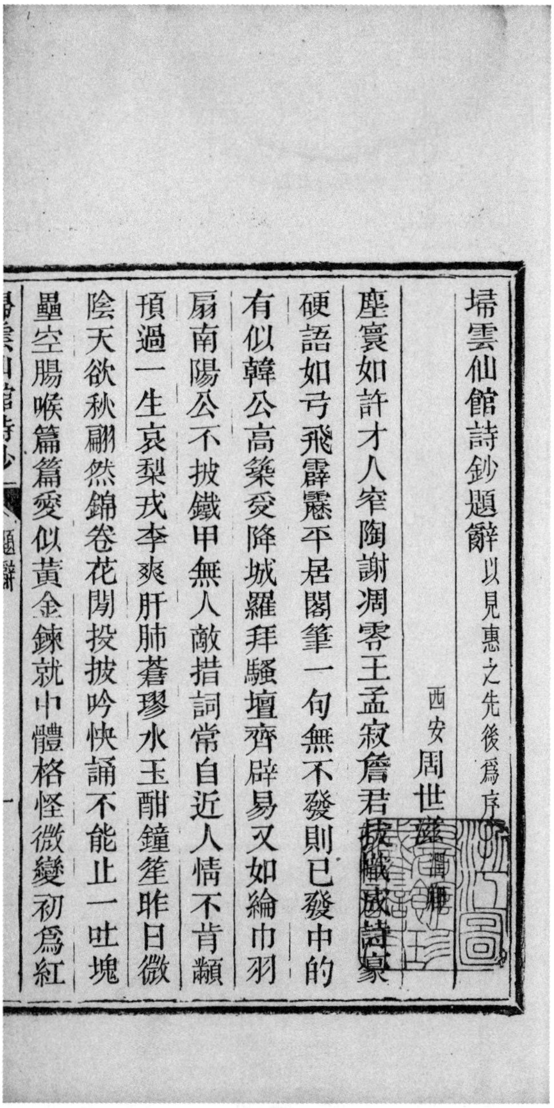
埽雲仙館詩鈔題辭 以見惠之先後爲序
西安 周世滋 澗卿
塵寰如許才八窄陶謝凋零王孟寂詹君掖幟成詩家
硬語如弓飛霹靂平居閣筆一句無不發則已發中的
有似韓公高纛癸降城羅拜騷壇齊辟易又如綸巾羽
扇南陽公不披鐵甲無人敵措詞常自近人情不肯顢
頇過一生哀梨戎李爽肝肺蒼璆水玉酣鐘笙昨日微
陰天欲秋翩然錦卷花閑投披吟快誦不能止一吐塊
壘空腸喉篇篇奚似黃金鍊就中體格怪微變初爲紅
埽雲仙館詩鈔 一 題辭 一

織雲樓詩草一卷

清王慶棣撰。慶棣號穠仙，嗣曾之妻，錢塘王寶華之女。寶華字古園，曾任四川名山知縣，以詩名，刊有《蒙仙山館詩抄》。慶棣早年隨父在川，年十歲即能詠，十五歲賦「留別名山宦署」詩，稱頌一時。及笄，適嗣曾。［民國］《衢縣志・藝文志下》載：「《織雲樓詩抄》，清詹嗣曾室王慶棣撰。排印本，二卷。與《埽雲仙館》同時出版。按：此亦少年之作。據其《家傳》，尚有《詩》二卷，《試帖》及《詩餘》各一卷，未刊。」然今存此本題「織雲樓詩草」，僅一卷，收録詩作八十首。此册前有西安周世滋、慶棣兄王慶詒、錢塘閨秀汪甄三人《題詞》。慶棣此集前兩篇爲「留別名山宦署」「四川道中」，當即隨父離別四川所作，此下諸詩作多爲適嗣曾後所作。太平天國亂衢，慶棣避難居錢塘，遂有《思歸》曰：「惆悵往錢塘，他鄉即故鄉。親朋漸來密，歲月逝偏忙。旅客思靈雨，歸鴉噪夕陽。一枝今暫借，何日理行裝。」可見慶棣雖生爲錢塘人，出嫁後遂以衢州爲家，因而可視爲衢人，其詩集自當應入衢州叢書中。此書據清刻本影印。

織雲樓詩草

錢唐王慶棣穠仙

留别名山官署

隨侍西川瞬十年每依官閣𦘺花鈿明知此後難重到回首關山倍黯然

四川道中

蜀道崎嶇天竝齊萬峯深鎖暮雲低舟前山色移圖畫峽裏灘聲動鼓鼙落日一篷添客思西風兩岸送猿啼武侯遺跡今猶在八陣荒涼認舊隄

存素堂詩存四卷

清葉如圭撰。如圭字梧生，一字蓉峰，號榕圃，又作蓉浦。清同治十三年（1874）進士。官江西候補知府。著有《存素堂詩存》四卷、《吳穀人駢文注釋》六卷、《古艷詩存》《洪都吟草》等。此集凡四卷，收録道光二十八年（1848）至同治五年（1866）古今體詩，卷前有吳懷清、葉丙蔚二序和如圭自序。卷一爲「叢碧山窗小草」一百二首，卷二爲「燼餘録」六十三首，卷三爲「懶園集」七十四首，卷四爲「瘦燈老屋集」七十三首，共三百一十二首。鄭永禧《西安懷舊録》據葉氏家乘言如圭有《瘦燈吟屋詩稿》，或即《瘦燈老屋集》。此集詩多作於咸、同之際，有較多書寫太平天國動亂給浙江帶來的影響和破壞。其詩「避兵洋潭有感」「夜潛行靈道中」「自二月寓居洋潭，又屆仲夏矣，一經回憶，悵然有作」「三月兵亂奉母居山中」「戊戌三月粵寇圍衢州，予挈家平昌居山村」「賊圍衢州三閱月不解，予由平昌間道至武林暫寓」等衆多詩篇皆爲避難之作。另有篇目抒寫戰亂時際遇與感懷，如「閉市嘆」寫到：「三月閉城城崔嵬，四月閉市市喧豗。軍笳嗚嗚悲聲哀，白日黯澹飛黃埃。出門争相山深處，闤闠閴如全遁去。千街萬戶爨無煙，寥落寒風長官署。」可見烽火燃起

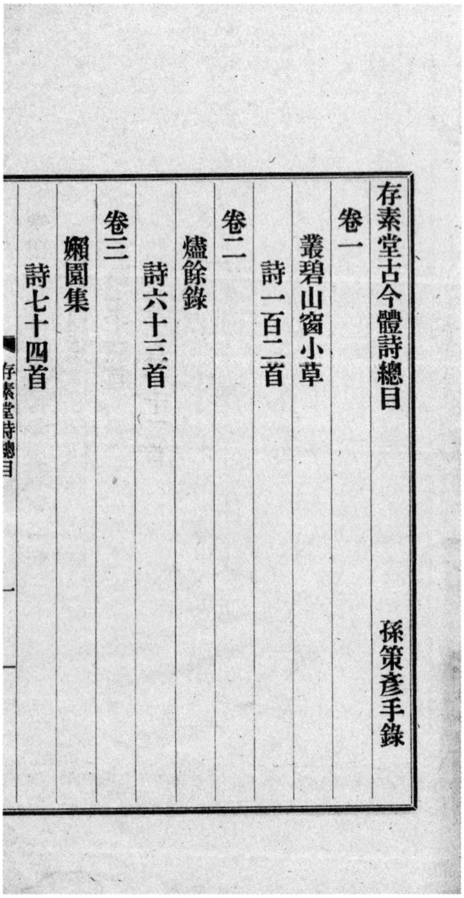

存素堂古今體詩總目　孫策彥手録

卷一

叢碧山窗小草

詩一百二首

卷二

燼餘錄

詩六十三首

卷三

懶園集

詩七十四首

存素堂詩總目

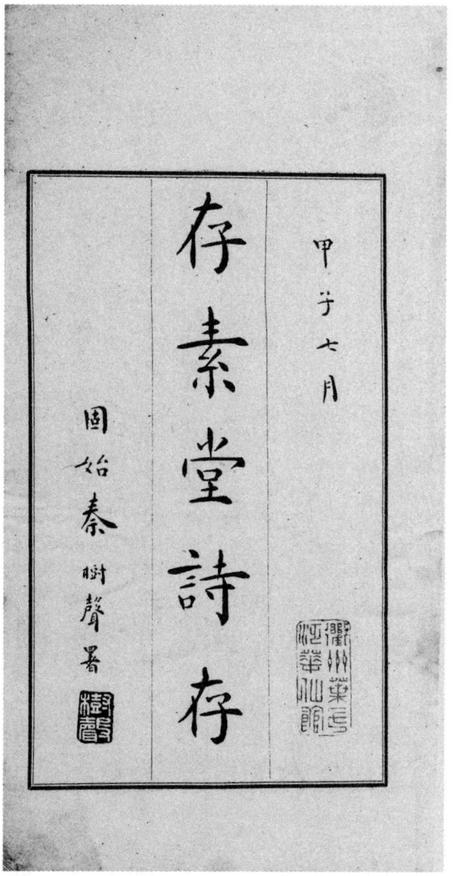

存素堂詩存

甲子七月

固始秦樹聲署

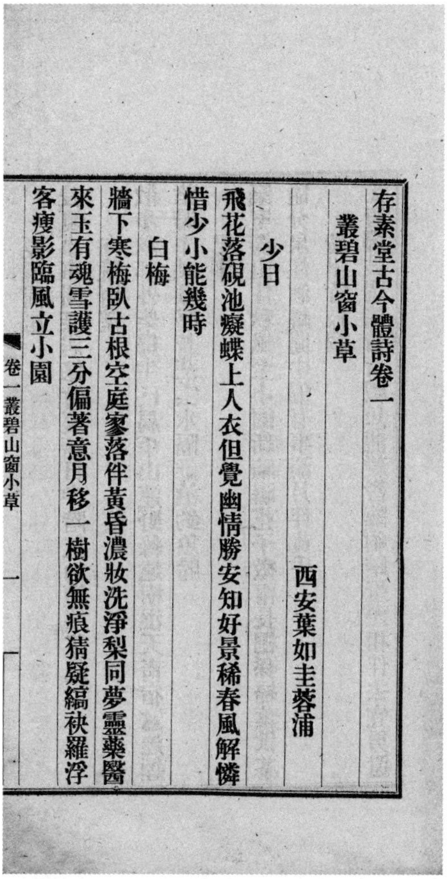

存素堂古今體詩卷一

叢碧山窗小草

西安葉如圭蓉浦

少日

飛花落硯池癡蝶上人衣但覺幽情勝安知好景稀春風解憐惜少小能幾時

白梅

牆下寒梅臥古根空庭冢落伴黃昏濃妝洗淨梨同夢靈藥醫來玉有魂雪護三分偏著意月移一樹欲無痕猜疑縞袂羅浮客瘦影臨風立小園

卷一 叢碧山窗小草 一

後，百姓争相逃入深山避難。又「行路難」描述：「短亭五里，長亭十里。出門一里，難如家裏。老母龍鍾，穉子哭啼。瘦妻弱步，左挈右提。今日山南，明日山北。石仄峰高，箐深月黑。」由此可見人們避難中顛簸流離之苦。如圭戰亂前後兩次到西湖，戰前詩作「西湖四時詞」有言：「長隄一帶軟紅塵，人影衣香過水濱。争說踏青風景好，畫輪碾遍六橋春。」戰後再至西湖，其詩《晚步至西湖時兵燹後，遊客絶稀，非復曩日之盛矣》言，「湖隄衰草蒙徑齊，湖水清波拍岸低」，「一番遊興增惋悽，昏黃楊柳歸鴉啼」。可見如圭兩次遊覽西湖，所見景物大變，心境亦截然不同。梧生爲詩，氣息醇厚，尤長於駢儷，吳懷清評如圭詩曰：「意境閑遠，天懷淡定，其獨到之處往往逼近唐賢。」《懷舊録》收録如圭詩四首，皆不見於《存素堂詩存》。永禧言如圭有《存素堂集》未刊行，蓋當時鄭氏未能見《詩存》。此書據清同治刻本影印。

可竹堂集三卷

清范登保等撰。登保字申甫，號侶梅，衢州西安人。清咸豐辛酉（1861）拔貢，品端學粹，規行矩步，肫於孝思。從其遊者，皆守正不阿之士。此集封面題「可竹堂集」，其目録和正文卷端皆題「墨餘瑣記」，蓋爲此集之别名。卷端署「浙東范侶梅氏遺稿，弟犖儕氏、姪達夫氏稿附」。犖儕爲登倬號，字倬人，登保仲弟，廪生。達夫事跡不詳。此書分三册，當各自爲一卷，首册爲「聯」，收録侶梅所撰壽聯二十二對、挽聯六十二對，犖儕所撰挽聯三對，達夫和「前人」各所撰挽聯兩對。二册爲「詩」，分男壽詩、女壽詩、雙壽詩、和詩、雜詠五類，以壽詩爲多，收録侶梅詩一百七首，犖儕詩一首，達夫詩三十首，「前人」詩九首，附四益山人詩四首。三册爲「文」，分壽序、傳贊、銘記序三部分，收録侶梅壽序十七篇、傳贊九篇、節孝序一篇、墓誌銘一篇、啓一篇、記兩篇，犖儕壽序一篇、傳一篇、記兩篇，「前人」記一篇，羅以智傳一篇，范崇楷序一篇、記一篇。其中「前人」所撰《纂修縣志記》，據其文可知此「縣志」即「嘉慶」《西安縣志》，纂修此志者爲范崇楷，故此記當亦爲崇楷所作。崇楷有「嘉慶」《西安縣志》《鋤藥初集》，已著録。其《初集自序》末署「范崇楷書於可竹書屋」，是書題名「可竹堂集」，顯然登保爲崇楷後人，故此書中的「前人」當爲登保先輩崇楷等人。書題「可竹堂集」，亦表明此集收録登保及其家人之作。此書據清抄本影印。

墨餘積記

浙東保梅范氏遺稿　弟榮儕　姪達夫稿附

詩類　男壽詩

祝羅佑氏年伯六旬壽詩

声華自昔重三羅。（羅詔隱鄴虬）秦漢詞章惹舊魔。（羅顯公少時博学好古）嘗子湖边

彭穆行。（羅孟郊公事母以孝聞）妨溪水上楦清波。（羅先輔公嘗識子以清白）囊無餘物藏書富。（羅博文公癖嗜古書）

庭有芳蘭載酒過。（羅晦）野老共遮宦路拜。（周羅向威內公撫谿息訟鄉里感恩甚）

（宋）顯公壽比閬州多。（羅晏壽至一百二十歲）

此君岩邑折腰人。（羅紀成向公無心干仕進）純古先生心獨真。（羅羨同公昔從周公國照以自權）柿

樹庭前抖甲兆。（羅孝芬公課孫子以柿軒蘭芝綠秀頗悛子弟）潑章門下李桃春。（羅從彦公嘗設絳帳訓）

小磊山人吟草二卷

清毛以南撰。以南字韻石，號小磊山人，又號紫州，衢州江山人。以南爲衢郡廪生，以嗣父晉瀛，奏請襲雲騎尉。韻石著述甚豐富，詩集有《披荆集》《守株集》《仰桂集》《載柳集》《醉花集》《種蓮集》《采菊集》《采菲集》等，删削結集成《致和堂詩稿初編》二卷、《致和堂詩稿》二卷。韻石除留有詩作外，還撰有《古文》二卷、《飯後録》一卷、《燈下篇》一卷、《讀漢贅言》一卷、《兩漢禁食厲目記》一卷、《書畫題跋》一卷、《碑版題跋》一卷、《稗販》四卷。《飄蓬集》《寄籬集》曾合集爲《小磊山人吟草》，首有朱家麒、郭炳儀、吴樹芳、劉大封題詞四篇，繼爲沈振瑞題跋和作者自跋。郭氏、吴氏、劉氏題詞分别稱爲《讀〈鳩安山房詩〉題詞》《〈鳩安山房詩草〉題詞》《讀〈鳩安山房吟草〉題詞》，《小磊山人吟草》當又稱《鳩安山房詩草》等。《飄蓬集》收録清咸豐八年（1858）至十一年詩作四十九篇，《寄籬集》收録同治元年（1862）至三年詩作三十三篇。《飄蓬集》卷端題「戊午至辛酉删存，並録諸友評詞」，又題「江山毛以南韻石」撰，並蓋有以南印章；此集詩篇上方時有評詞，並在評詞後蓋有評者印章，據此可知此書當爲稿本。此書據清稿本影印。

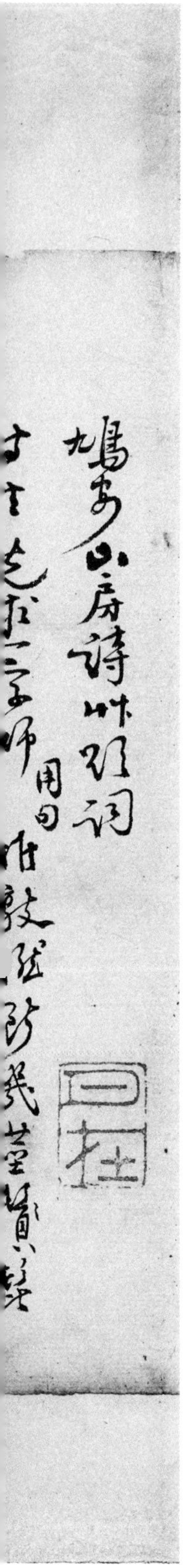

江山本色詩人取羽泛泛江亭一枝

十年征戰定風波打鼓撐槎手燭杆皆個

笑囊隨處將光陰原不算蹉跎

板橋真跡付烽因此摹寫茅簷 壺言侍 君吳 宮簷

笑來室删餘選

飄蓬集 戊午至辛酉删存并錄諸友評詞

江山毛以南

鐵鳥亭題壁

逢逢於何所倚此有人家孤封亭边棘作戟雨時花

獨木橋

峻嶺連天高重重復疊山山不搭路對對處獨木橋

守株集一卷

清毛以南撰。此集成於清同治四年（1865），收録詩作二十九篇。後有「湘南潙水山人鳴盛」題跋，稱以南詩「直追唐人」。《守株集》中的一些詩作爲後來毛氏結集的《致和堂詩稿初編》和《致和堂詩稿》收録，《初編》中《從軍行》《王昭君祠》，《詩稿》中《烏夜啼》《結客少年場行》《美女篇》《短歌行》，皆先載於《守株集》。毛氏再理舊作時，對《守株集》詩文有所改動，如《贈長沙譚吉渠（内寅）》，《初編》中題名則改爲《贈長沙譚吉渠（清湘）大令》，原注文「丙寅」二字删去。又如《守株集》中《讀袁子才詩》《讀蔣心餘詩》《讀趙雲松詩》，《詩稿》分别改曰《讀袁子才集》《讀蔣心餘集》《讀趙甌北集》；清人趙翼字雲崧號甌北，改稱甌北而用其號；且《讀蔣心餘詩》注文在「雙手扛」後，改後移至文末。此集於作者署名下有「須江韻石」印章，江山於唐時曾稱須江縣，故作者自稱「須江韻石」。由此印章及其文中的修改痕跡，皆表明此書爲稿本。此書據清稿本影印。

寡和多種彩儀篆首
子突過之詩之工耶抑亦
亦計其工哉
湖南湯介山人拜讀

守株集 乙丑丙寅丁卯

江山毛以南甫著

烏夜啼

歸歸侍寒月團團玉堦堦下遮簾前渡棲烏夜夜
啼梧樹樹山樓秦川山織錦飛與素鷗衣山夜
人間年野遠成天上有感期七夕牛女渡

致和堂詩稿初編二卷

清毛以南撰。此集成於清同治七年（1868），前有序跋三篇、題詞十二篇和作者自跋，其中《小磊山人吟草》題詞全録，作者自跋與《吟草》大體相同。《初編》卷一《披荆集》收録咸豐八年（1858）至十一年詩作五十篇，《飄蓬集》中的有些詩篇亦收録《披荆集》。《初編》卷二《寄籬集》收録同治元年至七年詩三十六篇，雖與《吟草》同稱《寄籬集》，然二者收録詩篇中有不少不同。《吟草》與《初編》即有内容的重複，也有相互間未收之作；即使二者相同詩篇，也有詩文内容不同之處。如《獨木橋》一詩，《吟草》初題名爲「孤木橋」，後作者將「孤」字更改爲「獨」字，然末句仍「斷處孤木橋」；而在《初編》中此首詩直接題名爲「獨木橋」，無更改痕跡，其末句爲「斷處獨木橋」。又如《吟草》有詩《六月山行竹林少憩》，《初編》中篇名改爲《六月山行竹林少坐與周享百同賦》。由此可見，韻石整理舊作時，對其詩文内容有所修改。《吟草》與《初編》皆爲紀難之作，多寫太平天國之亂時作者顛沛流離的生活。此書據清稿本影印。

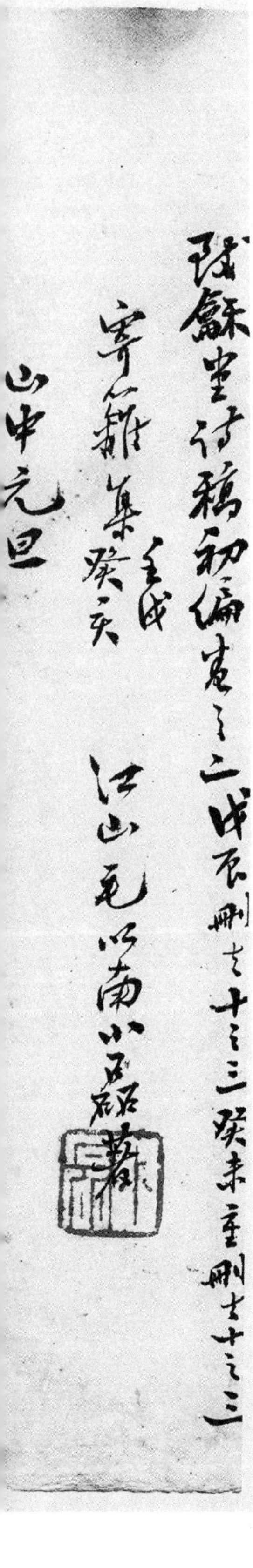

[illegible]

人老有鄉音旗驛柳邊節庭去來頻撲面梁

何處覓好磨〻（摩）肩負危果竟心腸熱報音偏促送賀

山中五首

山居不覺又冬來太息離家歲月催只有梅花當曆本

殷殷報道一枝開

深山古刹傍園亭百日娛

遊山遠入大羅天頓使人間俗念捐好向老僧參字

草頌詩書助佛前緣

致和堂詩稿二卷附録一卷

清毛以南撰。《詩稿》卷一爲《根味集》，收録詩三十四篇；卷二爲《生稊集》，收録詩三十八篇。此集前劉國光序、梅有德序和以南自序，以南言其詩「非自矜於心得，亦聊寫其性靈；歎人世之多乖，懼我生之徒負」，而國光贊曰「率皆獨攄心得，直寫性靈，意不求深而無不雋，辭不拘體而無不工」。《致和堂詩稿》二卷，今存有行書稿本。另有楷書本存卷一《根味集》，其所録《雜事》等七篇不見於行書本。且行書本與楷書本行文略有不同，行書本於作者自序前有錢根珊題詞《行香子》一首，楷書本無；又如行書本《挽劉滮生（履芬）太守（君署理嘉定爲盜所戕）》，楷書本作《挽劉滮生（履芬）先生》，「君署理嘉定爲盜所戕」作爲注文在「可憐碧血也成塵」句後。另有《致和堂詩稿遺録》《白沙劫餘偶存》《拾遺偶存》，皆爲毛氏之作。《遺録》又稱之爲《采菲集》，收録詩作九篇，作者注曰「甲子以後詩草遺失，偶於故紙堆中得詩數十首，删之録於後」，此「甲子」當爲清同治三年（1864）。《遺録》

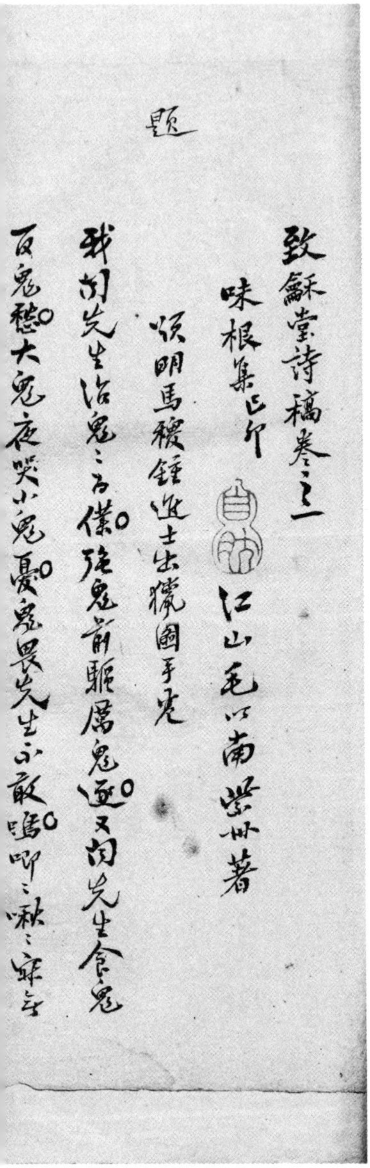

後有鄭蓮炬題跋，當爲毛氏詩稿所作。作者於「白沙劫餘偶存」題名下言：「余在白沙與同人唱和，得詩計數十首，失去矣。存此，從同人抄得。」於《拾遺偶存》題名下曰：「余自甲子以後己卯以前，詩草遺失無存。偶於故家中檢得數首，抄録附後」。以南詩作較多，不斷删削整理而結集，惜多散佚，其所存者也較散亂。今以結集時間先後加以整理，將《遺録》《偶存》附於《詩稿》後。以南《詩稿》等作，皆爲清末稿本，此書據其影印。

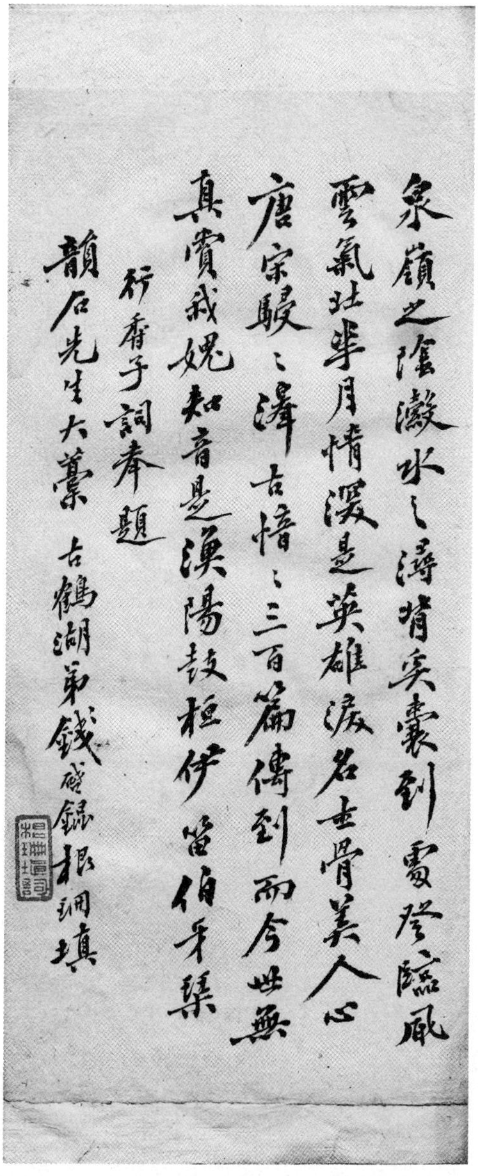
象嶺之陰瀫水々濤背奚囊到處登臨風
雲氣壯半月情深是英雄淚名士骨美人心
唐宋駿々濤古悟々三百篇傳到而今世無
真賞我愧知音是溪陽鼓枻伊留伯牙琴
行香子詞奉題
韻石先生大稾　古鶴湖弟錢□録根調填

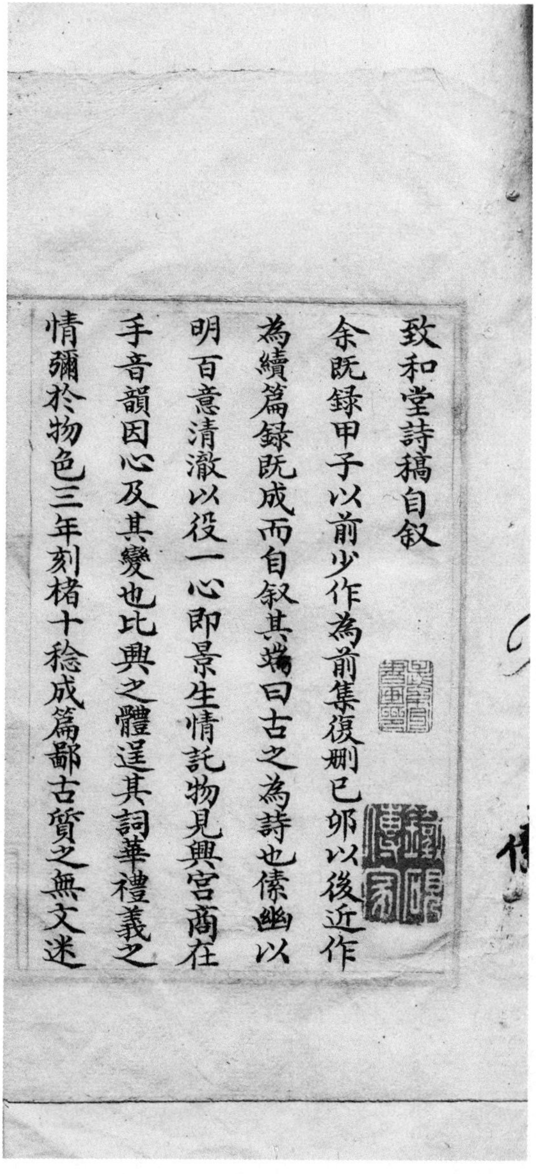
致和堂詩稿自叙
余既録甲子以前少作為前集復刪己卯以後近作
為續篇録既成而自叙其端曰古之為詩也懐幽以
明百意清澈以役一心即景生情託物見興宮商在
手音韻因心及其變也比興之體逞其詞華禮義之
情彌於物色三年刻楮十稔成篇鄙古質之無文迷

古紅梅閣遺集八卷

清劉履芬撰。履芬字彦清，號泖生，劉佳子。曾任江蘇嘉定知縣。彦清學務兼綜，不遺細屑，泛覽四庫圖籍、名山金石，洞究源流；嘗箋注李商隱集，校勘《史》《漢》諸書，輯録宋志沂《梅笛庵詞剩稿》《紅杏樓詩剩稿》而合刊之；尤嗜抄書，手影《鄧析子》、陸德明書音，手抄《古紅梅閣叢抄十種》《古紅梅閣詞録》。此集八卷，分駢文、古近體詩、絶句、長短句四類，卷帙依次爲「駢文一稿」文三十一首，「駢文二稿」文二十五首，「秋心廢稿」詩七十首，「皋廡偶存」詩六十七首，「淮浦閑草」詩二十九首，「漚夢蜕編」詩四十一首，「旅窗懷舊詩」詩七十首，「鷗夢詞」詞七十四首。正文前有劉履芬小象、題詞、題記、序文等，正文後附録有書後、家傳、墓誌、哀辭、哀詩、行述。是書後原附刊劉觀藻《紫藤花館詩餘》，此書影印時析出單行。彦清駢文獨尊漢魏六朝，淵雅雄厚、沉博絶麗；其古近體詩言情體物，皆能獨出機杼津梁。彦清擅長詩詞，其詞兼容浙西、常州兩派之長，其子毓盤憶曰：「九歲學詩，先人授以詩法。十二，請學詞，先人曰：『小詞學唐，慢詞學宋，朱竹垞之言也。浙派主協律，常州派注立意，溝而通之，斯得矣。』」故毓盤承其家學而成爲近代詞學大家。此書據清光緒六年（1880）刻本影印。

古紅梅閣遺集

古紅梅閣未定稿三卷

清劉履芬撰。此集題「古紅梅閣未定稿」三卷，收録《秋心廢稿》《皋廡偶存》《淮浦閑草》，各收録詩一百十二首、一百四十九首、八十七首，較之《古紅梅閣遺集》所載三集，多出一百八十二首。此書前有兩序，其中前序爲《遺集》未收。此書爲稿本，時有劉氏修改痕跡，如《秋心廢稿》有詩《呈韞齋夫子即題所作聞妙軒第三圖後》，其中有句「奈何溷俗士，不思讀我書。烏帽抗黃塵，役役趨道塗。静者心以逸，勞者心轉粗。誰信不諧俗，垢膩無時無。却憶初學詩，屢造先生盧。僻地住一椽，心清香亦殊。此乃真聞妙，陶寫

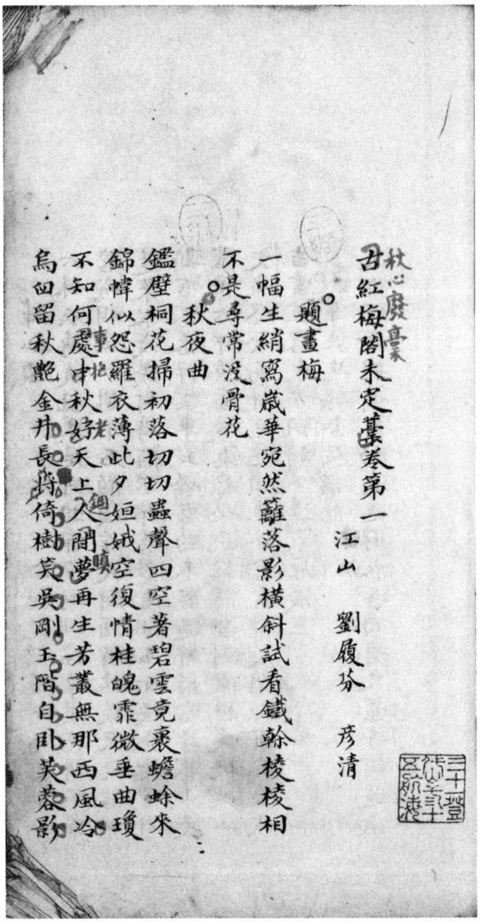
秋心廢稿
古紅梅閣未定藁卷第一　江山　劉履芬　彥清
題畫梅
一幅生綃寫歲華宛然蘿落影横斜試看鐵幹稜稜相
不是尋常沒骨花
秋夜曲
鑑壁桐花掃初落切切蟲聲四空著碧雲竟裹蟾蜍來
錦幃似怨羅衣薄此夕姮娥空復情桂魄霏微垂曲瓊
不知何處中秋好天上人間夢再生芳叢無那西風冷
烏[illegible]留秋艷金井長[illegible]倚樹芙蓉剛玉階自卧芙蓉影

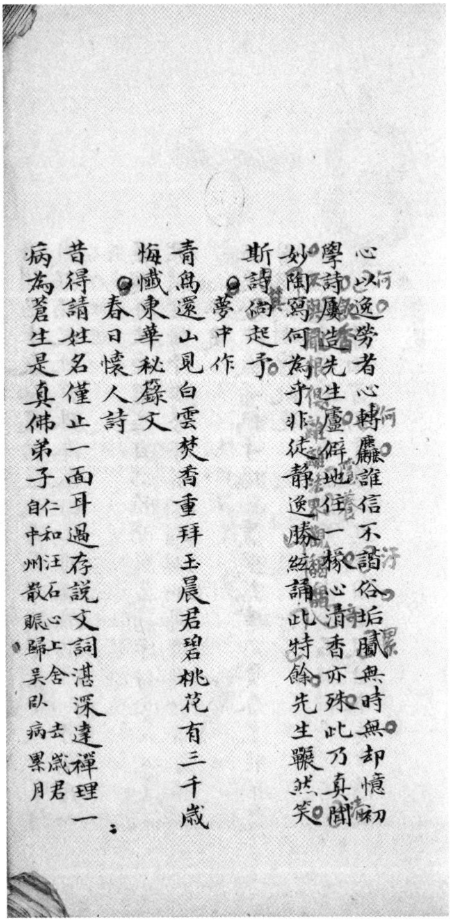
心以逸勞者心轉粗誰信不諧俗垢膩無時無却憶初
學詩屢造先生盧僻地住一椽心清香亦殊此乃真聞
妙陶寫何爲乎非徒静逸勝絃誦此特餘先生輾然笑
斯詩倘起予
夢中作
青鳥還山見白雲焚香重拜玉晨君碧桃花有三千歲
悔憾東華秋籙文
春日懷人詩
昔得請姓名僅止一面耳過存說文詞湛深達禪理一
病爲蒼生是真佛弟子仁和汪石心上舍去歲君自中州散賑歸吳臥病累月

何爲乎。非徒静逸勝，絃誦此特餘。先生囅然笑，斯詩倘起予」，改爲「奈何佞俗士，鬈撮役塵塗。静者心何逸，勞者心何粗。誰信不污俗，垢累無時無。却憶初學詩，飲香先生盧。僻隱養一椽，心奇香亦殊。此乃真清妙，不與聞根俱。離離法界觀，豁豁絃誦餘。先生囅然笑，斯言其起予」，可見此詩歌改動甚多，改後與《遺集》同。此稿朱筆所改，當爲定稿而作，其在詩題名上方標紅色圈注者，皆收録《遺集》，未加標注者没有收録。有的題名下方有「録二首」等文字，如《秋心廢稿》中《寒夜有感》有四首，題名下有朱筆批曰「録前後二首」，故《遺集》所收爲此四首中的第一首和第四首；不過《遺集》收録此詩後亦稍加修改，第一首末句《未定稿》作「年來夫壻已工愁」，《遺集》將「已」字改爲「政」字。此集爲彦清稿本，由其對詩作修改，可以看出作者創作歷程，故對於研究劉氏詩文極有價值。此書據清稿本影印。

紫藤花館詩餘一卷

清劉觀藻撰。觀藻字玉叔，履芬弟。玉叔長於詩詞，惜其作品多在戰亂中零落。除此集外，另有五言律詩《偶成》《即景》二首，潘衍桐《兩浙輶軒續録》載之。此書先爲翁大季題名「紫藤花館詩餘」，繼爲錢步文題名「瓊簫詞」，其卷端和版心皆題爲「紫藤花館詩餘」。《古紅梅閣遺集》目録中則題此集名爲「紫藤華館詩餘」。此集收玉叔詞五十五首，前有序文二、題辭五，末有跋語十六。玉叔作詞重在抒發個人情懷，其在《洞仙歌・自題〈藤陰填詞圖〉》中亦有表達：「新詞漫拍，不求人相賞。略寫情懷寄惆悵。」陳彬華稱其詞：「豪横處逼

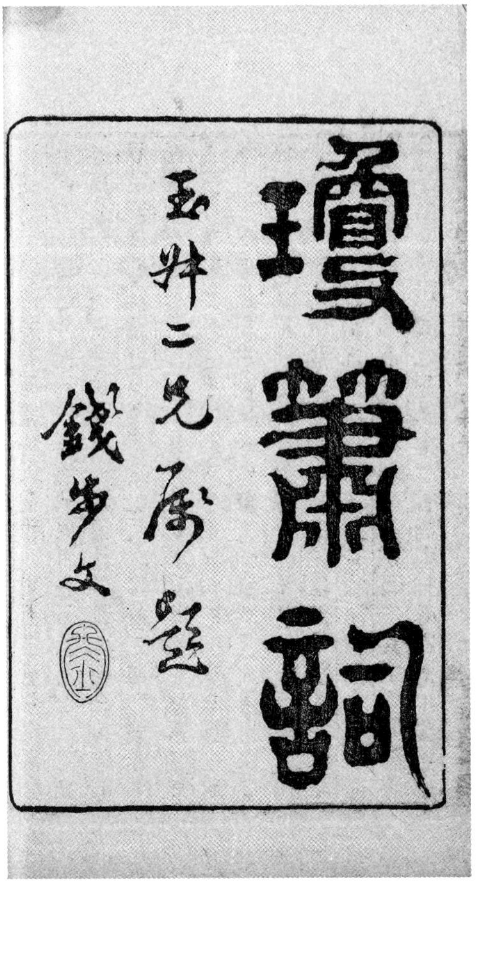

瓊簫詞

玉叔二兄屬題

錢步文

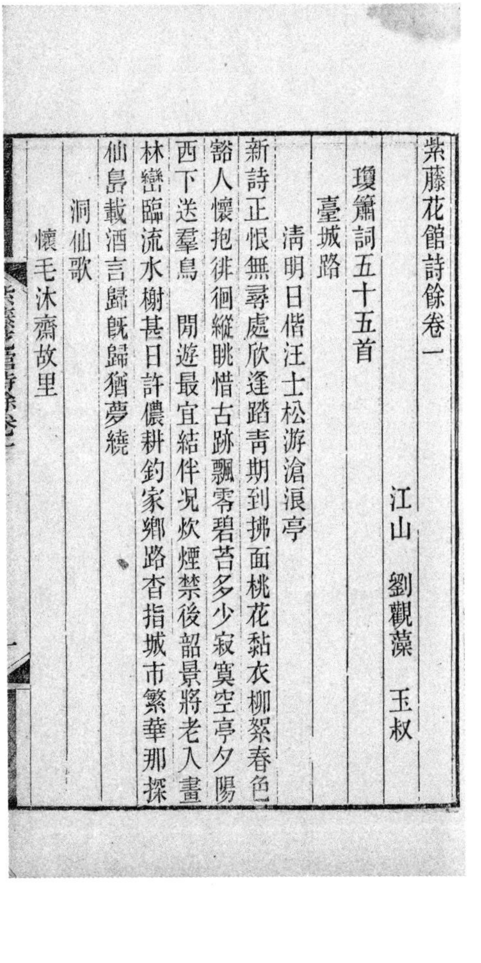

紫藤花館詩餘卷一

瓊簫詞五十五首　江山　劉觀藻　玉叔

臺城路

清明日偕汪士松游滄浪亭

新詩正恨無尋處欣逢踏青期到拂面桃花黏衣柳絮春色黯人懷抱徘徊縱眺惜古跡飄零碧苔多少寂寞空亭夕陽西下送羣鳥　閒遊最宜結伴况炊煙禁後韶景將老入畫林巒臨流水榭甚日許儂耕釣家鄉路杳指城市繁華那探仙島載酒言歸既歸猶夢繞

洞仙歌

懷毛沐齋故里

真稼軒，婉約處又酷似叔夏。」吳嘉泣評曰：「其始不免涉於豪放，人皆以蘇、辛目之，及與子繡、浣花諸子遊，漸識宋賢蹊徑，約而彌精，鍊而不肆。」蓋玉叔作詞如仲湘所言「始擅粗豪，近多婉約」。觀藻此作原附刊於《古紅梅閣遺集》後，本書影印時將本書析出單行。此書據清光緒六年（1880）刻本影印。

濯絳宧存稿一卷

清劉毓盤撰。毓盤字子庚，號噙椒，履芬子。清光緒二十三（1897）登貢榜，授陝西候補知縣。民國初，執教於浙江第一師範。後任北京大學國文系教授，主講詞史、詞曲學等課。所著有《濯絳宧詞》《濯絳宧文抄》《詩心雕龍》《詞心雕龍》《詞學斠注》《詞律斠注》《詞律拾補》《詞話》《詞史》《中國文學史》《唐五代宋遼金元名家詞集六十種》《花庵絕妙詞選筆記》《詩餘宮調名考》等。此集封面題「濯絳宧詞」，於正文首行題「濯絳宧存稿」，下行低一格又題曰「噙椒詞」，前有光緒二十七

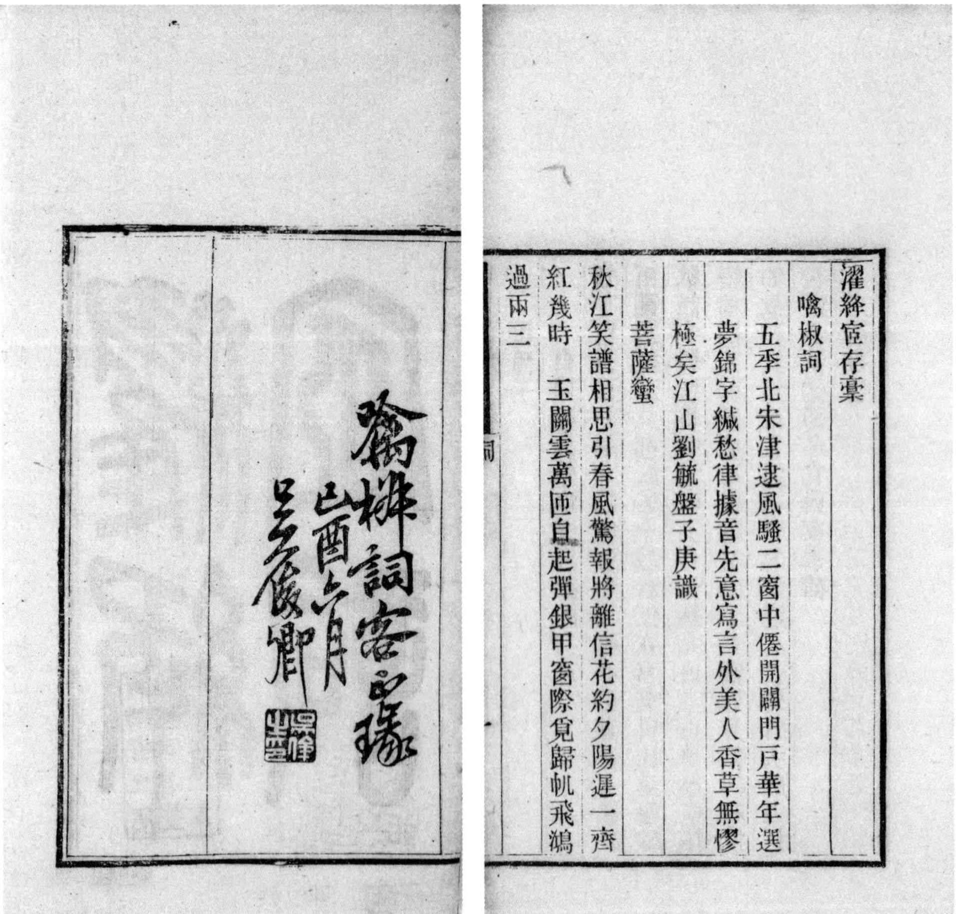
濯絳宧存稾
噙椒詞
五季北宋津逮風騷二窗中僊開闢門戶華年選
夢錦字緘愁律據音先意寫言外美人香草無繆
極矣江山劉毓盤子庚識
菩薩蠻
秋江笑譜相思引春風驚報將離信花約夕陽遲一齊
紅幾時　玉闕雲萬匝自起彈銀甲窗際覓歸帆飛鴻
過雨三

年（1901）吳縣彭世襄序。毓盤於篇前自記曰：「五季北宋，津逮風騷。二窗中僊，開闢門戶。華年選夢，錦字緘愁。律據音先，意寫言外。美人香草，無謬極矣。」毓盤受其家父教導，作詞兼融浙、常二派之長，協律與立意並重。民國詞曲學家吳梅《蠡言》評劉詞，「子庚工於倚聲，一字不肯苟且」，「其詞在白石、白雲之間，自謂學清真，實則殊不盡然」。葉恭綽《全清詞抄》選録毓盤詞《長亭怨（又三月）》《長亭怨（已勾却）》《解花語（新筎送怨）》三首。王詩農（筆名林辰）言其有此集兩種版本，初刻本收六十八闋；補刻本增十一闋，共七十九闋；前者刻於吳中，後者則是晚年手定本。王氏言初刻本收録六十八闋有誤，當爲六十七闋。此集初版於光緒二十七年，清宣統元年（1909）補刻。葉氏《詞抄》所録《解花語》即爲補刻本所收。較之初刻本，補刻本增補了自《疏影》以下十二闋。此書據清宣統元年刻本影印。

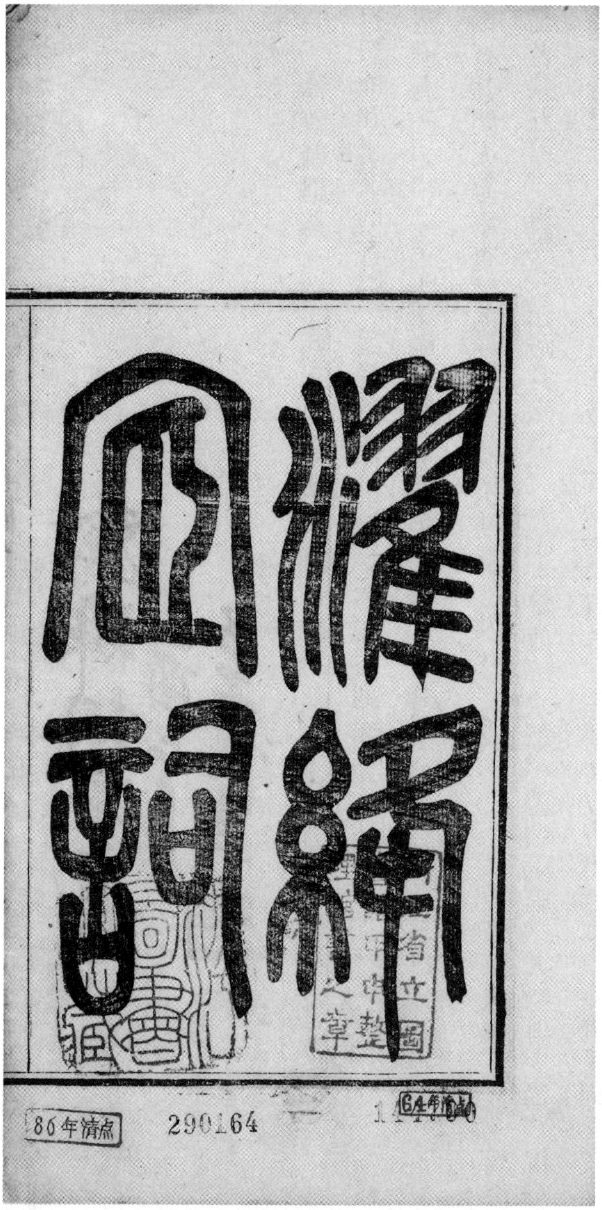

濯絳宧文抄一卷

清劉毓盤撰。此集封面題「濯絳簃文抄」，而目録前和正文前皆題「濯絳宧文抄」，署「江山劉毓盤子庚著」。《文抄》收録子庚之文凡二十五篇，後有其門人海寧查猛跋語。其文有史論、史考、史補者共五篇，書序、題跋共六篇，《讀王粲傳》六篇，書牘兩篇，人物傳一篇，祝壽文一篇，墓誌銘兩篇，祭文兩篇。查猛云：「先生自言作散文者以馬書爲本，作駢文以班書爲本。」可見劉氏作文深受《史記》《漢書》影響。子庚作文皆有所本，且雖爲詞學大家，對史學亦有研究。由其所作《〈史記〉不立義帝本紀釋疑》《〈史記·十二諸侯年表〉釋疑》《西楚九郡考》《讀王粲傳》《補〈東觀漢記·劉盆子載記〉》諸文，可知子庚對兩漢史亦深有探究，其論史皆有新意。然其《西楚九郡考》略有所失，其所考泗水郡、會稽郡、東郡、碭郡、薛郡、南陽郡、鄣郡不誤，而言有潁川郡、長沙郡則不當。今據周振鶴所考，另外二郡當爲東海郡和陳郡。查猛述曰，「（子庚）文稿數百篇，爲友人失去。今搜之刻本及晚近作廑十數篇，猛嘗私自録副出」，「友人浦江曹君聚仁亦好讀先生之文者，謀於猛，出所録以付諸」，遂成此集。此書據民國七年（1918）鉛印本影印。

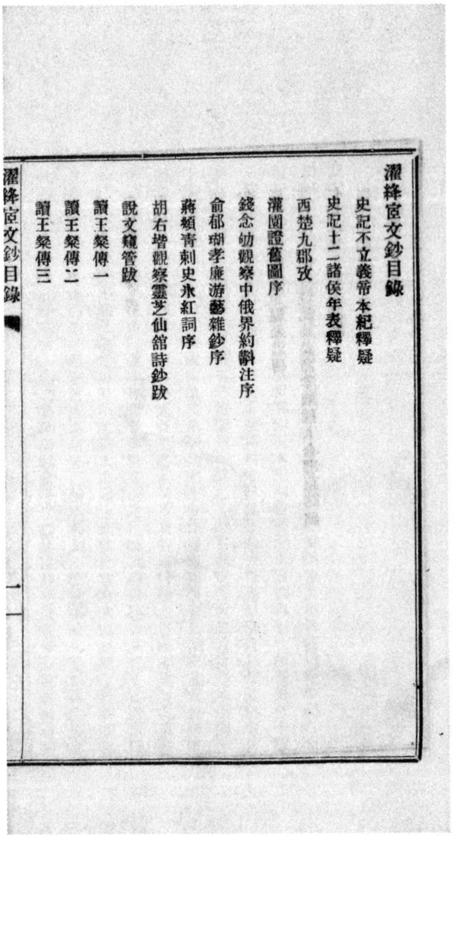
濯絳宧文鈔目錄

濯絳宧文鈔目錄

濯絳簃文鈔

戊午

子韶

不其山館詩抄十二卷附老盲吟一卷

清鄭永禧撰。永禧有［民國］《衢縣志》，已著録。

此集十二卷，署「三衢鄭永禧緯臣稿」，收録清光緒四年（1878）至二十二年間詩作，卷前有光緒十七年（1891）自序。《詩抄》卷端皆題名，其中卷一「選篋賸」，卷二「選杏館吟」，卷三「選送青來札記」，卷四「選蒻愁草」，卷五「選醋甕吟」，卷六「選竹窗吟稿」，卷七「鷓鴣音」，卷八「濠魚樂集」，卷九「玉屑清言」，卷十、卷十一「小桃紅窗下吟」，卷十二「伴梅新詠」。緯臣自言，「自總角解平仄，即好吟詠，今十餘年矣。曾無一日不以詩鳴，有動於物，心遂應之，或哀或樂，或喜或怒，或敬或愛，皆托之聲。偶一回憶，不覺百感茫茫交集也。乘春之暇，取案頭稿本選編而存之，得十四五，訂成六卷。」作者言此，時在光

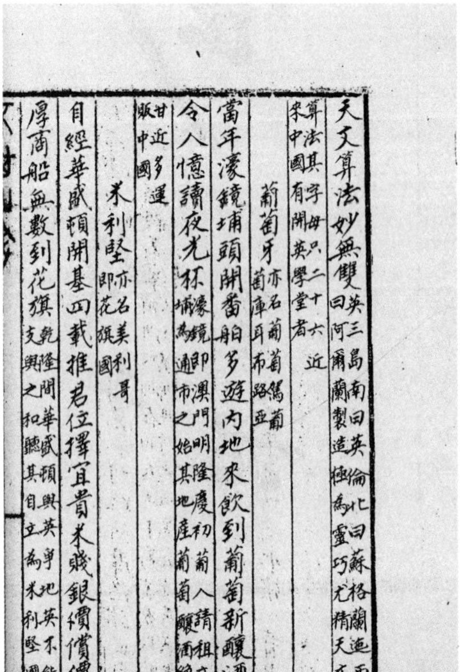
天文算法妙無雙（英三島南曰英倫北曰蘇格蘭西曰阿爾蘭製造極為靈巧尤精天文算法其字母只二十六近來中國有開英學堂者）

葡萄牙（亦名葡萄鴉蒲萄耳布路亞）

當年濠鏡埔頭開番舶多遊內地來飲到葡萄新釀酒

令人憶讀夜光杯（濠鏡即澳門明隆慶初葡人請租立埔為通市之始其地產葡萄釀酒絕佳近多運販中國）

米利堅（亦名美利哥即花旗國）

自經華盛頓開基四載推君位擇宜貴米賤銀價價

厚商船無數到花旗（乾隆間華盛頓與英爭地英不能支與之和聽其自立為米利堅國）

四八

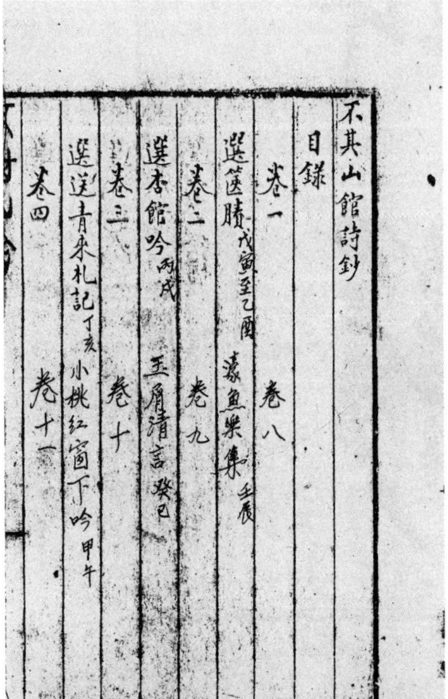
不其山館詩鈔

目錄

卷一　卷八

選篋賸 戊寅至乙酉　濠魚樂集 壬辰

卷二　卷九

選杏館吟 丙戌　玉屑清言 癸巳

卷三　卷十

選送青來札記 丁亥　小桃紅窗下吟 甲午

卷四　卷十一

緒十七年，故當時所訂爲六卷，即今本前六卷，其各卷題名皆有「選」字，後六卷當作者後來新訂。渭川以詩抒懷，甲午戰敗後，作有《論〈明史〉援朝鮮事》《論〈明史〉平倭寇事》等詩，以史言今，表達對日戰敗憤慨之情。由其所作《高麗》《日本》《峨羅斯》《嚠地利亞》《普魯士》《日耳曼》《土耳其》《佛朗西》《英吉利》《葡萄牙》《米利堅》《阿非利加》等詩，可知當時地方士大夫對國外世界知之甚少。如《英吉利》詩曰：「西洋三島無多地，機巧天生勝別邦。二十六文翻字母，天文妙算世無雙。」其下注言：「三島南曰英倫，北曰蘇格蘭，西曰阿爾蘭，製造極爲靈巧，尤精天文算法。」其對英國的了解僅局限於技藝方面，認爲是天生機巧，其地理知識亦有錯誤。此集前有緯臣外孫胡鳳昌小記，言此本於二〇〇四年從其表兄鄭懷棪借來複印。此本雖爲複印本，然其所據底本爲清稿本，故仍以稿本視之，此書據其影印。鄭氏又有《老盲吟》，「署三衢鄭渭川遺稿」，收録其晚年詩作二十九首。此作爲民國抄本，亦爲胡鳳昌收藏，本書據其影印，附於渭川《詩抄》後。

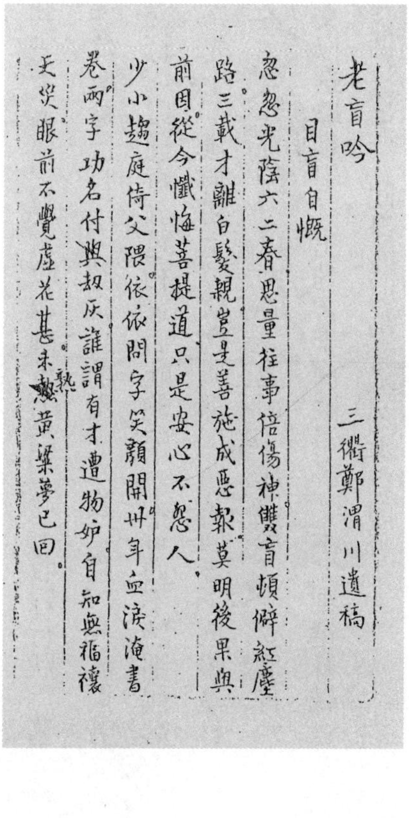
老盲吟　三衢鄭渭川遺稿

目盲自慨

忽忽光陰六二春，思量往事倍傷神，雙盲頓僻紅塵路，三載才離白髮親。豈是善施成惡報，莫明後果與前因，從今懺悔菩提道，只是安心不怨人。

少小趨庭侍父隈，依依問字笑顏開，卅年血淚淹書卷，兩字功名付與灰。誰謂有才遭物妒，自知無福禳天災，眼前不覺虛花甚，未熟黃粱夢已回。

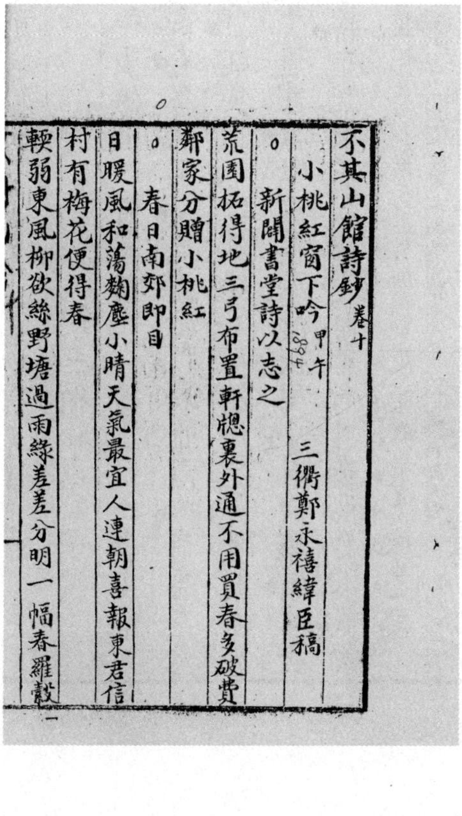
不其山館詩鈔　卷十　三衢鄭永禧緯臣稿

小桃紅窗下吟　甲午

新闢書堂詩以志之

荒園拓得地三弓，布置軒窗裏外通，不用買春多破費，鄭家分贈小桃紅。

春日南郊即目

日暖風和蕩麴塵，小晴天氣最宜人，連朝喜報東君信，村有梅花便得春。

輭弱東風柳欲絲，野塘過雨綠差差，分明一幅春羅縠

古文奇艷八卷

明徐應秋輯。應秋有《玉芝堂談薈》，已著録。此書爲古文選集，署「明三衢徐應秋彙編」。選文凡八卷，卷一收録制、表、疏、檄、露布共二十五篇，卷二收録啓四十二篇，卷三收録啓、書共三十四篇，卷四收録頌、記、呈、獄牘等共十七篇，卷五收録銘、序、詞共三十七篇，卷六收録碑十七篇，卷七收録行狀、墓誌銘、祭文十四篇，卷八收録賦十五篇，總計二百一篇。此書卷前有徐氏自序，其言自前漢、六朝以降，「其間芳辟詞臣、畸人才子，英篇潤於金石，名製溢於緗緗，莫不千思交杼，以遂奇五色相宣而吐艷矣。夫奇而不艷則鶻起雲中，艷而不奇則翬馴艸際，能兼斯義可謂至文」，「是用徵奇先士，選艷鴻生，傳之通都，貽諸同好。庶瞻藻日懸子桓建經國之業，雕章雲爛太沖流潤世之聲」。故應秋所選古文兼具奇艷，以助時人之用。徐氏選文主要取自六朝、唐、明，以選明文最多，六朝文以選庾信、徐陵爲多，唐文以選駱賓王、王勃、李商隱爲多，宋文則選蘇軾一篇，明文以選蔡復一、費元禄、鄭懷魁爲多，由是可見徐氏爲文推崇之人。此書據明萬卷樓刻本影印。

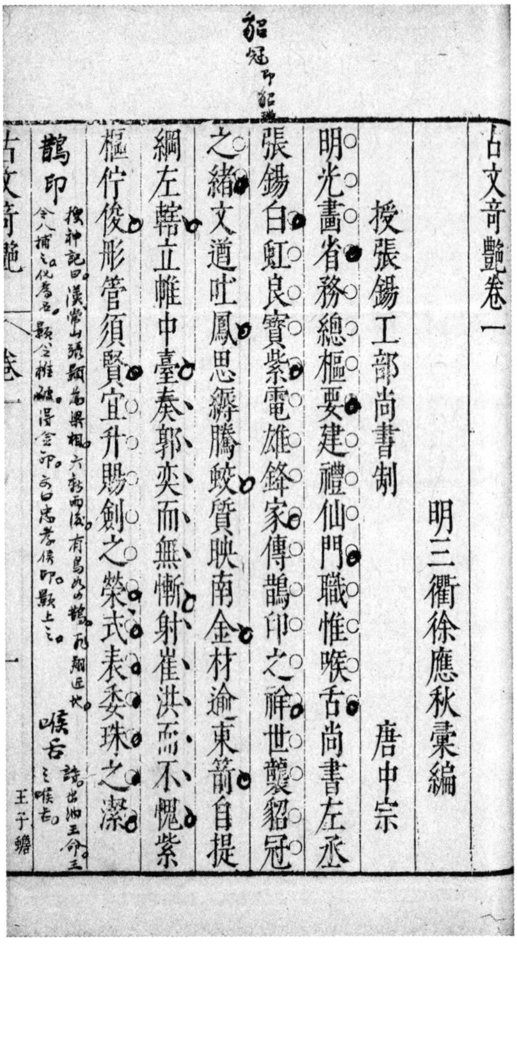
古文奇艷卷一

明三衢徐應秋彙編

唐中宗

授張錫工部尚書制

明光畫省務總樞要建禮仙門職惟喉舌尚書左丞張錫白虹良寶紫電雄鋒家傳鵲印之祥世襲貂冠之緒文遒吐鳳思縟騰蛟質映南金材逾東箭自提綱左轄立帷中臺奏鄴奕而無慚射崔洪而不愧紫樞佇俊彤管須賢宜升賜劍之榮式表委珠之潔

徐雲林先生精選

古文奇艷

武林朝天門

鳳來堂發行

四六一刻何啻汗牛大都語尚淺腐調雜下俚魚目錯陳令人欲嘔斯集搜秘嫏環精收古艷五色橫被字字明珠落簡九光並炫篇篇雲錦裁線以視時選如蛾眉之與無鹽識者自分矣

本衙萬卷樓藏板

翻刻

方孟旋先生評選郵筒類雋十二卷

明毛應翔選，方應祥評。應翔號鳳卿，江蘇武進人，毛憲曾孫，另有《張夢澤先生評選四六燦花》十二卷。應祥有《周易初談講意》，已著録。此書題名爲「方孟旋先生評選郵筒類雋」，各卷端題有詮釋者、品定者、批閱者、參訂者和繡梓者，僅有「蘭陵毛應翔鳳卿甫詮釋」不變，其他人員

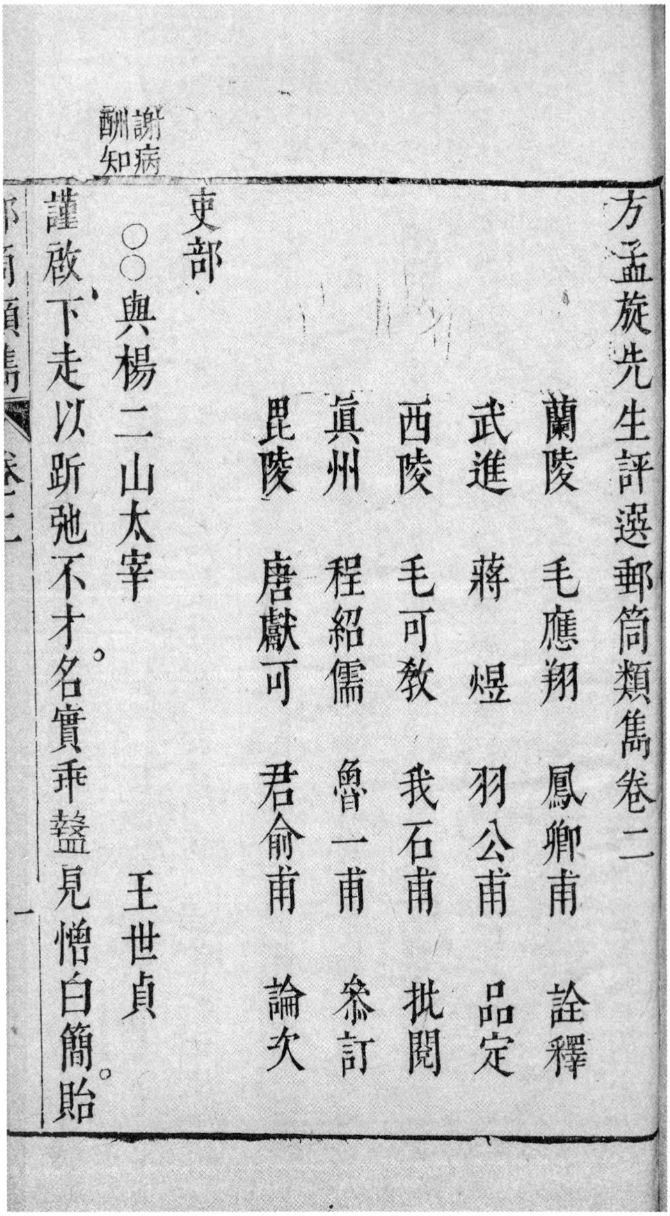
謝病酬知

方孟旋先生評選郵筒類雋卷二

蘭陵　毛應翔　鳳卿甫　詮釋
武進　蔣　煜　羽公甫　品定
西陵　毛可教　我石甫　批閱
眞州　程紹儒　魯一甫　叅訂
毘陵　唐獻可　君俞甫　論次

吏部

○○與楊二山太宰　王世貞

謹啟下走以斫弛不才名實乖盭見憎白簡貽

郵筒類雋　卷之二　一

各卷不同。是書爲毛應翔選定有明一代文人尺牘，方應祥對每篇尺牘作以評述。此集卷前有孟旋序和凡例，皆言爲十二卷，然今僅存前十一卷，末卷不見。且今存本目録亦不全，卷十一僅著文七篇，至方應祥《復阮圓海》止；正文中卷十一存十五篇，止於余大成《答友人》。鳳卿將所選尺牘分爲百餘類，「始官方，次倫戚，次時序，次婚喪節壽，次名宦鄉賢，次三教，次雜流，而論詩文舉業次之，譚經濟方輿又次之，而時務補遺終焉」。尺牘作者皆明代文名甚盛者，如王世貞、李攀龍、王守仁、湯顯祖、袁宏道、王世懋、王穉登、汪道昆等。每篇尺牘後皆有孟旋評語，其言語一般比較精簡，多者數言，少者幾字，如卷一首篇評王廷陳《答興邸》曰：「王弇州稱此牘妙極，形容可謂才子，信然。」次篇評王世貞《與宗室用晦》，僅用四字「嫻婉可餐」。所選尺牘亦有孟旋之作，方氏有自評，如卷十一《奉曾老師》後評曰：「取材於賈，吸氣於蘇。」可見孟旋作此文深受賈誼、蘇軾影響。有些尺牘在方氏評語後有注文，當出鳳卿之筆。該書所選尺牘，門分事彙，用弘取精，加之孟旋評語，對於研究明代尺牘頗有價值。此書據明天啓間刻本影印。

純師集十二卷

明余鈺輯。鈺，字式如，衢州西安人。天資卓犖，藏書萬卷，皆丹黄數過。古文詩歌，沉鬱華贍。手輯《純師集》，另著有《介邱小草》《息軒偶刻》《龍見堂稿》。此集卷端題「姑蔑後學余鈺式如甫評輯」，凡十二卷，按作者時代先後編撰，始於東周屈原，止於南宋文天祥。卷前有三序和義例，首陳子龍序有缺葉，次序因缺葉不知撰者，第三序爲吴适序。式如纂集是書，「欲求人倫之準式，明忠孝之大端」，故「事不關大節與夫國家之治亂、君子小人之進退者不載，荒才否德亮不足而談有餘者不載，僭朝僞統夷狄之文雖盡心於所事者不載」。其選之書，「以正史爲經，以名臣奏議爲緯。而《文選》《文

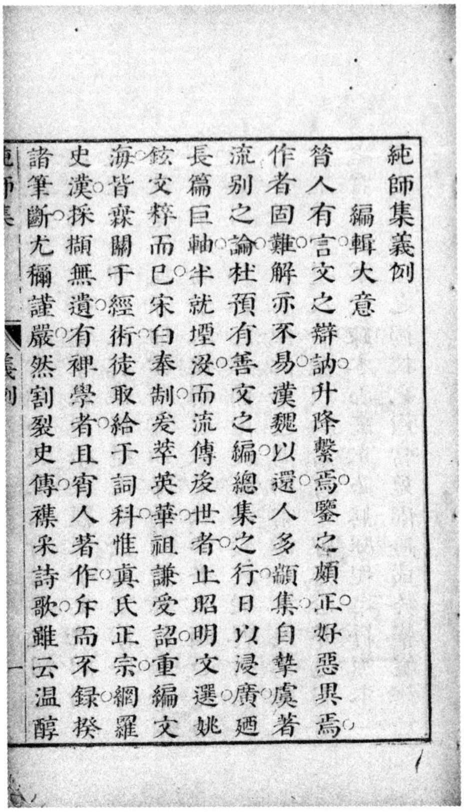

純師集義例

編輯大意

昔人有言文之辯訥升降繫焉鑒之頗正好惡畀焉作者固難解亦不易漢魏以還人多纂集自華虞著流别之論杜預有善文之編總集之行日以浸廣迺長篇巨軸半就堙沒而流傳後世者止昭明文選姚鉉文粹而已宋白奉制彙萃英華祖謙受詔重編文海皆無關于經術徒取給于詞科惟真氏正宗網羅史漢採摭無遺有裨學者且宵人著作弃而不録揆諸筆斷尤稱謹嚴然割裂史傳襍采詩歌雖云温醇

純師集 義例 一

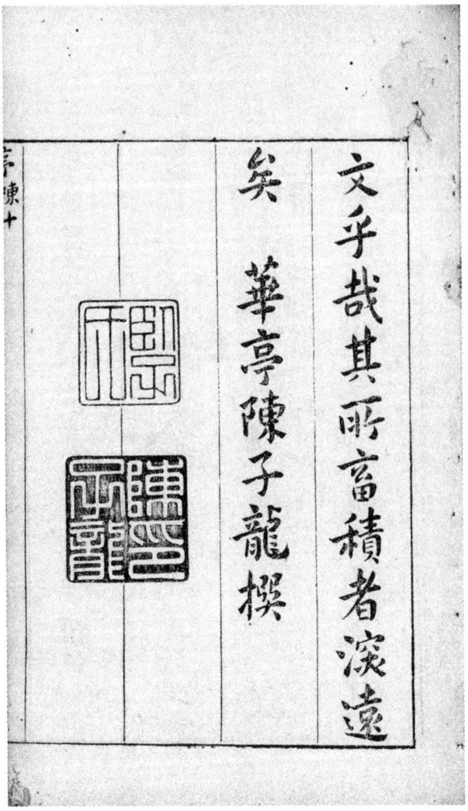

文乎哉其所畜積者深遠矣 華亭陳子龍撰

序 陳十

粹》《文鑑》之類，及漢、晉、唐、宋顯家之集，皆考覈品行，然後甄收」。其選之文有注者，亦選采其注文，而不存注者名氏，如首篇所選《離騷》即采王逸注，所選賈誼《陳政事疏》則采真德秀注，然不言王氏、真氏姓名。其對所選之文撰者，皆在其首篇文後立有小傳，傳文基本采自正史。式如在書之天頭處時加評語，如卷七載魏徵《諫太宗十思疏》，於開篇上方天頭處曰：「此歷代帝王之龜鑑也。文雖涉俳偶，又一代之風氣也。」余氏品評，皆重在文章所蘊含德性。此書據明崇禎十六年（1643）刻本影印。

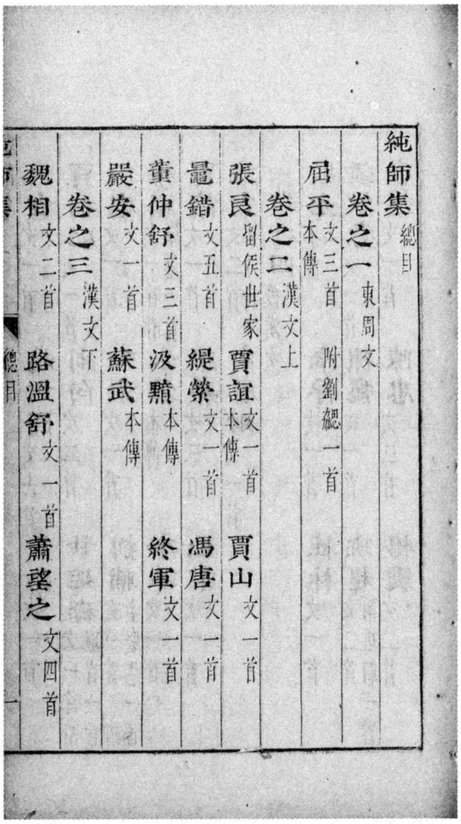
純師集 總目

卷之一 東周文

屈平 文三首 本傳 附劉勰一首

卷之二 漢文上

張良 留侯世家　賈誼 文一首 本傳　賈山 文一首

鼂錯 文五首　緹縈 文一首　馮唐 文一首

董仲舒 文三首　汲黯 本傳　終軍 文一首

嚴安 文一首　蘇武 本傳

卷之三 漢文下

魏相 文二首　路溫舒 文一首　蕭望之 文四首

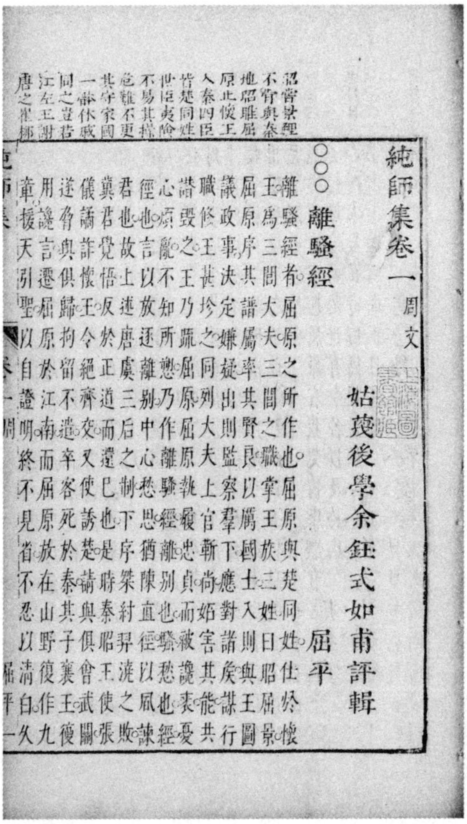
昭當景經不背與秦地昭雖屈原止懷王入秦四臣皆楚同姓世臣夷險不易其操志雖不更其守家國一身休戚同之豈若江左王謝唐之崔鄭

純師集卷一 周文

姑蔑後學余鈺式如甫評輯

〇〇〇離騷經 屈平

離騷經者，屈原之所作也。屈原與楚同姓，仕於懷王，為三閭大夫。三閭之職，掌王族三姓，曰昭、屈、景。屈原序其譜屬，率其賢良，以厲國士。入則與王圖議政事，決定嫌疑；出則監察羣下，應對諸侯。謀行職修，王甚珍之。同列大夫上官靳尚妬害其能，共譖毀之。王乃疏屈原。屈原執履忠貞而被讒衺，憂心煩亂，不知所愬，乃作離騷經。離，別也。騷，愁也。經，徑也。言己放逐離別，中心愁思，猶陳直徑，以風諫君也。故上述唐虞三后之制，下序桀紂羿澆之敗，冀君覺悟，反於正道而還已也。是時秦昭王使張儀譎詐懷王，令絕齊交；又使誘楚，請與俱會武關，遂脅與俱歸，拘留不遣，卒客死於秦。其子襄王復用讒言，遷屈原於江南。屈原放在山野，復作九章，援天引聖，以自證明，終不見省。不忍以清白久

須江詩譜□□卷

清王鈺輯。鈺號蓼生，衢州江山人。清道光二十六年（1846）歲貢，就職訓導。平生著作甚豐，所撰有《箪帚詩抄》八卷、《須江詩譜》《箪帚試帖》《陔南雜著》若干卷。已梓行者，《試帖詩》四卷。其諸作，今僅存《須江詩譜》。此書題《須江詩譜》，「蓼生王鈺編輯」。［同治］《江山縣志·邑人纂述書目》載王鈺《須江詩譜》十卷，然今存此本僅有第十一、十二卷，故《詩譜》原本不止十卷。此集所載鄭宗善詩，於鄭氏小傳中有宗善孫增康所述，「乙巳，王蓼生先生采輯吾邑詩人遺草，選登《詩譜》，命康搜羅先人存稿」云云，可見道光二十五年（1845）前後，蓼生致力於搜集整理江山詩作。須江在江山縣邑南，唐初置須江縣，吳越時改須江爲江山縣，故「須江」爲江山縣舊稱。《詩譜》卷十一、十二卷端皆載「國朝詩」，然《須江詩譜》所收詩篇當不限於清代，應爲歷代江山詩人詩作。此本卷十一收録作者二十四人，詩一百三十六首；卷十二收録作者十四人，詩一百七十八首。今存此二卷所收江山邑人之詩，少者一首，多者如劉佳詩達五十九首。其録每位詩人詩作，皆爲作者立以小傳，先簡述作者字號、科第、官職、著述；其下或取他人所述「某曰」，或王鈺自述冠以「蓼生曰」「余按」，稍加詳疏傳者履歷。此集廣收江山詩作，有一定價值，惜僅存二卷。此書據舊抄本影印。

須江詩譜卷十一

國朝詩　　　　夢生王鈺編輯

1845

鄭守善 字樂於號吉軒廩貢生著有問吉軒詩草

鄭增康曰先大父吉軒公秉性和厚植品端方制藝宗仰農山試帖瓣香穀人向以其餘作為古今體或抒寫性靈或感慨時事莫不獨出手眼乙巳冬王夢生先生採輯吾邑詩人遺草匯登詩譜命康搜羅先人未稿奈篇多散佚僅于故紙堆中得數十首殆吉光片羽不啻之也捧讀之餘曷勝悵惘因鄭守善先生俾得附名驥尾庶不至湮沒弗傳云

舟中即事

穀江早發暮春蘭溪風向東來水向西一路牧童

（二）

二銘草堂近科墨選不分卷

清張德容評選。德容有《岳州救生局志》，已著録。此書刊行於清咸豐十年（1860），於目録前端題「二銘草堂近科墨選」，「衢州張德容松坪甫評選」，首有德容自序和目録。咸豐三年（1853），德容中進士。其後遂「取近數科鄉會墨，略加評點」，以便其弟科考誦習，因友人求而付梓。此書分爲四册，各册書口下方分別有元、亨、利、貞。其所選科墨爲四書義，依次爲《大學》《論語》《中庸》《孟子》制義，其中《大學義》八篇、《論語義》七十二篇、《中庸義》二十三篇、《孟子義》二十七篇。每篇制義，皆於題名下注明時間、科考級別（或所在省份）、作者及其名次，如首篇題名下有「己酉廣東何仁山元」，次篇題名

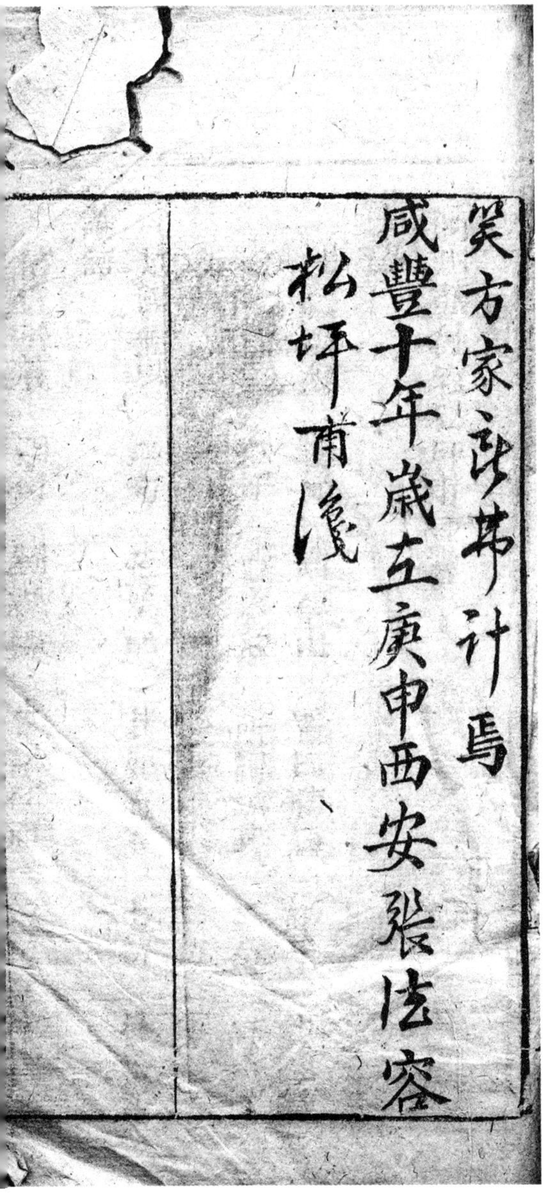

下爲「癸丑會試熊鍾麟三名」。張氏所選諸文，皆加評議，其文中時有針對某句的評語，少者一二十字，多者百餘字，如其首篇評曰：「緊切『新民』章旨，詮發自新，無字不精，無筆不警，元精耿耿，骨力堅凝，洗鍊之功深矣。」張氏看來，制義之法，「必以理爲主，理密而法自隨，理精而氣自旺，未有不先以理而能爲佳文者」。故其所選之文、所評之語，皆重其理。此書據清刻本影印。

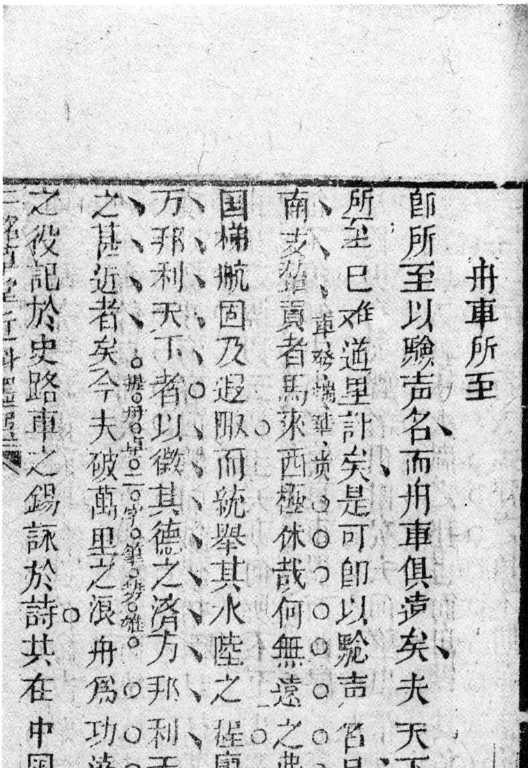

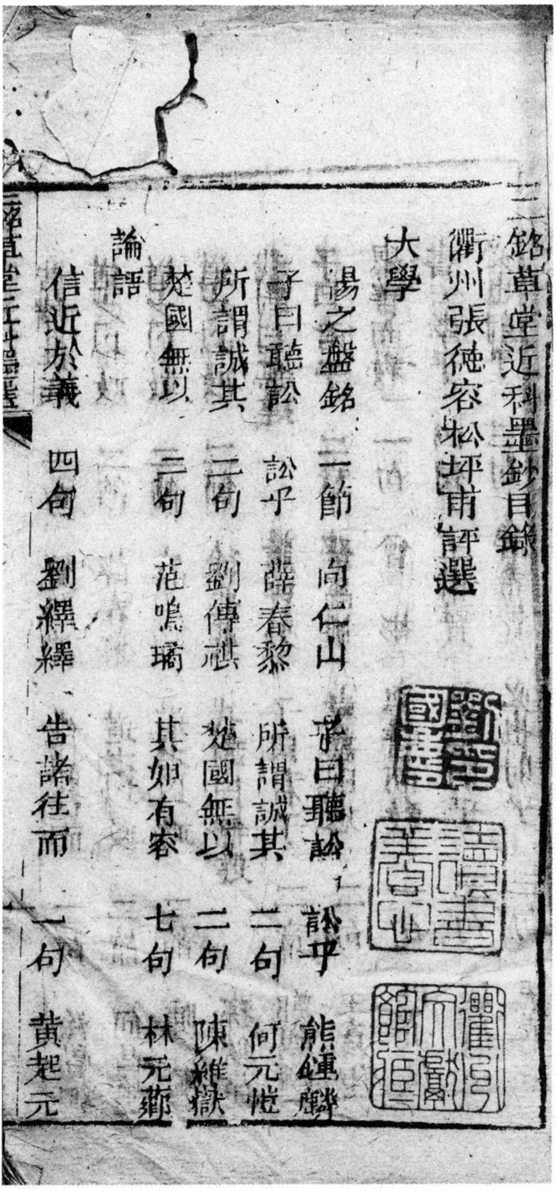

西安懷舊録十卷

清鄭永禧輯。永禧有［民國］《衢縣志》，已著録。此集十卷，署「鄉後進鄭永禧輯」，成書於清光緒二十六年（1900）。光緒中葉，兩浙督學潘衍桐纂輯《兩浙輶軒續録》，至衢，令永禧采訪之。鄭氏不忍先賢詩作零落遺失，遂輯此作。是編收録有清一代西安先賢之詩，卷前有自序、凡例、總目、國朝科目表、編述姓氏，卷後有「録成自題」詩八首。此書所録之詩僅限於清，「前明遺老，概不闌入」，其有入清朝達二十三年之久者，「閑爲甄録」。對於不隸衢籍而家於西安者，亦録有其詩。其仿阮元《兩浙輶軒録》之體，前九卷按作者姓氏音韻先後編排，末卷録方外、閨秀則不復編韻。其作者「事跡有序傳可稽者，略綴其中大旨。無序傳則采之故老傳

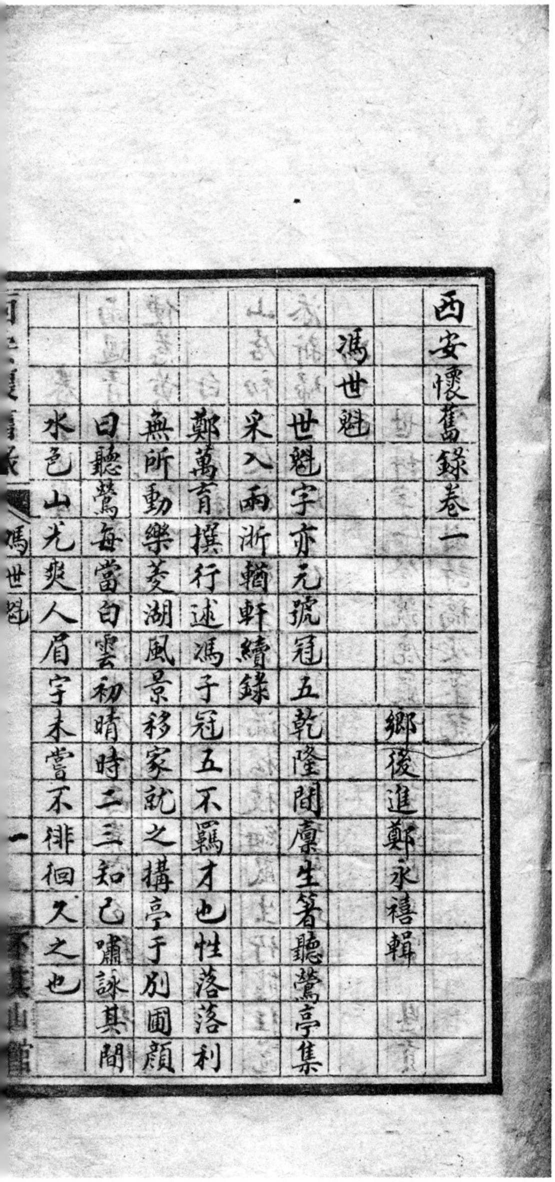

西安懷舊録卷一
鄉後進鄭永禧輯
馮世魁
世魁字亦元號冠五乾隆間廩生著聽鶯亭集
采入兩浙輶軒續録
鄭萬育撰行述馮子冠五不羈才也性落落利
無所動樂菱湖風景移家就之構亭于別圃顔
日聽鶯每當白雲初晴時二三知己嘯詠其間
水色山光爽人眉宇未嘗不排徊久之也

聞」，「凡題詠、贈答與其人事實攸關者，纂入序傳之列，或全録，或節録，或僅存其題」。凡爲阮《録》所采輯之詩，皆不復入本集。此集所録之詩，采諸衆人，廣收博取，對於作者文集中詩或與他處不同者，擇善而從。鄭氏前後校輯此書達十年，徵文考獻，對於保存西安鄉賢文獻極富價值。此書據清抄本影印。

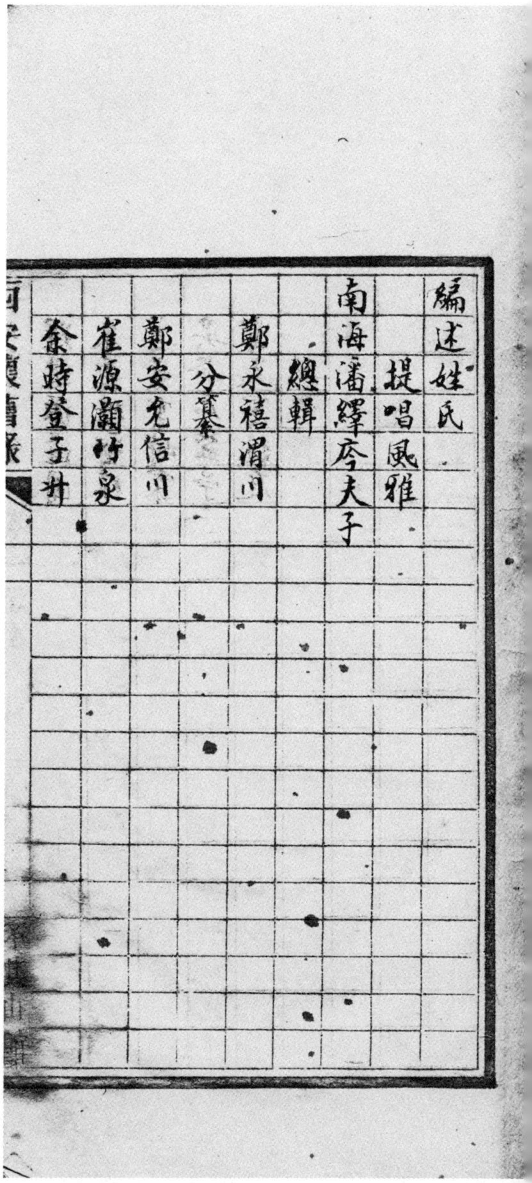

編述姓氏

提唱風雅

南海潘繹琴夫子

總輯

鄭永禧渭川

分纂

鄭安允信川

崔源灝竹泉

余時登子升

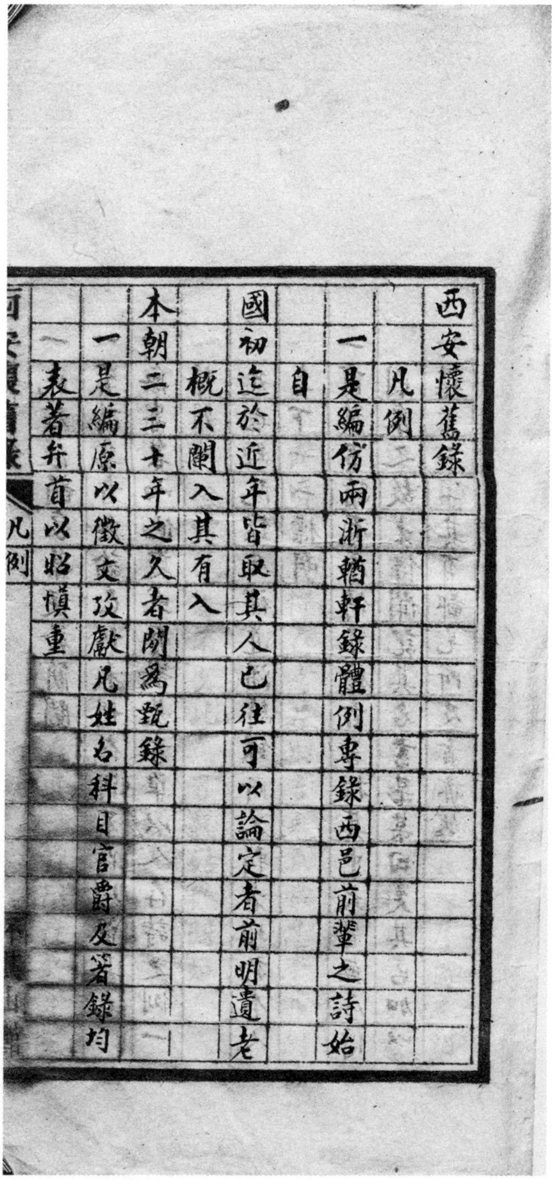

西安懷舊録

凡例

一是編仿兩浙輶軒録體例專録西邑前輩之詩始自

國初迄於近年皆取其人已往可以論定者前明遺老概不闌入其有入

本朝二三十年之久者閒爲甄録

一是編原以徵文攷獻凡姓名科目官爵及著録均

一表著弁首以昭慎重

著者筆畫索引

八　畫

九　畫

十　畫

十一畫

十二畫

十三畫